로스쿨
민사집행법
이론과 실무

로스쿨
민사집행법
이론과 실무

오 창 수 지음

한국학술정보㈜

머리말

2009년부터 우리나라 법학교육의 일대 전기를 가져온 법학전문대학원이 설립되어 운영되고 있다. 법학전문대학원은 기존의 법과대학과는 다른 커리큘럼으로 복잡다기한 법적 분쟁을 전문적·효율적으로 해결할 수 있는 지식 및 능력을 갖춘 법률가의 양성을 목적으로 하고 있다.

본서는 법학전문대학원 체제하에서 기본적인 실무능력을 갖출 수 있도록 민사집행법 전반에 관하여 체계적으로 구성한 것이다. 다른 법 분야도 마찬가지이지만 특히 민사집행법은 실무를 떠나서는 존재할 수 없는 법이다.

민사집행법은 민법, 상법과 같은 민사실체법, 민사소송법과 밀접한 관련을 맺고 있으므로 민사법이라는 커다란 울타리의 체계적 이해를 위해서는 민사집행법에 대한 지식이 필수적이다. 실제로 법원실무를 보면 다른 사건에 비해 민사집행법을 포함한 민사사건이 차지하는 비율이 압도적으로 높다. 그리고 실제로 제기되는 민사사건이라는 것이 실체법 따로 절차법 따로 분리되어 발생하는 것이 아니고, 한데 어우러져 융합되어 발생하는 예가 대부분이다. 또한 경매절차의 흐름을 제대로 이해하여야 청구이의, 제3자이의, 배당이의 등 소송절차도 제대로 이해할 수 있다.

민사절차법의 중요성을 인정하면서도 지금까지는 재판절차를 다루는 민사소송법에만 관심을 경주하고 민사집행법에 관한 공부는 소홀히 한 면이 없지 않았다. 그러나 민사재판실무나 민사변호사실무에서 민사집행법과 민사보전법이 가지는 중요성을 간과해서는 안 된다. 아무리 재판에서 확정된 권리라고 하더라도 강제집행이 수반되지 않는 권리는 아무런 쓸모가 없고, 가압류나 가처분 등 보전절차와 강제집행절차에 의하여 실효성이 담보되지 않는 확정판결은 한낱 휴지에 불과하다.

민사변호사는 인뢰인인 당사자를 위하여 단지 승소판결을 얻어 주는 것에 그치지 않고 집행완료에 이르기까지 '원 스톱(*one stop*)' 서비스를 제공할 수 있는 전문적인 역량을 지니고 있어야 한다.

본서는 크게 3편으로 나누어 제1편에서 민사집행 총론을, 제2편에서 강제집행을, 제3편에서 보전처분을 다루었다. 민사집행법과 민사보전법에 관한 기초적인 실무지식을 익힐 수 있도록 기본사례와 최신의 판례를 사례화하여 적소에 들어 두었고, 강제집행절차에 관한 기본적인 서식도 들어 둠으로써 민사집행의 이론과 실무를 아우를 수 있도록 배려하였다.

앞으로 미진한 부분은 보완하여 완성도가 높은 책이 될 수 있도록 노력할 것이다.

2011. 1.

오창수

CONTENTS

제2편 강제집행

CONTENTS

제1편 총론

제1장 민사집행 제도

[1] 민사집행의 의의

I. 민사집행법의 중요성

민사집행법은 민사실체법, 민사소송법과 밀접한 관련을 맺고 있으므로 민사법이라는 커다란 울타리의 체계적 이해를 위해서는 민사집행법에 대한 지식이 필수적이다. 특히 민법 중 물권법은 담보권실행을 위한 경매 등 민사집행법의 이해가 전제되어야 하고, 전세권, 저당권 및 주택임대차보호법 관련 판례들을 보면 민사집행의 경매와 배당에 관한 이야기가 빠지지 않는다.

실제로 법원실무를 보면 다른 사건에 비해 민사집행법을 포함한 민사사건이 차지하는 비율이 압도적으로 높다.[1] 그리고 실제로 제기되는 민사사건이라는 것이 실체법 따로 절차법 따로 분리되어 발생하는 것이 아니고, 한데 어우러져 융합되어 발생하는 예가 대부분이다.

다음의 사례를 통해 금원지급청구의 소에서 채권압류 및 전부명령과 추심명령의 효력 여하에 따라 어떻게 결론이 달라지는지를 살펴보자.

> *임대인 甲이 임차인 乙을 상대로 임대차기간만료를 이유로 건물명도청구의 소를 제기하자, 乙은 임대차보증금반환과의 동시이행항변을 하면서 甲을 상대로*

---

[1] 2009년도 전체 소송사건 중 민사사건이 65%, 형사사건이 31.1%, 가사사건이 2.2%, 나머지가 행정 기타 사건이다. 2009년 1년 동안 전국의 제1심 법원에 접수된 민사사건 4,066,237건 중 17.2%에 해당하는 699,237건이 민사집행사건이다. 2009년 사법연감 참조.

> *1억 원의 임대차보증금반환을 구하는 반소를 제기하였다. 그런데 그 전에 丙이 乙의 甲에 대한 위임대보증금반환채권에 대하여 압류 및 추심명령을 얻어 그 명령이 제3채무자인 甲에게 송달되었다. 甲이 乙에게 반환할 잔존 보증금은 임대차보증금 1억 원에서 연체차임 2,000만 원과 관리비·공과금 등 1,000만 원을 공제한 7,000만 원이다.*
>
> *이 경우 乙의 동시이행의 항변과 乙의 반소청구에 대하여 법원은 어떻게 판단하는가?*

금전채권에 대한 압류 및 추심명령이 있는 경우에도 이는 강제집행절차에서 추심채권자에게 채무자의 제3채무자에 대한 채권을 추심할 권능만을 부여하는 것이고, 이로 인하여 채무자가 제3채무자에 대하여 가지는 채권이 추심채권자에게 이전되거나 귀속되는 것은 아니다.[2] 따라서 추심채무자로서는 제3채무자에 대하여 피압류채권에 기하여 그 동시이행을 구하는 항변권을 상실하지 않는다. 이 경우 그 항변이 인용되어 동시이행의무를 부담하게 되는 제3채무자로서는 위 압류·추심명령의 효력에 의한 제한을 받는 데 불과하다.[3]

위 사례에서 乙의 동시이행의 항변에 대해서는 압류 및 추심된 임대보증금 부분까지 포함하여 임대보증금 전체가 이유 있다고 판단해야 한다. 즉 乙에게 甲으로부터 금 7,000만 원을 지급받음과 상환으로 이 사건 건물의 명도를 명하게 된다.

그러나 채권에 대한 압류 및 추심명령이 있으면 제3채무자에 대한 이행의 소는 추심채권자만이 제기할 수 있고 채무자는 피압류채권에 대한 이행소송을 제기할 당사자적격을 상실한다.[4] 위 사례에서 乙의 반소 중 압류 및 추심된 임대보증금반환청구 부분은 당사자적격 상실로 부적법 각하하게 된다.

그러면 위 사례에서 丙이 乙의 甲에 대한 임대보증금반환채권에 대하여 압류 및 전부명령을 받은 경우는 어떠한가? 가압류만 한 경우 乙의 지위는 어떠한가?

위와 같이 민사법 체계 내에서 민사집행법이 가지는 위치를 아무리 강조해도 지나치지

---

2) 대법원 1997. 3. 14. 선고 96다54300 판결.
3) 대법원 2001. 3. 9. 선고 2000다73490 판결.
4) 대법원 2000. 4. 11. 선고 99다23888 판결 등 참조.

않다. 보전처분 → 민사소송 → 민사집행으로 이어지는 민사실무절차에서 민사변호사는 판결확정 후 집행절차의 각 단계별로 채권자, 채무자, 제3자의 민사집행법상 구제절차를 숙지하여야 한다. 금전채권에 기초한 강제집행에서 압류 → 현금화 → 만족(배당)의 절차에서 위 각 절차에 하자(흠)가 있는 경우 강제집행절차의 효력이 실체법 관계에 어떠한 영향을 미치는지 이해해야 하고, 배당과 관련하여 누가 얼마만큼의 배당을 받을 수 있는지와 배당순위 등을 염두에 두지 않으면 안 된다.

민사재판실무나 민사변호사실무에서 민사집행법이 가지는 중요성을 간과해서는 안 된다. 아무리 재판에서 확정된 권리라고 하더라도 강제집행이 수반되지 않는 권리는 아무런 쓸모가 없다. 강제집행에 의하여 실효성이 담보되지 않는 확정판결은 한낱 휴지에 불과하다. 민사변호사는 인뢰인인 당사자를 위하여 단지 승소판결을 얻어 주는 것에 그치지 않고 집행완료에 이르기까지 '원 스톱(*one stop*)' 서비스를 제공할 수 있는 전문적인 역량을 지니고 있어야 한다.

집행실무상 채권자평등주의 법제하에서 유치권, 법정지상권, 임차권 등 등기로 공시되지 않는 권리가 많고, 각종 우선채권이 돌출하며, 압류의 개별상대효 등 민사집행법은 난삽하고 복잡한 법학으로 인식되고 있다. 그러나 *chaos* 속에 *cosmos*가 있듯이 민사사법질서 내에서의 민사집행법의 위치를 조감하면서 판례와 집행실무를 전체적, 체계적으로 이해하여야 한다.

우선 초심자로서는 민사집행법전5)과 교과서6)를 통해 민사집행법의 이론체계와 실무의 기본틀을 정확하게 이해할 필요가 있다.

2. 민사집행의 의의

강제집행, 담보권실행을 위한 경매, 민법·상법 그 밖의 법률의 규정에 의한 경매를 좁은 의미의 민사집행이라고 한다. 넓은 의미의 민사집행에는 여기에 가압류·가처분 등 보전처분절차도 포함한다.7)

---

5) 민사집행법뿐만 아니라 민사집행규칙도 집행실무에 있어서 중요한 法源이다. 이하 본서에서 조문만 쓴 것은 민사집행법 조문이고, 규칙은 민사집행규칙이다.

6) 민사집행법에 관한 표준적인 교과서로는 이시윤, 「신민사집행법(제5판)」, 박영사(2009)를 들 수 있다(이하 저자명으로만 인용한다). 민사집행실무에 관한 가이드북으로는 법원도서관, 「법원실무제요 민사집행 [Ⅰ], [Ⅱ], [Ⅲ], [Ⅳ]」, 2005를 들 수 있다.

7) 민사집행법 제1조(목적) 이 법은 강제집행, 담보권 실행을 위한 경매, 민법·상법, 그 밖의 법률의 규정에 의한 경매(이하 '민사집행'이라 한다) 및 보전처분의 절차를 규정함을 목적으로 한다.

```
┌─── [법전상의 민사집행의 체계] ───────────────────────────┐
│                                                          │
│  (1) 강제집행                                            │
│  〈1〉 금전집행(제61조 ~ 제256조)                         │
│        ≪1≫ 재산명시절차: 명시선서, 채무불이행자명부, 재산조회 │
│        ≪2≫ 부동산집행: 강제경매, 강제관리                 │
│        ≪3≫ 준부동산집행: 선박집행, 항공기집행, 자동차·건설기계집행 │
│        ≪4≫ 유체동산집행                                  │
│        ≪5≫ 채권, 그 밖의 재산권에 대한 집행: 압류 및 추심명령·전부명령 │
│                                                          │
│  〈2〉 비금전집행(제257조 ~ 제264조)                      │
│        ≪1≫ 물건인도청구권의 집행                         │
│        ≪2≫ 작위·부작위채권의 집행: 대체집행, 간접강제     │
│        ≪3≫ 의사표시채권의 집행                           │
│                                                          │
│  (2) 담보권의 실행을 위한 경매(임의경매)(제264조 ~ 제275조) │
│                                                          │
│  (3) 민법·상법 그 밖의 법률의 규정에 의한 경매(형식적 경매) │
│        <1> 유치권에 의한 경매(민법 제322조)8)            │
│        <2> 공유물분할의 가격분할을 위한 경매(민법 제269조 제2항) │
│        <3> 자조매각(민법 제490조, 상법 제67조)          │
│        <4> 단주의 경매(상법 제443조 제1항)              │
│        <5> 청산을 위한 상속재산의 경매(민법 제1037조)     │
│                                                          │
│  (4) 보전처분(제276조 ~ 제312조)                         │
│        〈1〉 가압류: 금전채권의 집행보전                  │
│        〈2〉 가처분                                       │
│            ≪1≫ 다툼의 대상에 대한 가처분 - 특정물채권의 집행보전 │
│            ≪2≫ 임시지위를 정하기 위한 가처분 - 다툼 있는 권리관계의 잠정조치 │
│                                                          │
└──────────────────────────────────────────────────────────┘
```

8) 유치권에 의한 경매는 저당권과 같은 전형담보권과 같이 우선변제권이 없어 담보권의 실행과 구별되지만

민사집행이라고 함은 채권자의 신청에 의하여 국가의 집행기관이 채무자에 대하여 집행권원에 표시된 사법상의 이행청구권을 강제적으로 실현시키는 법적 절차를 말한다.

통상 채무자가 채무를 이행하지 않는 경우 채권자는 채무자를 상대로 채무의 이행을 명하는 확정판결을 받은 다음 국가기관의 힘을 빌려 강제집행절차에 들어갈 수 있다. 대개 본안소송 제기 전에 가압류나 가처분 등 보전조치를 취한다. 강제집행절차도 판결절차와 함께 재판상의 권리보호절차로서 법질서의 유지를 궁극의 목적으로 한다.

그러나 판결절차는 권리 또는 법률관계의 존부의 확정, 즉 사법상의 이행청구권의 존부를 관념적으로 형성하는 것을 목적으로 하는 절차이고, 강제집행절차는 권리의 강제적 실현, 즉 국가의 집행기관이 채권자를 위하여 집행권원에 표시된 사법상의 이행청구권을 국가권력에 의하여 강제적으로 실현하는 법적 절차라는 점에서 차이가 있다.[9] 판결절차는 강제집행의 토대가 되는 집행권원을 만드는 절차이고, 강제집행은 그 집행권원의 내용을 실현시키는 절차이다.

강제집행은 임의경매와 달리 집행권원이 있어야만 개시될 수 있고, 강제집행에는 국가의 강제력이 따른다.[10] 가사소송법상의 이행확보제도[11]는 사법상의 권리의 실현에 국가가 협력하는 제도로 권리관계 자체를 강제적으로 실현하는 것이 아니므로 강제집행과 구별된다.

통상 채권자는 채무자가 채무이행을 하지 않은 경우 채무자를 피고로 하는 본안소송을 제기하여 소송절차에 들어가게 되지만, 채무자는 본안소송에서 패소할 경우를 대비하여 다양한 형태로 강제집행을 회피할 방법을 찾는 경우가 많으므로, 채권자로서는 본안소송에 앞서 강제집행의 대상이 될 수 있는 채무자의 재산의 찾아내어 가압류·가처분 등

절차상 담보권의 실행을 위한 경매에 의하도록 하였다. 민법·상법 그 밖의 법률의 규정에 의한 경매는 담보권의 실행이 아니라 재산가치의 보존 내지 전환을 목적으로 특정물을 현금화하는 절차로서 여러 채권자들의 만족을 위한 배당에까지 이르지 않으나, 경매의 형식은 담보권실행을 위한 경매의 예에 의하므로 형식적 경매라고 부른다.

9) 그러나 판결절차와 강제집행절차는 별개의 독립된 기관이 하는 독립된 절차로서 강제집행절차가 판결절차의 속행도 그 일부도 아니고, 가집행선고부판결에 기하여 강제집행을 하는 경우와 같이 판결절차와 강제집행절차가 병행하여 진행될 수도 있다. 조정조서, 지급명령, 제소전화해조서, 집행증서에 기초한 강제집행과 같이 모든 강제집행절차에 반드시 재판절차가 선행하는 것도 아니고, 확인판결이나 형성판결과 모든 소송이 강제집행을 수반하는 것도 아니다. 청구이의의 소나 제3자이의의 소와 같이 강제집행을 계기로 다시 독립의 판결절차가 개시될 수도 있다.

10) 등기절차를 명하는 확정판결에 기하여 등기관이 등기부에 등재하거나 친생자관계부존재확인판결에 기하여 가족관계등록부에 정정하는 것은 재판에 터 잡아 일정 상태를 실현하는 것이므로 본래의 강제집행과 구별된다.

11) 가사소송법 제62조의 사전처분, 제63조의 2의 양육비의 직접지급명령, 제64조의 이행명령제도 등.

보전처분절차에 의하여 강제집행을 확보하여 두는 것이 필요하다. 실제로 애써 받아 놓은 확정판결이 채무자의 교묘한 재산은닉 행위로 인하여 한 장의 휴지로 변해 버리는 경우가 많다. 가압류·가처분의 집행에는 특별한 집행권원으로 가압류명령 또는 가처분명령이 필요하다. 가압류·가처분은 임시의 집행보전에 그치나, 가집행은 종국적인 집행이다. 다만 가집행은 채권자에게 잠정적 만족을 주는 데 불과한 집행이다.

따라서 우리나라와 같이 채무이행에 대한 책임감이 희박한 채무자로부터 채무의 이행을 확보하기 위해서는, 부득이하게 처음부터 각종 담보제도를 이용하거나 채무자의 재산을 조사하여 추적하여야 하는 번거로움을 감수해야 하는 경우가 많다. 채무자의 주소지 주민센터(동사무소)에서 재산세납세증명을 받아 보거나 주민등록을 열람하고 거주하고 있는 주택의 권리관계를 등기부등본에 의하여 확인하며, 채무자가 사업을 하는 경우에는 제3자에 대한 채권이 있는지 여부 등을 확인하는 등 궁극적으로는 채무자의 책임재산을 확보한 후 국가의 강제집행절차를 통하여 자기채권의 만족을 얻을 수밖에 없다.

채무자들이 강제집행을 면탈하기 위하여 자기 소유 부동산의 명의를 제3자 앞으로 이전하거나, 그 부동산에 각종 담보권설정등기를 하거나 허위의 양도담보증서를 만들어 공증받는 등 채권자를 해하는 각종 사해행위에 대한 대책을 강구할 필요도 있다. 민사집행법은 강제집행의 실효성 확보를 위한 방안으로서 채무자의 재산명시 및 채무불이행자명부등재제도와 재산조회제도를 도입하고 있으므로, 이를 적극적으로 활용하는 것도 유익할 것이다.

2002년 7월 1일부터 시행되고 있는 민사집행법은 종전에 민사소송법에 포함되어 있던 강제집행절차에 관한 규정을 따로 분리하여 별도의 단행 법률로 제정하고, 채무자 등의 제도남용에 의한 민사집행절차의 지연을 방지하여 불량채무자에 대한 철저한 책임추궁을 함으로써 효율적이고 신속한 권리구제 방안을 마련하는 제도를 신설·보완하는 것을 그 주된 내용으로 하고 있다.12) 그리고 2005년 1월 27일 개정 민사집행법은 도주채무자에 대한 재산조회제도의 확대, 최저생계비에 대한 압류금지, 가압류·가처분에 있어서의 전면적 결정주의를 채택하고 있다.13)

민사집행법은 그 편제를 강제집행, 담보권실행 등을 위한 강제집행 및 보전처분으로

---

12) 신민사집행법은 2002년 개정 민사소송법과 같이 한글전용 기본법전이다. 채무명의를 집행권원으로, 환가를 현금화로, 계쟁물에 관한 가처분을 다툼의 대상에 관한 가처분으로, 경매기일을 매각기일로, 경락기일을 매각기일로, 경락인을 매수인으로 바꾸는 등 구법상의 일본식 또는 한자어 법률용어도 알기 쉬운 용어로 대폭 정비하였다.

13) 2005년 7월 1일부터 법원조직법의 개정으로 사법보좌관제도가 도입되어 부동산집행, 채권과 그 밖의 재산권에 대한 집행, 담보권실행의 경매 등 업무를 처리하고 있다.

대별하면서, 강제집행절차를 그 대상인 부동산, 선박 등 동산의 순으로 규정하고 부동산에 대한 강제집행절차를 다른 강제집행절차에 준용하고 있다.

[참고] 강제집행절차(강제경매)와 담보권의 실행절차(임의경매)의 차이

① 강제집행은 채무자의 일반재산에 의한 인적책임의 실현을 내용으로 하고, 담보권의 실행은 채무자나 제3자 소유의 특정담보재산에 의한 물적책임의 실현을 내용으로 한다.

② 강제경매는 집행권원에 의한 권리의 실현이고, 임의경매는 담보권 자체에 내재된 환가권으로 인해 경매신청권이 생기는 점에서 차이가 있다.

③ 강제경매의 경우에는 집행권원이 무효인 경우에도 매수인의 소유권취득에는 영향이 없으나, 임의경매의 경우 그 기본인 담보권이 무효 또는 부존재하는 경우 매수인이 경매목적 부동산의 소유권을 유효하게 취득하지 못한다.

④ 담보권자는 담보권실행을 위한 경매를 신청하지 않고 다른 채권자의 신청에 의한 집행절차에 참가하여 매각대금에서 우선변제를 받을 수도 있고, 담보채권에 대하여 집행권원을 얻어 강제집행신청을 할 수도 있다.

3. 민사집행의 종류

강제집행은 집행의 대상14) 및 집행방법,15) 집행의 효력16)을 기준으로 그 유형을 분류

---

14) 동산집행과 부동산집행: 여기서 동산은 민법과 달리 유체동산뿐만 아니라 채권 그 밖의 재산권도 포함된다. 민사집행에서는 등기나 등록의 대상이 되는 선박, 자동차, 건설기계 및 항공기는 부동산에 준하여 취급된다.

15) 직접강제, 대체집행, 간접강제: 직접강제는 집행기관이 집행권원의 내용을 채무자의 도움 없이 직접 실현하는 강제집행이고, 대체집행은 건물철거와 같이 채무자로부터 비용을 지급받아 채권자나 제3자가 채무자를 대신하여 강제집행을 하게 하는 집행방법이며, 간접강제는 채무자에 대하여 배상금 또는 벌금을 과하거나 감치 등 채무자를 구금하는 방법으로 심리적 압박을 가함으로써 채무자 스스로 채무를 이행하도록 하는 강제집행이다.

16) 본집행, 가집행, 보전집행: 본집행은 채권자에게 확정적 만족을 주는 강제집행이고, 가집행은 상급심에서 가집행선고가 취소·변경되면 효력이 없어지는 해제조건부로 채권자에게 만족으로 주는 강제집행이나, 본집행, 가집행 모두 채권의 종국적 만족의 단계에까지 이른다는 점에서 만족집행이며, 가압류·가처분의 집행과 같은 보전집행이 아니다.

할 수 있으나, 실현된 권리를 기준으로 금전채권의 집행과 비금전채권의 집행으로 나눌 수 있다.

민사집행법도 금전집행과 비금전집행으로 나누어 금전집행에 관하여 상세한 규정을 두고 있다. 금전채권의 집행은 실현될 권리가 금전채권인 경우의 집행을 말하고, 비금전채권의 집행은 금전채권이 아닌 경우, 예컨대 물건의 인도청구권의 집행, 작위채권의 집행, 의사표시를 구하는 채권의 집행 등을 말한다. 집행실무상 금전집행 그중에서도 부동산집행이 주류를 이루고 있다.

금전집행은 직접강제에 친하고, 재산명시절차 등이 적용되며, 가압류가 보전처분이라는 점에 특색이 있다. 비금전집행은 인도집행에 한하여 직접강제이고, 다툼의 대상에 관한 가처분이 그 보전처분이다.

4. 민사집행절차와 다른 절차와의 관계

(1) 도산절차

강제집행절차는 채무자의 개별재산을 압류하고 매각하는 개별집행이나, 도산절차는 모든 채권자의 채권을 위하여 채무자의 모든 재산에 대한 포괄집행이다. 채무자회생 및 파산에 관한 법률(통합도산법)상 파산절차, 개인회생절차, 회생절차(종전의 회사정리절차)가 있다.

(2) 국세체납처분절차

국세, 지방세 및 일정한 범위 내의 공과금청구권은 민사집행법에 의한 경매신청을 할 수 없고 국세징수법에 의한 체납처분 또는 그 예에 의한 집행에 의한다. 통상 현금화를 위해 세무서장이 한국자산관리공사(KAMCO)에 공매대행을 시킨다.

조세채권은 다른 일반채권에 대한 관계에서 우선권이 인정되고, 조세가 체납처분에 의하여 징수되는 경우뿐 아니라 강제집행절차를 통하여 징수되는 경우에도 조세채권의 배당순위가 우선된다. 저당권자, 전세권자 또는 질권자뿐만 아니라 그 담보권보다 선순위 또는 동순위에 있는 가압류채권자도 체납처분절차에 배당가입할 수 있으나, 집행정본을 가진 일반 채권자는 배당가입을 할 수 없다.

국세체납처분이 선행되었을 때에도 집행법원에 의한 강제집행은 독립하여 진행할 수 있고, 양 절차의 낙찰자(매수인) 중 선순위로 소유권을 취득한 자가 결국 진정한 소유자로 확정된다.

(3) 행정대집행 기타

무허가건물철거와 같이 행정상의 작위·부작위의무의 강제적 실현을 위하여 행정대집행법에 의한 대집행절차가 마련되어 있다.

(4) 가사소송법상의 이행확보제도

가사소송법상의 이행명령(제62조), 양육비직접지급명령(제63조의 2) 등 이행확보제도가 있다고 하여 가사소송법에 의하여 작성된 집행권원에 의한 일반 민사집행이 배제되는 것은 아니다.

(5) 특별법에 의한 경매

공장 및 광업재단지닝법에 의한 공장재단저당권이나 임목에 관한 법률에 의한 담보권 실행은 당해 특별법에 의해 담보권을 실현한다.

(6) 증권관련 집단소송법에 의한 분배

증권관련 집단소송법에 의해 일괄하여 받은 손해배상판결의 권리실행으로 얻은 금전을 피해집단의 구성원에게 분배(배당)하는 경우 제1심수소법원의 감독하에 분배관리인이 분배업무를 처리한다.

■ 강제집행절차의 도해

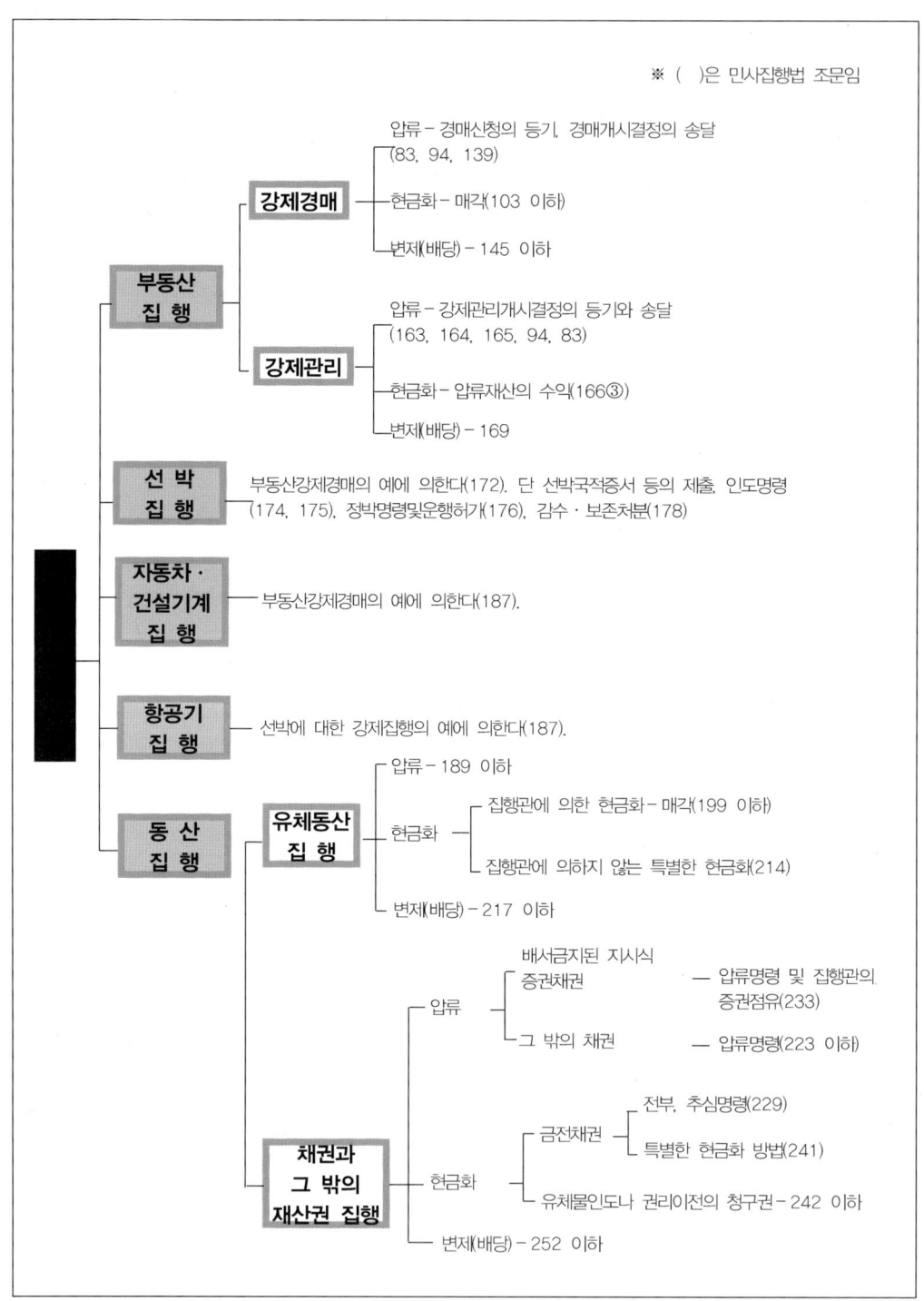

※ ( )은 민사집행법 조문임

부동산 집행
- **강제경매**
  - 압류 – 경매신청의 등기, 경매개시결정의 송달 (83, 94, 139)
  - 현금화 – 매각(103 이하)
  - 변제(배당) – 145 이하
- **강제관리**
  - 압류 – 강제관리개시결정의 등기와 송달 (163, 164, 165, 94, 83)
  - 현금화 – 압류재산의 수익(166③)
  - 변제(배당) – 169

선박 집행
부동산강제경매의 예에 의한다(172). 단 선박국적증서 등의 제출, 인도명령 (174, 175), 정박명령및운행허가(176), 감수·보존처분(178)

자동차·건설기계 집행
부동산강제경매의 예에 의한다(187).

항공기 집행
선박에 대한 강제집행의 예에 의한다(187).

동산 집행
- **유체동산 집행**
  - 압류 – 189 이하
  - 현금화
    - 집행관에 의한 현금화 – 매각(199 이하)
    - 집행관에 의하지 않는 특별한 현금화(214)
  - 변제(배당) – 217 이하
- **채권과 그 밖의 재산권 집행**
  - 압류
    - 배서금지된 지시식 증권채권 — 압류명령 및 집행관의 증권점유(233)
    - 그 밖의 채권 — 압류명령(223 이하)
  - 현금화
    - 금전채권
      - 전부, 추심명령(229)
      - 특별한 현금화 방법(241)
    - 유체물인도나 권리이전의 청구권 – 242 이하
  - 변제(배당) – 252 이하

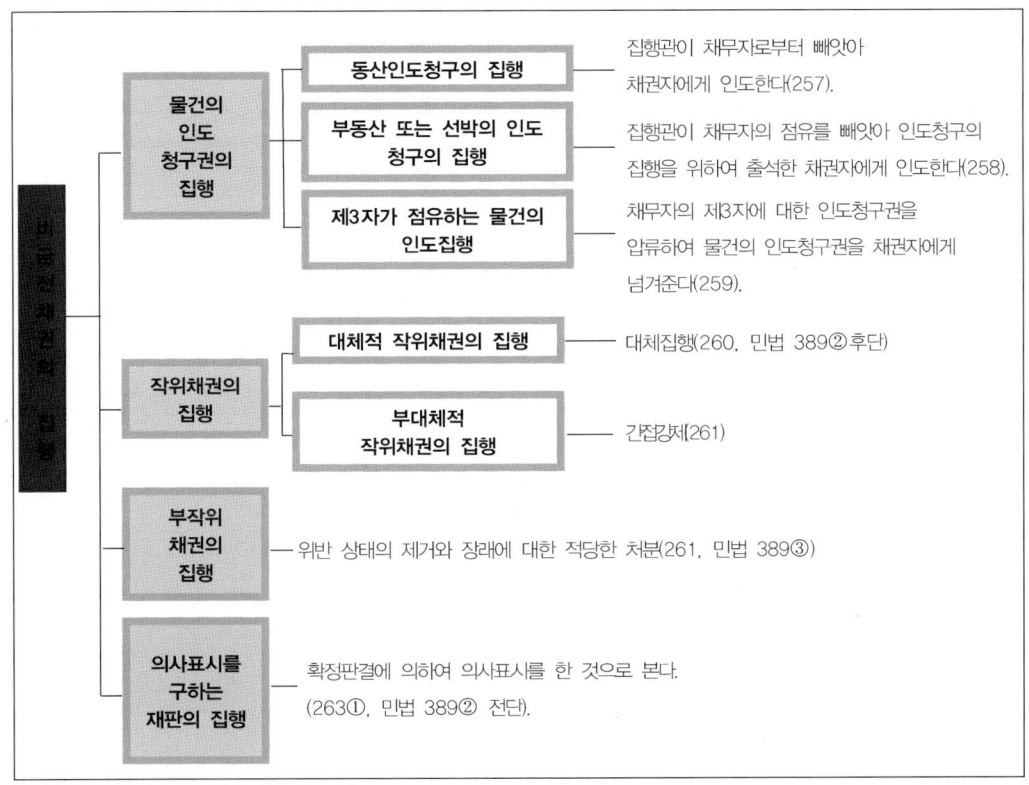

[2] 민사집행의 3요소

민사소송의 3요소가 민사소송의 주체로서 '법원'과 '당사자', 민사소송의 객체로서의 '소송물'을 의미하는 바와 같이 민사집행의 3요소는 민사집행의 주체로서의 '집행기관'과 '집행당사자', 민사집행의 객체로서의 '책임재산'이 된다.

1. 집행기관

집행기관이란 강제집행의 실시를 직무로 하는 국가기관으로서 집행관과 집행법원, 제1심법원(수소법원), 그 밖의 집행기관이 있다. 집행관이 집행기관이 되는 경우는 유체동산집행, 부동산 및 동산의 인도집행과 같이 현장에 직접 참가하여 실력이 동반된 사실적 행위를 중심으로 한 처분에 적합한 집행이고, 집행법원이 집행기관이 되는 경우는 부동산집행, 채권집행, 대체집행, 간접강제 및 담보집행 등 권리관계의 판단을 중심으로 하는 관념적 처분에 적합한 처분이다.

[집행의 종류와 집행기관]

집행의 종류	목적물	현금화 방법		집행기관
		강제집행	담보집행	
부동산집행	부동산	강제경매, 강제관리	경매	집행법원
동산집행	동산	매각	경매	집행관
채권집행	금전채권	추심, 전부명령 등	왼쪽과 같음	집행법원
동산, 부동산의 인도집행				집행관
작위, 부작위채무의 집행				집행법원

가. 집행관

(1) 집행관의 임명과 감독

집행관[7]은 지방법원에 소속되어 법률이 정하는 바에 따라 재판의 집행, 서류의 송달 그 밖에 법령에 따른 사무에 종사하는 독립된 단독제의 사법기관이다(집행관법 제1조). 민사집행법상 집행관이 원칙적인 집행기관이다.[18] 집행관은 10년 이상 법원주사보, 등기주사보, 검찰주사보 또는 마약수사주사보 이상의 직급으로 근무하였던 사람 중에서 지방법원장이 임명한다(집행관법 제3조). 집행관의 정년은 61세이고, 임기는 4년으로 연임할 수 없다(집행관법 제4조).[19]

집행관은 국가로부터 급여를 받지 않고 집행위임인으로부터 법정의 수수료를 받으나, 소속 지방법원장에 의하여 사법행정상의 감독을 받는 실질적 의미에 있어서 국가공무원이다. 집행관의 위법집행으로 손해를 입은 경우에는 피해자는 국가배상법에 따라 국가를 상대로 손해배상청구를 할 수 있고,[20] 집행관의 직무는 공무이므로 이를 방해하면 공무집행방해죄가 성립한다.

---

17) 종전에 '집달리(執達吏)'라고 쓰이던 명칭이 '집달관(執達官)'으로 바뀌고, 1995. 12. 6. 법률 제5002호로 전문 개정된 집행관법에서 다시 '집행관(執行官)'으로 바뀌었다.

18) 민사집행법 제2조(집행실시자) 민사집행은 이 법에 특별한 규정이 없으면 집행관이 실시한다.

19) 집행관 정원은 서울중앙지방법원에 16명, 인천지방법원에 24명, 제주지방법원에 5명 등 전국에 347명의 집행관이 있다(집행관규칙 별표 참조). 집행관 사무원은 법원 및 검찰청 9급 이상의 직에 근무한 자 또는 이와 동등 이상의 자격이 있다고 인정되는 자 중에서 소속지방법원장의 허가를 받아 대표집행관이 채용하고, 사무원은 채용된 후 4년이 경과되거나 58세에 달한 때에는 퇴직한다. 다만 4년이 경과되어 퇴직한 경우에는 다시 채용될 수 있다(집행관규칙 제21조 참조).

20) 대법원 전원합의체 1996. 2. 15. 선고 95다 38667 판결: 집행관이 직무상 불법행위로 타인에게 손해를 끼친 경우에는 그 선임, 감독자인 국가가 배상책임을 지게 되고, 집행관의 위법행위가 고의 또는 중대한

(2) 관할

집행관은 원칙적으로 임명받은 지방법원 또는 지원의 관할구역 내에서만 그 직무를 행할 수 있다(집행관규칙 제4조 참조). 다만 관할구역 외에서 행한 집행처분이라 하여도 무효가 되는 것은 아니고, 집행이의신청을 하여 취소를 구할 수 있을 뿐이다.[21]

집행관의 직무는 주로 사실행위를 수반하는 집행처분에 한하고, 다음과 같이 집행관이 독립한 집행기관으로서 하는 집행행위와 집행법원의 보조기관으로서 집행절차에 부수하여 갖는 권한이 있다. 집행관의 직무관할은 전속관할이므로 직무관할에 위반된 집행관의 집행행위는 무효이다.

1) 독립한 집행기관으로서의 집행행위

① 유체동산에 대한 금전집행(제189조 이하)

② 유체동산에 대한 가압류집행(제296조)

③ 동산의 인도집행(제257조)

④ 부동산·선박의 인도(명도)집행(제258조)

⑤ 명도단행가처분 등 일정한 내용의 가처분의 집행(제301조, 제296조, 제305조)

⑥ 담보권의 실행을 위한 유체동산의 경매(제272조, 제274조 제1항)

2) 집행법원의 보조기관으로서의 집행행위

① 부동산의 강제경매·강제관리·담보권실행 등을 위한 경매에 있어서의 목적물의 현황조사(제85조, 제163조, 제268조)

② 부동산·선박·자동차 등의 강제경매와 담보권실행 등을 위한 경매에 있어서 경매 또는 입찰의 실시(제108조, 제112조, 제115조, 제163조, 제268조)

③ 부동산강제관리에 있어서 관리인의 부동산점유 시의 원조(제166조 제2항)

④ 선박에 대한 금전집행에 있어서 선박국적증서의 수취·제출(제174조), 감수·보전 처분(규칙 제193조), 압류된 자동차·건설기계의 인도·보관·이동 등(규칙 제113

과실에 기인한 것일 때에는 집행관 개인도 배상책임을 면치 못하며, 이때 국가가 먼저 배상책임을 진 경우에는 국가는 집행관에 대하여 구상할 수 있다.

21) 이시윤, p.52.

조, 제115조, 제118조, 제130조, 제197조, 제198조)

⑤ 채권과 그 밖의 재산권에 대한 금전집행 중 지시채권의 압류에 있어서 증권의 점유(제233조)

⑥ 채권압류에 있어서 채권증서의 인도(제234조)

⑦ 채권의 매각명령의 집행(제241조)

⑧ 유체동산인도청구권에 대한 집행에 있어서 동산의 인도와 현금화(제243조)

⑨ 매각부동산인도명령의 집행(제136조 제6항)

⑩ 대체집행의 수권결정에 의한 작위의무의 실시(제260조)

⑪ 점유이전금지가처분의 목적인 부동산의 보관

(3) 집행실시절차

집행관에 의한 집행실시에 관한 일반적 절차는 다음과 같다.

① 채권자 또는 그 대리인은 집행관에게 집행력 있는 정본을 교부하고 '서면으로' 집행위임을 신청할 수 있다(제4조). 채권자의 집행위임은 집행개시를 구하는 강제집행신청행위이다. 채권자의 집행관에 대한 관계는 사인과 국가 간의 공법상의 법률관계이므로 집행관은 채권자의 집행위임에도 불구하고 채권자의 대리인이 아니다.[22] 집행관이 정당한 이유[23] 없이 집행위임을 거절한 때에는 채권자는 집행법원에 집행에 관한 이의를 신청할 수 있다. 채권자는 언제든지 집행위임을 취하, 제한할 수 있다.

② 집행관이 집행위임신청을 받은 경우에는 지체 없이 집행을 개시할 일시를 정하여 신청인에게 통지한다. 집행관은 채권자의 적법한 집행위임을 받은 때에는 특별수권이 없어도 금전의 지급 그 밖에 이행을 받을 권한이 있고(제42조 제1항), 채권자로부터 특별수권을 받은 때에는 대물변제의 수령, 화해, 기간의 유예, 반대의무의 제공 등 사법상의 권한을 행사할 수 있다.[24]

---

22) 따라서 집행관의 직무집행 중의 불법행위에 대하여 채권자는 불법행위로 인한 손해배상책임이 없는 것이 원칙이다. 다만 집행관이 채무자 아닌 제3자의 재산을 압류한 경우에 채권자가 압류 당시 그 압류목적물이 제3자의 재산임을 알았거나 알지 못한 데 과실이 있다면 집행관이 채무자 아닌 제3자의 재산을 압류함으로써 받은 제3자의 손해에 대하여 불법행위자로서 배상책임을 진다. 대법원 2003. 7. 25. 선고 2002다39616 판결.

23) 관할권의 부존재, 제척원인의 존재, 비용미납 등.

24) 이 한도 내에서만 집행관은 개인으로 채권자의 임의대리인으로 볼 수 있다. 이시윤, p.54 참조.

③ 집행관은 집행 전에 채무자에게 임의이행을 촉구하고 집행개시 후에도 채무자의 임의변제를 거절할 수 없다. 공휴일과 야간의 집행에는 집행법원의 허가를 요한다(제8조 제1항). 집행관은 집행현장에서 채무자와 집행 목적물을 조사하고, 집행을 하기 위하여 필요한 경우에는 채무자의 주거·창고, 그 밖의 장소를 수색하고 잠근 문과 기구를 여는 등 적절한 조치를 취할 수 있다(제5조 제1항).25) 집행관이 집행을 함에 있어 집행을 방해하는 저항을 받을 때에는 경찰 또는 국군의 원조를 요청할 수 있다(제5조 제2항).26) 집행관은 집행을 하는 데 저항을 받거나, 채무자의 주거에서 집행을 실시하려는데 채무자나 사리를 분별할 지능이 있는 그 친족·고용인을 만나지 못한 때에는 성년 두 사람이나 특별시·광역시의 구 또는 동 직원, 시·읍·면 직원 또는 경찰공무원 중 한 사람을 증인으로 참여하게 하여야 한다(제6조).27)

④ 집행관이 채무자로부터 임의변제를 받은 때에는 영수증서를 작성·교부하여야 한다. 채무자가 임의변제 또는 집행에 의하여 그 의무를 완전히 이행한 때에는 집행관은 집행력 있는 정본을 채무자에게 교부하여야 하고, 채무자가 그 의무의 일부를 이행한 때에는 집행관은 집행력 있는 정본에 그 사유를 덧붙여 적고 영수증서를 채무자에게 교부한다(제42조).

⑤ 집행관은 각 집행행위에 관여하여 집행조서(압류조서, 가압류·가처분조서 등)를 작성하고(제10조), 일정 기간 보존한다.28) 당사자나 이해관계인은 집행관이 직무상

---

25) 집행관이 채무자의 주거 등의 수색에는 법관의 영장이 필요 없다.
26) 집행실무상 집행관이 법원을 통하여 국군의 원조를 요청한 사례는 없다. 집행관이 경찰의 원조를 요청하는 경우 경찰은 이에 응하도록 되어 있으나(집행관법 제17조 제2항), 경찰의 방관적 태도로 집행이 잘 이루어지지 않는 경우가 많다. 재개발이나 재건축단지의 명도 내지 철거집행을 하는 과정에서 집행관이 용역업체를 동원하기도 하고, 용산 재개발현장에서와 같이 세입자들의 저항으로 다수의 사상자가 발생하는 물리적 충돌이 일어나는 경우가 있다.
27) 여기의 증인은 민사소송법상의 증인신문절차에서의 증인이 아니라 집행관의 적법·공정한 집행행위를 보장하기 위한 '참여인'을 뜻한다. 따라서 채권자나 그 대리인은 참여인이 될 수 없다. 집행실시의 증인으로 참여하도록 요구받는 자는 정당한 이유 없이 그 요구를 거절하여서는 아니 된다(민사집행규칙 제5조).
28) 집행관규칙 제28조(장부 및 기록의 보존)
① 집행사무소에 비치할 장부 및 사건기록의 종류와 보존기간은 다음과 같다.
1. 50년 가. 부책보존부 나. 사건기록보존부
2. 20년 가. 압류직무부 나. 가압류직무부 다. 징수명령부 라. 거절증서등본철
3. 10년 가. 금전출납부
4. 5년 가. 가압류·가처분사건 기록 나. 통계에 관한 기록 다. 문서수발부 라. 집행관수수료등 수납부
5. 3년 가. 강제집행, 기타 집행사건기록 나. 기록출입부 다. 부동산현황조사부
6. 2년 가. 송달부 나. 열람 및 등·초본 접수장 다. 잡서철

작성한 서류의 열람이나 집행조서 등본의 교부 또는 집행관이 취급하는 사무에 관한 증서의 교부를 신청할 수 있다.[29]

⑥ 집행관의 집행실시에 관해서는 집행에 관한 이의신청으로 불복할 수 있다.

나. 집행법원

(1) 관할

집행법원이란 강제집행에 관하여 법원의 권한을 행사하는 법원으로 원칙적으로 지방법원이다. 종전에 집행법원의 사무는 지방법원 단독판사의 심판업무였으나, 2005년 7월부터 대부분 사법보좌관의 업무로 되었고(법원조직법 제54조 및 사법보좌관규칙 참조),[30] 지방법원 단독판사는 주로 사법보좌관에 대한 협력·감독기관으로서의 업무를 담당하고 있다. 다만 부동산 및 채권에 대한 가압류·가처분명령의 집행은 지방법원이 아닌 가압류·가처분명령을 발한 본안법원도 집행법원이 된다.[31]

민사집행법에서 규정한 집행행위에 관한 법원의 처분이나 그 행위에 관한 법원의 협력

---

② 보존기간은 사건 완결 또는 기일을 마친 다음 해부터 기산한다.
③ 특별한 사유에 의하여 보존의 필요가 있는 기록 또는 서류는 보존기간 경과 후라 할지라도 그 사유가 존속하는 한 이를 보존하여야 한다.

29) 학설은 집행조서는 변론조서와 달리 집행에 관한 유일한 증거방법으로서의 법정의 증거력을 갖는 것이 아니라는 입장이나(이시윤, p.57), 판례는 경매기일에서의 절차의 이행여부는 경매조서의 기재에 의하여만 증명할 수 있는 것으로 보고 있다(대법원 1982. 12. 17. 선고 82마577 판결).

30) **법원조직법 제54조(사법보좌관)**
① 대법원과 각급 법원에 사법보좌관을 둘 수 있다.
② 사법보좌관은 다음 각 호의 업무 중 대법원규칙이 정하는 업무를 할 수 있다.
1. 「민사소송법」(동법이 준용되는 경우를 포함한다)상의 소송비용액·집행비용액 확정결정절차, 독촉절차, 공시최고절차에서의 법원의 사무
2. 「민사집행법」(동법이 준용되는 경우를 포함한다)상의 <u>집행문여명령절차, 채무불이행자명부 등재절차, 재산조회절차, 부동산에 대한 강제경매절차, 자동차·건설기계에 대한 강제경매절차, 동산에 대한 강제경매절차, 담보권실행 등을 위한 경매절차, 제소명령절차, 가압류·가처분의 집행취소신청절차에서의 법원의 사무</u>
3. 「주택임대차보호법」 및 「상가건물 임대차보호법」상의 임차권등기명령절차에서의 법원의 사무
③ 사법보좌관은 법관의 감독을 받아 업무를 수행하며, 사법보좌관의 처분에 대해서는 대법원규칙이 정하는 바에 따라 법관에 대하여 이의신청을 할 수 있다.
④ 사법보좌관은 법원사무관 또는 등기사무관 이상 직급으로 5년 이상 근무한 자, 법원주사보 또는 등기주사보 이상 직급으로 10년 이상 근무한 자 중 대법원규칙이 정하는 자로 한다.
⑤ 사법보좌관의 직제 및 인원 그 밖에 필요한 사항은 대법원규칙으로 정한다.

31) 가정법원은 가사소송사건 또는 미류 가사비송사건을 본인 사건으로 하여 가압류 또는 가처분을 할 수 있다(가사소송법 제63조).

사항을 관할하는 집행법원은 법률에 특별규정[32]이 있는 경우를 제외하고는 집행절차를 실시할 곳이나 실시한 곳을 관할하는 지방법원이 전속관할이 된다(제3조 제1항).

(2) 집행법원의 직분

집행법원의 직무에 속하는 집행행위의 처분과 집행행위의 협력으로는 다음과 같은 것들이 있다.

1) 직접 집행기관으로서의 직분

A. 사법보좌관의 담당업무[33]

① 집행문부여명령절차(제32조, 제35조)

② 채무불이행자명부등재·재산조회절차(제70조 이하)

③ 부동산·선박·자동차·건설기계 등에 대한 금전집행(제78조 이하, 제187조)[34]

④ 채권 및 기타 재산권에 대한 금전집행(제223조 이하)[35]

⑤ 동산에 대한 집행에 있어서의 배당절차(제252조 이하)

⑥ 담보권실행 등의 경매절차

⑦ 가압류·가처분의 집행취소절차

⑧ 유치권 등에 의한 경매절차(제274조)

B. 지방법원 단독판사의 담당업무

① 재산명시절차

② 선박·항공기에 대한 집행절차

③ 강제관리

④ 가압류·가처분집행절차

---

32) 예컨대 재산명시신청에 있어서 채무자의 보통재판적 소재지(제61조), 부동산집행에 있어서 부동산소재지(제79조), 채권집행에 있어서 채무자의 보통재판적 소재지(제224조 제1항) 등.

33) 상세는 사법보좌관규칙 제2조 제1항 참조.

34) 다만 부동산집행에서 경매개시결정에 대한 이의신청 재판 및 인도명령·관리명령은 단독판사가 담당한다.

35) 다만 채권집행에서 채권추심액의 제한허가·특별현금화명령·압류금지채권의 범위결정은 단독판사가 담당한다.

2) 다른 기관에 대한 협력·감독기관으로서의 직분[36]

① 국군이나 공공기관에 원조 요청(제5조 제3항, 제20조)
② 공휴일·야간 집행의 허가(제8조)
③ 집행관이 행한 집행에 관한 이의에 대한 재판(제16조)
④ 사법보좌관의 업무감독과 사법보좌관의 처분에 대한 이의신청의 재판
⑤ 부동산인도집행 중 집행의 목적물이 아닌 동산처분의 허가(제258조 제6항)
⑥ 급박한 경우 집행정지 등의 잠정처분(제46조 제4항)
⑦ 집행에 관한 특별대리인의 선임(제52조 제2항)

(3) 집행법원의 절차

집행법원의 집행에 관한 행위는 모두 결정의 형식으로 재판하고, 집행법원은 집행처분을 하는 데 필요한 때에는 이해관계인 그 밖의 참고인을 심문할 수 있다(규칙 제2조). 집행법원의 결정은 상당한 방법으로 고지함으로써 효력이 발생한다.[37] 다만 경매개시결정과 같이 채무자에게 결정을 송달하여야 할 경우도 있고, 채권압류 및 추심·전부명령과 같이 결정을 채무자와 제3채무자에게 송달하여야 할 경우도 있다.

집행법원의 재판에 관해서는 즉시항고(특별규정이 있는 경우)와 집행에 관한 이의로 불복할 수 있다.

다. 제1심법원(수소법원)

제1심법원(受訴法院)[38]이란 집행권원을 형성하는 절차에 관하여 관할이 있거나, 그러한 소송이 계속되고 있거나, 전에 계속하였던 법원으로 비금전집행에 있어서 대체집행·간접강제 등의 예외적인 경우에 집행기관으로 된다.

제1심법원은 결정의 형식으로 재판하고, 대체집행·간접강제의 경우 채무자의 심문이 필요하다(제262조).

---

36) 이는 지방법원 단독판사의 직분이다.
37) 예외적으로 매각허가여부의 결정은 선고하여야 한다(제126조 제1항).
38) 민사집행법은 수소법원(제46조)과 제1심 법원(제55조, 제260조, 제261조)을 구별하여 사용하고 있다.

라. 그 밖의 집행기관

부동산가압류 또는 부동산처분금지가처분의 집행에 관해서는 등기관이 넓은 의미의 집행기관으로 된다.[39]

집행기관은 아니지만 법률이나 조약 등에 의하여 집행에 협력하는 공공기관 또는 공무원을 집행공조기관이라 한다. 집행문을 내주고 등기촉탁을 하는 법원사무관, 법원의 촉탁에 의하여 등기부에 각종 등기를 기입하는 등기관, 공정증서를 작성하는 공증인, 외국에서 할 집행촉탁을 받은 외국공공기관이나 외국주재 대한민국 영사 등이 이에 해당한다.

2. 집행당사자

가. 집행당사자의 확정

강제집행절차에서 집행을 구하는 능동적 당사자를 (집행)채권자, 집행을 당하는 수동적 당사자를 (집행)채무자라 하고, 이 외의 자는 제3자라 하는데 특히 채무자에 대하여 채무를 부담하는 제3자를 제3채무자라 한다.

집행당사자는 집행문의 부여에 의해 비로소 확정되는데, 그 자를 위해서 집행문이 부여되어 있는 자가 채권자이고, 그 자에 대해서 집행문이 부여되어 있는 자가 채무자이다.[40]

[사례 1-1] 법인격부인과 집행력

A회사와 B회사가 기업의 형태·내용이 실질적으로 동일하고, A회사는 B회사의 채무를 면탈할 목적으로 설립된 것으로서 A회사가 B회사의 채권자에 대하여 B회사와는 별개의 법인격을 가지는 회사라는 주장을 하는 것이 신의성실의 원칙에 반하거나 법인격을 남용하는 것으로 인정되는 경우 B회사에 대한 판결의 집행력이 A회사에게까지 미치는가? 즉 B회사에 대한 판결에 승계집행문을 부여받아 A회사의 재산에 대하여 집행할 수 있는가?

---

39) 다만 등기를 명하는 판결에 기하여 등기부에 기재하는 등기관은 집행기관이 아니다.
40) 다만 확정된 지급명령 또는 이행권고결정과 같이 집행문의 부여 없이도 집행력이 있는 집행권원의 경우에는 그것에 표시된 당사자가 집행당사자가 된다. 보전처분의 경우에도 보전처분에 채권자, 채무자로 기재되어 있는 자가 집행당사자가 된다.

판례는 위와 같은 경우에도 권리관계의 공권적인 확정 및 그 신속·확실한 실현을 도모하기 위하여 절차의 명확·안정을 중시하는 소송절차 및 강제집행절차에 있어서는 그 절차의 성격상 B회사에 대한 판결의 집행력의 범위를 A회사에까지 확장하는 것은 허용되지 아니한다고 한다.[41] 그리고 승계집행문은 판결에 표시된 채무자의 포괄승계인이나, 그 판결에 기한 채무를 특정하여 승계한 자에 대한 집행을 위하여 부여하는 것이므로, 그 기초되는 채무가 판결에 표시된 채무자 이외의 자가 실질적으로 부담하여야 하는 채무라거나 그 채무가 발생하는 기초적인 권리관계가 판결에 표시된 채무자 이외의 자에게 승계되었다고 하더라도, 판결에 표시된 채무자 이외의 자가 판결에 표시된 채무자의 포괄승계인이거나 그 판결상의 채무 자체를 특정하여 승계하지 아니하는 한, 판결에 표시된 채무자 이외의 그자에 대하여 새로이 그 채무의 이행을 소구하는 것은 별론으로 하고, 판결에 표시된 채무자에 대한 판결의 기판력 및 집행력의 범위를 그 채무자 이외의 자에게 확장하여 승계집행문을 부여할 수는 없다는 입장이다.[42]

회사가 외형상으로는 법인의 형식을 갖추고 있으나 법인의 형태를 빌리고 있는 것에 지나지 아니하고 실질적으로는 완전히 그 법인격의 배후에 있는 타인의 개인기업에 불과하거나, 그것이 배후자에 대한 법률적용을 회피하기 위한 수단으로 함부로 이용되는 경우 회사는 물론 그 배후자인 타인에 대해서도 회사의 행위에 관한 책임을 물을 수 있으나,[43] 이 경우에도 배후자를 실질적 당사자로 보고 집행력을 확장하는 것은 허용되지 않

---

41) 대법원 1995. 5. 12. 선고 93다44531 판결.

42) 대법원 2002. 10. 11. 선고 2002다43851 판결.

43) 대법원 2010. 2. 25. 선고 2008다82490 판결: 회사가 외형상으로는 법인의 형식을 갖추고 있으나 법인의 형태를 빌리고 있는 것에 지나지 아니하고 실질적으로는 완전히 그 법인격의 배후에 있는 타인의 개인기업에 불과하거나, 그것이 배후자에 대한 법률적용을 회피하기 위한 수단으로 함부로 이용되는 경우에는, 비록 외견상으로는 회사의 행위라 할지라도 회사와 그 배후자가 별개의 인격체임을 내세워 회사에만 그로 인한 법적 효과가 귀속됨을 주장하면서 배후자의 책임을 부정하는 것은 신의성실의 원칙에 위반되는 법인격의 남용으로서 심히 정의와 형평에 반하여 허용될 수 없고, 따라서 회사는 물론 그 배후자인 타인에 대해서도 회사의 행위에 관한 책임을 물을 수 있다고 보아야 한다. 여기서 회사가 그 법인격의 배후에 있는 타인의 개인기업에 불과하다고 보려면, 원칙적으로 문제가 되고 있는 법률행위나 사실행위를 한 시점을 기준으로 하여, 회사와 배후자 사이에 재산과 업무가 구분이 어려울 정도로 혼용되었는지 여부, 주주총회나 이사회를 개최하지 않는 등 법률이나 정관에 규정된 의사결정절차를 밟지 않았는지 여부, 회사 자본의 부실 정도, 영업의 규모 및 직원의 수 등에 비추어 볼 때, 회사가 이름뿐이고 실질적으로는 개인영업에 지나지 않는 상태로 될 정도로 형해화되어야 한다. 또한 위와 같이 법인격이 형해화될 정도에 이르지 않더라도 회사의 배후에 있는 자가 회사의 법인격을 남용한 경우 회사는 물론 그 배후자인 타인에 대해서도 회사의 행위에 관한 책임을 물을 수 있으나, 이 경우 채무면탈 등의 남용행위를 한 시점을 기준으로 하여, 회사의 배후에 있는 자가 회사를 자기 마음대로 이용할 수 있는 지배적 지위에 있고 그와 같은 지위를 이용하여 법인제도를 남용하는 행위를 할 것이 요구되며, 위와 같이 배후자가 법인제도를 남용하였는지 여부는 앞서 본 법인격 형해화의 정도 및 거래 상대방의 인식이나 신뢰 등 제반 사정을 종합적으로 고려하여 개별적으로 판단하여야 한다(대법원 2008. 9. 11. 선고 2007다90982 판

는다.[44)]

나. 당사자능력과 소송능력

(1) 당사자능력

민사소송법상의 당사자능력자는 집행법상의 당사자능력자가 된다.[45)] 당사자능력 없는 자의 집행행위 및 당사자능력 없는 자에 대한 집행행위는 무효이다. 따라서 사망자 명의의 강제경매신청은 부적법하다. 다만 임의경매에 있어서 그 절차의 개시 전 또는 진행 중에 채무자나 소유자가 사망한 경우에도 경매개시결정의 효력 자체에는 아무런 영향이 없다.[46)]

사망한 사람을 채무자로 한 가압류신청은 부적법하고 그 신청에 따른 가압류결정이 내려졌다고 하여도 그 결정은 당연 무효로서 그 효력이 상속인에게 미치지 않는다.[47)]

(2) 소송능력

집행당사자가 집행법상의 소송행위를 하려면 소송능력이 있어야 한다. 채무자는 원칙적으로 소송능력을 필요로 하지 않는다. 다만 채무자에게 알려야 할 집행행위의 실시(제83조 제4항 등), 채무자를 심문하거나 집행에 관한 이의신청을 하는 등 채무자가 능동적으로 소송행위를 하는 경우에는 소송능력이 없으면 법정대리인이 있어야 하고, 법정대리인이 없으면 특별대리인을 선임하여야 한다. 제3채무자도 역시 집행행위를 함에 있어서는 소송능력이 필요하다.

결 등 참조).

44) 법인격이 형해화된 사례와 남용된 사례를 구별하여, 개인 곧 법인, 법인 곧 개인이 되고 이사회와 주주총회가 없다시피 형해화된 경우는 실질적 당사자인 배후의 개인에게 집행력을 확장시켜 실질적 당사자가 승계집행문을 부여받게 될 수 있다는 견해가 있다. 이시윤, p.72 참조. 그러나 절차의 안정성과 명확성을 중시하는 강제집행절차의 특성상 법인격이 형해화된 경우에 집행력을 확장시키는 것은 곤란하다. 법원사무관 등으로 하여금 법인격이 형해화된 경우를 판단하여 승계집행문을 부여하도록 하는 것은 집행문부여제도의 취지에도 반한다.

45) 판례는 조합의 당사자능력을 부인하고 있으므로 조합재산의 집행에는 조합원 전원이 채무자가 된다.

46) 대법원 1998. 12. 23.자 98마2509,2510 결정: 부동산에 대한 근저당권의 실행을 위한 경매는 그 근저당권 설정등기에 표시된 채무자 및 저당 부동산의 소유자와의 관계에서 그 절차가 진행되는 것이므로, 그 절차의 개시 전 또는 진행 중에 채무자나 소유자가 사망하였다고 하더라도 그 재산상속인들이 경매법원에 대하여 그 사망 사실을 밝히고 자신을 이해관계인으로 취급하여 줄 것을 신청하지 아니한 이상 그 절차를 속행하여 저당 부동산의 낙찰을 허가하였다고 하더라도 그 허가결정에 위법이 있다고 할 수 없다.

47) 대법원 2006. 8. 24. 선고 2004다26287,26294 판결. 다만 가처분신청 당시에 채무자가 생존하고 있었고 그 결정 직전에 채무자가 사망한 경우에는 사망자를 채무자로 한 결정은 무효가 아니다. 이시윤, p.73.

다. 집행(당사자)적격

특정한 집행사건에서 정당한 집행당사자로서 집행하거나 집행을 받기에 적합한 자격을 집행당사자적격 또는 집행적격이라고 한다. 이 문제는 결국 누구를 위하여 또는 누구에 대하여 집행문을 내어 주어야 하는가의 문제이다. 집행권원의 집행력이 미치는 자가 집행적격자이고, 집행적격은 집행권원의 집행력이 미치는 주관적 범위에 의하여 결정된다.[48] 기판력이 미치는 제3자도 집행당사자적격이 있다.

집행적격이 없는 자에 대한 강제집행은 실체법상 효력이 없다.[49] 따라서 집행당사자적격이 없는 자에 대하여 집행문을 부여받아 그 자 소유의 부동산에 대하여 강제집행을 하여 매각허가결정이 확정되고 매수인이 매각대금을 납부한 경우에도 위 매각은 무효가 되므로 매수인은 소유권을 취득하지 못한다는 결과가 된다.

확정판결 또는 가집행선고 있는 종국판결[50]의 원·피고는 집행당사자가 되고, 다음과 같이 기판력이 미치는 제3자도 집행적격이 있다. 이들에게는 승계집행문이 부여된다.

(1) 변론종결 뒤의 승계인[51]

① 변론종결 뒤의 승계인에 의한 승계가 있으면 채권자는 승계집행문을 부여받아 집행할 수 있다. 상속과 같은 포괄승계이든 채권양도와 같은 특정승계이든 불문하고, 그 승계원인이 매매·증여 등의 임의양도이든 경매, 전부명령과 같은 국가의 강제

---

48) 민사집행법 제25조(집행력의 주관적 범위)
　① 판결이 그 판결에 표시된 당사자 외의 사람에게 효력이 미치는 때에는 그 사람에 대하여 집행하거나 그 사람을 위하여 집행할 수 있다. 다만 민사소송법 제71조의 규정에 따른 참가인에 대해서는 그러하지 아니하다.
　② 제1항의 집행을 위한 집행문을 내어 주는 데 대해서는 제31조 내지 제33조의 규정을 준용한다.

49) 대법원 2002. 11. 13. 선고 2002다41602 판결: 채무명의에 표시된 채무자의 상속인이 상속을 포기하였음에도 불구하고, 집행채권자가 동인에 대하여 상속을 원인으로 한 승계집행문을 부여받아 동인의 채권에 대한 압류 및 전부명령을 신청하고, 이에 따라 집행법원이 채권압류 및 전부명령을 하여 그 명령이 확정되었다고 하더라도, 채권압류 및 전부명령이 집행채무자 적격이 없는 자를 집행채무자로 하여 이루어진 이상, 피전부채권의 전부채권자에게의 이전이라는 실체법상의 효력은 발생하지 않는다고 할 것이고, 이는 집행채무자가 상속포기 사실을 들어 집행문부여에 대한 이의신청 등으로 집행문의 효력을 다투어 그 효력이 부정되기 이전에 채권압류 및 전부명령이 이루어져 확정된 경우에도 그러하다고 할 것이다.

50) 화해조서, 조정조서, 인낙조서, 확정된 지급명령의 집행력이 미치는 범위도 확정판결의 경우와 같다. 집행증서의 집행력이 미치는 범위는 증서상의 채권자·채무자, 증서작성 후의 포괄·특정승계인이다.

51) 무변론판결의 경우에는 판결선고 뒤의 승계인(민사소송법 제218조 제1항), 공정증서·제소전화해조서 등의 경우에는 집행권원 성립 후의 승계인이다.

집행에 의한 것이든 가리지 않는다. 또 승계인이 원·피고 어느 쪽인지, 악의인지, 선의인지를 묻지 않는다.

② 변론종결 뒤의 당사자로부터 '소송물인 실체상의 권리의무'를 승계한 자가 변론종결 뒤의 승계인에 해당함은 다툼이 없으나, 소송물인 권리의무 자체를 승계한 것은 아니나, '소송의 목적물에 관한 당사자적격'을 이전받은 자도 승계인에 해당하는지에 관하여 신·구 소송물이론 사이에 차이가 있다.

구이론을 따르는 판례는 소송물인 청구가 물권적 청구권 등과 같이 대세적 효력을 가진 경우에는 그 판결의 기판력이나 집행력이 변론종결 뒤에 그 판결의 피고로부터 그 건물의 점유를 취득한 자에게도 미치나, 소송물인 청구가 대인적 효력밖에 없는 채권적 청구권인 경우에 점유승계인에게 미치지 않는다고 한다.

그러나 신이론은 소송물이 물권적 청구권이든 채권적 청구권이든 구별하지 않고 승계인에 해당한다고 본다. 다만 신이론은 승계인의 범위가 지나치게 광범위하여 실체법과 조화되지 않는 문제를 승계인에 대한 기판력의 작용에 관하여 형식설을 취하여 해결한다. 형식설에 의하면 패소한 피고의 점유·등기승계인이 승소한 원고에게 실체법상 대항할 수 있는 고유의 방어방법을 갖고 있을 때라도 변론종결 뒤의 승계인에 해당하되, 이러한 제3자는 뒤에 자기가 승소한 원고에게 대항할 수 있는 법적 지위 등 이른바 고유의 방어방법을 내세울 수 있다는 것이다.[52]

[판례의 이해]

〈1〉 **소송물이 물권적 청구권인 경우:** 소송물인 권리의무 자체를 승계한 것이 아니라도 목적물에 대한 권리 또는 점유를 승계함에 따라 당사자적격의 승계가 있는 경우에는 그 제3자에게 기판력이 미친다. 따라서 건물철거 확정판결의 변론종결 뒤 피고로부터 그 건물을 양수한 제3자는 前主의 권리의무를 승계한 것은 아니지만 실체상의 법률관계를 반영하여 보면 적격승계가 있는 것으로 볼 수 있다.

① 원인 없이 이전된 소유권이전등기라 하여 그 등기를 말소하라는 판결이 확정된 경우에 그 확정판결의 변론종결 후에 피고로부터 소유권이전등기 또는 담보권설정등기를 차례로 받은 자들은 이른바 변론종결 후의 승계인에 해당한다.[53]

---

52) 결국 신·구 소송물이론의 차이는 청구가 채권적 청구권일 때 구이론은 처음부터 승계집행문을 부여할 수 없게 되는데 대해 신이론은 승계집행문은 부여하게 되지만 뒤에 집행을 배제시킬 수 있게 된다는 점이다. 이시윤, p.78 참조.

② 부동산에 대한 근저당권설정등기말소청구사건의 사실심 변론종결일 후에 그 부동산의 소유권을 경락취득한 자 또는 이를 전득한 자는 그 확정판결의 효력이 미치는 변론종결 후의 승계인이다.[54]

③ 재판상 화해에 의하여 소유권이전등기를 말소할 물권적 의무를 부담하는 자로부터 그 화해성립 후에 동 부동산에 관한 가등기를 경료받은 자는 변론종결 후의 승계인에 해당한다.[55]

※ 건물 소유권에 기한 물권적 청구권을 원인으로 하는 건물명도소송의 소송물은 건물 소유권이 아니라 그 물권적 청구권인 건물명도청구권이므로 그 소송에서 청구기각된 확정판결의 기판력은 건물명도청구권의 존부 그 자체에만 미치는 것이고, 소송물이 되지 아니한 건물 소유권의 존부에 관해서는 미치지 아니하므로, 그 건물 명도소송의 사실심 변론종결 후에 그 패소인 건물 소유자로부터 건물을 매수하고 소유권이전등기를 마침으로써 그 소유권을 승계한 제3자의 건물 소유권의 존부에 관해서는 위 확정판결의 기판력이 미치지 않으며 또 이 경우 위 제3자가 가지게 되는 물권적 청구권인 건물명도청구권은 적법하게 승계한 건물 소유권의 일반적 효력으로 발생된 것이고, 위 건물명도소송의 소송물인 패소자의 건물명도청구권을 승계함으로써 가지게 된 것이라고는 할 수 없으므로, 위 제3자는 위 확정판결의 변론종결 후의 승계인에 해당한다고 할 수 없다.[56]

〈2〉 **소송물이 채권적 청구권인 경우:** 당사자가 이행판결을 받더라도 민법 제187조의 물권변동을 일으키는 판결은 형성판결을 말하는 것이지 이행판결이 포함되지 않으므로 당사자가 가지는 실체적 권리가 제3자에 대하여 대항력을 취득할 수 없고 기판력이 종론종결 뒤의 제3자에게까지 미친다면 물권변동에 관한 실체법상의 원칙에 어긋나게 되므로 승계가 부정된다.

① 소유권이전등기를 명하는 확정판결의 변론종결 후에 그 청구목적물을 매수하여 등기를 한 제3자는 변론종결 후의 승계인에 해당되지 아니한다.[57]

② 전소의 소송물이 채권적 청구권인 소유권이전등기청구권일 때에는 전소의 변론종

---

53) 대법원 1963. 9. 27. 선고 63마14 판결.
54) 대법원 1994. 12. 27. 선고 93다34183 판결.
55) 대법원 1980. 5. 13. 선고 79다1702 판결.
56) 대법원 1999. 10. 22. 선고 98다6855 판결.
57) 대법원 1980. 11. 25. 선고 80다2217 판결.

결 후에 전소의 피고인 채무자로부터 소유권이전등기를 경료받은 자는 전소의 기판력이 미치는 변론종결 후의 제3자에 해당한다고 할 수 없다.[58]

③ 건물명도소송에서의 소송물인 청구가 물권적 청구 등과 같이 대세적인 효력을 가진 경우에는 그 판결의 기판력이나 집행력이 변론종결 후에 그 재판의 피고로부터 그 건물의 점유를 취득한 자에게도 미치나 그 청구가 대인적인 효력밖에 없는 채권적 청구만에 그친 때에는 위와 같은 점유승계인에게 위의 효력이 미치지 아니한다.[59]

④ 확정판결의 변론종결 후 동 확정판결상의 채무자로부터 영업을 양수하여 양도인의 상호를 계속 사용하는 영업양수인은 상법 제42조 제1항에 의하여 그 양도인의 영업으로 인한 채무를 변제할 책임이 있다 하여도, 그 확정판결상의 채무에 관하여 이를 면책적으로 인수하는 등 특별사정이 없는 한, 그 영업양수인을 곧 민사소송법 제204조의 변론종결 후의 승계인에 해당된다고 할 수 없다.[60]

(2) 추정승계인

민사소송법상 변론종결 전의 승계인에게는 기판력이 미치지 않는다. 그러나 당사자가 변론종결 전에 승계사실을 진술하지 않으면 변론종결한 뒤에 승계한 것으로 추정한다(민사소송법 제218조 제2항). 반증이 없는 한 변론종결 뒤의 승계인으로 보아 기판력과 집행력을 미치게 하기 위함이다.

[사례 1-2] 추정승계인과 승계집행문

甲이 乙을 상대로 제기한 건물명도사건의 소송계속중에 乙이 그 점유를 제3자인 丙에게 이전하였다. 甲은 위와 같은 점유승계사실을 모른 채 乙 상대의 승소확정판결을 받았다.

甲은 丙에 대한 승계집행문을 부여받아 丙을 상대로 강제집행을 할 수 있는가?

---

58) 대법원 1993. 2. 12. 선고 92다25151 판결.

59) 대법원 1991. 1. 15. 선고 90다9964 판결. 원고가 甲으로부터 乙에 대한 점포의 전차권을 양도받고 다시 乙과 전대차계약을 맺은 다음, 그 점포를 점유하고 있는 丙을 상대로 甲으로부터 양수한 전차권을 보전하기 위하여 甲을 대위하여 점포의 명도청구소송을 제기하여 승소판결을 받았으나 丙이 그 사건의 변론종결 후에 마음대로 피고에게 위 점포를 양도함으로써 피고가 이를 점유하고 있는 경우 원고의 위 소송에서의 청구는 채권적 청구이므로 피고에 대해서는 그 판결의 기판력과 집행력이 미치지 아니하고, 따라서 그 승소판결만으로 피고에 대하여 명도집행을 할 수 없게 된 원고로서는 피고를 상대로 다시 위 점포의 명도를 구할 소송상의 이익이 있다.

60) 대법원 1979. 3. 13. 선고 78다2330 판결.

위 사례에서 乙이 승계사실을 진술하지 아니하여[61] 甲으로 하여금 丙으로의 소송인수의 기회를 제공한 바 없다면(민사소송법 제82조) 반증이 없는 한 丙을 변론종결 뒤의 승계인으로 보아 丙에 대한 승계집행문을 부여받을 수 있다. 이 경우 甲은 승계시기에 관해서는 증명할 필요가 없고 승계사실만 증명하면 된다.

그러나 丙을 승계인으로 보는 것은 추정에 불과하기 때문에 丙이 시기적으로 변론종결 전에 승계되었음을 주장·증명하여 기판력과 집행력에서 벗어날 수 있다. 따라서 甲으로서는 乙을 상대로 건물명도청구의 소를 제기하기 전에 乙을 상대로 점유이전금지가처분으로 피고를 乙로 항정(恒定)시켜 놓아야 甲이 다시 丙을 상대로 건물명도소송을 제기하여야 하는 번거로움을 피할 수 있다.

(3) 청구의 목적물의 소지자

당사자 또는 승계인(변론종결 전후를 불문)을 위하여 청구 목적물, 즉 특정물인도청구의 대상이 되는 특정물을 소지[62]한 사람(민사소송법 제218조 제1항)에게도 집행력이 미친다. 예컨대 수치인, 창고업자, 관리인, 법인의 직원, 동거가족이나 피용자 등 점유보조자 등과 같이 본인을 위하여 목적물을 소지하고 있는 자가 이에 해당한다. 이 경우에는 승계집행문까지도 필요 없다. 그러나 임차인, 질권자, 전세권자, 지상권자 등 자기의 고유이익을 위한 목적물의 소지자는 이에 해당되지 않는다.

[사례 1-3] **청구목적물의 소지자와 집행력**

　甲은 乙회사와 甲 소유의 건물에 관하여 임대차계약을 체결하였다가 임대차기간이 만료되었다. 현재 乙회사의 직원인 A가 위 건물을 점유하고 있다. 甲은 어떻게 위 건물의 명도를 받을 수 있는가?

　甲이 A를 상대로 건물퇴거청구를 할 수 있는가?

　甲이 乙을 상대로 건물명도청구의 소를 제기하여 승소확정판결을 받았다.

　A에 대한 승계집행문을 부여받아 A에 대하여 명도집행을 할 수 있는가?

---

61) 민사소송법 제218조 제2항의 승계를 진술할 자에 관하여 승계인설도 있으나, 피승계인설이 통설·판례이다.

62) 여기서의 '소지'는 '점유'를 의미한다.

회사의 직원으로서 건물부분에 대한 점유보조자에 불과할 뿐 독립한 점유주체가 아닌 사람은 회사를 상대로 한 명도소송의 확정판결에 따른 집행력이 미치는 것은 별론으로 하고, 소유물반환청구의 성질을 가지는 퇴거청구의 독립한 상대방이 될 수는 없다.[63] 따라서 A는 점유자가 아닌 점유보조자에 불과하므로 민법 제213조의 상대방에 해당하지 않고, 甲의 A의 대한 퇴거청구는 기각된다.

그러나 A는 민사소송법 제218조 제1항의 당사자 또는 승계인을 위하여 청구 목적물을 소지한 사람에 해당하지 않고 A의 점유는 乙의 점유와 동일시된다. 따라서 甲은 A에 대한 승계집행문을 부여받아 A에 대한 명도집행을 할 것이 아니라, 乙에 대한 집행문을 부여받아 A에 대한 명도집행을 할 수 있다.

(4) 제3자의 소송담당의 경우의 권리귀속주체

제3자를 위하여 당사자가 된 사람에 대한 확정판결에 있어서는 제3자(민사소송법 제218조 제3항)도 집행당사자가 된다. 예컨대 파산관재인이 받은 판결은 파산자에게 미치고, 선정당사자가 받은 판결의 집행력은 선정자에게도 미치며, 대표소송을 수행하는 주주가 자기의 이름으로 소의 당사자가 되어 받은 판결의 집행력은 회사에 미친다. 이 경우에는 그 제3자를 위하여 또는 그에 대하여 승계집행문을 부여받아야 한다.

채무자가 채권자대위소송이 제기된 사실을 알았을 때에는 채권자대위소송 판결의 기판력뿐만 아니라 집행력도 채무자에게 미친다.[64][65] 그러나 채권자취소소송의 채권자는 소송담당자가 아니고 자기의 고유의 권리를 행사하는 것이므로[66] 그 확정판결의 기판력이나 집행력이 채무자에게 미치는 것은 아니다.

(5) 소송탈퇴자

독립참가 또는 소송인수에 의하여 소송을 탈퇴한 당사자에게도 참가인과 상대방 간의

---

63) 대법원 2001. 4. 27. 선고 2001다13983 판결.

64) 대법원 1975. 5. 13. 선고 74다1664 전원합의체 판결: 채권자가 채권자대위권을 행사하는 방법으로 제3채무자를 상대로 소송을 제기하고 판결을 받은 경우에는 어떠한 사유로 인하였든 적어도 채무자가 채권자 대위권에 의한 소송이 제기된 사실을 알았을 경우에는 그 판결의 효력은 채무자에게 미친다.

65) 대법원 1979. 8. 10. 자 79마232 결정은 채권자대위권에 기한 확정판결의 기판력이 소외인인 채무자에게도 미치는 경우가 있다 하더라도 위 확정판결의 집행력만은 원·피고 간에 생기는 것이고 원고와 소외인 사이에는 생기지 아니한다고 하나, 이 판례가 소외인인 채무자와 피고 사이의 집행력까지 부인하는 것은 아니다.

66) 대법원 2005. 11. 25. 선고 2005다51457 판결 등.

판결의 집행력이 미친다. 탈퇴자에 대한 이행의무를 선언한 판결주문이 탈퇴자에 대한 집행권원이 된다.

라. 집행(당사자)적격의 변동

(1) 집행문부여 전의 변동

집행권원의 성립 후 집행문부여 전에 당사자의 사망 및 기타 승계 등으로 집행권원에 기재된 집행당사자의 적격에 변동이 생긴 때에는, 새로이 적격을 취득한 자를 위하여 또는 그 자에 대하여 승계집행문을 부여받아야 한다.[67]

(2) 집행문부여 후의 변동

집행문부여 후 강제집행개시 후에 당사자적격에 변동이 생긴 때에도 승계집행문을 부여받아야 한다.[68][69] 다만 집행 개시 후 사망, 합병 등으로 채무자의 지위에 포괄승계가 있는 경우 또는 신탁재산에 대한 집행개시 후 채무자인 수탁자가 바뀐 경우(신탁법 제27

---

67) 대법원 2008. 2. 1. 선고 2005다23889 판결: 집행권원상의 청구권이 양도되어 대항요건을 갖춘 경우 집행당사자적격이 양수인으로 변경되고, 양수인이 승계집행문을 부여받음에 따라 집행채권자는 양수인으로 확정되는 것이므로, 승계집행문의 부여로 인하여 양도인에 대한 기존 집행권원의 집행력은 소멸한다. 따라서 그 후 양도인을 상대로 제기한 청구이의의 소는 피고적격이 없는 자를 상대로 한 소이거나 이미 집행력이 소멸한 집행권원의 집행력 배제를 구하는 것으로 권리보호의 이익이 없어 부적법하고, 이러한 법리는 소액사건심판법상의 확정된 이행권고결정과 같이 위 법 제5조의 8 제1항에 의하여 집행문을 별도로 부여받을 필요 없이 이행권고결정서의 정본에 의하여 강제집행이 가능한 경우에도 마찬가지이다 (집행권원상의 청구권을 양도한 채권자가 집행력이 소멸한 이행권고결정서의 정본에 기하여 강제집행절차에 나아간 경우에 채무자는 민사집행법 제16조의 집행이의의 방법으로 이를 다툴 수 있다).

68) 민사집행규칙 제23조(집행개시 후 채권자의 승계)
① 강제집행을 개시한 후 신청채권자가 승계된 경우에 승계인이 자기를 위하여 강제집행의 속행을 신청하는 때에는 법 제31조(법 제57조의 규정에 따라 준용되는 경우를 포함한다)에 규정된 집행문이 붙은 집행권원의 정본을 제출하여야 한다.
② 제1항에 규정된 집행권원의 정본이 제출된 때에는 법원사무관 등 또는 집행관은 그 취지를 채무자에게 통지하여야 한다.

69) 대법원 2008. 8. 11. 선고 2008다32310 판결: 강제집행절차에 있어서는 권리관계의 공권적인 확정 및 그 신속·확실한 실현을 도모하기 위하여 절차의 명확·안정을 중시하여야 하므로, 집행권원을 가진 채권자의 지위를 승계한 자라고 하더라도 기존 집행권원에 기하여 강제집행을 신청하려면 민사집행법 제31조 제1항(같은 법 제57조의 규정에 따라 준용되는 경우를 포함한다)에 의하여 승계집행문을 부여받아야 하고, 집행권원에 의한 강제집행이 개시된 후 신청채권자의 지위를 승계한 경우라도 승계인이 자기를 위하여 강제집행 속행을 신청하기 위해서는 민사집행규칙 제23조가 정한 바와 같이 승계집행문이 붙은 집행권원의 정본을 제출하여야 하며 그 경우 법원사무관 등 또는 집행관은 그 취지를 채무자에게 통지하도록 하고 있다. 따라서 채권자가 집행권원에 기하여 압류 및 추심명령을 받은 후 그 집행권원상의 채권을 양도하였다고 하더라도 그 채권의 양수인이 기존 집행권원에 대하여 승계집행문을 부여받지 않았다면, 집행채권자의 지위에서 압류채권을 추심할 수 있는 권능이 있다고 볼 수 없다.

조) 등에는 승계집행문을 부여받지 않고서도 그 채무자에 속하는 책임재산에 대하여 그대로 집행할 수 있다. 따라서 승계인의 고유재산에 대한 강제집행에는 승계인에 대한 승계집행문이 필요 하다.

따라서 집행 개시 후 채무자가 사망한 때에는 채권자는 상속재산에 대하여 강제집행을 계속하여 진행할 수 있다. 그러나 채무자에게 알려야 할 집행행위를 실시할 경우(예컨대 채무자에 대한 송달·압류통지를 하는 경우에는 상속인 또는 이에 갈음할 유언집행자, 상속재산관리인에 대하여 이를 하여야 한다) 상속인이 없거나 상속인이 있는 곳이 분명하지 아니한 경우 집행법원은 채권자의 신청에 따라 상속재산 또는 상속인을 위한 특별대리인을 선임하여 그 자를 집행에 관여시킨다(제52조).

담보권실행의 경매절차 개시 후 채무자 또는 소유자가 사망한 경우에도 절차를 계속 진행할 수 있고, 보전절차 개시 후 채무자가 사망한 경우에도 같다.[70]

마. 대리인

강제집행절차에 있어서 당사자는 대리인을 선임하여 집행행위를 할 수 있다. 판결절차의 각 심급의 소송대리인은 특별수권이 없어도 그 판결에 기한 강제집행, 가압류·가처분 등에 관해서도 당연히 대리권과 변제수령권을 가진다.

집행관에 의한 집행절차에 있어서는 임의대리인의 자격에 제한이 없이 누구나 대리인이 될 수 있다. 집행법원이나 제1심법원 관할의 집행절차도 경매신청행위 같은 것은 비변호사대리가 허용되고, 법관의 면전에서 받는 심문이나 이의신청, 항고 등에 관하여 변론을 하는 경우 비변호사도 집행당사자의 친족관계나 고용관계 등 일정한 관계에 있는 사람은 법원의 허가를 얻으면 대리인이 될 수 있다.[71]

법무사는 경매사건 등에서 매수나 입찰신청의 대리를 할 수 있다.[72]

---

70) 대법원 1976. 2. 24. 선고 75다1240 판결: 당사자 쌍방을 소환하여 심문절차를 거치거나 변론절차를 거침이 없이 채권자 일방만의 신청에 의하여 바로 보전명령을 한 가압류 결정에 있어서 신청 당시 생존하고 있던 채무자가 결정 직전에 사망 하였다거나 수계절차를 밟음이 없이 채무자명의의 결정이 이루어졌다고 하여 그 가압류 결정이 당연무효라고는 할 수 없다. 처분금지가처분결정의 경우 같은 취지: 대법원 1993. 7. 27.선고 92다48017 판결.

71) 이시윤, p.84.

72) 법무사법 제2조(업무)
① 법무사의 업무는 다른 사람이 위임한 다음 각 호의 사무로 한다.
5. 「민사집행법」에 따른 경매사건과 「국세징수법」이나 그 밖의 법령에 따른 공매사건에서의 재산취득에 관한 상담, 매수신청 또는 입찰신청의 대리

법원에 등록한 공인중개업자에게도 매수·입찰대리 및 권리분석의 대리가 허용된다.[73]

3. 책임재산

가. 책임재산의 의의와 조사

민사집행의 대상(객체)은 채무자의 책임재산이다. 책임재산은 집행개시 당시에 채무자에 속하여 강제집행의 대상이 되는 재산을 말한다.

강제집행을 실시함에 있어서 집행기관은 강제집행대상이 채무자의 책임재산에 속하는지 여부를 조사하여야 하나, 형식주의에 따라 외관상 채무자의 책임재산에 속하는 것으로 인정되면 강제집행을 개시할 수 있다.

나. 책임재산의 범위

(1) 물적 범위

금전집행에 있어서는 금전이나 금전으로 환가할 수 있는 채무자의 총재산이 책임재산이 된다. 부동산, 동산뿐만 아니라 채무자가 제3채무자에 대하여 갖는 채권, 아파트분양권, 골프회원권 등 그 밖의 재산권 등이 책임재산에 속한다. 그러나 독립한 재산적 권익을 내용으로 하지 않는 취소권·해제권이나 부양료청구권과 같은 일신전속권, 성명권·초상권과 같은 인격권 등은 책임재산에 속하지 아니한다.

채권자는 집행신청 시에 부동산·유체동산·채권 등 대상재산을 특정하여야 한다.

담보권실행절차에서의 책임재산은 담보권의 목적인 특정재산에 한정된다.

(2) 시적 범위

강제집행 당시 채무자의 소유에 속하는 재산만이 집행대상이다. 과거에 채무자의 소유

---

73) 공인중개사의 업무 및 부동산 거래신고에 관한 법률 제14조(중개업자의 겸업제한 등)
　② 중개업자는 「민사집행법」에 의한 경매 및 「국세징수법」 그 밖의 법령에 의한 공매대상 부동산에 대한 권리분석 및 취득의 알선과 매수신청 또는 입찰신청의 대리를 할 수 있다.
　③ 중개업자가 제2항의 규정에 따라 「민사집행법」에 의한 경매대상 부동산의 매수신청 또는 입찰신청의 대리를 하고자 하는 때에는 대법원규칙이 정하는 요건을 갖추어 법원에 등록을 하고 그 감독을 받아야 한다.

에 속하였으나, 집행 당시에는 제3자에게 귀속되어 있는 재산은 채권자취소권에 의하여 현재의 재산으로 돌려놓아야 책임재산이 된다.

(3) 책임재산의 보전수단

채무자가 책임재산을 빼돌리는 것을 방지하기 위하여 보전처분절차를 활용하거나, 채무자들이 담합하여 사해소송을 통해 책임재산을 도피 또는 감소시키고자 할 때에는 독립참가 중의 사해방지참가(민사소송법 제79조 제1항 후단)를 할 수 있다.

[기초적인 사례]

<1> 甲이 乙에게 금 1억 원을 대여하였으나, 乙이 변제기가 지나도록 대여원리금을 변제하지 않고 있다. 乙에게는 시가 2억 원의 아파트가 있다. → 甲은 乙의 아파트를 가압류함으로써 그 처분권을 박탈하여 장래의 금전집행을 보전할 수 있다. 甲으로서는 乙의 재산인 아파트에 대하여 집행보전 후 대여금청구소송에서 승소확정판결을 받아 위 아파트에 관하여 부동산강제경매를 신청하여 자신의 채권을 회수할 수 있다.

<2> 甲은 乙로부터 乙 소유의 아파트를 매수하고 잔금까지 전부 지급하였으나, 乙이 아파트가격의 상승을 이유로 소유권이전등기를 해 주지 않고 있다. → 甲은 乙의 아파트에 관하여 처분금지가처분을 함으로써 다툼의 대상의 현상을 동결시킨 후 乙을 상대로 소유권이전등기청구소송에서 소유권이전등기절차를 명하는 승소확정판결을 받으면 등기절차를 이행할 의사표시를 한 것으로 간주되어 집행은 끝난 것이 되고, 사후처분으로 등기부에의 기입을 하게 된다.

<3> 甲은 자신의 상가를 乙에게 임대하였으나, 乙은 임대차기간이 종료되었음에도 불구하고 위 상가를 명도해 주지 않고 있다. → 甲은 위 상가에 대하여 점유이전금지가처분을 함으로써 피고를 항정한 후 건물명도소송에서 승소확정판결을 받아 명도집행을 받을 수 있다.

채권자가 채무자가 빼돌린 책임재산을 사후에 원상회복하는 방안으로 사해행위취소의 소를 제기할 수 있고, 채무자가 책임재산의 보전을 소홀히 할 때 채권자대위소송으로 대처할 수도 있다.

다. 책임재산의 제외

(1) 유한책임

채무자의 총재산이 아니라 특정의 물건이나 일정 범위의 재산에 책임재산이 한정되는 것을 유한책임이라 한다.

한정승인을 한 상속인은 상속인의 고유재산은 책임재산에서 제외되고, 상속받은 재산의 한도에서 상속채권자에 대해 변제책임을 진다(물적 유한책임).

합자회사의 유한책임사원의 책임과 같이 채무자의 책임이 일정한 금액의 한도에 제한되고 이를 넘어서는 책임을 지지 않는 경우도 있다(인적 유한책임).

채권자가 상속채무의 이행을 구하는 소를 제기한 경우 채무자가 제출한 한정승인의 항변이 이유 있는 경우 법원은 주문에서 상속재산의 한도 내에서 집행할 수 있다는 유보부 판결을 한다.[74] 이 경우 집행기관은 그 명시된 재산에 대해서만 집행하여야 한다. 집행기관이 책임재산이 아닌 다른 재산을 압류한 경우 채무자는 집행이의신청이나 제3자이의의 소를 제기할 수 있다.[75]

[사례 1-4] 한정승인 및 상속포기와 집행력

<1> 甲은 乙에게 금 1억 원을 대여하였으나, 乙이 사망하여 처 丙과 자 丁이 乙을 상속하였다. 甲이 丙, 丁을 피고로 하여 대여금청구의 소를 제기하기 전에 이미 한정승인심판청구를 하여 그 수리심판을 받았다. 그런데 丙과 丁이 위 소송에서 한정승인 사실을 주장하지 아니하는 바람에 책임의 범위에 관하여 아무런 유보가 없는 판결이 선고되어 확정되었다. 甲이 위 대여금청구사건의 집행력 있는 정본에 의하여 丙과 丁의 재산에 대하여 강제집행을 개시하자 丙과 丁이 이제 와서 한정승인을 주장하면서 채무자의 고유재산에 대한 집행력의 배제를 구할 수 있는가?

---

74) 대법원 2003. 11. 14. 선고 2003다30968 판결: 상속의 한정승인은 채무의 존재를 한정하는 것이 아니라 단순히 그 책임의 범위를 한정하는 것에 불과하기 때문에, 상속의 한정승인이 인정되는 경우에도 상속채무가 존재하는 것으로 인정되는 이상, 법원으로서는 상속재산이 없거나 그 상속재산이 상속채무의 변제에 부족하다고 하더라도 상속채무 전부에 대한 이행판결을 선고하여야 하고, 다만 그 채무가 상속인의 고유재산에 대해서는 강제집행을 할 수 없는 성질을 가지고 있으므로, 집행력을 제한하기 위하여 이행판결의 주문에 상속재산의 한도에서만 집행할 수 있다는 취지를 명시하여야 한다.

75) 이시윤, pp.91-92.

<2> 위 사례에서 丙과 丁이 한정승인이 아닌 상속포기신고를 하고 수리되었는데도 위 대여금청구소송의 변론종결 전에 상속포기사실을 주장하지 아니하여 전액 지급판결이 선고된 경우 丙과 丁은 상속포기를 이유로 위 집행력의 배제를 구하는 청구이의의 소를 제기할 수 있는가?

한정승인에 의한 책임의 제한은 상속채무의 존재 및 범위의 확정과는 관계가 없고 다만 판결의 집행대상을 상속재산의 한도로 한정함으로써 판결의 집행력을 제한할 뿐이다. 특히 채권자가 피상속인의 금전채무를 상속한 상속인을 상대로 그 상속채무의 이행을 구하여 제기한 소송에서 채무자가 한정승인 사실을 주장하지 않으면, 책임의 범위는 현실적인 심판대상으로 등장하지 아니하여 주문에서는 물론 이유에서도 판단되지 않는 것이므로 그에 관해서는 기판력이 미치지 않는다. 그러므로 채무자가 한정승인을 하고도 채권자가 제기한 소송의 사실심 변론종결 시까지 그 사실을 주장하지 아니하는 바람에 책임의 범위에 관하여 아무런 유보가 없는 판결이 선고되어 확정되었다고 하더라도, 채무자는 그 후 위 한정승인 사실을 내세워 청구에 관한 이의의 소를 제기하는 것이 허용된다는 것이 판례이다.[76]

그런데 판례는 상속을 포기한 경우에는 한정승인과 달리 본다. 즉 채무자가 한정승인을 하였으나 채권자가 제기한 소송의 사실심 변론종결 시까지 이를 주장하지 아니하는 바람에 책임의 범위에 관하여 아무런 유보 없는 판결이 선고·확정된 경우라 하더라도 채무자가 그 후 위 한정승인 사실을 내세워 청구에 관한 이의의 소를 제기하는 것이 허용되는 것은, 한정승인에 의한 책임의 제한은 상속채무의 존재 및 범위의 확정과는 관계 없이 다만 판결의 집행 대상을 상속재산의 한도로 한정함으로써 판결의 집행력을 제한할 뿐으로, 채권자가 피상속인의 금전채무를 상속한 상속인을 상대로 그 상속채무의 이행을 구하여 제기한 소송에서 채무자가 한정승인 사실을 주장하지 않으면 책임의 범위는 현실적인 심판대상으로 등장하지 아니하여 주문에서는 물론 이유에서도 판단되지 않는 관계로 그에 관해서는 기판력이 미치지 않기 때문인데, 위와 같은 기판력에 의한 실권효 제한의 법리는 채무의 상속에 따른 책임의 제한 여부만이 문제되는 한정승인과 달리 상속

---

76) 대법원 2006. 10. 13. 선고 2006다23138 판결. 판례의 태도에 대해서는 판결절차의 변론종결 시까지 주장하지 아니하였던 유한책임의 항변을 집행단계에 와서 뒤늦게 내세우는 것은 민소법의 적시제출주의의 정신이나 실기한 공격방어방법의 각하규정과의 균형상으로도 맞지 아니하며, 절차의 집중·법적 안정성·신의칙의 견지에서 허용할 수 없다는 견해가 있다. 이시윤, pp.92-93 참조.

에 의한 채무의 존재 자체가 문제되어 그에 관한 확정판결의 주문에 당연히 기판력이 미치게 되는 상속포기의 경우에는 적용될 수 없다는 것이다.[77] 따라서 판례에 따르면 상속포기의 사유는 위 확정판결의 변론종결 이전에 생긴 것이어서 적법한 청구이의의 사유가 되지 못한다.

(2) 압류금지재산

민사집행법에서 직접 압류금지재산으로 규정한 경우가 있다(법정압류금지재산: 유체동산에 관한 제195조, 채권에 관한 제246조).[78]

패산채권자는 파산재단에 속하는 재산에 대하여 강제집행이 금지되고, 개인회생절차나 회생절차 개시결정 후의 채무자의 재산도 마찬가지다.

---

77) 대법원 2009. 5. 28. 선고 2008다79876 판결.
78) 상세한 내용은 유체동산집행, 채권집행편에서 보기로 한다.

제2장 강제집행의 요건

[1] 강제집행의 적법요건

1. 강제집행의 관할

강제집행에 착수하려면 채권자가 관할 집행기관에 '서면으로' 강제집행을 신청하여야 한다. 강제집행의 관할은 전속관할이고, 관할권이 없는 집행기관에의 신청은 무효이다.

2. 소송요건

① 우리나라 법원의 재판권[79]
② 민사집행사항[80]
③ 당사자자격: 당사자능력 · 소송능력 · 당사자적격 · 대리권
④ 권리보호의 이익[81]

---

79) 예컨대 외교특권이 인정되는 외국공관의 재산은 집행의 대상이 될 수 없다.

80) 체납된 국세채무를 위한 집행은 국세징수법에 의하므로 민사집행사항이 아니다.

81) 대법원 1997. 4. 25. 선고 96다52489 판결: 채무명의인 공정증서가 무권대리인의 촉탁에 기하여 작성된 것으로서 무효인 때에는 채무자는 청구이의의 소로써 강제집행 불허의 재판을 구할 수 있음은 물론이지만, 그 공정증서에 기한 강제집행이 일단 전체적으로 종료되어 채권자가 만족을 얻은 후에는 더 이상 청구이의의 소로써 그 강제집행의 불허를 구할 이익은 없다. 대법원 1997. 10. 10. 선고 96다49049 판결: 당해 강제집행이 종료된 후에 제3자이의의 소가 제기되거나 또는 제3자이의의 소가 제기된 당시 존재하였던 강제집행이 소송 계속 중 종료된 경우에는 소의 이익이 없어 부적법하다.

[2] 강제집행의 실체적 요건

1. 집행권원

가. 집행권원의 의의

집행권원(執行權原)[82]이란 사법상의 일정한 급부청구권에 집행력을 인정한 공정의 증서를 말한다. 집행권원은 강제집행의 근거가 되는 문서이고, 이에 기하여 채권자의 강제집행청구권이 발생한다. 집행권원은 급부의무를 내용으로 하여야 하고, 그 급부의 내용은 가능·특정·적법하며 강제이행에 적합해야 한다. 집행권원에 의해 집행당사자와 집행의 내용·범위가 결정된다.

채권자가 집행권원을 갖고 있으면 집행기관은 그 집행권원의 내용인 청구권이 실제로 존재하는지 여부를 조사하지 않는다(형식주의).[83] 집행권원에 기하여 강제집행청구권이 발생한다고 하더라도 강제집행에 착수하기 위해서는 집행권원에 집행문을 부여받아야 한다. 집행권원에 한정승인과 같이 유한책임이 명시되지 않는 한 금전집행에 있어서는 채무자의 전 재산이 집행대상이 된다.

집행권원에 의하여 집행력의 주관적 범위와 객관적 범위가 정해진다. 즉 집행당사자인 채권자와 채무자는 집행권원에 의하여 정해지고, 강제집행의 내용과 범위는 집행권원에 의해 정해진다. 집행권원에 표시된 것과 다른 목적물에 대하여 집행할 수 없고, 집행권원에 표시된 채무액을 넘어서 집행할 수 없다.[84] 즉 집행권원의 표시가 급부청구권의 범위의 최대한도를 정한다.[85]

---

82) 구 민사소송법은 독일어 'Schuldtitel'을 직역한 '채무명의(債務名義)'라는 용어를 사용하고 있었으나, 민사집행법은 강제집행의 토대가 되는 근거문서라는 뜻에 부합하는 '집행권원(執行權原)'이라는 용어로 대체하였다.

83) 대법원 1998. 8. 31. 자 98마1535,1536 결정: 집행법원이 채권압류 및 추심명령의 결정을 함에 있어서는 채무명의의 유무 및 그 송달 여부, 선행하는 압류명령의 존부, 집행장해의 유무 및 신청의 적식 여부 등 채권압류 및 추심명령의 요건을 심리하여 결정하면 되고, 비록 그 채무명의인 집행증서가 무권대리인의 촉탁에 의하여 작성되어 당연무효라고 할지라도 그러한 사유는 형식적 하자이기는 하지만 집행증서의 기재 자체에 의하여 용이하게 조사·판단할 수 없는 것이므로 청구이의의 소에 의하여 그 집행을 배제할 수 있을 뿐 적법한 항고사유는 될 수 없다.

84) 대법원 1994. 5. 13. 자 94마542,543 결정: 강제집행에 있어서 채권자가 채무자에 대하여 가지는 집행채권의 범위는 채무명의에 표시된 바에 의하여 정하여지므로, 채무명의, 즉 집행력 있는 공정증서정본상 차용원금채권 및 이에 대한 그 변제기까지의 이자 이외에 변제기 이후 다 갚을 때까지의 지연손해금채권에 대해서는 아무런 표시가 되어 있지 않는 한 그 지연손해금채권에 대해서는 강제집행을 청구할 수 없다.

┌─ **[사례 2-1] 항소기각판결과 집행권원** ──────────────────────

　　甲이 乙을 상대로 대여금 1,000만 원의 지급을 구하는 소를 제기하여 전액 승소
판결을 받았다. 乙의 항소로 항소심에서 乙이 300만 원 변제주장을 하자 甲이 700
만 원을 구하는 것으로 청구를 감축한 결과 乙의 항소가 기각되었다. 이 경우 집행
권원으로 되는 것은 제1심판결인가, 항소심판결인가? 제1판결이라면 판결에 표시된
대로 1,000만 원이 집행할 수 있는 금액이 되는가?

└──

이 경우에도 집행권원이 되는 것은 여전히 제1심판결이다. 제1심판결에 형식상 표시되
어 있는 금액이 1,000만 원이라고 하여도 甲이 집행할 수 있는 금액은 700만 원에 한정
된다. 이때에는 집행문에 집행이 가능한 범위를 적어야 한다.[86]

　　甲이 1,000만 원 전액에 대하여 강제집행을 개시한 경우 乙이 청구이의의 소를 제기
하여 300만 원에 대하여 강제집행이 불허된 경우에도 마찬가지다.

　　집행권원의 내용을 특정할 수 없는 경우 새로운 집행권원을 얻기 위한 신소의 제기가
기판력에 저촉되는 것은 아니다.[87] 다만 법원이 집행권원을 작성함에 있어서 별지목록
등을 누락한 것이 명백한 경우에는 판결경정을 통하여 집행권원의 내용을 명확하게 한
후 집행신청을 하여야 한다.[88]

　　판결원본의 멸실 등 집행권원이 멸실되었을 때에는 집행불능이고, 채권자는 신소를 제
기하여 새로운 집행권원을 취득하여야 한다. 단순히 집행력 있는 정본을 분실하였을 때
에는 이를 새로 교부받을 수 있다(제35조 제1항).

───────────────────────────────

85) 대법원 1994. 5. 13. 자 94마542,543 결정: 강제집행에 있어서 채권자가 채무자에 대하여 가지는 집행채
　　권의 범위는 채무명의에 표시된 바에 의하여 정하여지므로, 채무명의, 즉 집행력 있는 공정증서정본상
　　치용원금채권 및 이에 대한 그 변제기까지의 이자 이외에 빈세기 이후 다 갚을 때까지의 지연손해금채권
　　에 대해서는 아무런 표시가 되어 있지 않는 한 그 지연손해금채권에 대해서는 강제집행을 청구할 수 없다.
86) 민사집행규칙 제20조(집행문의 기재사항)
　　① 집행권원에 표시된 청구권의 일부에 대하여 집행문을 내어 주는 때에는 강제집행을 할 수 있는 범위
　　를 집행문에 적어야 한다.
87) 대법원 1998. 5. 15. 선고 97다57658 판결: 소송물이 동일한 경우라도 판결 내용이 특정되지 아니하여
　　집행을 할 수 없는 경우에는 다시 소송을 제기할 권리보호의 이익이 있다.
88) 대법원 1989. 10. 13. 선고 88다카19415 판결: 판결주문과 이유에 별지목록기재 물건이라고 하면서 판
　　결서 말미에 그 별지가 첨부되어 있지 않더라도 그 목록이 소장에 첨부된 목록과 동일한 것임이 분명하
　　고 법원이 판결서를 작성함에 있어 부주의로 이를 누락한 것이 명백하다면 위와 같은 잘못은 판결경정
　　사유로 삼을 수 있으므로 그 판결을 파기하여야 할 사유라고 할 수 없다.

집행권원의 경합, 예컨대 일정한 청구권에 대하여 약속어음공정증서를 받아 놓고, 별도로 이행판결도 받아 놓은 경우 양 집행권원이 모두 유효하다.

[사례 2 - 2] 집행권원의 무효와 집행행위의 효력

   <1> 甲이 乙을 상대로 위조한 집행권원에 의하여 乙의 재산에 대하여 강제집행을 한 경우 이러한 집행의 효력은 어떻게 되는가?

   <2> 甲이 乙에 대하여 실제로 청구권이 없는데도 법원을 속여서 판결을 편취하여 이 판결을 집행권원으로 하여 乙의 부동산에 강제경매신청을 하여 丙이 매각절차에서 위 부동산을 매수하였다. 甲의 집행행위나 丙의 매수의 효력은 어떻게 되는가?

위조한 집행권원에 의한 집행 등 집행권원이 절차상 무효인 경우 이러한 집행은 무효가 된다. 다만 판결의 내용이 특정되지 아니하여 강제집행을 할 수 없는 경우에는 다시 신소를 제기할 권리보호의 이익이 있다. 집행권원을 채무자에게 송달함에 있어 허위주소로 송달한 경우 그 집행권원의 효력은 집행채무자에게 미치지 아니하고 이에 기하여 이루어진 강제경매는 집행채무자에 대한 관계에서 효력이 없다.[89]

그러나 실제로 청구권이 없는데 법원을 속여 편취한 집행권원과 같이 집행권원이 실체상의 무효인 경우에는 그 집행권원에 기한 강제집행으로 매수인의 매각부동산의 소유권 취득효과를 무시할 수 없다는 것이 판례이다.[90] 이 경우에는 집행채무자로서는 집행권원의 집행력을 정지시켜 놓고 집행력을 배제할 재심소송 등 본안소송을 제기하여야 한다.

---

89) 대법원 1987. 5. 12. 선고 86다카2070 판결: 채권압류 및 전부명령의 기초가 된 채무명의인 가집행선고부 판결정본이 상대방의 허위주소로 송달되었다면 그 송달은 부적법하여 무효이고 상대방은 아직도 판결정본의 송달을 받지 않은 상태에 있다 할 것이므로 그 판결정본에 기하여 행하여진 채권압류 및 전부명령은 집행개시의 요건으로서의 채무명의의 송달 없이 이루어진 것으로서 무효라 할 것이다.
대법원 2002. 11. 13. 선고 2002다41602 판결: 채무명의에 표시된 채무자의 상속인이 상속을 포기하였음에도 불구하고, 집행채권자가 동인에 대하여 상속을 원인으로 한 승계집행문을 부여받아 동인의 채권에 대한 압류 및 전부명령을 신청하고, 이에 따라 집행법원이 채권압류 및 전부명령을 하여 그 명령이 확정되었다고 하더라도, 채권압류 및 전부명령이 집행채무자 적격이 없는 자를 집행채무자로 하여 이루어진 이상, 피전부채권의 전부채권자에게의 이전이라는 실체법상의 효력은 발생하지 않는다고 할 것이고, 이는 집행채무자가 상속포기 사실을 들어 집행문부여에 대한 이의신청 등으로 집행문의 효력을 다투어 그 효력이 부정되기 이전에 채권압류 및 전부명령이 이루어져 확정된 경우에도 그러하다고 할 것이다.
90) 대법원 1996. 12. 20. 선고 96다42628 판결: 확정된 종국판결에 터 잡아 경매절차가 진행된 경우 그 뒤 그 확정판결이 재심소송에서 취소되었다고 하더라도 그 경매절차를 미리 정지시키거나 취소시키지 못한 채 경매절차가 계속 진행된 이상 경락대금을 완납한 경락인은 경매 목적물의 소유권을 적법하게 취득한다.

이 경우 甲과 乙 사이에는 부당이득이나 손해배상의 사후처리 문제가 남는다.

나. 집행권원의 종류

현행법상 다음과 같은 것들이 집행권원으로 인정된다.

재판	판결	1. 확정된 종국판결(제24조) 2. 가집행선고 있는 판결(제24조) 3. 집행판결(제26조, 제27조, 중재법 제37조)
	결정 · 명령	1. 항고로만 불복할 수 있는 재판(제56조 제1호) 2. 확정된 지급명령(제56조 제3호) 3. 이행권고결정(소심 제5조의 3) 4. 화해권고결정(민소 제225조 이하) 5. 조정에 갈음하는 결정(민조 제34조) 6. 가압류 · 가처분명령(제291조, 제301조)
공정증서		집행증서(제56조 제4호)
확정판결과 같은 효력을 가지는 것(제56조 제5호)		1. 재판상 화해조서(민소 제220조) 2. 청구인낙조서(민소 제220조) 3. 조정조서(민조 제29조, 가소 제59조) 4. 파산채권자표, 개인회생채권자표 및 회생채권자표, 회생담보권자표의 기재(통합도산법 제168조, 제460조, 제603조)
검사의 집행명령		(형소 제477조)

(1) 확정된 종국판결

종국판결이란 심급에 있어서 소송의 전부 또는 일부를 종결시키는 판결을 말하고,[91] 종국판결 중에서 집행력 있는 이행판결만이 집행권원이 된다. 단 이행판결이라도 부부의 동거를 명한 판결과 같이 그 강제실현이 허용되지 않거나 불가능한 것, 내용이 불특정한 판결, 사망자에 대한 판결 등은 집행권원이 되지 아니한다.

통상 판결은 상소기간(판결정본송달일로부터 2주일)의 도과로 확정된다.[92] 상소기간 경과 전이라도 상소권을 포기한 경우에는 그 포기 시에 확정되고, 상소를 제기하지 않기

---

91) 따라서 중간판결은 집행권원이 될 수 없고, 종국판결이면 전부판결, 일부판결, 추가판결을 불문하고 집행권원이 된다.

92) 상고심판결과 같이 선고와 동시에 확정되는 경우도 있고, 심리불속행 또는 상고이유서부제출에 의한 상고기각판결과 같이 송달과 동시에 확정되는 경우도 있다.

로 하는 불상소의 합의가 있는 때에는 판결선고 시에 확정된다.

[사례 2 - 3] 판결의 확정시기

甲이 乙을 상대로 한 1,000만 원의 물품대금청구의 소에서 700만 원은 인용되고 300만 원에 대해서는 기각판결을 받았다. 甲이 패소부분인 300만 원에 대하여 항소를 제기한 경우 乙이 패소부분에 대하여 항소나 부대항소를 제기하지 않았다면 甲의 승소부분 700만 원은 언제 확정되는가?

판례는 원고의 청구를 일부 인용한 제1심판결에 대하여 원고만이 그 패소 부분에 대한 항소를 제기하고 피고는 항소나 부대항소를 제기하지 않은 경우, 제1심판결 중 원고 승소 부분은 항소심의 심판대상에서 제외됨으로써 항소심판결의 선고와 동시에 확정된다고 한다.[93] 판례는 상고의 경우에도 상고심판결선고 시를 확정 시로 본다(宣告時說).[94]

이에 대해서는 일부불복의 경우라도 상소불가분의 원칙에 의해 일단 판결 전부의 형식적 확정력이 차단되지만 상대방 당사자의 부대항소기간의 도과나 부대상소권 포기 등으로 더 이상 다툴 수 없는 상태가 되면 불복이 되지 않은 부분은 분리확정된다고 보는 견해(審理終結時說)가 있다.[95]

[사례의 검토]

위와 같은 판례의 입장과 아래 사례에 관한 판례의 입장을 비교하여 검토하라.

<1> 甲과 乙 사이의 매매대금 청구사건에 관하여 제1심에서 ① 건물매매대금 16,000,000

---

93) 대법원 2008. 3. 14. 선고 2006다2940 판결. 따라서 원고가 위와 같이 승소 확정된 부분에 대하여 상고를 제기하였다면 상고의 이익이 없어 부적법하다.

94) 대법원 2007. 1. 11. 선고 2005다67971 판결: 원고의 주위적 청구를 기각하면서 예비적 청구를 일부 인용한 환송 전 항소심판결에 대하여 피고만이 상고하고 원고는 상고도, 부대상고도 하지 않은 경우 주위적 청구에 대한 항소심판단의 적부는 상고심의 조사대상으로 되지 아니하고 환송 전 항소심판결의 예비적 청구 중 피고 패소 부분만이 상고심의 심판대상이 되는 것이므로, 피고의 상고에 이유가 있는 때에는 상고심은 환송 전 항소심판결 중 예비적 청구에 관한 피고 패소 부분만 파기하여야 하고, 파기환송의 대상이 되지 아니한 주위적 청구 부분은 예비적 청구에 관한 파기환송판결의 선고와 동시에 확정되며 그 결과 환송 후 원심에서의 심판 범위는 예비적 청구 중 피고 패소 부분에 한정된다.

95) 이시윤, pp.109 - 110은 부대상소기간을 기준으로 항소심에서는 항소심의 변론종결 시, 상고심에서는 상고이유서제출기간의 도과 시가 각기 확정 시라고 한다.

원 및 이에 대한 지연손해금과 ② 정원수매매대금 15,000,000원 및 이에 대한 지연손해금을 인용하는 가집행선고부 甲 승소판결이 선고되었다.

<2> 이에 대하여 乙만이 항소한 결과, 항소심에서는 乙의 항소를 일부 인용하는 취지로 제1심판결을 변경하여 제1심판결 중 건물매매대금 16,000,000원 및 이에 대한 지연손해금의 지급을 명한 부분은 유지하고 정원수매매대금청구 부분에 관해서는 甲의 청구를 기각하였다.

<3> 이에 대하여 甲만이 원심판결 중 甲 패소 부분에 대하여 상고를 제기하였는데, 위 가집행선고부 제1심판결을 집행권원으로 하는 부동산강제경매절차가 현재 진행 중이다.

<4> 원심판결에 대한 甲과 乙의 상고기간은 이미 도과되었는데, 甲에 대한 상고심의 소송기록 접수통지서가 여러 차례 송달불능되어 甲의 상고이유서 제출기간은 아직 도과되지 아니하였다.

<5> 乙은 제1심판결 중 원심에서 유지된 甲 승소 부분에 관하여 법원에 판결원리금을 변제공탁하였는데, 甲은 그 공탁금을 수령하지 않고 있다.

<6> 이에 乙은 위 가집행선고부 제1심판결 및 원심판결을 집행권원으로 하는 강제집행을 상고심 판결선고 시까지 정지하여 달라는 강제집행정지신청을 할 수 있는가?

위 사례에서 가집행선고부 제1심판결 중 원심판결에 의하여 취소된 부분의 가집행선고는 원심판결의 선고로 인하여 그 효력을 잃고(민사소송법 제215조 제1항 참조), 乙은 원심판결의 정본을 집행법원에 제출함으로써 이 부분에 관한 강제집행을 정지할 수 있으므로, 별도로 이 사건 강제집행정지신청을 할 이익이 없어 이 부분 신청은 부적법하다.

또한 위 가집행선고부 제1심판결 중 원심판결에 의하여 유지된 甲 승소 부분에 관하여 보건대, 이에 불복하여 상고를 제기하지 않은 乙로서는 본안사건의 상고심 법원에 대하여 그 판결에 기한 강제집행의 정지를 구할 수 없다 할 것이므로(민사소송법 제500조, 제501조 참조), 이 부분에 관한 강제집행정지신청도 역시 부적법하다.[96]

참고로 이 사건과 같이 단순 병합된 2개의 청구를 모두 인용한 가집행선고부 제1심판결에 대하여 피고만이 항소한 상태에서 원심이 그중 1개의 청구 부분에 대해서만 제1심판결을 그대로 유지하고 나머지 1개의 청구 부분에 대해서는 원고의 청구를 기각한 사건에서 원고만이 원고 패소 부분에 대하여 상고를 제기한 경우에, 원심판결 중 원고 승소

---

96) 대법원 2000. 7. 19.자 2000카90 결정 참조.

부분에 대해서는 원고로서는 상고를 제기하지 아니하였을 뿐만 아니라 상고의 이익 자체가 없는 것인데, 이러한 상황에서 <u>위 원고 승소 부분에 대한 상고를 제기하지 아니한 피고가 더 나아가 부대상고기간을 도과한다든가 부대상고권을 포기하는 등으로 그 부분을 더 이상 다툴 수 없는 상태가 된 경우에는, 위 원고 승소부분이 분리되어 확정된 것으로 볼 수 있다.</u>[97]

따라서 이 사건의 경우 피고로서는 부대상고권이 소멸하여 원심판결이 분리 확정된 다음 민사집행법 제44조를 적용하여 이미 확정된 원고 승소 부분에 관하여 사실심 변론종결 이후에 변제공탁을 하였다는 사유를 들어서 원고를 상대로 청구에 관한 이의의 소를 별도로 제기하고, 이에 기하여 강제집행정지 결정을 받을 수 있을 것이다.[98]

상소기간 내에 적법한 상소가 제기되면 판결은 확정되지 않고, 상소심에서 상소기각 판결이 선고되고 그 판결이 확정되면 원판결이 확정판결로서 집행권원이 된다. 확정판결이 재심이나 상소의 추후보완에 의해 취소되면 집행권원이 될 수 없음은 물론이다.[99] 채무자가 상소의 추후보완이나 재심의 소를 제기하거나 가집행선고부판결에 대하여 상소를 제기하면서 집행정지나 취소 등의 잠정처분인 강제집행정지신청을 하면 법원은 강제집행의 일시정지를 명할 수 있다.[100] 의사의 진술을 명하는 판결에서는 집행정지신청은 허용되지 아니한다. 강제집행정지신청을 인용 또는 기각하는 결정에 대해서는 불복이 허용되지 않고 오로지 특별항고(민사소송법 제449조)만이 가능하다.

판결의 확정은 확정증명서에 의해 증명되나 강제집행의 개시를 위하여 그것이 필요한 것은 아니다. 다만 확정판결에 기하여 등기를 신청하거나 가족관계등록부 정정을 하는 경우에는 확정증명서가 필요하다.

---

97) 원고의 청구를 전부 기각한 제1심판결 중 일부에 대해서만 원고가 항소를 제기한 경우에, 항소되지 아니한 나머지 부분도 항소로 인하여 그 확정이 차단되고 항소심에 이심은 되지만, 원고가 항소심 변론종결 시까지 항소취지를 확장하지 아니한 이상 원고가 항소하지 아니한 나머지 부분은 <u>항소심 판결의 선고와 동시에 확정된다</u>는 취지로 판시한 대법원 1994. 12. 23. 선고 94다44644 판결, 대법원 2001. 4. 27. 선고 99다30312 판결 등 참조.

98) 대법원 2006. 4. 14. 자 2006카기62 결정.

99) 대법원 1993. 4 .23. 선고 93다3165 판결: <u>가집행선고 있는 판결에 기한 강제집행은 확정판결에 기한 경우와 같이 본집행이므로</u> 상소심의 판결에 의하여 가집행선고의 효력이 소멸되거나 집행채권의 존재가 부정된다 하더라도 그에 앞서 <u>이미 완료된 집행절차나 이에 기한 경락인의 소유권취득의 효력에는 아무런 영향을 미치지 아니한다</u> 할 것이고, 다만 강제경매가 반사회적 법률행위의 수단으로 이용된 경우에는 그러한 강제경매의 결과를 용인할 수 없다. 확정된 종국판결에 터 잡아 경매절차가 진행된 경우도 마찬가지다(대법원 1996. 12. 20. 선고 96다46268 판결).

100) 재심의 소나 상소의 추후보완신청 없이 먼저 집행정지를 신청하는 것은 허용되지 아니한다.

(2) 가집행선고 있는 종국판결

판결이 확정되지 않았더라도 종국판결의 주문에 가집행선고가 붙어 있으면 즉시 집행력이 발생하고 집행권원이 된다. 이행판결이 아닌 확인판결이나 형성판결에는 가집행선고를 붙이지 못한다.[101] 가집행선고 있는 종국판결의 집행력의 배제를 위해서는 청구이의의 소를 제기할 것이 아니라 그 판결에 대한 상소를 제기하면서 강제집행정지를 신청하여야 한다. 가집행선고 있는 종국판결은 적법한 상소의 제기가 있더라도 집행이 정지되지 아니하므로, 강제집행정지신청을 하여 집행정지결정을 받아야만 집행이 정지된다.

가집행선고는 상소심에서 그 선고 있는 본안판결이나 그 가집행선고를 취소 또는 변경하는 판결의 선고에 의하여 실효된다.[102] 가집행선고의 실효는 기왕에 소급하는 것이 아니므로 그 이전에 이미 집행이 종료되어 있으면 그 효력에는 영향이 없다. 종전에는 정정보도청구의 소도 가처분절차에 의하여 재판을 하도록 되어 있었으나, 이제는 일반 민사소송절차에 따라 재판하도록 개정하였다.[103]

(3) 집행판결

외국판결 및 중재판정에 기한 강제집행을 하기 위해서는 집행판결청구의 소를 제기하여 집행판결을 받아야 한다(제26조, 제27조). 이 경우에는 외국판결 또는 중재판정과 집행판결이 결합한 것이 집행권원으로 된다.[104] 집행판결은 가집행선고가 있거나 확정되어

---

101) 대법원 1998. 11. 13. 선고 98므1193 판결: 민법상의 재산분할청구권은 이혼을 한 당사자의 일방이 다른 일방에 대하여 재산분할을 청구할 수 있는 권리로서 이혼이 성립한 때에 그 법적 효과로서 비로소 발생하는 것이므로, 당사자가 이혼이 성립하기 전에 이혼소송과 병합하여 재산분할의 청구를 하고, 법원이 이혼과 동시에 재산분할을 명하는 판결을 하는 경우에도 이혼판결은 확정되지 아니한 상태이므로, 그 시점에서 가집행을 허용할 수는 없다.

102) 제1심판결이 한 가집행의 선고가 그 판결을 취소한 항소심판결의 선고로 인하여 효력을 잃었다 하더라도 그 항소심판결을 파기하는 상고심판결이 선고되었다면 가집행선고의 효력은 다시 회복되고, 채권자는 특별한 다른 사정이 없는 한 가집행선고 있는 제1심판결에 의하여 다시 강제집행을 할 수 있다(대법원 1993. 3. 29. 자 93마246,247 결정). 따라서 그 항소심판결이 확정되지 아니한 상태에서는 가집행선고부 제1심판결에 기한 가집행이 정지됨으로 인하여 입은 손해의 배상을 상대방에게 청구할 수 있는 가능성이 여전히 남아 있다고 할 것이므로 가집행선고부 제1심판결이 항소심판결에 의하여 취소되었다 하더라도 그 항소심판결이 미확정인 상태에서는 가집행선고부 제1심판결에 대한 강제집행정지를 위한 담보는 그 사유가 소멸되었다고 볼 수 없다(대법원 1999. 12. 3. 자 99마2078 전원합의체 결정).

103) 언론중재 및 피해구제 등에 관한 법률(2009. 2. 6. 개정) 제26조 제6항은 정정보도청구의 소에 대해서는 「민사소송법」의 소송절차에 관한 규정에 따라 재판하고, 반론보도청구 및 추후보도청구의 소에 대해서는 「민사집행법」의 가처분절차에 관한 규정에 따라 재판하도록 되어 있으므로 정정보도청구를 인용하는 제1심판결도 가집행선고가 있어야 집행권원이 된다.

104) 집행판결에 대해서는 외국판결 등에 대하여 집행력을 부여하는 소송법상의 형성의 소로 보는 것이 통설이다.

야만 집행권원이 된다.

1) 외국판결에 대한 집행판결의 요건

A. 외국법원의 확정판결일 것

외국법원의 판결 이외의 집행권원에 대해서는 집행판결을 할 수 없다. 여기서 '외국법원의 판결'이라고 함은 재판권을 가지는 외국의 사법기관이 그 권한에 기하여 사법상의 법률관계에 관하여 대립적 당사자에 대한 상호 간의 심문이 보장된 절차에서 종국적으로 한 재판으로서 구체적 급부의 이행 등 그 강제적 실현에 적합한 내용을 가지는 것을 의미하고, 그 재판의 명칭이나 형식 등이 어떠한지는 문제되지 아니한다.[105]

외국법원의 이혼판결은 민사소송법 제217조 소정의 요건을 구비하는 한 우리나라에서도 효력이 있으므로 우리나라 판결에 기한 이혼신고와 마찬가지로 별도의 집행판결 없이 가족관계등록법규정에 의한 절차에 따라 신고할 수 있으나, 혼인 무효나 취소판결을 받은 경우에는 국내에서 집행판결을 받아야만 가족관계등록정정신청 또는 가족관계등록신고를 할 수 있다는 것이 대법원의 실무처리 지침이다.[106]

B. 외국판결이 민사소송법 제217조[107]의 요건을 갖추었을 것

외국법원의 국제재판관할권에 관하여 판례는 이른바 관할배분설을 따르고 있다.[108]

---

105) 대법원 2010. 4. 29. 선고 2009다68910 판결.

106) 2007. 12. 10. 가족관계등록예규 제173호 외국법원의 이혼판결에 의한 가족관계사무처리지침 참조.

107) 민사소송법 제217조(외국판결의 효력) 외국법원의 확정판결은 다음 각 호의 요건을 모두 갖추어야 효력이 인정된다.
1. 대한민국의 법령 또는 조약에 따른 국제재판관할의 원칙상 그 외국법원의 국제재판관할권이 인정될 것
2. 패소한 피고가 소장 또는 이에 준하는 서면 및 기일통지서나 명령을 적법한 방식에 따라 방어에 필요한 시간여유를 두고 송달받았거나(공시송달이나 이와 비슷한 송달에 의한 경우를 제외한다) 송달받지 아니하였더라도 소송에 응하였을 것
3. 그 판결의 효력을 인정하는 것이 대한민국의 선량한 풍속이나 그 밖의 사회질서에 어긋나지 아니할 것
4. 상호 보증이 있을 것

108) 대법원 2003. 9. 26. 선고 2003다29555 판결: 섭외사건의 국제 재판관할에 관하여 일반적으로 승인된 국제법상의 원칙이 아직 확립되어 있지 아니하고 이에 관한 우리나라의 성문법규도 없는 이상, 섭외사건에 관한 외국 법원의 재판관할권 유무는 당사자 간의 공평, 재판의 적정, 신속을 기한다는 기본이념에 따라 조리에 의하여 결정함이 상당하고, 이 경우 우리나라의 민사소송법의 토지관할에 관한 규정 또한 그 기본이념에 따라 제정된 것이므로, 그 규정에 의한 재판적이 외국에 있을 때에는 이에 따라 외국 법원에서 심리하는 것이 조리에 반한다는 특별한 사정이 없는 한 그 외국 법원에 재판관할권이 있다고

외국판결이 상호 보증의 요건을 갖추고 있는지가 중요시되고, 미국법원의 징벌적 배상판결에 대하여 집행판결을 할 수 있는지가 문제된다.[109]

[참고판례]

<1> 민사집행법 제26조 제1항은 "외국법원의 판결에 기초한 강제집행은 대한민국 법원에서 집행판결로 그 적법함을 선고하여야 할 수 있다"라고 규정하고 있고, 민사집행법 제27조 제2항 제2호, 민사소송법 제217조 제2호는 집행판결의 요건으로 '패소한 피고가 소장 또는 이에 준하는 서면 및 기일통지서나 명령을 적법한 방식에 따라 방어에 필요한 시간 여유를 두고 송달받았거나(공시송달이나 이와 비슷한 송달에 의한 경우를 제외한다) 송달받지 아니하였더라도 소송에 응하였을 것'을 규정하고 있다. 여기서 '소장 또는 이에 준하는 서면 및 기일통지서나 명령'이라 함은 소장 및 소송개시에 필요한 소환장 등을 말하는 것인데, 패소한 피고가 이러한 소환장 등을 적법한 방식에 따라 송달받았을 것을 요구하는 것은 소송에서 방어의 기회를 얻지 못하고 패소한 피고를 보호하려는 것에 그 목적이 있는 것이므로 법정지인 판결국에서 피고에게 방어할 기회를 부여하기 위하여 규정한 송달에 관한 방식, 절차를 따르지 아니한 경우에는 여기에서 말하는 적법한 방식에 따른 송달이 이루어졌다고 할 수 없다.[110]

<2> 민사집행법 제27조 제2항 제2호, 민사소송법 제217조 제3호에 의하면 외국법원의 확정판결의 효력을 인정하는 것이 대한민국의 <u>선량한 풍속이나 그 밖의 사회질서에 어긋나지 아니하여야 한다</u>는 점이 외국판결의 승인 및 집행의 요건인바, 외국판결의 내용 자체가 선량한 풍속이나 그 밖의 사회질서에 어긋나는 경우뿐만

봄이 상당하고(대법원 1995. 11. 21. 선고 93다39607 판결 참조) 또한 국제 재판관할에서의 관련 재판적은 피고의 입장에서 부당하게 응소를 강요당하지 않도록 청구의 견련성, 분쟁의 1회 해결 가능성, 피고의 현실적 응소가능성 등을 종합적으로 고려하여 신중하게 인정되어야 하며, 인터넷을 통한 불법행위에 있어서 불법행위의 결과발생지로서의 재판관할의 인정에는 피해자의 보호, 피해의 경중, 증거수집의 편의, 가해자의 의도와 예측가능성 등이 고려되어야 한다.

109) 서울지법 동부지원 1995. 2. 10. 선고 93가합19069 판결: 징벌적 배상이란 가해자에게 특히 고의 등의 주관적인 악사정이 있는 경우에 보상적 손해배상에 덧붙여 위법행위에 대한 징벌과 동종행위의 억지를 주목적으로 하여 과하여지는 손해배상으로 코몬로(common law)상 인정되고 있는 구제방법의 일종으로서, 불법행위의 효과로 손해의 전보만을 인정하는 우리의 민사법 체계에서 인정되지 아니하는 형벌적 성질을 갖는 배상형태로서 우리나라의 공서양속에 반할 수 있다.

110) 대법원 2010. 7. 22.선고 2008다31089판결. 미합중국 워싱턴 주의 개정법률(Revised Code of Washington) 제4.28.180조 및 민사규칙(SuperCourtCivilRules) 제4조 송달규정에서 정한 60일의 응소기간이 아닌 '20일'의 응소기간만을 부여한 소환장을 워싱턴 주 밖에 주소를 둔 피고에게 송달한 것은 적법한 방식에 의한 송달로 볼 수 없다고 한 사례.

아니라 그 외국판결의 성립절차에 있어서 선량한 풍속이나 그 밖의 사회질서에 어긋나는 경우도 승인 및 집행을 거부할 사유에 포함된다고 할 것이나, 민사집행법 제27조 제1항이 "집행판결은 재판의 옳고 그름을 조사하지 아니하고 하여야 한다"고 규정하고 있을 뿐만 아니라 사기적인 방법으로 편취한 판결인지 여부를 심리한다는 명목으로 실질적으로 외국판결의 옳고 그름을 전면적으로 재심사하는 것은 외국판결에 대하여 별도의 집행판결제도를 둔 취지에도 반하는 것이어서 허용할 수 없으므로, 위조·변조 내지는 폐기된 서류를 사용하였다거나 위증을 이용하는 것과 같은 <u>사기적인 방법으로 외국판결을 얻었다는 사유는 원칙적으로 승인 및 집행을 거부할 사유가 될 수 없고</u>, 다만 재심사유에 관한 민사소송법 제451조 제1항 제6호, 제7호, 제2항의 내용에 비추어 볼 때 피고가 판결국 법정에서 위와 같은 사기적인 사유를 주장할 수 없었고 또한 처벌받을 사기적인 행위에 대하여 유죄의 판결과 같은 고도의 증명이 있는 경우에 한하여 승인 또는 집행을 구하는 외국판결을 무효화하는 별도의 절차를 당해 판결국에서 거치지 아니하였다 할지라도 바로 우리나라에서 승인 내지 집행을 거부할 수는 있다.[111]

<3> 민사소송법 제217조 제4호는 우리나라만이 입을 수 있는 불이익을 방지하고 국제관계에서 형평을 도모하기 위하여 외국판결의 승인요건으로서 '<u>상호 보증이 있을 것</u>'을 요구하고 있지만, 판결국에 있어서 외국판결의 승인요건이 우리나라의 그것과 모든 항목에 걸쳐 완전히 같거나 오히려 관대할 것을 요구하는 것은 지나치게 외국판결의 승인 범위를 협소하게 하는 결과가 되어 국제적인 교류가 빈번한 오늘날의 현실에 맞지 아니하고, 오히려 외국에서 우리나라의 판결에 대한 승인을 거부하게 하는 불합리한 결과를 가져온다는 점을 고려할 때 우리나라와 외국 사이에 동종 판결의 승인요건이 현저히 균형을 상실하지 아니하고 외국에서 정한 요건이 우리나라에서 정한 그것보다 전체로서 과중하지 아니하며 중요한 점에서 실질적으로 거의 차이가 없는 정도라면 민사소송법 제217조 제4호에서 정하는 상호 보증의 요건을 구비하였다고 봄이 상당하고 또한 이와 같은 상호의 보증은 외국의 법령, 판례 및 관례 등에 의하여 승인요건을 비교하여 인정되면 충분하고 반드시 당사국과의 조약이 체결되어 있을 필요는 없으며, 당해 외국에서 구체적으로 우리나라의 동종 판결을 승인한 사례가 없더라도 실제로 승인할 것이라고 기대할 수 있는 상태이면 충분하다 할 것이다.[112]

---

111) 대법원 2004. 10. 28. 선고 2002다74213 판결.

2) 중재판정에 대한 집행판결의 요건

A. 우리나라의 중재판정일 것

외국중재판정에 대해서도 집행판결을 구할 수 있는지 문제된다. 외국중재판정의 승인 및 집행에 관한 협약(뉴욕협약)의 적용을 받는 외국중재판정의 승인 및 집행은 그 협약에 의하고,[113] 동 협약의 적용을 받지 아니하는 외국중재판정의 집행은 외국판결에 대한 집행절차를 준용한다(중재법 제39조 제2항).

B. 중재법 제36조 제2항의 중재판정취소사유가 없을 것

단지 중재판정취소의 소가 제기된 것만으로는 집행판결을 구하는 소 제기를 저지할 수 있는 사유가 되지 못한다.[114]

3) 집행판결청구소송

① 집행판결을 구하는 소의 원고는 채권자나 그 승계인, 피고는 채무자나 그 승계인이다. 토지관할은 피고적격자의 보통재판적이 있는 곳의 지방법원에 전속되고,[115] 보통재판적이 없으면 채무자의 재산이 있는 곳의 지방법원에 전속된다.

② 심리절차는 일반 판결절차에 의한다. 외국판결의 당부는 심사할 수 없고, 오로지 외국법원의 판결이 확정되었는가, 민사소송법 제217조의 요건을 갖추었는가의 여부만이 심판의 대상이 된다. 중재판정에 대한 집행판결의 경우에도 중재판정취소사유의 유무에 관해서만 판단하여 취소사유가 있으면 청구를 기각하고, 취소사유가

---

112) 대법원 2009. 6. 25. 선고 2009다22952 판결. 우리나라와 캐나다 온타리오(Ontario) 주 사이에 서로 상대국 판결의 효력을 인정하는 상호 보증이 있다고 본 사례.

113) 대법원 2009. 5. 28. 선고 2006다20290 판결: 외국중재판정의 승인 및 집행에 관한 협약(뉴욕협약) 제5조는 승인 및 집행의 거부사유를 제한적으로 열거하면서, 제2항 (나)호에서 중재판정의 승인이나 집행이 그 국가의 공공의 질서에 반하는 경우에는 집행국 법원은 중재판정의 승인이나 집행을 거부할 수 있도록 규정하고 있는바, 이는 위 협약의 적용을 받는 외국중재판정의 승인이나 집행이 집행국의 기본적인 도덕적 신념과 사회질서를 해하는 것을 방지하여 이를 보호하려는 데 그 취지가 있는 것이므로, 국내적인 사정뿐만 아니라 국제적 거래질서의 안정이라는 측면도 함께 고려하여 이를 제한적으로 해석하여야 하고, 해당 외국중재판정을 인정할 경우 그 구체적 결과가 집행국의 선량한 풍속 기타 사회질서에 반할 경우에 한하여 그 승인이나 집행을 거부할 수 있다.

114) 대법원 2001. 10. 12. 선고 99다45543,45550 판결.

115) 외국판결이 가정법원의 심판사항을 내용으로 하는 경우 집행판결청구의 소의 관할법원은 가정법원이 아니라 지방법원이다. 대법원 1982. 12. 28. 선고 82므25 판결.

없으면 집행판결을 한다.

③ 외국의 확정판결이 있음에도 집행판결에 의하지 아니하고 원래 청구권에 관하여 국내에서 이행판결을 구할 수 있는지에 관해서는 논란이 있다.116) 외국판결에 표시된 청구권이 변론종결 후에 소멸·기한유예 또는 변경 등의 사유가 생겼을 때 별도소송인 외국판결에 대한 청구이의의 소를 제기하여 집행력을 배제시킬 것인지(청구이의설), 아니면 당해 집행판결청구소송에서 항변으로 주장하면 되는지(항변설)에 관하여 논란이 있다.117)

(4) 항고로만 불복할 수 있는 재판

아래와 같이 판결 이외의 재판인 결정·명령으로서 항고118)로만 불복할 수 있는 것은 고지에 의하여 즉시 집행력이 발생하고 집행권원이 된다. 통상항고를 제기한 채무자는 민사소송법 제448조의 집행정지결정을 받아 그 재판정본을 집행기관에 제출하여야 집행의 개시·속행을 막을 수 있다. 민사소송법상 즉시항고를 할 수 있는 재판도 고지로 즉시 집행력이 발생하나, 민사소송법상 즉시항고는 집행을 정지시키는 효력이 있으므로(민사소송법 제447조) 즉시항고제기 후에는 집행문을 부여할 수 없다.119) 강제경매개시결정과 같은 민사집행절차에 대한 재판에 대한 즉시항고는 집행정지의 효력을 가지지 아니하므로(제15조 제6항) 채무자는 집행정지의 잠정처분을 받아 그 재판정본을 집행기관에 제출하여야 한다.

① 소송비용액 확정결정(민소 제110조, 제113조)120)
② 제3자의 소송비용상환결정(민소 제107조)
③ 피구조자에 대한 유예소송비용납입명령(민소 제131조)
④ 증인·감정인에 대하여 소송비용의 부담을 명하는 결정(민소 제311조, 제318조,

---

116) 외국판결의 승인이 의문시될 때에는 집행판결청구의 소에 이행의 소를 예비적으로 병합하여 청구할 수 있다. 이시윤, p.123 참조.
117) 통설은 항변설이다. 상세는 이시윤, pp.123 - 124 참조.
118) 통상항고와 즉시항고를 포함하나 특별항고는 제외된다.
119) 즉 강제집행이 개시되기 전에 즉시항고를 한 경우에는 즉시항고로 집행이 정지되나, 즉시항고를 하기 전에 강제집행이 개시된 경우에는 즉시항고로 당연히 집행이 정지되는 것은 아니고 민소법 제448조의 집행정지결정을 받아 그 재판정본을 집행기관에 제출하여 강제집행을 정지시켜야 한다.
120) 판례는 원재판의 소송비용부담부분이 집행권원이고, 소송비용액확정결정은 이를 보충하는 부수적 재판에 불과하다고 보고 있으나(대법원 1995. 4. 18.자 94마2190 판결), 집행실무는 소송비용액확정결정을 독립한 집행권원으로 보고 있다.

제326조, 제333조)

⑤ 강제관리개시결정(제164조 제1항)

⑥ 부동산인도명령(제136조 제1항)

⑦ 대체집행의 비용지급결정(제260조)

⑧ 간접강제의 비용지급결정(제261조)

⑨ 가사소송법상 금전의 지급, 물건의 인도, 등기 그 밖에 의무이행을 명하는 심판(동법 제41조).

(5) 확정된 지급명령

지급명령[121])에 대하여 2주일 내에 이의신청이 없거나, 이의신청을 취하하거나, 각하결정이 확정된 때 지급명령이 확정되고, 확정된 지급명령은 집행권원이 된다. 확정된 지급명령에 기한 강제집행은 집행문을 부여받을 필요 없이 지급명령 정본에 의하여 행한다. 다만 지급명령의 집행에 조건을 붙인 경우, 당사자의 승계인을 위하여 또는 당사자의 승계인에 대하여 강제집행을 하는 경우에는 그러하지 아니하다(제58조 제1항).

(6) 이행권고결정

소액사건에서 이행권고결정이 확정되면 기판력은 없지만 확정판결과 동일한 효력이 있으므로 집행권원이 된다.

(7) 화해권고결정

당사자가 화해권고결정서등본을 송달받은 날부터 2주일 이내에 이의신청이 없으면 화해권고결정은 재판상화해와 같은 효력을 갖게 되고, 집행권원이 된다.

(8) 조정에 갈음하는 결정

민사조정사건이나 가사조정사건에서 조정에 갈음하는 결정(강제조정)을 하면 이를 조서에 기재하고 조서정본을 당사자에게 송달하는데 이 정본을 송달받은 날부터 2주일 이내에 이의신청이 없으면 이 결정은 재판상화해와 같은 효력을 갖게 되고, 집행권원이 된다.

---

121) 2005년 법원조직법 개정으로 독촉절차는 사법보좌관의 소관업무가 되었다.

(9) 가압류·가처분명령

이들 명령은 그 자체가 집행력 있는 집행권원과 동일한 효력이 있고, 집행문을 부여받을 필요 없이 즉시 집행할 수 있다.

(10) 집행증서(공정증서)

공증인이나 법무법인, 법무법인(유한) 또는 법무조합(이하 '공증인')[122]이 일정한 금액의 지급이나 대체물 또는 유가증권의 일정한 수량의 급부를 목적으로 하는 청구에 관하여 작성한 공정증서로서 채무자가 강제집행을 승낙한 취지가 적혀 있는 증서와 공증인이 어음·수표에 부착하여 강제집행을 인낙한 취지를 적어 작성한 공정증서는 집행증서로서 집행력이 있고 집행권원이 된다.

1) 집행증서의 요건

A. 공증인이 법정 절차에 따라 작성한 공정증서일 것

공증인이 스스로 작성한 공정증서인 자서증서만이 집행증서가 되고, 사인이 작성한 사문서의 진정성립을 인증한 것(사서증서의 인증)만으로는 집행증서가 되지 못한다. 어음공증의 경우 발행인은 그 직접 수취인뿐 아니라 그 어음을 배서·양도받아 소지하고 있는 사람에 대해서도 집행채무자가 된다.[123]

B. 일정한 금액의 지급이나 대체물·유가증권의 일정한 수량의 급여를 목적으로 하는 특정의 청구를 표시할 것

금전이나 대체물이 아닌 특정 유체동산의 인도나 건물명도청구와 같은 특정물의 급여청구에 관해서는 집행증서를 만들 수 없다. 일정한 청구여야 하므로 지급할 금액과 수량이 증서상 특정되어야 한다.[124] 급부가 무조건이어야만 하는 것은 아니

---

122) 변호사법개정법률(2005. 1. 27. 법률 제7357호)에 따라 공증인가 합동법률사무소제도는 폐지되었다. 다만 종전에 인가를 받은 합동법률사무소는 공증인의 직무에 속하는 업무를 계속 수행할 수 있다(동법 부칙 제6조).

123) 대법원 1989. 9. 12. 선고 88다카34117 판결: 실제채무액보다 더 많은 액수의 어음을 발행하여 공증을 하였다고 하더라도 그 공정증서에 표시되어 있는 채권자와 채무자의 촉탁에 의하여 그 공정증서가 작성된 것이 확실하다면 그 공정증서에 의한 강제집행인 전부명령을 무효라고 하기 어렵고 제3채무자로서는 채무자에 대하여 부담하고 있는 채무액의 한도에서 그것을 전부채권자에게 변제하면 완전히 면책된다.

124) 내법원 2005. 2. 18. 선고 2004다37430 판결: 농산을 목적으로 하는 유동 집합물 양도담보설정계약을 체결함과 동시에 채무불이행 시 강제집행을 수락하는 공정증서를 작성한 경우, 양도담보권자로서는 그

고 조건부, 기한부, 상환급부도 가능하다.

C. 채무자가 강제집행을 승낙한 취지(집행수락문언)가 적혀 있을 것

집행수락의 의사표시는 공증인에 대한 소송행위이므로 소송능력, 소송대리권 등 소송행위로서의 유효요건을 갖추어야 하고,[125] 따라서 무권대리인의 촉탁에 의하여 공정증서가 작성된 때에는 집행권원으로서의 효력이 없다.[126]

[사례 2 - 4] 집행증서의 하자와 집행력

<1> 甲은 A와 제주시 아라동 소재 대지에 건물을 축조함에 있어 그 건축비 중 1억 원을 A가 B은행에서 책임지고 융자받아 주기로 하는 내용의 건축도급계약을 체결하고 甲이 그 융자신청을 위하여 A에게 甲의 인감증명서와 인감을 교부하자 A는 이를 소지함을 기화로 乙에게 액면 금 1억 원의 약속어음을 발행한 뒤 공증촉탁하여 그에 관한 공정증서를 작성한 후 乙로부터 위 돈을 대여받았다. 乙이 위 약속어음공정증서에 기하여 甲의 재산에 관하여 강제집행을 하자 甲은 위 집행증서의 집행력을 배제하기 위하여 청구이의의 소를 제기하였다. 乙은 A가 이 사건 공정증서 작성 당시 甲의 인감증명서와 인장 및 위임장 등이 사건 공정증서 작성에 필요한 모든 서류를 구비하여 소지하고 있었으므로 乙로서는 A가 甲을 대리하여 이 사건 공정증서를 작성할 권한이 있다고 믿을

집행증서에 기하지 아니하고 양도담보계약내용에 따라 이를 사적으로 타에 처분하거나 스스로 취득한 후 정산하는 방법으로 현금화할 수도 있지만, 집행증서에 기하여 담보목적물을 압류하고 강제경매를 실시하는 방법으로 현금화할 수도 있는데, 만약 후자의 방식에 의하여 강제경매를 실시하는 경우, 이러한 방법에 의한 경매절차는 형식상은 강제집행이지만, 그 실질은 일반 강제집행절차가 아니라 동산양도담보권의 실행을 위한 환가절차로서 그 압류절차에 압류를 경합한 양도담보설정자의 다른 채권자는 양도담보권자에 대한 관계에서 압류경합권자나 배당요구권자로 인정될 수 없고, 따라서 환가로 인한 매득금에서 환가비용을 공제한 잔액은 양도담보권자의 채권변제에 우선적으로 충당하여야 한다.

125) 대법원 1994. 2. 22. 선고 93다42047 판결: 공정증서가 채무명의로서 집행력을 가질 수 있도록 하는 집행인낙 표시는 공증인에 대한 소송행위로서 이러한 소송행위에는 민법상의 표현대리 규정이 적용 또는 준용될 수 없다.

126) 대법원 2006. 3. 24. 선고 2006다2803 판결: 공정증서상의 집행인낙의 의사표시는 공증인가 합동법률사무소 또는 공증인에 대한 채무자의 단독 의사표시로서 성규의 방식에 따라 작성된 증서에 의한 소송행위이어서, 대리권 흠결이 있는 공정증서 중 집행인낙에 대한 추인의 의사표시 또한 당해 공정증서를 작성한 공증인가 합동법률사무소 또는 공증인에 대하여 그 의사표시를 공증하는 방식으로 하여야 하므로, 그러한 방식에 의하지 아니한 추인행위가 있다 한들 그 추인행위에 의해서는 채무자가 실체법상의 채무를 부담하게 됨은 별론으로 하고 무효의 채무명의가 유효하게 될 수는 없다.

만한 정당한 이유가 있었으므로 A가 비록 융자신청의 대리권한을 넘어 이 사건 공정증서를 작성하였다 하여도 이는 표현대리의 법리에 따라 그 효력은 甲에게도 미친다고 주장하고 있다.

<2> 甲은 액면금 1억 원과 발행인이 甲으로 된 사항만을 기재하고 그 나머지 기재사항인 발행일, 지급기일, 발행지, 지급지, 지급장소를 백지로 한 약속어음 1매를 발행하였는데, 甲은 A로 하여금 위 어음을 B에게 전달하고 동 어음의 발행에 관한 공정증서를 작성하게 함에 있어서 필요에 따라 동 어음의 백지부분을 보충할 보충권을 위임하였다.

A는 이 어음을 소지하고 있다가 백지로 된 위 어음의 수취인란에 A 명의를, 그 나머지 백지부분을 각 보충한 다음, A가 甲의 대리인으로서 공증인사무소에 출석하여 甲이 위 어음금의 지급을 지체할 때에는 즉시 강제집행을 수락할 뜻의 약속어음발행에 관한 공정증서의 작성을 촉탁하고 A는 위 어음을 乙에게 배서양도하면서 A 자신이 위 어음금의 지급을 지체할 때에는 즉시 강제집행을 수락할 뜻의 약속어음 배서에 관한 공정증서를 촉탁하여 그 취지의 공정증서가 작성되었다.

甲은 위 어음의 발행에 관한 공정증서는 채권자인 A가 채무자인 甲의 대리인으로서 촉탁하여 작성된 것으로 민법 제124조 쌍방대리금지의 원칙에 저촉되는 공정증서로서 무효라고 주장할 수 있는가?

공정증서가 집행권원으로서 집행력이 있기 위해서는 '즉시 강제집행 할 것을 기재한 경우'이어야 하고 이러한 집행수락의 의사표시는 공증인에 대한 소송행위이고 이러한 소송행위에는 민법상의 표현대리 규정이 적용 내지는 준용될 수 없다고 할 것이므로 무권대리인의 촉탁에 의하여 작성된 공정증서는 채권자는 물론 공증인이 대리권이 있는 것으로 믿었는가 아닌가, 믿을 만한 정당한 이유가 있는가 없는가에 관계없이 집행권원으로서의 효력은 부정되어야 한다.[127]

위 <1>의 사례에서 乙은 표현대리 주장을 할 수 없다. 또한 공정증서상의 집행인낙의 의사표시는 공증인에 대한 채무자의 단독 의사표시로서 법정의 방식에 따라 작성된 증서에 의한 소송행위이어서, 대리권 흠결이 있는 공정증서 중 집행인낙에 대한 추인의 의사

---

127) 대법원 1984. 6. 26. 선고 82다카1758 판결.

표시 또한 당해 공정증서를 작성한 공증인에 대하여 그 의사표시를 공증하는 방식으로 하여야 하므로, 그러한 방식에 의하지 아니한 추인행위가 있다 한들 그 추인행위에 의해 서는 채무자가 실체법상의 채무를 부담하게 됨은 별론으로 하고 무효의 채무명의가 유효 하게 될 수는 없다.[128)

위 <2>의 사례에서 甲이 A에게 A가 甲의 대리인으로서의 수취인을 A로 하는 어음 발행에 관한 집행수락약관부 공정증서 작성을 촉탁할 것을 위임하면서 그 집행수락약관 을 포함한 모든 사항을 미리 약정하였으므로 A가 이미 약정된 사항 그대로의 어음발행 에 관한 공정증서작성을 甲의 대리인으로서 촉탁한 것임을 알 수 있다.

따라서 위 어음발행에 관해서는 A가 甲을 대리한 것이 아니라 할 것이고 동 발행행위 에 관해서는 민법 제124조의 쌍방대리금의의 법리가 적용될 여지가 없다. 甲의 대리인인 A의 촉탁에 의하여 작성된 위 어음발행에 관한 공정증서에 있어서의 집행약관의 수락행위 (소송행위)에 민법 제124조가 적용된다고 하더라도 A는 이미 약정된 조항(집행수락약관을 포함한 다른 조항) 그대로의 공정증서작성을 촉탁하는 행위만을 하였을 뿐이고 새로운 조 항을 약정하여 촉탁한 것이 없으므로 이러한 촉탁에 의하여 공정증서가 작성되었다 하여 거기에 민법 제124조의 쌍방대리금지의 법리에 저촉되는 것은 없다는 것이 판례이다.[129)

2) 집행증서의 효력

A. 집행력

집행증서가 위와 같은 요건을 갖추면 집행권원으로서 집행력이 발생한다. 다만 집 행증서에는 기판력이 없으므로 증서에 기재된 청구가 당초부터 불성립 또는 무효 인 경우에는 청구이의의 소를 제기할 수 있고, 채권자도 집행증서상의 청구권에 대해서도 기판력을 얻기 위한 확인 또는 이행의 소를 제기할 수도 있다.

B. 집행증서의 요건에 흠이 있는 경우(형식적 무효)

위 집행증서의 요건 중 하나라도 흠이 있으면 그러한 집행증서는 집행력이 없고 무효가 된다.[130) 무권대리인에 의하여 작성된 공정증서나 집행수락의 의사표시는

---

128) 대법원 2006. 3. 24. 선고 2006다2803 판결.
129) 대법원 1975. 5. 13. 선고 72다1183 전원합의체 판결.
130) 이러한 집행증서에 집행문을 내어 준 경우 집행문부여에 대한 이의신청으로 다툴 수 있다. 대법원
     1999. 6. 23. 자 99그20 결정: 집행증서상의 명의를 도용당하였다고 주장하는 채무자는 위 집행증서에

집행권원으로서 효력이 없고 무효이다.[131) 이 경우 그 무효를 주장하는 방법에 관하여 판례는 청구이의의 소 또는 집행문부여에 대한 이의신청으로 다툴 수 있고, 다만 채권압류 및 전부명령이 확정된 경우와 같이 그에 기초한 강제집행이 전체적으로 끝난 뒤에는 청구이의로 다툴 수 없다고 한다.[132)

무효인 집행증서에 기초로 한 채권압류 및 전부명령은 채무자에 대한 관계에서 무효가 된다.[133) 따라서 채무자의 제3채무자에 대한 채권이 채권자에게 이전되지 않고 여전히 채무자가 제3채무자에 대하여 채권자의 지위를 가진다. 이 경우 그 집행권원인 집행증서가 무권대리인의 촉탁에 의하여 작성되어 당연무효라고 할지라도 그러한 사유는 형식적 하자이기는 하지만 집행증서의 기재 자체에 의하여 용이하게 조사·판단할 수 없는 것이므로 청구이의의 소에 의하여 그 집행을 배제할 수 있을 뿐 적법한 항고사유는 될 수 없다.[134)

부동산경매의 경우에도 집행증서가 무효인 경우에는 매수인이 대금을 납부하더라도 소유권을 취득할 수 없다.[135) 따라서 위 매각은 무효이므로 원소유자는 매수인에 대하여

채무자 본인의 집행촉탁 및 집행수락의 의사가 결여되었음을 내세워 집행문부여에 대한 이의로써 무효인 집행증서에 대하여 부여된 집행문의 취소를 구하는 것도 가능하다 할 것이고, 그 경우 이의를 심리하는 법원으로서는 임의적 변론을 거쳐 결정의 형식으로 그 당부를 판단하면 족하며, 반드시 심문 또는 변론절차를 열거나 제출된 자료만으로 소명이 부족하다 하여 신청인에게 추가 소명의 기회를 주어야 하는 것은 아니다.

131) 대법원 2006. 3. 24. 선고 2006다2803 판결: 공정증서상의 집행인낙의 의사표시는 공증인가 합동법률사무소 또는 공증인에 대한 채무자의 단독 의사표시로서 성규의 방식에 따라 작성된 증서에 의한 소송행위이어서, 대리권 흠결이 있는 공정증서 중 집행인낙에 대한 추인의 의사표시 또한 당해 공정증서를 작성한 공증인가 합동법률사무소 또는 공증인에 대하여 그 의사표시를 공증하는 방식으로 하여야 하므로, 그러한 방식에 의하지 아니한 추인행위가 있다 한들 그 추인행위에 의해서는 채무자가 실체법상의 채무를 부담하게 됨은 별론으로 하고 무효의 채무명의가 유효하게 될 수는 없다.

132) 대법원 1997. 4. 25. 선고 96다52489 판결: 채무명의인 공정증서가 무권대리인의 촉탁에 기하여 작성된 것으로서 무효인 때에는 채무자는 청구이의의 소로써 강제집행 불허의 재판을 구할 수 있음은 물론이지만, 그 공정증서에 기한 강제집행이 일단 전체적으로 종료되어 채권자가 만족을 얻은 후에는 더 이상 청구이의의 소로써 그 강제집행의 불허를 구할 이익은 없다.
대법원 1989. 12. 12. 선고 87다카3125 판결: 공정증서가 무권대리인의 촉탁에 기하여 작성된 것으로서 무효인 때에는 채무자는 청구이의의 소에 의하여 강제집행불허의 재판을 구할 수 있는 것이지만 위 공정증서에 기한 강제집행이 일단 전체적으로 종료된 후에는 그 강제집행이 압류가 경합된 상태에서 발하여진 것이라든가 혹은 피전부채권이 존재하지 아니하는 등 다른 사유로 무효로 된 경우 이외에는 채권자가 위 공정증서가 당초부터 무효이었기 때문에 이에 기한 강제집행이 무효가 되어 집행이 끝나지 않았다는 이유를 내세워 다시 강제집행에 착수할 수는 없는 노릇이므로 채무자가 청구이의의 소로써 그 강제집행의 불허를 구할 소의 이익이 없다.

133) 대법원 1989. 12. 12. 선고 87다카3125 판결: 무권대리인의 촉탁에 기하여 작성된 공정증서는 채무명의로서의 효력이 없고 이러한 채무명의에 기하여 발하여진 채권압류 및 전부명령은 채무자에 대한 관계에서 효력이 없다.

134) 대법원 1998. 8. 31. 자 98마1535,1536 결정.

소유권이전등기말소청구를 할 수 있다.

판례는 무효인 공정증서에 기한 경매임을 이유로 경매절차가 무효라고 주장하여 그 경매목적물에 관한 소유권이전등기의 말소를 청구하는 경우에 그 말소 주장이 금반언의 원칙 및 신의칙에 위반되는 것이어서 허용될 수 없다고 하려면, 무효인 공정증서상에 집행채무자로 표시된 자가 그 공정증서를 집행권원으로 한 경매절차가 진행되고 있는 동안에 공정증서의 무효를 주장하여 경매절차를 저지할 수 있었음에도 불구하고 그러한 주장을 일체 하지 않고 이를 방치하였을 뿐만 아니라, 오히려 공정증서가 유효임을 전제로 변제를 주장하여 경락허가결정 등에 대한 항고절차를 취하고 경락허가결정 확정 후에 경락대금까지 받았다든지 배당기일에 자신의 배당금을 이의 없이 수령하고 경락인으로부터 이사비용을 받고 부동산을 임의로 명도하였다든지 하여 경락인에 대하여 객관적으로 그 공정증서가 유효하다는 신뢰를 부여하는 경우라야 할 것이라고 한다.[136]

┌─ **[사례 2-5] 집행증서의 하자와 경매의 공신력** ─────────

판례는 무효인 집행증서에 터 잡아 경매가 진행되어 매수인 앞으로 소유권이전등기가 마쳐진 경우에도 원소유자는 집행증서의 무효를 주장하여 매수인에 대하여 그 소유권이전등기의 말소를 청구할 수 있다고 한다. 그렇다면 이 판례의 입장과 확정된 종국판결에 터 잡아 경매절차가 진행된 경우 그 뒤 그 확정판결이 재심소송에서 취소되었다고 하더라도 그 경매절차를 미리 정지시키거나 취소시키지 못한 채 경매절차가 계속 진행된 이상 매각대금을 완납한 매수인은 경매 목적물의 소유권을 적법하게 취득한다는 판례의 입장[137]을 어떻게 이해할 것인가?

강제경매는 집행력 있는 정본이 존재하는 경우에 한하여 국가의 강제집행권의 실행으로 실시되므로 일단 유효한 집행정본에 기하여 매각절차가 완결된 때에는 후일 그 집행

---

135) 대법원 2002. 5. 31. 선고 2001다64486 판결: 무권대리인의 촉탁에 의하여 공정증서가 작성된 경우 채무명의로서의 효력이 없는 것이고 무효인 공정증서에 기하여 진행된 경매절차 역시 무효이어서 경락인은 소유권을 취득하지 못하고 그 등기는 원인무효로서 말소되어야 함이 원칙이며, 다만 무효주장이 금반언 및 신의칙에 위반되는 경우에는 그 주장이 제한될 뿐이다.

136) 대법원 2000. 2. 11. 선고 99다31193 판결: 집행채권자를 상대로 청구이의의 소를 제기하고 강제집행 정지결정을 받았음에도 이를 집행법원에 제출하지 아니하였다는 사정만으로는 공정증서가 유효라는 신뢰를 경락인에게 보인 것이라 할 수 없다는 이유로 경매목적물에 대한 소유권이전등기의 말소를 청구하는 것이 금반언의 원칙 및 신의칙에 위반되지 않는다고 한 사례.

137) 대법원 1996. 12. 20. 선고 96다42628 판결 등.

권원에 표시된 실체상의 청구권이 당초부터 부존재·무효라든가 매각절차 완결 시까지 변제 등의 사유로 인하여 소멸되거나 나아가 재심에 의하여 집행권원의 집행력이 배제된 경우라 하더라도 매각절차가 유효한 한 매수인은 유효하게 목적물의 소유권을 취득한다. 이를 강제경매의 공신적 효과라고 한다.

경매개시결정이 채무자에게 송달되지 아니한 것과 같이 강제경매절차를 무효로 하는 하자가 아닌 한[138] 경매절차에 하자가 있더라도 매각허가결정이 확정되고 매수인이 대금을 납부한 이상 경매절차 밖에서 별소로 매각허가결정의 무효를 주장하여 매수인의 소유권취득의 효과를 다툴 수 없다. 매수인이 대금을 지급한 후에는 집행권원의 집행력을 배제하는 서류가 제출되더라도 매수인의 소유권취득은 영향을 받지 않는다. 따라서 확정된 종국판결에 터 잡아 경매절차가 진행된 경우 그 뒤 그 확정판결이 재심소송에서 취소되었다고 하더라도 그 경매절차를 미리 정지시키거나 취소시키지 못한 채 경매절차가 계속 진행된 이상 매각대금을 완납한 매수인은 매각 목적물의 소유권을 적법하게 취득하고,[139] 가집행선고 있는 판결에 기한 강제집행은 확정판결에 기한 경우와 같이 본집행이므로 상소심의 판결에 의하여 가집행선고의 효력이 소멸되거나 집행채권의 존재가 부정된다 하더라도 그에 앞서 이미 완료된 집행절차나 이에 기한 매수인의 소유권취득의 효력에는 아무런 영향을 미치지 아니한다.[140]

그러나 위와 같은 강제경매의 공신적 효과는 집행력 있는 정본이 일단 '유효하게 성립된 경우'를 전제로 한다. 따라서 일단 유효하게 집행권원이 성립한 이상 그 집행권원에 의하여 표상된 실체상의 청구권이 무효이거나 부존재임을 묻지 않는다. 그런데 집행권원 자체를 위조한 경우 등 집행권원이 부존재한 경우(청구권의 부존재가 아님)에 실시된 강제경매는 절대적 요건에 흠결이 있어 외형상 적법한 절차가 행해졌다 하더라도 당연무효로서 아무런 효력이 생기지 않는다. 또한 집행권원이 무효인 경우[141]에는 매수인이 대금을 납부하

---

138) 대법원 1994. 1. 28. 선고 93다9477 판결: 경매개시결정은 비단 압류의 효력을 발생시키는 것일 뿐만 아니라 경매절차의 기초가 되는 재판이어서 그것이 당사자에게 고지되지 않으면 효력이 있다 할 수 없고, 따라서 따로 압류의 효력이 발생하였는지의 여부에 관계없이 경매개시결정의 고지 없이는 유효하게 경매절차를 속행할 수 없는 것이므로, 경매법원이 이중경매신청에 의한 강제경매개시결정을 채무자에게 송달하지도 않고 그 기입등기만 경료한 채 후행 경매절차를 진행하여 경락대금을 납부받은 이상, 이는 그 압류의 효력발생 여부에 관계없이 경매개시결정의 효력이 발생하지 아니한 상태에서 경매절차를 속행한 경우이어서 위법하다 아니할 수 없고, 따라서 경락대금 완납에 의한 경락인으로서의 소유권 취득이라는 경락의 효력은 부정될 수밖에 없으며 경매법원이 경락대금의 완납 후에 사후적으로 이중경매개시결정을 채무자에게 송달하였다고 하여 그 결론이 달라지는 것으로 볼 것도 아니다.

139) 다만 강제경매가 반사회적 법률행위의 수단으로 이용된 경우에는 그러한 강제경매의 결과를 용인할 수 없다. 대법원 1996. 12. 20. 선고 96다42628 판결.

140) 대법원 1993. 4. 23. 선고 93다3165 판결.

더라도 소유권을 취득할 수 없고, 그 결과 공정증서가 집행권원으로서 집행력을 가질 수 있도록 하는 집행수락의 의사표시는 공증인에 대한 소송행위이므로 무권대리인의 촉탁에 의하여 공정증서가 작성된 경우 그 공정증서는 집행권원으로서 효력이 없고, 그러한 무효인 공정증서에 기한 경매절차에서 부동산을 매수한 자는 소유권을 취득할 수 없는 것이다.

C. 실체관계와의 불일치(실체적 무효)

집행증서에 기재된 내용이 객관적 사실과 일치하지 않거나[142] 증서에 기재된 청구권의 성립원인인 법률행위가 실체법상 무효이거나 취소할 수 있는 경우에도 집행수락의 의사표시는 소송행위이므로 그 원인인 법률행위와 구별할 것이고, 집행증서는 일단 유효한 것으로 취급된다.[143] 실체법상의 무효·취소사유는 청구이의의 소로써 집행력의 배제를 구할 사유가 될 뿐이다.

집행증서에 기재된 권리관계에 실체법상의 무효·취소사유가 있어도 그 증서에 기한 강제경매절차가 청구이의의 소 등으로 배제되지 않고 종료되면[144] 실체법상의 사유를 이유로 매수인에 의한 부동산의 소유권 취득의 효과를 부정할 수 없다.

(11) 확정판결과 같은 효력을 가지는 것

아래와 같은 조서는 확정판결과 같은 효력이 있으므로 집행권원이 된다.

---

141) 집행권원의 무효를 말하므로 청구권의 무효와는 구별할 것.

142) 대법원 2004. 5. 28. 선고 2004다6542 판결: 집행력 있는 집행권원에 기하여 채권압류 및 전부명령이 적법하게 이루어진 이상 피압류채권은 집행채권의 범위 내에서 당연히 집행채권자에게 이전한다 할 것이어서 그 집행채권이 이미 소멸하였거나 실제 채무액을 초과하더라도 그 채권압류 및 전부명령에는 아무런 영향이 없고, 제3채무자로서는 채무자에 대하여 부담하고 있는 채무액의 한도 내에서 집행채권자에게 변제하면 완전히 면책된다.

143) 대법원 2005. 4. 15. 선고 2004다70024 판결: 채무자 또는 그 대리인의 유효한 작성촉탁과 집행인낙의 의사표시에 터 잡아 작성된 공정증서를 집행권원으로 하는 금전채권에 대한 강제집행절차에서, 비록 그 공정증서에 표시된 청구권의 기초가 되는 법률행위에 무효사유가 있다고 하더라도 그 강제집행절차가 청구이의의 소 등을 통하여 적법하게 취소·정지되지 아니한 채 계속 진행되어 채권압류 및 전부명령이 적법하게 확정되었다면, 그 강제집행절차가 반사회적 법률행위의 수단으로 이용되었다는 등의 특별한 사정이 없는 한, 단지 이러한 법률행위의 무효사유를 내세워 확정된 전부명령에 따라 전부채권자에게 피전부채권이 이전되는 효력 자체를 부정할 수는 없고, 다만 위와 같이 전부명령이 확정된 후 그 집행권원인 집행증서의 기초가 된 법률행위 중 전부 또는 일부에 무효사유가 있는 것으로 판명된 경우에는 그 무효 부분에 관해서는 집행채권자가 부당이득을 한 셈이 되므로, 그 집행채권자는 집행채무자에게, 위 전부명령에 따라 전부받은 채권 중 실제로 추심한 금전 부분에 관해서는 그 상당액을 반환하여야 하고, 추심하지 아니한 나머지 부분에 관해서는 그 채권 자체를 양도하는 방법에 의하여 반환하여야 한다. 同旨: 대법원 2008. 2. 29. 선고 2007다49960 판결.

144) 강제집행이 전체적으로 종료된 경우에는 청구이의의 소를 제기할 수 없고, 이 경우에는 부당이득반환으로 문제를 해결할 수밖에 없다.

① 재판상의 화해조서(소송상 화해와 제소전화해 포함)145)

② 청구인낙조서

③ 조정조서

④ 파산채권자표, 개인회생채권자표 및 회생채권자표·회생담보권자표의 기재

(12) 검사의 집행명령

검사의 벌금, 몰수, 추징, 과태료 등에 대한 집행명령은 따로 집행문을 부여받을 필요가 없이 집행력 있는 집행권원과 같은 효력이 있다.

(13) 기타

① 확정된 배상명령 또는 가집행선고 있는 배상명령(소송촉진 등에 관한 특례법 제34조 제1항)이 적힌 유죄판결

② 형사소송절차에서 피고인과 피해자 사이에 민사상 다툼에 관하여 이루어진 합의가 기재된 공판조서(위 법 제36조 제5항)

③ 언론중재위원회의 중재화해조서 및 중재조서(언론중재 및 피해구제 등에 관한 법률 제23조 제25조 제1항)

④ 중앙토지수용위원회의 보상금에 관한 재결(공익사업을 위한 토지 등의 취득에 관한 법률 제86조 제1항)

⑤ 지방법원장의 소속 법무사에 대한 과태료의 결정(법무사법 제48조 제3항)

⑥ 비송사건절차법상의 비송사건절차비용의 재판, 과태료의 재판에 대한 검사의 집행명령(동법 제249조)

2. 집행문

가. 의의

집행문이란 집행권원에 현재 집행력이 있음과 누가 집행당사자인지를 집행권원의 끝에 덧붙여 적는 공증문언을 말하고, 집행문이 붙은 집행권원을 '집행력 있는 정본' 또는 '집

---

145) 제3자가 참가한 화해의 경우에는 그 제3자에 대해서도 집행력을 갖는다.

행정본'이라고 한다. 집행문은 집행기관으로 하여금 집행권원에 집행력이 있는지 여부와 그 범위를 쉽게 판단하여 신속한 집행을 할 수 있도록 하기 위함이다.

```
★ 판결정본(집행권원) + 집행문 = 집행력 있는 정본(집행정본) ★
```

채권자가 집행기관에서 강제집행을 신청(위임)함에 있어서는 집행력 있는 정본이 있어야 한다. 강제집행은 집행문이 붙은 집행권원의 정본을 바탕으로 실시하는 것이 원칙이므로 부동산에 관한 강제집행절차에 있어서 집행문이 없는 집행권원에 의하여 이루어진 강제경매는 절대적으로 무효이다.[146)

[사례 2-6] 집행문이 없는 집행권원에 기한 강제경매의 효력

甲은 2009년 2월 19일 액면 금 1억 원 만기 같은 해 8월 19일로 된 약속어음 1매를 발행하고 공증인가 제주합동법률사무소에서 위 어음금의 지급을 연체할 때는 즉시 강제집행할 것을 수락한 공정증서를 작성하고 위 약속어음에 각 첨부하여 A에게 교부하였다.

A는 甲으로부터 위각 만기기일에 약속어음금을 지급받지 못하자 위 공증인가 제주합동법률사무소로부터 집행문을 부여받지 아니한 채로 위 집행증서에 기한 강제경매신청을 하고 경매법원이 이를 간과하여 甲 소유의 토지에 대한 강제경매절차를 진행시킨 결과 2010년 6월 12일 위 토지를 금 2억 원에 乙에게 매각할 것을 허가하는 매각허가결정이 선고되고 위 결정이 확정됨으로써 위 토지에 대한 乙 명의의 소유권이전등기가 마쳐졌다.

甲은 乙을 상대로 소유권이전등기말소청구의 소를 제기하였다.

집행문의 부여는 강제경매의 절대적인 요건으로서 집행문이 전혀 없는 집행권원임에도 불구하고 이를 간과하여 그러한 집행권원에 기하여 강제경매가 실시되어 종료되었다고 하더라도 그러한 강제경매는 절대적으로 무효이므로 집행문이 없는 집행권원에 기한 매

---

146) 대법원 1978. 6. 27. 선고 78다446 판결. 이시윤, pp.138-139는 집행권원 없이 한 집행과는 달리 무효가 아니라 취소사유가 된다고 한다.

각허가결정을 원인으로 한 소유권이전등기도 원인무효의 등기가 된다.

그렇다면 공증인가 제주합동법률사무소 작성의 약속어음금 공정증서에 대하여 집행력 있는 집행문의 부여를 받음이 없이 진행된 이 사건 토지에 대한 강제경매절차와 매각허가결정은 모두 무효라고 할 것이고 이에 기한 乙 명의의 소유권이전등기 역시 당연히 무효라 할 것이다.[147] 따라서 乙은 甲에게 위 토지에 관한 소유권이전등기의 말소등기절차를 이행할 의무가 있다.

집행권원에는 원칙적으로 집행문이 필요하다.[148] 다만 다음과 같은 특수한 경우에는 집행문이 없더라도 강제집행을 개시할 수 있다.[149] 다만 이 경우에도 집행에 조건이 붙여진 경우, 당사자의 승계가 이루어진 경우에는 집행문이 필요하다.

■ 집행문이 필요 없는 경우

(1) 집행절차의 간이 · 신속성
　〈1〉 가압류 · 가처분명령(제292조, 제301조)
　〈2〉 확정된 지급명령(제58조 제1항)
　〈3〉 확정된 이행권고결정(소액사건심판법 제5조의 8)
(2) 법률상 집행정본과 동일한 효력이 있는 것
　〈1〉 검사의 집행명령(형소법 제477조)
　〈2〉 과태료의 재판에 대한 검사의 명령(제60조, 비송사건절차법 제249조)
　〈3〉 확정된 배상명령 또는 가집행선고 있는 배상명령이 적힌 유죄판결(소송촉진 등에 관한 특례법 제34조)
(3) 부수처분 - 집행법원이 집행절차의 일환으로 한 재판의 집행
　〈1〉 부동산인도명령의 집행(제136조 제6항)[150]
　〈2〉 채권압류명령에 따른 채권증서의 인도집행(제234조 제2호)
　〈3〉 강제관리개시결정에 따른 부동산의 점유집행(제166조 제2항)[151]
(4) 의사의 진술을 명하는 판결(제236조 제1항)[152]
(5) 감치결정

---

147) 판례는 절대무효로 보고 있으나(대법원 1978. 6. 27.선고 78다446 판결), 집행권원 없이 한 집행과 달리 무효가 아니라 취소사유가 된다는 견해도 있다.

148) 가집행선고 있는 종국판결, 집행증서와 같이 집행권원 자체에 집행할 수 있다는 취지가 적혀 있는 경우에도 집행문이 필요하다.

149) 확정된 이행권고결정에는 집행문이 필요 없으나, 확정된 화해권고결정은 재판상화해와 동일한 효력이 있으므로 집행문이 필요하다.

150) 인도명령은 제56조 제1호 소정의 항고로만 불복할 수 있는 재판이므로 이를 집행권원으로 보아 집행문이 필요하다고 보는 것이 다수설이나, 집행실무상 집행문 없이 집행하는 경우가 많다.

151) 이 경우 집행문이 필요하다는 견해로는 이시윤, p.140.

나. 집행문의 종류

(1) 단순집행문

① 형식·내용 다 같이 유효한 집행권원이 존재할 것
② 집행권원의 집행력이 발생·존속되고 있을 것
③ 집행권원의 내용이 집행 가능할 것
④ 당사자의 특정

(2) 조건성취집행문

채권자는 다음과 같은 조건성취를 증명한 경우에 집행문을 내준다(보충집행문).[153]

① 정지조건의 성취[154]
② 불확정기한의 도래[155]
③ 선이행관계의 반대의무의 이행[156]

---

152) 채권자 측의 금전지급을 조건으로 하는 소유권이전등기이행판결과 같이 반대의무가 이행된 뒤에 의사의 진술을 할 것인 경우에는 제30조와 제32조에 의한 집행문이 필요하다.
153) 담보의 제공, 확정기한의 도래, 동시이행관계의 반대의무 등은 집행개시의 요건이지 조건성취집행문의 요건이 아니다.
154) 예컨대 주무관청이 토지거래허가가 있으면 소유권이전등기절차를 이행하라는 판결에서 주무관청의 허가.
155) 예컨대 피고는 원고에게 소외 A가 사망하면 금 1,000만 원을 지급하라는 판결에서 A의 사망.
156) 예컨대 원고가 먼저 피담보채무를 이행하면 피고는 원고에게 담보로 넘어간 소유권이전등기를 말소해 주라는 판결에서 원고의 담보채무의 이행.

┌─ **[사례 2 - 7] 실권약관과 보충집행문** ─────────────────────────

　*甲과 乙이 소송상 화해를 하면서 화해조서에 "乙이 임대료를 2회 연체하면 임대
목적물을 즉시 甲에게 명도한다"고 되어 있는 경우 甲이 乙의 임대료 2회 연체사실
을 증명하여 조건성취집행문을 부여받아야 하는가?*

└──

　화해조서·조정조서·집행증서 등에 이른바 실권약관이 붙어 있는 경우가 많다. 이 경
우 채권자가 증명책임이 없기 때문에 채무자가 지급하지 아니하였다는 사실을 증명하여
조건성취집행문을 부여받을 필요가 없는 것으로 본다. 채무자가 임대료를 지급하였는데
도 강제집행을 당할 위험이 있다면 채무자로서는 제49조 제4호에 의하여 집행정지를 구
하거나, 청구이의의 소를 제기하여 강제집행의 배제를 구할 수 있다.

(3) 승계집행문

　집행권원이 생긴 뒤에 집행당사자의 지위가 변동되면 승계집행문을 부여받아야 한
다.157) 승계는 포괄승계이든 특정승계이든 불문한다. 예컨대 부동산명도판결 뒤에 그 부
동산의 점유를 제3자에게 이전시킨 경우 승계집행문을 부여받아 그 점유승계인을 상대로
강제집행을 할 수 있다. 점유이전금지가처분집행 후 제3자에게 점유가 승계된 경우에도
승계집행문을 부여받아 본안판결을 집행할 수 있다.158)

---

157) 민사집행법 제31조(승계집행문)
　　① 집행문은 판결에 표시된 채권자의 승계인을 위하여 내어 주거나 판결에 표시된 채무자의 승계인에
　　대한 집행을 위하여 내어 줄 수 있다. 다만 그 승계가 법원에 명백한 사실이거나, 증명서로 승계를 증
　　명한 때에 한한다.
　　② 제1항의 승계가 법원에 명백한 사실인 때에는 이를 집행문에 적어야 한다.
158) 대법원 1999. 3. 23. 선고 98다59118 판결: 점유이전금지가처분은 그 목적물의 점유이전을 금지하는
　　것으로서, 그럼에도 불구하고 점유가 이전되었을 때에는 가처분채무자는 가처분채권자에 대한 관계에
　　있어서 여전히 그 점유자의 지위에 있다는 의미로서의 당사자항정의 효력이 인정될 뿐이므로, 가처분
　　이후에 매매나 임대차 등에 기하여 가처분채무자로부터 점유를 이전받은 제3자에 대하여 가처분채권자
　　가 가처분 자체의 효력으로 식섭 뇌거를 강제할 수는 없고, 가처분채권자로서는 본안판결의 집행단계
　　에서 승계집행문을 부여받아서 그 제3자의 점유를 배제할 수 있을 뿐이다.

┌─[사례 2-8] 사망자 명의의 판결에 기한 강제집행과 승계집행문 ──────────

　　甲이 乙을 상대로 대여금청구의 소를 제기하여 소송계속 중 乙이 사망하였으나,
사망사실을 간과하고 乙 명의의 판결이 선고되고 확정된 경우 이 판결에 기하여 강
제집행을 하기 위해서는 어떻게 해야 하는가?

　　위 사례에서 乙에게 소송대리인이 있어 소송절차가 중단되지 않고 진행되어 乙
명의로 판결이 선고되고 확정된 경우는 어떠한가?
└───

　　소송계속 중 어느 일방 당사자의 사망에 의한 소송절차 중단을 간과하고 변론이 종결
되어 판결이 선고된 경우에는 그 판결은 소송에 관여할 수 있는 적법한 수계인의 권한을
배제한 결과가 되는 절차상 위법은 있지만 그 판결이 당연 무효라 할 수는 없고, 다만
그 판결은 대리인에 의하여 적법하게 대리되지 않았던 경우와 마찬가지로 보아 대리권
흠결을 이유로 상소 또는 재심에 의하여 그 취소를 구할 수 있을 뿐이므로, 이와 같이
사망한 자가 당사자로 표시된 판결에 기하여 사망자의 승계인을 위한 또는 사망자의 승
계인에 대한 강제집행을 실시하기 위해서는 민사집행법 제31조를 준용하여 승계집행문을
부여함이 상당하다.159)

　　위와 같은 경우 소송대리인이 선임되어 있는 경우에는 민사소송법 제96조에 의하여
그 소송대리권은 당사자의 사망으로 인하여 소멸되지 않고 그 대리인은 새로운 소송수계
인으로부터 종전과 같은 내용의 위임을 받은 것과 같은 대리권을 가지는 것으로 볼 수
있으므로, 법원으로서는 당사자의 변경을 간과하여 판결에 구당사자를 표시하여 선고한
때에는 소송수계인을 당사자로 경정하면 된다는 것이 판례이다.160)

3. 집행문부여절차

가. 집행문부여신청

　　집행문을 부여받으려면 판결이 확정되거나 가집행선고가 있는 때 소송기록을 보관하는
법원사무관 등에게 다음과 같이 집행문부여신청을 하고, 공정증서의 경우에는 공정증서

───────────────

159) 대법원 1998. 5. 30. 자 98그7 결정.
160) 대법원 2002. 9. 24. 선고 2000다49374 판결.

를 작성한 날로부터 1주일이 경과한 후 증서를 보관하는 공증인에게 집행문부여를 신청하면 된다.

[서식] 집행문부여신청서

<table>
<tr><td colspan="2" align="center">**집행문부여신청**</td></tr>
<tr><td colspan="2">사 건 2010가합3411 손해배상(기)
원 고 김 ○ ○
피 고 이 ○ ○</td></tr>
<tr><td colspan="2">위 사건에 관하여 귀원이 2010. 9. 10. 선고한 판결이 확정되었으므로 위 판결정본에 집행문을 부여하여 주시기 바랍니다.</td></tr>
<tr><td colspan="2" align="center">**첨 부**</td></tr>
<tr><td>1. 판결정본</td><td align="right">1통</td></tr>
<tr><td>1. 확정증명원</td><td align="right">1통</td></tr>
<tr><td colspan="2" align="right">2010.   .   .
위 원고 김 ○ ○</td></tr>
<tr><td colspan="2">**서울중앙지방법원   귀 중**</td></tr>
</table>

[서식] 승계집행문부여신청서

승소 원고로부터 판결에 표시된 채권을 양도받은 자가 승계인으로서 집행문부여를 신청하는 경우의 서식은 다음과 같다.

```
                    승 계 집 행 문 부 여 신 청

사   건 2010가합1234 손해배상(기)
원   고 김 ○ ○
피   고 이 ○ ○


위 사건에 관하여 귀원에서 2010. 4. 1. 선고한 판결은 확정되고, 원고는 위 판결에 의한 청구권을
2010. 5. 1. 양수인 박○ ○에게 양도하였으므로, 위 채권양수인에게 승계집행문을 부여하여 주시기
바랍니다.

                         첨  부

              1. 채권양도계약서              1통
              1. 채권양도통지서(내용증명)       1통

                                            2010.    .    .
                                   원고승계인(채권양수인)
                                      박 ○  ○(인)


서울중앙지방법원      귀 중
```

[참고] 양수인이 승계집행문을 부여받았으면 양도인에 대한 기존의 집행권원의 집행력은 소멸한다.[161]

나. 집행문의 부여

(1) 집행문부여요건

판결의 집행에 조건을 붙인 경우에는 채권자가 증명서(영수증, 공탁서등)로서 그 조건
의 이행을 증명하여야 집행문을 부여받을 수 있다(집행문부여의 요건). 이러한 조건에 해
당하는 것으로는 다음과 같은 것들이 있다.

---

161) 대법원 2008. 2. 1. 선고 2005다23889 판결: 집행권원상의 청구권이 양도되어 대항요건을 갖춘 경우
   집행당사자적격이 양수인으로 변경되고, 양수인이 승계집행문을 부여받음에 따라 집행채권자는 양수인
   으로 확정되는 것이므로, 승계집행문의 부여로 인하여 양도인에 대한 기존 집행권원의 집행력은 소멸
   한다. 따라서 그 후 양도인을 상대로 제기한 청구이의의 소는 피고적격이 없는 자를 상대로 한 소이거
   나 이미 집행력이 소멸한 집행권원의 집행력 배제를 구하는 것으로 권리보호의 이익이 없어 부적법하
   고, 이러한 법리는 소액사건심판법상의 확정된 이행권고결정과 같이 위 법 제5조의 8 제1항에 의하여
   집행문을 별도로 부여받을 필요 없이 이행권고결정서의 정본에 의하여 강제집행이 가능한 경우에도 마
   찬가지이다(집행권원상의 청구권을 양도한 채권자가 집행력이 소멸한 이행권고결정서의 정본에 기하여
   강제집행절차에 나아간 경우에 채무자는 민사집행법 제16조의 집행이의의 방법으로 이를 다툴 수 있다).

① 정지조건: 피고는 원고에 대하여 피고가 소외 ○○○에게 대여한 금원을 수령하면 즉시 금 1,000만 원을 지급한다고 한 경우

② 불확정기한: 피고는 원고에 대하여 소외 ○○○가 사망한 때 금 1,000만 원을 지급한다고 한 경우

③ 채권자의 선급부: 피고는 원고로부터 이사비용으로 금 100만 원을 받고 그 1개월 후에 부동산을 명도한다고 한 경우

④ 화해조서에 금전급여의무를 불이행한 것을 조건으로 하여 이행을 약속한 건물명도 와 토지인도의무는 집행에 조건을 붙인 것으로 본다.

(2) 집행개시요건

다음과 같은 것들은 집행개시의 요건이고, 집행문을 내어 줄 때에는 그 이행의 증명을 요하지 않는다.

① 확정기한: 피고는 원고에 대하여 2010년 9월 30일까지 금 1,000만 원을 지급한다고 한 경우

② 대상적(代償的) 급부: 피고는 원고에 대하여 백미 10가마(1가마＝80㎏)를 인도한다. 만일 인도할 수 없을 때에는 금 100만 원을 지급한다고 한 경우

③ 임료의 지급을 계속하여 2개월 이상 해태하여 지급하지 않을 때에는 임대차계약은 당연 해지되고 채무자는 건물을 철거하고 토지를 명도한다고 한 경우, 임료지급의 무의 불이행은 철거 또는 명도의 조건에 해당하지 않는다.

④ 동시이행: 피고는 원고에 대하여 원고로부터 금 1,000만 원을 수령함과 동시에(상환으로) 별지목록 기재 물건을 인도한다고 한 경우, 동시이행관계에 있는 반대급부 의 이행은 집행문부여의 요건이 아니고 집행개시의 요건이므로, 채권자는 집행 전에 집행기관에 반대급부의 이행의 제공을 하였음을 증명하면 된다.[162)]

---

162) 동시이행판결에 기하여 피고를 위하여 집행문을 부여할 수 없다. 주택 및 상가건물임대차보호법은 임차 인이 임차보증금반환채권의 확정판결 및 기타 이에 준하는 집행권원에 기하여 경매신청을 하는 경우에 는, 반환의무의 이행 또는 이행의 제공을 집행개시의 요건으로 간주하지 않음으로써 임차인이 주택 또 는 상가를 비우지 아니하고서도 경매를 신청할 수 있도록 하고 있다(주택임대차보호법 제3조의 2 제1 항 및 상가건물임대차보호법 제5조 제1항).

다. 집행문부여방식

집행문부여기관은 집행권원의의 끝에 다음과 같은 문언을 덧붙여 적고 법원사무관 등이 기명날인한다. 재판장 또는 사법보좌관의 명령이 있어야 내어 줄 수 있는 집행문에는 재판장 또는 사법보좌관의 명령에 따라 내어 준다는 취지를 적어야 한다.[163] 그리고 집행권원에 기초한 청구권의 일부에 대하여 집행문을 내어 주는 때에는 강제집행을 할 수 있는 범위를 집행문에 적는다.

[집행문 기재례]

위 정본은 피고○○○(또는 원고 ○○○)에 대한 강제집행을 실시하기 위하여 원고 ○○○(또는 피고○○○)에게 내어 준다.

2011.   .   .
서울중앙지방법원
법원사무관 ○ ○ ○ (인)

[승계집행문 기재례]

위 정본은 재판장의 명에 따라 피고○○○(또는 원고 ○○○)의 승계인 ○○○에 대한 강제집행을 실시하기 위하여 원고 ○○○(또는 피고○○○)에게 내어 준다.

2011.   .   .
서울중앙지방법원
법원사무관 ○ ○ ○ (인)

라. 집행문의 재도부여 또는 수통부여 신청

판결정본을 분실하였거나 수 개의 지역에서 또는 수 개의 방법으로 동시에 집행하여야 할 경우, 채권자는 집행문의 재도(再度)부여 또는 수통(數通)부여를 신청할 수 있다.[164]

---

163) 민사집행법 제32조는 조건성취집행문 및 승계집행문의 경우 재판장의 명령으로 부여할 수 있게 하면서 법원조직법 개정으로 2005년 7월부터 사법보좌관이 집행문부여명령을 할 수 있게 하여 이러한 경우의 집행문부여명령의 관할기관에 관하여 혼선을 빚고 있다.

164) 민사집행법은 집행문의 재도부여를 '다시 집행문을 내어 주는 것'으로, 수통부여를 '여러 통의 집행문

이 경우에는 재도부여 또는 수통부여를 필요로 하는 사유에 대한 소명(예컨대 분실 시 분실공고사실 등)이 있어야 하고, 사법보좌관의 명령이 있어야 부여받을 수 있다. 집행이 종료된 경우에는 재도부여를 받을 수 없다.[165]

공증인으로부터 집행문을 재도부여받거나 수통부여받는 경우에도 공증인이 단독으로 부여한다.

마. 집행문부여절차에서의 구제수단[166]

(1) 채권자의 구제수단

① 집행문부여 거절처분에 대한 이의신청(제34조 제1항)
② 집행문부여의 소(제33조)

(2) 채무자의 구제수단

① 집행문부여에 대한 이의신청(제34조)
② 집행문부여에 대한 이의의 소(제45조)

을 내어 주는 것'으로 우리말로 바꾸었다. 민사집행법 제35조 참조.

165) 대법원 1999. 4. 28. 자 99그21 결정: 채권자가 가집행선고부 판결에 기한 집행문을 부여받아 채무자가 장래에 받게 될 봉급 등의 채권에 대하여 압류 및 전부명령을 받았다면 위 전부명령이 무효가 되지 않는 한 가집행선고부 판결에 기한 강제집행은 이미 종료되었다고 할 것이므로, 채무자의 봉급 등의 장래 채권이 발생하지 않는다거나 채권자가 변제받아야 할 채권액의 일부만에 한정하여 압류 및 전부명령을 받았다는 등의 사정이 주장 · 입증되지 않는 한, 같은 내용의 집행력 있는 판결정본을 채권자에게 재도 부여한 것은 위법히다.

166) 상세한 내용은 제4장에서 살펴본다.

[3] 강제집행의 절차적 요건: 강제집행개시의 요건

1. 적극적 요건

가. 집행당사자의 표시

강제집행을 신청한 사람과 집행을 받을 사람의 성명이 판결이나 이에 덧붙여 적은 집행문에 표시되어 있어야 강제집행을 개시할 수 있다(제39조 제1항). 집행당사자가 표시되지 않은 경우의 강제집행은 집행권원 없이 한 집행과 같이 무효이다.

나. 집행권원의 송달

집행권원은 원칙적으로 집행개시 전에 또는 늦어도 집행개시와 동시에 채무자에게 송달되어야 한다.[167] 집행권원 그 자체를 송달하는 것이지 집행정본을 송달하는 것이 아니다. 판결, 지급명령, 화해조서나 인낙조서와 같이 법원사무관 등이 직권으로 미리 송달한 것이라면 다시 송달할 필요가 없다.

집행권원의 송달여부는 집행법원이 조사하여야 할 사항이나, 채권자는 송달증명서 등으로 송달을 증명할 수 있다.

집행권원을 송달하지 않고 한 집행행위의 효력에 관하여 판례는 부동산강제경매[168]와 전부명령[169]의 경우에 절대무효설을 취한다.[170]

---

167) 가압류·가처분명령의 집행, 벌금 등 형사재판에 대한 검사의 명령의 집행 등의 경우에는 송달이 불필요하다.

168) 대법원 1973. 6. 12. 선고 71다1252 판결: 강제집행의 채무명의가 된 지급명령의 정본 등을 채무자에게 송달함에 있어, 허위주소로 송달하게 하였다면 그 채무명의의 효력은 집행채무자에게 미치지 아니하고 이에 기인하여 이루어진 강제 경매는 집행채무자에게 대한 관계에서는 효력이 없다.

169) 대법원 1987. 5. 12. 선고 86다카2070 판결: 채권압류 및 전부명령의 기초가 된 채무명의인 가집행선고부 판결정본이 상대방의 허위주소로 송달되었다면 그 송달은 부적법하여 무효이고 상대방은 아직도 판결정본의 송달을 받지 않은 상태에 있다 할 것이므로 그 판결정본에 기하여 행하여진 채권압류 및 전부명령은 집행개시의 요건으로서의 채무명의의 송달 없이 이루어진 것으로서 무효라 할 것이다.

170) 이시윤, p.155는 집행권원 등의 송달을 하지 아니한 채 개시된 강제집행은 위법이며, 채무자는 집행이의신청을 내어 그 취소를 구할 수 있지만 취소되지 아니하는 한 유효하다는 취소설을 따르면서 대법원 1980. 5. 27. 선고 80다438 판결을 원용하고 있다. 그러나 위 80다438 판결은 승계집행문을 송달한 증명 없이 강제집행이 이루어져 그에 의하여 경료된 소유권이전등기는 위법이기는 하나 무효라고 할 수 없다는 것으로 집행권원을 송달하지 않고 한 집행행위의 효력을 문제 삼은 것이 아니다.

다. 집행문 및 증명서 등의 송달

집행문은 원칙적으로 채무자에게 송달할 필요가 없으나, 판결의 집행이 그 취지에 따라 채권자가 증명할 사실에 매인 때 또는 판결에 표시된 채권자의 승계인을 위하여 하는 것이거나 판결에 표시된 채무자의 승계인에 대하여 하는 것일 때에는 집행할 판결 외에, 이에 덧붙여 적은 집행문을 강제집행을 개시하기 전에 채무자의 승계인에게 송달하여야 한다(제39조 제2항).

증명서에 의하여 집행문을 내어 준 때[171])에는 그 증명서의 등본을 강제집행을 개시하기 전에 채무자에게 송달하거나 강제집행과 동시에 송달하여야 한다(제39조 제3항).

집행문을 송달하지 않고 한 집행행위의 효력에 관하여 판례는 집행권원을 송달하지 않고 한 집행행위의 효력과는 달리 본다.[172]

라. 특별 집행개시요건

(1) 확정기한(이행기)의 도래

집행채권의 이행이 일정한 시일에 이르러야 그 채무를 이행하게 되어 있는 때(확정기한의 도래)에는 그 시일이 지난 뒤에 강제집행을 개시할 수 있다(제40조 제1항).[173] 확정기한의 경우 이행기 전의 집행은 위법하나 그 집행행위가 재판으로 취소되기 전에 그 기한이 도래하면 흠이 치유된다.[174]

(2) 담보제공증명서의 제출과 그 등본의 송달

담보부가집행선고 있는 판결과 같이 집행이 채권자의 담보제공에 달린 때에는 채권자는 담보를 제공한 증명서(공탁증명서 그 밖에 법원의 담보제공증명서)를 제출하여야 하고 또 그 등본을 집행개시 전 또는 집행개시와 동시에 채무자에게 송달하여야 한다(제40

---

171) 채권자가 증명서로써 조건의 이행사실 또는 승계사실을 증명한 경우(제30조 제2항, 제31조 제1항).
172) 대법원 1980. 5. 27. 선고 80다438 판결: 채무자의 승계인들에 대하여 집행문을 부여한 뜻을 부기한 화해조서정본을 송달한 증명 없이 화해조서정본에 따른 강제집행에 의하여 소유권이전등기가 행하여졌다면 이는 위법이지만 이로써 곧 위 소유권이전등기가 무효라고는 할 수 없다.
173) 확정기한과 달리 불확정기한의 도래는 집행개시의 요건이 아니고 조건성취와 마찬가지로 집행문부여의 요건이다.
174) 따라서 집행절차가 진행되어 매수인이 매각대금을 완납하였으면 매수인은 유효하게 매각부동산의 소유권을 취득한다. 대법원 2002. 1. 25. 선고 2000다26388 판결.

조 제2항).

담보제공 없이 한 집행행위는 무효이나, 담보제공증명서등본의 송달이 잘못된 집행은 당연무효가 아니고 취소 전에 송달이 되면 흠이 치유된다.

(3) 반대의무의 이행 또는 이행의 제공

동시이행관계에 있는 반대의무의 이행 또는 이행의 제공은 원칙적으로 집행문부여의 요건이 아니고 집행개시의 요건이다(제41조 제1항).[175] 반대의무의 이행 또는 그 제공의 증명방법은 특별한 제한이 없다.[176] 전세권자가 전세권에 기한 임의경매를 신청하는 경우 전세권자의 전세목적물 인도의무 및 전세권설정등기말소등기의무와 전세권설정자의 전세금반환의무는 서로 동시이행의 관계에 있으므로 전세권자인 채권자가 전세목적물에 대한 경매를 청구하려면 우선 전세권설정자에 대하여 전세목적물의 인도의무 및 전세권설정등기말소의무의 이행제공을 완료하여 전세권설정자를 이행지체에 빠뜨려야 한다.[177]

다만 주택 및 상가건물임대차의 경우 보증금반환청구소송의 확정판결 기타 이에 준하는 집행권원에 기초한 경매를 신청하는 경우 반대의무의 이행 또는 이행의 제공은 집행개시요건이 아니다.[178] 반대급부와 상환으로 권리관계의 인낙이나 의사진술을 할 의무는 집행문부여 시에 의사표시의 효력이 발생하므로 집행문부여의 요건이다. 어음·수표 등 상환증권상의 채권에 대한 집행에서 증권의 제시는 반대급부에 해당하지 않고 집행개시의 요건이 아니다. 이 경우에는 집행정본의 제시로 충분하다.

반대의무 이행의 제공 없이 한 집행행위는 무효이다.

(4) 대상(代償)청구의 집행에 필요한 본래의 청구권의 집행불능

대상청구의 집행에 있어 본래의 청구권의 집행불능은 집행개시의 요건이다(제41조 제2항). 집행불능에 대한 증명방법에는 제한이 없고, 본래 의무의 집행불능이 아닌데도 대상의무에 대해 개시된 강제집행은 위법이며 집행이의신청으로 취소할 수 있다.

---

175) 이를 집행문부여의 요건으로 하게 되면 채권자가 동시이행을 하는 것이 아니라 선이행을 강제하는 결과가 되기 때문이다.

176) 공탁서의 제공 또는 사문서에 의한 증명도 가능하고 집행현장에서 집행관이 현장확인을 하여도 된다. 그러나 채권자가 채무자에 대한 다른 채권으로 상계하는 것은 반대의무의 이행 또는 그 제공에 해당한다고 할 수 없다.

177) 대법원 1977. 4. 13. 자 77마90 결정.

178) 주택임대차보호법 제3조의 2 제1항, 상가건물임대차보호법 제5조 제1항 참조. 다만 이 경우에도 임차인이 배당금을 수령할 때에는 명도확인서를 제출하여야 한다.

2. 소극적 요건(집행장애)

집행법원은 강제집행의 개시나 속행에 있어서 집행장애사유에 대하여 직권으로 그 존부를 조사하여야 하고, 집행개시 전부터 그 사유가 있는 경우에는 집행의 신청을 각하 또는 기각하여야 하며, 만일 집행장애사유가 존재함에도 간과하고 강제집행을 개시한 다음 이를 발견한 때에는 이미 한 집행절차를 직권으로 취소하여야 한다.[179] 집행장애사유로는 다음과 같은 것들이 있다.

가. 도산절차의 개시

통합도산법(채무자 회생 및 파산에 관한 법률)상의 파산선고 · 회생절차 · 채무자회생절차의 개시는 강제집행 · 보전처분이 허용되지 않는 집행장애사유가 된다. 파산절차는 파산선고를 받은 채무자에 대한 포괄적인 강제집행절차로서 이와 별도의 강제집행절차는 원칙적으로 필요하지 않고, 파산선고로 인하여 파산자가 파산선고 시에 가지고 있던 일체의 재산은 파산재단을 구성하며, 파산재단에 속하는 재산에 대한 파산자의 관리 · 처분 권능이 박탈되어 파산관재인에게 전속한다. 파산채권자는 파산선고에 의하여 개별적 권리행사가 금지되어 파산절차에 참가하여서만 만족을 얻을 수 있으며, 이미 개시되어 있는 강제집행이나 보전처분은 실효되므로, 결국 파산재단에 속하는 재산에 대한 개별적인 강제집행은 허용되지 않는다.[180]

채무자에 대한 회생절차나 개인회생절차개시결정이 있는 경우에도 회생채권, 회생담보권 및 개인회생채권에 기한 강제집행이나 가압류, 가처분 등이 금지된다.

나. 집행정지 또는 취소의 서면의 제출

제49조의 집행정지 또는 취소의 서류를 제출한 경우에도 집행장애사유가 된다.

---

179) 대법원 2008. 11. 13. 자 2008마1140 결정.
180) 대법원 2008. 6. 27. 자 2006마260 결정.

다. 집행채권의 압류 · 가압류

집행채권자의 채권자가 집행권원에 표시된 집행채권을 압류 · 가압류한 경우 그 압류 · 가압류채무자(집행채권자)는 추심권능을 잃게 되므로 강제집행으로 만족을 받을 수 없다.[181] 집행채권자는 집행채권에 대하여 압류명령은 받을 수 있으나 추심명령이나 전부명령은 받을 수 없다.

제3채무자는 송달받은 채권압류명령을 집행기관에 제출하여 집행의 배제를 구할 수 있다.

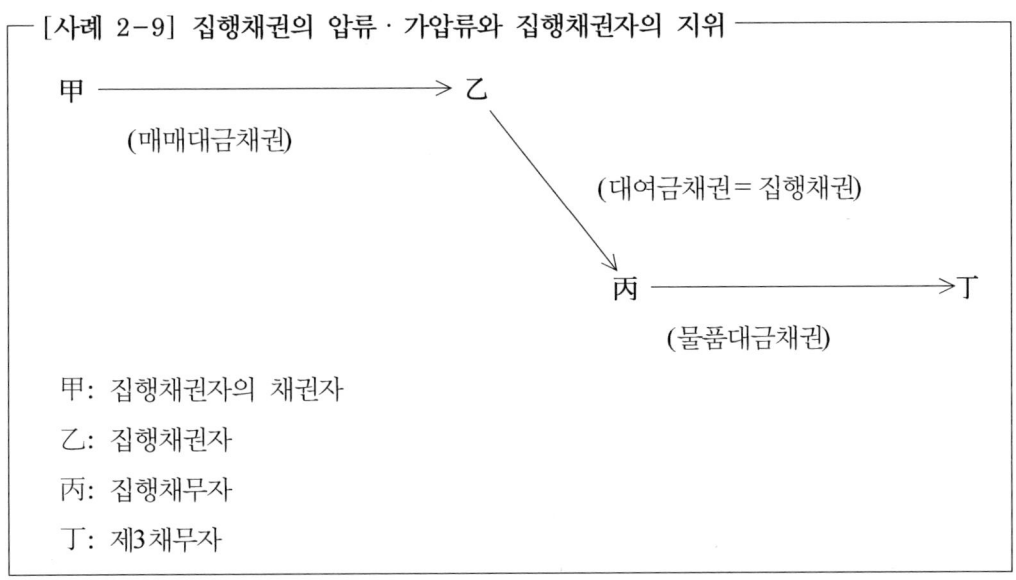

[사례 2-9] 집행채권의 압류 · 가압류와 집행채권자의 지위

甲 ──────────────→ 乙
　　(매매대금채권)
　　　　　　　　　　　　　　(대여금채권 ＝ 집행채권)
　　　　　　　　　　　　　　　　　　丙 ──────────→ 丁
　　　　　　　　　　　　　　　　　　　　(물품대금채권)

甲: 집행채권자의 채권자
乙: 집행채권자
丙: 집행채무자
丁: 제3채무자

<1> 甲이 乙에 대하여 매매대금청구의 소를 제기하여 승소확정판결을 얻은 후 이에 기초하여 추후 추심명령 또는 전부명령을 받기 위하여 乙의 丙에 대한 대여금채권을 압류한 경우(집행채권이 압류된 경우)

　　⇒ 乙은 추심권능을 잃게 되므로 강제집행으로 만족을 얻을 수 없다.

<2> 그런데 乙이 丙에 대한 대여금청구의 소를 제기하여 승소확정판결을 얻은 후 乙

---

181) 대법원 2000. 10. 2. 자 2000마5221 결정: 집행채권자의 채권자가 채무명의에 표시된 집행채권을 압류 또는 가압류, 처분금지가처분을 한 경우에는 압류 등의 효력으로 집행채권자의 추심, 양도 등의 처분행위와 채무자의 변제가 금지되고 이에 위반되는 행위는 집행채권자의 채권자에게 대항할 수 없게 되므로 집행기관은 압류 등이 해제되지 않는 한 집행할 수 없는 것이니 이는 집행장애사유에 해당한다고 할 것이다.

이 丙의 丁에 대한 물품대금채권을 압류 나아가 추심 또는 전부명령을 받을 수 있는가?

⇒ 압류는 가능하다(보전적 처분이므로).

⇒ 추심명령이나 전부명령은 불가하다(보전처분에서 나아가 환가나 만족적 단계에 이르는 것이므로).

※ 집행채권이 압류된 경우 집행채권자(乙)는 일체의 강제집행을 할 수 없는 것이 아니라 '압류'는 가능하고, 전부명령은 물론 환가절차에 그치고 아직 만족적 단계에까지 나아가지 않는 추심명령의 경우도 불가함을 주의할 것.[182]

※ 집행채권이 가압류된 경우 집행채권자(채무자)가 제3채무자를 상대로 이행의 소를 제기하여 집행권원을 얻더라도 이에 기하여 제3채무자에 대하여 강제집행을 할 수 없을 뿐 그 집행권원을 얻는 것까지 금하는 것은 아니다.[183] 다만 소유권이전등기를 명하는 판결은 의사의 진술을 명하는 판결로서 이것이 확정되면 채무자는 일방적으로 이전등기를 신청할 수 있고 제3채무자는 이를 저지할 방법이 없으므로, 이와 같은 경우에는 가압류의 해제를 조건으로 하지 않으면 이를 인용할 수 없다.[184]

※ 채권자가 집행채권을 단순히 가압류한 것에 그치지 않고 이미 본집행으로서 집행채권을 압류한 후 추심명령을 얻는 등 환가절차의 단계에 이르렀을 때에는 이행의 소 자체를 제기할 수 없다.[185]

---

182) 대법원 2000. 10. 2. 자 2000마5221 결정: 채권압류명령과 전부명령을 동시에 신청하더라도 압류명령과 전부명령은 별개로서 그 적부는 각각 판단하여야 하는 것이고, 집행채권의 압류가 집행장애사유가 되는 것은 집행법원이 압류 등의 효력에 반하여 집행채권자의 채권자를 해하는 일체의 처분을 할 수 없기 때문이며, <u>집행채권이 압류된 경우에도 그 후 추심명령이나 전부명령이 행하여지지 않은 이상 집행채권의 채권자는 여전히 집행채권을 압류한 채권자를 해하지 않는 한도 내에서 그 채권을 행사할 수 있다</u>고 할 것인데, 채권압류명령은 비록 강제집행절차에 나간 것이기는 하나 채권전부명령과는 달리 집행채권의 환가나 만족적 단계에 이르지 아니하는 보전적 처분으로서 집행채권을 압류한 채권자를 해하는 것이 아니기 때문에 집행채권에 대한 압류의 효력에 반하는 것은 아니라고 할 것이므로 집행채권에 대한 압류는 집행채권자가 그 채무자를 상대로 한 채권압류명령에는 집행장애사유가 될 수 없다.
183) 대법원 1989. 11. 24. 선고 88다카25308 판결.
184) 대법원 1992. 1. 17. 선고 87다2931 판결.
185) 대법원 1989. 1. 17. 선고 87다2931 판결.

제3장 강제집행의 진행과 정지·취소

[1] 강제집행의 진행

1. 강제집행의 신청

강제집행은 채권자의 집행신청에 의하여 개시되고, 집행신청을 함에 있어서는 집행력 있는 정본을 집행기관에 제시하여야 한다. 확정판결에 기해 강제집행을 신청하려면 ① 판결정본, ② 집행문, ③ 송달증명의 세 가지가 필요하다.

강제집행신청이 허용되기 위해서는 그 집행기관이 관할권을 가져야 한다. 집행기관으로는 집행관과 집행법원, 제1심법원(수소법원) 등이 있다.

집행기관은 채권자의 강제집행신청을 받고 소송요건을 갖추고 있는지, 강제집행의 실체적 요건인 집행권원과 집행문을 갖추고 있는지, 강제집행의 절차적 요건인 집행권원의 채무자에의 송달과 집행장애요건의 부존재를 심사하여야 한다.

집행비용은 채권자가 예납하여야 한다. 집행비용은 강제집행(의 준비 및 실시)을 위하여 필요한 비용으로, 채무자의 부담으로 하고 그 집행에 의하여 우선적으로 변상받는다.[186]

유체동산에 대한 강제집행에는 압류비용·감정료·신문공고료·경매수수료·송달료 등의 집행비용이, 철거 및 명도집행에는 집행관 수수료 및 노무자의 수당 등의 집행비용이 포함된다. 이와 같은 집행비용은 채무자가 부담할 것이지만 우선 채권자가 강제집행 신청을 하면서 예납하도록 되어 있다. 만일 채권자가 집행비용을 예납하지 않으면 집행관은 집행위임에 응하지 아니하거나 집행사무를 행하지 아니할 수 있고, 집행법원은 그 행위를 하지 아니할 수 있을 뿐만 아니라, 집행신청을 각하하거나 이미 실시한 집행절차

---

186) 소송비용은 소송비용 부담의 재판에 따른 소송비용액확정결정을 받은 후 집행문을 부여받아야 집행권원이 된다.

를 취소할 수 있게 된다.

금전집행의 경우 집행비용은 매각대금의 배당절차에서 최우선으로 배당받는다. 다만 그 집행절차에서 변상을 받지 못하였을 경우 집행법원의 집행비용액확정결정신청을 하여 그 결정을 집행권원으로 하여 별도의 금전집행을 하여야 한다.187)

2. 강제집행의 개시와 종료

집행기관이 집행권원의 내용을 실현하기 위하여 최초로 채무자에 대하여 강제적 행동을 취한 때, 예컨대 집행관이 유체동산압류를 위하여 수색을 시작한 때, 경매개시결정이 발하여진 때 등에 집행의 개시가 있고, 어떤 집행권원에 표시된 청구권 및 집행비용에 관하여 배당절차를 통해 채권자가 완전한 만족을 얻은 때 또는 이와 같은 만족이 종국적 · 전면적으로 불능으로 된 때 전체로서의 강제집행은 종료되게 된다. 청구이의의 소나 집행문부여에 대한 이의신청 및 이의의 소는 집행 종료 후에는 제기할 수 없다.

강제집행의 신청에 의하여 개시된 개개의 구체적인 집행행위의 종료는 그 절차에 정해진 최후의 단계에 해당하는 행위가 완결되었을 때에 생긴다.188) 예컨대 추심명령이 발령되어도 그 뒤 배당절차가 남아 있으면 강제집행절차가 종료되었다고 할 수 없다.189)

3. 경매절차의 공신력

가. 강제경매

강제경매에 있어서는 유효한 집행권원이 존재하는 한 경매절차가 종결된 후에는 그 집행권원상에 표시된 실체상의 청구권이 당초부터 부존재 또는 무효이거나 경매절차 종료 이전에 변제되었더라도, 그 경매의 효과는 번복되지 아니하고 매수인(경락인)은 유효하게

---

187) 대법원 2006. 10. 12. 선고 2004재다818 판결: 강제집행에 필요한 비용은 채무자가 부담하고 그 강제집행절차에서 우선적으로 변상받을 수 있으나 당해 강제집행절차에서 변상을 받지 못한 비용은 집행법원의 집행비용액확정결정을 받아 이를 집행권원으로 하는 별도의 금전집행을 하여야 하므로, 부동산 명도 강제집행의 집행비용에 대한 집행법원의 집행비용액확정결정이 없는 경우, 그 집행비용을 위 부동산 명도 강제집행의 집행권원인 확정판결에 기한 강제경매절차에서 추심할 수 없다고 한 사례.

188) 유체동산이나 부동산집행에서는 매각대금을 채권자에게 배당 시, 채권집행 중 추심명령은 추심신고나 배당절차의 종료 시, 전부명령은 그 명령의 확정 시, 동산이나 부동산인도집행에서는 채권자에게 인도 시이다.

189) 대법원 2003. 2. 14. 선고 2002다64810 판결.

소유권을 취득한다. 강제경매의 경우 판결절차와 같은 권리확정절차를 거쳐 집행권원이 작성되고, 채무자는 이미 집행권원의 성립에 관여하고 집행과정에서 집행을 저지할 기회가 보장되어 있기 때문에 위와 같은 공신력이 인정되고 있다. 이때 채무자는 집행채권자를 상대로 부당이득반환 또는 불법행위를 원인으로 한 손해배상청구를 할 수 있다. 그러나 집행권원이 당초부터 존재하지 않는 경우에는 그에 기한 강제집행은 무효이다.

무효인 집행권원, 예컨대 무권대리인이 권한 없이 타인 명의의 공정증서를 작성한 경우에는 집행권원으로서의 효력이 없고, 이에 기한 경매절차가 종결되어 매수인이 소유권을 취득한 경우 채무자는 채권자를 상대로 부당이득반환청구를 하거나 공정증서를 작성한 무권대리인을 상대로 불법행위를 원인으로 한 손해배상청구를 할 수 있음은 다툼이 없다. 그러나 채무자가 매수인을 상대로 소유권이전등기의 말소를 구할 수 있는지에 관해서는 다툼이 있다.

판례의 주류는 무효인 집행권원에 기한 경매는 원칙적으로 무효이지만 채무자가 무효인 집행권원의 존재 또는 경매절차의 개시를 알았음에도 불구하고, 아무런 조치 없이 매각(경락)허가결정을 확정시킨 경우에는 매각에 의한 소유권 취득을 다툴 수 없는 것으로 보고 있다.

┌─ **[사례 3 - 1] 강제경매의 공신력** ─────────────

A가 집행채무자를 甲으로 한 약속어음공정증서(집행증서)의 집행력 있는 정본에 기하여 甲 소유의 부동산에 대하여 강제경매신청을 하여, 乙이 그 강제경매절차에서 위 부동산을 매수하였다. 그런데 위 약속어음공정증서는 A가 甲 명의의 약속어음과 위임장을 위조하여 甲의 대리인으로서 약속어음공증을 촉탁함에 따라 작성되었다. 甲은 경매절차가 개시된 이래 매각허가결정이 있기까지 위 강제경매 절차가 진행 중인 사실을 알면서도 그 집행권원인 이 사건 집행증서가 무효라는 주장을 한 바 없고 매각허가결정확정 후 배당금을 수령한 바 있다. 甲은 乙을 상대로 乙 명의로 마쳐진 소유권이전등기의 말소를 구할 수 있는가?

└──────────────────────────────────

위 사례에서 甲은 무권대리인(또는 참칭채무자) A에 의하여 공정증서를 위조당한 피해자일 뿐인데, 형식적으로 공정증서가 존재하고 집행문이 부여되어 매각허가결정이 되었다는 이유만으로 매수인 乙이 소유권을 취득한다면 甲으로서는 소유권을 잃을 수밖에 없어 부당하다. 이 사건 집행증서는 甲을 대리할 권한이 없는 A의 촉탁에 의하여 작성된 것으로서 무효이므로, 이를 집행권원으로 하여 이루어진 강제경매는 집행채무자인 甲에 대한 관계에서는 그 효력이 생기지 아니하여 그 매수인인 乙은 위 부동산의 소유권을 취득하지 못한다 할 것이어서, 특별한 사정이 없는 한 乙은 甲에게 乙 명의로 마쳐진 소유권이전등기의 말소등기절차를 이행할 의무가 있다.

그러나 무효인 공정증서상에 집행채무자로 표시된 甲이 그 공정증서를 집행권원으로 한 경매절차가 진행되고 있는 동안, 공정증서의 무효를 주장하여 경매절차를 저지할 수 있었음에도 불구하고 그러한 주장을 일체 하지 않고 이를 방치하였을 뿐 아니라, 오히려 공정증서가 유효임을 전제로 변제를 주장하여 매각허가결정에 대한 항고절차를 취하였고, 매각허가결정확정 후 매각대금까지 배당받았다면 특별한 사정이 없는 한 甲은 乙에 대하여 그 공정증서가 유효하다는 신뢰를 부여한 것으로서 객관적으로 보아 乙로서는 이와 같은 신뢰를 갖는 것이 상당하다고 할 것이므로, 그 후 甲이 乙에 대하여 공정증서의 무효임을 이유로 이에 기하여 이루어진 강제경매도 무효라고 주장하는 것은 금반언(禁反言) 및 신의칙에 위반되는 것이라고 보아야 할 것이다.190)

나. 임의경매

임의경매의 경우 민사집행법 제267조는 대금의 완납에 의한 매수인의 부동산취득은 담보권소멸로 영향을 받지 않는다고 규정한다. 경매개시결정 당시 담보권이 유효하게 존재하고 있었던 이상, 그 후 채무자가 피담보채무를 변제하는 등의 사유로 담보권이 소멸되었다 하더라도 경매절차가 정지되지 아니한 채 매각허가결정이 확정되고 매각대금을 완납하면, 매수인은 확정적으로 소유권을 취득하며,191) 채무자는 매수인을 상대로 소유권이전등기의 말소를 구할 수 없다. 그러나 소유자가 경매개시 사실을 알지 못하거나 매수인이 담보권소멸 사실을 알고 있었던 경우에는 공신력이 인정될 수 없다고 할 것이다.

그러나 경매개시결정 이전에 담보권이 소멸한 경우에는 공신력을 인정하기 어려울 것이며(반대설 있음), 담보권이 무효 또는 부존재인 경우에는 공신력이 인정되지 않는다. 당초부터 저당권설정등기가 원인무효이거나 피담보채권이 당초부터 발생하지 않는 경우 경매절차는 당연무효이고, 채무자 또는 소유자가 경매절차 중에서 이를 주장하였는지 여

---

190) 대법원 1992. 7. 28. 선고 92다7726 판결 및 대법원 1993. 12. 24. 선고 93다42603 판결 참조.
191) 대법원 1992. 11. 11. 선고 92마719 판결.

부를 불문하고 매수인은 매각대금을 완납하더라도 소유권을 취득하지 못한다. 이때 매수인은 매각으로 인한 소유권이전등기의 말소등기의무를 부담한다.

[2] 강제집행의 정지와 취소

1. 강제집행의 정지

가. 강제집행의 정지

강제집행의 정지란 일정 시점에서 집행절차를 더 이상 진행시키지 아니하고 집행기관이 법률상 1개의 집행권원에 기한 전체로서의 강제집행의 개시 또는 속행을 할 수 없는 상태를 말한다. 집행정지가 1개의 집행권원에 기초한 전체로서의 집행 또는 개개의 집행절차의 전부에 미치지 아니하고 집행권원의 일부나 집행목적물의 일부 또는 어느 집행행위에 대해서만 집행이 정지되는 경우를 집행의 제한이라고 하는데, 제한대상이 아닌 집행은 계속하여도 된다.

강제경매의 경우 채무자는 집행기관에 민사집행법 제49조 제1호 내지 제6호 소정의 서류를 제출함으로써 집행절차의 개시 및 속행을 저지할 수 있고, 임의경매의 경우에는 민사집행법 제266조 제1항 제1호 내지 제5호 소정의 서류를 제출하여 저지할 수도 있다. 채무자가 위와 같은 집행정지서류를 얻었다고 하여 당연히 집행절차가 정지되는 것은 아니고, 채무자가 이를 집행기관[192]에 제출하여야 비로소 정지된다(채권자 또는 제3자가 제출하는 예는 드물다). 집행정지서류를 집행기관에 제출하는 것으로 족하고 별도로 집행정지신청을 낼 이익이 없다.[193] 실무상 강제집행정지신청서를 별도로 제출하기도 하나, 이는 집행정지 조치를 촉구하는 의미가 있을 뿐 집행법원은 그 신청에 대하여 따로 답을 할 필요가 없다.

그 밖에 일반 가처분의 방법으로 집행을 정지시킬 수 없다.[194] 다만 집행기관이 집행

---

192) 2005년 법원조직법 개정으로 강제경매든 임의경매든 부동산집행이나 채권집행에서 집행정지·취소는 사법보좌관의 업무로 되었다.

193) 대법원 2006. 4. 14. 자 2006카기62 결정: 가집행선고부 제1심판결 중 원심판결에 의하여 취소된 부분의 가집행선고는 원심판결의 선고로 인하여 그 효력을 잃고(민사소송법 제215조 제1항 참조), 신청인은 원심판결의 정본을 집행법원에 제출함으로써 이 부분에 관한 강제집행을 정지할 수 있으므로, 별도로 이 사건 강제집행정지신청을 할 이익이 없어 이 부분 신청은 부적법하다.

정본의 무효, 채무자의 도산절차의 개시 등 집행요건의 흠결 또는 집행장애의 사유의 존재를 발견한 때에는 직권으로 집행을 정지한다. 소유권이전등기를 명하는 판결과 같이 의사의 진술을 명하는 재판의 경우 현실적인 집행절차가 존재할 수 없어 집행정지가 인정되지 아니하고, 이 재판의 집행력의 배제를 구하는 청구이의의 소를 제기할 수 없다.195) 그럼에도 불구하고 이 소가 제기되면 소의 이익이 없어 각하된다.196)

┌─ **[강제집행정지절차 개요]** ─────────────────────────┐

　甲 ──────────────────────────────────▶ 乙
　(대여금청구의 소 제기)

　▶ 甲이 승소확정판결을 받은 후 乙이 甲에게 채무 전부를 변제한 경우
　▶ 그럼에도 甲이 乙의 부동산에 강제경매를 신청한 경우
　⇒ 乙은 甲을 상대로 청구이의의 소 제기(제44조) → 승소확정판결(제49조 제1호 중 강제집행을
　　　　　　　　　　　　　　　　　　　　　　　　허가하지 아니하는 재판)
　　　　　　　　　　　　　　　　　　　　　　　　　↓
　　　→ 잠정처분(강제집행의 일시정지를 명하는 재판)(제46조 제2항) → 집행법원에 제출
　　　　　　　　　　　　　　　　　　　　　　　　　　　↓
　　　　　　　　　　　　　　　　　　　　　　강제집행의 정지·취소

　⇒ 乙은 甲을 상대로 재심의 소를 제기하여 승소확정판결을 받은 경우 → 집행법원에 제출
　　　　(제49조 제1호 중 집행할 판결을 취소하는 재판)　　　　　↓
　　　　　　　　　　　　　　　　　　　　　　　강제집행의 정지·취소

└─────────────────────────────────────┘

---

194) 대법원 2004. 8. 17. 자 2004카기93 결정: 확정판결 또는 이와 동일한 효력이 있는 집행권원에 기한 강제집행의 정지는 오직 강제집행에 관한 법규 중에 그에 관한 규정이 있는 경우에 한하여 가능하고, 이와 같은 규정에 의함이 없이 일반적인 가처분의 방법으로 강제집행을 정지시킨다는 것은 허용되지 아니하며, 민사집행법 제46조 제2항 소정의 강제집행에 관한 잠정처분은 청구에 관한 이의의 소가 계속 중임을 요하고, 이러한 집행정지요건이 결여되었음에도 불구하고 제기된 집행정지신청은 부적법하다. 그리고 임의경매를 신청할 수 있는 권리의 존부를 다투어 민사집행법 제275조에 의한 같은 법 제44조의 준용에 의해 채무에 관한 이의의 소를 제기한 경우에도 같은 법 제46조 제2항에 의한 강제집행 정지명령을 받아 정지시킬 수 있을 뿐이고, 일반적인 가처분절차에 의하여 임의경매절차를 정지시킬 수는 없다.

195) 대법원 1995. 11. 10. 선고 95다37568 판결: 대지에 대한 수분양자 명의변경 절차의 이행을 소구함은 채무자의 의사의 진술을 구하는 소송으로서 그 청구를 인용하는 판결이 선고되고 그 소송이 확정되었다면, 그와 동시에 채무자가 수분양자 명의변경 절차의 이행의 의사를 진술한 것과 동일한 효력이 발생하는 것이므로 위 확정판결의 강제집행은 이로써 완료되는 것이고 집행기관에 의한 별도의 집행절차가 필요한 것이 아니므로, 특별한 사정이 없는 한 위 확정판결 이후에 집행절차가 계속됨을 전제로 하여 그 채무명의가 가지는 집행력의 배제를 구하는 청구이의의 소는 허용될 수 없다.

196) 다만 반대채무의 이행을 조건으로 하는 판결(선이행판결 또는 동시이행판결)의 경우 집행문을 내어 주기 전까지 집행정지가 가능하다. 제263조 제2항 참조.

나. 집행정지서류의 종류

위와 같이 강제집행을 정지시킬 수 있는 집행정지서류의 내용에 관하여 차례로 보면 다음과 같다.

(1) 민사집행법 제49조 소정의 집행정지서류

① ㉮ 집행할 판결 또는 ㉯ 그 가집행을 취소하는 취지나 ㉰ 강제집행을 허가하지 아니하거나 ㉱ 그 정지를 명하는 취지 또는 ㉲ 집행처분의 취소를 명한 취지를 기재한 ㉳ 집행력 있는 재판의 정본(제1호)

예컨대 ㉮ 가집행선고 있는 판결을 취소하는 상소심판결,[197] 확정판결을 취소하는 재심판결, 판결 이외의 집행권원(화해조서 등)을 취소하는 재판(준재심), ㉯ 가집행 선고만을 취소하는 상소심판결, ㉰ 집행문부여에 대한 이의·집행에 관한 이의 또는 즉시항고를 인용한 결정,[198] 청구이의의 소, 집행문부여에 대한 이의의 소, 제3 자이의의 소를 인용한 종국판결, ㉱ 위 ㉰의 재판 중 집행의 일시적 불허를 선언한 재판,[199] ㉲ 청구이의의 소, 집행문부여에 대한 이의의 소, 제3자이의의 소에 부수하여 행해지는 잠정처분, 재심 또는 상소의 추후보완신청이나 상소제기에 부수하는 잠정처분 중 이미 실시한 집행처분의 취소를 명하는 재판 등이 이에 해당한다. ㉳ 집행력 있는 재판의 정본이란 집행문이 부여된 집행력 있는 정본이 아니라 집행할 수 있는 재판의 정본을 의미한다(판결의 경우 확정되어 있지 않더라도 가집행선고가 있으면 족하다).

② 강제집행의 일시정지를 명한 취지를 적은 재판의 정본(제2호)

예컨대 ㉮ 가집행선고 있는 판결에 대한 상소의 제기로 인한 집행의 일시정지명

---

197) 대법원 2004. 7. 9. 자 2003마1806 결정: 채권압류 및 전부명령의 기초가 된 가집행의 선고가 있는 판결을 취소한 상소심 판결의 정본은 민사집행법 제49조 제1호 소정의 집행취소서류에 해당하는 것이므로, 채권압류 및 전부명령에 대한 항고심에서 항고인이 가집행의 선고가 있는 판결을 취소한 항소심 판결의 사본을 제출하였다면 항고심으로서는 항고인으로 하여금 그 정본을 제출하도록 한 후, 즉시항고를 받아들여 채권압류 및 전부명령을 취소하여야 한다.

198) 집행에 관한 이의나 즉시항고를 인용한 결정은 당해 집행법원이 스스로 한 것이므로 당사자에 의한 제출은 필요 없다는 견해도 있다.

199) 예컨대 변제기한의 일시적 유예를 이유로 200 . . . 까지 강제집행을 불허하면서 청구이의의 소를 인용한 판결 등.

령,200) ㉯ 청구이의의 소, 집행문부여에 대한 이의의 소, 제3자이의의 소 제기에 의한 집행의 일시정지명령이나 그 판결에서 한 집행의 일시정지선언, ㉰ 집행문부여에 대한 이의신청, 집행에 관한 이의신청에 의한 집행의 일시정지명령 등이 이에 해당한다.201)

③ **집행을 면하기 위하여 담보를 제공한 증명서류(제3호)**

가집행선고 중에 채무자에게 담보를 제공하면 가집행을 면할 수 있음을 선고한 경우 그 담보를 제공하였거나 공탁하였다는 증명서가 이에 해당한다. 가압류해방금액을 공탁한 경우의 증명서도 이에 해당한다.

④ **집행할 판결이 있은 뒤 채권자가 변제를 받았거나 의무이행을 미루도록 승낙한 취지를 적은 증서(제4호)[변제수령증서와 변제유예증서]**

예컨대 집행채권 전부를 변제받았다고 기재한 영수증, 변제증서, 대물변제증서, 채무면제·포기각서 또는 상계의 의사표시를 기재한 서류, 채권양도통지서, 집행채권에 대한 압류 및 전부명령이나 의무이행의 유예를 승낙한 취지의 기재가 있는 서류 등이 이에 해당한다.

원래 집행권원의 기초가 된 채권에 대하여 변제가 되었거나 유예된 경우 채무자는 청구이의의 소를 제기하여 강제집행을 종국적으로 저지할 수 있고, 위 소에 기한 강제집행의 일시정지명령을 받아 강제집행을 정지시킬 수도 있으나, 채무자보호를 위하여 변제증서 또는 변제유예증서의 제출로 간단히 집행정지를 할 수 있도록 하고 있다.

판결선고 후의 증서뿐만 아니라 기타 집행권원 성립 후의 증서도 포함된다. 다만

---

200) 대법원 2008. 11. 13. 자 2008마1140 결정: 전부명령이 있은 뒤에 채무자가 민사집행법 제49조 제2호의 서류를 제출한 경우 항고법원은 다른 이유로 전부명령을 취소하는 경우를 제외하고는 같은 법 제229조 제8항에 의하여 항고에 관한 재판을 정지하여야 하고, 그 후 잠정적인 집행정지가 종국적인 집행취소나 집행속행으로 결말이 나는 것을 기다려, 집행취소로 결말이 난 때에는 항고를 인용하여 전부명령을 취소하고, 집행속행으로 결말이 난 때에는 항고를 기각하여야 한다. 한편 집행법원은 강제집행의 개시나 속행에 있어서 집행장애사유에 대하여 직권으로 그 존부를 조사하여야 하고, 집행개시 전부터 그 사유가 있는 경우에는 집행의 신청을 각하 또는 기각하여야 하며, 만일 집행장애사유가 존재함에도 간과하고 강제집행을 개시한 다음 이를 발견한 때에는 이미 한 집행절차를 직권으로 취소하여야 한다.

201) 여기의 집행정지를 명하는 재판은 일시적 정지를 명한 것이고, 제1호의 집행정지를 명한 재판은 종국적 정지를 명한 것으로 양자를 구별하는 실익은 집행이 개시된 경우 제1호는 이미 실시한 집행처분이 취소시유기 됨에 대히여 제2호는 집행취소사유가 아니고 이미 실시한 집행처분의 일시유지의 사유가 되는 점이다.

변제를 받았다는 취지의 증서 제출에 의한 강제집행의 정지기간은 2개월로 하고, 의무이행의 유예를 승낙하였다는 취지를 기재한 증서제출에 의한 강제집행의 정지는 2회에 한하여 통상 6개월을 초과할 수 없게 되어 있다(제51조). 그러므로 채무자는 이 기간 이내에 청구이의의 소를 제기하고 집행정지명령을 받아 이를 제출하여 집행을 정지시킬 수 있다.

변제증서 또는 유예증서는 반드시 공정증서나 인증 있는 증서일 필요는 없고 사문서라도 채권자가 작성한 것임을 인정할 수 있으면(인감증명서가 첨부되었거나 집행신청서에 압날된 인감이 사용된 경우) 된다.[202] 채권 전액을 변제받았음을 이유로 한 경매신청취하(합의)서나 채권자의 은행 계좌에 대한 무통장입금증 등도 변제증서로 볼 수 있다. 그러나 변제공탁서의 경우에는 채권자가 이의 없이 공탁금을 수령한 경우를 제외하고는 변제증서로 보지 않는 것이 일반적이다. 채권자가 변제증서의 효력을 다투는 경우에는 청구이의의 소로써 그 진위를 가릴 수밖에 없다.

채무자가 경매기일연기신청서를 제출한 경우 채권자의 동의를 받은 경우에만 의무이행의 유예를 승낙한 취지를 적은 증서가 된다.

[사례 3-2] 강제집행의 정지

甲은 乙에 대하여 대여금청구소송을 제기하여 승소 확정판결을 받았다. 그런데 乙이 판결선고 후 채무를 변제하여 甲으로부터 영수증을 받아 두었는데 甲이 확정판결에 기해 강제집행절차를 개시한 경우, 乙은 어떠한 방법으로 강제집행을 저지시킬 수 있는가?

乙은 채권자인 甲이 작성한 영수증(변제증서)을 집행기관에 제출함으로써 강제집행을 정지시킬 수 있다. 그러나 이 경우 정지기간이 2개월로 제한되어 있으므로, 이 기간 이내에 甲을 상대로 청구이의의 소를 제기하여 강제집행정지신청을 하여 정지결정을 받아 집행기관에 제출하여야 한다.

채무자가 변제하였는데도 불구하고 변제증서를 받아 두지 않거나 받은 변제증서를 분실한 경우, 채무자는 곧바로 청구이의의 소를 제기하고 잠정처분(제46조 제2항의 강제집

---

[202] 공증증서나 공증인이 인증한 증서가 아니어도 무방한 점에서 제6호가 화해조서정본 또는 공정증서정본이어야 하는 점과 구별된다.

행정지명령)을 받아 이를 집행법원에 제출하여 제49조 제2호 서류의 제출로 인한 집행정지를 받을 수밖에 없다.[203]

⑤ **집행할 판결, 그 밖의 재판이 소의 취하 등의 사유로 효력을 잃었다는 것을 증명하는 조서등본 또는 법원사무관 등 작성의 조서(제5호)**

예컨대 가집행선고 있는 판결 후에 상소심에서 소가 취하된 경우 소취하증명서나 법원사무관 등 작성의 소취하조서등본(구술로 소를 취하한 경우) 등이 이에 해당한다. 그러나 사인이 작성한 문서는 이에 해당하지 않는다.

⑥ **강제집행을 하지 아니한다거나 강제집행의 신청이나 위임을 취하한다는 취지를 적은 화해조서의 정본 또는 공정증서의 정본(제6호)**

예컨대 강제집행을 하지 않는다거나 강제집행신청을 취하하기로 한 취지가 기재된 화해조서(조정조서 포함), 공정증서의 정본이 이에 해당한다. 공증인 등이 작성한 사서증서인증서는 이에 해당하지 않는다.

채권자가 강제집행신청의 취하서를 제출하면 압류의 효력이 소멸하고 집행절차가 당연히 종료하므로 집행정지나 취소의 문제는 생기지 않고, 집행법원도 별도의 집행취소결정을 할 필요가 없다.

(2) 민사집행법 제266조 제1항 소정의 집행정지서류(임의경매에 특유한 집행정지서류)

① **담보권자의 등기가 말소된 등기부의 등본(제1호)**

담보권이 설정된 등기부등본의 제출만으로 경매절차가 개시되므로 그 담보권이 말소된 등기부등본이 제출되면 당연히 경매절차가 정지된다.

---

203) 대법원 1992. 9. 14. 선고 92다28020 판결: 강제경매의 경우에도 임의경매의 경우와 마찬가지로 경락인은 경락대금을 지급한 때에 경매부동산에 관한 소유권을 취득하는 것이므로, 강제경매절차에서 경락허가결정이 된 후에라도 경락인이 경락대금을 지급하기 전까지는 경매법원에 (구)민사소송법 제510조 제2호의 서면인 경매절차의 일시정지를 명하는 결정정본을 제출할 수 있고, 이 경우 경매법원은 필요적으로 그 경매절차의 진행을 정지하여야 하고 이를 무시하고 그대로 진행하여 경락인으로부터 경락대금을 지급받는 것은 위법하다. 강제집행의 정지사유가 있음에도 불구하고 경매법원이 이를 정지하지 아니하고 대금지급기일을 정하고, 대금납부를 받는 등 경매절차를 진행하는 경우에 이해관계인은 같은 법 제504조 소정의 집행에 관한 이의, 나아가 즉시항고에 의하여 그 시정을 구할 수 있는바, 이러한 불복의 절차 없이 경매절차가 그대로 완결된 경우에는 그 집행행위에 의하여 발생된 법률효과는 부인할 수 없다.

② 담보권의 등기를 말소하도록 명한 확정판결의 정본(제2호)

담보권등기가 말소되기 전이라도 그 말소를 명한 확정판결(화해조서·인낙조서·조정조서) 정본의 제출로 경매절차가 정지된다.

③ 담보권이 없거나 소멸되었다는 취지의 확정판결의 정본(제3호)

담보권부존재확인판결 등이 이에 해당한다.

④ 채권자가 담보권을 실행하지 아니하기로 하거나 경매신청을 취하하겠다는 취지 또는 피담보채권의 변제를 받았거나 그 변제를 미루도록 승낙한다는 취지를 적은 서류(제4호)

담보권 부집행 또는 경매신청취하증서 및 변제증서·변제유예증서는 사문서라도 무방하고, 다만 그 서류가 화해조서 또는 공정증서정본의 경우에는 이미 실시한 경매절차를 취소하도록 하고 있다. 변제증서가 사문서인 경우에는 단순히 경매절차를 2개월간 정지시키는 데 불과하므로, 채무자는 그 기간 이내에 피담보채무부존재확인의 소를 제기하여 집행정지명령을 받아 이를 경매법원에 제출하여야 하고, 변제유예증서가 사문서인 경우 경매절차의 정지는 2회에 한하며 통산하여 6개월을 초과할 수 없다.

⑤ 담보권실행을 일시정지하도록 명한 재판의 정본(제5호)

담보권부존재확인의 소, 담보권설정등기말소의 소 또는 피담보채권(채무)부존재확인의 소, 제3자이의의 소 등을 본안으로 하는 경매절차정지의 잠정처분이 이에 해당한다.

다. 집행정지서류의 제출시기

집행정지서류는 원칙적으로 집행신청 후 매각대금 납부 이전에 제출되어야 한다(매수인이 매각대금을 완납하면 경매부동산의 소유권을 취득한다).204) 다만 최고가매수신고인

---

204) 대법원 1994. 2. 7. 자 93마1837 결정: 강제경매의 경우에도 임의경매의 경우와 마찬가지로 경락인은 경락대금을 완납한 때에 경매부동산에 대한 소유권을 취득하는 것이므로, 강제경매절차에서 경락허가결정이 된 후에라도 경락인이 경락대금을 납부하기 전까지는 경매법원은 (구)민사소송법 제510조 제2호의 서면인 경매절차의 일시정지를 명하는 결정정본이 제출된 경우 필요적으로 그 경매절차의 진행을

및 차순위매수신고인이 있는 경우에는 채무자가 집행을 정지시킬 수 있는 시한을 집행정지서류의 종류에 따라 제한을 두고 있다.

(1) 민사집행법 제49조 소정의 집행정지서류

민사집행법 제49조 **제1호**(집행불허·취소재판), **제2호**(일시정지재판), **제5호**(재판실효증서)의 서류는 매수인이 매각대금을 지급하기 전까지 제출하여야 집행이 정지 또는 취소된다. 또한 **제3호**(집행면제공탁증서), **제6호**(부집행 또는 집행신청취하증서)의 서류도 매수인이 매각대금을 지급하기 전까지 제출하여야 하나, 매각기일에서 매수의 신고가 있기 전까지 제출하여야 하고, 그 후에 제출된 경우에는 최고가매수신고인 및 차순위매수신고인의 동의가 있어야 경매절차가 정지된다.

매각대금 지급 후에 위 서류들을 제출한 경우에는 집행정지 또는 취소가 되지 않고 그 이후의 절차가 속행된다. **제4호**(변제증서 또는 유예증서)의 서류는 매각기일에서 매수의 신고가 있기 전까지 제출하여야 하고, 매수신고가 있은 후 제출될 경우에는 집행이 정지되지 아니한다. 다만 매각허가결정이 취소되거나 효력을 잃게 된 때 또는 매각불허결정이 확정된 때에만 집행이 정지된다.

집행정지서류의 제출은 항고심에서도 허용된다.[205]

(2) 민사집행법 제266조 제1항 소정의 집행정지서류

민사집행법 제266조 제1항 **제1호**(말소등기판결정본), **제3호**(담보권부존재 또는 소멸판결정본), **제5호**(일시정지재판)의 서류는 매수인이 매각대금을 지급하기 전까지 제출하여야 하고, **제4호**(부집행 또는 경매신청취하증서 및 변제증서 또는 유예증서)의 서류는 매각기일에 매수의 신고가 있기 전까지 제출하여야 한다. 매수신고 후 부집행 또는 경매신청취하증서가 제출된 경우에는 최고가매수신고인 및 차순위매수신고인의 동의가 있어야만 경매절차가 정지되고, 매수신고 후 변제증서 또는 유예증서가 제출된 경우에는 경매

정지하여야 하고 또 같은 조 제1호의 서면인 강제집행을 허가하지 아니한다는 취지의 집행력 있는 판결정본이 제출된 경우에는 이미 실시한 집행처분을 취소하여야 하는 것이므로, 경매법원이 한 경매개시결정도 취소하여야 한다.

205) 대법원 2004. 7. 9. 자 2003마1806 결정: 채권압류 및 전부명령의 기초가 된 가집행의 선고가 있는 판결을 취소한 상소심 판결의 정본은 민사집행법 제49조 제1호 소정의 집행취소서류에 해당하는 것이므로, 채권압류 및 전부명령에 대한 항고심에서 항고인이 가집행의 선고가 있는 판결을 취소한 항소심 판결의 사본을 제출히였다면 항고심으로서는 항고인으로 하여금 그 정본을 제출하도록 한 후, 즉시항고를 받아들여 채권압류 및 전부명령을 취소하여야 한다.

절차가 정지되지 아니한다. 다만 매각허가결정이 취소되거나 효력을 잃게 된 때 또는 매각불허결정이 확정된 때 비로소 경매절차가 정지된다.[206]

[참고] 집행·경매절차 정지서류의 제출시한과 부동산경매[207]

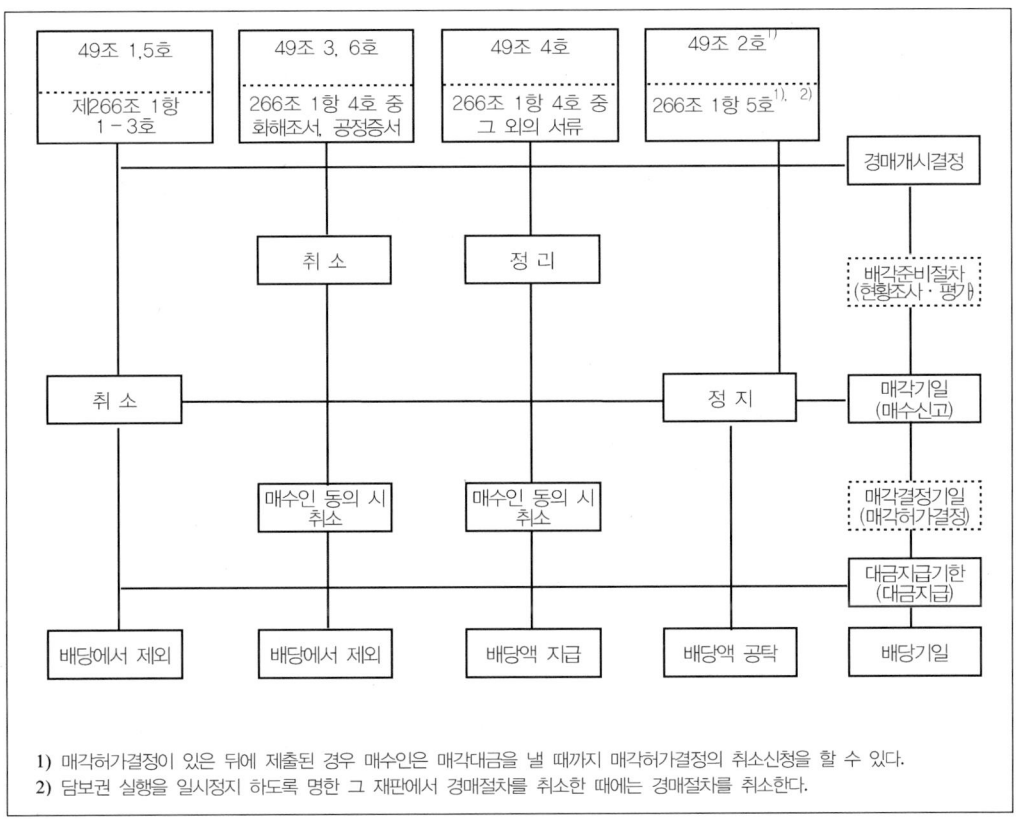

1) 매각허가결정이 있은 뒤에 제출된 경우 매수인은 매각대금을 낼 때까지 매각허가결정의 취소신청을 할 수 있다.
2) 담보권 실행을 일시정지 하도록 명한 그 재판에서 경매절차를 취소한 때에는 경매절차를 취소한다.

---

206) 대법원 2000. 6. 28. 자 99마7385 결정: 신청채권자로부터 변제유예를 받았음을 원인으로 한 임의경매개시결정에 대한 이의신청의 경우, 이해관계인인 채무자로서는 (구)민사소송법 제728조, 제725조, 제603조의 3에 의하여 경락대금 완납 시까지는 그 이의를 신청할 수 있고, 매수의 신고가 있은 후에도 그 이의신청에 최고매수신고인 등의 동의를 필요로 하지는 않는다 할 것이므로, 변제유예 사실이 인정된다면 그 이의신청이 신의칙에 반하거나 권리남용에 해당하는 경우와 같은 특별한 사정이 없는 한 이의를 인용하여야 한다.

207) 사법연수원, 「민사집행법」, 2009, p.58 참조.

라. 집행(경매절차)정지시의 조치

(1) 경매개시결정 전의 제출

경매개시결정 전에 집행정지서류가 제출되면 경매신청을 각하하고, 경매개시결정 후 매각기일이 지정된 경우에는 그 기일의 지정을 취소하고(제49조 제1호, 제3호, 제5호, 제6호 또는 제266조 제1항 제1호, 제2호, 제3호에 해당하거나 동 제4호의 서류로서 화해조서나 공정증서정본인 경우 또는 동 제5호의 서류로서 그 재판에서 경매절차를 취소한 것인 경우에는 직권으로 경매절차를 취소한다), 그 취소결정을 당사자에게 고지한다.

(2) 매각기일 후 매각허가결정선고 전의 제출

매각기일 후 매각허가결정선고 전에

① 제49조 제1호, 제3호, 제5호, 제6호 또는 제266조 제1항 제1호, 제2호, 제3호의 서류, 동 제4호의 서류로서 부집행 또는 경매신청취하의 취지를 기재한 화해조서나 공정증서의 정본 및 동 제5호의 서류로서 그 재판에서 경매절차를 취소한 것이 이 시점에서 제출된 경우에는 곧바로 경매절차를 취소한다.

② 제49조 제2호의 서류, 제266조 제1항 제4호의 서류로서 부집행 또는 경매신청취하의 취지를 기재한 사문서 또는 동 제5호의 서류로서 그 재판에서 경매절차를 취소하지 아니한 것이 제출된 경우에는 매각결정기일을 열어 매각불허가결정을 한다.

③ 제49조 제4호의 서류 또는 제266조 제1항 제4호의 서류로서 변제 또는 변제유예의 취지를 기재한 서류가 제출된 경우에는 이를 무시하고 매각허부결정을 한다. 다만 후에 그 매각허가결정이 취소되거나 효력을 잃게 된 때 또는 매각불허가결정이 확정된 때에는 위 서류가 집행정지의 효력을 갖게 되므로 새 매각기일을 지정하거나 재매각명령을 하여서는 아니 된다.

(3) 매각허가결정선고 후 매각대금납부 전의 제출

매각허가결정이 선고된 후 매각대금납부 전에

① 제49조 제1호, 제3호, 제5호, 제6호 또는 제266조 제1항 제1호, 제2호, 제3호의 서류, 동 제4호의 서류로서 부집행 또는 경매신청취하의 취지를 기재한 화해조서나 공정증서의 정본 및 동 제5호의 서류로서 그 재판에서 경매절차를 취소한 것이 이 시점에서 제출된 경우에는 <u>경매절차를 취소</u>한다. 매각허가결정에 대한 항고심 계속 중에 위 서류들이 제출된 경우에는 항고심은 매각허가결정을 취소하고 매각불허가 결정을 하며, 경매기록을 송부받은 경매법원이 경매절차를 취소한다.

② 제49조 제2호의 서류, 제266조 제1항 제4호의 서류로서 부집행 또는 경매신청취하의 취지를 기재한 사문서 또는 제5호의 서류로서 그 재판에서 경매절차를 취소하지 아니한 것이 제출된 경우에는 대금지급기일을 지정하지 않고, 그 기일을 지정하였으면 이를 취소한다. 매각허가결정에 대한 항고심 계속 중에 이 서류가 제출된 경우에는 항고를 기각하고, 다만 항고기각에 의하여 매각허가결정이 확정된 이후의 절차진행이 정지된다고 보는 것이 일반이다.

③ 제49조 제4호의 서류 또는 제266조 제1항 제4호의 서류로서 변제 또는 변제유예의 취지를 기재한 서류가 제출된 경우에는 대금지급기일의 지정 등 이후의 경매절차를 진행하고 위 ② ㉯의 경우와 같다.

(4) 매각대금 지급 후의 제출

매수인이 매각대금을 지급한 후에는 어느 서류가 제출되더라도 집행정지의 효력이 없고, 당해 채권자 이외에 배당받을 자가 있는 때에는 그 자에 대하여 배당을 실시한다. 위 채권자에 대한 배당액은 채무자에게 교부하거나(제49조 제1호, 제3호, 제5호, 제6호, 제266조 제1항 제1호, 제2호, 제3호의 서류 또는 제4호의 서류 중 부집행 또는 경매신청취하의 취지를 기재한 것이 제출된 경우), 공탁하거나(제49조 제1호, 제266조 제1항의 제5호의 서류가 제출된 경우) 또는 채권자에게 교부한다(제49조 제4호의 서류 또는 제266조 제2항 제4호의 서류 중 변제 또는 변제유예의 취지를 기재한 것이 제출된 경우).

[요약]
1. **집행처분의 취소 · 일시유지(제50조 제1항)**
▶ 제49조 제1호 · 제3호 · 제5호 및 제6호의 경우: 이미 실시한 집행처분 취소

▶ 제49조 제2호 및 제4호의 경우: 이미 실시한 집행처분 일시적으로 유지

2. 임의경매절차의 취소·일시유지(제266조 제2항)

▶ 제266조 제1항 제1호 내지 제3호와 제4호의 서류가 화해조서정본 또는 공정증서의 정본인 경우: 이미 실시한 경매절차를 취소

▶ 제266조 제1항 제5호의 경우: 그 재판에 따라 경매절차를 취소하지 아니한 때에만 이미 실시한 경매절차를 일시적으로 유지

3. 집행정지서류 등의 제출시기(규칙 제50조)[208]

▶ 제49조 제1호, 제2호 또는 제5호의 서류: 매수인이 매각대금을 내기 전까지 제출하면 됨.

▶ 매각허가결정이 있은 뒤에 제49조 제2호의 서류가 제출된 경우: 매수인은 매각대금을 낼 때까지 매각허가결정의 취소신청을 할 수 있음.

▶ 매각대금을 낸 뒤 제49조 제2호의 서류가 제출된 때: 절차 계속 진행
　⇒ 이 경우의 배당절차 <1> 1, 3, 5, 6호 서류 → 그 채권자를 배당에서 제외
　　　　　　　　　　　　<2> 2호 서류 → 그 채권자에 대한 배당액을 공탁
　　　　　　　　　　　　<3> 4호 서류 → 그 채권자에 대한 배당액을 지급

마. 집행정지의 효력

집행이 정지되면 집행기관은 새로운 집행을 개시할 수 없고, 개시된 집행을 계속할 수 없으나, 이미 행하여진 집행처분은 특히 취소되는 경우를 제외하고는 그 효력이 그대로 존속한다.[209] 유체동산경매절차와 채권집행의 경우 특칙이 있다.[210] 집행정지의 효력이

---

208) 민사집행규칙 규칙 제50조(집행정지서류 등의 제출시기)
　① 법 제49조 제1호·제2호 또는 제5호의 서류는 매수인이 매각대금을 내기 전까지 제출하면 된다.
　② 매각허가결정이 있은 뒤에 법 제49조 제2호의 서류가 제출된 경우에는 매수인은 매각대금을 낼 때까지 매각허가결정의 취소신청을 할 수 있다. 이 신청에 관한 결정에 대해서는 즉시항고를 할 수 있다.
　③ 매수인이 매각대금을 낸 뒤에 법 제49조 각 호 가운데 어느 서류가 제출된 때에는 절차를 계속하여 진행하여야 한다. 이 경우 배당절차가 실시되는 때에는 그 채권자에 대하여 다음 각 호의 구분에 따라 처리하여야 한다.
　1. 제1호·제3호·제5호 또는 제6호의 서류가 제출된 때에는 그 채권자를 배당에서 제외한다.
　2. 제2호의 서류가 제출된 때에는 그 채권자에 대한 배당액을 공탁한다.
　3. 제4호의 서류가 제출된 때에는 그 채권자에 대한 배당액을 지급한다.

미치는 범위는 정지사유에 따라 다르다. 청구이의의 소의 원고승소확정판결이나 위 소의 잠정처분(제46조 제2항)이 있으면 당해 집행권원에 기초한 전체로서의 집행이 정지되고, 집행이의를 인용한 결정이나 제3자이의의 소의 원고승소확정판결이나 위 이의신청의 잠정처분(제16조 제2항, 제48조 제3항, 제46조 제2항)이 있으면 개개의 구체적인 집행절차가 정지된다.

채권자는 집행정지사유가 소멸한 것을 증명하여 집행의 개시 또는 속행을 신청할 수 있다.

┌─ **[사례 3 - 3] 집행장애사유** ─────────────────────

집행기관에 집행정지서류를 제출하였으나, 집행기관이 집행정지를 하지 않는 경우 어떠한 조치를 취할 수 있는가? 집행절차가 계속 진행되어 매각대금을 완납한 경우 는 어떻게 되는가?

───

집행기관에 집행정지서류가 제출된 것은 집행요건의 흠 또는 집행장애사유에 해당한다. 그럼에도 불구하고 집행기관이 집행정지를 하지 않는 경우 집행에 관한 이의로 취소를 구할 수 있다. 만약에 절차가 속행되어 매수인이 매각대금을 완납한 경우 집행절차가 완결되어 집행에 관한 이의도 할 수 없고, 즉시항고도 할 수 없다.

판례는 강제집행의 정지사유가 있음에도 불구하고 집행법원이 이를 정지하지 아니하고 대금지급기일을 정하고, 대금납부를 받는 등 경매절차를 진행하는 경우에, 이해관계인은 집행에 관한 이의, 나아가 즉시항고에 의하여 그 시정을 구할 수 있는데, 이러한 불복의 절차 없이 경매절차가 그대로 완결된 경우에는, 그 집행행위에 의하여 발생된 법률효과는 부인할 수 없다고 한다.[211]

---

209) 유체동산압류경합이나 채권압류경합의 경우 제2의 채권자 또는 제2의 강제경매신청을 위해서는 계속하여 집행을 진행할 수 있다.

210) 제198조 제3항, 제4항, 제229조 제8항.

211) 따라서 매수인은 경매목적물의 소유권을 적법하게 취득하였다고 볼 수밖에 없고, 채무자는 경매법원의 위법한 경매절차의 진행을 이유로 이 사건 토지에 관한 매수인 명의의 소유권이전등기가 원인무효라고 내세워 그 말소등기절차의 이행을 구할 수는 없다. 대법원 1992. 9. 14. 선고 92다28020 판결 참조.

2. 강제집행의 취소

강제집행의 취소란 강제집행절차의 진행 중(집행개시 후부터 종료 전)에 이미 실시한 집행처분의 전부 또는 일부의 효력을 상실시키는 집행기관의 행위를 말한다. 앞서 살펴본 민사집행법 제49조 제1호, 제3호, 제5호, 제6호의 집행정지서류를 제출하거나[212] 집행비용 미납·납을 가망이 없는 경우, 보증의 제공, 집행개시요건의 흠결 등이 있는 때에는 이미 실시한 집행처분을 취소하게 된다.

채권자의 집행신청의 취하로도 강제집행절차는 종료된다. 집행의 취소신청이 적법하면 집행법원은 강제집행절차를 취소한다.

[집행취소절차 개요]
▶ 집행취소사유 ⇒ 집행당사자 또는 제3자가 집행기관에 집행취소서류를 제출하는 방식으로 집행취소신청(취소사유 명백하면 직권 취소)

　　　　⇒ 집행취소 → 집행행위효과 소멸하나 이미 완결된 집행행위는 유효, 취소사유 소멸 시 속행불가, 다시 집행신청을 하여야 함.
▷ 원칙: 집행처분을 취소하는 재판의 경우 즉시항고가 제기되면 집행정지의 효력이 발생
▷ 예외: 제49조 제1호, 제3호, 제5호, 제6호 서류의 제출에 의한 취소의 경우 재판이 고지되면 곧바로 효력이 발생하고 즉시항고도 허용되지 아니하나, 집행이의신청으로 불복할 수 있다. 집행이의신청은 집행정지의 효력이 없으므로 제16조 제2항에 의하여 잠정처분을 받아야 집행취소의 효력을 정지할 수 있다.

┌─ [사례 3 - 4] 강제집행의 취소 ─────────────

　甲이 乙을 상대로 1,000만 원의 대여금청구의 소를 제기하여 승소확정판결을 받았다. 甲이 위 판결에 기하여 집행문을 부여받은 후 乙의 부동산에 대하여 강제경매를 신청하여 경매개시결정이 내려졌다. 그러자 당황한 乙이 甲에게 위 판결원리금을 변제하였다.

---

212) 제49조 제2호, 4호의 서류가 제출된 경우에는 집행이 정지될 뿐 이미 실시한 집행처분은 그 효력이 유지된다(제50조 제1항).

> 그럼에도 불구하고 甲이 강제집행을 취하하지 아니하고 계속 강제집행을 속행하는 경우 乙의 구제방법은? 이때 乙이 다음과 같이 행동한 경우 각 경우의 구제방법은?
> <1> 乙이 1,000만 원을 변제하면서 강제집행신청을 취하하기로 합의한 후 공정증서를 받은 경우
> <2> 乙은 甲이 당연히 강제집행신청을 취하하리라고 믿고 단지 1,000만 원에 대한 영수증만을 받은 경우
> <3> 乙은 甲을 절대적으로 신뢰하여 영수증조차 받지 않은 경우

<1>의 경우 제49조 제6호 '강제집행을 하지 아니한다거나 강제집행의 신청이나 위임을 취하한다는 취지를 적은 화해조서의 정본 또는 공정증서의 정본' 서류를 제출하게 되면 집행을 정지·취소한다.

<2>의 경우 제49조 제4호의 서류를 제출하더라도 취소는 불가하고, 정지기한의 제한이 존재(2개월)하므로 궁극적으로 (3)의 방안을 고려해야 한다.

<3> 청구이의의 소를 제기하여 잠정처분을 받아 제출하면 제49조 제2호 '강제집행의 일시정지를 명한 취지를 적은 재판의 정본' 서류의 제출이 되나, 이로써 취소는 불가하고 궁극적으로 청구이의를 인용한 종국판결을 받아 제출하면 제49조 제1호의 '강제집행을 허가하지 아니하는 재판' 서류의 제출이 되어 집행의 정지·취소가 가능하게 된다.

[3] 강제집행과 담보

1. 담보의 제공

가. 의의와 방법

위법집행을 허용하거나 적법집행을 정지시킴으로써 상대방이 입는 피해에 대한 손해배상청구권을 담보하기 위하여 담보의 제공을 요구하는 경우가 있다. 채권자가 집행을 하

기 위하여 또는 집행의 속행을 위하여 담보를 제공하는 경우도 있고, 채무자가 집행의 정지 · 취소를 구하기 위하여, 집행을 면하기 위하여 담보제공을 하기도 하고, 제3자도 집행의 정지 · 취소를 위하여 담보제공을 하는 일이 있다.

담보제공의 방법은 금전이나 유가증권의 공탁 이외에 법원의 허가를 얻어 지급보증위탁계약서의 제출로도 갈음할 수 있다.

나. 담보권의 실행

담보제공의 상대방인 담보권자는 손해배상청구권을 피담보채권으로 하여 공탁한 금전 또는 유가증권에 대하여 질권자와 같은 우선변제권을 갖는다(제19조 제3항).[213]

담보제공의 상대방인 담보권자는 담보제공자를 상대로 손해배상청구소송을 제기하여 승소확정판결을 받아 이를 집행권원으로 하여 공탁자가 가진 공탁물회수청구권에 대한 압류추심명령이나 전부명령을 받아 공탁물의 교부청구를 할 수 있다.[214] 집행실무상 집행정지로 입은 손해배상청구의 소가 제기되는 예가 흔치 않고 이러한 방식으로 담보권실행을 하는 예도 드물다.

다. 담보의 취소

담보의 취소란 담보제공자가 담보의 필요가 소멸된 경우 제공한 담보를 반환받는 절차를 말한다. 담보제공자는 담보사유의 소멸, 담보권자의 동의, 권리행사최고기간의 도과 등의 사유를 들어 담보취소결정을 받아, 담보취소결정정본과 그 확정증명서를 첨부하여 공탁물을 회수할 수 있다.

---

213) 대법원 1979. 11. 23. 자 79마74 결정: 가집행선고 있는 판결에 대한 강제집행 정지를 위한 보증공탁은 그 강제집행 정지 때문에 손해가 발생할 경우에 그 손해배상의 확보를 위하여 하는 것이고 강제집행의 기본채권에 충당할 수는 없는 것이므로 위 손해배상청구권에 한하여서만 질권자와 동일한 권리가 있을 뿐이고, 강제집행의 기본채권에까지 담보적 효력이 미치는 것이 아니다.

214) 대법원 2004. 11. 26. 선고 2003다19183 판결: 재판상 담보공탁에 있어 담보권리자(피공탁자)는 담보물에 대하여 질권자와 동일한 권리가 있는바, 담보권리자가 공탁금회수청구권을 압류하고 추심명령이나 확정된 전부명령을 받은 후 담보취소결정을 받아 공탁금회수청구를 하는 경우에도 그 담보공탁금의 피담보채권을 집행채권으로 하는 것인 이상, 담보권리자의 위와 같은 담보취소신청은 어디까지나 담보권을 포기하고 일반 채권자로서 강제집행을 하는 것이 아니라 오히려 적극적인 담보권실행에 의하여 그 공탁물회수청구권을 행사하기 위한 방법에 불과하다고 보는 것이 합리적이므로 이는 담보권의 실행방법으로 인정되고, 따라서 이 경우에도 질권자와 동일한 권리가 있다고 할 것이므로 그에 선행하는 일반 채권자의 압류 및 추심명령이나 전부명령으로 이에 대항할 수 없다.

2. 보증과 공탁

가. 보증

집행당사자가 다음과 같이 보증금이라는 이름으로 집행기관에 금전 또는 유가증권을 맡기는 경우가 있는데 이 보증금은 담보권자의 손해배상채권을 담보하는 것이 아니라 몰취되어 배당재단에 편입된다.

① 부동산 등의 매수신청인이 제공하는 최저매각가격의 1/10
② 부동산경매절차에서 매각허가결정에 대한 항고에 있어서 모든 항고인의 매각대금의 1/10 금액의 보증공탁
③ 최저매각가격으로는 남을 것이 없을 때에 압류채권자가 매각절차의 취소를 면하기위해 제공하는 보증금

나. 공탁

다음과 같이 민사집행법상 채무자나 제3채무자 또는 집행관 등이 상대방에게 생길 손해의 담보라는 목적 이외의 다른 목적을 위하여 공탁하는 경우가 있다.

① 채무자의 가압류해방금액의 공탁(제282조)
② 제3채무자의 권리공탁 또는 의무공탁(제248조 제2항, 제3항)
③ 배당유보공탁(160조)
④ 배당불성립의 경우 집행관의 공탁(제222조)
⑤ 채권자의 추심금의 공탁(제236조)
⑥ 제3채무자의 가압류금전의 공탁(제296조 제4항)

[문제] 다음의 각 경우 甲이 취할 수 있는 구제방법은?
<1> 甲의 동생인 乙이 甲의 명의를 모용하여 丙을 수취인으로 하는 약속어음을 발행한 후 공증인사무소에서 위 약속어음에 관한 집행증서가 작성되었고 丙은 위 집행증서에 집행문을 부여받아 甲 소유의 아파트에 대한 부동산강제경매를 신청

하려고 한다.

<2> 甲은 그 소유의 부동산에 설정된 근저당권 채권자 乙에게 근저당 채무를 모두 변제하였음에도, 乙은 근저당권이 말소되지 않고 있음을 기화로 채무가 잔존하고 있음을 주장하며 甲 소유의 부동산에 대하여 임의경매를 신청하여 경매개시결정이 되었다.

[포인트]

〈1〉 무권대리인에 의하여 작성된 집행증서에 기한 강제집행

① 채무자 본인의 집행촉탁 및 집행수락 의사의 결여(형식적 하자)

☞ **집행문부여에 대한 이의신청** ⇒ 무효인 집행증서에 대하여 부여된 집행문의 취소를 구함.

② 집행증서에 표시된 실체적 청구권의 무효(실체적 하자)

☞ **청구이의의 소** ⇒ 집행증서의 집행력의 배제를 구함

③ 집행증서의 무효여부를 집행증서의 기재 자체에 의하여 용이하게 조사·판단할 수 없으므로 적법한 항고사유는 될 수 없음.

〈2〉 변제로 소멸된 근저당권에 기한 임의경매

① 강제경매: 절차상의 하자 ⇒ 경매개시결정에 대한 이의신청

실체상의 하자 ⇒ 청구이의의 소

② 임의경매: 절차상의 하자, 실체상의 하자 ⇒ 경매개시결정에 대한 이의신청

☞ **경매개시결정에 대한 이의신청**: 경매법원으로부터 경매절차의 일시정지를 명한 잠정처분을 받아 경매절차를 중지시킴

☞ **채무부존재확인소송 또는 근저당권설정등기말소소송**: 수소법원으로부터 경매절차의 일시정지를 명하는 잠정처분을 받아 경재절차를 중지시킴.

※ 일반적인 가처분절차에 의하여 임의경매를 정지시키거나 직접 경매의 불허를 구하는 청구이의의 소를 제기할 수 없다.

제4장 강제집행에 있어서의 구제방법(집행관계소송)

[1] 강제집행에 있어서의 구제방법 개요

강제집행절차에 있어서는 채권자와 채무자 및 제3자 사이에 상충하는 이해관계를 소정할 필요가 있다. 강제집행이 그 정당성이나 적법성이 제대로 지켜지지 아니하여 받아들일 수 없는 집행이 있다. 이를 위해서 다음과 같은 여러 가지 구제방법이 마련되고 있다.

강제집행절차에 관한 재판의 불복방법으로는,

① 즉시항고(특별규정이 있는 경우)와
② 집행(방법)에 관한 이의(집행이의)가 있다.
③ 집행문부여거부처분에 대해서는 채권자가 이의신청을 할 수 있고,
④ 집행문부여에 대해서는 채무자가 그 부적법함을 주장하여 이의신청을 할 수 있다.
⑤ 채권자는 집행문을 부여받기 위하여 채무자를 상대로 집행문부여의 소를 제1심 법원에 제기할 수 있고,
⑥ 채무자는 이에 대하여 집행문부여 시에 증명된 조건의 성취 또는 승계 등의 사유를 다투어 집행문부여의 위법을 주장함으로써 집행문부여에 대한 이의의 소를 제기할 수 있다.
⑦ 또한 채무자는 집행권원에 표시된 청구권에 관하여 생긴 실체상의 사유를 들어 집행권원이 가지는 집행력을 배제하기 위한 청구이의의 소를 제기할 수 있고,215)
⑧ 제3자는 강제집행이 개시된 후 제3자이의의 소를 제기하여 자신의 지위를 확보할

---

215) 임의경매의 경우 청구이의에 대응하는 구제방법으로 담보권부존재확인, 채무부존재확인, 담보권설정등기말소 등 채무에 관한 이의의 소를 제기할 수 있으나, 이는 일반 민사소송법상의 구제수단이고 이를 전제로 한 집행정지를 받아야 하는 점에서 다른 집행법상의 구제수단과 다르다.

수 있다.[216]

위 구제방법 중 집행문부여에 대한 이의의 소, 청구이의의 소, 제3자이의의 소와 같이 집행채권의 존부나 집행대상재산의 권리귀속관계 등 실체상의 문제가 있어 별도의 소를 제기하여 구제를 받는 절차를 집행관계소송이라고 한다.
이하에서 차례대로 그 내용을 살펴보기로 한다.[217]

* 참고로 강제집행절차에 있어서의 구제방법을 도해하면 다음과 같다.

---

216) 구 민사소송법상 유체동산에 대한 강제집행이 개시된 경우 압류된 물건에 대하여 점유를 가지지 아니한 담보권자 또는 점유를 가지고 있었으나 집행에 있어서 담보물의 인도를 거절하지 아니한 담보권자가 그 담보권의 범위에서 집행을 제한하여 우선적으로 변제를 받을 지위를 자기에게 부여하여 줄 것을 구하는 소인 우선변제청구의 소(구 민사소송법 제526조)가 규정되어 있었으나, 1990년 민사소송법 개정으로 유체동산집행에 있어서는 우선변제청구권자만이 배당요구를 할 수 있도록 함으로써 이 소를 인정할 필요가 없게 되어 2002년 민사집행법에서는 이 소를 폐지하였다.

217) 집행기관의 위법집행(실체법상의 위법은 없어 집행의 실체적 정당성은 확보되어 있으나 집행기관의 집행행위가 집행법상 위법인 경우)과 부당집행(집행법상으로는 적법하나 실체법상 위법이기 때문에 집행의 실체적 정당성이 침해된 경우의 집행)으로 나누어 집행기관의 위법집행에 대한 구제방법으로 즉시항고와 집행에 관한 이의신청, 손해배상으로, 부당집행에 대한 구제방법으로 채무자를 위한 청구이의의 소, 제3자가 제기하는 제3자이의의 소로 나누어 설명하는 예도 있다. 이시윤, p.177 이하 참조.

[2] 즉시항고

1. 즉시항고의 이의

가. 의의

강제집행절차에 관한 법원의 재판에 대한 불복방법으로는 즉시항고를 허용하는 특별한 규정이 있는 경우 인정되는 즉시항고(제15조 제1항)와 그러한 규정이 없는 경우 인정되는 집행에 관한 이의가 있다.

즉시항고의 대상은 강제집행을 개시한 뒤에 그 집행절차에 관한 집행법원의 재판이어야 하고,[218] 즉시항고할 수 있다는 특별규정이 있어야 한다.[219] 민사소송법상의 즉시항고와 민사집행법상의 즉시항고를 구별할 수 있도록 일본 민사집행법과 같이 민사소송법상의 즉시항고와 구별하는 의미에서 '집행항고'라는 용어의 사용이 바람직하다.

[민사소송법상의 즉시항고와 민사집행법상의 즉시항고의 차이]

구분	항고이유서 제출	집행정지의 효력	재항고이유서 제출기간
민사소송법상의 즉시항고	임의	있음	20일
민사집행법상의 즉시항고	강제	없음(예외: 전부명령, 매각허부결정)	10일

나. 즉시항고를 할 수 있는 재판

민사집행법이 즉시항고를 인정하는 강제집행절차에 관한 재판으로는 다음과 같은 것들이 있다.

① 집행절차를 취소하는 결정, 집행절차를 취소한 집행관의 처분에 대한 이의신청을

---

218) 집행법원의 재판 중 판사가 처리한 것은 바로 항고법원에 즉시항고할 수 있으나, 사법보좌관이 처리한 것은 먼저 사법보좌관의 처분에 대한 이의절차를 거쳐야 한다. 집행법원이 아닌 집행관의 집행처분에 대해서는 집행에 관한 이의를 신청하여야 한다.

219) 판례는 특별한 규정이 없는 경우에도 해석상 그와 동일하게 취급되어야 한다고 인정되는 때에는 즉시항고를 허용하고 있다(대법원 1995. 1. 20. 자 94마1961 전원합의체 결정). 경매부동산의 소유자 등 이해관계인이 매각허부결정에 대하여 불복하여 즉시항고를 한 경우 원심법원인 경매법원이 한 항고장각하명령에 대해서는 즉시항고의 방법으로 불복할 수 있다.

기각·각하하는 결정 또는 집행관에게 집행절차의 취소를 명하는 결정(제17조)

② 집행비용의 미예납으로 인한 강제집행신청각하 또는 집행절차 취소결정(제18조 제3항)

③ 재산관계의 명시신청 기각결정(제62조 제8항)

④ 이의신청에 의한 명시명령 취소결정(제63조 제5항)

⑤ 명시명령에 대한 이의신청에 관한 기각결정(제63조 제5항)

⑥ 채무불이행자명부등재신청에 관한 등재결정 또는 기각결정(제71조 제3항)

⑦ 채무불이행자명부등재말소신청에 의한 말소결정(제73조 제2항)

⑧ 압류물의 인도결정(제193조 제5항)

⑨ 압류금지물의 범위를 정하는 재판(제196조 제4항)

⑩ 금전채권의 압류명령신청에 관한 재판(제227조 제4항)

⑪ 추심명령 또는 전부명령신청에 대한 재판(제229조 제6항)

⑫ 특별한 현금화 방법으로서의 양도명령·매각명령 또는 관리명령(제241조 제3항)

⑬ 압류금지채권의 범위 변경에 관한 재판(제246조 제3항, 제196조 제4항)

⑭ 강제경매신청을 기각하거나 각하하는 재판(제83조 제5항)

⑮ 경매개시결정에 대한 이의신청에 관한 재판(제86조 제3항)

⑯ 멸실 등에 의한 부동산경매절차의 취소결정(제96조 제2항)

⑰ 남을 가망이 없을 경우의 부동산경매절차의 취소결정(제102조 제3항)

⑱ 매각허가결정의 취소신청에 관한 결정(제127조 제2항)

⑲ 매각허부결정(제129조 제1항 제2항)

⑳ 부동산의 인도 또는 관리명령신청에 관한 재판(제136조 제5항)

㉑ 부동산 강제관리신청을 각하하는 재판(제164조 제4항)

㉒ 강제관리의 취소결정(제171조 제3항)

㉓ 선박국적증서 등의 인도신청에 의한 재판(제175조 제3항)

㉔ 압류선박 또는 항공기에 대한 각 항행허가결정(제176조 제3항, 제187조)

㉕ 보증의 제공에 의한 강제경매절차의 취소신청을 기각한 재판(제181조 제3항)

㉖ 인도할 물건이 제3자의 점유에 있는 경우의 인도청구권의 압류명령 및 이부명령의 신청에 관한 재판(제259조, 제227조 제4항, 제229조 제6항)

㉗ 대체집행의 신청 및 대체집행비용 지급명령신청에 관한 재판(제260조 제3항)

㉘ 간접강제로서의 배상명령신청에 관한 재판(제261조 제2항)

㉙ 자동차·건설기계에 대한 각 운행허가결정(제187조)

2. 절차

가. 즉시항고권자와 상대방

불복을 신청할 집행법원의 재판에 의하여 불이익을 받은 채권자, 채무자, 매수인, 제3 채무자 등 이해관계인은 <u>재판의 고지일로부터 1주일 이내에(</u>늦어도 집행 종료 전) <u>항고 장을 원심법원에 제출하여야 한다.</u>[220] 항고권자의 채권자는 항고권자를 대위하여 항고할 수 없고, 항고를 제기하면서 통상 항고인의 상대방을 표시한다. 위 1주일은 불변기간이 고, 재판의 고지를 받지 않은 이해관계인은 그 재판을 고지받아야 할 자 전원에게 고지 된 날로부터 1주일 이내에 항고를 제기해야 한다.

나. 즉시항고 제기방법

민사집행법은 항고장에 항고이유를 기재하지 않은 때에는 <u>항고장을 제출한 날부터 10 일 안에 항고이유서를 원심법원에 제출하여야 하고(</u>항고이유서제출 강제주의),[221] 이를 해태한 때에는 원심법원이 그 항고장을 각하하며, 항고법원은 원칙적으로 항고장 또는 항고이유서에 기재된 항고이유에 한하여 조사·판단하도록 규정하여(제15조)[222] 남항고

---

220) 이 기간은 불변기간으로 당사자가 책임을 질 수 없는 사유로 위 기간을 지키지 못한 때에는 **추후보완항 고**를 할 수 있다. 대법원 2002. 12. 24. 자 2001마1047 전원합의체 결정: 경매법원이 이해관계인 등에 게 경매기일 등의 통지를 하지 아니하여 그가 경락허가결정에 대한 항고기간을 준수하지 못하였다면 특단의 사정이 없는 한 그 이해관계인은 자기책임에 돌릴 수 없는 사유로 항고기간을 준수하지 못한 것 으로 보아야 하며, 그러한 경우에는 형평의 원칙으로부터 인정된 구제방법으로서의 추완이 허용되어야 할 것이다. 그리고 경락허가결정에 대하여 이해관계인이 추완에 의한 항고를 제기한 경우 항고법원에서 추완신청이 허용되었다면 비록 다른 이유로 항고가 이유 없는 경우에도 경락허가결정은 확정되지 아니 하고 따라서 그 이전에 이미 경락허가결정이 확정된 것으로 알고 경매법원이 경락대금 납부기일을 정 하여 경락인으로 하여금 경락대금을 납부하게 하였다고 하더라도 이는 적법한 경락대금의 납부라고 할 수 없는 것이어서, <u>배당절차가 종료됨으로써 경매가 완결되었다고 하여 그 추완신청을 받아들일 수 없 는 것은 아니다.</u>

221) 민사집행규칙 제13조(즉시항고이유의 기재방법)
   ① 즉시항고의 이유는 원심재판의 취소 또는 변경을 구하는 사유를 구체적으로 적어야 한다.
   ② 제1항의 사유가 법령위반인 때에는 그 법령의 조항 또는 내용과 법령에 위반되는 사유를, 사실의 오인인 때에는 오인에 관계되는 사실을 구체적으로 밝혀야 한다.

222) 다만 원심재판에 영향을 미칠 수 있는 법령위반 또는 사실오인이 있는지에 대하여 직권으로 조사할 수

를 방지하고자 한다. 항고이유서 제출기간 경과 후 새로운 항고이유를 제출할 수 있는가에 관해서는 논란이 있다.223)

원심법원(집행법원)은 항고가 부적합하다고 인정하면 항고장을 각하하고,224) 항고가 이유 있다고 인정하여 재판을 경정(再度의 考案)하면 이로써 항고절차가 종료되고, 항고가 이유 없다고 인정하면 의견서를 첨부하여 기록을 항고법원에 송부한다.

다. 집행정지

일반적으로 즉시항고가 제기되면 집행정지의 효력이 있으나(민사소송법 제447조), 강제집행절차에서의 즉시항고는 집행정지의 효력이 없다(제15조 제6항).225)

그러나 즉시항고할 수 있는 재판 중 확정되어야 효력이 발생하는 것(예컨대 강제집행절차를 취소하는 결정, 전부명령, 매각허부결정 등)에 관해서는 불변기간 내에 즉시항고를 제기하는 것만으로 재판의 확정이 차단되므로 별도로 집행정지를 할 필요가 없다. 그 외의 확정되어야 효력이 발생하는 재판이 아닌 재판에 대해서는 즉시항고를 제기하더라도 집행이 정지되지 아니하므로, 그 집행을 정지시키기 위해서는 민사소송법 제448조의 집행정지의 재판을 받아야 한다.

라. 재항고

항고법원의 결정에 대해서는 재판에 영향을 미친 헌법 · 법률 · 명령 또는 규칙의 위반이 있는 때에 한하여 재항고할 수 있다.226) 재항고인은 재판을 고지받은 날부터 1주 이

있다. 제15조 제7항.

223) 이시윤, p.182는 항고이유서제출기간을 불변기간에 준하여 추후보완을 허용할 수 있다고 한다.

224) 원심재판장의 항고장각결정에 대해서는 즉시항고의 방법으로 불복할 수 있다. 이시윤, p.182 참조.

225) 다만 항고법원(재판기록이 원심법원에 남아 있는 때에는 원심법원)은 즉시항고에 대한 결정이 있을 때까지 담보를 제공하게 하거나 담보를 제공하게 하지 아니하고 원심재판의 집행을 정지하거나 집행절차의 전부 또는 일부를 정지하도록 명할 수 있고, 담보를 제공하게 하고 그 집행을 계속하도록 명할 수 있다. 제15조 제6항 참조.

226) 민사집행규칙 제14조의 2(재항고)
① 집행절차에 관한 항고법원 · 고등법원 또는 항소법원의 결정 및 명령으로 즉시항고를 할 수 있는 재판에 대해서는 재판에 영향을 미친 헌법 · 법률 · 명령 또는 규칙의 위반을 이유로 드는 때에만 재항고할 수 있다.
② 제1항의 재항고에 관해서는 법 제15조의 규정을 준용한다.

내에 원심법원에 재항고장을 제출하여야 하고, 재항고장을 제출한 날부터 10일 이내에 재항고이유서를 제출하여야 한다. 이를 제출하지 아니하면 항고법원은 재항고장을 각하하여야 한다.[227)

　원심법원이 각하하여야 할 즉시항고를 각하하지 아니하고 사건을 항고법원에 송부한 때에는 항고법원은 그 즉시항고를 각하하여야 한다. 그리고 이러한 법리는 민사집행법상의 재항고에 있어서도 마찬가지라고 할 것이다.[228)

　[서식] 즉시항고장
　건물의 일부에 대하여 전세권을 설정한 전세권자가 건물 전부에 대하여 경매신청을 하여 경매개시결정 및 매각허가결정이 된 경우 전세권설정자인 채무자는 다음과 같은 서식으로 즉시항고를 제기할 수 있다.

즉 시 항 고 장

채권자 김 ○ ○
　　　　서울 서초구 서초동 235
채무자 이 ○ ○
　　　　서울 강남구 논현동 354

항 고 취 지

서울중앙지방법원이 같은 법원 2010타경1231호 부동산임의경매신청사건에 관하여 2010. 10. 1. 선고한 경매개시결정을 취소한다.
이 사건 경매신청을 기각한다.

라는 재판을 구합니다.

항 고 이 유

1. 경매법원인 서울중앙지방법원은 건물의 일부에 대하여 전세권을 설정한 전세권자인 이○○가 신청한 경매사건에서, 전세권의 목적이 아닌 나머지 부동산에 대하여 항고취지 기재와 같은 경매개시결정과 매각허가결정을 선고하였고, 항고인의 경매개시결정에 대한 이의신청을 기각하였습니다.

---

227) 민사집행절차의 재항고의 경우 상고심절차에 관한 특례법 제7조의 적용으로 동법 제4조 제2항의 준용으로 재항고사유가 제한된다.
228) 대법원 2008. 12. 22. 자 2008마1348 결정.

2. 그러나 건물의 일부에 대하여 전세권이 설정되어 있는 경우 그 전세권자는 민법 제303조 제1항,
   제318조의 규정에 의하여 그 건물 전부에 대하여 후순위권리자 및 기타 채권자보다 전세금의 우
   선변제를 받을 권리가 있고, 전세권설정자가 전세금의 반환을 지체한 때에는 전세권의 목적물의
   경매를 청구할 수 있으나, 전세권의 목적물이 아닌 나머지 건물 부분에 대해서는 우선변제권은
   별론으로 하고 경매신청권은 없다고 할 것입니다(대법원 2001. 7. 2.자 2001마212 결정).

3. 전세권자가 신청한 이 사건 경매 목적물은 경매신청인의 전세권의 목적이 아닌 부동산 부분임이
   명백하므로, 이에 대한 경매신청은 허용될 수 없는 것이어서 이 사건 경매개시결정 및 매각허가
   결정은 위법하다 할 것입니다.

4. 따라서 항고인은 항고취지와 같은 재판을 구하기 위하여 이 사건 즉시항고를 제기합니다.

첨　부

1. 등기부등본	1통
1. 경매개시결정	1통
1. 전세권설정계약서	1통

2010.　.　.
위 항고인 김 ○ ○ (인)

서울중앙지방법원 귀중

[3] 집행(방법)에 관한 이의신청

1. 의의

　　강제집행절차에 관한 집행법원의 재판으로서 즉시항고를 할 수 없는 것과 집행관의 집
행처분 및 기타 집행관이 준수할 집행절차 및 집행관의 집행위임의 거부나 집행행위의
지체, 집행관이 계산한 수수료에 대해서는 집행법원에 그 시정을 구하는 집행(방법)에 관
한 이의를 신청할 수 있다(제16조). 이의신청은 원칙적으로 강제집행이 개시된 후 집행
이 종료되기 전에 하여야 하고,[229] 서면으로 이유를 명시하여 집행법원(전속관할)에 신청
하여야 한다.

---

229) 대법원 1996. 7. 16. 자 95마1505 결정: 집행에 관한 이의에 있어서는 즉시항고와 같은 신청기간의 제
　　한이 없으나, 이의의 이익이 있고 또한 존속하고 있는 동안에 신청하여야 하므로, 집행이의에 의하여
　　집행처분의 취소를 구하는 경우 그 집행절차가 종료한 후에는 이미 그 이의의 이익이 없어 이의의 신
　　청을 할 수 없다.

2. 집행이의의 대상

가. 집행법원이 집행기관인 경우

① 집행법원의 집행절차에 관한 재판으로서 즉시항고할 수 없는 것이 집행이의의 대상이므로 매각물건명세서의 작성 등과 같은 사실행위는 대상이 아니다.

② 집행처분으로서의 성질을 가진 재판뿐만 아니라 공휴일·야간집행의 허가 등 집행처분의 성질을 가지지 아니하더라도 강제집행절차에 관련된 재판은 집행이의의 대상이 된다.

③ 즉시항고가 허용되는 경우에는 집행이의를 할 수 없다.

나. 집행관이 집행기관인 경우

집행관의 집행처분이나 그 밖에 집행관이 지킬 집행절차에 관해서는 불복수단으로 집행이의만이 인정된다. 부동산경매의 실시나 현황조사 등 집행관이 집행기관의 보조기관으로서 하는 행위는 이의의 대상이 아니다.

3. 당사자적격

집행기관의 위법한 처분에 대하여 불복의 이익이 있는 채권자·채무자 및 이해관계 있는 제3자는 이의신청을 할 수 있다.[230] 통상 그 재판에 대하여 이해관계가 있는 자를 상대방으로 정하여 표시하나, 집행관을 상대방으로 할 수 없다. 예컨대 채권자는 집행관이 집행위임을 거절한 경우 집행에 관한 이의신청을 할 수 있고, 채무자는 집행의 일반적 요건이 구비되지 않았다거나 집행장애 사유가 있음에도 불구하고 집행관이 집행을 개시·진행하는 경우 집행에 관한 이의신청을 할 수 있으며, 제3자는 자신이 채무자로 오

---

230) 대법원 1999. 11. 17. 자 99마2551 결정: 경매절차의 진행에 관한 경매법원의 결정에 대하여 집행에 관한 이의를 신청하려면, 원칙적으로 그와 같은 경매법원의 결정에 대하여 법률상의 이해관계를 가져야만 할 것인바, 장차 경매절차에서 응찰할 예정이라는 사유만으로는 그 경매절차에 관하여 법률상 이해관계를 가진다고 할 수 없어 집행에 관한 이의를 신청할 적격이 없다.

인되어 집행을 받았다거나, 자신이 점유하는 유체동산에 대하여 승낙 없이 압류를 당한 경우에 이의신청을 할 수 있다.

4. 이의사유

① 이의사유는 강제집행개시요건의 흠, 집행장애, 집행정지·취소사유의 무시, 집행관의 무권한 등 집행행위의 형식적인 절차상의 흠이 있는 경우에 한한다. 집행취소서류 제출에 의한 취소에 대해서도 집행이의가 가능하다.[231]

② 실체상의 사유(청구권의 부존재, 소멸, 집행권원의 집행력의 흠 등)는 집행이의사유가 될 수 없다. 예컨대 강제경매개시결정에 대한 이의신청은 경매개시결정에 관한 형식적인 절차상의 하자에 대한 불복방법이기 때문에 실체적 권리관계에 관한 사유를 경매개시결정에 대한 이의의 원인으로 주장할 수 없다.[232]
이 점은 임의경매의 경우 담보권의 부존재나 소멸 등 실체적 이유까지도 이의사유로 되는 것과 다른 점이다.

── [사례 4-1] 가처분신청취서와 가처분해제신청서의 위조와 집행이의 ──

<1> 甲은 乙로부터 A부동산을 매수하고 매매대금을 지급하였으나, 乙이 소유권이전등기를 마쳐 주지 아니하여 우선 乙을 상대로 매매계약에 기한 소유권이전등기청구권을 피보전권리로 처분금지가처분신청을 하여 A부동산에 대하여 가처분기입등기가 마쳐졌다. 그런데 집행법원에 **가처분신청취하서**가 접수되자 집행법원은 관할 등기소에 가처분기입등기말소촉탁을 하였고 이에 따라 가처분등기가 말소되었다.
甲은 위 가처분신청취하서가 위조되었다는 이유로 집행법원의 집행에 관한

---

231) 대법원 1994. 5. 9. 자 94그4 결정: 특별항고는 불복을 신청할 수 없는 결정이나 명령에 대해서만 할 수 있는 것이고 불복을 신청할 수 있는 방법이 따로 마련되어 있는 결정이나 명령에 대해서는 할 수 없는 것인바, 부동산강제집행절차에서 집행법원이 집행취소문서가 제출되었다 하여 당해 집행절차를 취소한 결정은 즉시항고를 할 수 없는 강제집행의 절차에 관한 집행법원의 재판으로서, 그 취소결정에 이의가 있는 사람은 (구)민사소송법 제504조에 따라서 집행에 관한 이의의 방법으로 불복을 신청할 수 있으므로 그 취소결정에 대해서는 대법원에 특별항고를 할 수 없다.
232) 대법원 2004. 9. 8. 자 2004마408 결정.

이의신청을 할 수 있는가?

<2> 위 사례에서 乙이 甲의 인장을 보관하고 있음을 기화로 甲의 명의 부분을 위조하여 甲 명의의 **가처분해제신청서**를 작성하고 이를 위 법원에 접수시켜 위 가처분기입등기가 해제를 원인으로 말소된 경우 甲은 위 말소등기는 원인 없는 것이라는 이유로 乙을 상대로 위 가처분기입등기의 회복등기절차의 이행을 구할 수 있는가?

<3> 위 각 사례에서 가처분등기가 말소된 후 乙이 위 부동산을 丙에게 매도하여 丙 명의의 소유권이전등기가 미쳐져 있다. 甲은 丙 명의의 소유권이전등기의 말소를 구할 수 있는가?

집행방법에 관한 이의는 집행 또는 집행행위에 있어서의 형식적 절차상의 하자가 있는 경우에 할 수 있는 것이므로 집행의 기본이 되는 집행권원 자체에 대한 실체권리관계에 관한 사유나 그 집행권원의 성립과 소멸에 관한 절차상의 하자는 어느 것이나 집행방법에 관한 이의사유로 삼을 수 없다. 그리고 **가처분신청취하서**가 위조되었다는 사유는 가처분집행의 기본이 되는 가처분명령의 소멸에 관한 것이지 그것이 집행법원의 집행행위인 가처분기입등기말소촉탁행위의 형식적 절차상의 하자에 해당한다고는 할 수 없다.

경매신청취하는 그것이 강제집행절차를 이루는 행위이기 때문에 그에 관한 하자는 집행이의의 사유가 될 수 있다 하겠으나 가처분신청취하는 보전절차 중 보전명령의 효력 자체를 소멸시킬 뿐 보전집행에 직접 관련되지 아니하는 것이고 또 집행법원에 의한 보전집행이나 그 집행취소는 보전명령의 효력에 따라 법원이 직권으로 하는 것이므로 위 양자는 구별하여 해석하여야 할 것이다.

따라서 위 <1>의 사례에서와 같이 가처분신청취하서가 위조되었다 하더라도 이는 집행방법에 관한 이의사유에 해당하지 않는다.[233]

부동산처분금지가처분의 기입등기는 채권자나 채무자가 직접 등기공무원에게 이를 신청하여 행할 수는 없고 반드시 법원의 촉탁에 의하여야 하고, 이와 같이 당사자가 신청

---

233) 대법원 1987. 3. 24. 자 86마카51 결정. 이와 같은 판례의 입장에 대한 비판으로는 이재성, "가처분집행이 위조된 취하서에 의하여 해제된 경우 가처분권리자의 구제방법", 「이재성판례평석집(제10권)」, p.164 이하 참조.

할 수 없는 처분금지가처분의 기입등기가 법원의 촉탁에 의하여 말소된 경우에는 그 회복등기도 법원의 촉탁에 의하여 행하여져야 하므로, 이 경우 처분금지가처분 채권자가 말소된 가처분기입등기의 회복등기절차의 이행을 소구할 이익은 없다.[234) 다만 가처분 채권자의 **가처분해제신청**은 가처분집행신청의 취하 내지 그 집행취소신청에 해당하는 것인바, 이러한 신청은 <u>가처분의 집행절차를 이루는 행위이고, 그 신청이 가처분 채권자의 의사에 기한 것인지 여부는 집행법원이 조사·판단하여야 할 사항이라고 할 것이므로, 그 신청서가 위조되었다는 사유는 그 신청에 기한 집행행위, 즉 가처분기입등기의 말소 촉탁에 대한 집행이의의 사유가 된다고 보아야 할 것이다.</u>

따라서 위 <2>의 사례에서와 같이 가처분해제신청서가 위조되었다고 주장하는 甲으로서는 가처분의 집행법원에 대하여 집행이의를 통하여 말소회복을 구할 수 있을 것이고 (만일 가처분기입등기의 회복에 있어서 등기상 이해관계가 있는 제3자가 있는 경우에는 그의 승낙서 또는 이에 대항할 수 있는 재판의 등본을 집행법원에 제출할 필요가 있다), 그 집행이의가 이유 있다면 집행법원은 가처분기입등기의 말소회복등기의 촉탁을 하여야 할 것이다.[235)

위와 같이 판례는 가처분신청취하와 가처분해제신청을 달리하여 집행이의 여부를 판단하고 있으나, 가처분신청취하에는 가처분집행의 해제신청도 당연히 포함되어 있다고 볼 것이므로 양자 모두 집행이의가 가능한 것으로 볼 것이다.[236)

5. 심리와 재판

집행법원은 변론을 거치거나 변론 없이 심리하여 이의의 사유가 있다고 인정하면 그 집행처분을 허가하지 않는다든가 또는 집행관에게 특정의 집행을 하여야 한다는 취지를 선언하고,[237) 부적합한 이의에 대해서는 그 신청을 각하하며, 이의의 사유가 없다고 인정하면 이의신청을 기각하는 결정을 한다.

집행이의신청에 대한 판사의 재판에 대해서는 원칙적으로 즉시항고가 허용되지 않는 단

---

234) 대법원 1997. 2. 14. 선고 95다13951 판결 참조.
235) 대법원 2000. 3. 24. 선고 99다27149 판결.
236) 권 성 외, 「사례해설 가처분의 연구」, 박영사(1994), pp.141-142 참조.
237) 집행관에게 집행의 실시를 명하는 경우의 결정주문: "서울중앙지방법원 소속 집행관 ○○○은 위 법원 2010 타기1234호 부동산인도명령의 정본에 기조한 신청인의 위임에 따라 별지목록에 적힌 인도집행을 실시하라."

심제의 재판이다.238) 다만 이 재판에 헌법위반 등을 이유로 대법원에 특별항고는 허용된다.

이의신청인은 집행불허의 재판정본을 집행기관에 제출하여 집행처분의 취소를 구할 수 있다(제49조 제1호). 이의신청에 의하여 강제집행은 정지되지 않으나, 신청인은 집행법원에 그 재판 전에 집행의 일시정지를 명하는 가처분을 신청할 수 있다. 집행정지의 잠정처분에 대해서는 불복할 수 없다. 집행종료 후에는 집행이의신청을 할 이익이 없다.239)

[사례 4 - 2] 집행정지사유를 무시한 강제집행에 대한 구제

甲이 乙을 상대로 대여금 1,000만 원의 지급을 구하는 소를 제기하여 승소확정판결을 받았다. 甲이 위 확정된 종국판결에 기하여 집행문을 부여받아 강제집행을 개시하자, 乙이 甲에게 판결원리금을 변제하고 영수증을 받아 집행기관에 제출하였다. 그럼에도 불구하고 집행기관이 이를 무시하고 강제집행을 속행하는 경우 乙의 구제방법은?

집행기관의 집행속행은 집행정지사유를 무시한 강제집행 실시이므로 집행에 관한 이의신청을 할 수 있다. 아울러 乙이 위 확정판결의 사실심 변론종결 시 이후에 변제하여 집행채권이 변제로 소멸한 것이므로 청구이의의 소를 제기할 수도 있다.

[서식] 집행에 대한 이의신청

실무상 집행(방법)에 관한 이의는 채권자가 하는 경우보다 채무자나 제3자가 하는 경우가 많다. 채무자가 집행관이 압류금지물에 대하여 압류집행 하였음을 이유로 집행에 관한 이의신청을 하는 경우의 서식은 다음과 같다.

---

238) 예외적으로 강제경매개시결정에 대한 이의재판, 집행절차를 취소하는 결정, 집행절차를 취소한 집행관의 처분에 대한 이의신청을 기각·각하하는 결정, 집행관에게 집행절차의 취소를 명하는 결정에 대해서는 즉시항고를 할 수 있다.

239) 대법원 2008. 2. 5. 자 2007마1613 결정: 집행방법에 관한 이의는 강제집행의 방법이나 집행행위에 있어서 집행관의 준수할 집행절차에 관한 형식적 절차상의 하자가 있는 경우에 한하여 집행당사자 또는 이해관계가 있는 제3자가 집행법원에 대하여 하는 불복신청을 말하는 것으로, 집행법원이 그 재판 전에 강제집행의 일시정지의 가처분을 하지 아니하는 한 집행정지의 효력이 없고, 이의 기각결정에 대한 즉시항고의 경우에도 법률에 특별한 규정이 있는 경우에 한하여 집행정지의 효력이 있으므로, 이미 강제집행이 종료된 후에는 집행방법에 관한 이의를 할 수 없을 뿐만 아니라 집행방법에 관한 이의신청사건이나 그 기각결정에 대한 즉시항고사건이 계속 중에 있을 때 강제집행이 종료된 경우에도 그 불허가를 구하는 이의신청이나 즉시항고는 이의나 불복의 대상을 잃게 되므로 이의나 항고의 이익이 없어 부적법하게 되는바(대법원 1987. 11. 20.자 87마1095 결정 참조), 위와 같은 법리는 부동산인도명령에 대한 즉시항고의 경우에도 마찬가지로 적용된다고 할 것이다(대법원 2005. 11. 14.자 2005마950 결정 참조).

집행에 대한 이의신청

신청인(채무자) 김 ○ ○
               서울 서초구 방배동543
상대방(채권자) 이 ○ ○[240)
               서울 강남구 역삼동234

신 청 취 지

상대방이 서울중앙지방법원 2010가합11341호 손해배상 청구사건의 집행력 있는 판결정본에 기하여 2010. 10. 1. 서울중앙지방법원 소속 집행관 박○○에게 위임하여 신청인에 대한 강제집행으로서 신청인 소유의 별지목록 기재의 유체동산에 대하여 실시한 강제집행은 이를 불허한다.

라는 재판을 구합니다.

신 청 이 유

1. 상대방(채권자)은 신청취지 기재의 집행력 있는 정본에 기하여 2010. 10. 1. 신청인의 집에서 압류집행을 실시하였습니다.

2. 그러나 위 압류한 물건 중 별지목록 기재의 물건은 압류조서에 기재된 바와 같이 의복, 침구, 가구 등으로 신청인과 동거의 가족들이 일상생활에 없어서는 안 될 생활필수품들이므로, 신청인은 집행관에게 압류금지물의 취지를 설명하였으나 집행관 박○○은 압류집행을 하였습니다.

3. 따라서 신청인은 압류물건 중 별지목록 기재의 물건에 대한 압류의 취소재판을 받기 위하여 이 사건 신청에 이르렀습니다.

첨 부

      1. 유체동산압류조서 등본
      1. 증명(압류한 물건 등이 생활상 필요하다는 취지)

                          2010.   .   .
                위 신청인(채무자) 김 ○ ○ (인)

서울중앙지방법원 귀중

(별지목록 생략)

---

240) 집행관의 집행처분에 대한 이의신청의 경우에도 집행관이 상대방으로 되는 것은 아니다.

6. 사법보좌관의 처분에 대한 이의신청

가. 항고할 수 없는 처분에 대한 이의신청(사법보좌관규칙 제3조 제2호)

사법보좌관이 한 집행법원의 집행절차에 관한 재판으로 즉시항고할 수 없는 것, 예컨 대 사법보좌관의 경매개시결정에 대한 이의신청이 이에 해당한다.

나. 항고의 대상에 대한 이의신청(사법보좌관규칙 제4조)

즉시항고할 수 있는 것으로 특별규정이 있는 것 중 판사의 처분에 대해서는 바로 즉시 항고를 할 수 있으나, 사법보좌관의 처분에 대해서는 이의신청절차를 거쳐야 한다. 이 이 의신청을 하려면 사법보좌관의 처분을 고지받은 날부터 7일(불변기간) 이내에 이의신청의 대상이 되는 처분의 표시와 이의신청의 취지를 밝혀 사법보좌관에게 낸다. 이의신청을 받 은 사법보좌관은 사건을 지체 없이 소속 법원의 판사에게 송부하여야 한다. 판사는 이의 신청이 방식위배인 경우에는 각하, 신청이 이유 있는 경우에는 사법보좌관의 처분을 경정 하며, 신청이 이유 없는 경우에는 사법보좌관의 처분을 인가하고 사건을 항고법원에 송부 한다. 이 이후 항고법원은 이의신청을 항고 또는 즉시항고로 보고 재판절차를 진행한다.

다. 배당표에 대한 이의신청(사법보좌관규칙 제5조)

사법보좌관이 작성한 배당표에 대하여 당사자가 이의를 신청하는 경우 일단은 사법보 좌관이 절차를 진행하되, 사법보좌관이 절차를 진행하지 못할 경우에는 배당기일을 중지 하고 이의신청사건을 판사에게 송부하고, 사건을 송부받은 판사는 새로이 배당표를 작성 하여 배당기일을 실시한다.

구분	불복대상	불복기간	항고	사법보좌관에 대한 이의절차
즉시항고	집행법원의 결정 중 특별규정이 있는 경우	1주일 내에 제기, 10일 내에 항고이유서 제출	재판에 재항고 허용(3심)	경유 필요
집행이의신청	즉시항고할 수 없는 집행법원의 결정, 집행관의 처분 등	기간 제한 없음	재판에 즉시항고불허(1심) (예외: 제17조 제1항, 제86조 제3항)	경유 불필요

[4] 집행문부여 거절(부)에 대한 이의신청

법원사무관 또는 공증인이 집행권원을 가진 채권자의 집행문부여신청에 대하여 거절(부)처분을 한 때에 채권자는 그 거절처분에 대하여 이의신청을 할 수 있다. 법원사무관 등의 거절처분에 대해서는 그 사무관 소속의 단독판사에게, 공증인의 거절처분에 대해서는 그 관할 지방법원 단독판사에게 이의신청을 하여야 한다. 신청의 이익이 있는 한 언제라도 이의신청을 할 수 있다.[241]

법원은 이의신청이 이유 있으면 거절처분을 취소하고 부여기관에 대하여 집행문의 부여를 명하고,[242] 이유 없으면 신청기각의 결정을 한다. 집행문부여기관에 집행문의 부여를 명하면, 채권자가 집행문부여기관에 집행권원과 이의의 재판의 정본을 첨부하여 집행문부여신청을 하여 집행문을 부여받게 된다.

집행문부여결정에 대하여 채무자는 직접 항고를 할 수 없고 집행문부여에 대한 이의로

---

241) 대법원 2000. 3. 13. 자 99마7096 결정: (구)민사소송법 제478조 제2항에 의하면 집행문은 제1심법원의 법원사무관 등이 부여하되 소송기록이 상급심에 있는 때에는 그 법원의 법원사무관 등이 부여하는 것이므로, 제1심법원의 법원사무관 등은 그 법원에서의 소송절차가 종료되고 상소에 의하여 소송기록을 상급심법원에 송부한 후에는 집행문부여의 권한을 잃게 되고, 따라서 제1심법원의 법원사무관 등이 한 집행문부여 거절처분에 대한 이의신청은 이와 같이 그 거절처분을 한 법원의 법원사무관 등이 집행문부여의 권한을 잃은 뒤에는 특별한 사정이 없는 한 신청의 이익이 없어 부적법하다. 제1심법원의 법원사무관 등이 집행문부여 거절처분을 한 후 그 소송기록이 상급심으로 송부된 때에는 현재 소송기록이 있는 법원의 법원사무관 등에게 다시 집행문의 부여를 구해야 한다. 그러나 제1심에서 집행문부여가 된 경우에 집행문부여에 대한 이의신청은 기록이 상급심에 있어도 집행문을 부여한 법원사무관 등의 소속인 제1심 법원에 해야 한다.

242) 결정주문: "원고 신청인, 피고 이○○ 사이의 서울중앙지방법원 2010가단 23451호 손해배상청구사건의 판결에 대하여 같은 법원 사무관 박○○이 2010. 10. 1. 한 집행문부여 거절처분은 이를 취소한다. 같은 법원 사무관 등은 위 판결에 대하여 집행문을 내어 주라."

써 다툴 수 있으며, 집행문부여신청 기각결정에 대하여 채권자는 특별항고(민소법 제449조)의 방법으로만 불복할 수 있다.[243]

[서식] 집행문부여거부처분에 대한 이의신청

집행권원의 집행에 조건이 붙어 있어 재판장의 명령이 있어야 법원사무관 등이 집행문을 부여하는데, 재판장의 명령을 받지 못하여 집행문을 부여받지 못하는 경우에도 다음과 같은 서식으로 집행문부여거절처분에 대한 이의신청을 할 수 있다.

집행문부여거절처분에 대한 이의신청

신청인(원고) 김 ○ ○
서울 서초구 방배동 543

신 청 취 지

신청인(원고) 김○○과 피고 이○○ 간의 서울중앙지방법원 2010가단 23451호 손해배상청구사건의 판결정본에 대하여 귀원 사무관 박○○가 2010. 10. 1. 한 집행문부여거부처분은 이를 취소한다.
귀원 사무관은 위 판결에 대하여 집행문을 부여하라.

라는 결정을 구합니다.

신 청 이 유

1. 신청인(원고)은 피고에 대하여 신청취지기재의 집행권원을 가지고 있는바, 그 집행을 위하여 2010. 9. 30. 귀원 사무관 박○○에게 집행문의 부여를 신청하였으나, 귀원 사무관 박○○은 위 집행권원에 표시된 채권과 동시이행의 관계에 있는 반대급여가 아직 이행의 제공이 되지 않는다는 이유로(또는 위 집행권원에 표시된 채권이 아직 변제기가 되지 않았다는 이유로) 집행문의 부여를 거절하였습니다.

---

243) 대법원 1995. 5. 13. 자 94마2132 결정: 집행문부여에 대한 이의의 재판에 관해서는 즉시항고를 할 수 있다는 특별규정이 없을뿐더러 해석상 그와 동일시할 것도 못 되어 결국 즉시항고는 할 수 없는 것으로 해석이 되고, 집행이의절차는 집행법원의 재판에 대한 이의절차인 데 반하여 집행문부여에 대한 이의의 재판은 집행문을 부여한 법원사무관 등의 소속 법원이 재판한다고 규정하고 있고, 그 소속 법원은 판결법원 또는 그 상급법원이므로 결국 집행문부여 결정은 집행이의 대상으로 규정한 집행법원의 재판이 아닐뿐더러, 본안법원의 재판을 집행법원이 그 재판의 대상으로 삼는다는 것도 성질상 허용하기 어렵다고 보이므로 집행이의절차도 알맞은 불복방법이라고 할 수 없는바, 그렇게 되면 결국 불복절차가 없기 때문에 같은 법 제420조에 의한 특별항고만이 가능하다.

2. 그러나 위 집행권원에 표시된 반대급여의 이행제공(또는 변제기의 도래)은 집행개시의 요건에 불과하고 집행문부여의 요건이 아님이 명백하므로 위 집행문부여거절처분은 부당하여 이 사건 신청에 이르렀습니다.

2010.   .   .
위 신청인(원고) 김 ○ ○ (인)

서울중앙지방법원 민사○○단독 귀중

[5] 집행문부여에 대한 이의신청

집행문부여에 대하여 채무자[244]는 집행문부여가 위법함을 주장하여 그 취소 및 기타의 시정을 구하는 이의신청을 할 수 있다(제34조). 집행문부여거절처분에 대하여 채권자가 이의신청을 한 결과 법원의 명령에 따라 집행문이 부여된 경우에도 이의신청을 할 수 있다.

집행문부여를 위법으로 하는 사유는 모두 이의사유가 된다. 예컨대 판결선고가 없거나 집행증서의 무효[245] 등 집행권원이 형식상의 이유로 무효인 것, 판결 후 소의 취하 또는 소송상의 화해로 성립한 후 실효한 것, 판결의 미확정, 가집행선고의 실효 등 집행력이 발생하지 않은 것, 이유 없이 수통 또는 재도의 집행문을 부여한 것,[246] 재판장의 명령

---

244) 대법원 2002. 8. 21. 자 2002카기124 결정: 민사집행법 제34조 제1항이 규정하는 집행문부여 등에 관한 이의 가운데 집행문부여에 대한 이의는 어떤 사람을 집행채무자로 한 집행문이 부여된 경우에 그 집행문에 표시된 채무자가 집행문부여의 위법을 이유로 집행문부여의 취소 등 시정을 구하기 위하여 제기하는 이의를 말하는 것이므로, <u>판결에 표시된 채무자의 승계인에 대한 집행을 위하여 집행문이 부여된 경우에는 승계인만이 이의를 할 수 있는 것이고</u>, 판결에 표시된 원래의 채무자는 이에 대한 이의를 할 수 없다.

245) 대법원 1999. 6. 23. 자 99그20 결정: 집행증서상의 명의를 모용당하였다고 주장하는 채무자는 위 집행증서에 채무자 본인의 집행촉탁 및 집행수락의 의사가 결여되었음을 내세워 집행문부여에 대한 이의로써 무효인 집행증서에 대하여 부여된 집행문의 취소를 구하는 것도 가능하다 할 것이고, 그 경우 이의를 심리하는 법원으로서는 임의적 변론을 거쳐 결정의 형식으로 그 당부를 판단하면 족하며, 반드시 심문 또는 변론절차를 열거나 제출된 자료만으로 소명이 부족하다 하여 신청인에게 추가 소명의 기회를 주어야 하는 것은 아니다. 이 경우 청구이의의 소도 제기할 수 있다. 대법원 1998. 8. 31. 자 98마1535,1536 결정: 집행증서가 무권대리인의 촉탁에 의하여 작성되어 당연무효라고 할지라도 그러한 사유는 형식적 하자이기는 하지만 집행증서의 기재 자체에 의하여 용이하게 조사·판단할 수 없는 것이므로 청구이의의 소에 의하여 그 집행을 배제할 수 있을 뿐 적법한 항고사유는 될 수 없다.

246) 대법원 1999. 4. 28. 자 99그21 결정: 전에 집행문을 부여받은 바 있는 채권자의 청구로 집행문을 다시 부여할 사유가 없음에도 집행문의 재도부여가 된 경우에는 채무자는 그 새로운 집행문부여를 다투어 이의를 신청하고 집행문부여의 취소를 구할 수 있다(전에 집행문이 부여된 판결에 의한 채권압류 및 전부명령이 적법하게 확정되어 제3채무자에게 전부명령이 송달된 때에 집행채권이 소멸함으로써 집행문

이 필요한 경우에 그 명령이 없는 등 집행문에 대한 방식의 위배, 조건의 불성취 또는 승계사실의 부존재와 유한책임에 관한 사유 같은 것 등이 이의사유가 된다.

그러나 집행권원에 표시된 채권이 소멸하였다고 하는 등의 실체상의 사유에 대해서는 집행문부여에 대한 이의신청으로 구제받을 수 없고 청구이의의 소로 구제받아야 한다.

채무자는 집행문이 부여된 후에는 강제집행이 종료할 때까지 언제든지 집행문을 부여한 법원사무관 등이 소속하는 법원(제1심 법원일 때도 있고, 상급 법원일 때도 있다)에 이의신청을 할 수 있다.247) 공증인이 작성한 집행증서에 대한 집행문에 대해서는 공증인의 직무상 소재지를 관할하는 지방법원 단독판사에게 이의신청을 할 수 있다.

법원은 임의적 변론을 거쳐 이의의 이유가 있으면 집행문을 취소하고 또 그 집행력 있는 정본에 기한 집행을 허가하지 아니한다는 취지의 결정을 하고,248) 이의가 이유 없으면 이의를 기각하는 결정을 한다. 이의사유의 판단 시는 집행문부여 시가 아닌 재판 시를 기준으로 한다.

이의에 관한 재판에 관하여 채권자·채무자는 불복할 수 없고, 민사소송법 제449조의 특별항고만이 가능하다.249)

이의신청을 하였다 하여 당연히 집행이 정지되는 것이 아니고, 재판장이 재판 전에 직권으로 집행의 일시정지 그 밖의 잠정처분을 명할 수 있다. 잠정처분에 대한 결정에 대해서는 불복할 수 없다.

채무자는 집행문부여에 대한 이의신청과 이의의 소를 선택하여 제기할 수 있다.

[서식] 집행문부여에 대한 이의신청

채무자가 판결선고 후 채권자의 소의 취하가 있음을 들어 집행문부여에 대한 이의신청을 하는 경우의 서식은 다음과 같다.

재도부여 사유가 없음에도 집행문을 재도부여한 것은 부적법하다는 취지로 집행문부여에 대한 이의신청을 한 사례).

247) 대법원 1992. 3. 6. 자 92마46 결정: 집행문이 재도부여된 채무명의에 기하여 강제집행이 종료된 경우 채무자로서는 위 집행문 재도부여에 대하여 이의신청을 할 이익이 없다.

248) 결정주문: "신청인과 상대방 사이의 이 법원 2010가합1234호 대여금청구사건의 판결에 대하여 이 법원 법원사무관 김○○이 2010. 10. 1. 내어 준 집행문은 이를 취소한다. 위 판결의 집행력 있는 정본에 기초한 강제집행은 이를 취소한다. 위 판결의 집행력 있는 정본에 기초한 강제집행은 이를 불허한다."

249) 대법원 1997. 6. 20. 자 97마250 결정: 집행문부여에 대한 이의에 관한 재판에 대해서는 집행에 관한 이의도 할 수 없고 즉시항고도 할 수 없어 결국 불복절차가 없기 때문에 특별항고만 허용될 뿐이라고 해석되며, 이러한 결정에 대한 불복은 당사자가 특별항고라는 표시와 항고법원을 대법원이라고 표시하지 아니하였다 하더라도 그 항고장을 접수한 법원으로서는 이를 특별항고로 취급하여 소송기록을 대법원에 송부함이 마땅하다.

집행문부여에 대한 이의신청

신청인(채무자) 이 ○ ○
　　　　　　　서울 강남구 삼성동 531
상대방(채권자) 김 ○ ○
　　　　　　　서울 관악구 신림동 1131

신 청 취 지

신청인과 상대방 간의 서울중앙지방법원 2010가합1234호 대여금청구사건의 판결에 대하여 같은 법원 법원사무관 박○○가 2010. 10. 1. 내어 준 집행문은 이를 취소한다.
위 집행력 있는 판결의 집행력 있는 정본에 기한 강제집행은 이를 불허한다.

라는 재판을 구합니다.

신 청 이 유

1. 상대방은 위 신청취지 기재의 집행권원에 기하여 2010. 10. 1. 서울중앙지방법원 법원사무관 박○○로부터 집행문을 부여받아 그 집행정본에 기하여 신청인 소유의 부동산에 강제경매신청을 하여, 현재 위 법원 2010타경12351호로 강제경매절차가 진행 중에 있습니다.

2. 그러나 상대방은 위 판결선고 후 신청인과 합의하여 소를 취하하였습니다.

3. 따라서 신청취지 기재의 집행문은 위법하므로 위 집행문의 취소와 그에 기초한 강제집행을 불허하는 재판을 구하기 위하여 이 사건 신청에 이르렀습니다.

첨 부

1. 판결사본		1통
1. 강제경매개시결정		1통
1. 소취하증명원		1통

2010.　.　.
위 신청인(채무자) 이 ○ ○ (인)

서울중앙지방법원　귀 중

[6] 집행문부여의 소

채권자가 집행문을 부여받기 위하여 조건의 성취 또는 승계의 사실을 증명서로 증명하여야 하는 경우(제30조 제2항, 제31조 제1항), 이를 증명서로 증명할 수 없는 때에는 채무자를 상대로 집행문부여의 소를 제기하여 그 판결에 기하여 집행문을 부여받을 수 있다(제33조). 채권자는 집행관의 집행문부여거절처분에 대하여 이 소를 제기할 수도 있고, 집행문부여신청을 하지 않고 곧바로 이 소를 제기할 수도 있다. 채무자가 피고적격자이고 집행문부여기관이 피고로 되는 것은 아니다.

집행문부여의 소는 원칙적으로 제1심 수소법원의 전속관할에 속하고, 집행증서에 대해서는 채무자의 보통재판적이 있는 곳의 법원에 제기할 수 있다. 이 소는 채권자가 원고, 채무자가 피고가 되어 일반의 소송(판결)절차와 같이 진행한다.

법원은 청구가 이유 있다고 인정되면 판결로써 집행문부여기관에 대하여 집행문을 부여할 것을 명하고,[250] 원고는 승소 판결정본을 부여기관에 제출하여 집행문을 부여받는다.[251] 피고가 집행권원에 표시된 청구권의 소멸 등의 실체상의 이유로 항변할 수 있는가에 관해서는 견해가 일치하지 않는다. 집행문부여의 소에 대하여 채무자는 피고의 입장에서 반소로서 청구이의의 소를 제기할 수 있다.

[서식] 집행문부여의 소

집행권원상의 채권을 양수받은 채권자는 집행문을 부여받기 위하여 다음과 같은 서식으로 집행문부여의 소를 제기할 수 있다.

소 장

원 고 김 ○ ○
　　　서울 강남구 역삼동 235
피 고 이 ○ ○
　　　서울 관악구 봉천동 5321

집행문부여의 소

---

250) 결정주문: "원고와 피고 사이의 서울중앙지방법원 2010가합1234호 대여금청구사건의 판결에 관하여 이 법원 사무관 등은 피고에 대한 강제집행을 위하여 원고에게 집행문을 내어 주라."
251) 이 경우에는 재판장의 명령이 필요 없다.

청 구 취 지

1. 채권자 소외 최○○과 채무자 피고 사이의 서울중앙지방법원 2010가단 1251호 대여금청구사건의 판결에 관하여 위 법원 법원사무관은 피고에 대한 강제집행을 위하여 채권자 소외 최○○의 승계인 원고에게 집행문을 부여하라.
2. 소송비용은 피고의 부담으로 한다.

라는 판결을 구합니다.

청 구 원 인

1. 소외 최○○은 피고에 대하여 청구취지 기재와 같은 확정판결에 의한 집행권원을 가지고 있다가 2010. 10. 1. 위 집행권원에 표시된 채권을 원고에게 양도하고 그 시경 구두로 피고에게 위 양도사실을 통지하였습니다.

2. 그러나 피고가 원고에게 위 승계사실을 부인하고 위 양수금채무를 이행하지 아니하여, 원고는 피고에 대하여 위 양수금채권의 강제집행을 위하여 집행문을 부여받고자 하나 위 채권의 양수와 통지사실을 증명서로 증명할 수 없어 승계집행문의 부여를 받기 위하여 이 사건 신청에 이르렀습니다.

입 증 방 법

1. 갑 제1호증   판결사본
1. 갑 제2호증   양도각서
1. 기타 필요한 입증방법은 변론 시 제출하겠습니다.

첨 부 서 류

1. 소장부본   1통
1. 위 입증방법   각 1통
1. 납부서   1통

2010.   .   .
위 원고 김 ○ ○ (인)

서울중앙지방법원 귀중

[7] 집행문부여에 대한 이의의 소

채무자는 채권자의 집행문부여의 소에 대응하여 집행문부여 시 증명된 조건의 성취 또는 승계 등의 사유를 다투어 집행문부여의 위법을 주장하여 채권자를 상대로 집행문부여에 대한 이의의 소를 제기할 수 있다.

집행권원에 표시된 조건의 불성취와 당사자에 관한 승계의 부존재만이 본소의 이의사유가 되고, 그 외의 사유는 집행문부여에 대한 이의신청만이 가능하다. 조건의 성취 또는 승계사실이 증명되어 집행문이 부여된 경우 채무자는 본소를 제기하지 않고 이의신청을 할 수도 있으나, 이의신청이 인용된 후에는 본소를 제기할 이익이 없고 이의신청이 각하 또는 기각되더라도 다시 본소를 제기할 수 있다. 본소의 판결이 확정된 경우에는 기판력 때문에 같은 사유로 이의를 신청할 수 없다.

본소는 집행문에 표시된 채무자가 원고이고 채권자는 피고가 되며, 채권자의 승계인에 대하여 승계집행문을 부여하였을 경우에는 채무자만이 본소를 제기할 수 있고 채권자는 본소를 제기할 수 없다. 본소의 절차에 대해서는 청구이의의 소에 관한 규정이 준용되고, 집행권원이 판결인 경우에는 제1심의 수소법원이 관할한다.

법원은 일반의 소송절차에 따라 심리하고, 조건의 성취 및 승계사실의 입증책임은 채권자가 부담한다.

법원은 이의가 이유 있다고 인정하면 그 집행력 있는 정본에 기한 집행의 불허를 선언하는 판결을 하고, 이 판결에는 직권으로 강제집행의 일시정지 등의 명령을 발하거나 이미 발한 명령을 취소·변경 또는 인가하고 가집행선고를 붙인다. 집행문에 대한 이의의 재판에 관해서는 민사소송법 제449조에 의한 특별항고만이 가능하다.

[서식] 집행문부여에 대한 이의의 소

채무자의 상속인이 상속포기를 했음에도 채권자가 채무자의 상속인에 대하여 승계집행문을 부여받은 경우 채무자의 상속인이 집행문부여에 대한 이의이 소를 제기하는 경우의 서식은 다음과 같다.

소 장

원 고 김 ○ ○
　　　 서울 중구 소공동 123
피 고 이 ○ ○
　　　 서울 서초구 서초동 253

집행문부여에 대한 이의의 소

청 구 취 지

1. 피고와 소외 망 김승일 간의 서울중앙지방법원 2010가합234호 대여금청구사건의 확정판결에 대하여 위 법원 법원사무관 박○○이 부여한 승계집행문에 기한 강제집행은 이를 불허한다.
2. 소송비용은 피고의 부담으로 한다.

라는 판결을 구합니다.

청 구 원 인

1. 피고는 소외 망 김승일을 상대로 한 청구취지 기재의 확정판결을 받은 후 원고가 위 망인의 단독 상속인임을 들어 청구취지 기재와 같이 법원사무관 박○○로부터 승계집행문을 부여받아 원고 소유의 부동산에 강제경매신청을 하여 현재 경매절차가 진행 중에 있습니다.

2. 그러나 원고는 위 망인이 사망한 후 3개월 이내인 2010. 10. 15. 서울가정법원에 상속포기신고를 하였으므로 원고가 위 망인의 채무를 승계할 이유가 없고, 원고에 대하여 부여된 청구취지 기재의 승계집행문의 취소를 구하기 위하여 이 사건 제소에 이르렀습니다.

입 증 방 법

1. 갑 제1호증   판결사본
1. 갑 제2호증   제적등본
1. 기타 필요한 입증방법은 변론 시 제출하겠습니다.

첨 부 서 류

1. 소장부본   1통
1. 위 입증방법   각 1통
1. 납부서   1통

2010. . .

위 원고 김 ○ ○ (인)

서울중앙지방법원   귀 중

[8] 청구이의의 소

1. 의의 및 적용범위

가. 의의

채무자가 집행권원에 표시된 사법상의 청구권에 관하여 생긴 실체상의 사유를 내세워 그 집행권원이 가지는 집행력의 배제를 구하는 소를 청구이의의 소라 한다(제44조, 제57조, 제58조 제항, 제59조 제3항). 이 소송은 청구권의 멸각·저지사유나 예외적으로 불발생시유(장에시유) 등 실체적 권리상테를 제대로 반영하지 않은 집행권원의 집행력을 배제하여 집행을 막을 수 있는 채무자의 구제수단이다. 청구이의의 소는 집행절차에서 실체문제를 따질 수 있는 중요한 수단이다.[252]

예컨대 판결을 선고받고 확정된 후 판결금(채무)을 전부 변제하였는데도 채무자가 판결문을 회수하지 아니한 사이, 채권자가 판결문을 소지하고 있음을 기화로 더 받을 돈이 있다고 주장하면서 위 판결문에 집행문을 부여받아 집행에 착수한 경우, 채무자는 우선 제1심 수소법원에 청구이의의 소를 제기함과 동시에 강제집행정지신청을 하여 정지결정을 받은 후 본안 소송의 승소판결을 받아 집행기관에 제시하면 된다.

청구이의의 소의 성질은 집행법상의 집행력의 배제를 구하는 소송법상의 형성소송으로 본다(통설·판례).

나. 소의 대상(적용범위)

이 소는 모든 종류의 집행권원에 대하여 인정된다.[253] 다만 다음과 같은 경우에는 청구이의의 소가 허용되지 아니한다.

---

252) 대법원 1996. 9. 24. 선고 96다13781 판결: 집행채권의 부존재나 소멸은 집행채무자가 청구이의의 소에서 주장할 사유이지 추심의 소에서 제3채무자인 피고가 이를 항변으로 주장하여 채무의 변제를 거절할 수 있는 것이 아니다.
253) 부동산인도명령에 대해서도 이 소가 허용된다.

[청구이의의 소의 적용 배제]

① 담보권실행을 위한 경매: 담보권의 부존재와 소멸은 경매개시결정에 대한 이의사유가 되고, 피담보채무의 존재나 담보권의 효력을 다투는 소송은 채무부존재확인소송이나 저당권설정등기말소소송 등 채무이의의 소로 해결할 수 있다.

② 가집행선고 있는 판결: 상소에 의하여 다툴 수 있으므로 확정된 후가 아니면 이 소를 제기할 수 없다.

③ 가압류·가처분명령: 별도로 이의나 사정변경에 의한 취소신청이 인정되므로 이 소를 제기할 수 없다.

④ 의사의 진술을 명한 재판: 확정과 동시에 집행이 종료되므로 이 소를 제기할 수 없다.[254]

⑤ 대체집행의 수권결정: 수권결정이 아닌 기본 집행권원에 대하여 다투어야 한다.[255]

⑥ 검사의 집행명령

⑦ 구체적 집행처분의 취소: 청구이의의 소는 집행권원의 집행력자체의 배제를 구하는 것이므로 이미 집행된 개개의 집행행위의 불허를 구하는 것은 부적법하다.[256]

┌─[사례 4 - 3] 피담보채권의 소멸을 이유로 한 경매절차의 정지───

甲은 乙 소유의 부동산에 대하여 설정된 근저당권설정등기에 기하여 임의경매신청을 하여 경매개시결정이 내려졌다. 乙은 위 근저당권설정등기의 피담보채권의 소멸을 이유로 위 경매절차를 정지시키거나 취소할 수 있는가? 乙이 잠정처분을 받은 경우 甲의 구제방안은?

---

254) 대법원 1995. 11. 10. 선고 95다37568 판결: 대지에 대한 수분양자 명의변경 절차의 이행을 소구함은 채무자의 의사의 진술을 구하는 소송으로서 그 청구를 인용하는 판결이 선고되고 그 소송이 확정되었다면, 그와 동시에 채무자가 수분양자 명의변경 절차의 이행의 의사를 진술한 것과 동일한 효력이 발생하는 것이므로 위 확정판결의 강제집행은 이로써 완료되는 것이고 집행기관에 의한 별도의 집행절차가 필요한 것이 아니므로, 특별한 사정이 없는 한 위 확정판결 이후에 집행절차가 계속됨을 전제로 하여 그 채무명의가 가지는 집행력의 배제를 구하는 청구이의의 소는 허용될 수 없다.

255) 대법원 1987. 9. 8. 선고 86다카2771 판결: 대체집행비용지급명령은 이른바 수권결정으로서 채무명의의 내용인 실체상 청구권의 당부와 관계없이 일반의 집행요건과 대체집행요건을 심사하여 내리는 결정으로서 채무명의의 내용인 실체상의 청구권에 관하여 이의가 있으면 그 채무명의의 집행력을 다투어야 하고 수권결정의 집행력배제를 구할 수 없다.

256) 대법원 1971. 12. 28. 선고 71다1008 판결. 건물철거판결에 있어 건물철거의무는 일체로서 집행되어야 할 의무이고 가분석인 것이라 할 수 없으므로 그 집행력의 일부배제를 구할 수는 없다(대법원 1987. 9. 8. 선고 86다카2771 판결).

부동산을 목적으로 하는 담보권을 실행하기 위한 경매절차를 정지하려면 제272조, 제86조 제1항에 따라 <u>경매개시결정에 대한 이의신청</u>을 하고 제86조 제2항에 따라 제16조 제2항에 준하는 집행정지명령을 받거나 <u>그 담보권의 효력을 다투는 소</u>를 제기하고 제46조에 준하는 집행정지명령을 받아 이를 집행법원에 제출하여 그 절차의 진행을 정지시킬 수 있을 뿐이고, 청구이의의 소로써 직접 경매의 불허를 구하는 소를 제기할 수는 없다.257) 그리고 일반적인 가처분절차에 의하여 임의경매절차를 정지시킬 수는 없다.258) 일반적인 가처분절차는 본안소송이 계속 중인지 여부를 불문하나, 집행권원에 기초한 강제집행의 정지는 청구이의의 소 또는 제3자이의의 소송이 계속 중이어야 한다.

따라서 임의경매를 신청할 수 있는 권리의 존부를 다투는 경우에 그 경매절차를 정지하기 위해서는 경매개시결정에 대한 이의신청을 하고 강제집행정지명령을 받거나, 채무에 관한 이의의 소259)를 제기하여 강제집행정지명령을 받아 정지시킬 수 있을 뿐이다. 만약 乙이 잠정처분을 받은 경우 甲으로서는 이 잠정처분에 대하여 불복할 수 없고, 특별항고를 제기할 수 있을 뿐이다.

2. 청구이의사유

가. 청구권의 소멸

변제,260) 대물변제, 상계, 공탁,261) 更改, 소멸시효의 완성, 면제, 포기, 착오 · 사기 · 강박에 의한 취소, 화해, 이행불능, 계약해제, 해제조건의 성취 등 집행권원에 표시된 청구권의 소멸로 그 집행력의 배제를 구할 이유가 될 사실이다.

---

257) 대법원 2002. 9. 24. 선고 2002다43684 판결.

258) 대법원 2004. 8. 17.자2004카기93 결정; 대법원 1993. 1. 20. 자 92그35 결정.

259) 채무에 관한 이의의 소란 저당권설정등기말소소송, 채무부존재확인소송 등 임의경매의 기초가 된 저당권의 피담보채무의 존부를 다투는 소송을 포괄적으로 지칭하는 용어이다.

260) 일부변제의 경우 변제에 의하여 소멸된 부분에 대해서는 청구이의의 소가 가능하다. 대법원 1967. 12. 26.선고 67다2249 판결.

261) 채무자가 공탁원인이 있어서 공탁에 의하여 그 채무를 면하려면 채무액 전부를 공탁하여야 할 것이고, 일부의 공탁은 그 채무를 변제함에 있어서 일부의 제공이 유효한 제공이라고 시인될 수 있는 특별한 사정이 있는 경우를 제외하고는 채권자가 이를 수락하지 아니하는 한 그에 상응하는 효력을 발생할 수 없다(대법원 2008. 7. 10. 선고 2008다10051 판결). 대법원 1992. 4. 10. 선고 91다41620 판결: 채무명의에 표시된 본래의 채무가 변제공탁으로 소멸되었다 하여도 그 집행비용을 변상하지 아니한 이상 당해 채무명의의 집행력 전부의 배제를 구할 수는 없다.

채권양도, 채권의 압류 및 전부, 면책적 채무인수 등 청구권의 귀속주체의 변동의 경우에도 청구이의사유가 된다.

나. 청구권행사의 저지

① 기한의 유예, 정지조건, 파산·개인회생·회생절차에서의 면책 등 청구권의 효력정지 또는 제한사유가 청구이의사유가 된다.

② 不執行의 합의,[262] 집행신청취하의 합의도 청구이의사유가 된다.

③ 한정승인의 경우 논란이 있다.
- 집행권원인 판결에 한정승인의 취지가 반영된 留保付판결의 경우 채무자(상속인)는 자기의 고유재산에 대한 집행에 대해서는 청구이의의 소가 아닌 제3자이의의 소를 제기할 수 있다.[263]
- 집행권원이 성립한 뒤에 상속인이 한정승인을 한 경우 채무자의 고유재산에 대한 집행에 대하여 상속인이 한정승인을 주장하여 청구이의의 소를 제기할 수 있는지, 제3자이의의 소를 제기할 수 있는지에 관해서는 논란이 있다.
- 집행권원이 성립하기 전에 상속인이 한정승인을 하고서도 한정승인을 주장하지 않아 無留保付판결이 확정된 경우 채무자는 자기 고유의 재산에 대한 집행에 대하여 청구이의의 소를 제기할 수 있다.[264]

---

262) 대법원 1996. 7. 26. 선고 95다19072 판결: 부집행의 합의는 실체상의 청구의 실현에 관련하여 이루어지는 사법상의 채권계약이라고 봄이 상당하고, 이것에 위반하는 집행은 실체상 부당한 집행이라고 할 수 있으므로 (구)민사소송법 제505조가 유추적용 내지 준용되어 청구이의의 사유가 된다.

263) 대법원 2005. 12. 19. 자 2005그128 결정: 상속채무의 이행을 구하는 소송에서 피고의 한정승인 항변이 받아들여져서 원고 승소판결인 집행권원 자체에 '상속재산의 범위 내에서만' 금전채무를 이행할 것을 명하는 이른바 유한책임의 취지가 명시되어 있음에도 불구하고, 상속인의 고유재산임이 명백한 임금채권 등에 대하여 위 집행권원에 기한 압류 및 전부명령이 발령되었을 경우에, 상속인인 피고로서는 책임재산이 될 수 없는 재산에 대하여 강제집행이 행하여졌음을 이유로 제3자이의의 소를 제기하거나, 그 채권압류 및 전부명령 자체에 대한 즉시항고를 제기하여 불복하는 것은 별론으로 하고, 청구에 관한 이의의 소에 의하여 불복할 수는 없다고 보아야 하고, 나아가 만약 그 채권압류 및 전부명령이 이미 확정되어 강제집행절차가 종료된 후에는 집행채권자를 상대로 부당이득의 반환을 구하되, 피전부채권 중 실제로 추심한 금전 부분에 관해서는 그 상당액을 반환을 구하고, 아직 추심하지 아니한 부분에 관해서는 그 채권 자체의 양도를 구하는 방법에 의할 수밖에 없다.

264) 대법원 2009. 5. 28. 선고 2008다79876 판결: 채무자가 한정승인을 하였으나 채권자가 제기한 소송의 사실심 변론종결 시까지 이를 주장하지 아니하는 바람에 책임의 범위에 관하여 아무런 유보 없는 판결

④ 판결에 기초한 강제집행이 불법행위가 되어 신의칙위반 또는 권리남용이 되는 경우 이의사유가 될 수 있다.[265] 다만 편취된 판결에 기한 강제집행이 불법행위로 되는 경우에도 당사자의 법적 안정성을 위해 확정판결에 기판력을 인정한 취지나 확정판결의 효력을 배제하기 위해서는 그 확정판결에 재심사유가 존재하는 경우에 재심의 소에 의하여 그 취소를 구하는 것이 원칙적인 방법인 점에 비추어 볼 때 불법행위의 성립을 쉽게 인정하여서는 아니 되고, 확정판결에 기한 강제집행이 불법행위로 되는 것은 <u>당사자의 절차적 기본권이 근본적으로 침해된 상태에서 판결이 선고되었거나 확정판결에 재심사유가 존재하는 등 확정판결의 효력을 존중하는 것이 정의에 반함이 명백하여 이를 묵과할 수 없는 경우로 한정하여야 한다.</u>[266]

┌─ **[사례 4-4] 확정판결의 집행과 불법행위** ─────────────

　　甲 소유 오토바이와 A 소유의 영업용 택시의 충돌사고로 부상을 당한 乙이 甲과 A를 상대로 손해배상청구소송을 제기하고 법원은 이에 대하여 甲과 A의 부진정연대채무를 인정하여 각자 금 1억 원을 지급하라는 판결이 선고된 후 甲만이 항소하여 항소심 변론종결 후 8,000만 원으로 감액변경하는 판결이 선고되어 확정되었다. 乙은 위 항소심판결을 집행권원으로 甲 소유의 부동산에 대하여 강제집행 개시결정에 의하여 경매가 개시되었다.

이 선고·확정된 경우라 하더라도 채무자가 그 후 위 한정승인 사실을 내세워 청구에 관한 이의의 소를 제기하는 것이 허용되는 것은, 한정승인에 의한 책임의 제한은 상속채무의 존재 및 범위의 확정과는 관계없이 다만 판결의 집행 대상을 상속재산의 한도로 한정함으로써 판결의 집행력을 제한할 뿐으로, 채권자가 피상속인의 금전채무를 상속한 상속인을 상대로 그 상속채무의 이행을 구하여 제기한 소송에서 채무자가 한정승인 사실을 주장하지 않으면 책임의 범위는 현실적인 심판대상으로 등장하지 아니하여 주문에서는 물론 이유에서도 판단되지 않는 관계로 그에 관해서는 기판력이 미치지 않기 때문이다. 위와 같은 기판력에 의한 실권효 제한의 법리는 채무의 상속에 따른 책임의 제한 여부만이 문제되는 한정승인과 달리 상속에 의한 채무의 존재 자체가 문제되어 그에 관한 확정판결의 주문에 당연히 기판력이 미치게 되는 상속포기의 경우에는 적용될 수 없다. 판례에 반대하는 입장으로는 이시윤, 93 참조.

265) 대법원 2008. 11. 13. 선고 2008다51588 판결: 판결이 확정되면 기판력에 의하여 대상이 된 청구권의 존재가 확정되고 그 내용에 따라 집행력이 발생되는 것이다. 다만 확정판결에 의한 권리라 하더라도 신의에 좇아 성실히 행사되어야 하므로 <u>그 판결에 기한 강제집행이 권리남용에 해당한다면 이를 허용할 수 없고, 따라서 집행채무자는 청구이의의 소에 의하여 그 집행의 배제를 구할 수 있다</u> 할 것인바, 확정판결의 내용이 실체적 권리관계에 배치되어 그 판결에 의한 집행이 권리남용에 해당된다고 하기 위해서는 그 집행권원이 된 권리의 성질과 그 내용, 판결의 성립 경위 및 판결 성립 후 집행에 이르기까지의 사정, 그 집행이 당사자에게 미치는 영향 등 제반 사정을 종합하여 볼 때, 그 확정판결에 기한 집행이 현저히 부당하고 상대방으로 하여금 그 집행을 수인하도록 하는 것이 정의에 반함이 명백하여 사회생활상 용인할 수 없다고 인정되는 경우이어야 할 것이다.

266) 대법원 2007. 5. 31. 선고 2006다85662 판결.

乙은 제1심판결 선고 후 A로부터 1심 인용 일부금을 포기하고 돈 7,000만 원을 지급받고 이 사건 사고로 더 이상의 손해배상 청구를 하지 아니하기로 합의가 이루어졌다. 甲은 그 사실을 항소심판결 후에야 알게 되어 그 변론종결 전에 주장, 입증할 기회를 놓쳤던 것이므로 위 항소심판결을 집행권원으로 하는 이 건 강제집행에 착수한 것은 권리남용에 해당하여 집행력이 배제되어야 한다는 이유로 청구이의의 소를 제기할 수 있는가?

확정판결에 의한 권리라 하더라도 그것이 신의에 좇아 성실히 행사되어야 하고 권리남용이 되는 경우에는 이는 허용되지 않는다 할 것인데, 乙은 이 사건 확정판결의 변론종결 이전에 위 금원을 수령함으로써 그 한도에서 甲의 손해배상채무도 소멸한 사실을 스스로 알고 있으면서도 이를 모르는 상대방에 이를 감추고 이미 소멸한 채권의 존재를 주장, 유지하여 위와 같은 확정판결을 받았다면 이와 같은 집행권원에 기한 강제집행을 용인함은 이미 변제되어 소멸하여 부존재하는 채권을 이중으로 받고자 하는 불법행위를 허용하는 결과가 된다.

따라서 위와 같은 乙의 집행행위는 자기의 불법한 이득을 꾀하여 상대방에게 손해를 줄 목적이 내재한 사회생활상 용인되지 아니하는 행위라 할 것이어서 그것이 신의에 좇은 성실한 권리의 행사라 할 수 없고, 그 확정판결에 의한 권리를 남용한 경우에 해당한다 할 것이다. 민사집행법에서 청구에 관한 이의의 소를 규정한 것은 부당한 강제집행이 행하여지지 않도록 하려는 데 있다 할 것으로 판결에 의하여 확정된 청구가 그 판결의 변론종결 후에 변경·소멸된 경우뿐만 아니라 판결을 집행하는 자체가 불법한 경우에도 이를 허용함이 상당하다 할 것이다. 이러한 경우의 불법은 당해 판결에 의하여 강제집행에 착수함으로써 외부에 나타나 비로소 이의의 원인이 된다고 보아야 하기 때문이다.

결국 위 사례에서 乙의 청구이의의 주장은 받아들여진다.[267]

---

267) 대법원 1984. 7. 24. 선고 84다카572 판결.

┌───┐
│ **[사례 4 - 5] 실권약관부 집행권원에 대한 집행문부여**
│
│   *甲과 乙은 임대차계약을 체결하고 제소전화해를 하면서 乙이 차임을 2회 이상 연*
│ *체하면 그 즉시 임차목적물을 명도하기로 하였다. 그런데 乙이 연체사실이 없음에도*
│ *불구하고 甲이 위 제소전화해조서에 집행문을 부여받아 강제집행을 하려고 한다. 乙*
│ *의 구제방법은?*
└───┘

차임연체여부와 같이 실권약관(과태약관)이 붙은 집행권원에서 채무자의 연체사실이 없음에도 집행문을 부여한 경우 위 연체여부는 조건성취집행문의 조건에 해당하지 아니하며, 채권자가 연체사실에 대한 증명책임을 질 것이 아니므로 단순집행문부여에 잘못이 없다.

위 사례의 경우 乙은 집행문부여에 대한 이의의 소를 제기할 것이 아니라 연체사실이 없음을 증명하여 청구이의의 소를 제기하여야 한다.[268]

다. 청구권의 불발생

집행권원이 집행증서, 확정된 지급명령, 확정된 이행권고결정, 가사심판, 유죄판결에 붙은 배상명령과 같이 <u>집행력만 있고 기판력이 없는 경우</u>에는 청구권의 불성립이나 하자(예컨대 착오, 사회질서위반, 통정허위표시, 불공정한 법률행위, 위조위임장에 의한 계약체결 등)도 이의사유가 된다. 증서작성 전(집행권원 성립 전)에 생긴 사유라도 무방하다.

그러나 집행권원 성립에 관한 하자라도 형식적·절차적 하자는 집행문부여에 관한 이의사유가 될 뿐이다. 원칙적으로 집행권원이 생긴 뒤 법적 견해나 판례의 변경은 청구이의 사유가 되지 못한다.

3. 이의사유 주장의 제한(공격방법)

가. 기판력 있는 집행권원

기판력과 집행력이 있는 집행권원의 경우 판결의 기판력을 존중하여 사실심의 변론종

---

268) 이시윤, p.200 참조.

결 뒤(무변론판결의 경우에는 판결선고 후)[269]에 생긴 사유만이 이의사유가 된다(제44조 제2항).[270]

① **변론종결 전에 생긴 사유:** 청구이의사유가 될 수 없다.[271] 가집행선고 있는 판결에 기하여 금원을 지급한 경우 청구이의사유가 된다.[272]

② **변론종결 뒤에 생긴 사유:** 채무자가 항소를 제기할 수 있었더라도 청구이의사유가 된다.

③ **표준시 전에 발생한 형성권을 그 뒤에 행사한 경우:** 취소권, 해제권, 해지권, 백지 어음보충권 등의 형성권은 이의사유에 해당하지 않으나, 상계권,[273] 건물매수청구

---

269) 집행권원이 항고로만 불복을 신청할 수 있는 재판, 청구의 인낙조서, 화해조서의 경우에는 그 재판·조서가 성립한 뒤에 생긴 이의사유만을 주장할 수 있다.

270) 앞서 본 바와 같이 확정된 지급명령·이행권고결정, 집행증서 또는 배상명령이 기재된 유죄판결 등은 변론종결 전에 생긴 사유를 이의사유로 삼을 수 있다. 통합도산법상 확정채권이 회생채권자표 또는 회생담보권자표, 파산채권자표 및 개인회생채권자표에 적힌 뒤에 이의사유가 생긴 때에 한하여 이 소에서 주장할 수 있다(채무자회생 및 파산에 관한 법률 제255조 제3항, 제535조 제2항, 제603조 제5항).

271) 대법원 2005. 5. 27. 선고 2005다12728 판결: 청구이의소송에서 이의의 대상이 되는 집행권원이 확정판결인 경우에는 그 이유가 당해 소송의 사실심 변론종결 이후에 생긴 것이어야 하고, 이보다 앞서 생긴 사정은, 가령 채무자가 그러한 사정이 있음을 과실 없이 알지 못하여 변론종결 전에 이를 주장하지 못한 것이라 하여도, 청구이의의 이유로 삼을 수 없다.

272) 대법원 1995. 6. 30. 선고 95다15827 판결: 가집행이 붙은 제1심 판결을 선고받은 채무자가 선고일 약 1달 후에 그 판결에 의한 그때까지의 원리금을 추심 채권자에게 스스로 지급하기는 하였으나 그 제1심 판결에 대하여 항소를 제기하여 제1심에서 인용된 금액에 대하여 다투었다면, 그 채무자는 제1심 판결이 인용한 금액에 상당하는 채무가 있음을 스스로 인정하고 이에 대한 확정적 변제행위로 추심 채권자에게 그 금원을 지급한 것이 아니라, 제1심 판결이 인용한 지연손해금의 확대를 방지하고 그 판결에 붙은 가집행 선고에 기한 강제집행을 면하기 위하여 그 금원을 지급한 것으로 봄이 상당하고, 이와 같이 <u>제1심 판결에 붙은 가집행선고에 의하여 지급된 금원은 확정적으로 변제의 효과가 발생하는 것이 아니어서</u> 채무자가 그 금원의 지급 사실을 항소심에서 주장하더라도 항소심은 그러한 사유를 참작하지 않으므로, <u>그 금원 지급에 의한 채권 소멸의 효과는 그 판결이 확정된 때에 비로소 발생한다고 할 것이며,</u> 따라서 채무자가 그와 같이 금원을 지급하였다는 사유는 본래의 소송의 확정판결의 집행력을 배제하는 적법한 청구이의사유가 된다. 이 판결은 가집행선고에 기한 변제를 조건부변제(가집행선고부 판결이 확정된 때 비로소 효력이 발생하는 것)로 의사해석을 하여 변론종결 전에 변제를 하였으나, 변론종결 후의 사유로 보아 청구이의사유로 본 것이다.

273) 대법원 2005. 11. 10. 선고 2005다41443 판결: 당사자 쌍방의 채무가 서로 상계적상에 있다 하더라도 그 자체만으로 상계로 인한 채무소멸의 효력이 생기는 것은 아니고, 상계의 의사표시를 기다려 비로소 상계로 인한 채무소멸의 효력이 생기는 것이므로, 채무자가 채무명의인 확정판결의 변론종결 전에 상대방에 대하여 상계적상에 있는 채권을 가지고 있었다 하더라도 채무명의인 확정판결의 변론종결 후에 이르러 비로소 상계의 의사표시를 한 때에는 구 민사소송법 제505조 제2항이 규정하는 '이의원인이 변론종결 후에 생긴 때'에 해당하는 것으로서, 당사자가 채무명의인 확정판결의 변론종결 전에 자동채권

권274)은 채무자가 변론종결 전에 발생하였음을 알았든 몰랐든 실권되지 않고 청구이의사유가 된다고 한다. 변론종결 전에 소멸시효가 완성되었음에도 불구하고 이를 주장하지 않다가 변론종결 뒤에 이를 주장하고 청구이의의 소를 제기할 수 있는가에 관해서는 소극적으로 해석하는 것이 통설이다.275)

④ **집행권원이 집행판결인 경우**: 집행판결의 기판력의 표준시 뒤에 생긴 사유에 한정하지 않고 외국판결의 기판력 표준시 뒤에 생긴 사유는 청구이의사유가 된다.

나. 이의사유의 동시주장

채무자는 이의사유가 여러 가지인 때에는 이를 동시에(동일 소송절차에서) 주장하여야 한다는 제약이 있으므로(제44조 제3항), 다른 이의사유를 내세워 다시 동일 집행권원에 대하여 청구이의의 소를 제기할 수 없다. 제2심의 변론종결 시까지 이의사유를 추가하는 것은 가능하다.

4. 소송절차

가. 소의 제기

청구이의의 소는 집행권원이 성립하여 유효하게 존속하는 이상 그 집행권원에 기한 강제집행이 개시될 위험이 있으므로 언제라도 제기할 수 있으나, 강제집행이 이미 완료되어 채권자가 권리의 만족을 얻은 뒤에는 집행불허를 구할 이익이 없다(이때에는 부당이득반환청구나 손해배상청구를 제기해야 한다). 본소는 통상의 민사소송절차와 같이 진행된다.

의 존재를 알았는가 몰랐는가에 관계없이 적법한 청구이의 사유로 된다.

274) 대법원 1995. 12. 26. 선고 95다42195 판결: 건물의 소유를 목적으로 하는 토지 임대차에 있어서, 임대차가 종료함에 따라 토지의 임차인이 임대인에 대하여 건물매수청구권을 행사할 수 있음에도 불구하고 이를 행사하지 아니한 채, 토지의 임대인이 임차인에 대하여 제기한 토지인도 및 건물철거청구 소송에서 패소하여 그 패소판결이 확정되었다고 하더라도, 그 확정판결에 의하여 건물철거가 집행되지 아니한 이상 토지의 임차인으로서는 건물매수청구권을 행사하여 별소로써 임대인에 대하여 건물매매대금의 지급을 구할 수 있다.

275) 사법연수원, 민사집행법(2010), p.93.

[요점]

부동산강제경매의 경우: → 매각허가결정 → 매각대금 완납 → 배당

▶ 매각대금 완납 후에는 집행이의 또는 즉시항고 등을 제기할 수 없고 집행취소신청
도 할 수 없다. → 매수인의 소유권취득의 효력을 부인할 수 없다.

▶ 배당절차가 종료되기 전까지는 청구이의의 소를 제기할 수 있다.276)

(1) 당사자적격

청구이의의 소를 제기할 수 있는 원고는 집행권원 또는 집행문에 표시된 채무자이거나
그 승계인 또는 그 집행권원의 효력을 받는 의무자가 되고, 피고는 집행권원 또는 집행
문에 표시된 채권자나 그 승계인 또는 그 집행권원의 효력을 받는 권리자가 된다.

[사례 4-6] 청구이의의 소의 원고적격

甲은 乙에 대한 대여금채권을 피보전권리로 하여 부동산가압류를 하고 乙을 상대
로 대여금청구의 소를 제기하여 승소확정판결을 받았다. 乙은 가압류된 부동산을 丙
에게 매도한 후 위 확정판결에 표시된 본래의 채무에 대하여 변제공탁을 하였다. 丙
이 乙을 대위하여 甲에 대하여 청구이의의 소를 제기할 수 있는가?

청구이의의 소를 제기할 수 있는 자는 집행권원에 채무자로 표시된 자 및 채무의 승
계 기타 원인으로 채무자에 대신하여 집행력을 받는 자이지만, 이러한 자의 채권자도
채권자대위권에 기하여 청구이의의 소를 제기할 수 있다.277) 丙은 이 사건 집행권원에
채무자로 표시된 乙에 대하여 이 사건 강제집행의 목적물인 부동산에 관한 소유권이전
등기청구권을 가지고 있으므로 그를 대위하여 甲을 상대로 청구이의의 소를 제기할 수
있다.278)

---

276) 매각대금을 완납하여 배당절차가 개시된 경우라도 아직 채권자가 만족을 얻은 뒤가 아니므로 집행절차
가 종료되지 않아 청구이의의 소를 제기할 수 있다.

277) 대법원 1992. 4. 10. 선고 91나41620 판결.

278) 즉시항고의 경우에는 대위가 허용되지 않음을 유의할 것.

┌─ **[사례 4-7] 집행권원상의 채권양도와 피고적격** ─────────────

甲이 乙을 상대로 제기한 대여금청구소송에서 乙은 甲에게 금 1,000만 원을 지급하라는 이행권고결정이 확정되었다. 丙은 甲으로부터 위 이행권고결정상의 채권을 양도받아 乙을 상대로 양수금청구의 소를 제기하였으나, 乙은 甲에 대한 물품대금채권을 자동채권으로 위 이행권고결정상의 채무와 상계를 하였다. 丙은 위 이행권고결정상의 채권에 대한 승계집행문을 부여받고, 위 양수금 청구의 소를 취하하였다. 乙은 위 이행권고결정의 집행력을 배제하기 위하여 누구를 피고로 하여 청구이의의 소를 제기하여야 하는가?

└───

집행권원상의 청구권이 양도되어 대항요건을 갖춘 경우 집행당사자적격이 양수인으로 변경되고, 양수인이 승계집행문을 부여받음에 따라 집행채권자는 양수인으로 확정되는 것이므로, 승계집행문의 부여로 인하여 양도인에 대한 기존 집행권원의 집행력은 소멸된다.

따라서 그 후 양도인을 상대로 제기한 청구이의의 소는 피고적격이 없는 자를 상대로 한 소이거나 이미 집행력이 소멸한 집행권원의 집행력 배제를 구하는 것으로 권리보호의 이익이 없어 부적법하다. 이러한 법리는 소액사건심판법상의 확정된 이행권고결정과 같이 위 법 제5조의 8 제1항에 의하여 집행문을 별도로 부여받을 필요 없이 이행권고결정서의 정본에 의하여 강제집행이 가능한 경우에도 마찬가지라고 할 것이다.[279]

판례는 채권자가 판결 등의 집행권원을 가지고 있는 경우, 대위변제한 보증인 등 변제할 정당한 이익이 있는 자가 승계집행문을 받아 강제집행을 할 수 있다고 하고 있으므로[280] 대위변제의 경우에도 채권자는 청구이의의 소의 피고적격을 잃는다.

(2) 관할법원

본소의 관할법원은 집행권원이 확정판결이면 제1심 판결법원이, 지급명령은 그 명령을 발한 법원이, 집행증서는 채무자의 보통재판적이 있는 곳(채무자의 주소지)의 지방법원이 관할한다.

─────────────────────────────────

279) 대법원 2008. 2. 1. 선고 2005다23889 판결은 집행권원상의 청구권을 양도한 채권자가 집행력이 소멸된 이행권고결정서의 정본에 기하여 강제집행절차에 나아간 경우에 채무자는 민사집행법 제16조의 집행이의의 방법으로 이를 다툴 수 있다고 한다.
280) 대법원 2007. 4. 27. 선고 2005다64033 판결.

(3) 대리

판결절차의 대리인이 강제집행절차에서 대리권을 갖는다고 하여(민소법 제90조) 청구이의의 대상인 판결의 소송절차에서 소송대리인이 당연히 청구이의의 소의 소송대리권이 있는 것은 아니므로 판결의 소송절차와 달리 새로이 대리인을 선임하여야 한다.[281]

5. 판결과 잠정처분

청구이의의 소의 심리절차는 일반 민사소송과 동일하다. 원고인 채무자가 권리소멸 등 청구원인사실을 증명하여야 한다.

이의를 인용할 경우 집행권원에 기초한 집행의 일시적 또는 영구적 불허, 집행의 일부 내지 전부의 불허를 선언하는 재판을 한다.[282]

청구이의의 소가 제기되더라도 강제집행의 개시·속행에는 아무런 영향을 미치지 않는 것이 원칙이다. 그러나 수소법원은 판결 전에 당사자의 신청에 의하여 담보를 제공하게 하거나 담보를 제공하게 하지 아니하고 강제집행의 정지를 명할 수 있고, 또는 담보를 제공하게 하고 집행의 속행을 명하거나 실시한 집행처분의 취소를 명할 수 있다(제46조 제2항). 급박한 경우에는 재판장이나 집행법원도 위 명령을 할 수 있다.[283] 이 경우 원칙적으로 보증보험증권에 의한 담보 제공은 허용되지 아니한다. 위와 같은 잠정처분이 아닌 일반적인 가처분절차에 의한 강제집행정지는 허용되지 아니한다.

수소법원도 청구이의의 소의 판결에서 제46조의 명령을 내릴 수 있고, 이미 제46조의 명령을 한 경우에는 그 명령을 취소, 변경 또는 인가할 수 있다(제47조 제1항).[284] 위와 같은 잠정처분은 청구이의의 본소가 제기되어 계속 중임을 요한다.[285] 이러한 잠정처분

---

281) 사법연수원, 민사집행법(2010), p.906. 이에 대하여 전 소송에서 수여한 소송대리권은 강제집행의 청구이의의 소에 대해서도 미친다고 볼 것이기 때문에 소장송달은 전 소송의 원고 측 소송대리인에게 하면 된다는 견해로는 이시윤, p.194 참고.

282) 판결주문 예: "피고의 원고에 대한 서울중앙지방법원 2010. 10. 1. 선고 2010가합2343호 손해배상청구사건의 판결에 기초한 강제집행은 2010. . .까지(또는 금   원을 넘는 부분에 관하여) 이를 불허한다."

283) 담보제공을 조건으로 집행정지를 명하는 처분의 주문 예: "신청인이 담보로 금___원을 공탁할 것을 조건으로 위 당사자 사이의 이 법원 2010가합2345호 청구이의 사건의 본안판결선고 시까지 이 법원 2010가합 1234호 판결에 기초한 강제집행은 이를 정지한다."

284) 주문 예: "1. 이 법원이 2010카기3456호 강제집행정지신청사건에 관하여 2010. . . 한 강제집행정지결정을 인가한다(또는 강제집행정지결정을 취소한다). 2. 제1항은 가집행할 수 있다."

285) 대법원 2004. 8. 17. 자 2004카기93 결정: 확정판결 또는 이와 동일한 효력이 있는 집행권원에 기한 강제집행의 정지는 오직 강제집행에 관한 법규 중에 그에 관한 규정이 있는 경우에 한하여 가능하고, 이와 같은 규정에 의함이 없이 일반적인 가처분의 방법으로 강제집행을 정지시킨다는 것은 허용되지

에 대해서는 불복할 수 없고, 특별항고만이 가능하다.

[사례 4 – 8] 청구이의의 소와 증명책임

甲은 자동차부품 제조업 등을 목적으로 하는 A회사에서 1996년 11월 1일부터 2008년 4월 10일까지 공동대표이사로 재직한 자이고, 乙은 자동차부품의 생산 및 판매 등을 목적으로 1994년 8월 9일 설립된 B회사의 대표이사인데, B회사는 A회사에 자동차부품을 납품하였다. 乙은 2002년 11월 4일 甲의 은행계좌로 3억 5,000만 원을 입금하였다.

乙은 "乙이 2002년 11월 4일 甲에게 3억 5,000만 원을 변제기 2003년 1월 4일로 정하여 대여하였다"고 주장하면서 2008년 3월 31일 甲을 상대로 하여 그 대여금의 원리금 반환을 구하는 지급명령을 신청하였고, 법원은 2008년 4월 16일 甲과 乙에게 甲은 乙에게 3억 5,000만 원 및 그에 대한 지연이자를 지급하라는 취지의 지급명령을 고지하였다.

甲은 2008년 5월 16일 이 사건 지급명령 정본을 송달받고 그 이의신청기간의 만료일인 같은 달 30일까지 이의신청을 하지 아니하여 이 사건 지급명령은 같은 달 31일 그대로 확정되었다. 甲은 위 지급명령의 이의신청기간이 경과한 후에 위 금원이 대여금이 아니라 무상지원금이라는 이유로 위 지급명령에 기한 강제집행의 불허를 구하는 이 사건 청구이의의 소를 제기할 수 있는가?

확정된 지급명령의 경우 그 지급명령의 청구원인이 된 청구권에 관하여 지급명령 발령 전에 생긴 불성립이나 무효 등의 사유를 그 지급명령에 관한 이의의 소에서 주장할 수 있고(제58조 제3항, 제44조 제2항 참조), 이러한 청구이의의 소에서 청구이의 사유에 관한 증명책임도 일반 민사소송에서의 증명책임 분배의 원칙에 따라야 한다. 따라서 확정된 지급명령에 대한 청구이의소송에서 원고가 피고의 채권이 성립하지 아니하였음을 주장하는 경우에는 <u>피고에게 채권의 발생원인 사실을 증명할 책임이 있고</u>, 원고가 그 채권이 통정허위표시로서 무효라거나 변제에 의하여 소멸되었다는 등 권리 발생의 장애 또는 소멸사유에 해당하는 사실을 주장하는 경우에는 원고에게 그 사실을 증명할 책임이 있다.[286]

아니하며, 민사집행법 제46조 제2항 소정의 강제집행에 관한 잠정처분은 청구에 관한 이의의 소가 계속 중임을 요하고, 이러한 집행정지요건이 결여되었음에도 불구하고 제기된 집행정지신청은 부적법하다.

따라서 위 사례에서 대여금채권의 존재에 관한 증명책임이 채권자인 乙에게 있으므로 달리 乙의 甲에 대한 대여금채권이 있음을 인정할 증거가 없는 경우에는 이 사건 지급명령에 기한 강제집행 불허를 구하는 甲의 청구이의의 소가 인용된다.[287]

┌─ [사례 4 - 9] 무효인 집행증서에 기한 채권압류 및 전부명령의 효력 ─┐

A가 그의 누나인 甲의 인감도장을 도용하여 甲 명의의 인감증명서를 발급받고 그의 처인 B와 함께 乙로부터 금 1억 원을 차용하면서 위 인감증명서와 인감도장을 이용하여 甲으로부터 대리권을 수여받은 것처럼 하여 발행인 甲, 수취인 乙, 액면금 1억 원의 약속어음 1매를 발행하고 공증인에게 공정증서의 작성을 촉탁하여 발행인이 위 약속어음금 지급을 지체할 때에는 즉시 강제집행을 수락한다는 취지가 기재된 약속어음발행에 관한 공정증서가 작성되었다. 이 경우 甲의 구제방안은?

乙이 위 공정증서에 집행문을 부여받아 甲이 S보험회사로부터 지급받을 보험금채권에 대하여 채권압류 및 전부명령을 받은 경우에는 어떻게 되는가?

위 공정증서(집행증서)에 기하여 채권압류 및 전부명령이 내려지고 그것이 확정된 경우, 즉 강제집행이 전체적으로 종료한 경우에는 甲은 청구이의의 소의 이익이 없어 각하된다. 그러나 강제집행이 전체적으로 종료하였으나 그 강제집행(압류 및 전부명령)이 압류가 경합된 상태에서 발하여진 것이거나 피전부채권의 부존재 등 다른 사유로 전부명령이 무효로 된 경우 예외적으로 소의 이익이 있어 청구이의의 소가 적법하다.[288] 왜냐하면 강제집행은 종료되었으나, 채권자가 집행문을 다시 부여받아 다시 강제집행을 개시할 수 있기 때문이다.

---

286) 대법원 2010. 6. 24. 선고 2010다12852 판결.

287) 위 사건에서 제1심법원은 甲이 제출한 증거가 믿기 어렵다거나 그것만으로는 甲의 주장사실을 인정하기에 부족하다는 이유로 甲의 청구를 기각하였으나, 제2심법원은 확정된 지급명령에는 기판력이 생기지 않아 그에 대한 청구이의의 소송 심리에서는 그 지급명령에 기재된 모든 청구원인 주장에 관하여 심리·판단할 수 있고, 이 경우 청구권의 존재나 성립에 대한 입증책임은 채권자(청구이의의 소에 있어서 피고)에게 있다고 전제한 다음, 피고가 제출한 증거만으로는 피고의 대여사실을 인정하기에 부족하다고 판시하여 甲의 항소를 인용하였고, 대법원은 대여금채권의 존재에 관한 증명책임이 채권자인 피고에게 있음을 전제로, 이 사건 돈이 대여금이라는 취지에 부합하는 증거들을 배척하고 달리 피고의 원고에 대한 대여금채권이 있음을 인정할 증거가 없다는 이유로 이 사건 지급명령에 기한 강제집행을 불허한 원심이 판단은 정당하다고 판시하여 피고의 상고를 기각하였다.

288) 대법원 1989. 12. 12. 선고 87다카3125 판결.

소의 이익이 없어 청구이의의 소를 제기할 수 없는 경우 채무자인 甲은 제3채무자인 S보험회사에 대하여 피전부채권인 보험금의 지급을 구할 수 있다. 위 사례의 경우 공정증서가 무권대리인의 촉탁에 의하여 작성된 것으로 무효이므로 이런 집행증서에 기하여 발하여진 채권압류 및 전부명령은 채무자에 대한 관계에서 효력이 없기 때문이다.[289]

만약에 제3채무자가 위 무효인 전부명령에 기하여 집행채권자인 乙에게 변제를 한 경우 제3채무자가 선의·무과실이라면 채권의 준점유자에 대한 변제로서 유효하고, 이때 채무자는 집행채권자에게 부당이득반환청구 또는 불법행위로 인한 손해배상청구를 할 수 있다.

약속어음공정증서상의 지급기일로부터 소멸시효기간인 3년을 경과하여 채권자가 강제집행을 개시한 경우 채무자(발행인)는 다음과 같은 서식으로 청구이의의 소를 제기하고 강제집행정지신청을 할 수 있다(판결확정일로부터 소멸시효기간인 10년이 경과하여 집행에 착수한 경우에도 같이 생각할 수 있다).

[서식] 청구이의의 소

소 장

원 고 김 ○ ○
　　　　서울 강남구 논현동 235
피 고 이 ○ ○
　　　　서울 서초구 양재동 125

청구이의의 소

청 구 취 지

1. 피고의 원고에 대한 공증인가 ○○합동법률사무소 작성 2010년 증서 제1234호 약속어음공정증서에 기한 강제집행은 이를 불허한다.
2. 소송비용은 피고의 부담으로 한다.

라는 판결을 구합니다.

청 구 원 인

1. 원고는 2006. 2. 1. 피고로부터 금 10,000,000원을 차용하고 피고에게 지급기일을 2007. 2. 1.로 하는 청구취지 기재의 약속어음공정증서를 작성하여 주었습니다.

---

289) 대법원 1984. 6. 26. 선고 82다카1758 판결 참조.

2. 피고는 원고가 위 차용금을 변제하지 못하자 위 지급기일로부터 3년이 경과한 2010. 6. 30. 위 약속어음공정증서에 기해 원고 소유의 부동산에 대하여 강제집행절차를 개시하였습니다.

3. 그러나 집행력 있는 정본이 약속어음공정증서인 집행증서는 약속어음의 지급기일로부터 3년이 경과하면 소멸시효가 완성하므로(어음법 제70조 제1항, 제77조 제1항 제8호), 피고의 원고에 대한 청구권은 소멸되었다 할 것이므로 청구취지 기재의 판결을 구하기 위하여 이 사건 제소에 이르렀습니다.

입 증 방 법

1. 소장부본   1통
1. 위 입증방법   각 1통

첨 부

1. 소장부본   1통
1. 위 입증방법   각 1통

2010.   .   .

위 원고 김 ○ ○ (인)

서울중앙지방법원 귀중

[서식] 강제집행정지신청

강 제 집 행 정 지 신 청

신 청 인(채무자) 김 ○ ○
　　　　　　　서울 강남구 논현동 235
피신청인(채권자) 이 ○ ○
　　　　　　　서울 서초구 양재동 125

신 청 취 지

위 당사자 간 공증인가 ○○합동법률사무소 작성 2010년 증서 제1234호 약속어음공정증서에 기한 강제집행은 서울중앙지방법원 2010가단1251호 청구이의의 소의 본안판결이 있을 때까지 이를 정지한다.

라는 재판을 구합니다.

신 청 이 유

1. 신청인은 2006. 2. 1. 피신청인으로부터 금 10,000,000원을 차용하고 피신청인에게 지급기일을

2007. 2. 1.로 하는 신청취지 기재의 약속어음공정증서를 작성하여 주었습니다.

2. 피신청인은 신청인이 위 차용금을 변제하지 못하자 위 지급기일로부터 3년이 경과한 2007. 6. 30. 위 약속어음공정증서에 기해 신청인 소유의 부동산에 대하여 강제집행절차를 개시하였습니다.

3. 그러나 집행력 있는 정본이 약속어음공정증서인 집행증서는 약속어음의 지급기일로부터 3년이 경과하면 소멸시효가 완성하므로 피신청인에 대한 청구권은 소멸되었다 할 것이므로, 신청인은 피신청인을 상대로 귀원 2010가단1251호로 청구이의의 소를 제기하였는바, 위 강제집행절차가 속행되면 신청인은 회복할 수 없는 손해를 입게 될 우려가 있어서 이 사건 신청에 이르렀습니다.

소명방법 및 첨부서류

1. 소갑제1호증   약속어음공정증서
1. 소갑제2호증   부동산압류조서
1. 소갑제3호증   소제기승명원

2010. . .

위 원고 김 ○ ○ (인)

서울중앙지방법원 귀 중

[9] 제3자이의의 소

1. 의의 및 대상

집행의 목적물에 대하여 제3자가 소유권을 가지거나 목적물의 양도 또는 인도를 저지하는 권리를 가진 때 제3자가 이를 침해하는 강제집행에 대하여 이의를 주장하여 집행의 배제를 구하는 소가 제3자이의의 소이다(제48조). 이 소는 채권자가 강제집행을 할 때 채무자가 아닌 제3자의 재산을 잘못 압류한 경우 부당한 집행에 의하여 권리를 침해받는 제3자에게 인정되는 집행법상의 구제방법이다.

제3자이의의 소는 채권자의 집행청구권을 문제 삼는 것이 아니라 집행대상이 책임재산의 범위에 속하는지 여부만을 가리는 것이므로 이 소에서 패소한 채권자가 채무자의 그 밖의 재산에 대하여 집행하는 것까지 막는 것은 아니다.

제3자이의의 소는 제3자의 재산에 대한 침해 가능성이 있는 한 집행의 대상이 유체동산이든 부동산이든 채권 기타 재산권이든 묻지 아니하고, 가압류 또는 가처분명령에 기한 집행에 대해서도 적용되며, 금전채권의 집행이든 비금전채권의 집행이든 불문하고 제기할 수 있다.[290] 청구이의의 소와 달리 임의경매절차에서도 본소를 제기할 수 있다.

이 소의 성질에 관해서는 특정한 집행권원에 관하여 특정한 재산에 대한 집행불허를 선언하는 판결을 구하는 형성의 소로 보는 것이 통설·판례이다.[291] 제3자이의의 소는 특정재산에 대한 집행을 배제하려는 것일 뿐 청구이의의 소와 같이 집행권원 자체의 집행력의 배제를 구할 수는 없다.

[사례 4 - 10] 제3자이의의 소

甲이 乙을 상대로 대여금청구의 소를 제기하여 승소확정판결을 받았다. 甲은 위 확정판결에 기하여 乙 소유의 부동산을 압류하였다. 그 후 乙이 위 부동산을 丙에게 매도하여 丙 명의의 소유권이전등기가 마쳐진 후 丙이 甲에게 위 집행채권을 모두 변제하였다.

丙의 구제방법은?

강제집행에 대한 제3자이의의 소는 집행목적물에 대하여 채무자 이외의 제3자가 소유권 기타 목적물의 양도나 인도를 저지하는 권리를 주장하여 강제집행의 배제를 구하는 것이기 때문에 그 소의 원인이 되는 권리는 집행채권자에게 대항할 수 있는 것이어야만 한다. 강제집행 개시결정 후 소유권을 취득한 제3자는 집행채권이 변제 기타 사유로 소멸된 경우에도 청구에 관한 이의의 소에 의하여 집행권원의 집행력이 배제되지 아니한 이상[292] 그 경매개시 결정은 취소될 수 없고 그 결정이 취소되지 않는 동안에는 집행채권이 변제되었다는 사유만으로 소유권을 집행채권자에게 대항할 수 없으므로 제3자이의의 소에 의하여 그 강제집행의 배제를 구할 수 없다.[293]

---

290) 대법원 1997. 8. 26. 선고 97다4401 판결: 제3자이의의 소는 모든 재산권을 대상으로 하는 집행에 대하여 적용되는 것이므로, 금전채권에 대하여 압류 및 추심명령이 있은 경우에 집행채무자 아닌 제3자가 자신이 진정한 채권자로서 자신의 채권의 행사에 있어 압류 등으로 인하여 사실상 장애를 받았다면 그 채권이 자기에게 귀속한다고 주장하여 집행채권자에 대하여 제3자이의의 소를 제기할 수 있다.

291) 대법원 1977. 10. 11. 선고 77다1041 판결: 처분금지가처분 집행의 목적물에 관하여 제3자가 소유권을 주장하여 제3자이의의 소를 제기한 경우에 있어서 선고하는 판결은 다만 제3자의 집행이의권의 존부를 확정하는 것이고, 제3자의 소유권존부를 확정하는 것은 아니다.

292) 강제집행청구권은 집행권원에 근거한 것이고, 이 집행권원은 변제되었다는 사유만으로 당연히 집행력이 배제되는 것은 아니다.

위 사례에서 丙은 제3자이의의 소를 제기할 수 없고, 결국 청구이의의 소를 제기하여야 한다. 만약에 丙이 소유권이전등기를 마치기 전이라면 丙은 乙의 채권자의 지위(소유권이전등기청구권자)에 있으므로 乙의 청구이의의 소를 대위하여 제기할 수 있다.

강제집행이 계속 진행되어 매각되어 배당절차까지 종료된 경우라면 청구이의의 소도 제기할 수 없고, 이 경우 丙은 매도인인 乙에게 담보책임(민법 제578조 제1항)을 물을 수밖에 없다.

위 사례에서 甲이 乙 소유의 부동산을 가압류한 경우라면 丙은 위 가압류에 대하여 제3자이의의 소를 제기하여 취소시킬 수 있다.294)

2. 이의의 원인(제3자의 권리)

본소를 제기하려면 제3자가 강제집행의 목적물에 대하여 소유권을 주장하거나 집행권자에게 대항할 수 있는 목적물의 양도나 인도를 저지하는 권리를 가지고 있어야 하고, 그 권리가 압류 당시에 존재해야 한다. 다만 제3자가 집행 후에 취득한 권리라도 특별히 권리자가 이로써 집행채권자에게 대항할 수 있는 경우라면 그 권리자는 그 집행의 배제를 구하기 위하여 제3자이의의 소를 제기할 수 있다.295)

이의의 원인이 되는 제3자의 권리를 구체적으로 살펴본다.

---

293) 대법원 1982. 9. 14. 선고 81다527 판결.

294) 가압류된 부동산을 양수한 제3취득자의 변제로 인하여 피보전권리가 소멸되면 그 제3취득자는 가압류 채권자에 대한 관계에 있어서도 소유권 취득을 대항할 수 있게 되고, 가압류 채권자의 강제집행은 결국 채무자 이외의 제3자의 소유물에 대하여 하여진 것이 되어 허용될 수 없음은 소론과 같으나 채무명의가 존재하지 않는 가압류의 경우와 상위하여 강제집행의 청구채권은 채무명의이고 이 채무명의는 변제되었다는 사유만으로 집행력이 배제되는 것이 아니고, 청구 이의의 소 등에 의하여 그 집행력이 배제되어야만 할 것이므로, 집행채권의 변제만을 이유로 강제집행의 배제를 구할 수는 없을 것이다. 대법원 1982. 9. 14. 선고 81다527 판결.

295) 대법원 1997. 8. 29. 선고 96다14470 판결: 제3자이의의 소는 이미 개시된 집행의 목적물에 대하여 소유권 기타 목적물의 양도나 인도를 저지하는 권리를 주장함으로써 그에 대한 배제를 구하는 것이니 만큼 그 소의 원인이 되는 권리는 집행채권자에게 대항할 수 있는 것이어야 하고, 그 대항 여부는 그 권리의 취득과 집행의 선후에 의하여 결정되는 것이 보통이므로 그 권리가 집행 당시에 이미 존재하여야 하는 것이 일반적이지만 집행 후에 취득한 권리라고 하더라도 특별히 권리자가 이로써 집행채권자에게 대항할 수 있는 경우라면 그 권리자는 그 집행의 배제를 구하기 위하여 제3자이의의 소를 제기할 수 있다.

가. 소유권

제3자가 집행목적물에 대하여 소유권이 자기에게 있다고 주장하는 경우 또는 채권 또는 그 밖의 재산권의 귀속주체가 채무자가 아닌 제3자 자신이라고 주장하는 경우[296] 제3자이의의 소를 제기하기 위해서는 제3자 앞으로 등기 또는 인도 등 물권변동의 성립요건을 갖추어야 하고, 채권의 경우 양도통지 등의 대항요건을 모두 갖추고 있어야 한다. 제3자가 소유권이전등기청구권을 가지고 있는 것만으로는 본소를 제기할 수 없다.

소유권이라도 지상권, 임차권 등에 기한 토지인도청구에 대해서는 소유권을 침해받는 것이 아니므로 소유권을 근거로 이 소를 제기할 수 없다.

압류의 효력이 생기는 경매개시결정 후(압류집행 후)에 소유권을 취득한 **제3취득자**도 채권자에 대항할 수 있는 예외적인 경우[297]가 아니면 본소를 제기할 수 없다.

일반 가등기권리자는 집행채무자를 상대로 본등기절차이행의 소에서 승소하여 본등기를 마친 후 이 소를 제기할 수밖에 없다.[298]

공유자 또는 합유자의 일부에 대한 집행권원에 기하여 공유물 또는 합유물 전부에 대하여 집행을 하는 경우 다른 공동소유관계에 있는 자는 자기의 공유권 내지 합유권 행사가 방해됨을 주장하여 제3자이의의 소를 제기할 수 있다.[299] 다만 부부공유인 유체동산에 대해서는 예외이다(제190조).

---

296) 대법원 1997. 8. 26. 선고 97다4401 판결: 제3자이의의 소는 모든 재산권을 대상으로 하는 집행에 대하여 적용되는 것이므로, 금전채권에 대하여 압류 및 추심명령이 있은 경우에 집행채무자 아닌 제3자가 자신이 진정한 채권자로서 자신의 채권의 행사에 있어 압류 등으로 인하여 사실상 장애를 받았다면 그 채권이 자기에게 귀속한다고 주장하여 집행채권자에 대하여 제3자이의의 소를 제기할 수 있다. 同旨: 대법원 1999. 6. 11. 선고 98다52995 판결.

297) 압류가 집행된 뒤에 권리를 취득하였다고 하더라도 먼저 한 집행이 반사회적이거나 사망자를 상대로 한 것이어서 무효인 경우, 집행채권자가 제3자와 공모하여 가장채권에 의한 집행권원을 이용하여 강제집행을 하는 경우 또는 가압류 후 제3취득자가 변제한 경우 등.

298) 이시윤, pp.206 - 207 참조.

299) 대법원 1997. 8. 26. 선고 97다4401 판결: 조합의 채권은 조합원 전원에게 합유적으로 귀속하는 것이어서, 특별한 사정이 없는 한 조합원 중 1인이 임의로 조합의 채무자에 대하여 출자지분의 비율에 따른 급부를 청구할 수 없는 것이므로, 조합원 중 1인의 채권자가 그 조합원 개인을 집행채무자로 하여 조합의 채권에 대하여 강제집행하는 경우, 다른 조합원으로서는 보존행위로서 제3자이의의 소를 제기하여 그 강제집행의 불허를 구할 수 있다.

┌─ [사례 4-11] 제3자이의의 원인 ─────────────────────────

<1> 甲은 A의 父(피상속인인) B로부터 X부동산을 매수하였으나, 소유권이전등기
   를 마치지 않은 상태에서 乙이 A에 대한 확정된 지급명령에 기하여 X부동산
   에 관하여 강제경매를 신청하여 경매개시결정이 내려졌다. 甲은 B의 상속인인
   A에게 소유권이전등기청구권이 있다는 이유로 乙을 상대로 제3자이의의 소를
   제기할 수 있는가?

<2> 甲종중은 종중 소유의 토지에 관하여 종손인 A 앞으로 명의신탁에 의한 소유권
   이전등기를 마쳤다. A의 채권자인 乙이 확정된 판결정본에 기하여 위 토지에 관
   하여 가압류 및 강제경매결정을 받아 그 기입등기가 마쳐졌다. 甲종중은 명의신
   탁자로서 집행채권자인 乙을 상대로 제3자이의의 소를 제기할 수 있는가?

<3> 甲이 A로부터 X부동산을 매수하여 소유권이전등기를 마치기 전에 이미 乙 명
   의의 가압류가 마쳐져 있었다. 乙은 A에 대한 집행력 있는 공정증서정본에 기
   하여 X부동산에 관하여 강제경매개시결정을 받음으로써 위 가압류를 본압류로
   전이하였다. 甲은 그 후 소유권이전등기를 마치고 강제집행의 목적물에 대한
   소유권을 주장하여 제3자이의의 소를 제기할 수 있는가?

<4> 甲은 X부동산을 그의 자금으로 A은행으로부터 B의 이름으로 매수하면서 B는
   매수 즉시 甲에게 그 소유권을 양도하여 주기로 약정하였는데 B는 당초의 약
   정과는 달리 소유권양도절차를 이행하지 아니하여 甲은 B를 대위하여 A은행
   을 상대로 처분금지가처분신청을 하여 그 가처분등기를 마쳐 두었다. 甲은 그
   후 B가 A은행을 상대로 소유권이전등기청구소송을 제기할 때에는 독립당사자
   로서 참가하였으나 패소하였고, 다시 甲은 별소로 A은행과 B를 공동피고로
   하여 순차 소유권이전등기를 구하는 소송을 제기하였으나 A은행에 대해서는 B
   가 먼저 제기한 위 소송과 중복된다는 이유로 소각하의 판결을 받고 B에 대해
   서만 승소의 확정판결을 받았고, B도 A은행을 상대로 한 소유권이전등기청구
   소송에서 승소의 확정판결을 받은 것인데[300] 이에 乙은 B 명의로의 대위에

──

300) 대위에 의한 처분금지가처분이므로 해제조건부 인용판결이 아니라 무조건 인용판결이다. 부동산의 전
   득자가 양수인 겸 전매자에 대한 소유권이전등기청구권을 보전하기 위하여 양수인을 대위하여 양도인
   을 상대로 처분금지가처분결정을 받아 그 등기를 마쳤다면 그 피보전권리는 양수인의 양도인에 대한
   소유권이전등기청구권의 보전이고 전득자의 양수인에 대한 소유권이전등기청구권의 보전까지 포함되는
   것은 아닌 것이며 따라서 그 후 양도인으로부터 양수인 명의로 소유권이전등기가 마쳐졌고 이에 터 잡
   아 다른 등기가 마쳐졌다고 하여도 그 등기는 위 처분금지가처분에 위배되는 것은 아니라는 것이 판례

의한 소유권이전의 등기를 먼저 마침과 동시에 강제경매신청의 등기를 마쳤고 뒤이어 甲이 甲 명의로의 소유권이전등기를 마쳤다.

甲은 이와 같은 乙의 강제집행은 B의 甲에 대한 소유권이전등기의무를 면탈하기 위하여 그 친처남, 매부 사이인 B와 乙이 서로 공모하여 다액의 채무가 있는 것으로 가장함으로써 조작된 것이고 乙은 B의 위 일련의 배임의 범법행위에 적극 가담하여 한 것이므로 무효라는 이유로 그 집행의 배제를 구할 수 있는가?

<5> 甲이 X부동산을 A로부터 매수하였으나, 소유권이전등기를 마치지 않은 상태에서 乙이 사망한 A를 상대로 가압류신청을 하고 가압류결정을 얻어 그 집행을 마쳤다. 위 乙의 가압류집행 후에 소유권이전등기를 마친 甲이 위 가압류집행의 배제를 구하는 제3자이의의 소를 제기할 수 있는가?

강제집행에 대한 제3자이의의 소는 이미 개시된 집행목적물에 대하여 소유권 기타 목적물의 양도나 인도를 저지하는 권리를 주장함으로써 그에 대한 집행의 배제를 구하는 것으로 그 소의 원인이 되는 권리는 집행채권자에 대항할 수 있는 것이어야 한다.

⟨1⟩의 사례에서 乙이 A 소유 명의로 등기되어 있는 X토지에 대하여 강제집행을 하였다는 것이고, 甲은 강제경매개시결정 전에 X토지에 대하여 소유권이전등기를 마치는 등으로 소유권을 취득한 바는 없으므로 소유권을 주장하여 제3자이의의 소를 제기할 수는 없다. A가 B의 상속인으로서 甲에게 매매로 인한 소유권이전등기절차를 이행할 의무가 있다는 이유만으로 甲은 乙의 강제집행에 대한 제3자이의의 소를 제기할 수 없다.[301] 즉 단순한 채권자의 지위에 있는 甲이 집행채권자인 乙에게 대항할 수 없으므로 제3자이의의 소는 허용되지 않는다.

⟨2⟩의 사례에서 부동산 실권리자명의 등기에 관한 법률 제8조 제1호에 의하면 종중이 보유한 부동산에 관한 물권을 종중 이외의 자의 명의로 등기하는 명의신탁의 경우 조세포탈, 강제집행의 면탈 또는 법령상 제한의 회피를 목적으로 하지 아니하는

이다. 대법원 1986. 11. 25. 선고 86나397 판결.

301) 대법원 1980. 1. 29. 선고 79다1223 판결.

경우에는 같은 법 제4조 내지 제7조 및 제12조 제1항·제2항의 규정의 적용이 배제되어 그 명의신탁약정은 여전히 그 효력을 유지하는 것이지만, 부동산을 명의신탁한 경우에는 소유권이 대외적으로 수탁자에게 귀속하므로 명의신탁자는 신탁을 이유로 제3자에 대하여 그 소유권을 주장할 수 없고, 특별한 사정이 없는 한 <u>신탁자가 수탁자에 대해 가지는 명의신탁해지를 원인으로 한 소유권이전등기청구권은 집행채권자에게 대항할 수 있는 권리가 될 수 없으므로</u>, 결국 명의신탁자인 종중은 명의신탁된 부동산에 관하여 제3자이의의 소의 원인이 되는 권리를 가지고 있지 않다고 할 것이다.302)

위 사례에서 甲종중은 A에 대한 명의신탁자라고 하더라도 명의신탁의 법리상 명의수탁자 A의 집행채권자인 乙에 대하여 소유권을 주장할 수 없다.303)

채권자가 채권을 확보하기 위하여 제3자의 부동산을 채무자에게 명의신탁하도록 한 다음 동 부동산에 대하여 강제집행을 하는 따위의 행위는 신의칙에 비추어 허용할 수 없다는 판례가 있다.304)

〈3〉의 사례에서 甲이 소유권자라고 하더라도 先 (가)압류의 효력으로 인하여 (가)압류채권자 또는 (가)압류에 기한 집행절차에 참가하는 다른 집행채권자에게 대항할 수 없으므로 제3자이의의 소를 제기할 수 없다. 이는 甲 명의의 소유권이전등기가 마쳐진 후 집행권원인 공증증서가 작성되었다고 하여도 가압류의 효력이 상실될 이유가 없다. 그러나 위 (가)압류가 반사회적이거나(민법 제103조)305) 사망자를 상

---

302) 대법원 2007. 5. 10. 선고 2007다7409 판결.

303) 이시윤, p.207은 명의신탁약정이 부동산실명법에 따라 무효인 경우에도 수탁자 명의의 재산에 강제집행이 개시되었을 때에도 신탁자가 신탁무효를 들어 제3자인 집행채권자에게 대항할 수 없는 일이므로 제3자이의를 할 수 없다고 하다.

304) 대법원 1981. 7. 7. 선고 80다2064 판결. 이 경우에는 제3자가 집행불허를 구하는 제3자이의를 할 수 있다.

305) 대법원 1997. 8. 29. 선고 96다14470 판결: 가압류집행이 형식적으로는 채권 확보를 위한 집행절차라고 하더라도 그 자체가 법이 보호할 수 없는 반사회적 행위에 의하여 이루어진 것임이 분명한 경우, 그 집행의 효력을 그대로 인정할 수 없으므로, 가압류집행 후 본집행으로 이행하기 전에 가압류 목적물의 소유권을 취득한 자는 그 가압류집행에 터 잡은 강제집행절차에서 그 집행의 배제를 구할 수 있다. 피고의 이 사건 아파트에 대한 가압류집행은 원고들로부터 이 사건 아파트에 대한 소유권이전등기 사무를 위임받고 있던 소외인이 그 사무를 제대로 처리하지 않고 있다가 그와 내연관계에 있던 피고와 통모하여 부도가 난 이 사건 아파트 건축업자에 대한 피고의 채권을 확보하여 주기 위하여 그 임무에 위배하여 한 반사회적 행위에 의하여 이루어진 것이라면 위 가압류집행 후 본집행으로 이행하기 전에 이 사건 아파트의 소유권을 취득한 원고들은 그 가압류집행에 터 잡은 강제집행절차에서 그 집행의 배제를 구할 수 있다.

대로 한 (가)압류와 같이 (가)압류가 무효인 경우 또는 가압류 후 제3취득자가 변제한 경우[306]에는 집행채권자에게 대항할 수 있으므로 제3자이의의 소를 제기할수 있다.[307]

〈4〉의 사례는 압류집행이 반사회적인 경우이다. 이 사례에서 B가 甲에 대한 소유권이전등기의무를 면탈하기 위하여 甲에 대한 양도절차의 이행을 거부하고, 甲이 A은행을 상대로 처분금지의 가처분까지 하였는데도 스스로 A은행을 상대로 소유권이전등기청구소송을 제기하고 그 승소의 확정판결을 받자 가장채권에 의한 乙의 집행권원을 이용하여 대위에 의한 소유권이전등기를 마치게 하고 동시에 이 사건 강제경매를 하게 하기에 이른 것이며 乙이 이에 적극 가담한 것이라면 이는 형식적으로는 강제집행의 절차에 따르는 것이라고 하여도 법이 보호할 수 없는 반사회적인 행위라 할 것이고, 이는 이중매매의 매수인이 매도인의 배임행위에 적극 가담하는 경우나 이중매매의 매도인과 매수인이 직접 매매계약을 체결하는 대신 가장채권에 기한 집행권원을 만들고 그에 따른 강제경매절차에서 매수인이 매수취득하는 방법을 취한 경우와 마찬가지의 법리가 적용되어 무효라고 보아야 할 것이다.[308] 따라서 甲은 강제집행절차에서 그 무효를 주장하고 제3자(소유권자)로서 그 집행의 배제를 구할 수 있다.[309]

〈5〉의 사례에서 甲의 주장과 같이 乙의 위 가압류신청이 사망자를 상대로 한 것이면 사망자 명의의 그 가압류결정은 무효라고 할 것이고, 따라서 무효의 가압류결정에 기한 가압류집행에 대해서는 그 집행 이후 소유권을 취득한 甲도 그 집행채권자인 乙에 대하여 그 소유권취득을 주장하여 대항할 수 있다고 할 것이므로 甲은 제3

---

306) 대법원 1982. 9. 14. 선고 81다527 판결: 가압류 부동산을 양수한 제3취득자의 변제로 인하여 피보전채권이 소멸되면 그 제3취득자는 가압류 채권자에 대한 관계에 있어서도 소유권 취득을 대항할 수 있게 되어 가압류 채권자에 의한 강제집행은 결국 채무자 이외의 제3자의 소유물에 대하여 시행된 것이 되어 허용될 수 없다.

307) 다만 압류 후 제3취득자가 집행채권액을 변제한 경우에는 그러하지 아니하다. 이 경우에는 채무자를 대위하여 청구이의의 소를 제기하여야 한다. 이 경우는 집행권원이 존재하지 않는 가압류의 경우와 달리 강제집행의 청구채권은 집행권원이고 이 집행권원은 변제되었다는 사유만으로 집행력이 배제되는 것이 아니고, 청구이의의 소 등에 의하여 그 집행력이 배제되어야만 할 것이므로, 집행채권의 변제만을 이유로 강제집행의 배제를 구할 수는 없는 것이다.

308) 대법원 1985. 11. 26. 선고 85다카1580 판결 참조.

309) 대법원 1988. 9. 27. 선고 84다카2267 판결.

자이의 소에 의하여 위 집행의 배제를 구할 수 있다.[310]

나. 점유권

주로 유체동산집행의 경우 직접점유, 간접점유를 불문하고 제3자의 점유권이 집행에 의하여 방해를 받는 경우 제3자이의의 소를 제기할 수 있다. 이 경우 제3자는 집행이의 신청도 할 수 있다.

다. 용익물권 등

지상권, 전세권, 유치권, 대항력 있는 임차권 등 부동산의 점유·사용을 내용을 하는 제한물권은 강제경매로 점유·사용이 방해받지 아니하므로 이의원인이 되지 않는다. 강제관리에서는 이러한 권리가 침해될 수 있으므로 제3자이의의 소가 인정된다.

라. 담보물권

질권·유치권과 같이 점유를 수반하는 것은 집행으로 점유가 침해되는 경우 이의원인이 되나, 저당권, 전세권은 매각대금에서 우선변제를 받으면 목적을 달성하는 것이므로 이의원인이 되지 않는다.

마. 비전형담보

(1) **가등기담보권**: 가등기담보가 설정된 부동산에 대하여 설정자의 일반채권자가 강제경매 등의 집행을 한 경우 강제경매 등의 신청 전에 가등기담보권자가 이미 소정의 절차를 거쳐 청산금을 지급한 때(청산금이 없을 때에는 청산기간이 지난 때)에는 가등기담보권자는 가등기에 기한 본등기를 마치기 전이라도 제3자이의의 소를 제기할 수 있다. 다만 경매신청이 청산금을 지급하기 전이거나 가등기담보권자보다 선순위의 저당권자 등이 담보권실행을 하여 경매를 신청하는 경우에는 이 소를 제기할 수 없다.

---

310) 대법원 1982. 10. 26. 선고 82다카884 판결.

(2) **양도담보권**: 주로 동산양도담보의 경우 양도담보권자는 제3자에 대하여 소유권을 주장할 수 있으므로 그 목적물에 대하여 설정자의 일반채권자가 집행을 한 경우에는 이 소를 제기할 수 있다.[311)

[사례 4 - 12] 집합물양도담보계약과 제3자이의

甲은 양돈업을 영위하던 A에게 사료를 공급하고 A의 사료대금채무를 담보하기 위하여 점유개정의 방법으로 A의 농장에서 당시까지 사육하고 있거나 장래에 사육하게 될 모든 돼지(이하 '이 사건 돼지'라 한다)를 목적물로 하여 피담보채권액을 1억 원으로 정한 유동 집합물 양도담보계약을 체결하였다. 그 후 A와 乙 사이에 피담보채권액을 2억 원으로 정한 같은 양도담보계약을 체결하였는데, 그 각 채무불이행 시 이 사건 돼지에 대한 강제집행이 개시되더라도 이의가 없음을 인낙하는 취지의 공정증서도 함께 작성하였다.

그런데 A가 그 각 양돈 사료대금채무를 연체하자 먼저 乙이 이 사건 돼지를 각 압류한 다음, 이에 따라 진행된 유체동산 경매절차에서 이 사건 돼지가 B에게 1억 5,000만 원에 일괄 매각되었다.

甲은 乙의 유체동산집행에 대하여 어떠한 방법으로 구제를 받을 수 있는가?

금전채무를 담보하기 위하여 채무자가 그 소유의 동산을 채권자에게 양도하되 점유개정의 방법으로 인도하고 채무자가 이를 계속 점유하기로 한 경우에는, 특별한 사정이 없는 한 동산의 소유권은 신탁적으로 이전됨에 불과하여 채권자와 채무자 사이의 대내적 관계에서 채무자는 의연히 소유권을 보유하나 대외적인 관계에 있어서 채무자는 동산의 소유권을 이미 채권자에게 양도한 무권리자가 되는 것이어서 채무자가 다시 다른 채권자와 사이에 양도담보설정계약을 체결하고 점유개정의 방법으로 인도를 하더라도 현실의 인도가 아닌 점유개정으로는 선의취득이 인정되지 아니하므로 나중에 설정계약을 체결한 채권자는 양도담보권을 취득할 수 없다.[312)

---

311) 대법원 1994. 8. 26. 선고 93다44739 판결: 동산에 관하여 양도담보계약이 이루어지고 원고가 점유개정의 방법으로 인도를 받았다면 그 청산절차를 마치기 전이라 하더라도 담보목적물에 대한 사용수익권은 없지만 제3자에 대한 관계에 있어서는 그 물건의 소유자임을 주장하고 그 권리를 행사할 수 있다. 따라서 이 사건 강제집행의 목적물에 관한 양도담보권자인 원고는 강제집행을 한 피고에 대하여 그 소유권을 주장하여 제3자이의의 소를 제기함으로써 그 강제집행의 배제를 구할 수 있다.

312) 대법원 2004. 6. 25. 선고 2004도1751 판결, 대법원 2004. 10. 28. 선고 2003다30463 판결 등 참조.

한편 집행증서를 소지한 동산양도담보권자는 특별한 사정이 없는 한 양도담보권자인 지위에 기초하여 제3자이의의 소에 의하여 목적물건에 대한 양도담보권설정자의 일반채권자가 한 강제집행의 배제를 구할 수 있으나, 그와 같은 방법에 의하지 아니하고 집행증서에 의한 담보목적물에 대한 이중 압류의 방법으로 배당절차에 참가하여 선행한 동산 압류에 의하여 압류가 경합된 양도담보권설정자의 일반채권자에 우선하여 배당을 받을 수도 있다.313)

위 사례에서 단지 점유개정의 방법으로 나중에 A와 사이에 이 사건 돼지에 관하여 이중양도담보계약을 체결하였을 뿐인 乙은 이 사건 돼지에 대하여 적법하게 양도담보권을 취득한 것이 아니라 A의 일반 채권자에 불과한 것으로 볼 수밖에 없다.

한편 동산을 목적으로 하는 유동 집합물 양도담보설정계약을 체결함과 동시에 채무불이행 시 강제집행을 수락하는 공정증서를 작성한 경우, 양도담보권자로서는 그 집행증서에 기하지 아니하고 양도담보계약내용에 따라 이를 사적으로 타에 처분하거나 스스로 취득한 후 정산하는 방법으로 현금화할 수도 있지만, 집행증서에 기하여 담보목적물을 압류하고 강제경매를 실시하는 방법으로 현금화할 수도 있다. 만약 후자의 방식에 의하여 강제경매를 실시하는 경우, 이러한 방법에 의한 경매절차는 형식상은 강제집행이지만, 그 실질은 일반 강제집행절차가 아니라 동산양도담보권의 실행을 위한 환가절차로서 그 압류절차에 압류를 경합한 양도담보설정자의 다른 채권자는 양도담보권자에 대한 관계에서 압류경합권자나 배당요구권자로 인정될 수 없고, 따라서 환가로 인한 매득금에서 환가비용을 공제한 잔액은 양도담보권자의 채권변제에 우선적으로 충당하여야 한다.314)

---

313) 대법원 2004. 12. 24. 선고 2004다45943 판결.
314) 대법원 2005. 2. 18. 선고 2004다37430 판결, 대법원 1999. 9. 7. 선고 98다47283 판결 등 참조.

> **[사례 4 - 13] 소유권유보와 제3자이의**
>
> 甲이 이 사건 기계를 A로부터 대금을 1억 3,200만 원으로 정하여 매수하고 그 대금 중 5천여만 원을 지급하였다. 甲이 B회사와의 사이에 이 사건 기계를 B회사에 설치·운영하여 그 실적에 따라 B회사로부터 보수를 받기로 하는 계약을 체결하였고, 그에 기한 甲의 지시에 좇아 A가 이 사건 기계를 B회사에 납품하였다.
>
> 乙이 그 후 B회사에 대한 집행력 있는 약속어음 공정증서에 기하여 이 사건 기계를 압류한 경우 甲은 이 사건 기계는 甲의 소유라는 이유로 제3자이의의 소를 제기할 수 있는가? 그런데 甲이 이 사건 기계의 매매계약에 관하여 A와의 사이에 작성한 '조관설비공급계약서'에 의하면, 이 사건 기계의 소유권은 그 대금이 모두 지급될 때까지는 매도인 A에게 유보되는 것으로 하여 이른바 소유권유보부의 약정을 한 것으로 되어 있다.

위 사례에서 甲이 A에게 약정 대금을 모두 지급하지 아니하였으므로, 이 사건 기계는 여전히 소유권유보매도인인 A의 소유라고 할 것이다.

그러나 이 사건 기계가 甲의 지시에 의하여 매도인에 의하여 B회사에 납품됨으로써 甲이 소유권유보부 매매의 목적물인 이 사건 기계에 대하여 B회사의 직접점유를 통하여 간접점유를 가지는 경우에 제3자가 B회사에 대한 채권의 실행으로 그 물건을 압류한 때에는 甲이 그 강제집행을 용인하여야 할 별도의 사유가 있지 아니한 한 甲은 소유권유보매수인 또는 정당한 권원 있는 간접점유자의 지위에서 민사집행법 제48조 제1항에서 정하는 '목적물의 인도를 막을 수 있는 권리'를 가진다.[315]

따라서 甲이 이 사건 기계의 소유자가 아니라고 하더라도 점유자로서 乙을 상대로 하여 제3자이의의 소를 제기할 수 있다.

(3) 소유권유보부매매와 리스계약: 할부매매에서와 같은 소유권유보부매매의 경우는 양도담보와 마찬가지로 취급될 것이고, 리스계약의 목적물이 이용자 측의 채권자에 의하여 압류된 경우 리스업자는 그 소유권에 기하여 제3자이의의 소를 제기할 수 있다.[316]

---

315) 대법원 2009. 4. 9. 신고 2009다1894 판결.
316) 이시윤, p.210.

바. 채무자에 대한 채권적 청구권

집행목적물이 채무자의 재산에 속하는 경우 제3자가 채무자와의 사이에 매매 등 계약관계에 근거하여 채무자를 상대로 단순한 채권적 청구권인 인도나 이전등기청구권을 갖는 경우에는 제3자이의의 소가 허용될 수 없다. 다만 집행목적물이 채무자의 재산에 속하지 않는 경우에는 허용된다.[317]

사. 처분금지가처분

처분금지가처분이 된 부동산에 관하여 다른 채권자에 의해 강제집행이 되었을 때 가처분권리자가 가처분을 이유로 제3자이의의 소를 제기할 수 있는가에 관하여 가처분우위설과 강제집행우위설이 대립한다. 집행실무는 이 경우 일단 강제집행을 개시하여 압류까지만 진행하고 가처분의 운명이 최종적으로 결정될 때까지 절차의 진행을 정지하고 있다.

3. 소송절차

가. 소의 제기

제3자이의의 소는 집행권원에 기한 전체로서의 집행력을 배제하려는 것이 아니고 집행 목적물에 대하여 현실적으로 실행한 개개의 구체적인 지행을 배제하려는 것이므로, 목적물에 대한 개별집행이 완료한 후에는 그 집행의 저지는 무의미한 것으로 소의 이익이 없게 되어[318] 집행개시 후 종료 전에 빨리 강제집행정지결정(잠정처분)을 받고 본소

---

317) 대법원 2003. 6. 13. 선고 2002다16576 판결: 제3자이의의 소의 이의원인은 소유권에 한정되는 것이 아니고 집행목적물의 양도나 인도를 막을 수 있는 권리이면 족하며, 집행목적물이 집행채무자의 소유에 속하지 아니한 경우에는 집행채무자와 사이의 계약관계에 의거하여 집행채무자에 대하여 목적물의 반환을 구할 채권적 청구권을 가지고 있는 제3자는 집행에 의한 양도나 인도를 막을 이익이 있으므로 그 채권적 청구권도 제3자이의의 소의 이의원인이 될 수 있다.

318) 대법원 1997. 10. 10. 선고 96다49049 판결: 제3자이의의 소는 강제집행의 목적물에 대하여 소유권이나 양도 또는 인도를 저지하는 권리를 가진 제3자가 그 권리를 침해하여 현실적으로 진행되고 있는 강제집행에 대하여 이의를 주장하고 집행의 배제를 구하는 소이므로, 당해 강제집행이 종료된 후에 제3자이의의 소가 제기되거나 또는 제3자이의의 소가 제기된 당시 존재하였던 강제집행이 소송 계속 중 종료된 경우에는 소의 이익이 없어 부적법하다. 물건에 대한 매각절차는 종료되었으나 배당절차는 아직 종료되지 아니한 경우, 경매목적물의 경락인이 유효하게 소유권을 취득한다면 경매절차에서 집행관이 영수한 매득금은 경매목적물의 대상물로서 제3자이의의 소에서 승소한 자가 그 대상물에 대하여 권리

송을 제기해야 한다.[319] 본소를 제기하지 아니하고 잠정처분만 신청할 수 없다. 제3자이의의 소가 제기되어 진행 중에 강제집행이 끝나 버리면 이의의 소를 유지할 수 없으므로 (이때에는 강제집행의 결과에 따라 부당이득 반환이나 손해배상을 청구할 수밖에 없다)[320] 강제집행정지신청은 거의 필수적이다.

제3자이의의 소가 집행방해의 수단으로 이용되는 경우도 많다.[321]

[사례 4-14] 가등기와 승계집행문

甲이 乙을 상대로 건물철거의 소를 제기한 후 乙은 丙과 건물매매계약을 체결하고 丙 앞으로 소유권이전등기청구권보전을 위한 가등기를 마쳤다. 甲이 위 소송에서 승소확정판결을 받은 후 丙이 가등기에 기하여 본등기를 마쳤다.

甲은 丙에 대하여 강제집행을 할 수 있는가? 甲이 丙을 乙의 승계인으로 한 승계집행문을 부여받아 丙에 대하여 강제집행을 개시한 경우 丙의 불복방법은?

가등기에 기한 본등기 시 물권변동의 효력은 본등기 시에 발생하게 된다.[322] 따라서 丙은 변론종결 후의 승계인이 되고, 제3자인 丙에게도 판결의 집행력이 미친다. 甲은 丙에 대하여 승계집행문을 부여받아 강제집행을 할 수 있다.

를 주장할 수 있다고 할 것이므로, 매각절차가 종료되었다고 하더라도 배당절차가 종료되지 않은 이상 제3자이의의 소는 여전히 소의 이익이 있다.

319) 예외적으로 특정물의 인도 또는 부동산인도청구의 집행에서는 강제집행개시 전에도 제3자이의의 소를 제기할 수 있다.

320) 대법원 1996. 11. 22. 선고 96다37176 판결: 금전채권의 압류 및 전부명령이 집행절차상 적법하게 발부되어 채무자 및 제3채무자에게 적법하게 송달되고 1주일의 즉시항고기간이 경과하거나 즉시항고가 제기되어 그 항고기각 또는 각하결정이 확정된 경우에는 집행채권에 관하여 변제의 효과가 발생하고 그때에 강제집행절차는 종료하는 것인바, 가사 피전부채권이 존재하지 아니하는 경우라 하더라도 (구) 민사소송법 제564조 단서의 규정에 따라 집행채권 소멸의 효과는 발생하지 아니하나 강제집행절차는 피전부채권이 존재하는 경우와 마찬가지로 전부명령의 확정으로 종료하는 것이고, 단지 전부채권자는 집행채권이 소멸하지 아니한 이상 피전부채권이 존재하지 아니함을 입증하여 다시 집행력 있는 정본을 부여받아 새로운 강제집행을 할 수 있을 뿐이다.

321) 便宜置籍을 위하여 설립된 회사에 불과한 **paper company**가 가압류된 선박의 소유자라고 주장하여 이 건 가압류집행의 불허를 구하는 것은 선박의 편의치적이라는 일종의 편법행위가 용인되는 한계를 넘어서 채무면탈이라는 불법목적을 달성하려고 함에 지나지 아니하여 신의칙상 허용될 수 없다고 한 사례가 있다(대법원 1988. 11. 22. 선고 87다카1671 판결).

322) 가등기의 순위보전의 효력이란 본등기가 마쳐진 때에는 본등기의 순위가 가등기한 때로 소급함으로써 가등기 후 본등기 전에 이루어진 중간처분이 본등기보다 후순위로 되어 실효된다는 뜻일 뿐 본등기에 의한 물권취득의 효력이 가등기한 때에 소급하여 발생하는 것은 아니다.

위와 같이 甲이 丙을 乙의 승계인으로 한 승계집행문을 부여받아 丙에 대하여 강제집행을 개시한 경우 丙은 제3자이의의 소를 제기할 수 없다. 왜냐하면 제3자이의의 소를 제기할 수 있는 제3자란 집행권원 또는 집행문에 채권자, 채무자 또는 그의 승계인으로 표시된 이외의 자를 말하는데 丙은 승계인으로 제3자가 아니기 때문이다. 따라서 丙은 집행문부여에 대한 이의의 소로써 불복할 수 있다.

나. 당사자적격

제3자이의의 소를 제기할 수 있는 **원고**는 강제집행의 목적물에 대하여 양도 또는 인도를 저지할 권리가 있음을 주장하는 제3자이고(제3자의 채권자도 제3자를 대위하여 본소를 제기할 수 있다),[323] **피고**는 목적물에 대하여 집행을 하는 압류채권자이다. 집행채무자는 원칙적으로 원고나 피고가 될 수 없으나 채무자가 집행 목적물의 귀속 또는 목적물에 대한 제3자의 권리의 존부를 다투는 때에는 제3자는 채권자와 채무자를 공동피고로 하여 자기에게 소유권이 있다는 확인의 소를 병합 제기할 수 있다.

한정승인을 한 상속인이 자기의 고유재산에 대하여 집행을 받은 경우 유한책임이 있다는 것이 집행권원상 명백한 경우에는 이 소를 제기할 수 있다.[324]

다. 관할법원

본소는 집행법원의 전속관할에 속한다. 소송목적의 값에 따라 집행법원이 있는 곳을 관할하는 지방법원의 합의부 또는 단독판사의 관할로 된다.

---

323) 대법원 1992. 10. 27. 선고 92다10883 판결: 제3자이의의 소의 원고적격은 집행의 목적물에 대하여 양도 또는 인도를 저지할 권리가 있음을 주장하는 제3자에게 있고, 제3자란 채무명의 또는 집행문에 채권자, 채무자 또는 그 승계인으로 표시된 자 이외의 자를 말하며, 승계집행문으로 인하여 피고의 승계인으로 표시된 자가 그 채무명의의 집행력의 배제를 구하는 소는 제3자이의의 소라 할 수 없다.

324) 대법원 2005. 12. 19. 자 2005그128 결정: 상속채무의 이행을 구하는 소송에서 피고의 한정승인 항변이 받아들여져서 원고 승소판결인 집행권원 자체에 '상속재산의 범위 내에서만' 금전채무를 이행할 것을 명하는 이른바 유한책임의 취지가 명시되어 있음에도 불구하고, 상속인의 고유재산임이 명백한 임금채권 등에 대하여 위 집행권원에 기한 압류 및 전부명령이 발령되었을 경우에, 상속인인 피고로서는 책임재산이 될 수 없는 재산에 대하여 강제집행이 행하여졌음을 이유로 제3자이의의 소를 제기하거나, 그 채권압류 및 전부명령 자체에 대한 즉시항고를 제기하여 불복하는 것은 별론으로 하고, 청구에 관한 이의의 소에 의하여 불복할 수는 없다고 보아야 하고, 나아가 만약 그 채권압류 및 전부명령이 이미 확정되어 강제집행절차가 종료된 후에는 집행채권자를 상대로 부당이득의 반환을 구하되, 피전부채권 중 실제로 추심한 금전 부분에 관해서는 그 상당액의 반환을 구하고, 아직 추심하지 아니한 부분에 관해서는 그 채권 자체의 양도를 구하는 방법에 의할 수밖에 없다.

라. 심리

심리절차는 통상의 판결절차에 따르며, 본안의 심리는 제3자가 주장하는 이의의 존부에 한정되고 집행의 적법여부는 심리의 대상이 아니다. 이의사유가 있느냐 여부의 판단기준 시는 변론종결 시이다. 원고인 제3자가 이의원인에 대한 증명책임을 부담하고, 피고는 제3자의 권리취득의 불성립, 무효, 소멸 등을 항변으로 제출할 수 있다.

마. 판결과 잠정처분

법원은 심리결과 이의의 이유가 있으면 강제집행의 불허를 선언하는 판결을 선고하고,[325) 이의의 이유가 없으면 원고청구 기각판결을 선고한다. 이 판결은 제3자의 집행이의권의 존부를 확정하는 것이고, 제3자의 소유권에 대한 존부를 확정하는 것이 아니다. 원고 승소판결이 확정되면 그 재판의 정본을 집행기관에 제출하여야 집행이 종국적으로 정지되고 기왕의 집행처분이 취소된다.

청구이의의 소와 같이 집행정지·속행·취소 등의 잠정처분이 인정되고, 이 잠정처분에 대해서는 불복을 할 수 없다.

[청구이의의 소와 제3자이의의 소의 비교]

구분	원고적격	관할법원	이의사유	효력
청구이의의 소	채무자	제1심판결법원 등	청구권의 멸각·저지사유, 예외적으로 불발생 사유	집행력자체의 배제
제3자이의의 소	제3자	집행법원	소유권 등 집행채권자에 대항할 수 있는 사유	부당집행행위의 배제

---

325) 판결주문 예시:
"1. 피고가 박○○에 대한 서울중앙지방법원 2010. 4. 1. 선고 2010가합1234호 판결의 집행력 있는 정본에 터 잡아 2010. . . 별지목록에 적힌 물건에 대하여 한 강제집행은 이를 불허한다.
2. 이 법원이 2010카기2345호 강제집행정지신청사건에 관하여 2010. . . 한 강제집행정지결정은 이를 인가한다.
3. 소송비용은 피고의 부담으로 한다.
4. 제2항은 가집행할 수 있다."

[서식] 제3자이의의 소

양도담보설정자의 채권자가 양도담보 목적물에 대하여 강제집행을 개시하였을 때, 양도담보권자가 집행채권자에 대하여 소유권 취득사실을 주장하여 제3자이의의 소를 제기하는 경우의 소장과 강제집행정지신청서의 서식은 다음과 같다.

소 장

원 고 김 ○ ○
    서울 서초구 서초동 253
피 고 이 ○ ○
    서울 강남구 역삼동 231

제3자이의의 소

청 구 취 지

1. 피고가 소외 박○○에 대한 서울중앙지방법원 2010가합1234호 손해배상청구사건의 집행력 있는 판결정본에 기하여 2010. 6. 1. 별지목록 기재의 유체동산에 대하여 한 강제집행은 이를 불허한다.

2. 소송비용은 피고의 부담으로 한다.

라는 판결을 구합니다.

청 구 원 인

1. 피고는 소외 박○○에 대한 청구취지 기재의 집행권원에 기하여 청구취지 기재와 같은 강제집행을 실시하였습니다.

2. 그러나 별지목록 기재의 유체동산은 원고가 2009. 10. 1. 위 박○○으로부터 양도담보공정증서를 작성하고 취득한 원고의 소유물이므로 위 강제집행은 부당한 것입니다.

3. 이에 원고는 위 강제집행의 배제를 구하기 위하여 이 사건 제소에 이르렀습니다.

입 증 방 법

    1. 갑제1호증   유체동산압류조서
    1. 갑제2호증   공정증서
    1. 기타 필요한 입증방법은 변론 시에 제출하겠습니다.

첨 부

1. 소장부본   1통
1. 위 입증방법   각 1통

2010.　.　.

위 원고 김 ○ ○ (인)

서울중앙지방법원 　 귀 중

(별지목록 생략)

[서식] 강제집행정지신청 ①

강 제 집 행 정 지 신 청

신청인 김 ○ ○
　　　서울 강남구 논현동 235
상대방 이 ○ ○
　　　서울 서초구 양재동 125

신 청 취 지

상대방이 신청외 박○○에 대한 서울중앙지방법원 2010가합1234호 손해배상청구사건의 집행력 있는 판결정본에 기하여 2010. 6. 1. 서울중앙지방법원 소속 집행관 최○○에게 위임하여 별지목록 기재의 유체동산에 대하여 실시한 강제집행은 귀원 2010가합4521호 제3자이의의 소의 본안판결선고 시까지 이를 정지한다.

라는 재판을 구합니다.

신 청 이 유

1. 상대방은 신청외 박○○에 대한 신청취지 기재의 집행권원에 기하여 신청취지 기재와 같은 강제집행을 실시하였습니다.

2. 그러나 별지목록 기재의 유체동산은 신청인이 2009. 10. 1. 위 박○○으로부터 양도담보공정증서를 작성하고 취득한 원고의 소유물이므로 위 강제집행은 부당한 것입니다.

3. 이에 신청인은 상대방을 피고로 하여 귀원 2010가합4521호로 제3자이의의 소를 제기하였습니다.

4. 그러나 상대방이 본집행을 완료하게 되면 신청인이 제3자이의의 소에서 승소하여도 회복할 수 없는 손해를 입게 될 것이므로 이 사건 신청에 이르렀습니다.

[서식] 강제집행정지신청 ②

강 제 집 행 정 지 신 청

신청인 김 ○ ○
채권자 이 ○ ○
채무자 박 ○ ○

위 당사자 간 2010강본제123호 유체동산강제집행사건에 관하여 별첨과 같이 서울중앙지방법원 2010카합2341호 사건의 강제집행정지결정이 있었으므로 위 강제집행을 정지하여 주시기 바랍니다.

첨 부

1. 강제집행정지결정본   1통
1. 공탁서사본   1통

2010.   .   .

위 신청인 김 ○ ○ (인)

서울중앙지방법원   귀 중

[10] 사후구제: 부당이득과 손해배상

1. 채권자의 책임

가. 강제집행의 경우

[참고판례]

<1> 집행권원에 기한 금전채권에 대한 강제집행절차에서, 그 집행권원에 표시된 집행 채권이 소멸하였다 하더라도 그 강제집행절차가 청구이의의 소 등을 통하여 적법 하게 취소·정지되지 아니한 채 계속 진행되어 채권압류 및 전부명령이 적법하게 확정되었다면, 특별한 사정이 없는 한 단지 집행채권의 소멸을 이유만으로, 확정 된 전부명령에 따라 전부채권자에게 피전부채권이 이전되는 효력 자체를 부정할 수는 없는 것이고, 다만 위와 같이 <u>전부명령이 확정된 후 그 집행권원상의 집행 채권이 소멸한 것으로 판명된 경우에는 그 소멸된 부분에 관해서는 집행채권자가 집행채무자에 대한 관계에서 부당이득을 한 셈이 되므로, 그 집행채무자는 집행 채권자에 대하여 그가 위 전부명령에 따라 전부받은 채권 중 실제로 추심한 금전 부분에 관해서는 그 상당액을, 추심하지 아니한 부분에 관해서는 그 채권 자체를 양도하는 방법에 의하여 부당이득의 반환을 구할 수 있다.</u>[326] 그리고 위와 같은 부당이득반환청구에서 집행채무자가 집행채권 소멸의 원인으로 주장할 수 있는 사유가 여러 가지인 경우 이들은 법률상의 원인 없는 사유에 관하여 공격방법이 다른 데 지나지 않으므로 그중 어느 사유를 주장하여 패소의 확정판결을 받은 경 우에 다른 사유를 주장하여 다시 청구하는 것은 기판력에 저촉되어 허용될 수 없다.[327]

<2> 집행관이 채무자 아닌 제3자의 재산을 압류한 경우에 <u>채권자가 압류 당시 그 압 류목적물이 제3자의 재산임을 알았거나 알지 못한 데 과실이 있다면</u> 집행관이 채 무자 아닌 제3자의 재산을 압류함으로써 받은 제3자의 손해에 대하여 불법행위자 로서 배상책임을 진다.[328]

---

326) 대법원 2005. 4. 15. 선고 2004다70024 판결, 대법원 2007. 8. 23. 선고 2005다43081, 43098(참가) 판 결 등 참조.
327) 대법원 2008. 2. 29. 선고 2007다49960 판결.

<3> 집행관이 채무자 아닌 제3자의 재산을 압류함으로써 받은 제3자의 손해를 채권자가 불법행위자로서 배상책임을 지기 위해서는 압류한 사실 이외에 채권자가 압류 당시 그 압류목적물이 제3자의 재산임을 알았거나 알지 못한 데 과실이 있어야 할 것이고, 위와 같은 고의·과실은 압류목적물이 채무자 아닌 제3자의 소유였다는 사실 자체에서 곧바로 추정된다고 할 수 없음은 상고이유의 주장에서 지적하는 바와 같다.

그러나 채권자가 압류 당시에는 고의·과실이 없었다 하더라도 그 후 압류목적물이 제3자의 소유임을 알았거나 용이하게 알 수 있었음에도 불구하고 그 압류상태를 계속 유지한 때에는 압류목적물이 제3자의 소유임을 알았거나 용이하게 알 수 있었던 때로부터 불법집행으로 인한 손해배상책임을 면할 수 없다고 보아야 할 것이다.[329]

<4> 확정판결이 실체적 권리관계와 다르다 하더라도 그 판결이 재심의 소 등으로 취소되지 않는 한 그 판결의 기판력에 저촉되는 주장을 할 수 없어 그 판결의 집행으로 교부받은 금원을 법률상 원인 없는 이득이라 할 수 없는 것이므로, 불법행위로 인한 인신손해에 대한 손해배상청구소송에서 판결이 확정된 후 피해자가 그 판결에서 손해배상액 산정의 기초로 인정된 기대여명보다 일찍 사망한 경우라도 그 판결이 재심의 소 등으로 취소되지 않는 한 그 판결에 기하여 지급받은 손해배상금 중 일부를 법률상 원인 없는 이득이라 하여 반환을 구하는 것은 그 판결의 기판력에 저촉되어 허용될 수 없다.[330]

<5> 소송당사자가 허위의 주장으로 법원을 기망하고 상대방의 권리를 해할 의사로 상대방의 소송관여를 방해하는 등 부정한 방법으로 실체의 권리관계와 다른 내용의 확정판결을 취득하여 그 판결에 기하여 강제집행을 하는 것은 정의에 반하고 사회생활상 도저히 용인될 수 없는 것이어서 권리남용에 해당한다고 할 것이지만, 위 확정판결에 대한 재심의 소가 각하되어 확정되는 등으로 위 확정판결이 취소되지 아니한 이상 위 확정판결에 기한 강제집행으로 취득한 채권을 법률상 원인

---

328) 대법원 2003. 7. 25. 선고 2002다39616 판결.
329) 대법원 1999. 4. 9. 선고 98다59767 판결.
330) 대법원 2009. 11. 12. 선고 2009다56665 판결.

없는 이득이라고 하여 반환을 구하는 것은 위 확정판결의 기판력에 저촉되어 허용될 수 없다.331)

<6> 판결이 확정되면 기판력에 의하여 대상이 된 청구권의 존재가 확정되고 그 내용에 따 라 집행력이 발생하는 것이므로, 그에 따른 집행이 불법행위를 구성하기 위해서는 소송당사자가 상대방의 권리를 해할 의사로 상대방의 소송 관여를 방해하거나 허위의 주장으로 법원을 기망하는 등 부정한 방법으로 실체의 권리관계와 다른 내용의 확정판결을 취득하여 집행을 하는 것과 같은 특별한 사정이 있어야 하고, 그와 같은 사정이 없이 확정판결의 내용이 단순히 실체적 권리관계에 배치되어 부당하고 또한 확정판결에 기한 집행채권자가 이를 알고 있었다는 것만으로는 그 집행행위가 불법행위를 구성한다고 할 수 없으며, 편취된 판결에 기한 강제집행이 불법행위로 되는 경우가 있다고 하더라도 당사자의 법적 안정성을 위해 확정판결에 기판력을 인정한 취지나 확정판결의 효력을 배제하기 위해서는 그 확정판결에 재심사유가 존재하는 경우에 재심의 소에 의하여 그 취소를 구하는 것이 원칙적인 방법인 점에 비추어 볼 때 불법행위의 성립을 쉽게 인정하여서는 아니 되고, 확정판결에 기한 강제집행이 불법행위로 되는 것은 당사자의 절차적 기본권이 근본적으로 침해된 상태에서 판결이 선고되었거나 확정판결에 재심사유가 존재하는 등 확정판결의 효력을 존중하는 것이 정의에 반함이 명백하여 이를 묵과할 수 없는 경우로 한정하여야 할 것이고(대법원 1995. 12. 5. 선고 95다21808 판결 참조), 확정판결에 의한 권리라 하더라도 신의에 좇아 성실히 행사되어야 하고 그 판결에 기한 집행이 권리남용이 되는 경우에는 허용되지 않으므로 집행피고는 청구이의의 소에 의하여 그 집행의 배제를 구할 수 있다고 할 것인바, 확정판결의 내용이 실체적 권리관계에 배치되는 경우 그 판결에 의하여 집행할 수 있는 것으로 확정된 권리의 성질과 그 내용, 판결의 성립 경위 및 판결성립 후 집행에 이르기까지의 사정, 그 집행이 당사자에게 미치는 영향 등 제반 사정을 종합하여 볼 때, 그 확정판결에 기한 집행이 현저히 부당하고 상대방으로 하여금 그 집행을 수인하도록 하는 것이 정의에 반함이 명백하여 사회생활상 용인할 수 없다고 인정되는 경우에는 그 집행은 권리남용으로서 허용되지 않는다고 할 것이다(대법원 1997. 9. 12. 선고 96다4862 판결 참조).332)

---

331) 대법원 2001. 11. 13. 선고 99다32905 판결.

나. 부당한 보전처분임이 판명된 경우

[참고판례]

<1> 가처분에 있어서 집행채권자가 본안에서 패소하였다면 그 가처분집행으로 인하여 채무자가 입은 손해에 대해서는 <u>가처분 채권자에게 고의, 과실이 없다는 특별한 반증이 없는 한</u> 이를 배상할 책임이 있다고 할 것이므로, 설령 피고가 그 가처분을 함에 있어서 이 사건 기계가 소외 법인과 소외 (갑), (을)의 합유재산인데 조합원의 일부에 불과한 위 소외 (갑), (을)이 소외 법인의 동의 없이 위 기계를 처분한 행위를 무효라고 믿었고 또 변호사와도 상의하여 그 의견에 따랐다고 할지라도 이러한 사정만으로써는 곧 피고에게 과실이 없다고 단정하기는 어렵다.[333)]

<2> 부당한 채권가압류의 집행으로 인하여 가압류채무자가 제3채무자로부터 제때 채권금을 지급받지 못하는 손해를 입은 경우, 가압류채무자는 가압류채권자에 대하여 그 손해의 배상을 구할 수 있는 것이나, 부당한 채권가압류의 집행이 있었다 하더라도 그 집행기간 동안 기한의 미도래나 조건의 불성취 등의 사유로 인해 가압류채무자가 제3채무자로부터 채권을 바로 지급받을 수 없는 사정이 있었다면 가압류채무자가 부당한 채권가압류의 집행으로 인하여 어떤 손해를 입었다고 할 수는 없다.[334)]

<3> 법원이 가압류결정에서 특정된 대상채권을 가압류채무자의 채권이라고 기재하여 제3채무자에게 그 채권의 지급 금지를 명하고 있고 또 그러한 가압류가 절차법상으로는 유효한 이상, 그 집행이 취소되거나 대상채권의 진정한 채권자가 제기하는 제3자이의의 소 등을 통하여 그 가압류의 부당함이 밝혀질 때까지 제3채무자로서는 가압류의 절차적, 외관적 효력과 이중지급의 위험 등의 이유 때문에 가압류결정에서 채권자로 지목되어 있는 가압류채무자는 물론 진정한 채권자인 제3자에 대해서도 채무를 이행하는 것이 매우 어려워질 수밖에 없고 또 적극적으로 그 채무액을 공탁할 수도 있다. 그러므로 제3채무자가 위와 같은 가압류결정이 있었

---

332) 대법원 2001. 11. 13. 선고 99다32899 판결.
333) 대법원 1983. 2. 8. 선고 80다300 판결.
334) 대법원 2006. 6. 15. 선고 2006다10408 판결.

다는 이유로 진정한 채권자인 제3자에게 그 채무의 이행을 거절하는 경우에는 진정한 채권자인 제3자로서는 결과적으로 위와 같은 부당한 가압류로 인하여 자신의 채권을 제때에 회수하지 못하는 손해를 입게 될 것이고, 이 경우 그 손해는 위 부당한 가압류와 상당인과관계가 있는 것이다. 따라서 비록 가압류가 법원의 재판에 의하여 집행되는 것이기는 하지만, <u>그 부당한 가압류에 관하여 고의 또는 과실이 있는 가압류채권자는 그 가압류집행으로 인하여 제3자가 입은 위와 같은 손해를 배상할 책임이 있다.</u>[335]

<4> 가압류나 가처분 등 보전처분은 법원의 재판에 의하여 집행되는 것이기는 하나, 그 실체상 청구권이 있는지 여부는 본안소송에 맡기고 단지 소명에 의하여 채권자의 책임 아래 하는 것이므로, 그 집행 후에 집행채권자가 본안소송에서 패소 확정되었다면 그 보전처분의 집행으로 인하여 채무자가 입은 손해에 대해서는 특별한 반증이 없는 한 집행채권자에게 고의 또는 과실이 있다고 추정되고 따라서 그 부당한 집행으로 인한 손해에 대하여 이를 배상할 책임이 있다고 할 것이나, <u>토지에 대한 부당한 가압류의 집행으로 그 지상에 건물을 신축하는 내용의 공사 도급계약이 해제됨으로 인한 손해는 특별손해이므로, 가압류채권자가 토지에 대한 가압류집행이 그 지상 건물 공사도급계약의 해제사유가 된다는 특별한 사정을 알았거나 알 수 있었을 때에 한하여 배상의 책임이 있다.</u>[336]

---

335) 대법원 2009. 2. 26. 선고 2006다24872 판결. 가압류채권자가 제3자 명의의 예금채권을 실제로는 가압류채무자의 것이라 주장하면서 가압류신청을 하고 그에 따른 가압류결정에 기해 가압류집행이 된 사안에서, 가압류집행으로 제3자가 입은 손해를 가압류채권자가 배상할 책임이 있다고 한 사례.

336) 대법원 2008. 6. 26. 선고 2006다84874 판결, 매매목적물인 부동산에 대하여 가압류집행이 되어 있다고 해서 매매에 따른 소유권이전등기가 불가능한 것도 아니고, 다만 가압류채권자가 본안 소송에서 승소하여 매매목적물에 대하여 경매가 개시되는 경우에는 매매목적물의 매각으로 인하여 매수인이 소유권을 상실할 수 있으나 이는 담보책임 등으로 해결할 수 있고, 경우에 따라서는 신의칙 등에 의해 대금 지급채무의 이행을 거절할 수 있음에 그치므로, 매매목적물이 가압류되는 것을 매매계약 해제 및 위약금 지급 사유로 삼기로 약정하지 아니한 이상, 매수인으로서는 위 가압류집행을 이유로 매도인이 계약을 위반하였다고 하여 위 매매계약을 해제할 수는 없는 노릇이어서, 매도인이 받은 계약금의 배액을 매수인에게 지급하였다고 하더라도 그것은 매매계약에 의거한 의무에 의한 것이라고는 볼 수 없고 호의적인 지급이거나 지급의무가 없는데노 있는 것으로 착각하고 지급한 것이라고 보일 뿐이어서 위 위약금 지급과 위 가압류집행 사이에는 법률적으로 상당인과관계가 없다.

다. 부당한 잠정처분임이 판명된 경우

[참고판례]

근저당권에 기하여 담보권의 실행을 위한 경매절차가 진행되던 중, 채무자가 채권자를 상대로 근저당권설정등기의 말소를 구하는 본안소송을 제기하는 한편 이를 근거로 (구) 민사소송법 제505조의 청구에 관한 이의의 소에 준하여 같은 법 제507조 제2항에 의한 잠정처분으로서 경매절차를 정지하는 가처분을 받아 그에 따라 경매절차가 정지되었다가 그 후 위 본안소송에서 채무자의 패소 판결이 선고·확정되었다면, 그 법률관계는 부당한 보전처분 집행의 경우와 유사하여, <u>그 잠정처분에 의하여 경매절차가 정지되고 그로 인하여 채권자가 입은 손해에 대하여 특별한 반증이 없는 한 잠정처분을 신청한 채무자에게 고의 또는 과실 있음이 추정되고 따라서 부당한 경매절차 정지로 인한 손해에 대하여 이를 배상할 책임이 있다.</u>

부당한 경매절차의 정지로 인하여 경매 채권자가 입게 된 손해는, 그 정지된 기간 동안 경매 목적물의 가격에 현저한 등락이 있었다는 등의 특별한 사정이 없는 한, 경매절차가 정지되지 않았더라면 일찍 받았을 배당금의 수령이 지연됨에 따른 손해라 할 것인데, 경매 채권자에 대한 배당은 경매절차가 정지된 날부터 본안소송의 패소 판결이 확정되어 다시 경매절차가 진행되기 전날까지의 기간에 해당하는 일수만큼 지연된 것으로 봄이 상당하며, 한편 금원의 수령이 지체되어 이를 이용하지 못함으로 인하여 생기는 통상 손해는 이용하지 못한 기간 동안의 법정이자 상당액이라 할 것이다.[337]

2. 국가 등의 배상책임

[참고판례]

<1> 법관의 재판에 법령의 규정을 따르지 아니한 잘못이 있다 하더라도 이로써 바로 그 재판상 직무행위가 국가배상법 제2조 제1항에서 말하는 위법한 행위로 되어 국가의 손해배상책임이 발생하는 것은 아니고, 그 국가배상책임이 인정되려면 당해 법관이 위법 또는 부당한 목적을 가지고 재판을 하였다거나 법이 법관의 직무수행상 준수할 것을 요구하고 있는 기준을 현저하게 위반하는 등 법관이 그에게

---

337) 대법원 2001. 2. 23. 선고 98다26484 판결.

부여된 권한의 취지에 명백히 어긋나게 이를 행사하였다고 인정할 만한 특별한 사정이 있어야 한다고 해석함이 상당하다(대법원 2001. 3. 9. 선고 2000다29905 판결, 2001. 4. 24. 선고 2000다16114 판결, 2001. 10. 12. 선고 2001다47290 판결 등 참조).

그런데 재판에 대하여 따로 불복절차 또는 시정절차가 마련되어 있는 경우에는 재판의 결과로 불이익 내지 손해를 입었다고 여기는 사람은 그 절차에 따라 자신의 권리 내지 이익을 회복하도록 함이 법이 예정하는 바이므로, 이 경우에는 불복에 의한 시정을 구할 수 없었던 것 자체가 법관이나 다른 공무원의 귀책사유로 인한 것이라거나 그와 같은 시정을 구할 수 없었던 부득이한 사정이 있었다는 등의 특별한 사정이 없는 한, 스스로 그와 같은 시정을 구하지 아니한 결과 권리 내지 이익을 회복하지 못한 사람은 원칙적으로 국가배상에 의한 권리구제를 받을 수 없다고 봄이 상당하다고 하겠으나, 재판에 대하여 불복절차 내지 시정절차 자체가 없는 경우에는 부당한 재판으로 인하여 불이익 내지 손해를 입은 사람은 국가배상 이외의 방법으로는 자신의 권리 내지 이익을 회복할 방법이 없으므로, 이와 같은 경우에는 위에서 본 배상책임의 요건이 충족되는 한 국가배상책임을 인정하지 않을 수 없다 할 것이다.[338]

<2> 경매법원의 담당공무원이 구 민사소송법 제617조 제2항 소정의 이해관계인에 대한 경매기일 및 경락기일 통지를 제대로 하지 않는 등 적법한 경매절차 진행에 관한 직무상 의무를 위반하였고, 그 결과 경락인인 원고로서는 이 사건 경락이 적법 유효한 것으로 믿고 경락대금 및 등기비용 등을 지출함에 따른 손해를 입게 되었다 할 것인데, 그 일련의 과정에서 경매법원 스스로 그 하자를 시정하는 조치를 취하지 않는 이상 특별히 경락인이 불복절차 등을 통하여 이를 시정하거나 위 결과 발생을 막을 것을 기대할 수도 없으며, 경락인의 손해에 대하여 국가배상 이외의 방법으로 구제받을 방법이 있는 것도 아니라는 점 등을 아울러 고려하면, 경매법원 공무원의 위 이해관계인 통지 등에 관한 절차상의 과오는 원고의 손해발생과 상당인과관계가 있다고 할 것이고, 이는 경매법원의 경락허가결정, 대금지급기일 지정 및 그 실시, 소유권이전등기의 촉탁 등의 재판행위가 개입되어 있었다고 하여 달리 볼 것은 아니다(대법원 1982. 6. 22. 선고 80다2801 판결

---

338) 대법원 2003. 7. 11. 선고 99다24218 판결.

등 참조). 따라서 피고는 국가배상법 제2조 제1항, 제3조에 따라 원고가 입은 상당인과관계 있는 범위 내의 손해를 배상할 책임이 있다고 할 것이다.[339]

<3> 경매법원 공무원의 과실로 인하여 경락허가결정 및 경락대금납부가 모두 소급적으로 효력을 잃고 무위로 돌아가게 되었다면 국가가 그로 인하여 경락인이 입은 손해로서 지출한 경락대금 상당액을 배상하여야 할 것인바, 이 경우 경락인의 국가에 대한 손해배상청구권은 그 손해 발생일인 경락대금납부일에 발생하고 그때 이행기가 도래하는 것이므로 국가는 그날부터 갚는 날까지 민법 소정의 연 5%의 비율에 의한 지연이자를 지급하여야 한다. 대법원규칙인 '법원보관금취급규칙' 제7조 및 대법원재판예규인 '법원보관금취급규칙의 시행에 따른 업무처리지침' 제3조 제2항의 규정에 의하면 경락대금 등 법원보관금에 대해서는 연 2%의 이자율을 적용하도록 되어 있으나, 이는 경락대금을 법령에 의하여 적법하게 보관하는 경우에 적용되는 것이지, 위법한 경매절차의 진행으로 뒤에 경락허가결정이 취소되고 경락대금의 납부도 모두 부적법한 것으로 평가되는 결과 그 대금을 경락인에게 반환하여 배상하는 경우에 적용되는 규정은 아니므로, 경매법원이 실제 경락대금을 반환하면서 경락대금에 대한 연 2%의 이율에 의한 이자만을 가산 지급하였다면 그 지급액과 민법이 정한 연 5%의 비율에 의한 지연이자와의 차액만큼은 여전히 전보되지 않은 손해로 남게 되어 국가는 경락인에게 이를 배상하여야 한다.[340]

<4> 집행관이 독립·단독의 사법기관으로서 스스로 법령을 해석하고 집행할 권한이 있고, 특히 유체동산집행은 개시부터 종료까지 집행관의 고유권한으로서 무잉여인지 여부도 스스로 판단하는 것이라고 하더라도, 집행관은 유체동산집행에 관한 법률전문가로서 집행의 근거로 삼는 법령에 대한 해석이 복잡, 미묘하여 워낙 어렵고, 이에 대한 학설, 판례조차 귀일되어 있지 않은 등의 특별한 사정이 있는 경우가 아니라면 유체동산집행에 관한 관계 법규나 필요한 지식을 충분히 갖출 것이 요구되는 한편, 압류하려는 물건이 환가가능성이 있는지 여부는 통상적인 거래관행과 사례를 기초로 합리적으로 판단하여야 할 것이며, 만일 집행관으로서

---

339) 대법원 2008. 7. 10. 선고 2006다23664 판결.
340) 대법원 2007. 12. 27. 선고 2005다62747 판결.

당연히 알아야 할 관계 법규를 알지 못하거나 필요한 지식을 갖추지 못하였고 또한 조사를 게을리하여 법규의 해석을 그르쳤고 이로 인하여 타인에게 손해를 가하였다면 불법행위가 성립한다.341)

<5> 공무원이 직무수행 중 불법행위로 타인에게 손해를 입힌 경우에 국가 등이 국가배상책임을 부담하는 외에 공무원 개인도 고의 또는 중과실이 있는 경우에는 불법행위로 인한 손해배상책임을 진다고 할 것이지만, 공무원에게 경과실뿐인 경우에는 공무원 개인은 손해배상책임을 부담하지 아니한다고 해석하는 것이 헌법 제29조 제1항 본문과 단서 및 국가배상법 제2조의 입법취지에 조화되는 올바른 해석이다.342)

<6> 국가배상법 제2조 제2항에 의하면, 공무원의 직무상의 위법행위로 인하여 국가 또는 지방자치단체의 손해배상책임이 인정된 경우 그 위법행위가 고의 또는 중대한 과실에 기한 경우에는 국가 또는 지방자치단체는 당해 공무원에 대하여 구상할 수 있다 할 것이나, 이 경우 공무원의 중과실이라 함은 공무원에게 통상 요구되는 정도의 상당한 주의를 하지 않더라도 약간의 주의를 한다면 손쉽게 위법, 유해한 결과를 예견할 수 있는 경우임에도 만연히 이를 간과함과 같은 거의 고의에 가까운 현저한 주의를 결여한 상태를 의미한다.343)

<7> 경매법원의 명령에 따른 집행관의 현황조사 과정에서 임대차관계를 제대로 확인하지 않은 직무상 잘못이 있고, 그 결과 임차인이 경매법원으로부터 경매절차의

---

341) 대법원 2003. 9. 26. 선고 2001다52773 판결.

342) 대법원 1996. 2. 15. 선고 95다38677 전원합의체 판결.

343) 대법원 2003. 2. 11. 선고 2002다65929 판결, 집행관으로 하여금 임대차관계의 확인을 위하여 경매목적물 소재지에 주민등록 전입신고된 세대주 전원에 대하여 주민등록 등·초본을 발급받도록 하고 임차인 본인 및 그 가족들의 전·출입 상황을 현황조사보고서에 기재하도록 한 송무예규가 제정되어 시행된 것은 현황조사 이후로서 그 전에는 위와 같은 현황조사 방법과 정도에 관한 구체적인 기준이 마련되어 있지 않았던 점, 세대주가 가족들과 함께 거주하는 경우에도 사정상 다른 가족들은 주민등록을 달리하는 사례가 적지 아니하며, 한 가족이 같은 주소지에 전입신고를 하면서 세대를 합가하지 아니하고 별도의 세대로 주민등록을 하는 경우는 이례에 속하는 것으로 보이는 점 등의 사정에 공무원의 공무집행의 안정성을 확보하기 위해 고의·중과실의 경우에만 공무원 개인이 책임을 지도록 한 국가배상법의 취지와 중과실에 관한 법리를 종합하여 보면, 현황조사를 함에 있어 집행관에게 비록 정확하고 충실한 현황조사를 하지 못한 직무상의 과실이 있다 하더라도, 그것이 집행관이 현황조사를 함에 있어 기울여야 할 통상의 주의의무를 현저하게 결여한 중대한 과실에 해당한다고 보기는 어렵다고 한 사례.

진행에 관한 통지를 받지 못하여 우선변제권의 행사에 필요한 조치를 취하지 못해 손해를 입었다 하더라도, 그러한 사정만으로는 집행관의 위 직무상 잘못이, 민사집행법 제90조에 따른 권리신고절차를 취하지 아니하여 경매절차상 이해관계인이 아닌 임차인에 대한 관계에서 불법행위를 구성한다고 할 수 없고, 스스로 우선변제권의 행사에 필요한 법령상 조치를 취하지 아니함으로써 발생한 임차인의 손해와 위 잘못 사이에 상당인과관계가 있다고 할 수도 없다.344)

---

344) 대법원 2008. 11. 13. 선고 2008다43976 판결.

제2편 강제집행

제5장 재산명시절차(집행보조절차)

[1] 개설

채권자가 채무자를 상대로 집행권원을 얻어 강제집행에 착수하기 위해서는 채무자의 책임재산을 찾아내어 집행기관에 강제집행을 신청해야 한다. 채무자의 책임재산을 찾아내는 것은 결국은 채권자의 몫이고, 채무자의 책임재산을 확보하지 못한 상태에서는 힘들여 얻은 집행권원은 한낱 휴지나 다름없다.

특히 채무이행에 대한 감각이 무딘 불성실 채무자가 강제집행면탈을 위해 재산을 은닉하거나 제3자에게 허위양도하고, 회사의 법인격을 남용하며, 부동산실명법과 금융실명법을 잠탈하는 명의신탁이나 차명계좌 등이 광범위하게 악용되는 현실에서는 채무자의 책임재산확보가 무엇보다 중요한 문제이다.

채무자가 은닉한 재산을 찾아 강제집행의 실효성을 담보하기 위한 방법으로는 가압류·가처분 등 집행보전조치와 채권자취소권 및 채권자대위권 행사, 민사소송법상의 독립참가 중 사해방지참가, 통정허위표시 및 명의신탁의 무효주장, 형사상의 강제집행면탈죄의 고소 등 여러 가지 방안을 강구할 필요가 있다.

만약 채무자로부터 그의 재산상태에 관한 정보를 얻을 수 있다면 채권자로서는 가장 유용한 집행방법을 선택할 수 있고, 강제집행의 효용성을 제고할 수 있을 것이다. 따라서 채무자의 재산을 탐지하여 채권자의 강제집행을 쉽게 하는 법적 절차를 마련할 필요가 있고, 재산명시선서와 채무불이행자명부등재절차, 재산조회절차 등의 집행보조절차가 이에 해당한다.[345] 이들을 넓은 의미의 재산명시절차라 하고, 이 중 재산명시선서를 좁은 의미의 재산명시절차로 본다.

---

345) 2009년 1년간 전국적으로 재산관계명시 및 재산조회건수가 134,072건, 채무불이행자명부등재건수가 68,829건에 이르는 등 이들 제도는 비교적 활용도가 높은 편이다. 사법연감(2009) 참조.

[2] 재산명시선서

1. 재산명시선서제도

채무자가 일정한 집행권원에 의한 금전채무를 이행하지 아니하는 경우에는 법원이 그 채무자로 하여금 강제집행의 대상이 되는 재산관계를 명시한 재산목록을 제출하게 하고, 그 재산목록의 진실함을 선서하게 하는 법적 절차가 채무자의 재산명시선서제도이다(제 61조 이하).

이 제도는 채무자의 책임재산을 공개시켜 채권자의 강제집행을 용이하게 하기 위하여 뒤에서 보는 채무불이행자명부등재절차와 함께 1990년 개정 민사소송법에서 도입되었다. 2002년 민사집행법에서는 여기에 감치제도와 재산조회제도를 추가하였고, 2005년 개정 법에서 다시 제도를 보완하였다. 그리고 2009년 개정 가사소송법에서 재산분할, 부양료, 양육비청구사건에 관해서도 재산명시 및 재산조회제도를 확대하였다.

민사집행법은 재산명시제도를 강화하여 재산명시신청을 할 수 있는 채권자의 범위를 확장하고, 재산명시명령 불이행자에 대한 제재조치를 강화하며, 재산목록정정 및 명시신 청의 남용금지를 새로이 규정하고 있다.

[재산명시절차의 도해]

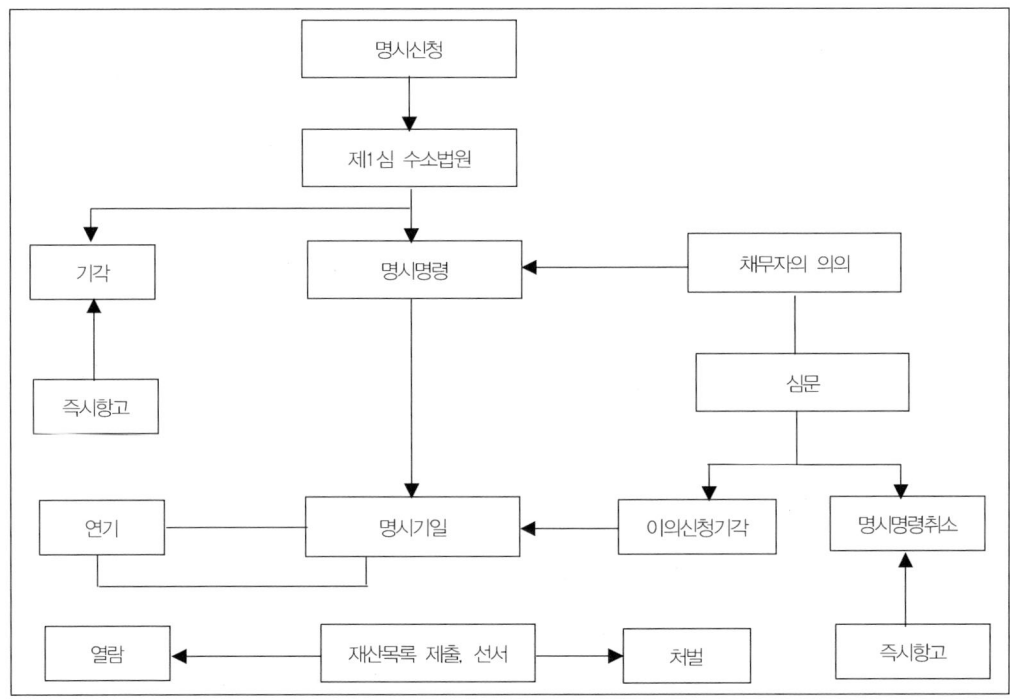

2. 명시신청과 명시명령

가. 채권자의 명시신청

채무자가 확정판결, 화해·포기·인낙조서, 확정된 지급명령 또는 민사조정조서, 조정에 갈음하는 결정, 가사심판, 집행증서 등 집행권원에 의한 금전채무를 이행하지 아니하는 경우, 채권자는 채무자의 재산발견이 용이하지 않음을 들어 서면으로 재산명시신청을 할 수 있다.[346] 명시신청을 할 수 있는 채권자는 금전채권에 관한 강제집행을 개시할 수 있는 집행권원을 가진 모든 채권자이고, 다만 가집행선고부판결과 가집행선고부 배상명령은 제외하고 있다(제61조 제1항). 집행권원을 요하지 않는 담보권실행의 임의경매의 경우에는 명시신청이 허용되지 않는다. 채무자가 국가나 지방자치단체 또는 공기업이나 대기업인 경우에는 그 재산발견이 용이하다고 인정할 만한 명백한 사유가 있다고 보아

---

346) 2009년 개정 가사소송법은 재산분할·부양료·양육비청구사건에서는 법원의 직권에 의해서도 재산명시를 할 수 있도록 하였다(동법 제48조의 2).

명시절차를 이용할 수 없게 된다.

채무자는 소송능력과 선서능력이 있어야 한다.[347] 관할법원은 채무자의 보통재판적이 있는 곳의 지방법원이다. 채무불이행자명부등재절차와 재산조회절차는 사법보좌관의 업무이나 명시선서절차는 단독판사의 업무이다.

판례는 소송비용액확정결정을 받은 채권자도 재산명시신청을 할 수 있고,[348] 조정에 갈음하는 결정이 이의신청이 없거나 이의신청이 취하·각하되어 확정된 때에는 재판상의 화해와 동일한 효력이 있으므로 이에 의하여도 재산명시신청을 할 수 있다고 한다.[349]

채권자가 확정판결에 기한 채권의 실현을 위하여 채무자에 대하여 재산관계명시신청을 하고 그 결정이 채무자에게 송달이 되었다면 거기에 <u>소멸시효 중단사유인 '최고'로서의 효력만이 인정된다</u>.[350] 재산명시결정에 민법 제168조 제2호 소정의 소멸시효 중단사유인 압류 또는 가압류·가처분에 준하는 효력까지 인정될 수 없고, 따라서 재산명시결정에 의한 소멸시효중단의 효력은 그로부터 <u>6개월 내에 다시 소를 제기하거나</u> 압류 또는 가압류·가처분을 하는 등 민법 제174조에 규정된 절차를 속행하지 아니하는 한 상실되는 것이다.[351]

[서식] 채무자의 재산명시신청

채무자가 확정판결을 받고도 채무를 이행하지 않고, 집행의 대상이 될 재산도 발견할 수 없는 때 채권자는 다음과 같은 서식으로 재산명시신청을 할 수 있다.

---

347) 채무자가 무능력자라도 선서는 채무자 자신이 하여야 한다. 채무자가 선서무능력자인 경우(16세 미만인 자, 선서의 취지를 이해하지 못하는 자)에는 선서 없이 절차를 진행한다. 이시윤, p.226 참조.

348) 대법원 1995. 4. 18.자 94마2190 결정.

349) 대법원 1998. 7. 14.자 98마988 결정.

350) 대법원 1992. 2. 11. 선고 91다41118 판결.

351) 대법원 2004. 5. 29. 선고 2000다32161 판결. 대법원 2001. 5. 29. 선고 2000다32161 판결, 재산관계 명시절차는, 비록 그 신청에 있어서 집행력 있는 정본과 강제집행의 개시에 필요한 문서를 첨부하여야 하고 명시기일에 채무자의 출석의무가 부과되는 등 엄격한 절차가 요구되고, 그 내용에 있어서도 채무자의 책임재산을 탐지하여 강제집행을 용이하게 하고 재산상태의 공개를 꺼리는 채무자에 대해서는 채무의 자진이행을 하도록 하는 간접강제적 효과가 있다고 하더라도, 특정 목적물에 대한 구체적 집행행위 또는 보전처분의 실행을 내용으로 하는 압류 또는 가압류, 가처분과 달리 어디까지나 집행 목적물을 탐지하여 강제집행을 용이하게 하기 위한 강제집행의 보조절차 내지 부수절차 또는 강제집행의 준비행위와 강제집행 사이의 중간적 단계의 절차에 불과하다고 볼 수밖에 없으므로, 민법 제168조 제2호 소정의 소멸시효 중단사유인 압류 또는 가압류, 가처분에 준하는 효력까지 인정될 수는 없고, 따라서 재산관계명시결정에 의한 소멸시효 중단의 효력은 그로부터 6개월 내에 다시 소를 제기하거나 압류 뚜는 가압류, 가처분을 하는 등 민법 제174조에 규정된 절차를 속행하지 아니하는 한 상실되는 것으로 보는 것이 옳다.

채무자의 재산명시신청

채권자 김 갑 동
　　　서울 동대문구 이문동 123의 4
채무자 이 을 순
　　　서울시 서초구 서초동 234의 5

1. 집행권원의 표시
위 채권자와 채무자 간 서울중앙지방법원 2010가단1234호 대여금청구사건의 확정판결정본

1. 불이행 금전채무액
금 30,000,000원정

신 청 취 지

채무자는 재산관계를 명시한 재산목록을 제출하라.

라는 명령을 구합니다.

신 청 이 유

1. 채권자는 채무자에 대하여 위 표시의 집행권원을 가지고 있는바, 채무자는 그 채무를 이행하지 아니하고 있습니다.

2. 따라서 채권자는 강제집행을 위하여 채무자의 재산을 백방으로 찾았으나, 채무자는 부동산의 소유명의를 타인 앞으로 변경하고 동산을 은닉하는 등 교묘한 수법으로 재산을 감추고 있어 그 재산발견이 용이하지 아니하여 강제집행을 할 수 없는 실정이므로, 이 사건 신청에 이르렀습니다.

첨 부 서 류

　　　1. 집행력 있는 정본　　　　　　　　　1통
　　　1. 송달증명원　　　　　　　　　　　　1통

　　　　　　　　　　　　　　　　2010.　.　.
　　　　　　　　　　　　위 채권자 김 갑 동 (인)

서울중앙지방법원　 귀 중

나. 재산명시명령과 이의신청

법원은 명시신청에 대하여 채무자를 심문하지 아니하고, 명시신청에 정당한 이유가 있는 때에는 채무자에 대하여 재산상태를 명시한 재산목록의 제출을 명하는 명시명령을 발하고, 명시신청을 한 채권자와 채무자에게 명시명령을 송달한다.[352] 채무자에 대한 송달은 교부송달, 보충송달, 유치송달은 가능하나 우편송달이나 공시송달은 허용되지 않는다(제62조 제5항).

명시신청에 정당한 이유가 없거나, 채무자의 재산을 쉽게 찾을 수 있다고 인정한 때에는 명시신청을 기각한다(이에 대해서는 즉시항고가 가능하다). 채무자의 주민등록이 직권 말소되어 채무자에게 명시명령을 송달할 수 없는 경우 실무는 명시신청을 각하하고 있다. 민사집행법은 채권자가 법원의 주소보정명령[353]을 이행하지 아니한 때에는 법원은 명시명령결정을 취소하고 명시신청을 각하하도록 하고 있다(제62조 제6항, 제7항).

채무자는 재산명시명령에 대해서는 즉시항고를 할 수 없고, 명시명령을 송달받은 날부터 7일 이내에 이의신청을 할 수 있다(채무를 전부 변제하였음을 증명하는 서류의 제출은 이의사유가 된다[354]). 집행채권의 부존재, 소멸 등 실체적 사유는 청구이의의 소로 해결할 것이고, 여기의 이의사유가 될 수 없다.[355] 이에 대해서는 명시명령을 한 법원이 재판한다. 법원은 채무자의 이의신청이 있으면 이의신청사유를 조사할 기일을 정하여 채권자와 채무자에게 통지하고, 이의신청에 정당한 이유가 있으면 결정으로 명시명령을 취소하며(이에 대해서는 즉시항고가 가능하다). 이의신청에 정당한 이유가 없거나 채무자가 정당한 사유 없이 기일에 출석하지 아니한 때에는 결정으로 이의신청을 기각한다(이에 대해서도 즉시항고가 가능하다[356]).

3. 재산명시기일의 실시

명시명령에 대하여 채무자의 이의신청이 없거나 이의신청을 기각한 때에는 법원이 재산명시를 위한 기일을 정하여 채무자에게 출석하도록 요구하고,[357] 채권자에게도 기일통

---

352) 재산명시명령의 송달은 민사소송법 제178조 제1항에 의하여 그 등본으로도 가능하다. 대법원 2003. 10. 14. 자 2003마1144 결정.

353) 채권자가 보정명령을 이행할 수 없었던 때에는 재산조회사유가 된다(제74조 제1항 제1호).

354) 전액 변제받았다는 취지의 변제수령증서를 재산명시절차의 정지사유로 보는 견해가 있다. 이시윤, p.227.

355) 이시윤, p.227.

356) 이의신청기각결정에 대한 즉시항고에 대해서는 집행정지의 효력이 없다(제15조 제6항 본문).

지를 한다. 채무자에 대한 명시기일 출석요구서를 송달할 수 없는 경우358)에는 우편송달이나 공시송달이 허용되지 않고 명시절차는 종료하게 된다.

[서식] 재산명시기일출석요구서

서울중앙지방법원

재 산 명 시 기 일 출 석 요 구 서

채무자 이 을 순 귀하

사　건 2010카기○○○○ 재산명시
채권자 김 갑 동
채무자 이 을 순
집행권원: 서울중앙지방법원 2010. 9. 1. 선고 2010가단1234호 확정판결

위 사건에 관하여 채권자의 위 집행권원에 기한 신청에 의하여 귀하에 대한 재산명시기일이 다음과 같이 지정되었으니 출석하시기 바랍니다.
일시: 2010. 10. 20. 10:00
장소: 제○○○호 법정

2010.　.　.
법원주사 ○ ○ ○

◇ 유의사항 ◇

1. 위 명시기일에는 채무자 본인(채무자가 법인 또는 민사소송법 제52조의 사단이나 재단인 때에는 그 대표자나 관리인, 미성년자 등 소송무능력자인 때에는 법정대리인)이 출석하여야 합니다.
2. 채무자는 별첨 재산목록양식에 의한 재산목록을 작성하여 위 명시기일에 제출하여야 합니다.
3. 재산목록을 작성함에 있어서는 별첨 안내사항 및 작성요령에 관한 설명을 주의 깊게 읽은 후 그에 따라 작성하여 주시기 바랍니다.
4. 채무자는 위 명시기일에 출석하여 채무자가 작성·제출하는 재산목록이 진실함을 선서하여야 하며, 정당한 사유 없이 위 명시기일에 출석하지 아니하거나, 재산목록의 제출 또는 선서를 거부한 때에는 20일 이내의 감치에 처할 수 있고, 허위의 재산목록을 낸 때에는 3년 이하의 징역 또는 500만 원 이하의 벌금에 처할 수 있습니다.
5. 재산목록은 원본 1부와 그 부본 1부를 함께 제출하시기 바랍니다.
6. 이 사건에 관하여 법원에 제출하는 서류에는 사건번호를 기재하시기 바랍니다.
7. 사건진행ARS는 지역번호 없이 1588-9100입니다. 바로 청취하기 위해서는 안내음성에 관계없이 '1'+'9'+ARS열람번호+'*'를 누르면 됩니다.

법원소재지		담당	제단독	전화	대표전화구내

---

357) 채무자가 소송대리인을 선임한 경우에도 출석요구서는 채무자 본인에게 송달하여야 한다(민사집행규칙 제27조 제2항).
358) 재산명시명령은 송달되었으나 재산명시기일 출석요구서의 송달단계에서 공시송달이나 우편송달에 의하지 아니하고는 주소를 보정할 방도가 없는 경우에는 채무자의 송달장소 신고의무위반을 이유로 우편송달을 할 수 있다(제62조 제9항).

명시기일에는 채무자가 출석하여359) 현재의 재산과 과거의 재산처분에 관한 사항을 명시한 재산목록을 제출하여야 한다. 채무자가 작성·제출하여야 할 강제집행의 대상이 된 재산의 내역과 범위에 대해서는 민사집행규칙 제28조 제2항에서 상세히 규정하고 있다. 타인에게 명의신탁한 재산도 재산목록에 적어야 한다(규칙 제28조 제3항).

재산목록에 다음과 같은 과거의 재산처분에 관한 사항이 포함된다([전산양식 A3211] 재산목록 참조).

☐ 28. 재산명시명령이 송달되기 전 1년 이내에 유상 양도한 부동산
☐ 29. 재산명시명령이 송달되기 전 1년 이내에 배우자, 직계혈족 및 4촌 이내의 방계 혈족과 그 배우자, 배우자의 직계혈족과 형제자매에게 유상 양도한 부동산 외의 재산
☐ 30. 재산명시명령이 송달되기 전 2년 이내에 무상 처분한 재산(의례적인 선물을 제 외한다)

재산목록의 기재사항이 명확하고 완전하게 구비된 경우에는 채무자는 재산목록이 진실하다는 것을 선서하여야 한다. 명시기일에 출석한 채무자가 3개월 내에 채무를 변제할 수 있음을 소명한 때에는 법원은 그 기일을 3개월의 범위 안에서 연기할 수 있고, 연기된 신기일에 채무자가 채무액의 2/3 이상을 변제하였음을 증명한 때에는 다시 1개월의 범위 안에서 기일을 연기할 수 있다.

채무자가 명시기일에 제출한 재산목록에 형식적인 흠이 있거나 불명확한 점이 있는 때에는 선서를 한 뒤라도 법원의 허가를 얻어 이미 제출한 재산목록을 정정할 수 있다(제66조).

4. 재산목록의 열람·복사

채무자에 대하여 강제집행을 개시할 수 있는 채권자는 재산목록의 열람 또는 복사를 청구할 수 있다(제67조). 명시신청을 한 채권자는 언제든지 법원에 그 열람·복사를 청구할 수 있고, 그 밖의 채권자는 집행력 있는 정본 및 집행을 개시함에 필요한 문서를 첨부하여 열람·복사를 청구할 수 있다.

---

359) 채권자는 출석의무가 없다.

5. 명시절차의 종료

명시절차는 ① 채무자가 명시선서를 한 때, ② 채무자가 명시기일에 불출석하거나 출석하였더라도 재산목록의 제출 또는 선서를 거부한 때, ③ 채권자가 명시신청을 취하한 때, ④ 강제집행이 실시되어 채권의 만족을 받은 때 종료된다.

6. 채무자의 감치 및 벌칙

재산명시절차가 실효성 있는 제도로 운영될 수 있도록 채무자가 정당한 사유 없이 명시기일에 법원에 출석하지 아니하거나 재산목록의 제출을 거부한 때 또는 선서를 거부한 경우 결정으로 20일 이내의 감치에 처하고, 채무자가 거짓(허위)의 재산목록을 제출한 때에는 3년 이하의 징역 또는 500만 원 이하의 벌금에 처한다(제68조 제9항). 채무자가 감치의 집행 중에 재산명시명령을 이행하겠다고 신청한 때에는 법원은 바로 명시기일을 열어야 하고, 채무자가 당해 명시기일에 재산목록을 내고 선서하거나 신청채권자에 대한 채무를 변제하고 이를 증명하는 서면을 낸 때에는 법원은 바로 감치결정을 취소하고 그 채무자를 석방하도록 명하여야 한다.

[참고 판례]

민사집행법의 재산명시절차에 따라 채무자가 법원에 제출할 재산목록에는 실질적인 가치가 있는지 여부와 상관없이 <u>강제집행의 대상이 되는 재산을 모두 기재하여야 한다.</u>[대법원 2007. 11. 29. 선고 2007도8153 판결] - 재산명시절차에서 채무자가 특정 채권을 실질적 재산가치가 없다고 보아 재산목록에 기재하지 않은 채 제출한 행위가 민사집행법상 거짓의 재산목록 제출죄에 해당한다고 한 사례

7. 명시신청의 재신청

재산명시신청이 기각·각하된 경우에는 그 명시신청을 한 채권자는 기각·각하 사유를 보완하지 아니하고서는 같은 집행권원으로 다시 재산명시신청을 할 수 없다(제69조). 채무자가 명시선서 후 새로운 재산을 취득하였거나 제출된 재산목록이 거짓임을 소명하면 다시 명시신청을 할 수 있다.

[3] 채무불이행자명부등재

1. 의의

채무를 일정 기간 이내에 이행하지 아니하거나 명시절차에서 감치 및 처벌대상이 되는 행위를 한 채무자를 채무불이행자명부라는 일종의 Black List에 등재한 후 일반인의 열람에 공하는 것을 채무불이행자명부등재라 한다(제70조). 이 제도는 고의적으로 집행권원상의 금전채무를 불이행하는 채무자의 명부를 작성·비치하고 이를 일반에 공개·열람함으로써 그의 명예·신용을 떨어지게 하여, 일반인이 그와 거래를 하지 아니하게 함으로써 간접적으로 채무이행을 강제함을 목적으로 하는 제도이다.

2. 등재신청

금전의 지급을 명하는 집행권원이 확정된 후 또는 집행권원을 작성한 후 6개월 이내에 채무를 이행하지 아니하는 때 또는 채무자가 재산명시절차에서 감치 및 처벌을 받을 사유에 해당하는 때에는 채권자는 서면으로 그 채무자를 채무불이행자명부에 올리도록 신청할 수 있다. 이 재판은 민사집행법 제70조 제1항 제1호의 경우에는 채무자의 보통재판적이 있는 곳의 법원이 관할하고, 제1항 제2호의 경우에는 재산명시절차를 실시한 법원이 관할한다(제70조 제항).

[서식] 채무불이행자명부등재신청

채무자가 확정판결을 받고도 6개월 이내에 채무를 이행하지 않는 경우 채권자는 다음과 같은 서식으로 채무불이행자명부등재신청을 할 수 있다.

채 무 불 이 행 자 명 부 등 재 신 청

채권자 김 갑 동
　　　서울 동대문구 이문동 123의 4
채무자 이 을 순
　　　서울 서초구 서초동 234의 5
　　　등록기준지: 경기도 안양시 호계동 100

1. 집행권원의 표시
위 채권자와 채무자 간 서울중앙지방법원 2010가단1234호 대여금청구사건의 확정판결정본
2. 불이행 금전채무액
금 30,000,000원정(집행채권 전액 불이행)

신 청 취 지

채무자를 채무불이행자명부에 등재한다.

라는 결정을 구합니다.

신 청 이 유

1. 위 집행권원 표시에 게기한 판결은 2010. 9. 15 확정되어 집행력이 발생하였는바, 그 후 6개월
　이 경과하도록 채무자는 위 불이행채무액상의 채무를 이행하지 않고 있습니다.

2. 그런데 채무자는 앞으로도 채무를 이행할 의사가 전혀 없으며, 재산을 명시할 뜻 또한 없을 뿐
　아니라, 오히려 부동산의 소유명의를 타인 앞으로 이전하고 동산 또한 친척에게 양도하는 등 사
　해행위를 일삼고 있어, 그 책임재산 발견에 어려움이 있어서 강제집행이 용이하지 아니합니다.

3. 따라서 채권자는 위 신청취지와 같은 재판을 구하기 위하여 이 사건 신청에 이르렀습니다.

첨 부 서 류

　　　　1. 판결정본　　　　　　　1통
　　　　1. 판결확정증명원　　　　1통
　　　　1. 채무불이행최고서　　　1통
　　　　1. 가족관계등록부　　　　1통
　　　　1. 주민등록등본　　　　　1통

　　　　　　　　　　　　　　　　　2010　　．　　．　　．
　　　　　　　　　　　　　　　　위 채권자 김 갑 동 (인)

서울중앙지방법원　　　　귀 중

3. 등재신청에 대한 재판

사법보좌관은 등재신청에 정당한 이유가 있는 때에는 채무자를 채무불이행자명부에 올리는 결정을 하고, 등재신청에 정당한 이유가 없거나 쉽게 강제집행할 수 있다고 인정할 만한 명백한 사유가 있는 때에는 결정으로 이를 기각한다(제71조). 사법보좌관의 등재결정 또는 기각결정에 대해서는 즉시항고가 가능하나, 이 경우에는 즉시항고에 앞서 사법보좌관의 처분에 대한 이의절차를 거쳐야 한다. 이 즉시항고에는 집행정지의 효력이 없다.

4. 명부의 작성 · 비치 · 열람 · 등사

채무불이행자명부등재결정이 있으면 법원의 사무관 등은 지체 없이 채무불이행자명부를 작성하여 결정에 따른 등재를 하고 등재결정을 한 법원에 비치하며, 법원은 이 명부의 부본을 채무자의 주소지(채무자가 법인인 때에는 주된 사무소 소재지) 시 · 구 · 읍 · 면의 장에게 보내야 하고, 금융기관의 장이나 금융기관 관련 단체의 장에게 보내어 채무자에 대한 신용정보로 활용하게 할 수 있다(제72조 제3항). 이는 채무불이행자명부를 금융기관에 통보하여 신용불량자로서 불이익을 받게 함으로써 이 제도가 채무이행의 강제로서의 효율성을 높이고자 하기 위함이다. 이 명부 또는 그 부본은 재산목록 열람 · 복사의 경우와는 달리 누구든지 보거나 복사할 것을 신청할 수 있다. 다만 이 명부가 인쇄물 등에 의하여 공표되는 것은 허용되지 아니한다(제72조 제5항).

5. 명부등재의 말소

변제 그 밖의 사유로 채무의 소멸이 증명된 때에는 사법보좌관은 채무자의 신청에 따라 이 명부에서 말소하는 결정을 하여야 한다. 기한의 유예나 연기 등은 이에 해당하지 않고, 채권자가 말소에 동의하였다는 사유도 이에 해당하지 않는다.

채무불이행자명부에 오른 다음 해부터 10년이 지난 때에는 법원이 직권으로 이 명부에 오른 이름을 말소하는 결정을 한다. 법원이 말소결정을 한 때에는 그 취지를 채무자의 주소지 시 · 구 · 읍 · 면의 장 및 부본을 보낸 금융기관의 장 등에게 통지하여야 한다(제73조).

[4] 채무자 재산조회

1. 의의

　재산명시절차에서 채무자의 명시의무위반이 있거나 채무자가 제출한 재산목록의 재산만으로는 집행채권의 만족을 얻기에 부족하면, 재산명시절차를 실시한 법원은 그 재산명시를 신청한 채권자의 신청에 따라 개인의 재산 및 신용에 관한 전산망을 관리하는 공공기관·금융기관·단체 등에 채무자 명의의 재산에 관하여 조회할 수 있는 채무자 재산조회제도가 재산명시제도의 실효성을 확보하기 위하여 민사집행법에서 도입되었다(제74조). 재산조회규칙에서 재산조회의 비용과 전자통신매체를 사용한 재산조회절차, 재산조회결과의 관리에 관하여 필요한 사항 등을 상세히 규정하고 있고, 법원행정처는 대법원 웹서버에 인터넷을 이용하여 접속이 가능한 재산조회시스템을 설치·운영하고 있다.

2. 재산조회신청

　재산명시신청을 한 채권자는 다음과 같은 신청요건을 소명하여 서면으로 재산명시절차의 관할법원에 재산조회신청을 할 수 있다(제74조).

① 재산명시명령이 채무자의 도주 등 송달불능으로 채권자가 주소보정명령을 받고도 채무자의 주소불명으로 이를 이행할 수 없었던 경우
② 채무자 제출의 재산목록만으로 집행채권의 만족을 얻기에 부족한 경우
③ 정당한 이유 없는 채무자의 명시기일 불출석, 재산목록 제출거부 또는 선서거부 또는 는 채무자의 허위재산목록의 제출의 경우

　채권자가 재산조회신청을 할 경우에는 조회할 기관·단체를 특정하여야 하며 조회에 드는 비용을 미리 내야 한다. 조회할 재산의 종류도 기재하여야 한다.[360]
　금융재산에 대한 조회 시 해당 금융기관에 예치된 모든 예금채권을 포괄조회하는 것에

---

360) 법원행정처에 토지건물의 소유권에 관한 조회를 하는 경우에는 재산명시명령이 송달되기 전 또는 재산조회신청을 하기 전 2년 내에 채무자가 보유한 재산내역에 대해서도 조회할 수 있다(재산조회규칙 제36조 제2항).

그치고, 전국의 모든 금융기관에 예치된 모든 예금채권을 포괄조회하는 것은 허용되지 않는다.

3. 조회실시 및 조회의 결과

법원이 재산조회를 할 경우에는 채무자의 인적사항을 적은 문서에 의하여 해당 기관·단체가 보유하고 있는 자료를 한꺼번에 모아 제출하도록 요구할 수 있고, 공공기관·금융기관·단체 등은 정당한 사유 없이 법원의 재산조회를 거부하지 못한다. 거짓 자료의 제출이나 자료제출의 거부에는 500만 원 이하의 과태료의 제재가 있다(제75조 제2항). 채무불이행자명부등재와 같이 재산조회는 사법보좌관의 업무이다.

법원은 재산조회의 결과를 채무자의 재산목록에 준하여 관리하여야 한다. 이 제도로 채권자는 채무자의 재산발견에 법원의 협조를 얻을 수 있게 되어 집행이 용이해질 수 있다. 누구든지 재산조회의 결과를 강제집행 외의 목적으로 사용할 수 없고, 이에 위반 시 2년 이하의 징역 또는 500만 원 이하의 벌금에 처한다(제76조 제2항).

[서식] 재산조회신청서

재 산 조 회 신 청 서				
채 권 자	이름: 주소: 전화번호: 대리인:		주민등록번호: 팩스번호:	 이메일 주소:
채 무 자	이름: 　　　　　(한자: 　　　　　) 주민등록번호: 주소:			
조회대상기관 조회대상재산	별지와 같음			
재산명시사건	지방법원 20　카명　　　　호			
집행권원				
불이행 권액				
신청취지	위 기관의 장에게 채무자 명의의 위 재산에 대하여 조회를 실시한다.			

신청사유	채권자는 아래와 같은 사유가 있으므로 민사집행법 제74조 제1항의 규정에 의하여 채무자에 대한 재산조회를 신청합니다. (해당란 □에 ∨ 표시) □ 명시기일 불출석　　　　　□ 재산목록 제출 거부 □ 선서 거부　　　　　　　　□ 거짓 재산목록 제출 □ 집행채권의 만족을 얻기에 부족함　□ 주소불명으로 인하여 명시절차를 거치지 못함
비용환급용 예금계좌	
첨부서류	
(인지 첨부란)	200 ．　．　． 　　　　　　　　　신청인　　　　　　　　　(날인 또는 서명) 　지방법원 귀중

주 ① 신청서에는 **1,000원**의 수입인지를 붙여야 합니다.
　② 신청인은 별지 조회비용의 합계액과 송달필요기관 수에 2를 더한 횟수의 송달료를 예납하여야 합니다.
　③ '불이행 채권액' 난에는 채무자가 재산조회신청 당시까지 갚지 아니한 금액을 기재합니다.
참조: 민집규 35, 25, 재산조회규칙 7, 8.

[재산조회 기관 및 조회할 재산]

순번	기관·단체	조회할 재산	조회비용
1	법원행정처	토지·건물의 소유권	20,000원
2	건설교통부	건물의 소유권	10,000원
3	특허청	특허권·실용신안권·의장권·상표권	20,000원
4	특별시· 광역시 또는 도	자동차·건설기계의 소유권	기관별 5,000원
5	은행법에 의한 금융기관	금융실명거래및비밀보장에관한법률 제2조 제2호에 규정된 금융자산(다음부터 '금융자산'이라 한다) 중 계좌별로 시가 합계액이 50만 원 이상인 것	기관별 5,000원
6	종합금융회사에관한법률에 의한 종합금융회사	금융자산 중 계좌별로 시가 합계액이 50만 원 이상인 것	기관별 5,000원
7	상호저축은행법에 의한 상호저축은행	금융자산 중 계좌별로 시가 합계액이 50만 원 이상인 것	기관별 5,000원
8	농업협동조합법에 의한 농업협동조합과 그 중앙회	금융자산 중 계좌별로 시가 합계액이 50만 원 이상인 것	기관별 5,000원
9	수산업협동조합법에 의한 수산업협동조합과 그 중앙회	금융자산 중 계좌별로 시가 합계액이 50만 원 이상인 것	기관별 5,000원
10	신용협동조합법에 의한 신용협동조합	금융자산 중 계좌별로 시가 합계액이 50만 원 이상인 것	기관별 5,000원

순번	기관 · 단체	조회할 재산	조회비용
11	산림조합법에 의한 산림조합	금융자산 중 계좌별로 시가 합계액이 50만 원 이상인 것	기관별 5,000원
12	새마을금고법에 의한 새마을금고	금융자산 중 계좌별로 시가 합계액이 50만 원 이상인 것	기관별 5,000원
13	신탁업법에 의한 신탁회사와 증권투자신탁법에 의한 위탁회사	금융자산 중 계좌별로 시가 합계액이 50만 원 이상인 것	기관별 5,000원
14	증권거래법에 의한 증권회사 · 증권금융회사 · 중개회사 및 명의개서대행업무를 수행하는 기관	금융자산 중 계좌별로 시가 합계액이 50만 원 이상인 것	기관별 5,000원
15	보험업법에 의한 보험사업자	해약환급금이 50만 원 이상인 보험계약	기관별 5,000원
16	정보통신부	금융자산 중 계좌별로 시가 합계액이 50만 원 이상인 것	5,000원

제6장 부동산집행의 개요 및 쟁점

[1] 부동산집행의 개요

강제집행절차는 크게 금전채권에 기초한 강제집행과 비금전채권(금전채권 외의 채권)에 기초한 강제집행으로 나뉘고, 전자를 금전집행, 후자를 비금전집행으로 부른다. 금전집행은 금전채권의 강제적 실현을 위한 절차로 강제집행절차의 주종을 이룬다. 금전집행은 집행대상에 따라 부동산집행, 선박 등 준부동산집행, 유체동산집행, 채권집행 등으로 나뉜다. 부동산집행은 채무자 소유의 부동산 자체를 목적으로 하는 점에서 부동산을 목적으로 하는 채권에 대한 집행과 다르고, 금전채권의 만족을 목적으로 하는 점에서 특정 부동산의 인도를 목적으로 하는 집행과 다르다.

민사집행법은 금전집행 중에서도 부동산집행, 그중에서도 강제경매에 관한 절차를 상세히 규정하면서 이를 부동산의 강제관리와 준부동산집행, 부동산 담보권실행, 동산집행에 준용하고 있다.

본 장에서는 부동산집행의 개요를 살펴본 후 부동산집행의 주요 쟁점을 정리해 본다.

1. 강제경매

부동산에 대한 집행방법으로는 강제경매와 강제관리가 있으나[361] 실무상 많이 행해지는 강제경매를 중심으로 살펴보기로 한다.[362]

---

[361] 강제경매는 매각으로 채무자가 목적물의 소유권을 잃게 되나 매각 때까지 사용수익권을 가지고 있는 데 반하여 강제관리는 채무자가 그 소유권을 가지고 있는 대신에 그 사용수익권을 잃는 점에서 차이가 있다. 채권자는 강제경매와 강제관리 어떠한 방법에 의하여 집행할 것인가를 선택할 수 있다. 동시에 두 가지를 경합하여 신청할 수도 있고, 강제관리를 신청하였다가 뒤에 강제경매를 신청할 수도 있다.

[362] 2009년 1년 동안 전국 법원에 신청된 강제경매신청사건은 44,343건이고, 강제관리는 불과 14건에 불과하였다. 참고로 2009년 담보권실행을 위한 경매사건은 79,910건, 기타집행 493,425건이다. 사법연감

강제경매란 집행력 있는 정본에 기하여 채무자 소유의 부동산을 **압류**하여 **현금화**한 다음, 그 매각대금을 가지고 채권자의 금전채권을 변제하여 **만족**을 얻는 단계를 거친다. 강제경매는 그 본질이 매매의 일종이나,[363] 일반 매매와는 다음과 같은 차이가 있다. 매각에 의한 소유권취득은 성질상 승계취득이다.[364]

[강제경매와 일반매매의 차이]]

구분	국가기관 개입여부	매각조건	매각 후 등기절차	목적물 인도불응 시	소유권 이전시기	담보책임
강제경매	집행기관의 개입과 주도	법정 매각조건	등기촉탁	6개월 이내 인도명령신청	대금 지급 시	권리의 하자에 한함
일반매매	사적 자치	당사자 간 합의	당사자의 신청	인도소송	이전등기 완료 시	권리·물건의 하자 불문

강제경매절차는 다음과 같이 진행된다.

가. 강제경매의 신청

채권자의 강제경매신청으로 강제경매절차가 개시된다. 강제경매를 신청하기 위해서는 집행권원의 집행문과 송달증명을 구비해야 한다(공정증서의 경우에는 송달증명이 필요 없다). 강제경매의 대상으로는 토지와 건물이 가장 대표적인 것이고, 공장 및 광업재단저당법에 의한 공장재단 등은 1개의 부동산으로 취급되어 강제경매의 대상이 된다.

일반적으로 부동산은 무엇이든지 경매의 대상이 될 수 있으나, 사립학교법상 학교법인의 교육용 재산(학교교사 등 직접 교육에 사용하는 재산)은 매도하거나 담보로 제공할 수 없으므로(사립학교법 제28조 제2항), 이러한 재산은 강제집행의 대상이 되지 아니한다. 그러나 학교법인의 기본재산이나 사찰소유의 부동산에 대한 주무관청의 허가는 경매

(2009) 참고.

363) 대법원 1993. 5. 25. 선고 92다15574 판결: 민법 제578조 제1항, 제2항은 <u>매매의 일종인 경매에 있어</u>서 목적물의 하자로 인하여 경락인이 경락의 목적인 재산권을 완전히 취득할 수 없을 때에 매매의 경우에 준하여 매도인의 위치에 있는 경매의 채무자나 채권자에게 담보책임을 부담시켜 경락인을 보호하기 위한 규정으로서 그 담보책임은 매매의 경우와 마찬가지로 경매절차는 유효하게 이루어졌으나 경매의 목적이 된 권리의 전부 또는 일부가 타인에게 속하는 등의 하자로 경락인이 완전한 소유권을 취득할 수 없거나 이를 잃게 되는 경우에 인정되는 것이고 경매절차 자체가 무효인 경우에는 경매의 채무자나 채권자의 담보책임은 인정될 여지가 없다.

364) 대법원 1991. 8. 27. 선고91다3703 판결.

개시의 요건이 아니고 매수인의 소유권 취득의 요건에 불과하다. 따라서 경매신청 시 그 처분허가서를 제출하지 않더라도 경매신청이 각하되지 않는다. 파산절차 등 도산절차가 개시된 채무자 소유의 부동산에 대해서는 강제집행이 허용되지 않는다.

강제경매는 목적 부동산이 있는 곳의 지방법원이 집행법원으로 관할한다. 2005년 7월부터 강제경매는 사법보좌관의 업무가 되었으나, 강제관리는 종전처럼 지방법원 단독판사의 업무이다. 강제경매신청서에는 채권자와 채무자를 특정할 수 있도록 그 성명과 주소를 표시하여야 하고, 특히 강제경매신청의 대상이 될 부동산을 특정하여 표시해야 한다. 통상 등기부의 표제부에 기재되어 있는 대로 표시하고 미등기의 부속건물이 있거나 건물이 증·개축되어 실제 건평이나 구조가 등기부의 표시와 일치하지 아니할 때에는 그 미등기부속건물 또는 실제의 구조와 건평을 아울러 표시한다.

강제경매를 신청할 때에는 집행관의 현황조사수수료·감정료·경매공고비용·경매수수료와 송달료를 예납하여야 하고, 등록세 및 교육세의 영수필통지서와 확인서를 첨부하여야 한다.

나. 압류절차

강제경매신청이 있으면 집행법원은 경매신청요건이 구비되었다고 판단하면 강제경매개시결정을 하고 직권으로 그 사유를 등기부에 기입할 것을 등기관에 촉탁하여야 하며, 등기관은 위 촉탁에 의하여 경매신청의 기입등기를 하게 된다.

부동산의 압류는 채무자에게 강제경매개시결정이 송달된 때 또는 경매신청등기가 된 때에 그 효력이 생기므로, 직권으로 경매개시결정정본을 채무자와 채권자에게 송달한다. 경매개시결정에 대해서는 경매개시결정에 대한 이의로 불복을 신청할 수 있다. 이의신청은 경매신청요건이나 개시요건의 흠결 등 대한 절차상의 하자를 이유로 하는 경우에만 할 수 있으며, 집행채권의 소멸 등 실체상의 이유를 가지고서는 이의신청을 할 수 없다.

다. 현금화 절차

집행법원이 경매개시결정을 한 때에는 경매의 준비로서 조세 및 기타 공과를 주관하는 공무소에 대하여 그 부동산에 관한 채권의 유무와 한도를 일정한 기간 이내에 통지할 것을 최고하고, 집행관에게 부동산의 현황조사를 명하고 감정인에게 목적 부동산을 평가하게 하여 그 평가액을 참작하여 최저매각가격을 정한다.

위 절차가 끝나면 집행법원은 매각기일을 정하여 공고하여야 한다. 매각허가기일은 매각기일로부터 7일 이내로 정하여야 한다. 법원은 매각기일과 매각허가기일을 이해관계인에게 통지한다. 법원이 매각기일을 지정하면 집행관에게 매각명령을 발하고, 매각기일에는 집행관이 집행보조기관으로서 미리 지정된 장소에서 경매 또는 입찰을 실시하여 최고가 매수인 또는 최고가 입찰자가 정하여지면, 법원은 매각허가기일에 이해관계인의 의견을 들은 후 매각의 허가 또는 불허가결정을 하게 된다.

허가할 매수가격의 신고 또는 입찰이 없는 경우 법원은 최저 경매 또는 입찰가격을 저감하고 신경매 또는 입찰기일을 정하여 다시 경매 또는 입찰을 실시한다. 매각허가결정은 매각허가기일에 법정에서 선고하여야 하며, 이 결정은 이를 고지한 때에 그 효력이 발생한다.

매각허부의 결정에 대하여 이해관계인은 매각허부결정일로부터 1주일 이내에 즉시항고를 할 수 있다. 채무자 또는 소유자가 매각허가결정에 대하여 항고를 할 때에는 보증으로 매각대금의 10분의 1에 해당하는 현금 또는 법원이 인정한 유가증권을 공탁하여야 한다. 항고가 기각된 경우에는 보증금(채무자 또는 소유자의 경우)이나 일정 범위의 이자(채무자 및 소유자 이외의 자)를 몰수당하게 된다(매각대금 × 20% × 항고기간/365일).

매각허부결정은 확정되어야 효력이 있으므로 즉시항고가 있으면 집행법원은 대금지급 및 배당기일이나 새 매각기일을 지정·실시할 수 없다. 매각결정기일로부터 1주일 내에 즉시항고가 없거나, 즉시항고가 기각되어 매각허가결정이 확정되었을 때 법원은 대금지급기한을 정하여 매수인에게 대금의 지급을 명한다. 통상 매각허가결정 확정일로부터 3~4일 내에 대금지급기한을 지정·통지하고, 대금지급기한은 1개월 정도를 준다. 대금지급기한통지서를 받은 매수인은 정해진 기한 내에 언제든지 매각대금을 납부할 수 있다.

매수인이 매각대금을 완납하면 소유권이전등기 여부와 관계없이 매각대상 부동산의 소유권을 취득한다.

라. 만족절차

매수인이 대금을 완납한 경우 채권자의 경합이 없거나 그 대금으로 각 채권자의 채권 및 비용을 변제하기에 충분한 때에는 각 채권자에게 이를 지급하고, 각 채권자의 채권 및 비용을 변제하기에 부족한 경우에는 배당절차로 진행한다.

매수인이 대금을 완납한 경우에는 매수인이 취득한 권리의 등기를 촉탁하게 된다. 매수인이 대금지급기일에 그 의무를 이행하지 아니할 경우 차순위 매수신고인이 있을 때에는 차순위 매수신고인에 대한 매각허부를 결정하여야 하고, 매수인이 대금지급기일에 대금지급의무를 완전히 이행하지 아니하고, 차순위 매수신고인이 없을 때에는 법원이 직권으로 재매각을 실시하게 된다.

부동산강제경매에 있어서도 채무자의 총재산으로부터 변제를 받을 수 있는 채권자, 즉 민법, 상법 및 기타 법률에 의하여 우선변제청구권이 있는 자(예컨대 주택·상가건물 임대차보호법상의 임대차보증금채권, 근로기준법상의 임금채권 등), 집행력 있는 정본을 가진 채권자 및 경매개시결정의 등기 후에 가압류를 한 채권자는 매각부동산의 매각대금으로부터 평등한 비율로 변제받기 위하여 매각기일까지 배당요구를 할 수 있다. 경매개시결정등기 전까지의 가압류채권자는 배당요구권자로 간주되어 배당액을 공탁하도록 하고 있다.

주의할 점은 특별법에서 일반채권이나 저당권 등에 우선하는 채권이 의외로 많아(예컨대 국세와 지방세, 산업재해보상보험료, 지방자치단체의 공과금, 임금, 주택·상가건물 임대차보증금 중 일정액 등), 그 때문에 일반채권자나 저당권자들이 불의에 자신이 받을 몫을 깎이는 경우가 많으므로, 강제경매 등 강제집행절차를 개시하기에 앞서 채무자의 조세미납 여부 등을 확인해 두어야 한다.

매수인은 매각허가결정이 있은 후 인도할 때까지 관리인을 선임하여 그 관리인으로 하여금 그 부동산을 관리하도록 하는 부동산관리명령을 신청할 수 있고(실무상 관리명령제도는 거의 활용되지 않는다), 매수인이 매각대금납부 후에는 대금완납 후 6개월 이내에 채무자·소유자 또는 압류의 효력이 있은 후에 점유를 시작한 부동산 점유자에 대하여 부동산을 매수인에게 인도할 것을 명하도록 하는 부동산인도명령을 신청하고 그 인도명령에 기하여 인도집행을 할 수 있다. 위와 같은 절차를 취하지 않은 경우 매수인은 소유권에 기하여 부동산의 인도 내지 명도소송을 제기할 수밖에 없다.

2. 강제관리

강제관리란 채무자로부터 부동산의 소유권을 박탈하지 아니하고 그 부동산의 수익을 가지고 금전채권의 만족을 얻는 강제집행방법이다. 제163조 이하에서 강제관리에 관하여 규정하고 있다. 강제관리는 집행력 있는 정본에 의한 강제집행에만 인정되고, 담보권의 실행을 위하여 강제관리를 신청할 수는 없다.

채권자의 강제관리신청이 있으면 법원은 강제관리개시결정을 하여 목적 부동산을 압류하고 채무자에 대하여 관리사무에 대한 간섭과 부동산수익의 처분을 금하며, 부동산수익을 채무자에게 지급할 제3자(임차인 등)에 대해서는 그 후 관리인에게 지급할 것을 명하고 관할 등기소에 강제관리신청의 기입등기를 촉탁한다. 법원은 그 후 채무자 및 제3자에게 강제관리개시결정 정본을 송달하고 목적 부동산을 사용·수익할 관리인을 임명한다.

관리인은 법원의 감독하에 부동산을 관리하여 그 수익을 추심하고 또 이를 환가한다. 배당을 받을 채권자는 집행법원이 정하는 각 기간의 종기까지 강제관리의 신청을 한 압류채권자와 배당요구를 한 채권자이다. 관리인은 부동산수익에서 관리비용을 공제하고 그 잔액으로서 각 채권을 변제하고, 변제에 충분하지 못한 때에는 배당협의에 따라 배당을 실시하거나 배당협의불성립사실을 법원에 신고한다. 위 신고가 있으면 법원은 강제경매에 준하여 배당표를 작성하여 관리인으로 하여금 그 배당표에 의하여 각 채권자에게 배당하도록 한다. 배당이 완료되면 법원은 직권으로 강제관리취소결정을 하고 강제관리신청기입등기의 말소를 촉탁함과 동시에 강제관리절차를 종결한다.

3. 준부동산집행(선박·항공기·자동차·건설기계 등에 대한 강제집행)

부동산은 아니지만 부동산에 준하여 다루어지는 선박, 항공기, 자동차 및 건설기계 등에 대한 강제집행절차에 관하여 간단히 살펴보기로 한다.

가. 선박에 대한 강제집행

채권자가 금전의 지급을 목적으로 하는 청구권의 만족을 얻기 위하여 채무자 소유의 선박에 대해서도 부동산의 강제경매에 관한 규정에 의하여 강제집행을 할 수 있다. 총톤수 20톤 이상의 등기할 수 있는 선박이면 미등기라도 선박집행의 대상이 된다. 등기할 수 없는 선박이나 건조 중인 선박은 유체동산집행의 대상이 된다.

채무자 소유의 선박에 대하여 집행하려고 하는 채권자는 압류 당시 그 선박이 있는 곳을 관할하는 지방법원(제173조, 선박소재지주의)에 강제경매신청을 함으로써 개시되고, 법원은 경매개시결정을 하고 집행관으로 하여금 선박국적증서 등 항행에 필요한 문서(선적증서·승무원명부·항해일지·선박검사증서 등)를 선장으로부터 받아 법원에 제출하도록 명한다. 외국 선박을 제외하고 등기관에 경매개시결정의 기입등기를 촉탁하고 경매개시결정을 채무자에게 송달하여 목적 선박을 압류한다. 선박집행신청 전에 필요한 경우 보전처분으로 선박국적증서 등의 인도명령을 신청할 수 있다.

집행관이 선박국적증서 등을 인도받은 날로부터 5일 이내에 채권자로부터 선박집행을 신청하였음을 증명하는 문서를 제출받지 못한 때에는 집행관은 그 선박국적증서 등을 돌려주어야 한다. 집행관이 선박국적증서 등을 수취하거나 이를 인도받은 때에는 즉시 그 취지를 선적항을 관할하는 해운관청의 장에게 통지하고, 선박국적증서 등을 집행법원에 제출한다.

결국 집행관이 선박국적증서 등의 수취·제출명령을 집행하면 압류의 효력이 생기고 당해 선박은 출항이 금지되게 된다. 법원은 경매개시결정과 동시에 또는 별도의 명령으로 목적 선박의 정박명령을 하고, 채권자는 선박의 감수(監守)와 보존에 필요한 처분을 할 수 있다. 감수는 선박 및 그 속구(屬具)의 소재의 변동을 방지하기 위한 조치이고, 보존은 선박 및 그 속구의 효용 및 가치를 유지하기 위한 조치이다. 감수·보전명령은 경매개시결정이 송달되기 전에도 압류의 효력이 생긴다.

집행법원은 채무자의 신청에 의하여 영업상의 필요, 그 밖에 상당한 이유가 있다고 인정되면 선박의 운행을 허가할 수 있다.

압류된 선박의 현금화와 배당도 부동산강제경매의 경우에 준하여 실시된다. 배당절차에서는 선박우선특권이 법정우선변제청구권으로 존중되어 먼저 배당받게 된다(상법 제861조).

나. 항공기·자동차·건설기계 등에 대한 강제집행

항공기·자동차·건설기계는 부동산강제경매에 준하여 집행한다. 항공기집행은 매각물건명세서와 현황조사보고서를 작성하지 않고 매각절차가 행해지는 점을 제외하고는 선박집행의 예에 의한다. 자동차관리법에 의하여 등록된 자동차, 건설기계관리법에 의하여 건설기계등록원부에 등록된 건설기계에 대해서는 등록원부상의 채무자의 주소지를 관할하는 지방법원에 강제경매신청을 함으로써 개시된다. 등록할 수 없는 자동차나 등록을 하지 아니한 자동차에 대해서는 유체동산 집행방법에 의한다.

자동차나 건설기계의 표시는 등록번호와 차명, 형식 및 연식, 차대번호, 원동기의 형식, 사용본거지, 등록연월일 등 등록원부에 기재되어 있는 사항을 기재하여 특정하도록 한다.

법원이 경매개시결정을 함에 있어서는 그 자동차(건설기계)의 압류를 명하는 것 이외에 채무자에 대하여 자동차(건설기계)를 집행관에게 인도할 것을 명한다.

법원은 경매개시결정을 채무자에게 송달하고, 직권으로 서울특별시장·광역시장 또는 도지사에게 자동차(건설기계) 등록원부에 압류의 등록을 할 것을 촉탁한다.

채권자가 집행관에게 집행을 위임하면 집행관은 경매개시결정정본에 기하여 자동차를 인도받아 이후 매각이 완료될 때까지 보관한다. 경매개시결정이 있은 날로부터 2개월이 경과하기까지 집행관이 자동차를 인도받지 못하면 법원은 경매절차를 취소한다. 채권자는 강제경매신청 전에도 인도명령을 신청할 수 있고, 채권자가 집행관의 인도집행 후 10일 이내에 강제경매신청을 하였음을 증명하는 문서를 제출하지 않으면 집행관은 자동차를 채무자에게 반환한다. 집행관은 상당하다고 인정한 때에는 인도받은 자동차를 채권자·채무자 및 기타 적당하다고 인정되는 자에게 보관시킬 수 있다. 중고자동차의 경우 가격이 많이 나가지 않고 날이 갈수록 가격이 하락하는 경향이 있으므로 입찰이나 호가경매가 아닌 방법으로 매각을 실시할 수 있고, 압류채권자의 매수신청에 따라 그에게 직접 자동차의 매각을 허가할 수 있다(양도명령).

자동차나 건설기계에 대한 현금화 절차도 부동산강제경매의 경우에 준하여 실시한다.

[2] 부동산집행의 쟁점

1. 압류의 효력

가. 압류의 의의 및 방법

압류는 채권자의 금전채권을 만족시키기 위하여 대상재산에 대하여 채무자의 처분을 금지하고 현금화하기까지 그 교환가치를 유지하는 조치를 취하는 집행법원의 처분이다. 부동산집행이나 동산집행, 채권집행 등 금전집행에 있어서는 압류가 선행된다. 압류는 부동산집행의 경우에는 압류등기로 제3자에게 공시한다.

나. 압류와 채무자의 관리·이용

압류에 의해 채무자가 그 소유권을 상실하는 등 그 재산의 귀속관계에 변경이 생기는 것은 아니다.[365] 부동산강제경매절차에서도 채무자의 통상의 방법에 따른 관리·이용권이 인정된다.[366] 다만 압류 후 채무자가 일반 임대차가 아닌 주택임대차보호법이나 상가건물임대차보호법상의 임대차계약을 체결하는 것은 압류채권자와의 관계에서 무효로 본다.[367]

다. 압류와 제3자와의 관계

압류의 본질적 효력은 금전집행의 목적달성에 필요한 한도에서의 목적물에 대한 채무자의 처분을 금지하는 **處分禁止效**에 있다. 압류에 의해 채무자는 압류한 재산의 처분권을 상실하고, 국가가 처분권을 취득한다. 따라서 압류된 후에는 채무자가 부동산의 양도나 용익권·담보권의 설정을 할 수 없고, 이에 저촉되는 채무자의 처분은 효력이 없다.[368] 경매로 인한 압류의 효력발생시점을 기준으로 제3자의 지위가 달라진다. 그러나 집행채권자의 만족을 부당하게 해치는 것이 아니면 처분금지효는 생기지 않는다. 절대무효는 아니라는 의미이다.

(1) 압류효력의 객관적 범위: 압류의 효력이 미치는 객관적 범위는 원칙적으로 저당권

---

365) 민사집행법 제83조(경매개시결정 등)
② 압류는 부동산에 대한 채무자의 관리·이용에 영향을 미치지 아니한다.

366) 관리인의 관리·이용을 내용으로 하는 강제관리에서는 채무자의 관리수익권이 상실된다.

367) 임차인이 위 특별법상의 대항요건과 확정일자를 갖추면 이와 같은 임차인에게 우선변제권 등이 생겨 적어도 저당권설정계약과 같은 처분행위가 되고, 특히 소액임차인의 경우 최우선변제권과 같은 일종의 법정담보권과 같은 효력이 생기기 때문이다. 이시윤, p.239 참조.

368) 대법원 2006. 8. 25. 선고 2006다22050 판결: 채무자 소유의 부동산에 경매개시결정의 기입등기가 경료되어 압류의 효력이 발생한 이후에 채권자가 채무자로부터 위 부동산의 점유를 이전받고 이에 관한 공사 등을 시행함으로써 채무자에 대한 공사대금채권 및 이를 피담보채권으로 한 유치권을 취득한 경우, 이러한 점유의 이전은 목적물의 교환가치를 감소시킬 우려가 있는 처분행위에 해당하여 민사집행법 제92조 제1항, 제83조 제4항에 따른 압류의 처분금지효에 저촉되므로, 위와 같은 경위로 부동산을 점유한 채권자로서는 위 유치권을 내세워 그 부동산에 관한 경매절차의 매수인에게 대항할 수 없고, 이 경우 위 부동산에 경매개시결정의 기입등기가 경료되어 있음을 채권자가 알았는지 여부 또는 이를 알지 못한 것에 관하여 과실이 있는지 여부 등은 채권자가 그 유치권을 매수인에게 대항할 수 없다는 결론에 아무런 영향을 미치지 못한다. 대법원 2009. 1. 15. 선고 2008다70763 판결: 이러한 법리는 경매로 인한 압류의 효력이 발생하기 전에 유치권을 취득한 경우에는 적용되지 아니하고, 유치권 취득시기가 근저당권설정 후라거나 유치권 취득 전에 설정된 근저당권에 기하여 경매절차가 개시되었다고 하여 달리 볼 것은 아니다.

의 효력이 미치는 범위(민법 제358조)와 같다. 목적부동산 이외에 목적부동산의 부합물,[369] 종물,[370] 종된 권리[371])에도 압류의 효력이 미친다.

(2) 압류효력의 상대성(상대적 무효): 압류 후 채무자가 압류목적물을 양도하거나 저당권 등을 설정하여 대항요건까지 갖춘 경우에는 이와 같은 채무자의 처분행위는 압류의 처분금지효 위반이나, 그 처분행위는 적어도 처음의 압류채권자와 처분 전에 집행절차에 참가한 이중압류채권자나 배당요구채권자와의 관계에서 대항할 수 없다는 상대적 무효설이 통설·판례이다.[372] 이 경우에도 처분당사자 사이에는 무효가 아니며 또한 압류 후 양도, 저당권설정 등의 처분행위가 있은 후에 강제집행을 취하하거나 집행취소가 있었을 때에는 그 처분이 완전히 유효하게 된다.

---

369) 예컨대 토지사용승낙 등 권원 없이 식재한 수목, 구분소유의사가 나타나지 않은 기존건물의 증축부분, 지하콘크리트 구조물, 주유소 지하에 매설된 유류저장탱크 등. 대법원 1998. 10. 28. 자 98마1817 결정: 경매의 대상이 된 토지 위에 생립하고 있는 채무자 소유의 미등기 수목은 토지의 구성 부분으로서 토지의 일부로 간주되어 특별한 사정이 없는 한 토지와 함께 경매되는 것이므로 그 수목의 가액을 포함하여 경매 대상 토지를 평가하여 이를 최저경매가격으로 공고하여야 하고, 다만 입목에 관한 법률에 따라 등기된 입목이나 명인방법을 갖춘 수목의 경우에는 독립하여 거래의 객체가 되므로 토지 평가에 포함되지 아니한다.

370) 대법원 1991. 5. 14. 선고 91다2779 판결: 낡은 가재도구 등의 보관장소로 사용되고 있는 방과 연탄창고 및 공동변소가 본채에서 떨어져 축조되어 있기는 하나 본채의 종물이라고 본 사례.

371) 대법원 2009. 6. 23. 선고 2009다26145 판결: 집합건물의 소유 및 관리에 관한 법률(이하 '집합건물법'이라 한다)은 제20조에서, 구분소유자의 대지사용권은 그가 가지는 전유부분의 처분에 따르고(제1항), 구분소유자는 규약 또는 공정증서로써 달리 정하지 않는 한 그가 가지는 전유부분과 분리하여 대지사용권을 처분할 수 없으며(제2항, 제4항), <u>위 분리처분금지는 그 취지를 등기하지 아니하면 선의로 물권을 취득한 제3자에 대하여 대항하지 못한다</u>(제3항)고 규정하고 있는데, 위 규정의 취지는 집합건물의 전유부분과 대지사용권이 분리되는 것을 최대한 억제하여 대지사용권 없는 구분소유권의 발생을 방지함으로써 집합건물에 관한 법률관계의 안정과 합리적 규율을 도모하려는 데 있다(대법원 2006. 3. 10. 선고 2004다742 판결 등 참조). 이러한 집합건물법의 규정 내용과 입법 취지 등을 종합하여 볼 때, 경매절차에서 <u>전유부분을 낙찰받은 사람은 대지사용권까지 취득하는 것이고</u>(대법원 2008. 9. 11. 선고 2007다45777 판결 등 참조), 규약이나 공정증서로써 다르게 정하였다는 특별한 사정이 없는 한 <u>대지사용권을 전유부분과 분리하여 처분할 수는 없으며</u>, 이를 위반한 대지사용권의 처분은 법원의 강제경매절차에 의한 것이라 하더라도 무효라고 하여야 한다(대법원 2006. 3. 10. 선고 2004다742 판결 등 참조). 또한 대지사용권은 구분소유자가 전유부분 소유를 하기 위하여 건물의 대지에 대하여 가지는 권리로서(집합건물법 제2조 제6호) 그 성립을 위해서는 집합건물의 존재와 구분소유자가 전유부분 소유를 위하여 당해 대지를 사용할 수 있는 권리를 보유하는 것 이외에는 다른 특별한 요건이 필요치 않은 사정도 고려하면, 집합건물법 제20조 제3항 소정의 '선의'의 제3자라 함은 원칙적으로 집합건물의 대지로 되어 있는 사정을 모른 채 대지사용권의 목적이 되는 토지를 취득한 제3자를 의미한다 할 것이다.

372) 대법원 2007. 1. 11. 선고 2005다47175 판결: 가압류채무자가 가압류에 반하는 처분행위를 한 경우 그 처분의 유효를 가압류채권자에게 주장할 수 없지만, 이러한 가압류의 처분제한의 효력은 가압류채권자의 이익보호를 위하여 인정되는 것이므로 가압류채권자는 그 처분행위의 효력을 긍정할 수도 있다.

(3) **압류효력의 주관적 범위**: 채무자가 압류 후 양도·저당권설정 등 처분행위를 하고 처분 후에 집행절차에 참가한 이중압류채권자나 배당요구채권자와의 관계에서도 최초 압류의 처분금지효가 미치는지 문제된다.

1) **개별상대효설**: 압류 후에도 채무자의 재산처분의 자유를 존중하여 압류 후에 채무자가 한 처분행위는 압류채권자에 대해서만 대항할 수 없어 무효이고, 처분 후 집행절차에 참가한 이중압류채권자나 배당요구채권자와 관계에서는 완전히 유효한 것으로 본다(통설·판례).373) 따라서

☞ 부동산을 압류한 뒤라도 채무자가 그 부동산에 대하여 저당권설정등기를 한 경우 저당권취득자는 그 저당권으로 압류채권자에 대해서만 대항할 수 없을 뿐 그 설정 후 집행절차에 참가한 이중압류채권자나 배당요구채권자에 대해서는 그 저당권을 주장할 수 있고 배당절차에서 우선변제를 받을 수 있다.

☞ 압류 후 채무자가 소유권을 양도한 경우 제3자는 자기의 소유권취득을 양도 후의 절차참가인인 다른 채권자와의 관계에서 유효하게 주장할 수 있다. 제3자의 소유권취득 후 종전 채무자의 채권자들은 이에 이중압류하거나 배당요구를 할 수 없고,374) 제3자의 채권자들이 배당에 참가할 수 있을 뿐이다.375)

☞ 채권자들에 대한 배당이 끝난 뒤에 남은 돈이 있으면 제3취득자에게 돌려주어야 한다.376)

---

373) 이시윤, pp.243-244는 가압류의 경우는 개별상대효설에 의하고 본압류의 경우는 절차상대효설을 따른다.

374) 대법원 1998. 11. 13. 선고 97다57337 판결: (구)중기관리법에 의하여 등록된 중기에 대하여 가압류등록이 먼저 되고 나서 제3자 앞으로 소유권이전등록이 된 경우에 그 제3자의 소유권 취득은 가압류에 의한 처분금지의 효력 때문에 그 집행 보전의 목적을 달성하는 데 필요한 범위 안에서 가압류채권자에 대한 관계에서만 상대적으로 무효일 뿐이고 가압류채무자의 다른 채권자 등에 대한 관계에서는 유효하다 할 것이므로, 위와 같은 경우 채무명의를 얻은 가압류채권자의 신청에 의하여 제3자의 소유권 취득 후 당해 중기에 대하여 개시된 강제경매절차에서 가압류채무자에 대한 다른 채권자는 당해 중기의 경락대금의 배당에 참가할 수 없다.

375) 대법원 2005. 7. 29. 선고 2003다40637 판결: 부동산에 대한 가압류집행 후 가압류목적물의 소유권이 제3자에게 이전된 경우 가압류채권자는 집행권원을 얻어 제3취득자가 아닌 가압류채무자를 집행채무자로 하여 그 가압류를 본압류로 이전하는 강제집행을 실행할 수 있으나, 이 경우 그 강제집행은 가압류의 처분금지적 효력이 미치는 객관적 범위인 가압류결정 당시의 청구금액의 한도 안에서만 집행채무자인 가압류채무자의 책임재산에 대한 강제집행절차라 할 것이고, 나머지 부분은 제3취득자의 재산에 대한 매각절차라 할 것이므로, 제3취득자에 대한 채권자는 그 매각절차에서 제3취득자의 재산 매각대금 부분으로부터 배당을 받을 수 있다.

376) 대법원 1992. 2. 11. 선고 91누5228 판결: 경매신청기입등기로 인한 압류의 효력은 부동산 소유자에 대하여 압류채권자에 대한 관계에 있어서 부동산의 처분을 제한하는 데 그치는 것일 뿐 그 밖의 다른 제3자에 대한 관계에 있어서까지 부동산의 처분을 금지하는 것이 아니므로 부동산 소유자는 경매절차

2) **절차상대효설**: 금전집행에 있어서 압류채권자나 일반채권자를 같이 취급하는 평등 주의를 중시하여 압류채권자의 압류는 그 압류채권자만이 아니라 그 집행절차에 참가한 모든 채권자에게 효력이 미치는 것으로 보고, 압류 후에 채무자가 처분행위를 하였을 때에 그 처분행위는 압류채권자만이 아니라 처분 후에 집행절차에 참가한 모든 채권자와 관계에서 무효가 되는 것으로 본다. 따라서

☞ 최초의 압류 후에 채무자가 압류목적물에 저당권을 설정하고 이어 이중압류채권자와 배당요구채권자가 있었을 때, 그 저당권취득자는 최초의 압류채권자만이 아니라 이중압류채권자나 배당요구채권자 등 저당권설정 후에 집행참가한 채권자에 대해서도 자기의 저당권의 유효를 주장할 수 없게 되어 우선변제를 받지 못하게 된다.

☞ 압류 후 채무자가 소유권을 양도한 경우 제3자가 자기의 소유권취득을 양도받은 후에 절차참가한 다른 채권자들에게 주장할 수 없게 되며, 따라서 당해 재산은 여전히 채무자의 재산이 되어 채무자에 대한 채권자의 이중압류나 배당요구가 가능하나, 제3취득자의 채권자들은 배당참가를 할 수 없다.

☞ 배당금이 남았을 때에는 제3취득자가 아니라 채무자에게 돌려주어야 한다.

[포인트]

채무자의 재산권의 행사를 강조하게 되면 개별상대효설을 따르게 될 것이고, 채권자평등주의 원칙상 압류의 처분금지효가 모든 채권자에게 미친다고 보면 절차상대효설을 따르게 될 것이다.

(4) 압류의 제3자효

① 압류 **後** 채무자로부터 권리를 취득한 제3자는 압류사실을 알든 모르든 압류의 처분금지효 때문에 압류채권자에게 대항할 수 없어 그 권리취득이 무효로 된다.

② 압류등기가 되기 **前**에 권리취득한 제3자가 압류신청 또는 압류사실을 몰랐다면(선의) 압류의 처분금지효를 부인하며 압류채권자에게 대항할 수 있다.[377]

진행 중에도 경락인이 경락대금을 완납하여 목적부동산의 소유권을 취득하기 전까지는 목적부동산을 유효하게 처분할 수 있는 것이고 그 처분으로 인하여 부동산의 소유권을 취득한 자는 그 이후 집행법원에 그 취득사실을 증명하여 경매절차의 이해관계인이 될 수 있음은 물론 배당 후 잉여금이 있는 경우에는 부동산 소유자로서 이를 반환받을 권리를 가지게 되는 것이다.

377) 이 경우에는 제3자가 취득한 소유권을 내세워 제3자이의의 소나 채무자로부터 제3자에게로 소유권이 넘어갔다는 것을 이유로 경매절차를 취소시킬 수 있다(제96조).

┌─ **[사례 6-1] 압류의 상대효** ─────────────────────────

　　X부동산에 관하여 압류채권자 A가 집행채권 1,000만 원에 대하여 경매개시결정 (압류)을 한 후, 이어서 근저당권자 B가 2,000만 원의 근저당권을 설정하였으며, 다시 가압류권자 C가 3,000만 원에 대하여 가압류를 하고 배당요구를 하였다.

　　X부동산의 매각대금을 3,000만 원으로 가정할 경우 A, B, C채권자가 배당받을 금액은 어떻게 되는가?

└──

사례의 경우 개별상대효설 및 절차상대효설에 따른 배당액은 다음과 같이 된다.

구분	A(1,000만 원)	B(2,000만 원)	C(3,000만 원)	비고
개별상대효설	500만 원	2,000만 원	500만 원	안분 후 흡수배당
절차상대효설	500만 원	1,000만 원	1,500만 원	평등주의

〈1〉 **개별상대효설**: 압류는 압류채권자의 채권만족을 위하여 목적물의 금전적 가치를 집행절차에서 확보하는 것을 목적으로 하므로 압류의 효력은 그 목적달성에 필요한 한도 내에서만 미치고, 집행채무자에 의한 압류·가압류의 효력발생 이후의 처분행위는 그 저촉처분의 대항요건 발생시점(소유권이전등기 등) 이전에 이미 집행절차에 참가한 압류채권자 등에 대해서만 무효이다. 따라서 채무자로부터 담보권을 설정받은 자는 담보권설정 이전에 마쳐진 가압류 등에 대해서는 대항할 수 없으나, 담보권설정 이후에 마쳐진 가압류 등에 대해서는 대항할 수 있으므로 이에 우선하여 배당받을 수 있다.

　　위 사례에서 각 채권자별로 안분배당 한 다음(A 500만 원: B 1,000만 원: C 1,500만 원) 2번 근저당 후의 3번 가압류는 2번 근저당권자에게 대항하지 못하므로 근저당권이 만족될 때까지 흡수된다(이른바 '안분 후 흡수배당').

〈2〉 **절차상대효설**: 1인의 채권자의 압류는 그 집행절차에 참가하는 다른 채권자 전원의 이익을 위하여 효력을 가지므로 압류·가압류 이후에 한 집행채무자의 처분행위는 저촉처분 전후를 불문하고 집행절차가 존속하는 한 당해 집행절차에 참가한 모든 채권자에 대하여 대항할 수 없다.

위 사례에서 채무자로부터 담보권을 설정받은 자는 담보권설정 이전에 마쳐진 가압류 등뿐만 아니라 담보권설정 이후에 마쳐진 가압류 등에도 대항하지 못한다. 결국 A 500만 원, B 1,000만 원, C 1,500만 원이 되고 채권자평등주의에 철저하다.

라. 압류와 시효중단

채권자가 채무자의 부동산에 대하여 압류신청, 즉 강제경매신청을 하면 채권의 시효가 중단된다(민법 제168조 제2항). 근저당권의 실행을 위한 임의경매신청을 하면 피담보채권이 확정된다.

2. 채권자의 경합

가. 평등주의와 잉여주의

부동산강제경매에서 압류채권자 이외의 여러 채권자가 경합하는 경우 이들 채권자들을 어떻게 취급할 것인지 문제된다. 우리 법제는 압류채권자나 일반채권자를 모두 평등하게 취급하는 '채권자평등의 원칙'에 따라 다른 채권자의 이중압류와 배당요구를 인정한다.[378] 따라서 각 채권자는 압류나 배당요구를 한 시간적 선후에 관계없이 각 채권액에 따라 안분적으로 분배받을 수 있다. 다만 배당요구권자를 집행권원 보유자 등에 한정하고(제88조), 배당요구의 종기를 첫 매각기일 이전으로 제한함으로써(제84조) 평등주의의 폐단을 시정하고 있다.

부동산집행에서는 매각대금으로 집행비용과 압류채권자의 채권에 우선하는 채권을 변제하고 남을 것이 있으면 매각하고 그에도 부족하면 그 부동산의 매각을 허용하지 아니한다(제91조 제1항, 제102조).[379] 이를 '잉여주의'라고 한다. 즉 매각대금 중 집행비용과

---

[378] 우리나라나 프랑스 · 일본 등의 平等主義 입법례와 달리 채권자 간에 시간적 선후에 의하여 순위를 정하여 먼저 최초의 압류채권자가 전액 변제를 받고, 다음 순위의 채권자가 나머지에 대하여 변제받을 수 있는 독일 · 오스트리아의 優先主義 입법례, 최초에 압류한 채권자와 그 후 일정 기간 내에 집행에 가입한 채권자를 제1의 群團으로 하여, 다시 그 후에 집행가입한 채권자로 구성된 제2 이후의 군단에 대한 관계에서 우선순위를 인정하면서 군단 내부에서는 평등배당에 의하는 스위스법의 群團優先主義 입법례가 있다.

[379] 대법원 1995. 12. 1. 자 95마1143 결정: 최저경매가격이 압류채권자의 채권에 우선하는 채권과 절차비

압류채권자보다 우선채권자에게 배당하고 나면 남을 것이 없는 경우에는 압류채권자에게 돌아갈 것이 없어 무익한 집행이 되므로 이 경우에는 부동산을 매각하지 못한다. 담보권 실행의 경매의 경우에도 잉여주의가 적용된다(제268조, 제102조).

나. 압류의 경합(이중개시결정)[380]

(1) 의의: 이미 강제경매 또는 담보권실행을 위한 강제경매개시결정을 한 부동산에 다른 채권자가 강제경매신청을 한 경우 법원은 다시 경매개시결정(이중개시결정)을 한다. 이중경매신청에 의한 집행절차도 선행 경매개시결정과 동일하고,[381] 이 경우 선행 경매개시결정을 한 집행절차에 따라 절차가 속행된다.[382]

용에 미달하는데도 불구하고 경매법원이 이를 간과하고 민사소송법 제616조 소정의 조치를 취하지 아니한 채 경매절차를 진행한 경우에, 최고가 매수신고인의 매수가액이 우선권 총액과 절차비용을 초과하는 한 그 절차 위반의 하자가 치유되지만, 그 매수가액이 우선채권 총액과 절차비용에 미달하는 때에는 경매법원은 경락을 불허가하는 결정을 하여야 하며, 경매법원이 절차를 그대로 진행하였다고 하여 매수가액이 우선채권 총액과 절차비용에 미달함에도 불구하고 그 법조항 위반의 하자가 치유된다고는 할 수 없다.

380) 민사집행법 제87조(압류의 경합)
① 강제경매절차 또는 담보권 실행을 위한 경매절차를 개시하는 결정을 한 부동산에 대하여 다른 강제경매의 신청이 있는 때에는 법원은 다시 경매개시결정을 하고, 먼저 경매개시결정을 한 집행절차에 따라 경매한다.
② 먼저 경매개시결정을 한 경매신청이 취하되거나 그 절차가 취소된 때에는 법원은 제91조 제1항의 규정에 어긋나지 아니하는 한도 안에서 뒤의 경매개시결정에 따라 절차를 계속 진행하여야 한다.
③ 제2항의 경우에 뒤의 경매개시결정이 배당요구의 종기 이후의 신청에 의한 것인 때에는 집행법원은 새로이 배당요구를 할 수 있는 종기를 정하여야 한다. 이 경우 이미 제84조 제2항 또는 제4항의 규정에 따라 배당요구 또는 채권신고를 한 사람에 대해서는 같은 항의 고지 또는 최고를 하지 아니한다.
④ 먼저 경매개시결정을 한 경매절차가 정지된 때에는 법원은 신청에 따라 결정으로 뒤의 경매개시결정(배당요구의 종기까지 행하여진 신청에 의한 것에 한한다)에 기초하여 절차를 계속하여 진행할 수 있다. 다만 먼저 경매개시결정을 한 경매절차가 취소되는 경우 제105조 제1항 제3호의 기재사항이 바뀔 때에는 그러하지 아니하다.
⑤ 제4항의 신청에 대한 재판에 대해서는 즉시항고를 할 수 있다.

381) 대법원 1995. 7. 11. 자 95마147 결정: 경매법원이 이중경매신청에 기한 경매개시결정을 하면서 그 결정을 채무자에게 송달함이 없이 경매절차를 진행하였다면 그 경매는 경매개시결정이 효력을 발생하지 아니한 상태에서 이루어진 것이어서 당연히 무효라고 보아야 하므로, 그 개시결정이 채무자에게 송달되기 전에 경매대금의 납부를 명하고 이에 따라 경매대금을 납부한 것은 경매절차를 속행할 수 없는 상태에서의 대금납부로서 부적법하여 대금납부의 효력을 인정할 수 없다.

382) 대법원 2005. 5. 19. 자 2005마59 결정: 민사집행법 제87조 제1항은 강제경매절차 또는 담보권실행을 위한 경매절차를 개시하는 결정을 한 부동산에 대하여 다른 강제경매의 신청이 있는 때에는 법원은 다시 경매개시결정을 하고, 먼저 경매개시결정을 한 집행절차에 따라 경매한다고 규정하고 있으므로, 이러한 경우 이해관계인의 범위도 선행의 경매사건을 기준으로 정하여야 하는바, 선행사건의 배당요구의 종기 이후에 설정된 후순위 근저당권자로서 위 배당요구의 종기까지 아무런 권리신고를 하지 아니한 위 배당요구의 종기 이후의 이중경매신청인은 선행사건에서 이루어진 낙찰허가결정에 대하여 즉시항고

(2) **선행절차의 취하·취소·정지:** 위와 같이 이중경매개시결정을 하는 경우에 먼저 개시결정한 경매신청이 취하되거나 그 절차가 취소 또는 정지되지 아니하는 이상 뒤의 경매개시결정에 의하여 경매절차를 진행할 수는 없는 것이지만,383) 선행한 경매신청이 취하되거나 그 절차가 취소 또는 정지된 경우에는 후행의 경매신청인을 위하여 그때까지 진행되어 온 선행의 경매절차를 인계하여 당연하게 경매절차를 속행하여야 하는 것이고, 이 경우에 선행한 경매절차의 결과는 후행한 경매절차에서 유효한 범위에서 그대로 승계 되어 이용된다.384) 다만 압류의 효력은 이중개시결정과 관계되는 압류등기를 기준으로 결정된다.385)

(3) **정지된 절차의 속행:** 선행 경매절차가 정지된 경우 이중개시신청을 한 채권자의 신청에 따라 후행 경매개시결정에 기초하여 절차를 속행할 수 있다.

(4) **이중경매신청의 시한:** 이중경매신청을 할 수 있는 시기는 대금완납 시까지이다. 다만 배당요구의 종기까지 이중경매신청을 하지 아니한 자는 배당채권자가 될 수 없고, 선행경매절차가 정지된 경우 집행속행신청을 할 수 없다.

다. 배당요구

(1) 의의

다른 채권자에 의해 개시된 경매절차에 참가하여 동일한 부동산의 매각대금에서 변제

를 제기할 수 있는 이해관계인이 아니다.

383) 대법원 2000. 5. 29. 자 2000마603 결정: 경매절차의 개시를 결정한 부동산에 대하여 다른 경매의 신청이 있어 다시 경매절차의 개시결정을 한 경우 먼저 개시결정한 경매신청이 취하되거나 그 절차가 취소 또는 정지되지 아니하는 한 뒤의 경매개시결정에 의하여 경매절차를 진행하는 것은 위법이라고 할 것이나, 이와 같이 위법한 경매절차라 할지라도 그 절차의 진행이 저지됨이 없이 그대로 진행되어 경락 허가결정이 확정되고 그 대금까지 완납되었다면 경매목적 부동산의 소유권은 그 절차상의 위법에도 불구하고 그 대금납부에 의하여 경락인에게 적법하게 이전된다고 할 것이고, 이러한 이치는 그 경락허가 결정이 앞의 개시결정에 기한 경매절차에서 경락허가결정이 먼저 선고되고 난 후에 비로소 선고된 것 이라고 하여 달라지는 것은 아니라고 할 것이다.

384) 따라서 선행한 경매절차에서 경매채무자가 주소변경신고를 하였다면 선행절차가 취소되었다고 하더라 도 그 주소변경신고는 후행절차에 의하여 속행된 경매절차에서 당연하게 효력이 있다. 대법원 2001. 7. 10. 선고 2000다66010 판결.

385) 예컨대 선행압류 후 지상권이 설정되고 이어서 이중압류가 이루어진 경우 선행 강제경매개시결정이 취 하되면 최초의 압류가 소급적으로 실효되고, 매각에 의해 효력을 잃을 지상권이 순위변동으로 소멸되지 않고 매수인이 인수하게 된다.

를 받으려는 채권자의 신청을 배당요구라고 한다.386) 배당요구는 다른 채권자의 강제집행절차에 편승하는 종속적 행위라는 점에서 이중경매신청행위와 차이가 있다. 배당요구를 할 수 있는 채권자라도 배당요구의 종기까지 배당요구를 하지 아니하였으면 배당권자가 될 수 없고, 그 뒤에 배당을 받은 후순위자를 상대로 부당이득반환청구도 할 수 없다.

다음과 같은 채권자는 배당요구를 하지 않아도 당연히 배당에 참가할 수 있다(제148조).

① 배당요구의 종기까지 경매신청을 한 압류채권자(이중경매신청인)
② 첫 경매개시결정등기 전에 등기된 가압류권자
③ 저당권·전세권, 그 밖의 우선변제청구권으로서 첫 경매개시결정등기 전에 등기되었고 매각으로 소멸하는 것을 가진 채권자
④ 경매개시결정등기 전에 체납처분에 의한 압류권자

(2) 배당요구할 수 있는 채권자:387) 배당요구를 해야 배당에 참가할 수 있는 채권자

① **집행력 있는 정본을 가진 채권자:** 채권자 중에서 집행권원을 얻은 자만이 배당요구권자가 된다.388)

② **경매개시결정이 등기된 뒤에 가압류를 한 채권자:** 집행력 있는 정본을 갖지 아니한 일반채권자도 가압류등기를 한 경우에는 배당요구권자가 된다.389)

③ **법정우선변제청구권이 있는 채권자:** 법률이 우선변제권을 인정하고 있으나 등기가 되어 있지 않아 배당요구를 하지 않으면 채권의 존부나 액수를 알 수 없는 채권자

---

386) 부동산 위의 권리자가 집행법원에 권리신고를 한 경우 경매절차의 이해관계인이 되지만(제90조 제4호), 권리신고를 한 것만으로 당연히 배당을 받게 되는 것은 아니고 별도로 배당요구를 하여야 한다(제148조).
387) 민사집행법 제88조(배당요구)
① 집행력 있는 정본을 가진 채권자, 경매개시결정이 등기된 뒤에 가압류를 한 채권자, 민법·상법, 그 밖의 법률에 의하여 우선변제청구권이 있는 채권자는 배당요구를 할 수 있다.
② 배당요구에 따라 매수인이 인수하여야 할 부담이 바뀌는 경우 배당요구를 한 채권자는 배당요구의 종기가 지난 뒤에 이를 철회하지 못한다.
388) 대법원 2002. 10. 29. 자 2002마580 결정: 경매절차의 이해관계인 중의 하나로 집행력 있는 정본에 의하여 배당을 요구한 채권자를 들고 있는바, 위 채권자가 집행법원에 배당요구를 함에 있어 반드시 집행력 있는 정본 자체를 집행법원에 제출하여야 하는 것은 아니고 집행력 있는 정본 또는 그 사본이 첨부된 배당요구서를 제출함으로써 족하다.
389) 압류등기 전에 가압류등기를 한 채권자는 배당요구 없이 배당을 받을 수 있다.

로서 임금채권자, 우선변제권이 인정되는 주택 또는 상가건물임차인의 임대차보증금반환채권자 등이 이에 해당한다. 압류등기 뒤의 후순위 저당권자 등은 배당요구를 하여야 배당을 받을 수 있다.

④ **경매개시결정등기가 된 뒤에 국세체납처분에 의한 압류등기가 된 경우:** 집행법원에 배당요구로서 교부청구를 하여야 한다. 경매개시결정등기 전에 체납처분절차로서 압류등기를 한 경우에는 교부청구를 한 효력이 있으므로 별도의 배당요구가 필요 없다.

(3) 선택적 배당요구권자

압류등기 전의 선순위 전세권자나 확정일자를 갖춘 주택 또는 상가건물임차인은 배당요구를 할 것인지 여부를 결정하여야 한다. 배당요구에 따라 매수인이 인수하여야 할 부담이 바뀌는 경우 배당요구를 한 채권자는 배당요구의 종기가 지난 뒤에 이를 철회하지 못한다(제88조 제2항).

(4) 배당요구의 방식

배당요구는 배당요구의 종기까지 채권의 원인과 액수를 적은 서면으로 하고,[390] 배당요구의 자격을 소명하는 서면을 붙여야 한다. 배당요구권자는 배당요구의 종기까지 배당요구서를 내지 아니하면 매각대금에서 배당을 받을 수 없다. 배당요구가 있으면 그 사실을 배당절차와 관계있는 이해관계인(제90조)에게 통지한다.[391]

---

390) 대법원 1999. 2. 9. 선고 98다53547 판결: 배당요구는 채권의 원인과 수액을 기재한 서면에 의하여 집행법원에 배당을 요구하는 취지가 표시되면 되므로, 채권자가 경매목적 부동산에 관하여 가압류결정을 받은 다음 채권의 수액을 기재한 서면에 그 가압류결정을 첨부하여 경매법원에 제출하였다면 채권의 원인과 수액을 기재하여 배당을 요구하는 취지가 표시된 것으로 보아야 하고, 그 서면의 제목이 권리신고라고 되어 있다 하여 달리 볼 것이 아니다.

391) 대법원 2001. 9. 25. 선고 2001다1942 판결: 배당요구의 사실을 경매법원이 이해관계인에게 통지하도록 규정한 (구)민사소송법 제606조 제1항의 취지는 배당받을 자의 범위가 변경됨을 집행절차에 참가하고 있는, 당해 배당요구채권자 이외의 다른 채권자에게 알려 주어 채권의 존부와 액수를 다툴 수 있도록 하려는 데 있고, 이러한 통지가 결여된다고 하여도 배당요구의 효력에는 아무런 영향이 없으므로, 비록 경매담당공무원이 배당요구 사실을 채무자나 소유자 혹은 다른 배당요구채권자 등에게 통지하지 아니하였다 하여도, 당해 배당요구채권자에 대한 관계에 있어서는 불법행위를 구성할 만한 직무상 주의의무위반이 있다고 볼 수 없다.

(5) 배당요구의 효력

① 배당받을 권리

② 배당기일의 통지를 받을 권리(제146조)

③ 배당표에 대한 이의신청권(제151조)

④ 집행정본으로 한 배당요구: 경매절차의 이해관계인이 되고, 민법 제168조 제2호의 압류에 준하는 것으로서 시효중단효가 인정된다.

3. 매각에 의한 부동산상의 부담의 처리

가. 소멸주의와 인수주의

압류등기 후에 설정된 용익권·담보권은 압류채권자에게 대항할 수 없으나, 압류등기 전에 설정된 용익권·담보권의 처리에 관해서는 매각에 의하여 부동산 위의 부담을 소멸시키고, 매수인으로 하여금 부담 없는 부동산을 취득하게 하는 消滅主義[392)와 그 부담을 소멸시키지 않고 그대로 매수인에게 인수시키는 引受主義가 있다.

우리 법은 매수인의 지위를 안정시키기 위해 부동산 위의 부담을 소멸키는 소멸주의를 원칙으로 하면서 대항력 있는 임차권, 유치권, 법정지상권 등 등기부에 공시되지 아니하는 권리로서 매수인에게 인수되는 경우가 있으므로 경매실무에 있어서는 소위 '권리분석'이 중요한 의미를 가진다. 구체적으로 살펴본다.

---

392) 종래 消除主義라는 용어를 사용하고 있으나, '소멸주의'라는 용어의 사용이 바람직하다.

┌─ **[요점] 소멸주의와 인수주의** ─────────────────────────────┐

<1> 1순위 근저당권, 2순위 가처분등기, 3순위 전세권, 4순위 근저당권이 설정된 부동산에 대한 매각 → 최선순위가 언제나 매각으로 소멸하는 근저당권이므로 1순위 근저당권 및 2순위 가처분, 3순위 전세권 등의 부담은 모두 소멸한다.

<2> 1순위 가처분, 2순위 근저당권, 3순위 전세권이 설정되어 있는 부동산에 대한 매각 → 가처분은 매수인이 인수하고, 2순위 근저당권 및 3순위 전세권 등의 부담은 소멸한다.

<3> 1순위 가등기(담보가등기로 신고된 경우), 2순위 가처분, 3순위 근저당권, 4순위 전세권이 설정된 부동산에 대한 매각 → 1순위 가등기가 담보가등기이므로 저당권과 마찬가지로 소멸하고, 따라서 2, 3, 4순위 권리는 매각으로 소멸한다.[393]

└──┘

나. 저당권

저당권설정시기가 압류등기 전이든 후이든 매각 부동산 위의 모든 저당권은 매각으로 인하여 소멸된다(제91조 제2항). 담보물권은 원래 부동산의 교환가치로부터 변제를 받는 것을 목적으로 하는 권리이므로 일단 목적물의 매각이 실현되면 그 매각 당시에 존재하던 담보물권은 그 순위에 따라서 매각대금 중에서 우선변제받게 하여 소멸시킴으로써 후일 다시 그 부동산의 경매가 반복되는 것을 피하고 매수인에게도 부담 없는 부동산을 취득하게 하려는 것이다.

따라서 그 매각대금으로 압류채권에 우선하는 담보물권의 피담보채권을 변제함에 부족 없음이 인정된 경우가 아니면 매각할 수 없는 것이므로, 이 때문에 담보물권만 소멸하고 채권을 변제받지 못하게 된다거나 압류채권자에 우선하는 담보물권자의 재산권이 부당하게 침해되고 압류채권자로 하여금 부당한 이득을 취하게 할 염려는 없고 또한 우선권 있는 저당권자의 채권을 완전히 변제하고 저당권을 소멸시킨 이상 그 저당권자가 경매신청을 한 경우와 구별할 이유는 없는 것이다.[394]

---

393) 위 1순위 가등기가 소유권이전을 위한 가등기인 경우 그 가등기와 3순위 근저당권에 앞서는 2순위 가처분은 매수인이 인수하여야 하고, 3순위 근저당권과 4순위 전세권만이 소멸한다.

394) 대법원 1992. 4. 14. 선고 91다41996 판결: 근저당권에 기하여 경매를 실행하는 경우, 그 경매의 원인이 되는 근저당권의 피담보채권이 아직 변제기가 도래하지 않았다면 그 근저당권 실행을 위한 경매를할 수 없으나, 근저당권이 설정되어 있는 부동산에 강제경매를 신청하는 경우에는 그 근저당권의 피담

담보가등기권도 그 부동산의 매각에 의하여 소멸한다(가등기담보 등에 관한 법률 제15조).[395]

다. 용익권

지상권 · 지역권 · 전세권 및 등기된 임차권은 저당권 · 압류채권 · 가압류채권에 대항할 수 없는 경우에는 매각으로 소멸된다(제91조 제3항). 즉 저당권설정등기 **후**나 압류 · 가압류등기 **후**에 설정된 지상권, 지역권, 전세권 및 등기된 임차권 등 후순위 용익권은 소멸주의에 따라 소멸된다. 선순위 저당권이 설정되고 이어서 용익권이 설정된 후 압류가 순차로 행해진 경우에도 압류등기에 기초한 강제경매절차에서 목적물이 매각되었다면 중간의 용익권은 소멸되고, 그 등기는 말소된다.[396]

그러나 저당권설정등기 **전**이나 압류 · 가압류등기 **전**의 선순위 지상권, 지역권, 전세권 및 등기된 임차권은 매수인이 인수한다(제91조 제4항). 다만 전세권은 전세권자가 배당요구를 선택하면 매각으로 소멸한다.[397]

보채권의 변제기가 아직 도래하지 아니하였다 하더라도 적법하게 경매를 할 수 있고, 피담보채권의 변제기 도래 여부에 관계없이 근저당권은 항상 소멸되는 것이며, 이러한 경우 근저당권자가 배당받을 금액은 공탁하게 되므로 근저당권자로서는 어떠한 손해도 입지 않는다.

395) 다만 경매가시결정 전에 청산기간이 경과하거나 청산금이 지급된 경우는 가등기담보권은 소멸되지 않는다(동법 제14조 참조).

396) 대법원 1997. 1. 16. 자 96마231 결정: 제1, 2순위의 근저당권 사이에 소유권이전청구권 보전의 가등기가 경료된 부동산에 대하여 제2순위 근저당권 실행을 위하여 실시된 경매절차에서 낙찰허가결정이 선고되기 전에 그 근저당권보다 선순위인 가등기에 기한 소유권이전의 본등기가 경료되었다고 하더라도, 경매절차가 그대로 진행되어 낙찰허가결정이 확정되고 낙찰자가 낙찰대금을 완납한 이상 낙찰의 효력은 이를 더 이상 다툴 수 없게 되었는바, 우선순위로서 그때까지 유효하게 존재하고 있던 제1순위 근저당권이 그 낙찰로 인하여 소멸하고 따라서 그보다 후순위인 가등기 및 그에 기한 본등기의 효력도 상실되었으므로, 낙찰대금의 완납 후에 제기된 가등기 및 그에 기한 소유권이전등기 명의인의 경매취소신청은 이유 없다.

397) 대법원 2004. 6. 25. 선고 2002다71979,71986 판결: 전세권이 낙찰기일 이전에 존속기간이 만료되는 경우에 전세권자는 적법하게 배당요구를 할 수 있으므로, 이러한 배당요구가 있게 되면 집행법원으로서는 전세권이 낙찰자에게 인수될 것으로 예정하여 진행하던 경매절차를 중단하고, 입찰가격에 전세금을 합산하는 등 낙찰로 인하여 전세권이 소멸되는 사정을 반영하여 경매절차를 진행하여야 전세권은 낙찰로 인하여 소멸하는 것이며, 그러한 조치 없이 그대로 경매를 진행한 경우라면 경매절차에 전세권이 소멸되는 사정이 전혀 반영된 바 없으므로 전세권은 그 존속기간의 만료에도 불구하고 낙찰자에게 인수된다.

라. 대항력 있는 임차권

① 저당권설정등기 후나 압류·가압류등기 후에 대항력을 갖춘 **후순위** 주택임차인[398]과 상가건물임차인[399])의 임차권은 소멸되고(소멸주의), 그 이전에 대항력을 갖춘 **선순위** 주택 및 상가건물임차권은 매수인이 인수한다(인수주의). 대항요건은 존속요건이다.[400] 미등기 또는 무허가건물도 주택임대차보호법의 적용대상이 된다.[401]

② 대항력과 임대차계약서상의 확정일자를 갖춘 주택 및 상가건물임차인은 배당금에서 보증금의 우선변제권을 갖는다.[402] 이러한 임차인이 배당요구를 하여 보증금 전액을 변제받았으면 임차권은 소멸하고, 배당받지 못한 잔액이 있을 때에는 임차인은 매수인에 대항하여 이의 반환을 받을 때까지 임대차관계의 존속을 주장할 수 있다.[403]

---

398) 주택임대차보호법 제3조(대항력 등)
① 임대차는 그 등기가 없는 경우에도 임차인이 주택의 인도와 주민등록을 마친 때에는 그다음 날부터 제3자에 대하여 효력이 생긴다. 이 경우 전입신고를 한 때에 주민등록이 된 것으로 본다.

399) 상가건물 임대차보호법 제3조(대항력 등)
① 임대차는 그 등기가 없는 경우에도 임차인이 건물의 인도와 「부가가치세법」 제5조, 「소득세법」 제168조 또는 「법인세법」 제111조에 따른 사업자등록을 신청하면 그다음 날부터 제3자에 대하여 효력이 생긴다.

400) 대법원 2008. 3. 13. 선고 2007다54023 판결, 주택임대차보호법이 제3조 제1항에서 주택임차인에게 주택의 인도와 주민등록을 요건으로 명시하여 등기된 물권에 버금가는 강력한 대항력을 부여하고 있는 취지에 비추어 볼 때 달리 공시방법이 없는 주택임대차에 있어서 <u>주택의 인도 및 주민등록이라는 대항요건은 그 대항력 취득 시에만 구비하면 족한 것이 아니고 그 대항력을 유지하기 위해서도 계속 존속하고 있어야 한다</u>고 할 것이고, 위와 같이 주민등록이 대항력의 존속요건이라고 보는 이상, 주택임차인의 의사에 의하지 아니하고 직권조치로 주민등록이 말소된 경우에도 원칙적으로 그 대항력은 상실된다고 할 것이지만, 직권말소 후 소정의 이의절차에 따라 그 말소된 주민등록이 회복되거나 재등록이 이루어짐으로써 주택임차인에게 주민등록을 유지할 의사가 있었다는 것이 명백히 드러난 경우에는 소급하여 그 대항력이 유지된다고 할 것이고, 다만 그 직권말소가 주민등록법 소정의 이의절차에 의하여 회복된 것이 아닌 경우에는 직권말소 후 재등록이 이루어지기 이전에 주민등록이 없는 것으로 믿고 임차주택에 관하여 새로운 이해관계를 맺은 선의의 제3자에 대해서는 임차인은 대항력의 유지를 주장할 수 없다고 봄이 상당하다.

401) 대법원 2007. 6. 21. 선고 2004다26133 전원합의체 판결: 대항요건 및 확정일자를 갖춘 임차인과 소액임차인에게 우선변제권을 인정한 주택임대차보호법 제3조의 2 및 제8조가 미등기 주택을 달리 취급하는 특별한 규정을 두고 있지 아니하므로, 대항요건 및 확정일자를 갖춘 임차인과 소액임차인의 임차주택 대지에 대한 우선변제권에 관한 법리는 임차주택이 미등기인 경우에도 그대로 적용된다.

402) 주택임대차보호법 제3조의 2 제2항, 상가건물임대차보호법 제5조 제2항.

403) 대법원 1997. 8. 22. 선고 96다53628 판결: 주택임대차보호법상의 대항력과 우선변제권의 두 가지 권리를 인정하고 있는 취지가 보증금을 반환받을 수 있도록 보장하기 위한 데에 있는 점, 경매절차의 안정성, 경매 이해관계인들의 예측가능성 등을 아울러 고려하여 볼 때, 두 가지 권리를 겸유하고 있는 임차인이 먼저 우선변제권을 선택하여 임차주택에 대하여 진행되고 있는 경매절차에서 보증금 전액에 대하여 배당요구를 하였다고 하더라도, 그 순위에 따른 배당이 실시될 경우 보증금 전액을 배당받을 수

③ 선순위 저당권이 설정된 상태에서 대항력 있는 임차권이 설정된 후 압류등기가 이루어진 경우 매각으로 인하여 선순위 저당권이 소멸되면 그 다음 순위인 대항력 있는 임차권도 소멸된다. 그러나 매각대금 지급 전에 채무자가 선순위 저당채무를 모두 변제하거나 임차인이 대위변제하여 그 저당권이 소멸된 경우에는 대항력 있는 임차권은 소멸되지 않고 매수인에게 인수된다.[404)

④ 주택 또는 상가건물임대차보호법 등 특별법의 적용을 받지 아니하는 일반 임대차의 경우에는 저당권설정 전의 것이라도 매수인은 이를 인수할 이유가 없다.

마. 유치권

유치권은 그 성립이 저당권설정등기나 압류·가압류등기 전후를 불문하고 매각에 의하여 소멸되지 아니한다(제91조 제5항). 매수인은 유치권에 의하여 담보되는 채권을 변제할 책임이 있으나, 유치권자가 매수인에게 변제청구권을 갖는 것은 아니다.[405)

부동산까지 유치권의 객체가 될 수 있는 현행법하에서 채무자와 통모한 위장유치권자가 있을 수 있고, 미완성의 신축건물에 '유치권공고'라는 표지판을 붙여 경매집행을 방해

없었던 때에는 보증금 중 경매절차에서 배당받을 수 있었던 금액을 공제한 잔액에 관하여 경락인에게 대항하여 이를 반환받을 때까지 임대차관계의 존속을 주장할 수 있다고 봄이 상당하며, 이 경우 임차인의 배당요구에 의하여 임대차는 해지되어 종료되고, 다만 같은 법 제4조 제2항에 의하여 임차인이 보증금의 잔액을 반환받을 때까지 임대차관계가 존속하는 것으로 의제될 뿐이므로, 경락인은 같은 법 제3조 제2항에 의하여 임대차가 종료된 상태에서의 임대인의 지위를 승계한다.

404) 대법원 2003. 4. 25. 선고 2002다70075 판결: 부동산의 경매절차에 있어서 주택임대차보호법 제3조에 정한 대항요건을 갖춘 임차권보다 선순위의 근저당권이 있는 경우에는, 낙찰로 인하여 선순위 근저당권이 소멸하면 그보다 후순위의 임차권도 선순위 근저당권이 확보한 담보가치의 보장을 위하여 그 대항력을 상실하는 것이지만, 낙찰로 인하여 근저당권이 소멸하고 낙찰인이 소유권을 취득하게 되는 시점인 낙찰대금지급기일 이전에 선순위 근저당권이 다른 사유로 소멸한 경우에는, 대항력이 있는 임차권의 존재로 인하여 담보가치의 손상을 받을 선순위 근저당권이 없게 되므로 임차권의 대항력이 소멸하지 아니하고(대법원 1998. 8. 24. 자 98마1031 결정 참조), 선순위 근저당권의 존재로 후순위 임차권이 소멸하는 것으로 알고 부동산을 낙찰받았으나, 그 후 채무자가 후순위 임차권의 대항력을 존속시킬 목적으로 선순위 근저당권의 피담보채무를 모두 변제하고 그 근저당권을 소멸시키고도 이 점에 대하여 낙찰자에게 아무런 고지도 하지 않아 낙찰자가 대항력 있는 임차권이 존속하게 된다는 사정을 알지 못한 채 대금지급기일에 낙찰대금을 지급하였다면, 채무자는 민법 제578조 제3항의 규정에 의하여 낙찰자가 입게 된 손해를 배상할 책임이 있다.

405) 대법원 1996. 8. 23. 선고 95다8713 판결: (구)민사소송법 제728조에 의하여 담보권의 실행을 위한 경매절차에 준용되는 같은 법 제608조 제3항은 경락인은 유치권자에게 그 유치권으로 담보하는 채권을 변제할 책임이 있다고 규정하고 있는바, 여기에서 '변제할 책임이 있다'는 의미는 부동산상의 부담을 승계한다는 취지로서 인적 채무까지 인수한다는 취지는 아니므로, <u>유치권자는 경락인에 대하여 그 피담보채권의 변제가 있을 때까지 유치목적물인 부동산의 인도를 거절할 수 있을 뿐이고 그 피담보채권의 변제를 청구할 수는 없다.</u>

하는 사례도 있으며, 집행관의 현황조사서에도 나타나지 않는 유치권자가 매각절차가 종료된 후에 비로소 등장하는 일도 있는 등 유치권제도의 남용이 심각하다.[406]

부동산 경매절차에서 유치권 행사가 허위채권에 기한 것일 경우 매각대금을 부당하게 하락시켜 경매의 공정성을 훼손하고 이해관계인의 권리를 침해할 우려가 있으므로, 유치권 성립 여부에 대한 판단은 신중하게 할 필요가 있다. 저당권자는 유치권 때문에 저가 매각으로 인하여 배당액이 줄어들 위험을 해소하기 위하여 유치권자로 권리신고를 한 자에 대하여 유치권부존재확인의 소를 구할 법률상의 이익이 있다.[407]

> ┌─ **[사례 6 - 2] 압류의 처분금지효와 유치권의 우열** ─
>
> *이 사건 X건물에 관하여 2002. 9. 27. 농업협동조합중앙회에 채권최고액 18억 2,000만 원의 근저당권이 설정된 후 A회사가 2003. 9. 2. 이 사건 X건물의 소유권을 취득한 후 2004. 5.경까지 이 사건 건물을 찜질목욕탕으로 개조하는 공사를 시행하였다. 甲은 A회사로부터 위 공사의 일부를 도급받아 시행하였는데 A회사가 2004. 6. 9.경 부도가 나는 바람에 공사대금을 받지 못하자 그 무렵 이 사건 건물 중 이 사건 사무실 부분에 대한 유치권을 행사하기 시작하였다.*
>
> *그 후 농업협동조합중앙회가 이 사건 건물에 대하여 위 근저당권에 기한 임의경매 신청을 하여 2004. 7. 15. 임의경매개시결정이 내려지고 같은 달 19. 임의경매개시 결정 기입등기가 이루어졌으며 이 경매절차에서 乙이 2006. 1. 10. 이 사건 건물을 매수하여 소유권을 취득하였다.*
>
> *甲은 그 유치권 취득 이전부터 설정되어 있던 위 근저당권에 기한 경매절차의 매수인인 乙에게 대항할 수 없는가?*

부동산 경매절차에서의 매수인은 제91조 제5항에 따라 유치권자에게 그 유치권으로 담보하는 채권을 변제할 책임이 있는 것이 원칙이나, 채무자 소유의 건물 등 부동산에 경매개시결정의 기입등기가 마쳐져 <u>압류의 효력이 발생한 이후</u>에 채무자가 위 부동산에

---

406) 이러한 경우에는 제83조 제3항 등에 규정한 경매개시결정 후의 보전처분에 의하여 경매목적물에 수리비지출 등 함부로 손대지 못하게 하는 조치, 경매목적물에 필요불가결이 아닌 개축비·수리비의 지출은 부동산의 가격손상으로 보아 제96조에 의하여 매각허가결정을 취소시키는 방안, 집행관이 현황조사 시에 이를 간과하였을 때에 국가배상책임을 강화하는 방안을 생각할 수 있고, 경매방해죄, 사기죄로 형사고소도 가능할 것이다. 이시윤, pp.251-252 참조.

407) 대법원 2004. 9. 23. 선고 2004다32848 판결.

관한 공사대금 채권자에게 그 점유를 이전함으로써 그로 하여금 유치권을 취득하게 한 경우, 그와 같은 점유의 이전은 목적물의 교환가치를 감소시킬 우려가 있는 처분행위에 해당하여 제92조 제1항, 제83조 제4항에 따른 압류의 처분금지효에 저촉되므로 점유자로서는 위 유치권을 내세워 그 부동산에 관한 경매절차의 매수인에게 대항할 수 없다.[408] 이 경우 위 부동산에 경매개시결정의 기입등기가 경료되어 있음을 채권자가 알았는지 여부 또는 이를 알지 못한 것에 관하여 과실이 있는지 여부 등은 채권자가 그 유치권을 매수인에게 대항할 수 없다는 결론에 아무런 영향을 미치지 못한다.[409]

그러나 이러한 법리는 경매로 인한 <u>압류의 효력이 발생하기 전</u>에 유치권을 취득한 경우에는 적용되지 아니하고, 유치권 취득시기가 근저당권 설정 이후라거나 유치권 취득 전에 설정된 근저당권에 기하여 경매절차가 개시되었다고 하여 달리 볼 것은 아니다.[410]

위 사례에서 농협중앙회의 압류등기 전에 유치권을 취득한 甲은 비록 위 근저당권설정등기 후에 유치권이 성립되었다 하더라도 위 근저당권에 기한 경매절차의 매수인인 乙에게 대항할 수 있다.

바. 법정지상권

동일인에 속하였던 대지와 그 지상건물이 일괄매각되지 않고 대지만 매각처분 등이 되면 건물의 보호를 위하여 민법 제366조 소정의 법정지상권이나 관습법상의 법정지상권이 발생할 수 있다.[411] 관습상의 분묘기지권도 마찬가지다. 이들 권리도 압류·가압류등기 전에 건축되거나 발생한 경우에는 매수인에게 인수된다.

현황조사보고서상의 소위 '제시외 건물'이 일괄매각이 되지 않는 경우 법정지상권성립 가능성이 높다. 판례는 미등기건물에도 법정지상권의 성립을 인정하고 있으나, 철거대상

---

408) 대법원 2005. 8. 19. 선고 2005다22688 판결 참조.

409) 대법원 2006. 8. 25. 선고 2006다22050 판결.

410) 대법원 2009. 1. 15. 선고 2008다70763 판결.

411) 대법원 2004. 6. 11. 선고 2004다13533 판결: 민법 제366조의 법정지상권은 저당권 설정 당시 동일인의 소유에 속하던 토지와 건물이 경매로 인하여 양자의 소유자가 다르게 된 때에 건물의 소유자를 위하여 발생하는 것으로서, 토지에 관하여 저당권이 설정될 당시 토지 소유자에 의하여 그 지상에 건물을 건축 중이었던 경우 그것이 사회관념상 독립된 건물로 볼 수 있는 정도에 이르지 않았다 하더라도 건물의 규모·종류가 외형상 예상할 수 있는 정도까지 건축이 진전되어 있었고, 그 후 경매절차에서 매수인이 매각대금을 다 낸 때까지 최소한의 기둥과 지붕 그리고 주벽이 이루어지는 등 독립된 부동산으로서 건물의 요건을 갖추면 법정지상권이 성립하며, 그 건물이 미등기라 하더라도 법정지상권의 성립에는 아무런 지장이 없는 것이다. 그리고 그 건물이 미등기라 하더라도 법정지상권의 성립에는 아무런 지장이 없는 것이다.

인 무허가건물이나 컨테이너박스, 비닐하우스까지 법정지상권의 객체가 될 수는 없을 것이다.412)

판례는 관습상의 분묘기지권의 존속기간을 분묘가 없어질 때까지로 보고 있으나, 장사 등에 관한 법률 제27조 제4항413)은 토지소유자의 승낙이 없는 무단분묘를 설치한 자는 토지소유자에 대하여 토지사용권을 주장할 수 없도록 하고 있다.414)

사. 기타 권리관계

① 압류채권자 외의 자에 의한 압류·가압류는 매각에 의하여 소멸한다(제148조 제1호, 제3호). 부동산에 대한 선순위가압류등기 후 가압류목적물의 소유권이 제3자에게 이전되고 그 후 제3취득자의 채권자가 경매를 신청하여 매각된 경우, 가압류채권자는 그 매각절차에서 당해 가압류목적물의 매각대금 중 가압류결정 당시의 청구금액을 한도로 배당을 받을 수 있고,415) 이 경우 종전 소유자를 채무자로 한 가압류등기는 말소촉탁의 대상이 될 수 있다.416)

---

412) 이시윤, p.253.

413) 장사 등에 관한 법률 제27조(타인의 토지 등에 설치된 분묘 등의 처리 등)
① 토지 소유자(점유자나 그 밖의 관리인을 포함한다. 이하 이 조에서 같다), 묘지 설치자 또는 연고자는 다음 각 호의 어느 하나에 해당하는 분묘에 대하여 보건복지부령으로 정하는 바에 따라 그 분묘를 관할하는 시장 등의 허가를 받아 분묘에 매장된 시체 또는 유골을 개장할 수 있다.
1. 토지 소유자의 승낙 없이 해당 토지에 설치한 분묘
2. 묘지 설치자 또는 연고자의 승낙 없이 해당 묘지에 설치한 분묘
② 토지 소유자, 묘지 설치자 또는 연고자는 제1항에 따른 개장을 하려면 미리 3개월 이상의 기간을 정하여 그 뜻을 해당 분묘의 설치자 또는 연고자에게 알려야 한다. 다만 해당 분묘의 연고자를 알 수 없으면 그 뜻을 공고하여야 한다.
③ 제1항 각 호의 어느 하나에 해당하는 분묘의 연고자는 해당 토지 소유자, 묘지 설치자 또는 연고자에게 토지 사용권이나 그 밖에 분묘의 보존을 위한 권리를 주장할 수 없다.
④ 토지 소유자 또는 자연장지 조성자의 승낙 없이 다른 사람 소유의 토지 또는 자연장지에 자연장을 한 자 또는 그 연고자는 당해 토지 소유자 또는 자연장지 조성자에 대하여 토지사용권이나 그 밖에 자연장의 보존을 위한 권리를 주장할 수 없다.

414) 장사 등에 관한 법률 부칙 제2조 제2항에 의하면 27조 제3항의 개정규정은 법률 제6158호 매장및묘지등에관한법률개정법률의 시행일인 2001년 1월 13일 이후 최초로 설치되는 분묘부터 적용하도록 하고 있다. 따라서 2001년 1월 13일 이후 위 강행규정에 반하는 관습상의 분묘기지권은 발생할 수 없게 되었다.

415) 대법원 2006. 7. 28. 선고 2006다19986 판결 참조.

416) 그러나 경우에 따라서는 집행법원이 종전 소유자를 채무자로 하는 가압류등기의 부담을 매수인이 인수하는 것을 전제로 하여 위 가압류채권자를 배당절차에서 배제하고 매각절차를 진행시킬 수도 있으며, 이와 같이 매수인이 위 가압류등기의 부담을 인수하는 것을 전제로 매각절차를 진행시킨 경우에는 위 가압류의 효력이 소멸되지 아니하므로 집행법원의 말소촉탁이 될 수 없다. 따라서 종전 소유자를 채무

② 가처분,417) 순위보전의 가등기,418) 등기된 환매권 등은 용익권에 준하여 저당권설 정등기보다 선순위인가 여부에 따라 소멸여부가 정해진다.

③ 예고등기는 그 부동산에 대한 처분을 금지하는 효력이 없으므로 경매절차에서 매 각에 의하여 소멸여부가 결정되는 것이 아니다.

④ 당해 부동산에 부과된 공과금은 체납처분에 의한 압류등기가 되어 있어도 선후순 위를 가리지 않고 매각에 의해 소멸된다. 아파트의 체납관리비 중 공용부분은 매수 인이 특정승계인으로서 인수하여야 한다.419)

___

자로 하는 가압류등기가 이루어진 부동산에 대하여 매각절차가 진행되었다는 사정만으로 위 가압류의 효력이 소멸되었다고 단정할 수 없고, 구체적인 매각절차를 살펴 집행법원이 위 가압류등기의 부담을 매수인이 인수하는 것을 전제로 하여 매각절차를 진행하였는가 여부에 따라 위 가압류 효력의 소멸 여 부를 판단하여야 한다. 대법원 2007. 4. 13. 선고 2005다8682 판결 참조.

417) 대법원 1998. 10. 27. 선고 97다26104,26111 판결: 가처분기입등기 이후에 개시된 부동산 강제경매절 차에서 부동산을 낙찰받은 자의 소유권이전등기가 가처분채권자에 대한 관계에서 무효로 되는 경우, 특 별한 사정이 없는 한 위 토지에 관한 낙찰자 명의의 소유권이전등기가 아직 말소되지 않고 있다고 하 더라도 낙찰자로서는 위 토지를 자신 소유 건물의 부지 등으로 점용하고 있는 가처분채권자에 대하여 그 건물의 철거 및 위 토지 중 가처분채권자가 위 건물의 부지 등으로 점용하고 있는 부분의 인도를 구할 수 없다.

418) 대법원 1992. 4. 14. 선고 91다41996 판결: 근저당권이 설정되어 있는 부동산에 소유권이전등기청구권 보전의 가등기가 이루어지고 그 후에 강제경매가 실시되어 그 경락허가결정이 확정된 경우에는 선순위 의 근저당권은 경락으로 인하여 소멸되고 그보다 후순위인 가등기상의 권리도 소멸되는 것이므로, 이 가등기 또한 말소촉탁의 대상이 되는 것이다. 위 가등기가 가등기담보등에관한법률 소정의 담보가등기 라 하더라도 그 가등기권리 역시 같은 법 제15조에 의하여 경락으로 인하여 소멸되고, 같은 법 제16조 제2항에 의하여 말소촉탁의 대상이 되는 것이며 경매절차에서 배당요구신청을 하지 아니하였다거나 혹 은 배당금을 수령하지 아니하였다 하여도 마찬가지이다.

419) 대법원 2007. 2. 22. 선고 2005다65821 판결: 집합건물의 관리규약에서 체납관리비 채권 전체에 대하 여 입주자의 지위를 승계한 자에 대해서도 행사할 수 있도록 규정하고 있다 하더라도, '관리규약이 구 분소유자 이외의 자의 권리를 해하지 못한다'고 규정하고 있는 집합건물의 소유 및 관리에 관한 법률 (이하 '집합건물법'이라 한다) 제28조 제3항에 비추어 볼 때, 관리규약으로 전 입주자의 체납관리비를 양수인에게 승계시키도록 하는 것은 입주자 이외의 자들과 사이의 권리·의무에 관련된 사항으로서 입 주자들의 자치규범인 관리규약 제정의 한계를 벗어나는 것이고, 개인의 기본권을 침해하는 사항은 법률 로 특별히 정하지 않는 한 사적 자치의 원칙에 반한다는 점 등을 고려하면, 특별승계인이 그 관리규약 을 명시적, 묵시적으로 승인하지 않는 이상 그 효력이 없다고 할 것이며, 집합건물법 제42조 제1항의 규정은 공동주택의 입주자들이 공동주택의 관리·사용 등의 사항에 관하여 관리규약으로 정한 내용은 그것이 승계 이전에 제정된 것이라고 하더라도 승계인에 대하여 효력이 있다는 뜻으로서, 관리비와 관 련해서는 승계인도 입주자로서 관리규약에 따른 관리비를 납부하여야 한다는 의미일 뿐, 그 규정으로 인하여 승계인이 전 입주자의 체납관리비까지 승계하게 되는 것으로 해석할 수는 없다. 다만 집합건물 의 공용부분은 전체 공유자의 이익에 공여하는 것이어서 공동으로 유지·관리해야 하고 그에 대한 적 정한 유지·관리를 도모하기 위해서는 소요되는 경비에 대한 공유자 간의 채권은 이를 특히 보장할 필 요가 있어 공유자의 특별승계인에게 그 승계의사의 유무에 관계없이 청구할 수 있도록 집합건물법 제 18조에서 특별규정을 두고 있는바, 위 관리규약 중 공용부분 관리비에 관한 부분은 위 규정에 터 잡은

아. 부담인수의 효과

선순위 가등기권자의 본등기, 선순위 가처분권자의 승소본안판결, 환매권자의 환매권행사에 의해 매수인은 매각으로 취득한 소유권을 상실당할 위험이 있다.

경매절차의 매수인으로서는 매각부동산상의 부담을 인수할 것인지의 여부를 신중히 판단하지 않으면 안 된다.

4. 청구금액의 특정과 확장

가. 원칙

① 강제경매신청서에는 강제경매의 이유가 된 일정한 채권과 그 청구금액을 적어야 한다(제80조 제3호). 이 청구금액이 결국 배당금액이 된다. 강제경매신청의 경우 청구금액을 전부 적어야 하고, 강제경매절차개시 후에는 청구금액의 확장이 불가능하고, 그 후에 청구금액을 확장하여 잔액청구를 하였더라도 배당요구의 효력밖에 없다.[420] 이 경우 이중경매신청은 가능하다.[421] 배당법원으로서는 경매신청 당시의 청구금액만을 신청채권자에게 배당하면 족하고, 근저당권자가 경매신청서에 피담보채권 중 일부만을 청구금액으로 기재하여 담보권의 실행을 위한 경매를 신

것으로서 유효하다고 할 것이므로, <u>집합건물의 특별승계인은 전 입주자의 체납관리비 중 공용부분에 관해서는 이를 승계하여야 한다고 봄이 타당하다</u>(대법원 2001. 9. 20. 선고 2001다8677 전원합의체 판결 참조). 관리비 납부를 연체할 경우 부과되는 연체료는 위약벌의 일종이고 집합건물의 특별승계인이 전 입주자가 체납한 공용부분 관리비를 승계한다고 하여 전 입주자가 관리비 납부를 연체함으로 인해 이미 발생하게 된 법률효과까지 그대로 승계하는 것은 아니므로, <u>공용부분 관리비에 대한 연체료는 집합건물의 특별승계인에게 승계되는 공용부분 관리비에 포함되지 않는다</u>(대법원 2006. 6. 29. 선고 2004다3598, 3604 판결 참조).

420) 대법원 1983. 10. 15. 자 83마393 결정: 강제경매에 있어서 채권의 일부청구를 한 경우에 그 경매절차개시를 한 후에는 청구금액의 확장은 허용되지 않고 그 후에 청구금액을 확장하여 잔액의 청구를 하였다 하여도 배당요구의 효력밖에는 없는 것이므로 강제경매 개시결정에 의하여 압류의 효력이 발생한 후에 채무자가 경매부동산을 처분하여 그 등기를 경료하였고 그 후에 청구금액 확장신청이 있고 먼저 한 강제경매 사건이 강제경매 절차에 의하지 않고 종료하였다면 청구금액 확장신청 이전에 소유권이전등기를 경료한 제3취득자는 그 소유권 취득을 확장신청인에게 대항할 수 있다.

421) 대법원 1998. 7. 10. 선고 96다39479 판결: 담보권의 실행을 위한 경매에서 신청채권자가 경매를 신청함에 있어서 그 경매신청서에 피담보채권액 중 일부만을 청구금액으로 기재하였을 경우에는 다른 특별한 사정이 없는 한 신청채권자가 당해 경매절차에서 배당을 받을 금액이 기재된 청구금액을 한도로 확정되며, <u>신청채권자가 이중경매신청을 할 수 있는 것은 별론으로 하고,</u> 청구금액확장신청서나 채권계산서를 제출하는 방법 등에 의하여 청구금액을 확장할 수는 없다.

청한 후 청구금액을 확장한 채권계산서를 제출하였을 뿐 달리 매각기일까지 이중 경매를 신청하는 등 필요한 조치를 취하지 아니한 채 그대로 경매절차를 진행시켜 경매신청서에 기재된 청구금액을 기초로 배당표가 작성·확정되고 그에 따라 배당이 실시되었다면, 신청채권자가 청구하지 아니한 부분의 해당 금원이 후순위채권자들에게 배당되었다 하여 이를 법률상 원인이 없는 것이라고 볼 수는 없다.[422]

② 임의경매의 경우에도 신청채권자가 경매신청서에 피담보채권의 일부만을 청구금액으로 하여 경매를 신청하였을 경우에는 다른 특별한 사정이 없는 한 신청채권자의 청구금액은 그 기재된 채권액을 한도로 확정되고, 그 후 신청채권자가 채권계산서에 청구금액을 확장하여 제출하는 등 방법에 의하여 청구금액을 확장할 수 없다.[423]

③ 피담보채권 중 일부채권의 변제기가 도래하지 않은 경우에도 청구금액의 확장은 불가하다.[424]

④ 경매신청서에 원본채권만을 표시하고 이자 등 부대채권을 표시하지 아니한 경우 그 후 채권계산서에 이자 등 부대채권을 표시하는 방법으로 청구금액을 확장할 수 없다.

나. 예외

① 경매신청서에 청구채권으로 이자 등 부대채권을 표시한 경우에는 나중에 채권계산서에 부대채권을 증액하는 방법으로 청구금액을 확장하는 것이 허용된다.[425]

② 임의경매의 경우 경매신청서에 특정의 피담보채권을 기재함으로써 이를 청구채권으로 표시한 경우에도 당해 근저당권의 피담보채권으로서 다른 채권이 있는 때에

---

422) 대법원 1997. 2. 28. 선고 96다495 판결.
423) 대법원 2008. 6. 26. 선고 2008다19966 판결, 대법원 2001. 3. 23. 선고 99다11526 판결 등 참조.
424) 대법원 1995. 6. 9.선고95다15261 판결.
425) 대법원 2001. 3. 23. 선고 99다11526 판결. 지연이자의 경우 배당기일이 늦어질수록 계속 증액되는 것을 예상할 수 있기 때문에 부대채권 확장이 가능하다. 다만 그 확장은 채권계산서 제출기한까지 이루어져야 한다.

는 그 다른 채권을 청구채권에 추가하거나 당초의 청구채권을 다른 채권으로 교환하는 등 청구채권을 변경할 수 있다.[426]

[사례 6 - 3] 청구금액의 확장과 제3취득자에 대한 효력

甲이 강제집행의 집행권원인 집행력 있는 공정증서정본에 기하여 어음금 3,000만 원 중 금 1,000만 원 및 지연손해금을 청구금액으로 하여 A 소유의 부동산에 대한 강제경매신청을 함에 따라 2009. 7. 21. 강제경매개시결정이 내려지고 같은 달 23. 그 결정문이 채무자에게 송달되고 경매개시결정기입등기가 마쳐졌다. 한편 乙은 그 달 19. 채무자로부터 경매부동산을 매수하여 위 기입등기 후인 그달 24. 그 명의의 소유권이전등기를 마쳤는데 甲은 그다음 날인 25. 집행채권을 1,000만 원에서 3,000만 원으로 확장하는 신청을 하였다.

乙은 그달 31. 집행채무자인 A를 대위하여 당초의 청구금액과 경매절차비용 합계 금 10,080,000원을 적법하게 변제공탁하고, 집행채권소멸을 이유로 한 청구이의의 소를 제기하였다가 소유권이 乙에게 있음을 들어 제3자이의의 소로 변경하였다.

乙의 청구는 인용될 것인가?

강제집행에 대한 제3자이의의 소는 집행목적물에 대하여 채무자 이외의 제3자가 소유권 기타 목적물의 양도나 인도를 저지하는 권리를 주장하여 강제집행의 배제를 구하는 것이기 때문에 그 소의 원인이 되는 권리는 집행채권자에게 대항할 수 있는 것이어야만 하는바, 강제집행 개시결정 후 소유권을 취득한 제3자는 집행채권이 변제 기타 사유로 소멸된 경우에도 청구에 관한 이의의 소에 의하여 집행권원의 집행력이 배제되지 아니한 이상 그 경매개시 결정은 취소될 수 없고 그 결정이 취소되지 않는 동안에는 집행채권이

---

426) 다만 변경 후의 피담보채권액이 경매신청서에 기재되어 있는 청구금액을 초과하는 경우 그 초과하는 금액에 대해서는 배당받을 수 없다. 이는 경매신청서에 기재된 특정한 피담보채권이 변제 등으로 소멸한 경우 다른 피담보채권으로 변경하여 배당을 받을 수 있는 의미가 있다. 대법원 1998. 7. 10. 선고 96다39479 판결: 근저당권의 실행을 위한 경매절차에서 신청채권자는 일단 경매신청서에 특정의 피담보채권을 기재함으로써 이를 청구채권으로 표시하였다고 하더라도 당해 근저당권의 피담보채권으로서 다른 채권이 있는 경우에는 그 다른 채권을 청구채권에 추가하거나 당초의 청구채권을 그 다른 채권으로 교환하는 등 청구채권을 변경할 수 있으며(다만 변경 후의 피담보채권액이 경매신청서에 기재되어 있는 청구채권액을 초과하는 때에는 그 초과하는 금액에 대해서는 배당을 받을 수 없다), 이때 청구채권의 변경이 추가적 변경인가 교환적 변경인가는 신청채권자기 경매법원에 표시한 의사를 객관적·합리적으로 해석하여 판단하여야 한다.

변제되었다는 사유만으로 소유권을 집행채권자에게 대항할 수 없으므로 제3자이의의 소에 의하여 그 강제집행의 배제를 구할 수 없다.427)

따라서 위 사례에서 乙의 제3자이의의 소는 허용될 수 없다.428) 乙로서는 다시 甲을 상대로 청구이의의 소를 제기하여 승소판결을 받아(물론 잠정처분을 먼저 받을 수도 있다) 이를 경매법원에 제출하여 강제경매개시결정의 취소를 구할 수 있다. 즉 강제경매절차의 개시 후에는 청구금액확장은 허용되지 아니하고 배당요구의 효력밖에 없다. 甲의 위 청구금액확장신청 이전에 경매부동산에 관하여 소유권이전등기를 마친 제3취득자인 乙은 경매신청 당시의 청구금액을 대위변제하였고, 이에 따라 위 집행권원 중 위 청구금액 부분의 집행력을 배제하는 판결이 제출되었다면 이는 민사집행법 제49조 제1호 소정의 '강제집행을 허가하지 아니하는 집행력 있는 재판의 정본'으로 보아야 할 것이므로 경매법원은 이 사건 강제경매개시결정을 취소하고, 甲의 강제경매신청을 기각하게 될 것이다.429) 위와 같은 결론은 압류의 효력에 관하여 개별상대효설을 취하는 결과이다.430)

┌─ [사례 6 - 4] 변제기 미도래채권에 대한 청구금액의 확장 ─

甲은 A에 대한 3억 원의 약속어음금채권을 담보하기 위하여 B 소유의 임야에 관하여 채권최고액 3억 원의 근저당권설정등기를 마쳤다. 甲이 위 근저당권에 기한 부동산임의경매신청을 하면서 위 채권액 중 금 2억 원에 대해서는 변제기를 유예하여 주었다고 하여 나머지 1억 원만을 청구금액으로 기재하였다가 그 경매절차 진행 중에 청구금액을 3억 원으로 확장하는 내용의 청구금액확장 및 채권계산서를 제출하였다.

---

427) 대법원 1982. 9. 14. 선고 81다527 판결(본 판결의 평석으로는 박재윤, "경매개시 후 집행채권을 대위변제한 제3취득자와 제3자이의의 소의 가부", 「민사판례연구Ⅵ」, 박영사(1998), p.229 이하 참조).

428) 다만 가압류 부동산을 양수한 제3취득자의 변제로 인하여 피보전채권이 소멸되면 그 제3취득자는 가압류 채권자에 대한 관계에 있어서도 소유권 취득을 대항할 수 있게 되어 가압류 채권자에 의한 강제집행은 결국 채무자이외의 제3자의 소유물에 대하여 시행된 것이 되어 허용될 수 없다.

429) 대법원 1983. 10. 15. 자 83마393 결정(본 판결의 평석으로는 박재윤, "강제집행청구금액의 확장과 제3취득자에 대한 효력", 「민사판례연구Ⅷ」, 박영사(1999), p.179 이하 참조).

430) 개별상대효설에 의하면 위 사례에서 채무자 A의 저촉처분(乙에게의 매도)은 그 처분 전까지 확장·추가된 채권에 대해서만 무효이고, 그 후에 확장·추가된 채권에 대해서는 유효가 되므로 집행채권자의 채권의 확장·추가는 저촉처분이 있기 전까지만 허용되고 일단 처분이 되어 제3취득자가 생긴 후에는 허용될 수 없다는 결론이 되고 이에 따라 집행채권자는 처분 후에 확장·추가된 채권에 관해서는 제3취득자에게 우선하지 못한다. 박재윤, 「민사판례연구Ⅷ」, p.187 참조.

> 집행법원은 그 매득금을 배당함에 있어 채권자들에게 배당할 금 2억 원 중 甲에게 경매신청 당시의 청구금액 1억 원만을 배당하고 나머지 2억 원은 후순위 근저당권자들인 乙에게 배당하는 것으로 배당표를 작성하였다.
>
> 甲은 경매신청 시에는 피담보채권 중 일부의 변제기가 도래하지 않았으나 경매진행 중에 변제기가 도래한 경우 채권자는 매각기일까지 채권계산서의 제출에 의하여 청구채권액을 확장할 수 있는 것이므로 집행법원은 甲에게 금 3억 원에 이르기까지 우선적으로 배당하였어야 한다는 이유로 배당이의의 소를 제기할 수 있는가?

담보권실행경매에서 경매채권자가 피담보채권의 일부에 대해서만 담보권을 실행하겠다는 취지로 경매신청서에 피담보채권의 <u>원금 중 일부만을 청구금액으로 하여 경매를 신청하였을 경우</u>에는 경매채권자의 청구금액은 그 기재된 채권액을 한도로 확정되고 경매채권자는 채권계산서에 청구금액을 확장하여 제출하는 방법에 의하여 청구금액을 확장할 수 없는 것이고, 이는 피담보채권 중 일부 채권의 변제기가 도래하지 아니한 경우에도 마찬가지라는 것이 판례이다.[431]

따라서 판례에 의하면 甲의 배당이의의 소는 기각될 것이다.

---

[431] 대법원 1995. 6. 9. 선고 95다15261 판결.

제7장 부동산경매 및 매각-1: 압류 및 현금화

[1] 개요

　민사집행법은 강제경매와 담보권실행을 위한 경매절차를 통합하여 규율하고 있다. 담보권실행을 위한 경매를 당사자가 임의로 저당권 등 담보권을 설정한 담보권실행의 경매라는 뜻으로 집행권원에 기한 강제경매에 대비하여 임의경매, 담보집행이라고도 한다.

　민사집행법은 강제경매절차에 관하여 강제경매의 개시 → 매각준비절차 → 매각기일·매각결정기일의 공고 → 매각실시절차 → 대금납부 → 배당절차에 이르는 일련의 절차를 상세히 규정하고, 이를 대표적인 담보물권인 저당권의 실행절차에 준용하고 있다.

　따라서 임의경매에 특유한 집행절차 및 제도 등에 관해서는 별도로 정리하여 살펴볼 것이나, 우선 부동산에 관한 강제경매를 중심으로 절차진행과정에 따라 집행채권자, 집행채무자, 이해관계인들의 권리관계를 살펴보고 필요한 범위 내에서 임의경매에 관한 사항도 함께 설명하기로 한다.

[부동산경매절차의 개요]

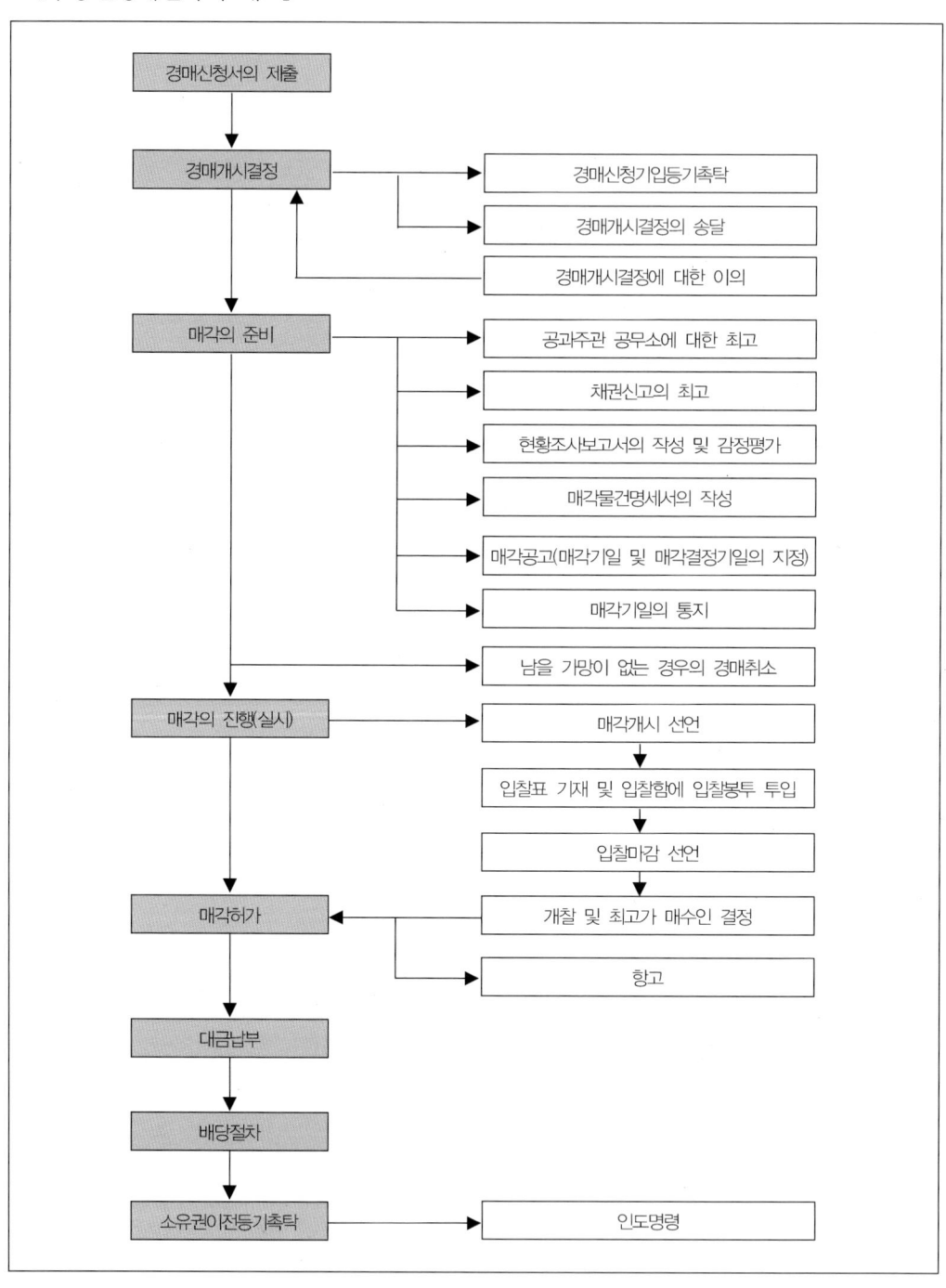

경매신청서의 제출

경매개시결정
- 경매신청기입등기촉탁
- 경매개시결정의 송달
- 경매개시결정에 대한 이의

매각의 준비
- 공과주관 공무소에 대한 최고
- 채권신고의 최고
- 현황조사보고서의 작성 및 감정평가
- 매각물건명세서의 작성
- 매각공고(매각기일 및 매각결정기일의 지정)
- 매각기일의 통지
- 남을 가망이 없는 경우의 경매취소

매각의 진행(실시)
- 매각개시 선언
- 입찰표 기재 및 입찰함에 입찰봉투 투입
- 입찰마감 선언
- 개찰 및 최고가 매수인 결정

매각허가
- 항고

대금납부

배당절차

소유권이전등기촉탁
- 인도명령

부동산경매사건에 있어서 각 절차는 다음 표에 정한 기간 이내에 진행되도록 하고 있으나,[432] 이는 훈시규정이다.

[부동산경매사건 진행기간표]

종류	기산일	기간	민사집행법 근거조문
경매신청서의 접수		접수당일	80, 264①
개시결정 및 등기촉탁	접수일부터	2일 이내	83, 94, 268
채무자에 대한 개시결정의 송달	임의경매: 개시결정일부터 강제경매: 등기필증접수일부터	3일 이내	83, 268
공과주관 공공기관에 대한 최고	개시결정일로부터	3일 이내(최고기간은 2주일 이내)	84④, 268
채권신고의 최고	배당요구종기결정일부터	3일 이내(최고기간은 배당요구종기까지)	84④
현황조사명령	임의경매: 개시결정일부터 강제경매: 등기필증접수일부터	3일 이내(조사기간은 2주일 이내)	85, 268
평가명령	임의경매: 개시결정일부터 강제경매: 등기필증접수일부터	3일 이내(평가기간은 2주일 이내)	97, 728
매각물건명세서의 작성, 그 사본 및 현황조사보고서, 평가서 사본의 비치		매각기일 1주일 이전까지	105, 268
최초매각기일의 지정, 게시 및 신문공고 의뢰, 이해관계인에의 통지	배당요구종기부터	1개월 이내	104, 268
최초매각기일	공고일부터	2주 후 20일 이내	규칙 56
새매각기일 또는 재매각기일의 지정 및 게시(또는 게시 및 신문공고), 이해관계인에의 통지	사유발생일로부터	1주일 이내	119, 138, 268
새매각기일 또는 재매각기일	공고일로부터	2주 이후 20일 이내	119, 138, 268
매각결정기일	매각기일로부터	7일 이내	109, 268
배당요구의 통지	배당요구일로부터	3일 이내	89, 268
매각기일의 진행(매각실시)		매각기일	112, 116, 268
매각기일조서 및 보증금 등의 인도	매각기일로부터	3일 이내	117, 268
매각허부결정의 선고		매각결정기일	109, 126, 268

---

432) 부동산경매사건의 진행기간 등에 관한 예규(재민 91 - 5).

종류	기산일	기간	민사집행법 근거조문
차순위 매수신고인에 대한 매각결정기일의 지정, 이해관계인에의 통지	최초의 대금지급기일 후	3일 이내	104, 137, 268
차순위 매수신고인에 대한 매각허가여부결정	최초의 대금지급기일 후	14일 이내	137, 268
매각부동산 관리명령	신청일부터	2일 이내	136, 268
대금지급기일의 지정 및 통지	매각허가결정확정일 또는 상소법원으로부터 기록송부를 받은 날부터	3일 이내	142, 268
대금지급기한	매각허가결정확정일 또는 상소법원으로부터 기록송부를 받은 날부터	1개월 이내	194, 규칙78
매각부동산 인도명령	신청일부터	3일 이내	136, 268
배당기일의 지정, 소환, 계산서 제출의 최고	대금납부 후	3일 이내	146, 268
배당기일	대금납부 후	2주일 이내	146, 268
배당표의 원안의 작성 및 비치		배당기일 3일 전까지	149, 268
배당표의 확정 및 배당실시		배당기일	149, 268
배당기일의 조서의 작성	배당기일부터	3일 이내	160, 268
배당액의 공탁 또는 계좌입금	배당기일부터	10일 이내	160②, 268
매수인 앞으로의 소유권이전등기 등의 촉탁	서류제출일부터	3일 이내	144, 268
기록인계	배당액의 출급, 공탁 또는 계좌입금 완료 후	5일 이내	

[2] 경매의 개시

1. 경매신청서의 제출

채권자가 강제경매신청서나 임의경매신청서를 부동산이 있는 곳의 지방법원에 제출하면서 경매절차가 개시된다. 채권자는 아래와 같은 신청서와 첨부서류(강제경매의 경우에는 집행력 있는 정본, 임의경매의 경우에는 담보권의 존재를 증명하는 서류 등)를 제출해야 하고, 집행비용을 예납해야 한다.

2. 경매부동산 적격

부동산집행의 대상은 토지와 건물이다. 토지의 공유지분도 부동산집행의 대상이 된다. 토지에 정착된 공작물 중 독립한 부동산으로 볼 수 있는 것만이 경매부동산 적격이 있는 것이 원칙이다. 경매신청서상의 부동산목록의 기재가 등기부의 기재와 일치하여야 한다. 문제가 되는 것을 들어 본다.

가. 미등기부동산

강제경매신청서에는 집행력 있는 정본 외에 채무자의 소유로 등기된 부동산에 대해서는 등기부등본, 채무자의 소유로 등기되지 아니한 부동산에 대해서는 즉시 채무자명의로 등기할 수 있다는 것을 증명할 서류를 붙여야 한다. 다만 그 부동산이 등기되지 아니한 건물인 경우에는 그 건물이 채무자의 소유임을 증명할 서류, 그 건물의 지번·구조·면적을 증명할 서류 및 그 건물에 관한 건축허가 또는 건축신고를 증명할 서류를 붙여야 한다(제81조 제1항).

미등기 토지에 관해서는 토지대장이나 임야대장, 소유권확인판결, 수용증명서 등이 채무자의 명의로 등기할 수 있음을 증명할 서류이고,[433] 미등기 건물에 관해서는 건축물대장, 채무자 소유임을 증명할 판결이나 시·구·읍·면장의 서면,[434] 수용증명서 등이 이에 해당한다.[435]

---

433) 부동산등기법 제130조(토지의 보존등기).
　　미등기토지의 소유권보존등기는 다음 각 호의 어느 하나에 해당하는 자가 신청할 수 있다.
　　1. 토지대장등본이나 임야대장등본에 의하여 자기 또는 피상속인이 토지대장 또는 임야대장에 소유자로서 등록되어 있는 것을 증명하는 자
　　2. 판결에 의하여 자기의 소유권을 증명하는 자
　　3. 수용으로 인하여 소유권을 취득하였음을 증명하는 자
434) 상세는 미등기부동산의 소유권보존등기 신청인에 관한 업무처리지침(등기예규 제1253호 2008. 6. 13 개정) 참조.
435) 부동산등기법 제131조(건물의 보존등기)
　　미등기건물의 소유권보존등기는 다음 각 호의 어느 하나에 해당하는 자가 신청할 수 있다.
　　1. 건축물대장등본에 의하여 자기 또는 피상속인이 건축물대장에 소유자로서 등록되어 있는 것을 증명하는 자
　　2. 판결 또는 그 밖의 시·구·읍·면의 장의 서면에 의하여 자기의 소유권을 증명하는 자

종전에는 미등기건물에 대해서는 부동산집행방식뿐만 아니라 유체동산집행방식으로도 강제집행이 불가능하였으나 민사집행법은 미등기건물 중 건축허가를 받은 건물에 대해서는 비록 사용승인을 받지 않은 건물의 경우에도 부동산집행이 가능하도록 하고 있다. 미등기부동산에 대하여 경매개시결정을 하면 등기관이 직권으로 소유권보존등기를 하고 경매개시결정 기입등기를 하게 된다.

건축허가나 신고를 하지 아니하거나 할 수도 없는 무허가 미등기건물은 부동산집행에 의할 수 없다. 무허가 미등기건물에 대해서는 유체동산집행이 곤란하고 그 밖의 재산권에 대한 집행방법에 의할 여지가 있다는 견해가 있다.[436]

부동산집행의 대상이 되는 독립된 부동산으로서의 건물이라고 하기 위해서는 최소한의 기둥과 지붕 그리고 주벽이 이루어지면 된다.[437] 물론 이 경우에도 건축허가·신고요건이 갖추어져야 한다.

나. 압류금지 부동산

예컨대 학교교사 및 부지, 전통사찰, 향교건물 등 압류금지 부동산에 대한 경매신청은 부적법하다.

다. 주무관청의 허가 없이 처분할 수 없는 부동산

학교법인의 기본재산, 사찰소유 경내지 내의 부동산에 대해서는 경매신청을 할 수 있으나, 매수인은 매각허가기일까지 주무관청의 허가를 얻어야 소유권을 취득할 수 있다.

목적물이 농지인 경우에는 도시계획확인원을 제출하여야 한다.[438]

---

3. 수용으로 인하여 소유권을 취득하였음을 증명하는 자

436) 이시윤, pp.260 - 261 참조.

437) 대법원 2003. 5. 30. 선고 2002다21592,21608 판결: 신축 건물이 경락대금 납부 당시 이미 지하 1층부터 지하 3층까지 기둥, 주벽 및 천장 슬라브 공사가 완료된 상태이었을 뿐만 아니라 지하 1층의 일부 점포가 일반에 분양되기까지 하였다면, 비록 토지가 경락될 당시 신축 건물의 지상층 부분이 골조공사만 이루어진 채 벽이나 지붕 등이 설치된 바가 없다 하더라도, 지하층 부분만으로도 구분소유권의 대상이 될 수 있는 구조라는 점에서 신축 건물은 경락 당시 미완성 상태이기는 하지만 독립된 건물로서의 요건을 갖추었다고 본 사례.

438) 도시계획구역 내의 녹지지역 안의 농지 중 도시계획사업에 필요하지 아니한 농지에 대해서는 국토의 계획 및 이용에 관한 법률 제83조 제3호에 의해 농지취득자격증명이 필요하다.

3. 대리

소송위임에 의한 경매신청의 임의대리에 관해서는 변호사가 아니면 대리인이 될 수 없고, 변호사가 아닌 자는 당사자와 친족, 고용 및 기타 특별한 관계에 있는 자로서 법원의 허가를 얻어야 대리인이 될 수 있다. 판결절차 각 심급의 소송대리인은 그 판결을 집행권원으로 하는 강제집행에 관해서도 대리권을 가지므로 별도의 위임을 받지 않고 강제경매를 신청할 수 있다.

법무사는 경매사건에서 매수나 입찰신청의 대리를 할 수 있고, 법원에 등록한 공인중개업자에게도 매수입찰대리 및 권리분석의 대리가 허용됨은 앞서 본 바이다.

한국자산관리공사가 금융기관으로부터 부실자산의 정리를 위임(위탁)받았을 때에는 대리인의 자격으로 경매신청이 가능하고, 부실자산의 정리를 인수받았으면 한국자산관리공사 자신이 당사자로서 경매신청을 할 수 있다.

[사례 7-1] 집행절차에서의 당사자의 사망

저당권설정등기 후 경매신청 전에 채무자나 소유자가 사망한 경우 혹은 경매신청 후 경매절차 진행 중에 사망한 경우 경매절차는 어떻게 진행되는가?

저당권설정등기 후 경매신청 전에 채무자나 소유자가 사망한 경우에는 그 상속인을 채무자나 소유자로 하여 경매신청을 할 수 있다. 채무자나 소유자가 상속등기를 하지 않은 경우에는 민법 제404조, 부동산등기법 제29조, 제52조에 의하여 상속인을 대위하여 상속등기를 한 후에 그 상속인을 채무자나 소유자로 표시하여 경매신청을 할 수 있다. 사망자를 그대로 채무자나 소유자로 표시하여 경매신청을 하였다가 경매개시결정 후에 경정신청을 하는 것도 허용된다. 다만 경매신청 시 사망사실이 명백하나 상속인불명의 부동산에 대해서는 상속재산관리인(민법 제1053조)이나 특별대리인(민사소송법 제58조)을 선임하여 경매신청을 하여야 할 것이다.

강제경매의 경우에는 경매개시결정 전에 채무자가 사망하였다면 승계집행문을 부여받아 경매신청을 하면 된다.

그러면 경매절차 진행 중에 채무자나 소유자가 사망하면 어떻게 되는가? 일반소송절차에서는 소송 진행 도중에 당사자가 사망하여 소송대리인이 없으면 소송절차가 중단되고

(따라서 변호사가 선임된 사건은 당사자가 사망하더라도 소송절차는 계속되고 당해 심급의 판결이 송달되면서 소송절차는 중단된다) 상속인·상속재산관리인 및 기타 법률에 의하여 소송을 속행할 자가 소송절차를 수계하여야 한다. 소송대리인이 선임되어 있다 하더라도 상속인 등이 수계절차를 밟을 수 있음은 물론이다. 민사집행법 제52조 제1항은 강제집행의 개시 후 채무자가 사망한 때에는 강제집행은 상속재산에 대하여 상제집행을 계속하여 진행한다고 규정하고 있다.

따라서 경매절차에서는 소송절차에서와는 달리 이해관계인의 사망으로 인한 경매절차의 중단은 없다. 경매절차 도중에 채무자나 소유자가 사망한 경우 사망자의 상속인 등은 그 사실을 경매법원에 신고하고 경매절차를 수계하여 자신의 권리보호의 기회를 찾을 수 있다.

경매개시결정 당시에 이미 소유자·채무자가 사망하였음에도 이를 간과하여 결정을 한 경우, 강제경매에 있어서는 승계집행문을 받지 않고 집행을 개시하였으므로 이는 무효이고(따라서 개시결정 자체를 취소한다), 임의경매에 있어서는 개시결정 자체의 효력에는 아무런 영향이 없고 후에 법원이 이를 알았을 때 그 표시를 정정하는 것으로 족하다.

[서식] 부동산강제경매신청서

부 동 산 강 제 경 매 신 청

채권자 ○ ○ ○
　　　　주소
채무자 △ △ △
　　　　주소

수입인지

경매할 부동산의 표시: 별지목록 기재와 같음
청구금액의 표시: 원금　　　원 및 이에 대한 200 년　월　일부터 다 갚을 때까지 연　% 비율에 의한 이자
집행권원의 표시: 서울중앙지방법원 2010. 4. 1. 선고 2010가합1234호 손해배상청구사건의 집행력 있는 판결정본

신 청 취 지

채권자가 채무자에 대하여 가지고 있는 위 청구채권의 변제에 충당하기 위하여 채무자 소유의 별지목록 기재 부동산에 대하여 강제경매개시결정을 한다.

라는 재판을 구합니다.

신 청 이 유

채무자는 채권자에게 위 집행권원에 기하여 위 청구금액을 변제하여야 할 것이나, 이를 이행하지 아니하므로 위 부동산에 대한 강제경매를 신청합니다.

첨 부 서 류

1. 집행력 있는 정본	1통
1. 송달증명서	1통
1. 부동산등기부등본	1통
1. 매각물건목록	10통

2010. . .

위 신청인 ○ ○ ○ (인)

서울중앙지방법원　　귀 중

별 지 목 록

1. 서울시 서초구 서초동 234의 5대 300㎡
2. 위 지상
시멘트블럭조 슬라브지붕 단층주택 1동 건평 100㎡

－ 이 상－

가. 경매신청서의 기재사항

① 채권자와 채무자 당사자를 표시하고 대리인이 있으면 대리인을 표시한다.

② 경매대상 부동산(토지, 건물)을 표시한다. 집합건물 등 복잡한 것은 별지를 사용한다.

③ 청구금액을 특정하여야 한다. 경매의 근거가 된 일정한 채권과 그 청구액을 전부 기재하여야 한다.

④ 확정판결이나 집행증서 등 집행권원을 기재한다.

⑤ 관할법원을 표시한다.

나. 경매신청에 첨부할 서류

① 집행력 있는 정본: 집행권원의 송달증명서, 집행문, 집행권원의 송달증명서
- 확정된 이행권고결정이나 지급명령은 집행문이 필요 없고(단 조건이나 승계의 경우에는 예외), 송달증명서 및 확정증명서도 필요 없다.
- 집행권원이 조정에 갈음하는 결정(강제조정)인 경우에는 확정증명이 필요하다.
- 공정증서의 경우에는 원칙적으로 송달증명이 필요 없다.
- 집행문에 조건이 붙어 있는 경우와 승계집행문이 부여된 경우에는 그 집행문을 송달한 증명서가 필요하다.
- 담보제공증명서와 그 등본이 송달증명서, 반대의무의 이행 또는 이행의 제공을 증명하는 서면도 제출하여야 한다.

② 민사집행법 제81조 제1항 소정의 첨부서류: 등기부등본, 즉시 채무자 명의로 등기할 수 있음을 증명할 서류

③ 그 밖의 첨부서류: 자격증명서(가족관계등록부, 법인등기부 등), 위임장, 등록세영수필통지서 및 영수필확인서, 부동산목록 10통

다. 경매비용의 예납

① 집행권원 1개당 수입인지(5,000원)와 여러 개의 집행권원에 기하여 신청하는 경우에는 집행권원의 수에 따른 인지를 붙여야 한다.

② 강제경매를 신청할 때에는 집행관의 현황조사수수료·감정료·경매공고비용·매각수수료, 유찰수수료 등 경매예납금과 송달료를 예납하여야 하고, 등록세(청구채권금액의 1,000분의 2) 및 지방교육세(등록세액 × 0.2)의 영수필통지서와 확인서를 첨부하여야 한다.
- 경매예납금은 청구채권액이 1억 원일 경우 185만 원쯤 된다.
- 송달료는 이해관계인 수에 따라 정해진다.

[서식] 부동산임의경매신청서

부동산임의경매신청서

채 권 자   김 갑 동
　　　　　 서울시 동대문구 이문동 123의 4
채 무 자   이 을 순
　　　　　 서울시 서초구 서초동 234의 5
소 유 자   박 을 동
　　　　　 서울시 강남구 삼성동 345의 6

경매할 부동산의 표시: 별지목록 기재와 같음

청 구 금 액

2010. 2. 1. 대여금 원금 30,000,000원 및 이에 대한 위 일시부터 완제에 이르기까지 연 2할 5푼에 의한 이자

신 청 취 지

채권자의 채무자에 대한 위 청구금액의 변제를 위하여 별지목록 기재 부동산에 대하여 경매개시결정을 한다.

라는 재판을 구합니다.

신 청 이 유

1. 채권자는 채무자에게 2009. 2. 1. 금 30,000,000원을 이자 연 2할 5푼의 비율에 의해 변제기를 1년으로 정하여 대여하면서 위 채권의 담보를 위하여 별지목록 기재 부동산에 대하여 서울중앙지방법원 강남등기소 2009. 2. 1. 접수 제12345호로, 채권최고액 금 50,000,000원의 근저당권을 설정하였습니다.
2. 그러나 채무자는 변제기가 지나서도 위 채무를 변제하지 아니하므로 이 사건 신청에 이르렀습니다.

첨 부

1. 등기부등본	1통
1. 차용증	1통
1. 근저당권설정계약서	1통
1. 등록세영수필통지서 및 영수확인서	2통
1. 비용예납서	1통
1. 납부서	1통
1. 부동산목록	10통

2010.　.　.
위 채권자 김 갑 동 (인)

서울중앙지방법원 귀 중
(별지목록 생략)

라. 경매신청서의 기재사항

① 채권자와 채무자 및 소유자 등 당사자를 표시하고 대리인이 있으면 대리인을 표시한다.
② 담보권과 피담보채권을 표시한다.
③ 담보권의 실행 또는 권리행사의 대상이 될 재산을 표시한다.
④ 관할법원을 표시한다.

마. 경매신청에 첨부할 서류

① 담보권의 존재 및 승계를 증명하는 서류
- (근)저당권(또는 전세권)설정계약서 사본 1통
- 경매신청 전 1개월 내의 등기부등본
- 제적등본과 가족관계등록부, 법인등기부등본 등

② 채무자 또는 담보권설정자의 소유를 증명하는 서류(등기부등본)

③ 그 밖의 첨부서류: 자격증명서(가족관계등록부, 법인등기부 등), 위임장, 등록세영수필통지서 및 영수필확인서, 부동산목록 10통
- 담보권의 존재를 증명하는 서류 이외에 채권증서와 같은 피담보채권의 존재를 증명하는 서류가 반드시 필요한 것은 아니다.

바. 경매비용의 예납

① 근저당권 또는 전세권 1건당 수입인지(5,000원)를 붙여야 한다.
② 임의경매를 신청할 때에도 강제경매신청 시와 같은 경매예납금과 송달료를 예납하여야 하고, 등록세 및 지방교육세의 영수필통지서와 확인서를 첨부하여야 한다.

[3] 압류: 경매개시결정

1. 경매개시결정 및 경매개시결정 기입등기촉탁

경매신청을 받은 집행법원의 사법보좌관은 경매신청의 요건을 심사한 후 경매비용을 예납시키고, 경매개시결정을 한 다음 법원사무관 등이 직권으로 등기관에 경매개시결정 기입등기를 촉탁한다.[439] 경매개시결정에는 동시에 그 부동산에 대한 압류를 명한다.[440] 경매개시결정기입등기가 마쳐진 때 압류의 효력이 발생한다. 등기관은 경매개시결정기입등기 후 등기부등본을 작성하여 집행법원에 보내야 한다.[441]

처분금지가처분등기가 되어 있는 부동산에 대해서도 경매개시결정을 하고 경매개시결정등기를 마친 단계에서 경매절차를 사실상 중지하고 가처분 또는 본안소송의 결과를 기다려 그 결과에 따라 처리하는 것이 실무례이다. 부동산의 멸실 및 기타 매각으로 인하여 권리이전이 불가능하게 하는 사실이 명백하게 된 때에는 법원이 경매절차를 취소한다. 취소결정에 불복이 있는 자는 즉시항고를 할 수 있다.

---

439) 미등기건물에 대한 집행의 경우 보존등기를 하지 않고 압류등기 등 처분제한등기를 하는 특칙이 있다. 부동산등기법 제134조 참조.

440) 엄격히 말하면 경매개시결정과 압류는 동일한 것이 아니다. 경매개시결정은 그 결정이 채무자에게 송달되어야 효력이 발생하나, 압류의 효력은 경매개시결정이 채무자에게 송달된 때 또는 경매개시결정의 기입등기가 된 때에 발생한다.

441) 경매개시결정기입등기가 이루어지기 전에 경매개시결정을 채무자나 소유자에게 송달하면 이들이 즉시 목적 부동산을 타에 처분할 염려가 있으므로, 실무상 강제경매의 경우에는 집행법원이 경매개시결정 기입등기가 되었음을 확인하고 채무자에게 경매개시결정을 송달하고, 임의경매의 경우에는 저당권 등 담보권이 등기부에 등재되어 있으므로 경매개시결정 후 경매개시결정의 기입등기촉탁과 동시에 채무자 및 소유자에게 경매개시결정을 송달하고 있다.

[서식] 강제경매개시결정

서울중앙지방법원

결 정

사 건   2010타경1234 부동산강제경매
채권자   ○ ○ ○
채무자   △ △ △

주 문

채무자 소유의 별지목록 기재 부동산에 대한 경매절차를 개시하고 채권자를 위하여 이를 압류한다.

청 구 금 액

금   원
금   원
합계 금   원

이 유

위 청구금액의 변제에 충당하기 위하여 서울중앙지방법원 2010가합1235호 손해배상청구사건의 집행력 있는 정본에 의한 채권자의 신청은 이유 있으므로 주문과 같이 결정한다.

2010. . .
사법보좌관 ○ ○ ○ (인)

[서식] 부동산임의경매개시결정

서울중앙지방법원
결 정

사 건 2010타경2345 부동산임의경매
채권자 ○ ○ ○
채무자 △ △ △

주 문

별지목록 기재 부동산에 대하여 경매절차를 개시하고 채권자를 위하여 이를 압류한다.

청 구 금 액

금   원
금   원
합계 금   원

이 유

위 채권에 대한 저당권의 실행을 위하여 2010. . . 채권자가 한 신청은 이유 있으므로 주문과 같이 결정한다.

2010. . .
사법보좌관 ○ ○ ○ (인)

2. 경매개시결정의 송달

경매개시결정의 고지 없이는 유효하게 경매절차를 속행할 수 없으므로 법원은 경매개시결정정본을 채권자와 채무자 및 소유자에게 송달한다.[442] 채무자에 대한 경매개시결정 송달의 흠은 매각허가결정에 대한 항고이유가 된다.[443] 채무자가 아닌 다른 이해관계인

---

[442] 경매개시결정을 채무자에게는 반드시 송달하여야 하나, 채권자에게 송달하지 않고 절차를 진행하더라도 매각의 효력에는 영향이 없다. 대법원 1995. 7. 11.자95마147 결정: 경매법원이 이중경매신청에 기한 경매개시결정을 하면서 그 결정을 채무자에게 송달함이 없이 경매절차를 진행하였다면, 그 경매는 경매개시결정이 효력을 발생하지 아니한 상태에서 이루어진 것이어서 당연히 무효이다.

[443] 대법원 1994. 1. 28. 선고 93다9477 판결: 경매개시결정은 비단 압류의 효력을 발생시키는 것일 뿐만 아니라 경매절차의 기초가 되는 재판이어서 그것이 당사자에게 고지되지 않으면 효력이 있다 할 수 없고, 따라서 따로 압류의 효력이 발생하였는지의 여부에 관계없이 경매개시결정의 고지 없이는 유효하게 경매절차를 속행할 수 없는 것이므로, 경매법원이 이중경매신청에 의한 강제경매개시결정을 채무자에

에게는 경매개시결정을 송달할 필요가 없다.

경매개시결정이 채무자나 소유자에게 송달된 때 압류의 효력이 생기지만, 경매개시결정기입등기가 먼저 된 때에는 그 기입등기 시에 압류의 효력이 생긴다. 채무자나 소유자의 주소지가 분명하지 않거나 외국에 있다 하여도 송달을 한다. 경매개시결정이 채무자에게 송달되지 아니하여 채권자에게 주소보정을 명하였으나 채권자가 이에 불응하는 경우에는 경매개시결정을 취소하고 경매신청을 각하한다. 각하결정이 확정되면 직권으로 기입등기의 말소를 촉탁한다.

압류의 효력에 관해서는 앞서 부동산집행의 쟁점에서 살펴보았다.

금융기관부실자산 등의 효율적 처리 및 한국자산관리공사의 설립에 관한 법률 제45조의 2는 부동산의 등기부상 주소와 주민등록표상의 주소가 다를 경우에는 두 곳 모두에 송달해야 송달이 된 것으로 추정하고 있고 또 경매를 신청하기 전에 경매실행 예정사실을 채무자 및 소유자에게 통지하도록 규정하고 있다.[444] 위 특칙은 강제경매에는 적용되지 않는다.

공유 부동산의 지분에 관하여 경매개시결정을 한 때에는 상당한 이유가 있는 경우를 제외하고 다른 공유자에게 그 경매신청이 있음을 통지한다(제139조 제1항).

경매개시결정이 송달되더라도 채무자는 그 부동산을 실질적으로 이용·수익할 수 있으나, 채무자가 부동산의 가액을 감소시키는 행위를 할 때에는 법원은 직권 또는 이해관계인의 신청에 의하여 그 침해행위를 방지하기 위하여 필요한 조치를 명할 수 있다.

3. 경매개시결정에 대한 이의

경매개시결정에 대하여 매각절차의 이해관계인은 경매개시결정을 한 집행법원에 매각

게 송달하지도 않고 그 기입등기만 경료한 채 후행 경매절차를 진행하여 경락대금을 납부받은 이상, 이는 그 압류의 효력발생 여부에 관계없이 경매개시결정의 효력이 발생하지 아니한 상태에서 경매절차를 속행한 경우이어서 위법하다 아니할 수 없고, 따라서 경락대금 완납에 의한 경락인으로서의 소유권 취득이라는 경락의 효력은 부정될 수밖에 없으며 경매법원이 경락대금의 완납 후에 사후적으로 이중경매개시결정을 채무자에게 송달하였다고 하여 그 결론이 달라지는 것으로 볼 것도 아니다. 대법원 1997. 6. 10. 자 97마814 결정: 채무자가 아닌 이해관계인으로서도 채무자에 대한 경매개시결정 송달의 흠결을 낙찰허가결정에 대한 항고사유로 삼을 수 있는 반면, 매각허가에 대한 이의는 다른 이해관계인의 권리에 관한 이유에 의해서는 하지 못하므로, 설사 채무자에 대한 입찰기일의 송달에 하자가 있다고 할지라도 다른 이해관계인이 이를 낙찰허가결정에 대한 항고사유로 주장할 수는 없다.

444) 이에 따라 법원은 한국자산관리공사가 담보권실행을 위한 경매에서 발송송달의 특례를 인정받기 위해서는 경매예정 사실을 채무자 및 소유자에게 통지했다는 확인서를 첨부하도록 하고 있다.

대금이 모두 지급되기 전까지 이의신청을 할 수 있다(제86조). 경매개시결정은 사법보좌관의 업무이나, 경매개시결정에 대한 이의신청은 지방법원 단독판사가 담당한다. 이의신청을 한 것만으로는 경매절차가 정지되지 않는다. 다만 집행법원은 재판 전의 잠정처분으로 집행의 일시정지를 명할 수 있다.

이의사유는 강제경매의 경우에는 경매신청요건의 흠결 등 절차상의 사유에 한한다.[445] 경매신청방식의 적부, 신청인의 적격 유무, 목적 부동산의 불일치, 집행력 있는 정본의 불일치, 집행채권의 기한 미도래 등이 이의사유가 된다. 그러나 경매개시결정 **後**의 절차상의 위법(최저매각가격의 결정, 매각기일의 공고·통지 등의 위법)은 이의사유가 되지 않는다.

임의경매의 경우에는 이의사유에 절차상의 사유 이외에 담보권의 부존재 또는 소멸 등 실체적 사유도 포함된다. 경매의 기초가 되는 저당권의 부존재·무효, 피담보채권의 불성립·무효 또는 변제·소멸, 피담보채권의 이행기의 미도래 또는 이행기의 유예 등이 이에 해당한다. 경매개시결정 **後**의 담보권의 소멸도 이의사유가 된다. 담보권의 부존재·소멸이라는 실체상의 사유를 매각허가결정에 대한 항고사유로도 삼을 수 있다. 채무자 겸 근저당권설정자는 채권최고액의 변제만으로는 개시결정에 대한 이의를 신청할 수 없으나 채무자가 아닌 근저당권설정자(물상보증인)는 채권최고액의 변제만으로 이의신청을 할 수 있다.

일반적으로 채무자는 담보권설정계약이 무효이거나, 담보권설정등기가 위조서류에 의하여 이루어진 것이라고 주장하거나, 피담보채권의 변제 혹은 담보권의 포기 등으로 효력이 없는 근저당권에 기하여 경매가 신청되었다고 하면서 경매개시결정에 대한 이의를 신청하는 경우가 많다. 그러나 이러한 경우에는 먼저 근저당권말소청구소송을 제기한 후 그 본안 재판부로부터 집행정지결정(잠정처분)을 받아 그 정본을 민사집행법 제49조 제1호의 서류로 제출하여 경매절차를 정지한 다음, 위 본안소송의 승소 확정판결을 받아 근저당권을 말소한 후 근저당권이 말소된 등기부등본을 민사집행법 제266조 제1호의 집행취소서류로 제출하면 된다.

경매개시결정에 대한 이의신청은 그에 대한 재판이 있기 전까지만 이를 취하할 수 있다.[446]

---

445) 대법원 1994. 8. 27.자94마147 결정: 강제경매개시결정에 대한 이의신청은 경매개시결정에 대한 형식적인 절차상의 하자에 대한 불복방법이기 때문에, 강제경매의 기초가 된 채무명의의 실질적 권리관계에 관한 사유를 경매개시결정에 대한 이의의 원인으로 주장할 수 없다.

446) 대법원 2004. 3. 26. 자 2003마1481 결정: 경매개시결정에 대한 이의신청은 그에 대한 재판이 있기 전까지만 이를 취하할 수 있다고 보아야 할 것이므로, 이의신청에 대한 재판이 있은 후에 이루어진 이의신청의 취하는 아무런 효력이 없다.

[서식] 경매개시결정에 대한 이의신청

경매개시결정에 대한 이의신청

신청인(채무자 겸 소유자) 김 ○ ○
　　　　　　　　　　　　주소:
피신청인(채권자)　　　이 ○ ○
　　　　　　　　주소

위 당사자 간 귀원 2010타경 제1234호 부동산임의경매신청사건에 관하여 2010. 10. 1. 한 경매개시결정에 대하여 신청인은 다음과 같이 이의신청을 합니다.

신 청 취 지

1. 신청인과 피신청인 간의 서울중앙지방법원 2010타경 1234호 부동산임의경매신청 사건에 관하여 2010. 10. 1. 한 부동산경매개시결정은 이를 취소한다.
2. 이 사건 경매신청을 기각한다.

라는 재판을 구합니다.

신 청 이 유

1. 신청인은 2009. 3. 10. 피신청인으로부터 금 30,000,000원을 차용하면서 그 담보로 별지목록 기재 부동산에 관하여 서울중앙지방법원 강남등기소 2010. 3. 10. 접수 제4234호로 채권최고액 금 40,000,000원의 근저당권설정등기를 하고 이를 변제하지 못하자 피신청인이 이 사건 임의경매신청을 하였습니다.

2. 그러나 신청인은 위 대여원리금을 전액 변제하여 피담보채권이 소멸하였으므로 이 사건 이의신청을 합니다.

첨　　부

1. 경매개시결정	1통
1. 등기부등본	1통
1. 영수증	1통

2010. 　. 　.
위 신청인 김 ○ ○ (인)

서울중앙지방법원　귀　중

(별지목록 생략)

┌─ **[사례 7 - 2] 임의경매개시결정에 대한 이의사유** ──────────

　甲은 乙로부터 금 5,000만 원을 변제기 1년으로 하여 빌리면서 甲 소유의 부동산에 채권최고액 6,000만 원의 근저당권을 설정하였다. 근저당권자인 乙이 변제기가 도래하지 아니하였음에도 임의경매를 신청하여 경매개시결정이 된 경우 또 甲이 차용금 5,000만 원 중 4,000만 원을 변제하여 1,000만 원만 남아 있는 경우에 乙이 경매를 신청한다면 甲의 불복방법은 무엇인가?

└─────────────────────────────────────

　임의경매의 경우에는 담보권의 소멸이나 피담보채무의 변제 등 실체상의 사유도 이의사유로 삼을 수 있다. 실체상의 이의사유 중 저당권이 당초부터 부존재 또는 원인무효인 경우, 경매개시결정 이전에 피담보채권이 소멸됨에 따라 서낭권이 소멸된 경우 등에는 매수인은 적법하게 매각부동산의 소유권을 취득할 수 없으므로, 경매개시결정에 대한 이의신청을 하지 않더라도 경매절차 종료 후에 매수인을 상대로 소유권에 관한 별소를 제기하여 그 권리를 구제받을 수 있다.

　그러나 압류 후 변제, 변제기 미도래, 변제기 유예 등의 사유는 반드시 경매개시결정에 대한 이의신청절차로만 불복이 가능하고, 매수인이 대금납부 후에는 매수인의 소유권 취득을 다툴 수 없다는 것이 판례의 입장이다.

　또한 피담보채권의 일부가 부존재하거나 소멸하여도 나머지 일부가 남아 있는 한 법원은 저당 목적물 전부에 대하여 경매개시결정을 한다. 경매개시결정에 표시된 피담보채권액의 과다는 청구이의절차나 배당이의절차에서 그 불복을 할 수 있을 뿐 경매개시결정에 대한 이의사유가 되지 않는다. 근저당권자가 그 피담보채권의 불이행을 이유로 경매신청을 한 때에는 그 신청 시에 근저당권은 확정되는 것이고, 근저당권이 확정되면 그 이후에 발생하는 원본 채권은 그 저당권에 의하여 담보될 수 없다.

　경매개시결정에 의한 이의신청을 하였다 하여 경매절차가 정지되지는 않는다. 경매절차를 정지시키기 위해서는 경매개시결정에 대한 이의신청을 하고 경매절차의 일시정지를 명하는 잠정처분결정(제86조 제2항)을 받아야 한다. 또 채무부존재확인이나 저당권부존재확인 또는 저당권설정등기말소청구의 소 등 청구이의의 소에 준하는 채무에 관한 이의의 소를 제기하고, 민사집행법 제46조에 의한 가처분으로 경매정지명령을 받아 경매절차를 정지시킬 수 있다. 판례는 민사집행법 제300조의 일반가처분절차에 의하여 임의경매절차를 정지할 수는 없다고 한다.

법원은 심리결과 이의가 이유 있을 때는 경매개시결정을 취소하고 경매신청을 기각하며, 이유 없을 때에는 경매절차를 그대로 진행하고 이에 대한 판단은 매각허가 시에 함께 하는 것이 실무이다.

이의신청에 대한 재판에 관하여 이해관계인은 재판의 고지를 받은 날로부터 1주일 이내에 즉시항고를 할 수 있다(제86조 제3항). 이의신청이 이유 있다고 인정되어 경매개시결정이 취소되고 위 취소결정이 확정되면 집행법원은 등기관에 대하여 경매개시결정기입등기의 말소를 촉탁하게 된다.

집행법원은 항고가 이유 있는 경우에는 그 재판을 경정하여야 하고, 이유 없는 경우에는 의견서를 첨부하여 기록을 항고법원에 송부한다.

[사례 7 - 3] 가등기에 기한 본등기가 경료된 경우의 매수인의 구제

甲이 A 소유의 부동산에 대하여 소유권이전등기청구권보전의 가등기를 마친 후 위 부동산에 대하여 강제경매개시결정이 내려지고 매각허가결정기일에 乙에게 매각허가결정이 내려졌다. 乙은 매각대금을 완납하였으나, 그 후 가등기권자인 甲이 매각대금이 완납된 후에 위 가등기에 기한 본등기를 마침으로써 위 경매신청의 등기가 말소됨으로써 乙은 경매에 의한 소유권이전등기를 마칠 수 없게 되었다. 乙의 구제방안은?

강제경매개시결정에 대해서는 집행이의에 의하여 불복을 신청할 수 있고, 매각허가결정에 대해서는 즉시항고에 의하여 불복을 신청할 수 있으므로, 위 각 강제경매개시결정 및 매각허가결정에 대해서는 대법원에 특별항고를 할 수 없다.

강제경매절차 중에 부동산의 멸실 기타 매각으로 인하여 권리의 이전을 불가능하게 하는 사정이 명백하게 된 때에는 집행법원이 강제경매의 절차를 필요적으로 취소하도록 규정하고 있으므로, 이해관계인이 집행법원에 대하여 제96조에 의한 경매절차의 취소신청을 하였다고 하더라도 이와 같은 취소신청은 집행법원의 경매절차취소를 촉구하는 의미를 가질 뿐이나, 집행법원이 절차를 취소하여야 할 사정이 명백함에도 불구하고 취소결정을 하지 아니할 때에는 제16조에 정한 집행에 관한 이의에 의하여 불복을 신청할 수 있다.

위와 같이 소유권에 관한 가등기의 목적이 된 부동산을 매가받아 매각대금까지 납부히여 그 소유권을 취득한 매수인이 그 뒤 가등기에 기한 본등기가 경료됨으로써 일단 취득한 소유권을 상실하게 된 때에는 매각으로 인하여 소유권의 이전이 불가능하였던 것이 아니므로, 제96조에 따라 집행법원으로부터 그 경매절차의 취소결정을 받아 납부한 낙찰대금을 반환받을 수는 없다. 그러나 이는 매매의 목적 부동산에 설정된 저당권 또는 전세권의 행사로 인하여 매수인이 취득한 소유권을 상실한 경우와 유사하므로, 민법 제578조, 제576조를 유추적용하여 담보책임을 추급할 수는 있다. 그리고 이러한 담보책임은 매수인이 경매절차 밖에서 별소에 의하여 채무자 또는 채권자를 상대로 추급하는 것이 원칙이라고 할 것이나, 아직 배당이 실시되기 전이라면, 이러한 때에도 매수인으로 하여금 배당이 실시되는 것을 기다렸다가 경매절차 밖에서 별소에 의하여 그 담보책임을 추급하게 하는 것은 가혹하므로, 이 경우 매수인은 제96조를 유추적용하여 집행법원에 대하여 경매에 의한 매매계약을 해제하고 납부한 낙찰대금의 반환을 청구하는 방법으로 위 담보책임을 추급할 수 있다.[447]

4. 청구금액의 확장

앞서 본 바와 같이 강제경매절차개시 후에는 청구금액의 확정은 허용되지 않고 그 후에 청구금액을 확장하여 청구를 하였다 하더라도 이는 배당요구의 효력밖에 없다. 담보권실행을 위한 경매절차에서 신청 채권자가 그 경매신청서에 피담보채권 중 일부만을 청구금액으로 기재하여 경매를 신청하였을 경우에는, 다른 특단의 사정이 없는 한 신청 채권자가 당해 경매절차에서 배당받을 금액은 그 기재된 금액을 한도로 한정되고, 그 후 신청 채권자가 채권계산서를 제출하는 방법에 의하여 그 청구금액을 확장할 수 없다.

5. 매각절차의 이해관계인

가. 매각절차에서의 이해관계인

경매개시결정에 대하여 이의를 신청할 수 있고 입찰기일의 통지를 받을 수 있는 이해관계인은 다음과 같다(제90조).[448] 경매 목적 부동산에 관해서는 여러 가지 이해관계를

---

447) 대법원 1997. 11. 11.자 96그64 결정.
448) 대법원 2005. 5. 19. 자 2005마59 결정: 민사집행법 제90조 각 호에서 열거한 자에 해당하지 아니한

가진 자가 많고 이해관계인은 경매실시로 자신의 이해에 중대한 영향을 받게 된다. 이해관계인이 사망한 것만으로는 경매절차가 중단되지 아니한다. 통산 경매신청을 하면서 이해관계인표를 작성하여 제출하고 있다.

법원은 매각기일과 매각허가기일을 이해관계인에게 통지하여야 하는바, 여기서 이해관계인이라 함은 압류채권자와 집행력 있는 정본에 의하여 배당을 요구한 채권자, 채무자 및 소유자, 등기부에 기입된 부동산 위의 권리자, 부동산 위의 권리자로서 그 권리를 증명한 자를 말한다(제90조).[449]

(1) 압류채권자와 집행력 있는 정본에 의한 배당요구 채권자: 압류채권자는 경매신청을 한 채권자이다. 이중압류채권자도 포함한다. 가압류권자, 가처분권자, 집행력 있는 정본 없이 배당요구를 한 채권자는 이해관계인이 아니다.[450] 단 경매개시 전의 가압류권자는 배당요구를 하지 않았더라도 당연히 배당요구를 한 것과 같이 취급되나, 이해관계인은 아니다. 국세 등의 체납처분에 의한 압류채권자는 이해관계인이 된다.

(2) 채무자 및 소유자: 채무자는 집행채무자이고, 소유자는 경매개시결정기입등기 당시의 목적 부동산의 소유자를 말한다. 경매개시결정기입등기 후에 소유권이전등기를 마친 자는 여기의 소유자가 아니고 다음 (4)의 이해관계인이 된다(전 소유자는 이해관계인의 지위를 상실한다).

(3) 등기부에 기입된 부동산 위의 권리자(등기된 권리자): 경매개시결정기입등기 당시에 이미 등기되어 등기부에 공시되어 있는 자, 예컨대 전세권자 · 지상권자 · 저당권자, 등기임차권자 등을 말한다.[451] 가등기권리자, 공유자도 이해관계인에 해당한다. 가처분채

자가 한 매각허가결정에 대한 즉시항고는 부적법하고 또한 보정할 수 없음이 분명하므로 같은 법 제15조 제5항에 의하여 집행법원이 결정으로 즉시항고를 각하하여야 하고, 집행법원이 항고각하결정을 하지 않은 채 항고심으로 기록을 송부한 경우에는 항고심에서 항고를 각하하여야 한다.

449) 대법원 1999. 4. 9. 선고 98다53240 판결: 경매절차에 관하여 사실상의 이해관계를 가진 자라 하더라도 위에서 열거한 자에 해당되지 아니한 경우에는 경매절차에 있어서의 이해관계인이라고 할 수 없으므로, <u>가압류를 한 자는 이해관계인이라고 할 수 없고 배당을 요구하지 않은 집행력 있는 정본을 가진 채권자도</u> 역시 여기서 말하는 이해관계인이 아니다.

450) 따라서 집행력 있는 정본 없이 배당요구를 한 임금채권자는 위 조항에서 말하는 이해관계인이라고 할 수 없다(대법원 2003. 2. 19. 자 2001마785 결정).

451) 대법원 1999. 11. 10. 자 99마5901 결정: '등기부에 기입된 부동산 위의 권리자'라 함은 <u>경매개시결정 시점이 아닌 경매신청기입등기 시점을 기준으로 그 당시에 이미 등기가 되어 등기부에 나타난 자를 말하며</u> 용익권자(전세권자, 지상권자, 임대차등기를 한 임차권자), 담보권자 등이 이에 해당한다.

권자나 예고등기권리자는 이해관계인이 아니다.

(4) 부동산 위의 권리자로서 그 권리를 증명한 사람(등기되지 않은 권리증명자) : 경매 신청기입등기 이전에 목적 부동산에 대하여 등기 없이도 제3자에 대항할 수 있는 물건 또는 채권을 가진 자, 예컨대 유치권자, 점유권자, 인도 및 주민등록을 마친 주택임차인 (확정일자 구비 여부를 불문하고) 등이 이에 해당한다. 경매개시결정기입등기 이후에 목 적 부동산의 소유권을 취득한 자나 용익권·담보권 설정등기를 한 자도 이에 해당된다. 등기부상 나타나지 않은 진정한 소유자는 이해관계인이 아니다.

부동산 위에 위와 같은 권리를 가지고 있는 것만으로 당연히 이해관계인이 되는 것이 아 니고, 집행법원에 매각허가결정 선고 시까지 스스로 그 권리를 증명하여 신고한 자만이 이해관계인이 된다. 전세금반환청구권 또는 임대보증금반환청구권을 압류 및 전부받은 자도 권리신고를 함으로써 이해관계인이 된다.

나. 경매절차에서의 임차인의 지위

① 제90조 제4호 소정의 이해관계인이 되는 임차인은 주택의 인도와 주민등록을 마친 대항력 있는 임차인이면 족하고, 확정일자를 받은 임차인일 필요는 없다.

② 주택임대차보호법 제8조 소정의 소액임차권자도 그에 관한 권리신고를 하면 위와 같은 이해관계인이 된다.

③ 주택임차권등기권자의 지위는 민법상 등기된 임차권자의 지위와 같고, 이는 등기부 상 알 수 있는 부동산 위의 권리자이므로 제90조 제3호의 이해관계인이 된다.

④ 임차인이 배당요구도 첫 매각기일 이전까지만 할 수 있고, 그 이후에 배당요구가 있으면 배당에서 제외한다.

⑤ 소액임차권자도 배당요구를 하여야만 매각절차에서 우선배당을 받을 수 있고, 이해 관계인으로 권리신고를 한 후에도 다시 배당요구를 하여야 한다.

⑥ 주택임차권등기권자는 우선변제권을 가지고 있으며, 이러한 임차권자는 법률상 당연히 배당요구를 한 것으로 보게 되므로 배당요구를 할 필요가 없다.

[4] 현금화 절차

1. 배당요구의 종기결정 및 공고

경매개시결정에 따른 압류의 효력이 생긴 때에는 집행법원은 절차에 필요한 기간을 감안하여 배당요구를 할 수 있는 종기를 첫 매각기일 이전으로 정하고, 배당요구의 종기가 정하여진 때에는 법원은 경매개시결정을 한 취지 및 배당요구의 종기를 공고하고 배당요구를 할 수 있는 채권자에게 고지하여야 한다. 공고는 대법원 경매사이트에서만 행한다. 법원은 특별히 필요하다고 인정하는 경우에는 배당요구의 종기를 연장할 수 있다(제84조).[452]

2. 공과금 주관 공공기관에 대한 최고

경매개시결정 후 법원사무관 등은 조세 그 밖의 공과금을 주관하는 공공기관[453]에 대하여 목적부동산에 관한 채권의 유무와 그 원인 및 액수를 배당요구의 종기까지 법원에 신고하도록 최고하여야 한다. 이는 우선채권인 조세채권의 유무 등을 확인하고 그 징수를 용이하게 함과 동시에 우선채권을 변제하고도 남을 가망이 있는지 여부를 확인하려는 것이다. 부동산 소유자가 법인이거나 목적물에 공장저당이 되어 있는 경우에는 관할 관세청장에게도 최고서를 보낸다.

---

452) 종래에는 배당요구의 종기를 경락기일까지로 규정하고 있었으나(구 민사소송법 제605조), 민사집행법은 배당요구의 종기를 첫 매각기일 이전으로 앞당김으로써 압류채권자가 채무자의 재산발견과 집행에 노력하고서도 다른 채권자, 심지어 가장채권자가 다수 출현함으로 말미암아 그 노력이 수포로 돌아가는 일이 없도록 배려하고 있다. 이에 따라 경매참가자들이 매각조건이 확정된 상태에서 경매에 참여할 수 있으므로 경매제도의 활성화를 도모하게 된다.
453) 예컨대 국세의 경우는 채무자(소유자)의 주소지를 관할하는 세무서, 지방세의 경우는 부동산 소재지를 관할하는 시·군·구가 된다.

3. 채권신고의 최고

법원이 경매개시결정을 한 때에는 제148조 제3호(압류등기 전에 등기된 선순위 가압류권자), 제4호(압류등기 전에 등기된 저당권자, 전세권자, 임차권등기명령에 의한 등기된 임차권자)에 규정된 채권자에 대하여 채권의 유무, 그 원인 및 액수를 배당요구의 종기까지 법원에 신고할 것을 최고하여야 한다(제84조 제4항). 가등기권리자에 대해서도 마찬가지다.454) 남을 가망이 있는지 여부를 확인하여 매각조건을 결정하고 배당요구를 할 수 있는 기회를 주기 위하여 채권신고의 최고를 하고 있다.

4. 임차인에 대한 통지

경매법원은 집행관의 현황조사보고서 등의 기재에 의하여 주택임차인 또는 상가건물임차인으로 판명된 자, 임차인인지 여부가 명백하지 아니한 자, 임차인으로 권리신고를 하고 배당요구를 하지 아니한 자에 대하여 아래와 같은 통지서를 송부하여 주택임대차보호법 제3조 제1항 또는 제2항이 정하는 대항요건과 임대차계약서(제3조 제2항의 경우에는 법인과 임대인 사이의 임대차계약서를 말함)상의 확정일자를 구비한 임차인 또는 같은 법 제8조 제1항이 정하는 소액임차인이거나, 상가건물임대차보호법 제3조 제1항이 정하는 대항요건을 갖추고 임대차계약서상의 확정일자를 받은 임차인 또는 같은 법 제14조 제1항이 정하는 소액임차인이라도 배당요구종기까지 배당요구를 하여야만 우선변제를 받을 수 있음을 고지한다.455)

위와 같은 통지는 법률상 의무가 아니라 주택 및 상가건물임차인의 편의를 위하여 경매절차의 배당제도를 안내해 주는 것에 불과한 것이다.

---

454) 압류채권자와 배당요구채권자는 최고의 대상에서 제외된다.
455) 경매절차진행사실의 주택임차인에 대한 통지(재민 98 - 6) 재판예규 제1151호 2007. 9. 28 개정.

[서식] 경매통지서

[전산양식 A3337]

[경매1계]

○○지방법원
통지서(주택임차인용)

사　건 20 타경 ○○ 부동산임의경매
채권자 가나다 외 2
채무자 테스트 외 2
소유자 나소유 외 1
부동산의 표시 별지와 같음

1. 별지 기재 부동산에 관하여 매각절차가 진행 중임을 알려 드립니다.
2. 귀하가 소액임차인 또는 확정일자를 갖춘 임차인인 때에는 다음 사항을 유의하시기 바랍니다.
가. 귀하의 임차보증금이 수도권정비계획법에 의한 수도권 중 과밀억제권역(수도권정비계획법시행령 제 9조 별표 1 참조)에서는 4,000만 원, 광역시(군지역과 인천광역시지역을 제외한다)에서는 3,500만 원, 그 밖의 지역에서는 3,000만 원 이하이고, 주택임대차보법 제3조 제1항 소정의 소액임차인으로서의 요건을 갖추고 있는 경우에는 이 법원에 배당요구종기인 2008년 2월 12일까지 이 법원에 배당요구를 하여야만 매각대금으로부터 보증금 중 일정액을 우선 변제받을 수 있습니다.
나. 귀하가 주택임대차보호법 제3조 제1항 또는 제2항 소정의 대항요건과 임대차계약서(제3조 제2항의 경우에는 법인과 임대인 사이의 임대차계약서를 말한다. 이하 같다)상의 확정일자를 갖춘 임차인인 경우에는 이 법원에 배당요구종기인 2008년 2월 12일까지 배당요구를 하여야만 매각대금으로부터 후순위권리자 기타 채권자에 우선하여 보증금을 변제받을 수 있습니다(다만 이 통지서 송달 전에 적식의 배당요구신청서를 해당법원에 제출하였을 경우에는 다시 제출할 필요는 없습니다).
다. 배당요구는 임대차계약서(확정일자를 갖춘 임차인의 경우에는 임대차계약서가 공정증서로 작성되거나 임대차계약서에 확정일자가 찍혀 있어야 한다) 사본, 1개월 이내에 발급된 주민등록등본(임차인(제3조 제2항의 경우에는 지방자치단체의 장 또는 해당 법인이 선정한 입주자) 본인의 전입일자 및 임차인의 동거가족이 표시된 것이어야 한다) 및 연체된 차임 등이 있을 때에는 이를 공제한 잔여 보증금에 대한 계산서를 첨부하여 위 경매사건의 배당요구종기까지 이 법원에 제출하여야 하고, 만일 배당요구를 하지 아니하거나 배당요구를 하더라도 임차권등기를 경료함이 없이 배당요구종기 이전에 임차주택에서 다른 곳으로 이사 가거나 주민등록을 전출하여 대항요건을 상실한 경우에는 우선 변제를 받을 수 없습니다. 또한 배당요구의 종기가 연기된 경우에는 연기된 배당요구의 종기까지 대항요건을 계속 구비하여야 합니다.
3. 귀하가 소액임차인 또는 확정일자를 갖춘 임차인에 해당되지 않는 때에는 일반채권자와 마찬가지로 첫 경매개시결정등기 후의 가압류채권자 또는 집행력 있는 정본을 가진 채권자로서 가압류 등기된 등기부등본 또는 집행력 있는 정본을 첨부하여 배당요구종기까지 배당요구를 하거나 첫 경매개시결정등기 전에 가압류집행을 한 경우에 한하여 배당을 받을 수 있습니다.
4. 임대주택법 제15조의 규정에 의하여 우선분양전환을 받을 수 있는 임차인은 매각기일까지 민사집행법 제113조(구 민사소송법 제625조)에 따른 보증을 제공하고 최고매수신고가격과 같은 가격으로 채무자인 임대사업자의 임대주택을 우선매수하겠다는 신고를 할 수 있습니다(임대주택법 제15조의 2 제1항).

2000. 00. 00.
법원사무관 ○ ○ ○

주택임대차보호법 3의 2, 8
주의: 사건진행ARS는 지역번호 없이 1588-9100입니다. 바로 청취하기 위해서는 안내 음성에 관계없이 '1' + '9' + [열람번호 999777 2008 013 16] + '*'을 누르세요.

5. 현황조사 및 부동산의 평가

가. 현황조사보고서 작성

법원은 경매개시결정을 한 후 지체 없이 집행관에게 부동산의 현상, 점유관계, 차임 또는 보증금의 수액 및 기타 현황 등에 관하여 조사할 것을 명한다(제85조 제1항). 이중 압류의 경우에는 선행절차에서 현황조사를 하였으면 다시 할 필요가 없다. 집행관은 현황의 조사를 위하여 부동산에 출입할 수 있고, 채무자 또는 그 부동산을 점유하는 제3자에게 질문하거나 문서(임대차계약서 등)의 제시를 요구할 수 있으며, 부동산에 출입하기 위하여 필요한 때에는 잠긴 문을 여는 등 적절한 처분을 할 수 있다.[456]

집행관이 현황을 조사한 때에는 현황조사보고서를 작성하여 법원에 제출한다. 현황조사보고서에 임차인을 기재함에 있어서는 목적물의 용도가 주거용인지 여부, 주민등록전입신고가 되어 있는지 여부, 확정일자를 부여받았는지 여부 등을 알 수 있도록 하고, 건물의 내부구조를 그려 어느 임차인이 어느 방실을 임차하고 있는지 밝혀 두도록 하고 있다. 앞서 본 바와 같이 법원은 현황조사보고서에 의하여 소액임차권리자로 나타나거나 소액임차권인지 여부가 명백하지 아니한 자 또는 권리신고를 한 자에 대하여 경매절차가 진행 중임을 알리는 통지서를 보내고 배당요구를 하여야만 우선배당을 받을 수 있음을 고지한다.[457]

집행관은 목적 부동산의 현황을 정확하게 조사할 의무가 있고, 집행관의 주의의무위반으로 인한 잘못된 현황보고서의 기재를 믿었기 때문에 손해를 입은 자에 대한 국가배상책임이 인정될 수 있다.[458]

---

456) 집행관의 질문에 정당한 사유 없이 진술을 거부하거나 허위진술을 하는 경우, 문서제시요구에 불응하는 경우 현행법상 제재는 없다.

457) 대법원 2008. 11. 13. 선고 2008다43976 판결: 경매절차에서 부동산 현황조사는 매각대상 부동산의 현황을 정확히 파악하여 일반인에게 그 부동산의 현황과 권리관계를 공시함으로써 매수 희망자가 필요한 정보를 쉽게 얻을 수 있게 하여 예상 밖의 손해를 입는 것을 방지하고자 함에 있는 것이고, 매각절차의 법령상 이해관계인에게는 매각기일에 출석하여 의견진술을 할 수 있는 권리의 행사를 위해 매각기일 등 절차의 진행을 통지하여 주도록 되어 있는 반면, 주택임대차보호법상의 대항요건을 갖춘 임차인이라고 하더라도 매각허가결정 이전에 경매법원에 스스로 그 권리를 증명하여 신고하지 않는 한 집행관의 현황조사결과 임차인으로 조사·보고되어 있는지 여부와 관계없이 이해관계인이 될 수 없으며, 대법원 예규에 따른 경매절차 진행사실의 주택임차인에 대한 통지는 법률상 규정된 의무가 아니라 당사자의 편의를 위하여 경매절차와 배당제도에 관한 내용을 안내하여 주는 것에 불과하므로, 이해관계인 아닌 임차인은 위와 같은 통지를 받지 못하였다고 하여 경매절차가 위법하다고 다툴 수 없다.

458) 국가가 현황조사를 잘못한 집행관을 상대로 구상권을 행사한 사례에서 대법원은 현황조사를 함에 있어

나. 감정평가

법원은 등기관으로부터 등기필증을 송부받은 날로부터 3일 이내에 감정인에게 평가하게 하고 그 평가액을 참작하여 최저매각가격을 정한다(제97조 제1항).[459] 감정인은 감정평가사 중에서 선정하고, 다만 금융기관이 연체대출금의 회수를 위하여 경매를 신청한 경우에는 한국감정원 또는 금융기관에 감정을 명한다.[460] 평가의 대상은 경매목적 부동산의 구성부분·천연과실·부합물·종물이다. 수 개 부동산을 일괄입찰하는 경우에도 개별적으로 평가한다. 다만 아파트와 같이 대지권등기가 되어 있는 집합건물의 경우에는 일괄 평가하는 경우가 많다.

감정인은 부동산의 위치·형상·주위의 상황·건물의 구조·자재 등 제반 사정을 참작하여 객관적으로 공정하고 타당성 있는 방법으로 감정평가한 후 감정평가서를 작성하여 법원에 제출한다.[461] 감정서에는 감정가격 산출근거와 평가요항표, 위치도, 건물내부구조도, 사진 등을 첨부한다. 통상 감정인의 평가액을 최저매각가격으로 정한다. 최저매각가격의 결정에 중대한 흠이 있는 경우에는 매각불허가사유가 되고,[462] 감정인의 부실

집행관에게 비록 정확하고 충실한 현황조사를 하지 못한 직무상의 과실이 있다 하더라도, 그것이 집행관이 현황조사를 함에 있어 기울여야 할 통상의 주의의무를 현저하게 결여한 중대한 과실에 해당한다고 보기는 어렵다고 한 예가 있다. 대법원 2003. 2. 11. 선고 2002다65929 판결.

459) 통상 경매개시결정을 하면 곧바로 감정인에게 평가명령을 발하고 있다.

460) 판례는 경매부동산을 평가할 능력을 갖추었다고 인정되는 자이면 누구에게나 평가를 명할 수 있다고 해석되고, 경매법원이 집행관에게 부동산의 평가를 명하고 그 평가액을 참작하여 최저경매가격을 정한 것을 위법한 것이라고는 할 수 없다고 한다. 대법원 1994. 5. 26. 자 94마83 전원합의체결정.

461) 대법원 1997. 6. 10.자 97마814 결정: 대지권등기 없는 집합건물에 대한 경매신청이 있는 경우 경매법원은 신청 채권자에 대한 보정명령이나 감정인에 대한 사실조회 등을 통하여 저당권설정 당시에 저당권설정자가 대지사용권을 취득하고 있었는지 여부를 조사하여, 적어도 저당권설정 시에 저당권설정자가 대지사용권을 취득하고 있었다면 저당권의 효력이 대지사용권에도 미치므로 대지사용권을 경매목적물에 포함시켜 그에 대한 감정평가액을 포함하여 최저경매가격을 정하여야 할 것이다.

462) 대법원 1995. 7. 12. 자 95마453 결정: 최저경매가격의 결정에 중대한 하자가 있다고 하려면 그 결정이 법에 정한 절차에 위반하여 이루어지거나 감정인의 자격 또는 평가방법에 위법사유가 있어 이에 기초한 결정이 위법한 것으로 되는 등의 사정이 있어야 하고, 단순히 감정인의 평가액과 이에 의하여 결정한 최저경매가격이 매우 저렴하다는 사유는 이의사유가 될 수 없으나, 감정에 의하여 산정한 평가액이 감정평가의 일반적 기준에 현저하게 반한다거나 사회통념상 현저하게 부당하다고 인정되는 경우에는 그러한 사유만으로도 최저경매가격의 결정에 중대한 하자가 있는 것으로 보아야 한다(근저당권의 채권최고액은 그 목적 부동산의 시가에 미치지 못함이 일반적이라 할 것임에도 그 평가 기준일로부터 5년여 전에 설정된 근저당권의 채권최고액이 이미 감정평가액을 초과하고 있고, 그 이후에도 수차에 걸쳐 그 평가액을 넘는 금액을 채권최고액으로 하는 근저당권이 추가로 설정되었으며, 개별공시지가에 따라 계산한 토지의 가격이 감정평가액의 수배에 달할 뿐 아니라, 실제 매매 사례 또한 그 감정평가액을 훨씬 초과하는 점에 비추어, 그 감정평가는 객관적으로 보아 현저히 부당한 것으로서 이를 그대로 최저경매가격으로 결정한 경매법원의 결정에는 중대한 하자가 있다고 한 사례).

감정에 대해서는 부동산가격공시 및 감정평가에 관한 법률에 의한 손해배상책임 및 민법상의 불법행위책임을 부담한다.

6. 부동산가격유지를 위한 조치: 보전처분

경매개시결정 후 매각 시까지 경매목적 부동산의 가치를 유지·보전하기 위하여 법원은 다음과 같이 부동산에 대한 침해행위를 방지하기 위하여 필요한 조치를 할 수 있다(제83조 제3항).

가. 침해방지를 위한 조치

경매개시결정 후 채무자·소유자 또는 부동산점유자가 건물을 헐거나 훼손하는 행위, 기계의 주요 부품을 빼 가는 행위, 제3자에게 점유를 이전하는 행위 등 부동산의 가격을 현저히 감소시키거나 감소시킬 우려가 있는 행위(가격감소행위)를 하는 때에는 집행법원은 매각허가결정이 있을 때까지 압류채권자 또는 최고가매수신고인의 신청에 의하여 다음과 같은 보전처분을 취할 수 있다.[463]

① 금지명령: 가격감소행위의 금지를 명하는 조치
② 작위명령: 일정한 행위를 명하는 조치(건물에서의 퇴거명령 등)
③ 보관명령: 집행관에 의한 보관을 명하는 조치

나. 지료의 대불

건물에 대한 경매개시결정 후 건물부지가 다른 사람 소유일 경우 압류채권자가 법원의 허가를 얻어 채무자를 대신하여 미지급의 지료 등을 변제할 수 있다.[464]

---

463) 규칙 제44조 참조. 실무상 이 제도의 활용도는 높지 않다.
464) 규칙 제45조 참조.

7. 매각물건명세서의 작성

법원은 매각조건의 주요 내용을 적은 매각물건명세서를 작성하고, 그 사본을 현황조사보고서 및 평가서의 사본과 함께 매각기일의 1주일 전까지 법원 민사집행과에 비치하여 누구든지 열람할 수 있도록 하여야 한다(제105조 제2항).465)

매각물건명세서에는 ① 부동산의 표시, ② 부동산의 점유자와 점유의 권원, 점유할 수 있는 기간, 차임 또는 보증금에 관한 관계인의 진술, ③ 등기된 부동산에 관한 권리 또는 가처분으로서 매각으로 효력을 잃지 아니하는 것,466) ④ 매각에 따라 설정된 것으로 보게 되는 지상권의 개요467) 등을 기재한다.

임차인의 경우에는 현황조사보고서에 따라 임차인들의 보증금, 점유개시기, 전입신고일(주민등록등본의 변동사항란에 기재된 전입일)을 모두 기재하고, 소액임차인들이 권리신고 또는 배당요구를 하였을 때에는 이를 기재한다. 배당요구 시 확정일자 구비 여부를 밝혀 매각물건명세서에 반영시킨다.468)

매각물건명세서의 작성에 중대한 하자가 있으면 매각허가에 대한 이의사유 및 매각허가결정에 대한 즉시항고사유가 된다. 그 기재에 잘못이 있거나 변동이 생겼으면 비치열람 후에도 직권정정이 가능하다. 판례는 위와 같은 현황조사제도 및 매각물건명세서 비치제도의 취지는 매각대상 부동산의 현황을 되도록 정확히 파악하여 일반인에게 그 현황과 권리관계를 공시함으로써, 매수희망자가 매각대상 물건에 필요한 정보를 쉽게 얻을 수 있게 하여 예측하지 못한 손해를 입는 것을 방지하고자 함에 있으므로, 선순위 임차인의 주민등록에 대한 기재가 누락된 집행관의 임대차조사보고서 및 매각물건명세서의 하자는 매각불허가사유가 된다고 한다.469)

---

465) 규칙 제55조는 인터넷 등 전자통신매체로 공시하여 사본의 비치에 갈음할 수 있도록 하고 있다.

466) 매각으로 효력을 잃지 아니하는 등기된 부동산에 대한 권리와 가처분은 매각 목적물에 설정된 최선순위 저당권설정일자(또는 가압류등기일자)를 기준으로 정한다.

467) 법정지상권의 성립 여부가 불확실한 경우에는 '법정지상권이 성립할 여지가 있음' 등으로 기재한다.

468) 선순위저당권이 설정되기 전에 입주하여 주민등록전입신고를 마쳐 매수인에게 대항할 수 있는 확정일자를 구비한 임차인은, 매수인으로부터 보증금을 반환받을 것인지 아니면 매각대금으로부터 배당받을 것인지를 선택해야 하고, 두 가지 권리를 모두 행사할 수 없으므로 임차인으로서는 신중한 선택을 요한다. 실무상 입찰 목적물에 최선순위 저당권 설정일자(또는 가압류등기일자)보다 먼저 전입신고를 마치고 거주하고 있는 임차인의 보증금은 매수인 인수하는 경우가 생길 수 있다는 주의문구를 매각물건명세서에 기재하고 있다.

469) 대법원 1995. 11. 22.자 95마197 결정. 그러나 매각물건명세서에 선순위 임차인의 배당요구 사실이 기재되지 않았다는 사정만으로는 민사집행법 제121조 제5호 소정의 '물건명세서의 작성에 중대한 하자가 있는 때'에 해당하지 않는다고 한다(대법원 1999. 11. 15자 99마4498 결정).

[서식] 매각물건명세서

○○지방법원
매각물건명세서

사건	200　타경　　부동산 강제(임의)경매	작성일자	200 . . .	담임법관	(인)

부동산의 표시 및 감정평가액, 최저매각가격, 매수신청의 보증금액과 보증제공방법	별지 기재와 같음[1]	최선순위 저당권 설정일자[2]	200 . . .

부동산의 점유자와 점유의 권원, 점유할 수 있는 기간, 차임 또는 보증금에 관한 관계인의 진술 및 임차인이 있는 경우 배당요구 여부와 그 일자, 전입신고일자 또는 사업자등록신청일자와 확정일자의 유무와 그 일자

점유부분	점유자의 성명	점유의 권원	임대차기간 (점유기간)	차임 및 보증금	전입신고일자사업자등록신청일자	확정일자	배당요구 여부 (배당요구일자)

※ 최선순위 저당권 설정일자보다 대항요건을 먼저 갖춘 주택·상가건물임차인의 임차보증금은 매수인에게 인수되는 경우가 발생할 수 있고, 대항력과 우선변제권이 있는 주택·상가건물임차인이 배당요구를 하였으나 보증금 전액에 관하여 배당을 받지 아니한 경우에는 배당받지 못한 잔액이 매수인에게 인수되게 됨을 주의하시기 바랍니다.

등기된 부동산에 관한 권리 또는 가처분으로서 매각에 의하여 그 효력이 소멸되지 아니하는 것

- 민사집행법 제91조를 참조하여 용익권등기(전세권의 경우는 경매기입등기 후 6개월 내에 기간 만료되는 것은 제외) 및 처분금지가처분등기에 관하여 기재함

매각에 의하여 설정된 것으로 보게 되는 지상권의 개요

(예시) 생략

비고란

주) 1: 매각 목적물에서 제외되는 미등기건물 등이 있을 경우에는 그 취지를 명확히 기재한다.
　　2: 최선순위 저당권보다 먼저 설정된 가등기담보권, 가압류 또는 소멸되는 전세권이 있는 경우에는 그 담보가등기, 가압류 또는 전세권 등기일자를 기재한다.
민집 105, 268, 민집규 55, 194

[참고] 법원경매정보 홈페이지

대법원 법원경매정보홈페이지(http://www.courtauction.go.kr/)는 전국 법원의 경매정보뿐만 경매지식을 망라하여 제공하고 있다. 매수희망자로서는 이러한 경매정보뿐만 아니

라 현장답사를 통하여 실제 목적물이 법원공고와 일치하는지 확인할 필요가 있고, 지적공부 등 부동산 관련 공문서를 발급받아 대지의 경우 건축가능성, 농지의 경우 농지취득자격증명 발급가능성 등 토지거래규제사항을 확인할 필요도 있다. 주민센터에서 주민등록부 세대별열람을 통해 선순위임차인의 거주여부를 확인하는 것도 필요하다.

8. 매각공고(매각기일 및 매각결정기일의 지정·공고·통지)

집행법원은 현황조사와 감정평가가 끝나고 경매절차를 취소할 사유가 없는 경우에는 직권으로 매각기일과 매각결정기일을 지정하여 공고하고470) 이해관계인에게 통지하여야 한다(제104조 제1항, 제2항). 최초의 매각기일은 공고일로부터 2주 이후(중간기일이 13일이 되어야 한다)여야 하고,471) 매각결정기일은 매각기일로부터 1주 이내로 정하여 공고한다.

이해관계인에 대한 기일통지의 누락은 매각허가에 대한 이의사유가 된다.472) 판례는 주택임대차보호법상의 대항요건을 갖춘 임차인이라고 하더라도 매각허가결정 이전에 경매법원에 스스로 그 권리를 증명하여 신고하지 않는 한 이해관계인이 될 수 없으며, 이해관계인 아닌 임차인은 위와 같은 통지를 받지 못하였다고 하여 경매절차가 위법하다고 다툴 수 없다고 한다.473) 공유지분의 경매 시에는 다른 공유자에게 통지가 필요하다(제139조 제1항).474)

---

470) 공고는 법원게시판 게시, 관보·공보 또는 신문게재, 전자통신매체를 이용한 공고 중 어느 하나의 방법에 의한다(민사집행규칙 제11조 제1항). 실무상 최초의 매각기일은 신문공고하고 여러 경매사건을 일괄 공고하고 있다. 대법원 법원경매정보 홈페이지(http://www.courtauction.go.kr/)에서는 전국 각 지방법원의 매각공고를 올려놓고 있다.

471) 대법원 2001. 8. 30. 자 99마7372 결정: 법원게시판의 공고 이외에 신문공고를 필수적으로 하여야 하는 최초의 입찰기일은 법원게시판의 공고와 신문공고 중 뒤에 이루어진 공고를 기준으로 하여 그 공고일로부터 14일 이후로 정하여져야 한다.

472) 대법원 2008. 7. 10. 선고 2006다23664 판결: 경매 담당 공무원이 이해관계인에 대한 기일통지를 잘못한 것이 원인이 되어 경락허가결정이 취소된 사안에서, 그 사이 경락대금을 완납하고 소유권이전등기를 마친 경락인에 대하여 국가배상책임을 인정한 사례.

473) 대법원 2008. 11. 13. 선고 2008다43976 판결.

474) 대법원 2007. 12. 27. 선고 2005다62747 판결: 경매법원 공무원에게 부과된 공유자에 대한 통지의무가 직접적으로는 공유자의 우선매수권이나 이해관계인으로서의 절차상 이익과 관계되는 것이기는 하지만, 공유자에 대한 통지가 적법하게 행해지지 않은 채로 경매절차가 진행되면 뒤늦게라도 그 절차상의 하자를 이유로 경락허가결정이 취소될 수 있고 경매법원의 적법한 절차진행을 신뢰하고 경매에 참여하여 경락을 받고 법원의 지시에 따라 경락대금납부 및 소유권이전등기까지 마친 경락인으로서는 불측의 손해를 입을 수밖에 없어 위와 같은 통지 기타 적법절차이 준수 여부는 경락인의 이익괴도 밀접한 관계가 있고, 위와 같은 일련의 과정에서 경매법원 스스로 그 하자를 시정하는 조치를 취하지 않는 이상 특

[서식] 법원 경매부동산의 매각공고

법원 경매부동산의 매각 공고

1. 매각물건의 표시 및 매각조건

〈경매○계〉

사건번호	매 각 물 건				감정평가금액(단위: 원)	비고
	물건번호		용도	면적(㎡)	최저매각가격(단위: 원)	
[아파트/상가]						
[다세대주택/연립/빌라]						

2. 매각기일
3. 매각결정기일
4. 매각장소
5. 매각방법
6. 매각허가 및 대금납부
7. 소유권이전 및 인도
8. 주의사항
9. 안내
10. 장점

법원의 경매를 통하여 부동산을 구입하시면 다음과 같은 점이 유리합니다.
① 가격이 시가보다 통상 저렴합니다.
② 등록세 및 교육세를 납부하면 법원이 소유권이전등기를 촉탁하여 주며, 부동산 위에 존재하던 각종 가압류나 저당권을 그 순위나 담보액수에 상관없이 원칙적으로 모두 말소하여 줍니다.

매각공고문은 인터넷 대법원 홈페이지(http://www.scourt.go.kr)에서 열람할 수 있습니다.
찾는 방법: 대법원 홈페이지 → 법원공고 → 경매입찰공고 → 해당 법원 선택
200 . . .

○○지방법원 사법보좌관 ○ ○ ○

별히 경락인이 불복절차 등을 통하여 이를 시정하거나 위 결과 발생을 막을 것을 기대할 수도 없으며, 경락인의 손해에 대하여 국가배상 이외의 방법으로 구제받을 방법이 있는 것도 아니라는 점에서, 경매법원 공무원의 위 공유자통지 등에 관한 절차상의 과오는 경락인의 손해 발생과 사이에 상당인과관계가 있다.

9. 매각조건

매각조건이란 법원이 매각 목적 부동산을 매각하여 그 소유권을 매수인에게 이전시키는 조건으로 법정매각조건(모든 경매절차에 공통으로 요구되는 매각조건)과 특별매각조건(각개의 경매절차에서 특별히 정한 매각조건)이 있다.[475]

가. 법정매각조건

① 우선채권을 변제하고 남을 것이 있을 것(잉여주의)
② 최저매각가격 미만의 매각 불허
③ 부동산의 물적 부담의 소멸과 인수의 범위: 저당권과 가등기담보권, 저당권·압류채권·가압류채권에 대항할 수 있는 용익권은 매수인이 인수한다.
④ 개별(분할)매각의 원칙
⑤ 매수신청인의 의무: 보증의 제공
⑥ 매각대금의 지급과 부동산 소유권취득 및 인도의 시기, 방법
⑦ 농지매각에서 매수인의 자격제한, 채무자·집행관·감정인의 매수금지
⑧ 법정지상권의 성립

나. 특별매각조건(매각조건의 변경)

① 합의에 따른 매각조건의 변경: 최저매각가격 외의 법정매각조건은 이해관계인 전원의 합의에 따라 바꿀 수 있다.
② 법원이 직권으로 하는 매각조건의 변경
③ 일괄매각: 수 개의 부동산을 동시에 입찰하는 경우에는 개별 부동산 하나하나마다 최저매각가격을 정하여 입찰하여야 하는 개별매각이 원칙이고, 수 개의 부동산의 위치·형태·이용관계 등을 고려하여 이를 동일인에게 일괄매수시킴이 상당하다고 인정될 때에는 일괄매각한다.[476] 법원은 여러 개의 부동산의 위치·형태·이용관

---

475) 매각물건명세서의 열람을 통해 특별매각조건의 내용을 확인할 수 있다.
476) 민법 제365조에 의한 토지와 건물, 집합건물의 전유부분과 대지사용권, 공장 및 광업저당권법에 의한 토지·건물·설치기계·가구·공장공용물 등은 법률상 당연히 일괄매각을 하여야 한다.

계 등을 고려하여 이를 일괄매수하게 하는 것이 알맞다고 인정하는 경우뿐만 아니라 부동산을 매각할 경우에 그 위치·형태·이용관계 등을 고려하여 다른 종류의 재산(금전채권 제외)을 그 부동산과 함께 일괄매수하게 하는 것이 알맞다고 인정하는 때에는 직권으로 또는 이해관계인의 신청에 따라 일괄매각하도록 결정할 수 있다. 이러한 결정은 그 목적물에 대한 매각기일 이전까지 할 수 있다(제98조).[477] 일괄매각결정을 한 경우에는 이를 공고하여야 한다. 실무상 재입찰의 경우에는 특별매각조건으로 채권자 이외의 자가 매수인이 되고자 할 때에는 매각가격의 10분의 2에 해당하는 현금이나 유가증권을 즉시 집행관에게 보관시키도록 하고 있다. 또 농지매각의 경우 매각결정기일까지 농지취득자격증명서를 제출하지 못하여 매각불허가 될 때에는 매수신청보증금을 반환하지 아니하는 특별매각조건 등이 있다.

다. 매각기일의 변경

매각기일의 변경은 경매신청채권자의 연기신청의 경우에는 2회까지(1회의 연기기간은 2개월) 허용하고, 채무자 또는 소유자가 연기신청을 할 경우에는 채권자의 동의가 있어야만 허용된다. 이해관계인은 기일지정변경신청권이 없고, 법원은 정하여진 매각기일을 자유재량으로 변경할 수 있다. 경매개시결정에 대한 이의가 제기되고 그 사유가 상당하다고 인정되는 경우, 집행정지서류가 제출된 경우 등에는 법원이 직권으로 매각기일을 변경한다.

10. 남을 가망이 없을 경우의 경매취소

집행법원은 최저매각가격으로 압류채권자의 채권에 우선하는 부동산상의 모든 부담과 경매비용(우선채권)을 변제하면 남을 것(잉여)이 없다고 인정한 때에는 이를 압류채권자에게 통지하고, 압류채권자가 그 통지를 받은 날로부터 7일 이내에 우선채권을 넘는 가격으로 매수하는 자가 없을 경우에는 스스로 매수할 것을 신청하고 충분한 보증을 제공하지 아니하면 경매절차를 취소한다(제102조).[478] 이는 최초의 매각기일에 유찰되어 새

---

477) 예컨대 동일한 채무자에게 속하는 공장건물과 대지, 건설기계 등에 대하여 경매신청이 된 경우 부동산과 경제적 일체를 이루고 있는 다른 종류의 재산들도 그 부동산과 함께 경매할 수 있다.

478) 이 제도는 압류채권자가 집행에 의해서 변제를 받을 가망이 전혀 없는데도 무익한 경매가 행해지는 것을 막고 또 우선채권자가 그 의사에 반한 시기에 투자의 회수를 강요당하는 것과 같은 부당한 결과를

로운 매각기일에 최저매각가격을 저감한 결과(통상 직전의 최저매각가격에서 20%를 감액한다) 우선채권총액에 미달하는 경우에도 적용된다.

남을 가망이 있는지는 여부는 선순위 물권자(저당권자, 전세권자, 가등기 담보권자)의 채권액, 우선변제권이 있는 임차보증금, 소액보증금, 임금채권, 국세·지방세 등 조세채권 및 건강보험료, 국민연금보험료 등 공과금, 예상되는 집행절차비용 등을 참작하여 판단한다.[479] 감정평가서상의 금액으로도 남을 가망이 없는 것으로 인정되면 곧바로 최저매각가격을 정하여 압류채권자에게 위와 같은 통지를 한다.

압류채권자가 선순위 우선채권액 이상의 금액으로 매수신청을 하는 경우에는 매수신청액과 최저매각가격의 차액을 법원에 공탁하여야 하고, 신청채권자가 공탁하여 매수신청을 한 경우에는 매각절차를 진행하며, 매각기일에 매수신청액보다 높은 가격으로 매수신청한 자가 없으면 매수신청을 한 채권자가 최고가매수인으로 된다. 매수신청이 없으면 경매개시결정을 취소하고 경매신청을 기각한다.

남을 가망이 없는데도 경매절차를 진행하여 매각절차를 종결한 경우에도 경매법원이 그 과오를 발견한 때에는 직권으로 매각불허가결정을 해야 한다.[480]

[사례 7 - 4] 남을 가망이 없는 경우의 매수신청

선순위 근저당권(피담보채무 2억 원)이 설정되어 있는 부동산에 대하여 압류채권자인 甲이 강제경매신청을 하였는데, 그 후 대항요건과 확정일자를 갖춘 A의 임대보증금 1억 원과 교부청구를 해 온 체납 국세 1,000만 원이 있고, 그때까지의 경매비용으로 500만 원이 소요된 경우 최저매각가격이 2억 5,000만 원이라면 甲은 얼마의 금액으로 매수신청을 할 수 있는가?

압류채권자 甲의 우선채권은 선순위근저당권 2억 원, 우선변제권 있는 A의 임대보증

피하기 위한 것으로서 우선채권자나 압류채권자를 보호하기 위한 규정일 뿐 결코 채무자나 그 목적부동산소유자의 법률상 이익이나 권리를 위한 것이 아니므로 강제경매에 있어서의 채무자 겸 경매목적물의 소유자는 매각절차에 있어서 위 규정에 어긋난 잘못이 있음을 다툴 수 있는 이해관계인에 해당하지 않는다(대법원 1987. 10. 30. 자 87마861 결정).

479) 대법원 2001. 12. 28. 자 2001마2094 결정: 강제경매개시 후 압류채권자에 우선하는 저당권자 등이 경매신청을 하여 이중경매개시결정이 되어 있는 경우에는 절차의 불필요한 지연을 막기 위해서라도 (구) 민사소송법 제616조 소정의 최저경매가격과 비교하여야 할 우선채권의 범위를 정하는 기준이 되는 권리는 그 절차에서 경매개시결정을 받은 채권자 중 최우선순위권리자(저당권자)의 권리로 봄이 옳다.

480) 대법원 1995. 12. 1. 자 95마1143 결정.

금 1억 원, 국세채권 1,000만이고, 여기에 절차비용을 합한 금 3억 1,500만 원이 최저매각가격 2억 5,000만 원에 미달하므로 집행법원은 甲에게 남을 가망이 없다는 통지를 하여야 한다. 이 통지를 받은 甲은 1주 내에 최소한 3억 1,500만 원 이상의 금액으로 매수신청을 하고, 보증으로 6,500만 원(매수신고액 3억 1,500만 원 − 최저매각가격 2억 5,000만 원) 이상을 제공하여야 경매절차가 속행된다. 보증의 방법은 금전, 유가증권 및 지급보증위탁계약체결 증명문서 중 어느 하나를 집행법원에 제출하는 방식으로 제공하여야 한다.

[5] 매각의 진행(실시)

1. 개요

민사집행법은 부동산의 매각은 매각기일에 하는 호가경매, 매각기일에 입찰 및 입찰표를 개봉하게 하는 기일입찰 또는 입찰기간 내에 입찰하게 하여 매각기일에 개찰하는 기간입찰의 세 가지 방법으로 하고, 부동산의 매각절차에 관하여 필요한 사항은 대법원규칙으로 정하도록 하고 있다(제103조). 호가경매는 경쟁자끼리 타인의 매수가격을 알고 구술로 호가하는 방식이고, 입찰은 타인의 입찰가격을 모르고 일정한 금액을 서면에 기재하는 방식이다.

기일입찰은 특정의 입찰기일에 특정한 입찰장소에서 입찰을 실시하는 방식이고, 기간입찰은 일정한 입찰기간을 정하여 그 일정 기간을 중심으로 실시하는 입찰방식으로 민사집행법에서 도입되었다. 기간입찰의 경우 그 입찰 기간 내에 입찰표를 직접 또는 우편으로 법원에 제출하게 하면서 법원이 정한 최저매각가격의 1할 또는 2할을 일률적으로 법원의 은행계좌에 납입한 뒤 그 입금표를 입찰표에 첨부하게 하며, 입찰기간 종료 후 일정한 날자 안에 개찰기일을 실시하여 최고가매수신고인, 차순위매수신고인을 정하고 매각결정기일에서 매각허가결정을 하는 방식을 취하게 된다. 기일입찰은 일반인의 참가를 어렵게 하고 경매브로커로 인한 부작용을 가져오기 쉬운 단점이 있으나, 기간입찰제는 다른 사람의 매수신청유무 및 그 신청액을 인식 또는 추측하는 것이 봉쇄됨으로써 일반 국민들의 적극적 매수를 유도할 수 있고, 경매브로커의 근절로 매각가격의 적정화를 기할 수 있다.

다음에서는 기일입찰을 중심으로 입찰의 진행(실시)과정을 순서에 따라 살펴보기로 한다. 현재 전국의 법원에서는 대부분의 경매사건에 관하여 직권으로 기일입찰방식을 명하고 있다.[481]

2. 매각(입찰)개시 선언

입찰기일의 진행은 법원 내의 입찰장소(경매법정)에서 집행관이 주재한다. 입찰의 시작은 통상 오전 10시에 종을 울려 입찰개시를 선언하고, 입찰표의 제출을 최고함과 동시에 입찰 마감시각과 개찰시각을 고지한다. 사건이 2건 이상이거나 목적물이 2개 이상인 경우에도 동시에 입찰을 실시한다. 아울러 매각기록의 열람도 허용하고 매각가격의 10분의 1 또는 10분의 3의 보증금을 납부할 것과 특별매각조건을 고지한다. 집행관은 매각물건명세서와 현황보고서, 평가서의 사본을 입찰사건목록과 함께 비치하여 누구나 쉽게 볼 수 있게 하고 있다. 입찰개시를 선언한 후에 경매신청을 취하하려면 최고가매수신고인 및 차순위매수신고인의 동의가 있어야 한다.

3. 입찰표의 기재 및 입찰함에 입찰봉투 투입

법원의 입찰에 응하기 위해서는 입찰표를 기재하여 입찰보증금봉투와 함께 입찰봉투에 넣은 다음 입찰함에 입찰봉투를 투입하여야 한다.

(1) 입찰개시 선언 후 집행관은 입찰표 기재대에 들어가는 사람에게 입찰표, 입찰보증금봉투, 입찰봉투 등 3종의 규격용지를 교부해 준다(경매법정에 입찰표 및 입찰봉투가 비치되어 있다). 입찰표는 다음과 같은 양식으로 되어 있는바, 그 기재상의 주의사항에 따라 기재해야 한다(입찰표 기재대에는 소정의 사항을 기재한 입찰표의 견본이 비치되어 있다).

---

481) 자산관리공사(KAMKO)의 공매는 캄코의 인터넷공매사이트인 온비드(www.onbid.co.kr)를 통한 기간입찰방식이다.

[서식] 입찰표

<table>
<tr><td colspan="14" align="center">기 일 입 찰 표</td></tr>
<tr><td colspan="6">서울중앙지방법원 집행관   귀하</td><td colspan="8" align="right">년   월   일</td></tr>
<tr><td colspan="2">사건
번호</td><td colspan="4" align="center">타경   호</td><td colspan="2">물건
번호</td><td colspan="6"></td></tr>
<tr><td rowspan="6">입
찰
자</td><td rowspan="3">본
인</td><td colspan="2">성   명</td><td colspan="5">(인) 전화번호</td><td colspan="6"></td></tr>
<tr><td colspan="2">주민등록번호</td><td colspan="4"></td><td colspan="2">법인등록번호</td><td colspan="2"></td></tr>
<tr><td colspan="2">주   소</td><td colspan="10"></td></tr>
<tr><td rowspan="3">대
리
인</td><td colspan="2">성   명</td><td colspan="4"></td><td colspan="2">본인과의 관계</td><td colspan="2"></td></tr>
<tr><td colspan="2">주   소</td><td colspan="10" align="center">전화번호</td></tr>
</table>

입찰 가액	10 억		백 만		천		원		원	보증 금액	10 억		백 만		천		원		원

보증의 제공방법	보증금을 반환받았습니다.
	제출자 (인)

(주의사항)

1. 입찰표는 물건마다 별도의 용지를 사용하십시오. 다만 일괄입찰 시에는 1매의 용지를 사용하십시오.
2. 한 사건에서 여러 개의 물건을 개별적으로 입찰하는 경우에는 사건번호 외에 물건번호를 기재하십시오.
3. 입찰자가 법인인 경우에는 본인의 성명란의 법인의 이름과 대표자의 지위 및 성명을, 주민등록란에는 법인의 등록번호를 기재하고, 대표자의 자격을 증명하는 문서를 제출하여야 합니다.
4. 주소는 주민등록상의 주소를, 법인은 등기부상의 본점 소재지의 주소를 기재하시고, 신문확인상 필요하오니 꼭 주민등록증을 지참하십시오.
5. 금액의 기재는 수정할 수 없으므로 수정을 원할 경우에는 새 용지를 사용하십시오.
6. 대리인이 입찰하는 때에는 입찰자란에 본인 및 대리인의 인적사항을 모두 기재하는 것 이외에 본인의 위임장과 인감증명을 제출하십시오.
7. 위임장, 인감증명 및 자격증명서(법인의 등기부 등 · 초본)는 이 입찰표에 첨부하십시오.
8. 일단 제출된 입찰표는 취소 · 변경 · 교환이 불가능합니다.
9. 공동으로 입찰하는 경우에는 허가받은 공동입찰허가원을 공동입찰표와 함께 제출하고, 입찰표 본인란의 서명, 주민등록번호, 주소 등은 별지로 첨부하고 간인하십시오.
10. 대리인의 경우에는 날인란에 입찰자격인의 성명, 대리관계 및 대리인의 성명을 모두 기재하고 날인하십시오.

① 채무자와 집행관·감정인 및 그 친족은 매수신청을 할 수 없으나, 채권자와 채무
자의 친족·연대채무자·보증인은 매수신청이 가능하다.[482] 본인이 입찰하는 경우
에는 주민등록증(자동차운전면허증, 여권 및 사진이 있는 증명서로 갈음할 수 있
다)과 도장을, 대리인이 입찰하는 경우에는 본인의 위임장과 인감증명 및 인감도장
을 지참해야 한다. 입찰가격은 최저입찰가격 이상이어야 하고(이는 절대적인 법정
매각조건이다), 일정한 금액으로 표시하여야 하며 다른 입찰가격에 대한 비례로 표
시하지 못하고 보증금액은 입찰가액의 10%에 해당하는 금액이다.[483] 다만 매각공
고 시 보증금 2할이라고 되어 있으면 응찰가액의 20%에 해당하는 금액을 기재한다.

② 입찰자의 대리인이 될 자격에는 제한이 없으나(법원의 허가도 필요 없다),[484] 동일
물건에 대해서는 입찰자는 동시에 다른 입찰자의 대리인이 될 수 없고, 동일인이 2
인 이상의 다른 입찰자의 대리인이 될 수 없다.[485] 2인 이상이 공동으로 응찰하려
면 입찰표의 제출 전에 공동입찰허가원을 제출하여 미리 집행관의 허가를 얻어야
한다. 공동입찰은 원칙적으로 친자·부부 등 친족관계에 있는 자, 입찰 목적물의
공동점유 사용자, 1필지의 대지 위에 수 개의 건물이 있는 경우의 각 건물 소유자,
1동 건물의 수인의 임차인, 공동저당권자 등 특수한 신분관계가 있거나 담합할 의
심이 없고 공동입찰의 필요성이 있는 경우에 허용된다.[486]

③ 미성년자는 법정대리인이 대리하여 입찰에 참가할 수 있다. 법인이 입찰에 응하는
경우에는 법인등기부등·초본을 입찰표에 첨부해야 하고, 법인의 등록번호(등기소
에서 부여하는 부동산 등기용 등록번호)를 기재한다(위 등록번호는 법인등기부상의

---

482) 서울민사지방법원은 임의경매 절차에 있어서 채무자 아닌 부동산 소유자도 낙찰받을 자격이 있다고 한
다(서울민사지방법원 1994. 1 .12.자 93라1342 결정).

483) KAMCO가 금융기관의 대리인으로 서 매수신고하는 경우에는 KAMCO의 지급확약서를 담보로 제공
함으로써 보증의 제공에 갈음할 수 있다.

484) 변호사만이 아니라 법무사, 공인중개사의 대리도 가능하다.

485) 대법원 2004. 2. 13. 자 2003마44 결정: 민법 제124조는 "대리인은 본인의 허락이 없으면 본인을 위하
여 자기와 법률행위를 하거나 동일한 법률행위에 관하여 당사자 쌍방을 대리하지 못한다"고 규정하고
있으므로 부동산 입찰절차에서 동일물건에 관하여 이해관계가 다른 2인 이상의 대리인이 된 경우에는
그 대리인이 한 입찰은 무효이다.

486) 부동산 입찰절차에서 수인이 공동입찰한 경우 그 수인의 공동입찰은 각자 매수할 지분을 정하여 입찰
하였더라도 일체로서 그 권리를 취득하고 의무를 부담하는 관계에 있으므로, 그 공동입찰인에 대해서는
일괄하여 그 매각여부를 결정하여야 하고 공동입찰인 중의 일부가 매가불허가사유가 있으면 전원에 대
하여 매각을 불허한다. 대법원 2001. 7. 16.자 2001마1226 결정.

등기번호나 사업자등록번호와는 다르다). 지배인등기가 되어 있는 법정대리인은 그 자격을 증명하는 법인등기부등·초본만 있으면 되나, 기타의 대리인은 법인등기부 등본 이외에 대표자 또는 법정대리인의 위임장과 법인임감증명이 필요하다.

종중, 사찰, 교회 등 비법인사단이나 재단도 정관 또는 기타의 규약, 대표자 또는 관리인의 주민등록등본, 부동산등기용등록번호증명을 첨부하여 법원의 입찰에 응할 수 있다. 재매각사건에 전매수인은 입찰에 참가할 수 없다.

(2) 입찰표 기재대에서 위와 같은 방식으로 입찰표를 기재하고, 입찰보증금을 통상의 규격봉투와 크기가 같은 흰색 작은 봉투인 입찰보증금봉투에 넣고 봉한 후 앞면에 사건번호, 제출자의 성명을 기재하고 날인하며, 뒷면에 (인)의 표시가 있는 부분에 날인한다.

(3) 입찰표와 입찰보증금봉투를 황색 큰 봉투인 입찰봉투에 넣어 앞면에 사건번호, 물건번호, 입찰자의 성명(제출자의 성명)을 기재하고 위의 접는 선만 접어 호치키스를 찍어 봉한 후 기재대에서 나온다.

(4) 입찰봉투와 주민등록증을 집행관에게 제출하여 제출자의 본인 여부를 확인받고, 입찰봉투에 연결번호와 간인을 받은 후 절취선에 따라 '입찰자용 수취용'을 떼어 내 보관하고, 사건번호를 타인이 볼 수 없도록 중간의 접는 선에 따라 접어서 입찰함에 투입한다. 일단 제출한 입찰표는 취소·변경 또는 교환할 수 없다. 입찰금액을 수정한 입찰표는 무효로 되므로 대신 새로운 입찰표 용지를 사용해야 한다.

(5) 공유자의 우선매수권은 일단 최고가매수신고인이 결정된 후 공유자에게 그 가격으로 매각을 받을 수 있는 기회(일종의 연고권)를 부여하는 제도이므로,[487] 집행관이 입찰의 종결을 선언하기 전까지만 공유자는 우선매수를 신고할 수 있다.[488] 공유물분할판결에 의한 가격분할의 경우에는 이 규정의 적용이 없다.[489] 여러 개의 부동산을 일괄매각하기로 결정한 경우, 집행법원이 일괄매각결정을 유지하는 이상 매각대상 부동산 중 일

---

487) 임대주택법상의 건설임대주택의 임차인에게도 공유지분권자와 마찬가지로 우선매수권이 인정된다. 임대주택법 제22조 참조.

488) 대법원 2000. 1. 28.자 99마5871 결정.

489) 대법원 1991. 12. 16. 자 91마239 결정.

부에 대한 공유자는 특별한 사정이 없는 한 매각대상 부동산 전체에 대하여 공유자의 우선매수권을 행사할 수 없다.[490]

4. 입찰마감 선언

입찰개시 선언 후 1시간 이상이 경과하여야 입찰을 마감하는데, 통상 고지한 입찰 마감시각인 오전 11시 10분 이후에 상황을 미리 보아 안내방송으로(집행관이 마감을 알리는 종을 울린다) 입찰마감을 선언하고 개찰시각을 고지한다. 입찰마감 선언 후에는 입찰표를 입찰함에 넣을 수 없다.

5. 개찰 및 최고가매수인 결정

집행관은 입찰을 마감한 후 10분 이내에 개찰시작을 고지하고 입찰함을 열어 입찰봉투를 펴서 사건번호별로 사건기록과 함께 정리하고 입찰봉투를 개봉한다. 집행관은 입찰자의 면전에서 사건번호(물건번호), 입찰목적물, 입찰자의 성명, 입찰가격을 낭독한다.

보증금봉투는 최고가입찰자의 것만 개봉하여 보증금 액수를 확인하고, 보증금액이 입찰표에 기재한 액수에 미달하면 그 입찰표는 무효 처리하고 차순위자의 것을 개봉한다. 그가 소정의 보증금을 넣은 것으로 확인되면 그를 최고가매수인으로 정한다. 입찰자가 없는 사건은 입찰불능으로 입찰절차를 종결하고, 새 매각기일(신기일)을 정하여 다시 입찰을 실시한다.

입찰표에는 입찰가격만 기재하고 보증금의 기재가 없으나 보증금봉투에 법원이 요구하는 보증금 액수가 들어 있으면 그 자리에서 보정케 하여 유효한 것으로 처리하고, 입찰표에 보증금을 기재하고 보증금봉투에 현실로 그 상당액이 들어 있으나 입찰가격을 기재하지 않은 경우에는 무효로 처리하는 것이 실무이다.

집행관은 입찰자 중 최고가격으로 응찰한 자를 최고가매수인으로 정하여 최고가매수인의 성명과 가격을 부르고 차순위매수신고를 최고한다. 차순위매수신고는 그 신고액이 최저매각가격 이상이어야 하고 또 최고가매수신고액에서 그 보증금을 뺀 금액을 넘는 경우에만 할 수 있다. 차순위매수신고가 있으면 차순위매수신고인의 성명과 가격을 부른 다

---

490) 대법원 2006. 3. 13. 자 2005마1078 결정. 공유자가 우선매수권을 행사한 경우에 최고가입찰자는 더 높은 입찰가격을 제시할 수 없다(대법원 2004. 10. 14. 자 2004마581 결정).

음 매각기일의 종결을 고지한다.[491] 입찰자가 없는 사건은 입찰불능으로 처리하고 종결을 고지한다.

최고가매수인과 차순위매수신고인의 보증금은 반환하지 아니하고(이들에게는 입찰봉투의 수취증을 회수하고 보증금 영수증을 교부한다), 그 외의 입찰에서 떨어진 자의 보증금은 입찰절차 종결 후 수취증을 회수하고 보증금 제출자 본인인지 여부를 확인하고 즉시 반환한다(이들의 입찰보증금봉투는 개봉하지 않기 때문에 봉투째 반환한다). 최고가입찰자가 보증금을 법원이 요구하는 액수 이상으로 기재하고 보증금봉투에 넣은 때에는 초과부분을 반환하고, 그 사실을 입찰표에 붉은 고무인으로 찍고 영수인의 날인을 받는다.

차순위매수신고를 한 사람이 둘 이상인 때에는 신고한 매수가격이 높은 사람을 차순위매수신고인으로 정하고, 신고한 매수가격이 같은 때에는 추첨으로 차순위매수신고인을 정한다(제115조 제2항).

민사집행법은 입찰기일에 유찰되는 부동산에 대해서는 최저입찰가격의 저감 없이 즉시 제2회의 입찰을 실시할 수 있도록 '1기일 2회 입찰제'를 규정하고 있다(제115조 제4항). 입찰절차가 종결되면 집행관은 입찰기록을 정리하여 경매법원에 송부한다.

입찰기일에 최저매각가격 이상의 신고가 없으면(유찰) 새 매각기일을 지정한다. 새 매각은 매각허가결정이 확정된 후 매수인이 된 자가 대금을 납부하지 아니하여 실시하는 재매각과 구별된다. 새 매각의 경우 최저매각가격을 20% 정도 낮추고 있으나 계속 유찰되어 매각대금으로 압류채권자에게 우선하는 부동산상의 부담과 절차비용을 변제하고 남을 것이 없게 될 때에는 경매취소가 될 수 있다.

┌─ [사례 7 - 5] 농지의 매수, 외국인의 매수 ──────────────

<1> 누구나 지목이 전·답 등 농지나 임야인 토지를 매각으로 취득할 수 있는가?
<2> 매각물건이 토지인 경우 외국인도 매각에 참가할 수 있는가?

└─────────────────────────────────────

우리나라는 토지거래에 관하여 동시다발적이고 중첩적인 규제를 하고 있다. 토지거래

---

491) 최고가매수신고인이 있음에도 불구하고 집행관이 그의 성명과 가격을 부르고 경매의 종결을 고지하는 절차를 취함이 없이 추가입찰을 실시한 경우, 이는 직권에 의한 매각불허가사유에 해당한다(대법원 2000. 3. 28.자 2000마724 결정).

허가제, 농지취득자격증명제 등의 직접적 규제와 각종 토지 관련 세제, 계약서검인제도 등 간접적 규제가 그것이다. 각종 토지거래규제법규와 관련하여 경매목적물에 따른 매수자격을 살펴보면 다음과 같다.

① 목적물이 **농지**인 경우 농지법 제8조 제1항의 규정에 의하여 농지의 소재지를 관할하는 시장·구청장·읍·면장 등이 발행하는 농지취득자격증명을 발급받아야 농지를 취득할 수 있다. 따라서 매매는 물론이고 경매·입찰·공매·명의신탁해지의 경우에도 농지취득자격증명을 발급받아야 농지를 취득할 수 있다(단 상속에 의한 경우나 농지전용협의를 완료한 농지의 경우 등에는 농지취득자격증명이 필요 없다). 따라서 농지가 경매목적물인 경우 매수신청 시에는 농지취득자격증명이 필요 없으나, 매각허가결정 전까지는 자격증명을 제출하여야 한다. 이 기일까지 농지자격취득증명을 제출하지 못할 경우에는 집행법원이 직권으로 매각불허가결정을 하고 신입찰기일을 지정하여 입찰을 속행한다.

농지법상 농지라 함은 전·답 또는 과수원 및 기타 법적 지목 여하에 불구하고 실제의 토지현황이 농작물의 경작 또는 다년생식물 재배지로 이용되는 토지를 말한다(농지법 제2조 제1호).[492] 지목이 농지이나 토지의 현상이 농작물의 경작 또는 다년생식물 재배지로 이용되지 않음이 관할관청이 발급하는 서면에 의하여 증명되는 토지에 관하여 소유권이전등기를 신청하는 경우에도 농지취득자격증명을 첨부할 필요가 없다.[493] 지목이 전 또는 답으로 되어 있으나 도시계획법상 주거지역·상업지역·공업지역의 경우와 농지전용허가가 이루어진 경우 등에는 농지취득자격증명이 필요하지 않다.

매각을 받기 위한 농지취득자격증명의 필요 여부가 불분명한 경우에는 경매법원은 농지 소재지 관할 시장·군수·구청장에게 경매목적물인 토지의 현황이 농지법 제2조 소정의 농지인지 여부, 토지현황이 농지가 아닌 경우에는 농지전용허가가 이루어졌는지 여부 등에 관하여 사실조회를 한다.

집행관은 경매기일 종결 후 최고가매수인 또는 차순위매수신고인이 농지취득자격

---

[492] 어떤 토지가 농지법 소정의 농지인지의 여부는 공부상의 지목 여하에 관계없이 당해 토지의 사실상의 현상에 따라 가려져야 할 것이고(현황주의), 공무상의 지목이 답(畓)인 토지의 경우에는 농지로서 현상이 변경되었다고 하더라도 그 변경 상태가 일시적인 것에 불과하고 농지로서의 원상회복이 용이하게 이루어질 수 있다면 그 토지는 여전히 농지법에서 말하는 농지에 해당한다(대법원 1999. 2. 23.자 98마2604 결정).

[493] 1996. 3. 25. 등기예규 제833호.

증명의 발급을 신청하기 위하여 최고가매수신고인 또는 차순위매수신고인이라는 사실을 증명하여 줄 것을 신청하는 경우에는 최고가(차순위)매수신고인 증명을 교부하여 주어야 한다.

농지를 취득하고자 하는 자는 농지 소재지를 관할하는 시장·구청장·읍장 또는 면장으로부터 농지취득자격증명을 발급받아야 하는데, 이 경우 신청인은 농업경영계획서를 작성하여 농지관리위원회 위원 2인으로부터 농지법 제6조(농지의 소유제한) 및 제7조(농지의 소유상한)의 규정에 적합한지 여부를 확인받아 위 신청을 하여야 한다.[494]

최고가매수신고인은 매각결정기일까지 농지취득자격증명을 제출하여야만 매각허가결정을 받을 수 있고, 농지취득자격증명이 제출되지 아니하였는데 이를 간과하고 매각허가결정을 하여 확정되었을 경우에도 농지취득자격증명이 없는 한 이전등기가 불가능하다.[495]

② 지목이 **임야**인 경우에는 별다른 규제 없이 매각으로 인한 취득이 가능하다.[496]

③ **토지거래허가**는 경매절차에는 적용되지 아니하므로(국토의 계획 및 이용에 관한 법률 제121조 제2항) 매수인은 토지거래허가를 받을 필요가 없다.

④ 외국인토지법은 **외국인**이 대한민국 안의 토지를 취득하는 계약을 체결한 경우에는 계약체결일로부터 60일 이내에 시장·군수 또는 구청장에게 신고하여야 하고(동법 제4조 제1항), 외국인이 상속·경매, 토지수용법 및 기타 관계 법률의 규정에 의한 환매권의 행사나 법원의 확정판결을 원인으로 인하여 대한민국 안의 토지를 취득한 경우에는 토지를 취득한 날로부터 6개월 이내에 시장·군수 또는 구청장에게 신고하도록 하고 있다(동법 제5조). 따라서 외국인도 토지취득신고를 전제로 입찰에 참가할 수 있다.

---

494) 농지법은 거주요건을 크게 완화함으로써 누구든지 단독으로 농지취득자격증명을 신청하면 농지법에 정한 요건에 해당하는 이상 용이하게 발급받을 수 있고, 그 발급기간은 5일로 정해져 있다.

495) 최고가매수신고인이 농지자격취득증명을 제출하지 아니하여 낙찰불허가 결정을 선고하는 경우에는 대부분의 법원에서 입찰보증금을 반환해 주고 있으나, 입찰보증금 불반환을 특별매각조건으로 정하는 경우도 있다.

496) 1997. 4. 10. 산림법 개정으로 임야매매증명제도 폐지.

[참고판례]

<1> 사회복지사업법 제23조 제3항 제1호의 규정에 의하면 사회복지법인이 기본재산을 매도하기 위해서는 보건복지부장관의 허가를 받아야 하고, 이는 경매절차에 의한 매각의 경우에도 마찬가지인바, 사회복지법인의 기본재산497)에 대하여 실시된 부동산경매절차에서 최고가매수신고인이 그 부동산 취득에 관하여 보건복지부장관의 허가를 얻지 못하였다면 민사집행법 제121조 제2호에 정한 '최고가매수신고인이 부동산을 매수할 자격이 없는 때'에 해당하므로 경매법원은 그에 대한 매각을 불허하여야 한다. 그리고 이는 사회복지법인이 보건복지부장관의 허가를 받아 토지 및 건물에 대하여 공동근저당권을 설정하였다가 건물을 철거하고 새 건물을 신축하여, 민법 제365조의 '저당지상 건물에 대한 일괄경매청구권'에 기하여 위 신축건물에 대한 경매가 진행된 경우라도 마찬가지이므로, 위 신축건물의 매각에 관하여 별도로 보건복지부장관의 허가가 없다면 최고가매수신고인에 대한 매각은 허가될 수 없다.498)

<2> 구 사립학교법 제28조 제1항은 학교법인이 그 기본재산을 매도, 증여, 임대, 교환 또는 용도변경하거나 담보에 제공하고자 할 때 또는 의무의 부담이나 권리의 포기를 하고자 할 때에는 감독청의 허가를 받아야 한다고 규정하고 있으므로, 학교법인이 그 의사에 의하여 기본재산을 양도하는 경우뿐만 아니라 강제경매절차에 의하여 양도되는 경우에도 감독청의 허가가 없다면 그 양도행위가 금지된다고 할 것이고, 따라서 학교법인의 기본재산이 감독청의 허가 없이 강제경매절차에 의하여 경락되어 이에 관하여 경락을 원인으로 하여 경락인 명의의 소유권이전등기가 경료되었다 하더라도 그 등기는 적법한 원인을 결여한 등기이다.499) 강제경매절차에 있어서 최고가매수신고인은 경락기일에 경락허가를 받을 경매절차상의 권리가 있을 뿐 직접 집행채권자나 채무자에 대하여 어떠한 권리를 가진다고 할 수는 없으므로, 최고가매수신고인이 집행채무자인 학교법인을 대위하여 감독청에 대하여 기본재산의 처분에 관한 허가신청을 대위행사할 수는 없다.500)

---

497) 보육사업을 하는 사회복지법인이 설치한 영유아 보육시설이 사회복지법인의 기본재산에 해당한다(대법원 2003. 9. 26. 자 2002마4353 결정).
498) 대법원 2007. 6. 18. 자 2005마1193 결정.
499) 대법원 1994. 1. 25. 선고 93다42993 판결.
500) 대법원 1994. 9. 27. 선고 93누22784 판결.

<3> 구 전통사찰보존법 제6조 제1항 제2호, 같은 조 제5항 및 같은 법 시행령 제7조 제2항 등에 의하면 전통사찰보존법상의 경내지 등을 대여, 양도, 담보제공 등 처분행위를 함에는 문화체육부장관의 허가를 받게 되어 있고, 이에 위배되는 처분은 무효로 한다고 규정하고 있는바, 그 처분행위가 강제경매절차의 한 경우라 하더라도 달리 볼 것은 아니다.[501]

[6] 매각결정

1. 매각허부결정

집행법원(사법보좌관)은 매각결정기일(매각기일로부터 7일 이내에 정한다)에 매각을 허가하거나 허가하지 아니하는 결정을 하고 법정에서 이를 선고한다.[502] 매각허부결정은 이를 선고한 때에 고지의 효력이 발생하고 별도로 송달은 요하지 않으나 법원게시판에 이를 공고한다. 최고가매수인이나 이해관계인이 출석하지 않더라도 법정에서 매각허부결정을 선고한다. 매각허가결정은 확정되어야 효력이 생기므로 즉시항고하면 확정이 차단된다. 매각결정기일에는 이해관계인은 매각을 허가하여야 할 것이라는 진술과 매각허가에 대한 이의의 진술을 할 수 있다.

매각허가에 관한 이의사유는 다음과 같은 바(제121조, 한정열거), 그 사유가 인정되면 매각을 불허한다. 이의는 다른 이해관계인의 권리에 관한 사유로는 신청하지 못한다(이의의 제한).[503]

---

501) 대법원 1999. 10. 22. 선고 97다49817 판결.

502) 실무상 법정선고 방식이 아니라 매각결정기일에 경매계 게시판과 법원경매홈페이지에 매각허부결정 여부를 공고하고 있다.

503) 대법원 1997. 6. 10. 자 97마814 결정: 경매개시결정은 비단 압류의 효력을 발생시키는 것일 뿐만 아니라 경매절차의 기초가 되는 재판이어서 그것이 당사자에게 고지되지 않으면 효력이 있다고 할 수 없고, 따라서 따로 압류의 효력이 발생하였는지의 여부와 관계없이 채무자에 대한 경매개시결정의 고지 없이는 유효하게 경매절차를 속행할 수 없으므로, 채무자가 아닌 이해관계인으로서도 채무자에 대한 경매개시결정 송달의 흠결을 (구)민사소송법 제642조 제2항, 제633조 제1호의 규정에 의하여 낙찰허가결정에 대한 항고사유로 삼을 수 있는 반면, 같은 법 제634조의 규정에 의하여 낙찰허가에 대한 이의는 다른 이해관계인의 권리에 관한 이유에 의해서는 하지 못하므로, 설사 채무자에 대한 입찰기일의 송달에 하자가 있다고 할지라도 다른 이해관계인이 이를 낙찰허가결정에 대한 항고사유로 주장할 수는 없다.

[이의신청사유]

① 강제집행을 허가할 수 없거나[504] 집행을 계속 진행할 수 없을 때[505]

② 최고가매수신고인이 부동산을 매수할 능력이나 자격이 없을 때[506]

③ 부동산을 매수할 자격이 없는 사람이 최고가매수신고인을 내세워 매수신고를 한 때(차명매수)[507]

④ 최고가매수신고인, 그 대리인 또는 최고가매수신고인을 내세워 매수신고를 한 사람이 매각장소의 질서유지 위반으로 입찰이 금지된 때[508]

⑤ 최저매각가격의 결정, 일괄매각의 결정 또는 매각물건명세서의 작성에 중대한 흠이 있는 때[509]

⑥ 천재지변, 그 밖에 자기가 책임을 질 수 없는 사유로 부동산이 현저하게 훼손된 사실 또는 부동산에 관한 중대한 권리관계가 변동된 사실이 매각절차의 진행 중에 밝혀진 때[510]

⑦ 매각절차에 그 밖의 중대한 잘못이 있는 때[511]

이해관계인의 이의진술은 매각허부의 결정을 함에 참고할 뿐이고 이에 대하여 법원이 별도의 결정을 하지는 않는다. 이의가 이유 없다고 인정되거나 기타 직권으로 매각을 불허할 이유가 없다고 인정되면 최고가매수신고인에게 매각허가결정을 하고, 이해관계인의 이의가 정당하다고 인정할 때 또는 직권으로 매각을 불허할 사유가 있을 때에는 매각을 허가하지 아니한다.

---

504) 강제집행의 적법요건, 집행요건, 집행개시요건, 경매신청요건의 흠 등 직권매각불허사유가 이에 해당한다.

505) 집행장애사유가 존재하는 경우 등.

506) 매각부동산을 취득할 자격이 없거나 그 부동산을 취득하려면 관청의 증명이나 인·허가를 받아야 할 경우.

507) 대법원 2008. 11. 27. 선고 2008다62687 판결: 부동산경매절차에서 부동산을 매수하려는 사람이 매수대금을 자신이 부담하면서 다른 사람의 명의로 매각허가결정을 받기로 그 다른 사람과 약정함에 따라 매각허가가 이루어진 경우, 그 경매절차에서 매수인의 지위에 서게 되는 사람은 어디까지나 그 명의인이므로, 경매 목적 부동산의 소유권은 매수대금을 실질적으로 부담한 사람이 누구인가와 상관없이 그 명의인이 취득한다. 이 경우 매수대금을 부담한 사람과 이름을 빌려 준 사람 사이에는 명의신탁관계가 성립한다.

508) 소위 경매브로커 등 경매절차에 부당관여한 악질업자를 배제하기 위함이다.

509) 대항력과 우선변제권을 갖춘 임차인에 대한 관계를 잘못 적은 경우 등.

510) 선순위저당권의 존재로 후순위 임차권이 소멸하는 것으로 알고 부동산을 매수하였으나 선순위저당권의 소멸로 그 임차권의 대항력이 존속하는 것으로 바뀌는 경우 등.

511) 매각기일 및 매각결정기일의 지정·공고방법과 기간의 불준수, 특별매각조건 위배 등.

경매개시결정을 하면서 그 결정을 채무자에게 송달함이 없이 경매절차를 진행하였다면, 그 경매는 경매개시결정이 효력을 발생하지 아니한 상태에서 이루어진 것이어서 당연히 무효이고 경매절차를 속행할 수 없는 경우에 해당한다. 또 선순위 임차인의 주민등록에 대한 기재가 누락된 집행관의 임대차조사보고서 및 입찰물건명세서의 하자는 매각불허가 사유가 된다.

과잉매각의 경우, 즉 여러 개의 부동산을 매각하는 경우에 1개의 부동산의 매각대금으로 모든 채권자의 채권액과 강제집행비용을 변제하기에 충분하면 채권자의 선택에 따라 (매각결정기일까지 지정하지 아니하면 법원의 재량으로) 다른 부동산의 매각을 불허한다 (과잉경매금지의 원칙). 다만 일괄매각의 경우, 분리매각하면 그 경제적 효용이 현저히 떨어지는 경우, 채무자의 동의가 있는 경우에는 과잉매각이라 하더라도 매각을 불허할 수 없다.

입찰 실시 후 천재지변 및 기타 자신이 책임질 수 없는 사유로 인하여 부동산이 훼손된 때에는 최고가매수신고인은 매각불허신청을, 매수인은 대금납부 시까지 매각허가결정의 취소신청을 할 수 있다.

매각결정기일 전에 최고가매수신고인의 지위를 타인에게 양도한 경우 실무에서는 양수인에게 매각허가를 인정하지 않고 있다.

2. 매각허부결정에 대한 항고

이해관계인은 매각허부결정에 의하여 손해를 볼 경우[512] 그 결정에 대하여 즉시항고를 할 수 있고 또 매각허가의 이유가 없거나 결정에 기재한 것 이외의 조건으로 허가할 것임을 주장하는 매수인 또는 매각허가를 주장하는 매수신고인도 즉시항고를 할 수 있다 (제129조, 제130조).[513]

---

512) 대법원 2002. 12. 24. 자 2001마1047 전원합의체 결정: 경매법원이 이해관계인에게 입찰기일 및 낙찰기일을 통지하지 아니한 채 입찰기일의 경매절차를 속행하여 낙찰이 이루어지게 하였다면, 이해관계인이 이러한 기일통지를 받지 못하였더라도 입찰기일을 스스로 알고 그 기일에 출석하여 입찰에 참가함으로써 자신의 권리보호에 필요한 조치를 취할 수 있었다는 등의 사정이 없는 한 그 이해관계인은 이로 인하여 법이 보장하고 있는 절차상의 권리를 침해당한 손해를 받았다고 할 것이어서 낙찰허가결정에 대하여 즉시항고를 할 수 있다고 할 것이며, 입찰기일 또는 낙찰기일을 통지받지 못함으로 인하여 그 이해관계인에게 구체적 또는 추상적으로 재산상의 손해가 발생한 경우에 한하여 그 이해관계인이 즉시항고를 할 수 있는 것은 아니다.

513) 다만 사법보좌관이 한 매각허가·불허가결정에 대한 즉시항고에 앞서 사법보좌관의 처분에 대한 이의신청절차를 거쳐야 한다. 이의신청을 받은 사법보좌관이 사건을 판사에게 송부하면 판사가 이의신청의

즉시항고는 매각허부결정 선고일부터 1주일 이내에 제기해야 한다. 매각허가결정에 대하여 채무자나 소유자의 항고보다, 매수인이 매각대금의 마련을 위한 시간을 벌기 위하여 또는 시세차익을 노리는 브로커의 농간에 의해 항고를 남용하는 경우도 많다.

민사집행법은 남항고를 방지하기 위하여 항고장에 항고이유를 기재하지 않은 때에는 항고장을 제출한 날부터 10일 안에 항고이유서를 원심법원에 제출하여야 하고,[514] 이를 위반한 때에는 원심법원이 그 항고장을 각하하도록 규정하고 있다(제15조).

강제경매와 임의경매를 불문하고 채무자나 소유자의 부당한 항고의 남용을 방지하고 절차의 신속을 도모하기 위하여 그들이 항고하는 경우에는 보증으로 매각대금의 10%에 해당하는 현금 또는 유가증권을 공탁하여야 하고(보증보험증권에 의한 공탁을 허용되지 않는다), 항고장에 그 공탁사실을 증명하는 서류를 첨부하지 아니한 때에는 그 항고장을 접수한 날로부터 7일 이내에 결정으로 이를 각하한다(제130조 제4항). 항고제기 기간 내에는 보증의 추완을 할 수 있으므로 항고제기기간이 경과한 후 각하한다.

매수인도 채무자나 소유자와 같이 낙찰허가결정에 대하여 항고를 할 때에는 보증으로 낙찰대금의 10%에 해당하는 현금 또는 법원이 인정하는 유가증권을 공탁하여야 한다.[515] 민사집행법은 매각허가결정에 대하여 항고를 하고자 하는 사람은 누구나 보증공탁을 하도록 하고,[516] 채무자 및 소유자가 한 항고가 기각된 때에는 보증으로 제공한 금전이나 유가증권을 돌려줄 것을 요구할 수 없고, 채무자 및 소유자 이외의 사람이 한 항고가 기각된 경우에는 항고를 한 날부터 항고기각결정이 확정된 날까지의 매각대금에 대한 대법원규칙이 정하는 이율[517]에 의한 금액에 대하여 돌려줄 것을 요구할 수 없도록 규정하고 있다(제130조 제3항, 제6항, 제7항). 이는 항고취하 시에도 준용된다.

원심법원의 항고장각하결정에 대하여 즉시항고의 방법으로 불복할 수 있고, 이는 성질상 재항고가 아니라 최초의 항고라고 할 것이므로 관할법원은 항고법원이라는 것이 판례이다.[518] 따라서 경매법원은 기록을 항고법원으로 송부한다(종래에는 재항고로 보고 기

적법요건과 신청의 당부를 심사하여 이의신청이유가 있으면 매각허부결정을 하고, 이의신청이유가 없다고 인정하여 사건을 항고법원에 송부하면 이때부터는 이의신청은 즉시항고로 보게 된다. 사법보좌관규칙 제4조 참조.

514) 매각허가결정에 대한 항고이유는 매각허가이의사유, 매가허가결정절차의 중대한 잘못, 재심사유 등에 한한다(제130조 제1항, 제2항).

515) 종전에는 매수인이 당해 경매절차에 있어서 채무자나 소유자 이외의 이해관계인(예컨대 임차인)의 지위를 겸유하고 있고 그러한 이해관계인의 지위에서 항고하는 경우에는 이러한 보증의 제공이 요구되지 않는다고 보고 있었다(대법원 1999. 2. 10.자 98마3711 결정).

516) 다만 매각불허가결정에 대한 항고에는 10%의 보증공탁이 필요 없다.

517) 민사집행규칙 제75조는 그 이율을 연 2할로 정하고 있다.

록을 대법원으로 송부하였다). 매각허가결정에 대한 즉시항고로 집행정지의 효력이 생기는 것은 아니나, 매각허가결정은 확정되어야 효력이 생기므로, 매각허가결정에 대한 항고가 제기되면 동 결정은 확정이 차단되고 확정될 때까지 대금납부기일의 지정 등의 절차를 진행할 수 없게 된다. 그러나 1주일의 즉시항고기간이 도과한 후의 항고의 경우에는 기각도과를 이유로 항고장을 각하하고 대금지급기일을 정한다.

이해관계인이 아닌 자가 항고하는 경우 경매법원은 기록등본을 항고법원(지방법원 본원 합의부)에 송부하고 절차를 계속 진행한다.

채무자 또는 소유자가 공탁을 하고 항고한 후에 항고심 또는 상고심에서 항고 또는 재항고를 취하한 경우 그 공탁금은 몰수된다.[519] 항고가 기각되면 항고인이 보증으로 제기한 금전이나 유가증권은 배당할 금액에 산입되고, 항고인은 그 반환을 청구하지 못한다(제130조 제6항).

항고가 인용된 경우에는 확정증명을 제출하여 바로 보증금을 회수할 수 있다. 항고심에서 항고가 인용되면 매각불허가결정 또는 매각허가결정을 취소하고 항고인의 상대방뿐만 아니라 그 결정에 대한 항고권이 있는 이해관계인 전원에게 고지하여야 한다.

위와 같이 매각허부결정에 대한 불복방법으로는 즉시항고만이 허용되고 다른 불복방법은 허용되지 않는다. 경매법원의 매각허가결정에 대하여 이해관계인으로부터 즉시항고가 제기되면 매각허가결정이 확정되지 아니하여 경매법원은 대금지급기일을 지정할 수 없고 또한 매수인이 매각허가결정 확정 전에 대금을 제공하더라도 법원은 이를 수령할 수 없다.

보증금 불공탁을 이유로 한 항고장각하결정에 대해서는 즉시항고의 방법으로 불복할 수 있으나, 그 즉시항고로 인하여 집행정지의 효력은 발생하지 아니한다. 보증제공 증명서류 불첨부를 이유로 할 항고장각하결정에 대하여 불복신청이 있는 경우, 경매법원은 경매기록 일부의 등본 등을 항고법원(지방법원 본원 합의부)으로 송부하고, 그 경매기록의 원본에 의하여 이후의 경매절차를 그대로 진행한다.

매각허가결정 선고 전에 항고한 경우 그 항고는 존재하지도 아니한 매각허가결정에 대한 항고로서 부적법하고, 이 경우에는 항고법원이 항고인의 항고를 기각한다.

매각허가결정에 대해서는 준재심과 추완항고가 인정된다.

---

518) 대법원 전원합의체 1995. 1. 20. 자 94마1961 결정.
519) 다만 경매기록이 항고심에 송부되기 전에 취하한 경우에는 보증금을 몰수하는 것이 곤란하다는 견해도 있다.

┌─ [사례 7-6] 소유자의 항고장각하결정에 대한 불복 ─────────────

　채무자인 甲 소유의 부동산에 대하여 채권자인 乙의 임의경매신청으로 담보권 실행 등을 위한 경매절차가 진행되어, 매각실시결과 최고가매수신고인인 丙 앞으로 매각허가결정이 선고되었다.

　甲은 너무 저렴하게 매각된 것으로 보고 매각금액의 10%에 해당하는 현금 등의 보증금을 공탁하지 아니한 채 위 매각허가결정에 대한 즉시항고장을 제출하자, 경매법원은 그 즉시항고장에 보증의 제공이 있음을 증명하는 서류가 첨부되어 있지 아니하다는 이유로 결정으로 이를 각하하였다.

　甲은 경매법원의 항고장각하결정에 대하여 어떠한 방법으로 불복할 수 있는가?

└──

　소송절차에 관한 신청을 기각한 결정이나 명령에 대하여 불복이 있는 경우에는 항고를 제기할 수 있고(민사소송법 제439조), 집행법원의 재판에 관해서는 특별한 규정이 있는 경우에 한하여 즉시항고가 가능하다(제15조). 즉시항고는 1주일의 항고기간 내에 제기하여야 하고 그 기간이 경과해야 재판이 확정되나, 보통의 항고는 재판이 고지된 후 그 취소를 구할 실익이 있는 한 언제든지 제기할 수 있다.

　불복을 신청할 수 없는 결정이나 명령에 대해서는 재판에 영향을 미친 헌법 또는 법률의 위반이 있을 때에 한하여 그 재판을 고지받은 때로부터 1주일 이내에 특별항고를 제기할 수 있다(민사소송법 제449조).

　일반적으로 항고제기의 방식 및 기재사항을 위배하였거나 인지를 붙이지 아니한 경우, 원심법원의 재판장은 상당한 기간을 정하여 보정을 명하였음에도 보정하지 아니하거나 항고기간을 도과한 것이 명백한 경우에는 명령으로 항고장을 각하하고, 이에 대해서는 즉시항고가 가능하다. 그 밖의 경우에는 원심법원은 항고가 이유 있다고 인정하면 스스로 그 재판을 경정하고(이를 '재도의 고안'이라 한다. 이 경우 집행법원이 매각불허가결정을 취소하고, 최고가매수신고인에게 매각을 허가하는 결정을 한 다음, 이를 이해관계인 모두에게 송달한다), 이유 없다고 인정하는 경우에는 의견서를 첨부하여 항고법원에 송부한다. 일반적으로 항고에는 집행정지의 효력이 없으니 즉시항고에는 집행정지의 효력이 있다. 그러나 강제집행절차에 관한 재판에 대한 즉시항고에는 집행정지의 효력이 없다.

　그런데 강제집행절차에 있어서 집행법원의 재판에 대한 불복방법으로는 즉시항고(제15조)와 집행에 관한 이의(제16조)가 있고(이의신청에 관한 재판에 관해서는 즉시항고가 가능하다), 그중 즉시항고는 원칙적으로 특별한 규정이 있는 경우에 한하여 허용된다.

　매각허가결정에 대한 항고장각하결정에 대해서는 불복의 가부나 불복방법에 관하여 아무런 규정이 없다. 판례[520]는 "특별규정은 없으나 항고장각하결정에 대해서도 즉시항고의 방법으로 불복할 수 있고, 이 각하결정에 대한 즉시항고에는 집행정지의 효력이 없다. 따라서 즉시항고로 인하여 낙찰허가결정의 확정이 차단되지 아니하므로 강제집행절차는 정지되지 아니한다"고 한다. 위 대법원 전원합의체판결의 다수의견은 원심법원의 항고장각하결정은 매각허가결정을 1차적인 처분으로 한 원심법원이 그 매각허가결정의 당부에 관하여 항고법원의 재판을 대신하여 판단하는 2차적인 처분이 아니라, 매각허가결정의 당부와는 무관하게 채무자나 소유자가 위 매각허가결정에 불복하여 제출한 즉시항고장에 보증의 제공이 있음을 증명하는 서류가 첨부되었는지 여부에 관하여 자신의 몫으로 판단하는 1차적인 처분으로, 그에 대한 불복방법인 위 즉시항고는 성질상 최초의 항고라고 보고 위 각하결정에 대한 불복신청을 재항고로 본 종전의 견해를 바꾸었다.[521]

┌─ **[사례 7 - 7] 낙찰허가결정의 취소** ─────────────────

　　甲의 부동산에 관하여 채권최고액 금 3,750,000원의 선순위(1번) 근저당권이 설정되고 다음에 대항요건을 갖춘 임차보증금 50,000,000원의 임차권이 존속하고 있으며, 그 후에 금 45,000,000원의 후순위(2번) 근저당권이 설정된 다음, 후순위(2번) 근저당권자의 신청에 의하여 개시된 부동산 매각절차에서 乙이 2010. 3. 5. 매각허가결정을 선고받아 대금지급기일이 2010. 3. 26.로 지정되었다. 그런데 위 임차권자가 선순위(1번) 저당권의 피담보채권을 대위변제하고 위 대금지급기일 이전인 2010. 3. 24. 선순위(1번) 저당권설정등기가 말소되었음을 이유로 乙은 대항력 있는 임차권의 부담을 지게 되었다고 주장한다.

　　乙은 매각허가결정의 취소를 구할 수 있는가?
└──────────────────────────────────────

　담보권실행을 위한 부동산의 입찰절차에 있어서 주택임대차보호법 제3조에 정한 대항요건을 갖춘 임차권보다 선순위 근저당권이 있는 경우에는, 매각으로 인하여 선순위 근

---

520) 대법원 전원합의체 1995. 1. 20. 자 94마1961 결정.

521) 위 전원합의체결정의 소수의견은 "위 항고장각하결정에 대해서는 특별규정이 없어 즉시항고를 제기할 수 없고, 다른 불복절차가 없기 때문에 대법원에 특별항고만 가능하다"라고 한다.

저당권이 소멸하면 그보다 후순위의 임차권도 선순위 근저당권이 확보한 담보가치의 보장을 위하여 그 대항력을 상실하게 된다.

그러나 매각으로 인하여 근저당권이 소멸하고 매수인이 소유권을 취득하게 되는 시점인 매각대금지급기일 이전에 선순위 근저당권이 다른 사유로 소멸한 경우에는, 대항력 있는 임차권의 존재로 인하여 담보가치의 손상을 받을 선순위 근저당권이 없게 되므로 임차권의 대항력이 소멸하지 않는다.

위와 같이 선순위 근저당권의 존재로 후순위 임차권의 대항력이 소멸하는 것으로 알고 부동산을 매수하였으나, 그 이후 선순위 근저당권의 소멸로 인하여 임차권의 대항력이 존속하는 것으로 변경됨으로써 부동산의 부담이 현저히 증가하는 경우에는, 매수인인 乙 로서는 민사집행법 제127조 제1항의 유추적용에 의하여 매각허가결정의 취소를 신청할 수 있다.522)

위와 같은 경우는 교환가치의 감소로 매각불허가사유도 되고, 매각허가결정의 취소사유도 된다. 그러나 재매각명령이 난 이후에는 매수인은 매각허가결정의 취소신청을 할 수 없고,523) 대금납부 후에는 민법 제578조에 따른 담보책임을 물을 수 있다.

[7] 매각대금의 납부

1. 대금지급기한과 대금납부

법원은 매각허가결정확정일 또는 경매사건기록이 상소법원에 있을 때에는 상소법원으로부터 기록을 송부받은 날로부터 1개월 이내의 날로 대금지급기한을 정하여 매수인과 차순위매수신고인에게 통지하여야 한다.

대금의 납부는 법원이 지정한 대금지급기한에 현금(자기앞수표 포함)으로 법원에 납부하고, 일시금으로 납부해야 하며 분할납부는 허용되지 않는다. 매수인이 매각대금을 완납한 때 곧바로 매각부동산의 소유권을 취득하게 된다(제135조, 법률의 규정에 의한 물권변동). 경매에 의한 소유권취득은 승계취득이고, 강제경매에 있어서의 소유권취득의 효과는 압류채권자의 집행채권의 부존재, 소멸하여도 영향을 받지 아니한다.524) 다만 집행권

---

522) 대법원 1998. 8. 24.자 98마1031 결정.
523) 대법원 2009. 5. 14. 선고 2007다64310 판결.

원 자체가 절차상 무효이거나 부존재의 경우에는 매수인은 유효하게 부동산을 취득할 수 없다. 매수인이 취득한 매수 부동산에 권리의 하자가 있는 경우 민법 제578조에 의한 담보책임을 물을 수 있다.525)

매수인은 배당표의 실시에 관계되는 채권자들이 승낙하면 매각대금의 한도에서 대금의 지급에 갈음하여 채무를 인수할 수 있다. 배당받을 채권자가 매수인인 경우에는 매각결정기일이 끝날 때까지 법원에 신고하고 배당받아야 할 금액을 제외한 대금을 배당기일에 낼 수 있다(제143조).

매수인의 법적 지위를 제3자에게 양도할 수 없는 것으로 본다.526)

2. 대금납부의무 불이행과 재매각

매수인이 대금지급기한까지 대금을 납부하지 아니할 경우 차순위매수신고인에게 매각을 허가할 것인지를 결정하여야 한다. 매수인이 대금지급기한까지 대금납부의무를 이행하지 아니하고 차순위매수신고인이 없거나, 차순위매수신고인이 있더라도 차순위매수신고인에 대한 매각불허결정이 있거나, 매각허가를 받은 차순위매수신고인도 다시 정한 대금지급기일한까지 대금을 납부하지 않으면 법원은 직권으로 재매각을 실시한다.

재매각절차에는 새 매각절차와 달리 종전의 최저매각가격, 그 밖의 매각조건을 적용한다. 재매각의 경우에는 통상 매수보증금을 최저매각가격의 20%로 변경하여 시행한다.

종전 매수인은 재매각기일의 3일 전까지는 매각대금 및 대법원규칙이 정하는 이율에 따른 지연이자, 절차비용을 지급한 경우 재매각절차를 취소한다. 예컨대 재매각 기일이 7월 1일이라면 6월 27일까지(6월 27일이 공휴일이면 6월 28일까지) 납부하면 된다.

재매각이 실시되면 <u>전매수인은 이후의 절차에 참가할 수 없고,</u>527) 매수의 보증으로 보

---

524) 대법원 1996. 12. 20. 선고 96다42628 판결: 확정된 종국판결에 터 잡아 경매절차가 진행된 경우 그 뒤 그 확정판결이 재심소송에서 취소되었다고 하더라도 그 경매절차를 미리 정지시키거나 취소시키지 못한 채 경매절차가 계속 진행된 이상 경락대금을 완납한 경락인은 경매 목적물의 소유권을 적법하게 취득한다.

525) 대법원 2003. 4. 25. 선고 2002다70075 판결: 선순위 근저당권의 존재로 후순위 임차권이 소멸하는 것으로 알고 부동산을 낙찰받았으나, 그 후 채무자가 후순위 임차권의 대항력을 존속시킬 목적으로 선순위 근저당권의 피담보채무를 모두 변제하고 그 근저당권을 소멸시키고도 이 점에 대하여 낙찰자에게 아무런 고지도 하지 않아 낙찰자가 대항력 있는 임차권이 존속하게 된다는 사정을 알지 못한 채 대금지급기일에 낙찰대금을 지급하였다면, 채무자는 민법 제578조 제3항의 규정에 의하여 낙찰자가 입게 된 손해를 배상할 책임이 있다.

526) 이시윤, p.323.

관하게 한 금전이나 유가증권의 반환을 청구할 수 없다(단 재매각명령 후 매각절차가 취소되거나 경매신청이 적법하게 취하된 경우에는 보증금의 반환청구가 가능하다). 재매각절차에서 매각부동산이 멸실되거나 제102조에 의하여 경매절차가 취소되는 경우에는 전매수인은 보증금을 반환받을 수 있다.

[8] 소유권이전등기촉탁

1. 소유권이전등기 촉탁

매수인이 매각대금을 완납하면 등기와 관계없이 매각부동산의 소유권을 취득한다.[528] 강제경매든 임의경매든 불문하고 매수인은 매각대금을 다 내면 소유권을 취득한다. 법원사무관 등은 매각대금의 완납이 있는 경우에는 직권으로 매각허가결정정본과 등기촉탁서부본(등기필증 작성용)을 첨부하여 매수인 앞으로의 소유권이전등기(등기원인을 '매각허가결정'으로, 등기원인일자를 대금을 다 낸 날로 기재한다), 매수인이 인수하지 아니한 부동산 위의 부담의 기입의 말소등기·경매개시결정기입등기의 말소등기를 등기관에 촉탁한다. 등기에 드는 비용은 매수인이 부담한다.

등기촉탁서에 첨부할 서류는 다음과 같다.

---

① 매각허가결정정본과 등기촉탁서부본(등기필증 작성용)

② 등기권리자의 권리를 증명하는 서면
매수인의 주민등록등본(법인인 경우에는 법인등기부등·초본)을 제출한다. 재외국민이나 국외이주자가 매수한 경우 소유권이전등기를 하기 위해서는 외국주재 대한민국대사관에서 발행하는 재외국민거주사실증명 또는 재외국민등록표등본을 제출하는 것 이외에 주민등록번호가 없는 경우에는 재외국민부동산등기용등록번호증명서(대법원 소재지 관할 등기소에서 부여받는다)를 제출하여야 한다.

---

527) 전매수인이 타인명의로 재매각을 신청하는 경우 재매각불허가사유가 된다.

528) 매매·증여 등의 법률 행위로 인한 물권변동은 등기하여야 효력이 발생하나(민법 제186조), 경매·수용·상속 등 법률의 규정에 의한 물권변동은 등기를 요하지 아니하고, 다만 등기를 하지 아니하면 이를 처분하지 못한다(민법 제187조).

③ 상속을 증명하는 서면

매각대금 납부 전에 매수인이 사망한 경우에는 그 상속인이 권리자가 되므로 제적등본·가족관계등록부를 제출한다. 대금납부 후 매수인이 사망한 경우에는 매수인이 등기권리자가 된다(이 경우에는 매수인 명의로 이전등기를 한 후 상속인 상속등기를 한다).

④ 국민주택채권 매입필증

매각부동산의 과세표준액(매각가격)이 500만 원 이상인 경우 매수인 명의로 소유권이전등기를 하기 위해서는 매수인이 국민주택채권을 매입해야 하고(주택건설촉진법 제16조), 매수인은 그 매입필증을 법원에 제출해야 한다. 국민주택채권의 매입금액은 부동산과세시가표준액(매각대금액이 아니다)에 주택건설촉진법시행령 별표3에 정한 매입률을 곱하여 산출한다. 국가기관·지방자치단체·정부투자기관·금융기관은 국민주택채권의 매입의무가 면제된다.

⑤ 토지대장등본, 건축물대장등본(등기촉탁일이 속한 연도에 발행된 것)

⑥ 등록세 영수필통지서, 영수필확인서

소유권이전등기 시 과세표준액의 1,000분의 30(농지는 1,000분의 10)에 해당하는 등록세와 그 등록세액의 100의 20에 해당하는 지방교육세를, 말소등기에 있어서는 매 1건당 3,000원의 등록세와 600원의 지방교육세를 납부하여야 하므로(지방세법 제131조 제1항 제3호, 제8호 및 교육세법 제5조 제1항), 낙찰자는 국고수납은행에 등록세를 납부하고 그 영수필통지서와 영수필확인서를 받아 이를 법원에 제출한다.

⑦ 세무서장이 발행하는 부동산양도신고확인서

채무자·소유자는 3년 이상 보유한 주택 및 이에 부수되는 토지, 8년 이상 보유한 지적법에 의한 지목이 전·답·과수원인 농지에 관해서는 위 확인서를 첨부하지 아니한다.

등기관이 소유권이전등기를 완료하였을 때에는 등기원인증서인 첨부된 등기촉탁서부본에 등기번호·접수연월일·접수번호·순위번호와 등기필의 취지를 기재하고 등기소인을 압날하여 이를 집행법원에 송부하고, 법원은 이를 매수인에게 우송하거나 교부해 준다.

[참고] 민사집행법 일부개정[2010. 7. 23. 법률 제10376호][시행 2010. 10. 24.]

경매절차에서 법원이 매수인 명의의 소유권이전등기를 촉탁하기 이전에는 매각대금 중 잔금 대출을 위한 저당권을 설정할 수 없으므로 매수인이 금융기관 등으로부터 자금 대출을 받을 경우 금융기관 등은 당일 소유권이전등기 및 저당권 등기를 마칠 것을 전제로 대출을 하고 있는데, 이 과정에서 당일 저당권 등기를 마치기 위하여 법원직원에 대한 신속한 소유권이전등기 촉탁의 청탁 등 부작용이 발생할 수 있으므로 등기촉탁 전에 안심하고 잔금 대출할 수 있는 제도를 마련할 필요가 있어 민사집행법이 일부 개정되었다.

☞ 제144조 제2항을 제3항으로 하고, 같은 조에 제2항을 다음과 같이 신설한다.

② 매각대금을 지급할 때까지 매수인과 부동산을 담보로 제공받으려고 하는 사람이 대법원규칙으로 정하는 바에 따라 공동으로 신청한 경우, 제1항의 촉탁은 등기신청의 대리를 업으로 할 수 있는 사람으로서 신청인이 지정하는 사람에게 촉탁서를 교부하여 등기소에 제출하도록 하는 방법으로 하여야 한다. 이 경우 신청인이 지정하는 사람은 지체 없이 그 촉탁서를 등기소에 제출하여야 한다.

2. 말소촉탁을 요하는 등기

타인의 명의를 빌려 부동산을 매수한 경우 경매목적 부동산의 소유권은 매각대금을 실질적으로 부담한 자가 누구인가에 상관없이 그 명의인이 적법하게 취득한다.[529] 판례는 부동산 매수인이 전 소유자와의 사이에 단순히 명의만을 빌려 줄 뿐 매각에 따른 소유권 등 일체의 권리를 행사하지 않고 합의한 경우, 위 합의는 매수인이 소유권을 취득 즉시 전소유자에게 넘겨주되, 그로 인한 소유권이전등기를 경료하지 않고 매각으로 말소될 전 소유자 명의의 소유권이전등기를 유용하기로 한 것으로 해석한 사례가 있다.[530]

법원은 매수인이 매각대금을 완납하면 매각부동산의 소유권을 취득하므로 매각허가결정을 원인으로 하여 매수인을 위하여 소유권이전등기를 촉탁하고, 매수인에게 대항하지 못하는 등기도 모두 말소등기를 촉탁한다.

말소촉탁을 요하는 등기는 다음과 같다.

① 경매개시결정기입등기
② 매각으로 인하여 소멸하는 저당권등기, 가압류등기, 국세체납처분에 따른 압류등기, 담보가등기 및 위 각 등기 뒤에 한 용익물권 · 임차권등기 · 순위보전의 가등기 · 가처분등기
③ 경매개시결정 뒤에 한 소유권이전등기 · 용익물권 · 임차권등기 · 가처분등기
④ 최선순위 전세권등기로서 존속기간의 정함이 없거나 경매개시결정등기 후 6개월 이내에 그 기간이 만료하는 것

---

529) 대법원 2001. 2. 27. 선고2000다47651 판결. 따라서 채권자가 채무자 소유의 부동산에 대하여 강제경매신청을 하여 자녀들 명의로 경락받았다면 그 소유자는 경락인인 자녀들이다(대법원 2001. 9. 25. 선고 99다 19698 판결).
530) 대법원 2000. 4. 7. 선고 99다15868,15870 판결.

압류채권자에게 대항할 수 없는 용익권과 담보권의 가등기는 모두 말소된다. 압류의 효력발생 후에 등기된 지상권·전세권·임차권의 등기, 제3자 명의의 소유권이전등기(가등기 포함), 처분금지가처분 등은 매수인에게 대항할 수 없으므로 말소촉탁의 대상이 된다. 그러나 <u>압류의 효력발생 전에 등기된 것은 매수인에게 대항할 수 있으므로 소멸되지 않고 존속한다</u>. 다만 압류의 효력발생 전에 등기된 것이라도 그보다 앞선 선순위로서 낙찰로 인하여 소멸되는 담보권에 관한 등기가 있는 경우에는, 그 등기도 담보권에 관한 등기와 함께 말소촉탁의대상이 된다. 저당권은 선순위라도 매각으로 인하여 무조건 말소되므로 말소되는 최선순위 저당권의 권리상태에서 소유권을 취득하는 것이다. 가등기담보권, 존속기간의 정함이 없거나 경매개시결정기입등기 후 6개월 이내에 그 기간이 만료되는 전세권은 매각에 의하여 소멸하므로 말소의 대상이 된다.

<u>가압류등기</u>는 매수인에게 대항할 수 있는 것인지 여부를 불문하고(가압류가 최선순위인 경우에도) 말소의 대상이 된다. 압류의 효력발생 전에 가압류등기를 한 가압류채권자는 당연히 매각대금으로부터 배당을 받을 수 있기 때문이다.

<u>예고등기</u>는 소속이 계속 중임을 경고하는 것으로 선순위·후순위를 막론하고 재판의 결과에 따라 말소하고, 매각으로 인한 말소등기촉탁의 대상이 되지 않는다.

따라서 부동산매각절차에서 부동산을 매각으로 취득하는 경우에는 매수인은 대항력이 있는 선순위 용익물권(지상권·지역권·전세권)이나 선순위 저당권·담보가등기·가압류보다 먼저 대항요건을 갖춘 주택임차권·법정지상권·유치권 등을 제외하고는 대부분의 선순위의 각종 부담이 정리된 상태에서 소유권을 취득할 수 있다.531)

[9] 부동산 인도명령

1. 인도명령의 신청

매수인은 대금납부 후 6개월 이내에 채무자·소유자 또는 압류의 효력발생 후에 점유를 개시한 점유자에 대하여 법원에 인도명령을 신청할 수 있다. 6개월을 경과한 경우에

---

531) 판례는 송전탑이 설치되어 있는 줄 알고 토지를 경락 취득했더라도 저당권자와 협의나 보상이 없었던 경우, 토지의 경락취득자는 송전탑의 철거를 요구할 수 있다고 한다. 대법원 2001. 3. 23. 선고 2000다65246 판결.

는 점유자를 상대방으로 하여 소유권에 기한 인도 또는 명도소송을 제기하여 한다. 인도 명령에 집행문을 부여받아야 하는지 논란이 있으나, 절차의 촉진을 위하여 집행문까지는 필요 없다고 볼 것이다.532)

민사집행법은 인도명령을 쉽게 말할 수 있도록 상대방을 확장하여 점유자가 매수인에게 대항할 수 있는 권원을 가진 경우 이외에는 인도명령을 발할 수 있게 하고, 그 절차에 있어서도 인도명령 발령 시에는 그 심문제외 대상을 확장하여, 채무자 또는 소유자가 점유하는 때, 매수인에게 대항할 수 있는 권원에 의하여 점유하고 있지 아니함이 명백한 때, 이미 그 사람을 심문한 때에는 심문을 생략할 수 있도록 함으로써(제136조) 경매부동산의 인도를 쉽게 하고 있다. 인도명령은 사법보좌관이 아닌 판사의 업무이다.

2. 인도명령의 당사자

(1) **신청인**: 인도명령을 신청할 수 있는 자는 매각대금을 완납한 매수인과 매수인의 상속인 등 일반승계인에 한한다(소유권이전등기가 경료되었음을 요하지 않는다). 매수인이 매각부동산을 제3자에게 양도하였다 하더라도(소유권이전등기를 마친 경우를 포함한다) 인도명령을 구할 수 있는 권리를 상실하지 아니한다. 그 양수인(특정승계인)은 인도명령을 신청할 권리가 없으며, 매수인을 대위하여 인도명령을 신청하지도 못한다.

(2) **상대방**: 인도명령의 상대방은 채무자·소유자 또는 부동산의 점유자이다. 채무자나 소유자의 일반승계인도 상대방이 된다. 다만 점유자가 매수인에게 대항할 수 있는 권원에 의하여 점유하고 있는 것으로 인정되는 경우에는 인도명령의 상대방이 될 수 없다. 민사집행법은 압류의 효력발생 전후에 점유를 개시하였는지를 묻지 않고 <u>모든 점유자를</u> 상대로 인도명령을 신청할 수 있도록 하고 있다.533) 매수인이 일단 채무자로부터 부동산을 인도받은 후에 제3자가 불법점유하는 경우에는 인도명령을 신청할 수 없다. 부동산의 인도명령의 상대방이 채무자인 경우에 그 인도명령의 집행력은 당해 채무자는 물론 채무자와 한 세대를 구성하며 독립된 생계를 영위하지 아니하는 가족과 같이 그 채무자와 동일시되는 자에게도 미친다.534)

---

532) 이시윤, p.324.

533) 구법은 압류효력발생 전의 점유자에 대해서는 인도명령을 신청할 수 없었으나, 신법은 점유자가 매수인에게 대항할 수 있는 권원을 가진 경우가 아닌 한 점유개시시기가 어느 때인가를 가리지 않고 모든 점유자에게 인도명령을 발할 수 있도록 하였다.

3. 인도명령의 재판과 집행

인도명령의 신청이 있는 경우 법원은 채무자 및 소유자에 대해서는 심문 없이 바로 명령하고, 그 외의 점유자에 대해서는 심문기일을 지정하여 심문한 후 에 인도명령을 발한다. 다만 그 점유가 매수인에게 대항할 수 있는 권원에 의하여 점유하고 있지 아니함이 명백한 때 또는 이미 그 점유자를 심문한 때에는 그러하지 아니한다. 그 점유자가 심문기일에 불출석한 경우에는 공시송달절차를 거쳐 인도명령을 발한다.

상대방은 인도명령에 대하여 즉시항고할 수 있고, 청구이의의 소도 제기할 수 있다. 제3자가 소유권 등 인도를 방해하는 권리를 가지는 경우 제3자이의의 소를 제기할 수 있다.

[서식] 부동산인도명령신청

부 동 산 인 도 명 령 신 청

사　　　건 2000타경 234 부동산임의경매
신 청 인(매수인) 김 ○ ○
　　　　　　　　서울시 서초구 서초동 123
피신청인(점유자) 이 ○ ○
　　　　　　　　서울시 강남구 역삼동 234

신 청 취 지

피신청인은 신청인에게 별지 목록 기재 부동산을 인도하라.

라는 결정을 구합니다.

---

534) 대법원 1998. 4. 24. 선고 96다30786 판결: 근저당권의 채무자인 처에 대한 적법한 부동산 인도명령의 집행 당시 대항력을 갖춘 임차권자가 아니고 또한 처와 같은 세대를 구성하면서 그 부동산을 공동점유하고 있었던 남편의 공동점유를 본인의 의사에 반하여 배제하였다고 하여 이를 곧 점유의 위법한 침탈이라고 할 수는 없다.

신 청 이 유

1. 신청인은 위 사건에 관하여 2010. 3. 1. 매각허가결정에 기하여 별지목록 기재 부동산을 금 100,000,000원에 매수하고 매각대금을 완납하였습니다.

2. 피신청인은 위 부동산에 대하여 경매개시결정기입등기 이후인 2010. 6. 1. 채무자로부터 위 부동산을 임차하여 점유하고 있으므로 신청인이 이를 인도받기 위하여 부동산의 인도명령신청을 합니다.

첨 부 서 류

1. 주민등록등본　　　　1통
2. 납부서　　　　　　　1통

2010. . .

위 신청인　김 ○ ○ (인)

서울중앙지방법원　귀 중

(별지목록 생략)

4. 관리명령

매수인의 인도청구권을 보전하기 위하여 <u>매각허가결정 후 인도받기까지</u> 매수인, 채권자의 신청에 의하여 법원이 선임하는 관리인에게 그 부동산을 관리시키는 관리명령을 받을 수 있다(제136조 제2항). 부동산의 소유자 등이 관리인의 인도요구에 불응하면 매수인이나 채권자의 신청에 의하여 제136조 제1항에 의한 인도명령을 받을 수 있다(관리를 위한 인도명령).

[10] 경매신청의 취하 및 매각절차의 정지·취소

1. 경매신청의 취하

경매신청인은 경매신청 후 매각기일의 입찰개시 선언 전까지 임의로 경매신청을 취하할 수 있으나, 입찰기일에 집행관이 입찰의 개시를 선언하면 곧바로 입찰표의 제출이 가능하므로, 입찰의 개시를 선언한 후에는 최고가매수인 및 차순위입찰신고인의 동의를 얻어야만 경매신청을 취하할 수 있다. 매수인이 대금을 완납하면 그때 매수인은 확정적으로 매각부동산의 소유권을 취득하므로 더 이상 경매신청을 취하할 수 없게 된다.

재매각명령 후 재매각기일의 3일 전까지 사이에는 경매신청을 취하할 수 있으나, 이때 전 매수인의 동의를 얻어야 할 것인지에 대해서는 견해가 나뉜다(재매각기일의 3일 전 이후 재매각기일까지 사이에 취하를 하는 경우도 마찬가지다). 이중경매개시결정이 된 경우에는 선행 사건의 경매신청이 취하되더라도(임의로 경매신청의 취하가 가능하다) 후행 사건에 기하여 절차가 속행된다. 취하의 방식은 경매신청취하서를 경매법원에 제출하고, 매각허부결정에 대한 즉시항고가 있어 기록이 항고법원에 송부된 후에는 항고법원에 취하서를 제출하면 된다.

경매신청이 유효하게 취하되면 압류는 소멸하고 경매절차는 당연히 종료한다. 경매신청을 취하하게 되면 그동안 소요된 경매절차비용은 경매신청인이 부담한다.

경매법원은 적법한 취하가 있으면 직권으로 등기관에 경매개시결정기입등기의 말소를 촉탁하게 된다.

2. 매각절차의 정지·취소

(1) 매각명령 후 경매개시결정에 대한 이의신청이 제기된 경우에는 집행정지의 효력은 없으나, 집행의 일시정지를 명하거나 채권자에게 담보를 제공하게 하고 집행의 속행을 명할 수 있다. 변제증서가 첨부된 경우와 같이 이의가 상당하다고 인정되는 경우에는 매각기일을 직권으로 변경하고, 이의신청인과 채권자를 소환하여 심문한 후 그 결과에 따라 후속절차를 취한다.

(2) 매각의 실시 후 채무자가 변제증서나 변제공탁서를 제출하더라도 집행정지의 효력의 없고, 이때에는 청구이의의 소나 근저당권말소청구의 소(채무부존재확인의 소)를 제기하여 본안법원으로부터 집행정지의 결정을 받아 제출하여야 한다.

(3) 민사집행법 제49조 제1호·제2호·제5호, 제266조 제1호·제2호·제3호·제5호의 서류는 매각대금을 지급하기 전까지 제출하여야 하고, 민사집행법 제49조 제3호·제6호. 제266조 제4호 전단의 서류는 매각을 실시하기 전까지 제출하여야 한다. 위 집행정

지서류가 제출되면 경매절차를 취소하게 된다. 상세한 내용은 강제집행의 일반적인 진행절차에서 살펴보았다.

(4) 일반적으로 경매절차를 취소하는 결정에 대해서는 즉시항고를 할 수 있으나 민사집행법 제49조 제1호·제3호·제5호·제6호의 집행정지서류가 제출된 것을 이유로 한 경매절차취소결정에 대해서는 즉시항고를 할 수 없고(집행에 관한 이의는 할 수 있다), 다만 민사집행법 제266조 제3항은 임의경매절차에서 집행정지서류의 제출에 의한 경매절차위소결정에 대한 즉시항고를 인정하고 있다.

(5) 집행정지서류가 소정의 기한 내에 제출되었음에도 불구하고 경매법원이 경매절차를 취소하지 아니하고 집행처분을 한 경우에는 이해관계인은 집행에 관한 이의 또는 즉시항고에 의하여 당해 처분의 취소를 구할 수 있으나, 취소됨이 없이 경매절차가 속행되어 매수인이 대금을 납부하게 되면 매수인의 소유권취득에는 영향이 없다.

제8장 부동산경매 및 매각 – 2: 만족(배당)

[1] 매각대금의 배당절차

1. 배당절차의 실시

매수인이 매각대금을 납부하면 법원은 반드시 배당절차를 밟아야 한다(제145조 제1항). 채권자의 채권변제에 충분한 때에도 배당절차를 생략할 수 없다. 매각대금으로 배당에 참가한 모든 채권자를 만족시킬 수 없는 경우에는 법원은 민법·상법, 그 밖의 법률에 의한 우선순위에 따른 배당절차가 개시된다. 이 배당절차를 통해 채권자들이 채권의 만족을 얻게 된다.

매각대금의 배당절차는 배당순위를 둘러싸고 실체법과 절차법이 교착하는 영역이고, 배당절차에서 채권의 만족을 얻지 못한 채권자들이 배당이의의 소를 제기하는 예가 많다.

2. 배당재단(배당할 금액)

다음과 같이 배당에 충당될 금액이 배당재단을 이룬다(제147조).

① 매각대금
② 종전 매수인이 재매각절차에서 내놓는 대금지급기한이 지난 뒤부터 대금의 지급충당까지의 연 20%의 지연이자
③ 매각허가결정에 대한 항고기각·취하 시에 채무자·소유자가 돌려받지 못하는 항고의 보증공탁금
④ 채무자·소유자 이외의 사람이 제기한 항고가 기각·취하되어 돌려받지 못하는 매

각대금에 대한 지연이자 상당

⑤ 재매각절차나 차순위매수신고인에 대한 매각허가결정시 종전 매수인의 매수신청 보증금

위와 같은 배당재단으로 모든 채권자에게 배당하고 남는 금액이 있으면 우선적으로 채무자·소유자 아닌 매각허부결정에 항고했다가 기각당한 자에게 돌려주고, 항고가 없는 경우에는 채무자에게 돌려준다.

[2] 배당요구

1. 배당요구권자

앞서 본 바와 같이 배당요구란 압류채권자의 신청에 의하여 개시된 집행절차에 참가하여 동일한 재산의 매각대금에서 변제를 받으려는 집행법상의 행위를 말한다.535) 권리신고는 부동산 위의 권리자가 집행법원에 신고하여 그 권리를 증명하는 것으로 권리신고를 하면 이해관계인이 되지만 권리신고를 한 것만으로는 당연히 배당을 받게 되는 것은 아니고 별도로 배당요구를 하여야 한다. 민사집행법은 배당요구를 하지 않아도 당연히 배당에 참가하는 배당채권자와 배당요구를 하여야만 배당에 참가할 수 있는 배당요구 채권자를 달리 취급하고 있다. 다시 정리해 보면 다음과 같다.

가. 배당채권자(제148조)

① 배당요구 종기까지 경매신청을 한 압류채권자
② 배당요구 종기까지 배당요구를 한 채권자
③ 첫 경매개시결정등기 전에 등기된 가압류채권자

---

535) 배당요구는 채권의 원인과 수액을 기재한 서면에 의하여 집행법원에 배당을 요구하는 취지가 표시되면 되므로, 채권자가 경매 목적 부동산에 관하여 가압류결정을 받은 다음 채권의 수액을 기재한 서면에 그 가압류결정을 첨부하여 경매법원에 제출하였다면, 채권의 원인과 수액을 기재하여 배당을 요구하는 취지가 표시된 것으로 보아야 하고, 그 서면의 원인과 수액을 권리신고라고 되어 있다 하여 달리 볼 것이 아니다(대법원 1999. 2. 9.선고 98다53547 판결).

④ 저당권·전세권, 그 밖의 우선변제청구권으로서 첫 경매개시결정등기 전에 등기되었고 매각으로 소멸하는 것을 가진 채권자

⑤ 경매개시결정등기 전에 국세체납처분에 의한 압류권자

첫 경매개시결정이 등기되기 전에 국가나 지방자치단체, 공공단체 등이 체납처분절차로서 압류 또는 보전압류등기를 한 경우에는 별도의 배당요구가 없어도 배당(교부)받고, 경매개시결정등기 후에 체납처분에 의한 압류등기가 된 경우에는 집행법원에 배당요구의 종기까지 배당요구로서 교부청구를 하여야 배당을 받을 수 있다.

나. 배당요구가 필요한 채권자(제88조 제1항)

① 집행력 있는 정본을 가진 채권자

② 경매개시결정이 등기된 뒤에 가압류를 한 채권자

③ 민법·상법 그 밖의 법률에 의하여 우선변제청구권이 있는 채권자[536]

④ 조세 기타 체납처분의 예에 따라 징수할 수 있는 공과금채권[537]

⑤ 대위변제자의 배당요구[538]

---

536) 대항력과 확정일자를 갖춘 주택임차인이나 상가건물임차인의 임차보증금채권, 임금채권 등 우선변제권은 인정되고 있으나 등기가 되어 있지 않기 때문에 배당요구를 하지 않으면 그 채권의 존부나 액수를 알 수 없는 채권을 가진 자는 배당요구를 해야 배당받을 수 있다.

537) 배당요구의 종기까지 국세징수법상의 체납처분의 예에 의한 압류, 참가압류 또는 교부청구를 하여야만 배당받을 수 있다.

538) 피대위자가 배당받기 위하여 배당요구가 필요한 경우에는 대위할 범위에 관하여 대위권자만이 배당요구해도 되나, 대위할 범위에 관하여 피대위자가 이미 배당요구를 하였거나 배당요구 없이도 당연히 배당받을 수 있는 경우에는 대위권자는 따로 배당요구를 하지 않아도 배당기일까지 대위권자임을 소명하면 된다. 대법원 2005. 9. 29. 선고 2005다34391 판결: 임금채권 우선특권은 사용자의 총재산에 대하여 저당권 등에 의하여 담보된 채권, 조세 등에 우선하여 변제받을 수 있는 이른바 법정담보물권으로서, 사용자 소유의 수 개의 부동산 중 일부가 먼저 경매되어 그 경매대가에서 임금채권자가 우선특권에 따라 우선변제받은 결과 그 경매부동산의 저당권자가 민법 제368조 제1항에 의하여 수 개의 부동산으로부터 임금채권이 동시배당되는 경우보다 불이익을 받은 경우에는, 같은 조 제2항 후문을 유추적용하여 위와 같이 불이익을 받은 저당권자로서는 임금채권자가 수 개의 부동산으로부터 동시에 배당받았다면 다른 부동산의 경매대가에서 변제를 받을 수 있었던 금액의 한도 안에서 선순위자인 임금채권자를 대위하여 다른 부동산의 경매절차에서 우선하여 배당받을 수 있는데, 이때 임금채권자를 대위하는 저당권자는 민사집행법 제268조에 의하여 담보권의 실행을 위한 경매절차에 준용되는 민사집행법 제88조 제1항, 제84조 제1항에 의하여 배당요구의 종기까지 적법하게 배당요구를 한 경우에 한하여 배당을 받을 수 있다. 다만 경매절차가 개시되기 전에 그 경매목적물인 부동산을 가압류한 채권자는 배당요구를 하지 아니하더라도 배당요구를 한 것과 동일하게 취급되므로, 사용자 소유의 부동산을 가압류한 임금채권자가 다른 부동산의 경매절차에서 우선특권에 따라 우선변제를 받고 이로 인하여 불이익을 받은 저당권자가 임금채권자가 가압류한 부동산의 경매절차에서 임금채권자를 대위하여 배당받는 경우에는 배

우선변제청구권이 있는 채권자 중 경매신청기입등기 이전에 등기한 저당권자나 전세권자·가압류권자·최선순위 전세권자로서 경매신청기입등기 후 6개월 이내에 그 기간이 만료되는 전세권자는 배당요구를 하지 않더라도 당연히 순위에 따라 배당을 받을 수 있다.[539]

담보권실행을 위한 경매절차에서 경매신청채권자에 우선하는 근저당권자는 매각결정기일 전에 제출한 채권계산서에 기재한 피담보채권액을 매각결정기일 이후에 확장하는 내용으로 보정할 수 있다.[540] 경매개시결정기입등기 후의 저당권자 및 가압류권자는 배당요구를 하여야만 배당을 받을 수 있다. 집행력 있는 정본을 가지지 않은 일반채권자는 배당을 요구할 수 없다.

소유권이전에 관한 가등기가 설정되어 있는 부동산에 대하여 경매개시결정이 있는 경우, 법원은 가등기권자에 대하여 그 가등기가 담보가등기인 때에는 그 내용 및 채권의 존부·원인·수액을, 담보가등기가 아닌 경우에는 그 내용을 법원에 신고할 것을 상당한

당표가 확정되기 전까지 그 가압류의 피보전채권이 우선특권 있는 임금채권으로서 그 임금채권자를 대위할 권리가 있음을 소명하면 배당요구의 종기까지 배당요구를 하지 아니하였다고 하더라도 임금채권자를 대위하여 배당에 참가할 수 있다고 보아야 한다.

539) 당해 근저당권자는 저당 부동산에 대하여 경매신청을 하지 아니하였는데 다른 채권자가 저당 부동산에 대하여 경매신청을 한 경우에는, (구)민사소송법 제608조 제2항과 제728조의 규정에 따라 경매신청을 하지 아니한 근저당권자의 근저당권도 경락으로 인하여 소멸하므로, 다른 채권자가 경매를 신청하여 경매절차가 개시된 때부터 경락으로 인하여 당해 근저당권이 소멸하게 되기까지의 어느 시점에서인가는 당해 근저당권의 피담보채권도 확정된다고 하지 아니할 수 없다. 그런데 그중 어느 시기에 당해 근저당권의 피담보채권이 확정되는가 하는 점에 관하여 우리 법은 아무런 규정을 두고 있지 아니한바, 부동산 경매절차에서 경매신청기입등기 이전에 등기되어 있는 근저당권은 경락으로 인하여 소멸되는 대신 그 근저당권자는 (구)민사소송법 제605조가 정하는 배당요구를 하지 아니하더라도 당연히 그 순위에 따라 배당을 받을 수 있다. 이러한 까닭으로 선순위 근저당권이 설정되어 있는 부동산에 대하여 근저당권을 취득하는 거래를 하려는 사람들은, 선순위 근저당권의 채권최고액만큼의 담보가치는 이미 선순위 근저당권자에 의하여 파악되어 있는 것으로 인정하고 거래를 하는 것이 보통이므로, 담보권실행을 위한 경매절차가 개시되었음을 선순위 근저당권자가 안 때 이후의 어느 시점에 선순위 근저당권의 피담보채무액이 증가하더라도 그와 같이 증가한 피담보채무액이 선순위 근저당의 채권최고액 한도 내 있다면, 경매를 신청한 후순위 근저당권자가 예측하지 못한 손해를 입게 된다고 볼 수 없다. 반면에 선순위 근저당권자는 자신이 경매신청을 하지 아니하였으면서도 경락으로 인하여 근저당권을 상실하게 되는 처지에 있으므로, 거래의 안전을 해치지 아니하는 한도 내에서 선순위 근저당권자가 파악한 담보가치를 최대한 활용할 수 있도록 함이 타당하다는 관점에서 보면 후순위 근저당권자가 경매를 신청한 경우 선순위 근저당권의 피담보채권은 그 근저당권이 소멸하는 시기, 즉 경락인이 경락대금을 완납한 때 확정된다고 보아야 한다(대법원 1999. 9. 21.선고 99다26085 판결).

540) 담보권실행을 위한 경매절차에서 경매신청채권자에 우선하는 근저당권자는 배당요구를 하지 아니하더라도 당연히 등기부상에 기재된 채권최고액의 범위 내에서 그 순위에 따른 배당을 받을 수 있으므로, 그러한 근저당권자가 채권계산서를 제출하지 않았다 하더라도 그 후 배당표가 작성될 때까지 피담보채권액을 보정하는 채권계산서를 다시 제출할 수 있다고 할 것이며, 이 경우 배당법원으로서는 특단의 사정이 없는 한 배당표 작성 당시까지 제출한 채권계산서와 증빙 등에 의하여 위 근저당권자가 등기부상에 기재된 채권최고액의 범위 내에서 배당받을 채권액을 산정하여야 한다(대법원 1999. 1. 26 선고98다21946 판결).

기간(통상 통지를 받은 날로부터 1~2주일 이내)을 정하여 최고하고, 위 최고를 받은 가등기권자는 법원이 정한 상당한 기간 내에 채권신고를 한 경우에 한하여 매각대금의 배당을 받을 수 있다(가등기담보등에관한법률 제16조 참조). 권리신고가 되지 않아 담보가등기인지 일반가등기인지 알 수 없는 경우에는 일단 순위보전을 위한 가등기로 보아 그 가등기가 최선순위이면 매수인에게 그 부담이 인수되고, 그 가등기보다 선순위 담보권이 있으면 함께 말소한다.

위와 같이 배당요구가 필요한 배당요구채권자가 적법한 배당요구를 하지 아니한 경우 비록 실체법상의 우선변제청구권이 있다 하더라도 매각대금으로부터 배당을 받을 수 없고, 그가 적법한 배당요구를 한 경우에 배당을 받을 수 있었던 금액 상당의 금원이 후순위 채권자에게 배당되었다 하여 이를 법률상 원인이 없는 것이라고 할 수 없다.[541]

2. 배당요구를 할 수 있는 기한

배당요구는 첫 매각기일 이전으로 집행법원이 정한 배당요구의 종기까지 할 수 있다. 임금채권이나 우선변제권 있는 임대차보증금반환청구권자라 하더라도 배당요구를 하지 않으면 매각대금으로부터 배당을 받을 수 없다.

각 채권자는 법원의 최고에 의하여 배당요구의 종기까지 그 채권의 원금, 이자, 비용 및 기타 부대채권의 계산서를 제출하여야 한다. 구 민사소송법은 채권자평등주의를 실현시키고 가능한 한 다수의 채권자가 배당에 참가할 수 있도록 배당요구의 시한 및 채권계산서의 제출시한은 경락기일(매각결정기일)로 엄격히 법정하고 있었으나, 민사집행법은 배당요구의 종기를 첫 매각기일 이전으로 정하도록 함으로써(제84조 참조) 경매절차의 안정성을 제고하고 있다.

---

541) 담보권실행을 위한 경매절차에서 경매신청권자에 우선하는 근저당권자가 경락기일 전에 피담보채권액에 관한 채권계산서를 제출하거나, 그 후 배당표가 작성될 때까지 이를 보정함으로써 그에 따라 배당표가 확정되고 그 확정된 배당표에 의하여 배당이 실시되었다면, 채권계산서를 전혀 제출하지 아니하여 등기부상의 채권최고액을 기준으로 하여 배당하여야 할 경우와는 달리 제출 또는 보정된 채권계산서상의 채권액을 기준으로 하여 배당할 수밖에 없고, 신고된 채권액을 초과하여 배당할 수는 없는 만큼 배당할 금액에서 선순위 근저당권자가 미처 청구하지 못함으로 인하여 그에게 배당되지 아니한 피담보채권 중 일부에 해당하는 금액이 후순위 채권자 등에게 배당되었다 하더라도 이를 법률상 원인이 없는 것이라고는 볼 수 없다(대법원 2000. 9. 8. 선고 99다24911 판결).

[서식] 권리신고 및 배당요구신청서

임차보증금채권자가 경매절차에서 배당요구할 경우의 배당요구 신청서의 서식은 다음과 같다.

권리신고 및 배당요구신청서

사건번호 2010타경   호 부동산강제(임의)경매
채 권 자
채 무 자
소 유 자

> 수입인지

임차인은 위 사건 경매절차에서 임차보증금을 변제받기 위하여 아래와 같이 권리신고 및 배당요구신청을 합니다.

아 래

1. 계약일: 200 .   .   .
2. 계약 당사자: 임대인(소유자)   임차인
3. 임대차기간: 200 .   .   .부터 200 .   .   .까지(년간)
4. 임대보증금: 보증금   원에 월세   원
5. 임차부분: 전부(방   칸), 일부(층 방   칸)
   (*건물 일부를 임차하는 경우에는 별지에 임차부분을 특정한 내부구조도를 그려 첨부할 것)
6. 입주일(주택인도일): 200 .   .   .
7. 주민등록 전입일: 200 .   .   .
8. 확정일자 유무: 유 (200 .   .   .), 무

첨 부 서 류

1. 임대차계약서 사본   1통
2. 주민등록등본   1통

2010.   .   .
권리신고 겸 배당요구신청인   (인)
주 소
(전화번호)

○○지방법원   귀 중

---

3. 배당요구에 대한 집행법원의 조치

배당요구신청이 있으면 법원은 직권으로 이해관계인에게 그 취지를 통지하고, 일단 이들 채권자에 관한 배당여부를 반영한 배당표를 작성하고 배당이의가 제기되는가의 여부에 따라 배당, 배당제외, 공탁의 절차를 취한다.

배당요구채권자는 매각대금으로부터 배당받을 권리가 있고 배당기일의 통지를 받을 권리, 배당기일에 출석하여 배당표에 대한 의견을 진술할 권리 등이 있다.

집행법원은 배당요구서에 적힌 내용과 첨부서류에 의하여 배당요구의 형식적 요건에 관하여 심사를 한 후 부적법한 배당요구의 경우 보정을 명하거나 각하를 한다. 실무상 부적법한 배당요구가 있더라도 별도로 각하결정을 하지 아니하고 관계된 채권자를 배당표에서 제외하고 배당을 실시하는 예가 많다. 배당요구를 각하하거나 배당표에서 제외된 경우에는 집행에 관한 이의를 할 수 있다.

4. 배당요구서 부제출의 효과

배당요구가 필요한 채권자가 배당요구의 종기까지 배당요구를 하지 아니한 때에는 배당을 받을 수 없다.[542]

---

542) 대법원 2008. 12. 24. 선고 2008다65242 판결: 집행력 있는 정본을 가진 채권자, 경매개시결정이 등기된 뒤에 가압류를 한 채권자, 민법ㆍ상법, 그 밖의 법률에 의하여 우선변제청구권이 있는 채권자는 배당요구의 종기까지 배당요구를 한 경우에 한하여 비로소 배당을 받을 수 있고, 적법한 배당요구를 하지 아니한 경우에는 실체법상 우선변제청구권이 있는 채권자라 하더라도 그 매각대금으로부터 배당을 받을 수 없으며, 배당요구의 종기까지 배당요구한 채권자라 할지라도 채권의 일부 금액만을 배당요구한 경우 배당요구의 종기 이후에는 배당요구하지 아니한 채권을 추가하거나 확장할 수 없다(대법원 2001. 3. 23. 선고 99다11526 판결, 대법원 2002. 1. 25. 선고 2001다11055 판결, 대법원 2005. 8. 25. 선고 2005다14595 판결 참조). 그리고 배당요구를 할 경우 배당요구서에는 집행력 있는 정본 또는 그 사본, 그 밖에 배당요구의 자격을 소명하는 서면을 첨부하고 채권의 원인과 액수를 기재하여야 하며(민사집행규칙 제48조), 이 경우 채권의 원인은 채무자에 대하여 배당요구채권자가 가지는 원인채권을 특정할 수 있을 정도로 기재하면 충분한데, 다만 집행력 있는 정본에 의하지 아니한 배당요구인 경우에는 채무자로 하여금 채권이 어느 것인가를 식별할 수 있을 정도로 그 채권의 원인에 관한 구체적인 표시가 필요하다. 다만 퇴직금은 본질적으로는 후불적 임금의 성질을 지닌 것이라는 점(대법원 2007. 3. 30. 선고 2004다8333 판결 등 참조)을 고려할 때, 배당요구서에 채권의 원인을 '임금'이라고만 기재하였다고 하더라도 그 임금에 '퇴직금'도 포함되어 있을 수 있으므로 이를 신중하게 판단할 필요가 있다고 할 것이나, 배당요구서의 기재 내용 및 첨부서면에 의하면 배당요구한 임금채권에 퇴직금채권이 포함되어 있지 아니한 것이 분명하다면 그 배당요구에 퇴직금채권에 대한 배당요구가 포함되어 있다고 볼 수 없는 것은 당연하고, 배당요구의 종기 이후에 제출한 채권계산서에 퇴직금채권을 추가하여 기재하였다거나 당초 배당요구한 임금채권의 액수가 근로기준법 제38조 제2항에 따라 최우선변제되는 최종 3개월분의 임금을 초과하는 것이어서 최우선변제되지 아니하고 남아 있는 부분이 있다고 하여 달리 볼 것은 아니다.

5. 배당요구의 철회

배당요구는 채권자가 자유롭게 철회할 수 있으나 제88조 제2항의 제한이 있다.

[3] 배당의 실시

1. 배당기일의 지정

법원은 매수인이 대금을 납부하면 대금납부 후 2주일 이내에 배당기일을 정하고 이해관계인과 배당을 요구한 채권자에게 이를 통지하여야 한다.

배당기일이 정하여진 때에는 법원사무관 등은 각 채권자에 대하여 채권의 원금·배당기일까지의 이자, 그 밖의 부대채권 및 집행비용을 적은 계산서를 1주 안에 법원에 제출할 것을 최고하여야 한다(민사집행규칙 제81조).

2. 배당표의 확정과 배당순위

법원(사법보좌관)은 배당기일의 3일 전에 배당표 원안을 작성하여 법원에 비치하여 이해관계인이 열람할 수 있도록 하여야 한다. 집행법원은 배당기일에 출석한 이해관계인과 배당을 요구한 채권자를 심문하여 배당표를 확정하는데, 출석한 이해관계인과 배당을 요구한 채권자의 합의가 있으면 이에 의하여 배당표를 작성하고, 배당표에 이의가 있으면 배당표는 확정되지 아니하고 이의절차로 넘어간다.

배당절차에서 채권자에 대한 배당액이 채무 전액을 변제할 수 없는 경우에는 당사자 사이에 별도의 합의가 있으면 그 합의에 의한 충당은 특별한 사정이 없는 한 유효하다.

배당표는 다음과 같은 형식으로 기재한다.

[서식] 배당표

○ ○ 지 방 법 원
배 당 표

201 타경   부동산강제(임의)경매

배당할 금액 ①		금 17,500,000원				
명세	매각대금	금 15,000,000원				
	이자	금 500,000원				
	전매수인의 매수신청보증	금 2,000,000원				
	항고보증금	금 원				
집행비용 ②		금 500,000원				
배딩할 금액 ① - ②		금 17,000,000원				
매각부동산		서울시 종로구 당주동 100 대 50평, 건물 건평 40평				
채권금액	원금(원)	2,000,000	1,000,000	4,500,000	5,500,000	3,000,000	1,000,000
	이자(원)			495,000	500,000		
	비용(원)			화재보험료 5,000			
	계(원)	2,000,000	1,000,000	5,000,000	6,000,000	3,000,000	1,000,000
배당순위		1	1	2	3	3	3
이유		상속세	취득세	근저당권자	경매신청 채권자	가압류 채권자	배당요구 채권자
배당이율(%)		100	100	100	60	30	10
배당액(원)		2,000,000	1,000,000	5,000,000	5,400,000	2,700,000	900,000
잔여액(원)		15,000,000	14,000,000	9,000,000	3,600,000	900,000	0
비용비례액(원)							
채권자		종로세무서	종로구청	국민은행	김갑동	이을순	박일갑

201 .   .   .
사법보좌관 ○ ○ ○ (인)
(주) 같은 순위일 때에는 같은 순위번호를 붙일 것.

배당에 참가한 모든 채권자의 채권금액은 각 채권자별로 배당순위에 따라 좌측으로부터 순차로 기재한다. 배당은 우선순위에 따라 선순위 채권으로부터 순차로 전액을 배당한 다음 잔액이 있으면 그 잔액에 관하여 일반 채권자의 각 채권액에 응하여 안분하게 된다.

※ **배당의 우선순위**는 다음과 같이 정해진다.

① 제1순위: 집행비용

② 제2순위: 제3취득자(저당권설정등기 후 목적 부동산의 제3취득자)의 비용상환청구권

③ 제3순위: 주택임대차보호법 제8조에 의한 보증금 중 일정액의 최우선변제권 및 근
　　　　　로기준법 제38조 제2항에 의한 최종 3개월의 임금우선채권, 근로자퇴직급여보장법
　　　　　제11조 제2항에 의한 최종 3년간의 퇴직금채권(이들 채권은 동순위)

④ 제4순위: 경매부동산에 부과된 국세 · 지방세 중 당해세

⑤ 제5순위: 국세 · 지방세 등의 법정기일 이전에 설정된 저당권

⑥ 제6순위: 근로기준법 제38조 제1항에 의한 임금채권

⑦ 제7순위: 국세 · 지방세 · 가산금 · 체납처분비

⑧ 제8순위: 체납처분의 예에 의하여 징수하는 공과금(국민건강보험료, 국민연금보험
　　　　　료, 고용보험료 및 산재보험료)

⑨ 제9순위: 조세 · 공과금 등에 우선하지 않는 저당권, 전세권 및 담보가등기에 의하
　　　　　여 담보된 채권(다만 제6순위에는 우선)

⑩ 제10순위: 가압류 · 압류 및 배당요구채권자의 일반채권(평등)

┌─ **[사례 8 - 1] 담보가등기와 가압류의 우열** ─

甲은 2010. 3. 1. A 소유의 부동산에 대하여 담보가등기를 마쳐 두었는데 그 전에 2009. 8. 1.자로 乙이 위 부동산에 가압류를 해 두었고, 가등기설정 후인 2010. 6. 1. 다시 丙이 위 부동산에 가압류를 하였다. 乙이 집행권원을 얻고 강제경매를 신청하여 매각대금 중 집행비용을 제외한 금 2,000만 원이 배당되게 되었다.

甲 · 乙 · 丙의 배당순위와 배당 가능 금액은 얼마나 되는가?

甲이 저당권을 설정받은 경우에는 어떠한가?
└─

가등기담보권자는 그 담보가등기가 경료된 부동산에 대하여 경매 등이 개시된 경우 다른 채권자보다 자신의 채권에 대하여 우선변제를 받을 권리가 있고, 이 경우 순위에 관해서는 그 담보가등기권리를 저당권으로 보고 그 담보가등기가 경료된 때에 저당권설정등기가 행해진 것으로 보게 된다(가등기담보등에관한법률 제13조). 그리고 가압류(또는

압류)는 처분금지의 효력이 있으나, 채무자가 이에 위배하여 처분하였더라도 이는 가압류채권자에만 대항할 수 없는 상대적 무효가 된다는 것이 판례의 입장이다(개별상대효설). 예컨대 부동산에 대하여 가압류등기가 먼저 되고 나서 근저당권설정등기가 마쳐진 경우, 그 근저당권등기는 가압류에 의한 처분금지의 효력 때문에 그 집행보전의 목적을 달성하는 데 필요한 범위 안에서 가압류채권자에 대한 관계에서만 상대적으로 무효가 된다.

위 사례에서 1번 가압류권자인 乙과 2번 가등기담보권자인 甲 사이에서는 甲이 乙에게 우선변제권을 주장할 수 없어 동순위이고, 甲과 3번 가압류권자 丙 사이에서는 甲이 가등기담보권의 효력으로 우선변제권이 인정되어 丙에 우선하며, 乙과 丙은 동순위가 된다.

따라서 甲·乙·丙 각 채권자는 평등한 지위에 있다고 할 것이어서 1번(乙), 2번(甲), 3번(丙) 각 채권자의 채권액을 기초로 먼저 안분비례에 의하여 평등배당을 하고, 甲은 丙과의 사이에서 甲의 채권액을 만족시키는 금액까지 丙의 배당액을 甲에게 흡수시켜 배당한다.[543] 甲과 丙이 동일인이라 하더라도 마찬가지다.[544] 甲과 乙이 동일인이라면 甲을 3번 가압류권자인 丙에 우선하는 저당권자로 보아 배당한다.

위 사례에서 甲이 담보가등기권자이든 저당권자이든 배당순위는 같다. 위 사례에서 매각대금(배당재단)을 2,000만 원으로 가정할 경우 1번(乙) 가압류채권이 500만 원, 2번(甲) 가등기담보권(저당권)채권이 1,500만 원, 3번(丙) 가압류채권이 3,000만 원인 경우에는 甲·乙·丙의 채권액을 기초로 안분배당을 한 후, 甲과 丙 사이에 가등기담보권(저당권)자의 채권액을 만족시킬 때까지 丙의 배당액을 甲에게 흡수시켜 배당하게 된다.

먼저 안분비례에 의해

乙이 200만 원[2,000만 원×{500만 원/(500만 원+1,500만 원+3,000만 원)}],

甲이 600만 원[2,000만 원×{1,500만 원/(500만 원+1,500만 원+3,000만 원)}],

丙이 1,200만 원[2,000만 원×{3,000만 원/(500만 원+1,500만 원+3,000만 원)}]을 배당받고,

甲은 丙에게 우선하는 자이므로 甲의 채권액 1,500만 원과 위 배당액 600만 원의 차액 900만 원을 丙의 배당액으로부터 흡수하여 만족을 얻는다.

결국 2번 가등기담보권자 甲은 1,500만 원(600만 원+900만 원), 1번 가압류채권자 乙은 200만 원, 3번 가압류권자 丙은 300만 원(1,200만 원-900만 원)을 각각 배당받

---

543) 대법원 1994. 11. 29. 선고94마417 판결.
544) 대법원 1992. 3. 27. 선고 91다44407 판결.

게 된다.

[사례 8-2] 배당의 우선순위

채무자인 A 소유의 부동산에 대하여 경매가 실시되어 집행비용을 공제하고 1,000만 원을 배당하게 되었다. 甲은 근로기준법 제38조 제1항에 의한 임금 및 퇴직금채권 금 200만 원에 대하여 배당요구신청을 하고, 乙(세무서)은 저당권에 우선하는 국세채권 600만 원의 교부청구를 하고, 丙은 등기된 저당권 1,200만 원의 배당요구를 하고 있다.

배당가능금액이 1,000만 원인 경우 이들 사이의 배당순위 및 배당받을 수 있는 금액은 어떻게 정해지는가?

임금채권 중 최종 3개월분의 임금과 재해보상금, 최종 3년간의 퇴직금만이 최우선변제권이 인정되고,[545] 그 이외의 임금·퇴직금 등은 근로기준법 제38조 제1항에 의한 우선변제만이 가능하다. 이 경우에는 저당권에 의하여 담보되는 채권보다 후순위이고, 당해세를 제외한 조세·공과금보다는 선순위이다. 다만 조세·공과금이 저당권에 우선하는 경우에는 조세·공과금, 저당권에 의하여 담보되는 채권, 임금의 순이다.

위 사례에서 갑의 임금채권이 최우선변제권이 인정되는 최종 3개월의 임금채권이나 최종 3년간의 퇴직금채권이 아닌 일반 근로관계채권인 경우 乙의 조세채권이 최우선하고, 다음으로 丙의 저당권, 최후로 甲의 임금채권의 순위로 배당된다.

결국 乙의 조세채권 600만 원을 우선배당하고, 丙에게는 잔액 400만 원이 배당되며, 甲에게는 배당액이 없게 된다.

3. 배당표에 대한 이의

가. 배당이의 사유

배당기일에 출석한 채무자 및 채권자는 배당표의 작성·확정 및 실시와 다른 채권자

---

545) 최종 3월분의 임금, 최종 3년간의 퇴직금, 재해보상금은 저당권에 의해 담보된 채권, 조세·공과금 및 일반채권보다는 선순위이나, 주택임대차보호법 제8조에 의한 소액보증금채권과는 동순위가 된다.

의 채권과 순위에 대하여 이의를 진술할 수 있다. 배당표 작성의 절차 또는 방법에 위법이 있다고 주장하는 것을 배당표에 대한 <u>절차상의 이의</u>라 하고,[546] 배당표에 기재된 채권의 순위나 액수 또는 배당액수가 사실과 다르다고 주장하는 것을 배당표에 대한 <u>실체상의 이의</u>라고 한다. 채권자가 실체상의 이의를 하는 경우에는 자기에게 이해관계가 있는 것이 아니면 이의를 할 수 없다. 실체상의 이의에 대하여 집행법원은 그 이의의 적법여부만 심사하고, 배당은 유보되며, 그 당부는 배당이의의 소 또는 청구이의의 소로 완결하게 된다.

채무자와 각 채권자만이 배당이의를 신청할 적격자이고, 제3자는 배당표에 대한 실체상의 이의를 신청할 권한이 없다.[547] 배당이의의 상대방은 배당표상 배당을 받을 것으로 기재되어 있는 채권자이다.

배당표에 대한 이의신청을 받은 사법보좌관이 배당절차를 진행시키지 못할 경우에는 배당기일을 중지한 후 이의신청사건을 지체 없이 판사에게 송부하며, 송부받은 판사는 당해기일 또는 속행기일에 배당기일을 실시한다.

배당기일에 출석하지 아니한 채권자는 배당표와 같이 배당을 실시하는 데에 동의한 것으로 본다(채무자도 마찬가지다). 배당기일 전에 이의의 서면을 제출하였다 하더라도 출석하지 아니하거나 출석하더라도 이의신청서를 진술하지 않았다면 이의신청을 하지 않은 것으로 보고 배당을 한다. 배당기일에 출석하지 아니한 채권자가 다른 채권자가 제기한 이의에 관계된 때에는 그 채권자는 이의를 정당하다고 인정하지 아니한 것으로 본다.

실제로 주택임차인과 근로자의 우선변제권을 둘러싸고 배당표에 대한 이의가 많이 행해지고 있다. 이의신청은 서면 또는 구술로 이의를 취하(철회)할 수 있고, 이의가 철회되면 이의에 의하여 유보되었던 배당을 실시한다.

---

546) 예컨대 배당요구를 하지 아니한 자의 채권을 배당표에 기재하거나 배당표에 기재한 금액의 계산이 틀린 경우 등.

547) 대법원 2002. 9. 4. 선고 2001다63155 판결: 배당이의 소의 원고적격이 있는 자는 배당기일에 출석하여 배당표에 대한 실체상의 이의를 신청한 채권자 또는 채무자에 한하고, 제3자 소유의 물건이 채무자의 소유로 오인되어 강제집행목적물로서 경락된 경우에도 그 제3자는 경매절차의 이해관계인에 해당하지 아니하므로 배당기일에 출석하여 배당표에 대한 실체상의 이의를 신청할 권한이 없으며, 따라서 제3자가 배당기일에 출석하여 배당표에 대한 이의를 신청하였다고 하더라도 이는 부적법한 이의신청에 불과하고, 그 제3자에게 배당이의 소를 제기할 원고적격이 없다.

나. 배당이의 절차

법원은 적법한 의의신청이 있으면 그 당부는 배당이의 소에서 판결절차에 따라 심리·판단하도록 하고, 부적법한 이의에 대해서는 따로 각하의 재판을 하지 않고 이를 무시하고 배당을 실시하고 있다.

① 집행력 있는 정본을 가진 채권자의 채권에 대하여 채무자가 이의신청을 한 경우, 그 채권자가 이의를 정당하고 인정하는 경우를 제외하고는 채무자는 그 집행력을 배제하기 위하여 청구이의의 소를 제기하고 배당기일로부터 1주일 내에 법원에 증명하여야 한다. 배당절차를 정지하고 배당표의 변경을 구하기 위해서는 집행정지 재판정본을 제출하여야 한다. 위 청구이의의 소를 제기한 사실을 증명하는 서류와 그 소에 관한 집행정지재판의 정본을 제출하지 아니한 때에는 이의가 취하된 것으로 본다(제154조 제2항·제3항).

② 집행력 있는 정본이 없는 채권자(저당권자, 전세권자, 임금채권자, 일정한 요건을 구비한 임차인 등 우선변제권이 있는 채권자와 경매개시결정기입등기 후에 가압류를 한 채권자)의 배당요구에 따라 작성된 배당표에 대하여 이의한 채무자 또는 다른 채권자에 대하여 이의한 채권자는 배당기일로부터 1주일 내에 집행법원에 대하여 배당이의의 소를 제기하여야 하고, 이러한 소 제기 사실을 증명하는 서류를 제출하지 아니한 때에는 이의가 취하된 것으로 본다(제154조 제1항·제3항).

③ 채권자가 이의신청을 한 경우 이의가 기일에 완결되지 아니한 때에는 이의가 있는 채권에 대한 배당의 실시가 일시 유보되고, 이의신청채권자가 배당이의의 소를 제기하고 배당기일로부터 7일 이내에 그 소 제기를 증명하면 그 부분의 배당액은 공탁되나, 그 증명 없이 이 기간을 도과한 경우에는 이의에 불구하고 배당이 실시된다.

④ 채무자가 아닌 다른 이해관계인이 배당이의를 하는 경우에는 그 이해관계인이 배당이의의 소를 제기하여야 한다.

[서식] 배당이의 안내문

배당에 대한 이의를 제기하신 분께

귀하는 오늘 실시한 배당에 관하여 이의를 하였습니다.

귀하가 하신 이의가 효력을 발휘하기 위해서는 다음의 절차를 꼭 밟아야 합니다.

1. 귀하는 오늘부터 1주일 이내에 오늘 배당받은 다른 채권자들 중 귀하가 이의를 제기하신 채권자를 상대로 배당이의소송을 제기하셔야 합니다. 그리고 그 소송을 제기하였다는 증명서(소장을 제출하신 곳에서 발부받을 수 있습니다)와 소장의 사본을 경매계의 담당계장에게 제출하셔야 합니다.
2. 귀하가 1주일 이내에 위 서류를 제출하시면 법원에서는 소송의 대상이 된 배당금을 공탁하여 놓습니다.
3. 귀하가 제기하신 배당이의소송에서 배당표를 변경하는 판결을 받으신 경우에는 그 판결에 확정증명서를 첨부하여 경매계에 제출하십시오. 그러면 그 판결 내용대로 다시 배당을 실시합니다.

배당에 대한 이의를 받으신 분께

귀하는 오늘 실시한 배당에 관하여 다른 채권자로부터 이의를 받으셨습니다.

귀하가 확정적으로 배당을 받기 위해서는 다음의 점에 유념하시기 바랍니다.

1. 귀하에 대한 배당금 중 이의의 대상이 아닌 나머지 부분은 바로 지급됩니다.
2. 이의를 제기한 채권자가 오늘부터 1주일이 다 지나도록 귀하를 상대로 배당이의소송을 제기하지 아니하면 경매계에 오셔서 이의의 대상이었던 배당금을 청구할 수 있습니다.
3. 귀하를 상대로 1주일 이내에 위 소송이 제기되면 귀하에게 배당하려고 하였던 배당금은 공탁하여 놓습니다.
4. 배당이의소송에서 귀하가 승소판결을 받으시거나, 배당표의 내용을 일부 변경하는 판결을 받으신 경우에는 확정증명서를 첨부하여 경매계에 제출하십시오. 그러면 그 판결 내용대로 다시 배당을 실시합니다.

4. 배당의 실시 및 배당액의 공탁

가. 배당의 실시

배당기일에 출석한 채권자 및 채무자로부터 이의신청이 없는 경우 또는 배당기일에 불출석하여 배당표에 의해 배당의 실시에 동의한 것으로 보게 되는 경우에는, 법원이 작성한 배당표가 그대로 확정되므로 이에 따라 배당을 실시한다. 배당이의의 소의 판결이 확정된 때 또는 배당이의의 소가 취하(취하간주)된 때 이해관계가 있는 채권자가 그 사실을 증명하면 판결내용 또는 본래의 배당표에 따라 배당금액을 지급한다.

나. 배당액 지급과 공탁

배당기일에 출석한 채권자에 대해서는 확정된 배당액을 지급한다. 그러나 법원은 즉시 채권자에게 지급할 수 없거나 지급하는 것이 상당하지 아니한 다음의 경우에는 배당기일로부터 10일 이내 배당액을 공탁을 한다(배당유보공탁).

(1) 정지조건 또는 불확정기한이 붙어 있는 채권에 대한 배당액: 매각으로 인하여 소멸하는 저당권 또는 가등기담보권의 피담보채권액이 정지조건에 걸려 있는 경우, 명도를 조건으로 배당하는 주택임차인의 채권 등이 이에 해당한다. 주택임차인의 경우 매수인이 인감증명을 첨부하여 작성한 명도확인서를 제출하야 배당액을 지급한다. 위와 같은 정지조건이 있는 채권의 배당액은 공탁하고 조건의 성취 여부에 따라 배당액을 지급하거나 재배당(추가배당)을 한다.

(2) 집행력 있는 정본에 의하지 아니한 배당요구채권을 채무자가 인낙하지 아니한 경우의 위 채권에 대한 배당액: 이때에는 배당이의의 소가 확정되기 전까지 배당액을 공탁하고 판결결과에 따라 채권자에게 배당액을 지급하거나 재배당을 한다.

(3) 가압류채권자의 미확정채권에 대한 배당액: 가압류의 경우 미확정채권은 공탁하고 공탁 후 피보전권리의 존재가 본안소송의 승소 확정판결에 의하여 확정되어 가압류채권자가 그 확정판결을 제출하면 법원은 그 가압류채권자에게 공탁된 배당액을 지급한다. 즉 가압류의 효력은 가압류채권자의 피보전채권액에 한하여 미치므로 가압류결정에 피보전채권액으로 기재된 금액이 가압류채권자에 대한 배당액의 산정기준으로 되며, 배당법원이 배당을 실시함에 있어서 가압류의 미확정채권의 배당액은 공탁하여야 하고, 그 후 가압류채권자의 피보전채권의 존재가 본안의 확정판결 등에 의하여 확정된 때 가압류채권자가 확정판결 등을 제출하면 배당법원은 가압류채권자에게 배당액을 지급하는 것이고, 이 경우 가압류의 피보전권리와 본안의 소송물인 권리는 엄격히 일치함을 요하지 아니하며, 청구기초의 동일성이 인정되는 한 가압류에 대한 관계에서 본안이라고 보아야 한다.[548] 피보전권리의 부존재가 확정되어 가압류채권자가 본안소송에서 패소하거나 가압류결정의 취소 등에 의하여 가압류집행이 취소된 경우에는 배당액은 추가배당을 하게 된

---

548) 대법원 1997. 2. 28. 선고 95다22788 판결.

다. 다른 채권자가 배당표에 대한 이의를 하고 배당이의소송을 제기한 경우에는 배당절차가 종료되지 아니하였으므로 추가배당을 실시한다.

(4) **배당이의소송 미완결의 채권에 대한 배당액:** 법원은 배당이의신청이 있는 채권에 대하여 적법한 배당이의소송이 제기된 때에는 그 배당액을 공탁하고 배당이의소송의 판결 내용에 따라 배당을 실시한다.

(5) **배당기일에 불출석한 채권자의 배당액:** 배당받을 채권자가 배당기일에 출석하지 아니하면 10일 동안 지급청구를 기다린 후 배당액을 공탁한다. 배당표에 기재된 채권자가 배당액을 입금할 예금계좌를 신고한 경우에는 무통장입금비용을 공제하고 공탁에 갈음하여 입금한다. 배당받을 채권자가 배당액을 수령하지 않겠다는 의사표시를 한 경우에는 배당요구의 취하와 같이 취급하여 동 금액을 추가 배당한다.

(6) **집행정지 중의 채권에 대한 배당액:** 집행력 있는 정본을 가진 배당채권자에 대하여 집행정지서류가 제출된 경우에는 일단 배당액을 공탁하고, 그 후 본안소송의 결과에 따라 처리한다.

(7) **저당권설정의 가등기권자에 대한 배당:** 압류의 효력 발생 전에 저당권설정등기청구권보전을 위한 가등기가 마쳐진 경우에는 가압류에 준하여 배당액을 정하여 공탁하고, 후에 본등기 경료 시 또는 본등기에 필요한 조건을 구비한 때(등기의무자의 동의서, 채권확인서, 확정판결 등의 서류가 제출된 것) 가등기권자에게 배당액을 지급한다.

다. 법정충당과 변제충당

배당절차에서 채권자에 대한 배당액이 채무 전액을 변제할 수 없는 경우 법정 충당하되, 당사자 사이에 별도의 합의가 있었던 경우에는 그 합의에 따라 변제충당을 해도 유효하다. 금융기관이 대출을 하면서 '채권자가 적당하다고 인정하는 순서와 방법에 의하여 충당한다'는 약정을 미리 하여 둔 경우에는 금융기관이 임의의 채무에 변제충당하여도 무방하다.

라. 배당과 관련한 문제

(1) 배당금이 남는 경우 잉여금의 배당: 근저당권설정자와 채무자가 동일하고 후순위 근저당권자가 없는 경우에 한하여 근저당권의 채권최고액 초과부분을 소유자에게 배당하지 않고 근저당권자에게 배당한다.

(2) 배당금수령채권이 압류 또는 가압류된 경우: 배당표가 확정되었으나 배당금수령채권이 가압류된 경우 배당받을 채권자를 배당권자로 기재하여 배당표를 작성하되, 가압류가 존속하는 한 배당금을 지급하지 않고 당초의 채권자(가압류채무자)를 피공탁자로 하여 변제공탁을 한다.

(3) 배당금수령채권이 전부·추심된 경우: 배당권자에게 즉시 배당금을 출급할 수 있는 경우에는 전부권자나 추심권자에게 배당금을 지급하나, 배당권자에 대한 배당금을 공탁하여야 하는 경우에는 그 배당권자에게 배당금지급청구권이 발생하면 전부권자나 추심권자에게 배당금을 지급한다. 전부권자나 추심권자가 출급을 구하여 오지 않는 경우에는 공탁금을 수령할 자를 전부권자나 추심권자로 하여 제248조 제3항에 따른 공탁을 한다.

(4) 저당권자의 저당권부 피담보채권을 압류한 경우: 피담보채권에 대한 압류의 효력은 배당금지급청구권에도 미친다. 위 배당금이 공탁되면 압류채권자는 추심명령이나 전부명령을 받아 배당금을 수령할 수 있다.

(5) 집행채권이 압류·가압류된 경우: 집행채권에 대한 압류의 효력은 집행채권자의 배당금지급청구권에도 미친다. 집행채권이 압류된 경우에는 배당절차까지 속행하되, 압류채권자의 채권 상당액을 공탁하는 것으로 처리한다. 배당금이 공탁되면 집행권자의 압류권자는 전부명령이나 추심명령을 받아 이를 수령할 수 있다.

(6) 배당절차와 부당이득반환청구: 확정된 배당표에 의하여 배당을 실시하는 것은 실체법상의 권리를 확정하는 것이 아니므로, 배당을 요구한 배당요구권자나 배당을 요구하지 않아도 당연히 배당에 참가할 수 있는 우선채권자는 배당기일에 출석하지 아니하였거나 출석하여 이의를 진술하지 않았다 하더라도, 배당표에 실체적으로 부당한 것이 있다

면 부당이득반환청구를 할 수 있는 것이 원칙이다. 다만 제88조 제1항에서 규정하는 배당요구를 하여야만 배당절차에 참여할 수 있는 채권자가 배당요구를 하지 아니한 경우에는 부당이득반환청구를 할 수 없다는 것이 판례이다. 판례의 기본적 태도에 따르면 원칙적으로 배당을 받지 못한 우선채권자는 배당을 받은 자에 대하여 부당이득반환청구권이 있으나, 배당요구채권자는 배당요구의 종기까지 배당요구를 한 경우에 한하여 비로소 배당을 받을 수 있고, 위 배당요구채권자에는 포함되지 않는 경매개시결정기입등기 전에 등기되어 있는 저당권자나 전세권을 가지고 있는 채권자는 배당요구를 하지 않더라도 당연히 순위에 따라 배당을 받을 수 있다.

[4] 각종 우선채권과 배당순위

매각대금으로 배당에 참가한 모든 채권자를 만족하게 할 수 없는 때에는 법원은 민법·상법, 그 밖의 법률에 의한 우선순위에 따라 배당하여야 한다(제145조 제2항). 주택 및 상가건물임대차보호법·국세기본법·근로기준법 등 각종 특별법에서 채권자평등의 원칙의 예외로서 일정한 채권들에 대하여 우선변제권을 인정함으로써, 다른 채권자들과의 배당순위를 정함에 있어 복잡한 문제를 야기하고 있다. 쟁점별로 상세히 살펴본다.

1. 주택 또는 상가건물 임차인의 임차보증금반환채권

가. 주택 또는 상가건물 임차인의 대항력 구비

주택임차인은 임차주택의 인도(입주)와 주민등록 전입신고를 마치면 그다음 날 대항력을 취득하고, 종전 임대인과의 임대차 관계가 매수인 등 양수인에게로 그대로 승계된다. 주택임차인의 대항력 구비시기(주민등록 전입신고일)와 저당권 취득시기(저당권설정등기일)의 선후에 따라 그 우열을 가린다.[549] 저당권이 설정된 바 없는 주택에 입주하고 주민등록을 마쳤는데 그 후에 저당권이 설정되고 그 저당권에 기해 경매가 된 경우에는 임

---

549) 상가건물임대차의 경우에는 임차인이 건물의 인도와 부가가치세법 제5조, 소득세법 제168조 또는 법인세법 제111조의 규정에 의한 사업자등록을 신청한 때에는 그다음 날부터 제3자에 대하여 효력이 생긴다(상가건물임대차보호법 제3조).

차권이 저당권보다 선순위이므로, 임차권은 소멸하지 않고 매수인에 대해서도 효력이 생긴다. 그러나 임차인이 선순위 1번 저당권 후에 대항요건을 갖추었다면 그 후의 2번 저당권자 또는 일반 채권자에 의하여 경매신청이 되었다 하더라도 매각에 의하여 1번 저당권이 말소되므로, 1번 저당권 후에 대항요건을 갖춘 임차인은 매수인에게 대항할 수 없다.

강제경매의 경우에는 강제경매신청의 효력이 발생되는 일자(경매개시결정기입등기일 또는 경매개시결정송달일)를 기준으로 하여 그 우열을 판단한다. 물론 이 경우에도 저당권이 이미 설정된 경우에는 최선순위 저당권설정일자를 기준으로 판단하게 된다.

나. 우선변제적 효력

▶ **확정일자를 갖춘 임차보증금채권의 우선변제권의 요건**
▷ 배당요구의 종기까지 배당요구를 하였을 것
▷ 배당요구의 종기까지 대항력을 유지할 것
▷ 임대차계약서에 확정일자를 갖출 것
▷ 첫 경매개시결정등기 후에 대항요건을 갖추어도 된다.

▶ **임차권등기를 한 자의 우선변제권**
▷ 임차권등기명령에 의하여 등기되었거나 등기된 임차권일 것
▷ 첫 경매개시결정등기 후에 등기된 임차인은 배당요구의 종기까지 배당요구를 하였을 것

선순위 저당권자가 있는 경우 주택임차인은 대항력을 취득할 수 없어 후순위 저당권자의 경매신청으로 매각되면 임차인은 보호받을 수 없으나, 임차인이 주택의 인도와 주민등록 전입신고를 마치고 임대차계약증서상의 확정일자를 갖춘 경우에는 경매 시 매각대금에서 후순위 권리자 및 기타 채권자보다 우선하여 보증금을 변제받을 수 있다(선순위 저당권이 설정되어 있다 하더라도 그 담보채권액을 공제한 나머지 금액에 대해서는 임차인이 우선변제받게 된다).[550] 대항요건 구비일과 확정일자를 받은 날 중 뒤의 날짜가 우

---

[550] 상가건물임대차보호법상의 대항요건을 갖추고 관할 세무서장으로부터 임대차계약서상의 확정일자를 받은 임차인은 임차건물의 환가대금에서 후순위권리자 그 밖의 채권자보다 우선하여 보증금을 변제받을 권리가 있다(동법 제5조 제2항). 주택임차인의 경우 그 보증금의 액수에 제한 없이 주택임대차보호법이 적용되어 우선변제권이 인정되나(소액보증금의 경우에만 보증금의 상한에 제한이 있나), 상가건물의 경

선변제의 기준이 되고, 확정일자를 입주 및 주민등록 전입신고일과 같은 날 또는 그 이전에 갖춘 경우에는 우선변제적 효력은 대항력과 마찬가지로 인도와 주민등록 전입신고를 마친 다음 날 기준으로 발생한다(판례).551)

대항력이 생기는 시점은 주택의 인도와 주민등록 전입신고를 마친 그다음 날 오전 0시이므로, 저당권의 설정일이 주택일이 주택의 인도와 주민등록 전입신고를 마친 다음 날과 같은 날이면 임차권자가 우선한다.552) 대항요건 및 확정일자를 갖춘 임차인이 여러 명 있고 이들이 모두 저당권에 우선하는 경우에는 임차인별로 대항력 및 확정일자를 갖춘 확정일자를 갖춘 순서대로 우선변제를 받는다.

주택의 인도와 주민등록의 요건은 배당요구의 종기까지 유지되어야 한다. 따라서 도중에 이사하거나 주민등록을 옮긴 사실이 밝혀지면 우선변제권을 상실하여 배당에서 제외된다(단 임차권등기명령신청에 의한 임차권등기가 된 경우에는 대항력을 유지한다).

실무상 선순위 저당권자가 없는 상태에서 확정일자를 갖춘 임차인이 배당요구를 하면 이를 임대차계약의 해지의 의사표시로 보아 처리한다.

임대차기간을 2년 미만으로 정한 임대차의 임차인이 스스로 그 약정 임대차기간이 만료되었음을 이유로 임차보증금의 반환을 구하는 경우에는 그 약정이 임차인에게 불리하다고 할 수 없으므로, 저당권자의 신청에 의한 임의경매절차에서 2년 미만의 임대차기간이 종료되었음을 이유로 그 임대보증금에 관하여 우선변제를 청구할 수 있다.553) 임대차가 종료된 경우에 배당요구를 한 임차인이 매각허가결정이 확정된 후 배당요구 시의 주장과 달리 임대차기간이 종료되지 않았음을 주장하면서 매수인에게 대항력을 행사하는 것은 위와 같은 입장변경을 정당화할 만한 특별한 사정이 없는 한 금반언 및 신의칙에 위배되어 허용될 수 없다.

우선변제권이 있는 임차인이 보증금을 수령하기 위해서는 먼저 임차 주택을 양수인(매

우에는 대통령령으로 정한 보증금을 초과한 임차인은 상가건물임대차보호법이 적용되지 않는다. 2010. 7. 26.부터 시행되고 있는 상가건물임대차보호법시행령 제2조는 서울특별시 3억 원, 수도권정비계획법에 따른 과밀억제권역(서울특별시 제외) 2억 5,000만 원, 광역시(수도권정비계획법에 따른 과밀억제권역에 포함된 지역과 군지역 제외), 안산시, 용인시, 김포시 및 광주시 1억 8,000만 원, 그 밖의 지역 1억 5,000만 원으로 정해져 있다.

551) 예컨대 A은행이 2010. 9. 24. 甲 소유의 아파트에 대하여 근저당권설정등기를 마치고, 乙이 그전에 甲의 아파트를 임차하여 그 임대차계약서에 확정일자를 갖추고 위 아파트를 인도받은 후 위 근저당권설정등기일과 같은 날(9. 24.)에 주민등록 전입신고를 마쳤다면, 乙은 전입신고를 마친 날의 다음 날인 2010. 9. 25.에야 주택임대차보호법 제3조의 2 제1항이 정하는 우선변제권을 취득하였으므로 A은행보다 후순위 권리자가 된다(대법원 1999. 3. 23.선고98다46938 판결).

552) 대법원 1999. 5. 25. 선고 99다9981 판결.

553) 대법원 2001. 9. 25. 선고2000다24078 판결.

수인)에게 인도하여야 하므로(주택임대차보호법 제3조의 2 제2항) 매수인의 임감증명이 첨부된 '명도확인서'가 제출되어야 배당금을 지급하고, 임차인이 배당기일까지 주택이 인도되었음을 증명하지 못한 때에는 법원은 일단 임차인에 대한 배당금은 임차주택의 인도를 조건으로 공탁하고(공탁서의 반대급부란에 매수인의 인감증명이 첨부된 명도확인서를 기재하고 있다), 조건의 성취에 의하여 배당금을 지급한다.

[사례 8 - 3] 대항력과 우선변제권을 겸유하고 있는 임차인의 지위

甲은 2009. 2. 1. 乙 소유의 아파트에 보증금 5,000만 원에 입주하고 주민등록 전입신고를 마친 후 확정일자를 받았다. 그 후 2009. 10. 1. 乙은 자신의 아파트를 담보로 A은행에서 대출을 받고 A은행을 근저당권자로 한 채권최고액 3,000만 원의 근저당권을 설정하였는데, 乙의 부도로 2010. 4. 1. 위 아파트에 대해 경매가 신청되어 경매절차가 진행되고 있다.

甲은 어떠한 방법으로 자신의 보증금을 회수할 수 있는가?

甲은 후순위근저당권자인 A은행보다 보증금을 우선변제받을 수 있고, 근저당권이 설정되기 전에 대항요건을 구비하였으므로 아파트가 경매(매각)된다 하더라도 매수인에게 대항할 수 있다. 또한 甲은 임대차기간 동안 계속 위 아파트에 거주하고 기간만료 시 매수인으로부터 보증금을 반환받을 수도 있고, 임대차기간 중 진행된 경매절차에서 배당요구신청을 하여 보증금을 우선변제받고 아파트를 명도할 수도 있다.

위 두 가지 권리를 겸유하고 있는 임차인 甲이 먼저 우선변제권을 선택하여 임차 주택에 대하여 배당요구를 하였다 하더라도, 그 순위에 따른 배당이 실시될 경우 보증금 전액을 배당받을 수 없었던 때에는 그 보증금 중 경매절차에서 배당받을 수 있었던 금액을 공제한 잔액에 관하여 매수인에게 대항하여 이를 반환받을 때까지 임대차관계의 존속을 주장할 수 있다(주택임대차보호법 제3조의 5).[554] 결국 잔액이 매수인에게 인수된다.[555]

주택임대차보호법상 대항력과 우선변제권의 두 가지 권리를 겸유하고 있는 임차인이

---

554) 대법원 1997. 8. 22. 선고 96다53628 판결.

555) 전액배당이 되지 아니하면 배당에 불구하고 임차권이 소멸되지 않고 배당받지 못한 보증금잔액의 한도에서는 매수인에게 인수되어 물어 주어야 한다. 이 경우 임차인에게 우선변제권을 변제하고 보증금전액 반환 때까지 임대차가 존속하는 것으로 유치적 효력만을 부여하는 것으로 일원화하면 임차권자보호도 되고 부동산 매각절차가 간소화될 것이라는 견해로는 이시윤, p.340 각주3) 참조.

우선변제권을 선택하여, 제1의 경매절차에서 보증금 전액에 대하여 배당요구를 하였으나 보증금 전액을 배당받을 수 없었던 때에는 매수인에 대하여 이를 반환받을 때까지 임대차관계의 존속을 주장할 수 있을 뿐이고, 임차인의 우선변제권은 매각으로 인하여 소멸하는 것이므로 임차인이 제2의 경매절차에서 잔액을 배당받을 수는 없다.556)

[사례 8-4] 가압류와 저당권, 주택임차권의 관계

甲은 2009. 3. 1. 乙 소유의 주택에 전세보증금 5,000만 원의 전세계약을 체결하고 같은 달 10. 주택을 인도받아 주민등록 전입신고를 마쳤는데, 丙이 乙에 대한 금 5,000만 원의 채권에 기하여 乙 소유의 주택에 대하여 2009. 5. 1. 가압류를 마쳤고 甲은 2009. 7. 1. 위 전세계약서상에 확정일자를 받았다.

그런데 위 주택에는 2008. 4. 1.자로 국민은행의 근저당권이 설정되어 있었는데 위 은행의 임의경매신청에 의하여 2010. 6. 30. 그 매각대금 중 경매비용을 제외한 금 1억 원을 배당하게 되었다.

甲은 우선변제권을 주장하여 임차보증금을 전액 배당받을 수 있는가? 국민은행의 확정된 근저당채권은 2,000만 원이다.

위 사례에서 丙의 가압류집행이 甲의 임대차계약증서상의 확정일자보다 앞서고 있고, 국민은행이 최선순위 근저당권자이므로 국민은행이 근저당채권 2,000만 원을 우선변제받고 나머지 8,000만 원을 甲, 丙에게 배당하게 된다.

甲이 아무리 확정일자를 갖추었다 하더라도 최선순위 근저당권자인 국민은행보다 먼저 대항요건(인도 및 주민등록 전입신고)을 갖추지 못하였으므로 甲은 매수인에게 대항할 수 없고, 임차주택의 매각대금에서 후순위권리자 및 기타 채권자보다 우선하여 보증금을 변제받을 수 있을 뿐이다. 이는 임대차계약증서상에 확정일자를 갖춘 경우에는 부동산담보권에 유사한 권리를 인정한다는 취지이므로, 그 담보권자가 선순위의 가압류채

---

556) 대법원 2001. 3. 27. 선고2000다43819 판결. 위와 같이 대항력과 우선변제권을 겸유하고 있는 임차인이 매수인에게 주장할 수 있는 보증금 잔액은 보증금 중 경매절차에서 올바른 배당순위에 따른 배당순위에 따른 배당이 실시될 경우의 배당액을 공제한 나머지 금액을 의미하는 것이지, 임차인이 배당절차에서 현실로 배당받은 금액을 공제한 나머지 금액을 의미하는 것이 아니다. 임차인이 배당절차에서 배당받을 수 있었던 금액이 현실로 배당받은 금액보다 많은 경우 임차인은 그 차액에 관해서는 과다 배당받은 후순위 배당채권자를 상대로 부당이득의 반환을 구하는 것은 별론으로 하고 매수인을 상대로 그 반환을 구할 수는 없다(대법원 2001. 3. 23. 선고 2000다30165 판결).

권자와 채권액에 비례한 평등배당을 받을 수 있는 것과 마찬가지로,557) 甲이 대항요건을 갖추고 임대차계약증서(전세계약서)상에 확정일자까지 부여받음으로써 우선변제권을 갖게 되었다 하더라도 선순위 가압류채권자인 丙과는 채권액에 비례하여 평등배당관계에 있다.558)

따라서 판례의 입장에 따르면, 위 사례에서 甲의 5,000만 원 우선변제권과 丙의 가압류채권액 5,000만 원은 1 : 1의 비율로 평등배당을 받게 되므로, 결국 甲과 丙이 각 4,000만 원씩을 배당받는 결과가 된다.

가압류채권자가 주택임차인보다 선순위인지 여부는 임대차계약증서상의 확정일자 부여일을 기준으로 판단하는 것이므로, 甲이 대항요건을 미리 갖추었다 하더라도 확정일자를 부여받은 날짜가 가압류일자보다 늦은 위 사례에서는 가압류채권자인 丙이 선순위라고 볼 수밖에 없다. 甲이 확정일자를 받는 것을 지체함으로써 보증금 전액을 배당받지 못하게 된 것이다.

[사례 8 - 5] 임대차보증금반환채권 양수인의 배당요구 대위

A는 서울 양천구 목동 ○○마을 3단지아파트 301동 102호에 관하여 확정일자 있는 대항요건을 갖춘 주택임차인이다. 그 후 위 아파트에 관하여 근저당권을 취득한 乙이 위 아파트에 관하여 임의경매를 신청하자 A로부터 임대차보증금반환채권을 양수한 甲이 乙보다 선순위로 우선배당받을 수 있는가?

甲이 채권자대위권행사로서 임차인 A를 대위하여 배당요구를 할 수 있는가?

주택임대차보호법의 입법목적은 주거용 건물에 관하여 민법에 대한 특례를 규정함으로써 국민의 주거생활의 안정을 보장하려는 것이고, 주택임대차보호법 제3조 제1항에서 주택임대차는 그 등기가 없는 경우에도 임차인이 주택의 인도와 주민등록을 마친 때에는 그 익일부터 제3자에 대하여 효력이 생기며, 같은 법 제3조의 2 제2항에서 제3조 제1항의 대항요건과 임대차계약서상의 확정일자를 갖춘 임차인에게 경매나 공매 시 후순위권리자 기타 채권자보다 우선하여 임차보증금을 변제받을 수 있도록 한 취지는, 사회적 약자인 주택임차인을 보호하려는 사회보장적 고려에서 나온 것이다. 이와 같은 주택임대차

---

557) 대법원 1992. 3. 27. 선고91다4407 판결.
558) 대법원 1992. 10. 13. 선고92다30597 판결.

보호법의 입법목적과 주택임차인의 임차보증금반환채권에 우선변제권을 인정한 제도의 취지, 주택임대차보호법상 관련 규정의 문언 내용 등에 비추어 볼 때, 비록 채권양수인이 우선변제권을 행사할 수 있는 주택임차인으로부터 임차보증금반환채권을 양수하였다고 하더라도 임차권과 분리된 임차보증금반환채권만을 양수한 이상 그 채권양수인이 주택임대차보호법상의 우선변제권을 행사할 수 있는 임차인에 해당한다고 볼 수 없다.

따라서 위 채권양수인은 임차주택에 대한 경매절차에서 주택임대차보호법상의 임차보증금 우선변제권자의 지위에서 배당요구를 할 수 없고, 이는 채권양수인이 주택임차인으로부터 다른 채권에 대한 담보 목적으로 임차보증금반환채권을 양수한 경우에도 마찬가지이다. 다만 이와 같은 경우에도 채권양수인이 일반 금전채권자로서의 요건을 갖추어 배당요구를 할 수 있음은 물론이다.[559]

위 사례에서 A가 이미 甲에게 임대차보증금반환채권을 양도하여 더 이상 임대차보증금반환채권을 가지고 있지 않은 이상 甲이 채권자대위권 행사로서 임차인 A를 대위하여 배당요구를 할 수도 없다.

다. 소액임차인의 최우선변제권

▶ **소액보증금 최우선변제권의 요건**
▷ 배당요구의 종기까지 배당요구를 하였을 것
▷ 보증금의 액수가 소액보증금에 해당할 것
▷ 첫 경매개시결정등기 전에 대항요건을 갖출 것
▷ 배당요구의 종기까지 대항력을 유지할 것

주택임대차보호법 제8조 및 상가건물임대차보호법 제14조는 보증금 중 일정액의 최우선변제권을 규정하고 있다. 즉 임차인에게 채권자와 후순위 담보권자보다는 물론이고 자신보다 먼저 설정된 담보권자(임대차계약의 대항요건을 갖추기 이전에 설정된 담보물권자)보다도 우선하여 보증금 중 일정액을 우선변제받을 수 있는 권리가 인정된다.

---

559) 대법원 2010. 5. 27. 선고 2010다10276 판결.

(1) 주택임차인

① **모든 담보권자보다 우선하여 변제받을 수 있는 임차인의 범위**: <u>2010. 7. 26.부터</u>
서울특별시 7,500만 원, 수도정비계획법에 의한 수도권 중 과밀억제권역(서울특별
시 제외)은 6,500만 원, 광역시(수도권정비계획법에 따른 과밀억제권역에 포함된
지역과 군지역 제외), 안산시, 용인시, 김포시 및 광주시 5,500만 원, 그 밖의 지역
은 4,000만 원 이하인 임차인이다.[560] 위 7,500만 원, 6,500만 원, 5,500만 원,
4,000만 원을 초과하는 임차인에 대해서는 최우선변제권이 전혀 인정되지 않는다.

② **보증금 중 최우선변제를 받을 수 있는 일정액의 범위**: <u>2010. 7. 26.부터</u> 서울특별
시 2,500만 원, 수도권정비계획법에 따른 과밀억제권역(서울특별시 제외) 2,200만
원, 광역시(수도권정비계획법에 따른 과밀억제권역에 포함된 지역과 군지역 제외),
안산시, 용인시, 김포시 및 광주시 1,900만 원, 그 밖의 지역에서는 1,400만 원 이
하이다.[561] 예컨대 2010. 7. 26.부터 서울에서 7,500만 원 이하의 전세(보증)금으
로 임차하고 있는 임차인은 임대차계약 전에 저당권이 설정되어 있더라도 2,500원
까지는 그 저당권보다 우선하여 변제받는다.

[참고] 수도권 중 과밀억제권역(수도권정비계획법 시행령 별표 1)

서울특별시, 인천광역시(강화군, 옹진군, 서구 대곡동·불노동·마전동·금곡동·오류
동·왕길동·당하동·원당동, 인천경제자유구역 및 남동국가산업단지 제외), 의정부시,
구리시, 남양주시(호평동·평내동·금곡동·일패동·이패동·삼패동·가운동·수석동·지
금동 및 도농동만 해당), 하남시, 고양시, 수원시, 안양시, 부천시, 광명시, 과천시, 의왕
시, 군포시, 시흥시(반월특수지역 제외)

---

560) 2010. 7. 21. 주택임대차보호법시행령(대통령령 제22284호) 제4조 참조. <u>2008. 3. 21.부터</u> 위 개정시행
령 시행(2010. 7. 26.) 전까지는 수도정비계획법에 의한 수도권 중 과밀억제권역은 6,000만 원, 광역시
(군지역과 인천광역시 지역을 제외)는 5,000만 원, 그 밖의 지역은 4,000만 원 이하인 임차인이었다. 위
개정시행령 시행 전에 임차주택에 대하여 담보물권을 취득한 자에 대해서는 종전의 규정에 따른다(부
칙 참조).
561) 2010. 7. 21. 주택임대차보호법시행령(대통령령 제22284호) 제3조 참조. <u>2008. 3. 21.부터</u> 위 개정시행
령 시행(2010. 7. 26.) 전까지는 수도권정비계획법에 의한 수도권 중 과밀억제권역은 2,000만 원, 광역
시(군지역과 인천광역시지역 제외)는 1,700만 원 이하, 그 밖의 지역은 1,400만 원 이하로 되어 있었다.

(2) 상가건물임차인

① **모든 담보권자보다 우선하여 변제받을 수 있는 임차인의 범위**[562]: 2010. 7. 26.부터 서울특별시 5,000만 원, 수도정비계획법에 의한 수도권 중 과밀억제권역(서울특별시 제외)은 4,500만 원, 광역시(수도권정비계획법에 따른 과밀억제권역에 포함된 지역과 군지역 제외), 안산시, 용인시, 김포시 및 광주시 3,000만 원, 그 밖의 지역은 2,500만 원 이하인 임차인이다.[563] 위 5,000만 원, 4,500만 원, 3,000만 원, 2,500만 원을 초과하는 임차인에 대해서는 최우선변제권이 전혀 인정되지 않는다.

② **보증금 중 최우선변제를 받을 수 있는 일정액의 범위**: 2010. 7. 26.부터 서울특별시 1,500만 원, 수도권정비계획법에 따른 과밀억제권역(서울특별시 제외) 1,350만 원, 광역시(수도권정비계획법에 따른 과밀억제권역에 포함된 지역과 군지역 제외), 안산시, 용인시, 김포시 및 광주시 900만 원, 그 밖의 지역에서는 750만 원 이하이다.[564]

하급심 판례 중에는 주택소유자에 대한 기존 채권으로서 담보물권에 대항할 수 없는 것을 주택 매각대금에서 우선변제받기 위하여 임차보증금의 현실적인 수수 없이 소액임차인으로 계약을 체결하고 주택에 거주했다면, 그 임차인은 소액임차인으로 보호받을 수 없다고 한 것이 있다.[565]

최우선변제권이 인정되는 금액의 합계가 그 주택가액(대지가액 포함)의 2분의 1을 초과하는 경우에는 2분의 1의 범위 내에서 최우선변제권이 인정된다. 임차인이 최우선변제를 받기 위해서는 경매개시결정기입등기 전에 그 주택에 입주하고 주민등록 전입신고가

---

562) 우선변제를 받을 임차인은 보증금과 차임이 있는 경우 법 제2조 제2항의 규정에 의하여 환산한 금액의 합계가 소정의 금액 이하인 임차인으로 한다.

563) 2010. 7. 21. 상가건물임대차보호법시행령(대통령령 제22283호) 제6조 참조. 2008. 3. 21.부터 위 개정 시행령 시행(2010. 7. 26.) 전까지는 서울특별시 4,500만 원, 수도정비계획법에 의한 수도권 중 과밀억제권역(서울특별시 제외)은 3,900만 원, 광역시(군지역과 인천광역시 지역을 제외)는 3,000만 원, 그 밖의 지역은 2,500만 원 이하인 임차인이었다. 위 개정시행령 시행 전에 상가건물에 대하여 담보물권을 취득한 자에 대해서는 종전의 규정에 따른다(부칙 참조).

564) 2010. 7. 21. 상가건물임대차보호법시행령(대통령령 제22283호) 제7조 참조. 2008. 3. 21.부터 위 개정 시행령 시행(2010. 7. 26.) 전까지는 서울특별시 1,350만 원, 수도권정비계획법에 의한 수도권 중 과밀억제권역은 1,170만 원, 광역시(군지역과 인천광역시지역 제외)는 900만 원 이하, 그 밖의 지역은 750만 원 이하로 되어 있었다.

565) 서울지방법원 2001. 2. 1. 선고 99나98485 판결.

되어 있어야 한다. 확정일자가 없더라도 최우선변제권이 인정된다. 임차인이 확정일자를 갖추었을 경우에는 순위에 의한 우선변제권이 인정되기 때문에 최우선변제권이 인정되고 난 나머지 보증금(예컨대 서울에서 7,000만 원 보증금의 경우 2,500만 원의 최우선변제 권이 인정되고 난 4,500만 원)은 순위에 의한 우선변제를 받을 수 있다.

[사례 8 - 6] 저당권과 주택임차권의 우열

서울에서 매각대금(집행비용공제) 3억 원의 주택에 2008. 10. 1. 甲의 1번 저당권 (1억 원)이 설정되고, 2010. 8. 1. 乙이 보증금 1억 원에 입주하여 주민등록을 마치 고, 2010. 9. 1. 丙이 보증금 7,000만 원에 입주하여 주민등록을 마치고, 2010. 10. 1. 丁이 보증금 5,000만 원에 입주하여 주민등록을 마친 후, 2010. 11. 1. 戊의 2번 저당권(5,000만 원)이 설정되었는데, 乙·丙·丁은 입주 순으로 확정일자를 받았다. 戊의 경매신청으로 위 주택이 매각되었을 경우 甲·乙·丙·丁·戊는 얼마나 매 각대금에서 배당을 받을 수 있는가?

2010. 7. 21. 주택임대차보호법시행령의 개정으로 2010. 7. 26.부터 서울특별시의 경 우 7,500만 원 이하의 임차인은 2,500만 원까지는 최우선변제권이 인정된다. 위 개정시 행령 전에 담보권을 설정한 담보권자에게는 종전의 규정이 그대로 적용된다. 따라서 2008. 8. 21.부터 2010. 7. 25.까지는 6,000만 원 이하의 임차인이 2,000만 원까지 최우 선변제권이 인정된다. 甲이 1번 저당권을 설정한 2008. 10. 1. 당시에는 丁만이 최우선 변제권을 행사할 수 있다. 결국 丁이 2,000만 원을 최우선변제를 받는다.

위 금액을 공제한 나머지 금액 2억 8,000만 원(3억 원-2,000만 원)에 대해서는 확정일 자를 갖춘 乙·丙·丁에게 순위에 의한 우선변제권이 인정되나, 선순위 저당권자 甲보다 는 우선하지 못하므로 우선 甲이 1억 원을 변제받고 나머지 금액인 1억 8,000만 원에서 乙이 1억 원을 변제받고, 丙에게 7,000만 원이 배당된다. 결국 丁은 3,000만 원(최우선변 제권 2,000만 원+1,000만 원)을 변제받게 되고, 戊는 한 푼도 변제받지 못하게 된다.

乙·丙·丁이 확정일자를 받지 않은 경우에는 이들에게는 대항력이 인정되지 않고 순위에 의한 우선변제권도 인정되지 않지만, 丁의 최우선변제권은 인정되므로 丁이 각 2,000만 원을 변제받고, 나머지 2억 8,000만 원은 순위에 따라 甲이 1억 원을 변제받고 2번 저당권자인 戊가 5,000만 원을 변제받으며, 나머지 1억 3,000만 원은 乙·丙·丁

이 채권액에 비례하여 변제받을 수 있다(乙 : 丙 : 丁 = 10 : 7 : 5).

결국 확정일자구비 여부에 따라 보증금 회수 여부가 달라지므로 주택임차인은 임차주택에 대한 등기부등본을 열람하여 선순위 권리관계를 확인해야 하고, 반드시 확정일자를 받아 둘 필요가 있음을 알 수 있다.

[사례 8 - 7] 미등기주택 임차인이 임차주택 대지의 환가대금에 대한 우선변제권

<1> A는 그 소유 대지 위에 그 명의로 건축허가를 받아 지상 4층으로 여러 채의 다세대주택을 건축하였으나 아직 준공검사는 받지 않은 상태임에도 이를 타인에게 임대하여 사전 입주시켰고, 그 과정에서 甲은 1997. 2. 26. A로부터 위 다세대주택 중 3층 301호를 보증금 35,000,000원에 임차하여 위 보증금을 지급한 후, 1997. 3. 1. 입주하여 같은 달 4일 그곳으로 전입신고를 마치고 같은 달 8. 위 임대차계약서에 확정일자까지 받았다.

<2> 한편 A는 1998. 2. 24.경 이 사건 대지와 다세대주택을 그의 처인 B에게 증여하여 이 사건 대지에 관해서는 1998. 2. 25. 위 증여를 원인으로 한 소유권이전등기를 경료하였고, 다세대주택에 관해서도 그 무렵 위 건축주 명의를 B로 변경시켰는데, B는 1998. 10. 7. 이 사건 대지에 관하여 乙은행을 근저당권자로 하는 채권최고액 240,000,000원의 근저당권설정등기를 경료하였다.

<3> 乙은 위 근저당권의 채무자가 위 대출금을 변제하지 아니하자 이 사건 대지에 관하여 임의경매신청을 하였고, 위 신청으로 개시된 부동산임의경매 사건에서, 법원은 현황조사를 통하여 이 사건 대지 위에는 4층 빌라가 신축되어 있고, 각 세대의 임차인들로는 甲 등이 있음을 확인한 후 경매절차를 진행하였는데, 甲은 2001. 2. 15. 각 배당요구서를 제출하였다.

<4> 한편 이 사건 대지는 최초 감정가가 318,942,000원이었으나, 2001. 9. 10. C에게 금 105,000,000원에 낙찰되었다.

<5> 경매법원은 배당기일인 2002. 3. 19. 甲에게는 배당을 전혀 하지 아니한 채 위 대지의 매각대금과 보증금이자에서 집행비용을 공제한 103,004,224원 전액을 乙에게 배당하는 것으로 배당표를 작성하였고 이에 甲은 위 배당부분 중 甲의 배당요구 금액에 관하여 이의를 제기하고 2002. 3. 26. 배당이의의 소를 제기하였다.

<6> 대항요건과 확정일자를 갖춘 주택임차인인 甲은 임차주택이 위치한 위 대지의
환가대금으로부터 근저당권자인 乙에 우선하여 각 보증금의 전액을 우선변제
받아야 한다고 주장하고, 이에 대하여 乙은, 甲이 거주하는 이 사건 건물은
입찰대상 목적물이 아닐 뿐만 아니라 甲과 같은 미등기주택의 임차인에게까지
우선변제권을 인정할 경우 임차인들은 우선변제를 받은 후에도 계속 미등기
주택에 거주할 수 있는 반면 근저당권자인 乙은 예기치 못한 손해를 입게 되
므로 부당하다고 다투고 있다.

위 사건의 쟁점은 이 사건 대지의 소유자이면서, 다세대주택의 소유권을 원시취득한
것으로 판단되는 A로부터 위 다세대주택이 미등기인 상태에서 각 해당 주택을 임차하여
주택임대차보호법 제3조 제1항의 대항요건 및 확정일자까지 갖춘 甲이, 미등기인 위 다
세대주택이 아닌 이 사건 대지에 관해서만 진행된 경매절차에서, 위 확정일자 후 이 사
건 대지에 관하여 근저당권을 설정한 乙보다 이 사건 대지의 환가대금에서 우선하여 변
제를 받을 수 있는지의 여부이다.

최근 대법원 전원합의체 판결은 대항요건 및 확정일자를 갖춘 임차인과 소액임차인의
임차주택 대지에 대한 우선변제권에 관한 법리는 임차주택이 미등기인 경우에도 그대로
적용된다고 한다.[566]

---

566) 대법원 2007. 6. 21. 선고 2004다26133 전원합의체 판결: 대항요건 및 확정일자를 갖춘 임차인과 소액
임차인은 임차주택과 그 대지가 함께 경매될 경우뿐만 아니라 임차주택과 별도로 그 대지만이 경매될
경우에도 그 대지의 환가대금에 대하여 우선변제권을 행사할 수 있고(대법원 1996. 6. 14. 선고 96다
7595 판결, 1999. 7. 23. 선고 99다25532 판결 등 참조), 이와 같은 우선변제권은 이른바 법정담보물
권의 성격을 갖는 것으로서 임대차 성립 시의 임차 목적물인 임차주택 및 대지의 가액을 기초로 임차
인을 보호하고자 인정되는 것이므로, 임대차 성립 당시 임대인의 소유였던 대지가 타인에게 양도되어
임차주택과 대지의 소유자가 서로 달라진 경우에도 마찬가지라 할 것이다. 주택임대차보호법은 임차주
택이 관할관청의 허가를 받은 건물인지, 등기를 마친 건물인지 아닌지를 구별하고 있지 아니하므로(제2
조), 어느 건물이 국민의 주거생활의 용도로 사용되는 주택에 해당하는 이상 비록 그 건물에 관하여 아
직 등기를 마치지 아니하였거나 등기가 이루어질 수 없는 사정이 있다고 하더라도 다른 특별한 규정이
없는 한 같은 법의 적용대상이 된다고 해석함이 상당하다(미등기무허가 건물의 양수인에 대한 대항력
을 인정한 대법원 1987. 3. 24. 선고 86다카164 판결 참조). 그런데 대항요건 및 확정일자를 갖춘 임차
인과 소액임차인에게 우선변제권을 인정한 같은 법 제3조의 2 및 제8조가 미등기 주택을 달리 취급하
는 특별한 규정을 두고 있지 아니하므로, 위에서 본 대항요건 및 확정일자를 갖춘 임차인과 소액임차인
의 임차주택 대지에 대한 우선변제권에 관한 법리는 임차주택이 미등기인 경우에도 그대로 적용된다고
보아야 할 것이다. 이와 달리 임차주택의 등기 여부에 따라 그 우선변제권의 인정 여부를 달리 해석하
는 것은 합리적 이유나 근거 없이 그 적용대상을 축소하거나 제한하는 것이 되어 부당하고, 민법과 달
리 임차권의 등기 없이도 대항력과 우선변제권을 인정하는 같은 법의 취지에 비추어 타당하지 아니하
다. 다만 소액임차인의 우선변제권에 관한 같은 법 제8조 제1항이 그 후문에서 '이 경우 임차인은 주택

따라서 판례에 의하면 이 사건 미등기 다세대주택의 임차인인 甲은 乙이 이 사건 대지에 대한 근저당권을 설정받기 전에 대항요건 및 확정일자를 갖추었으므로, 乙의 근저당권에 기하여 신청된 이 사건 대지에 관한 경매절차에서 甲은 그 대지의 환가대금으로부터 乙의 채권에 우선하여 보증금을 배당받을 수 있다.

라. 조세채권 및 임금채권과의 우열

주택임대차보호법 제8조의 소액임차보증금채권은 국세 및 지방세(당해세 포함)에 우선하고(국세기본법 제35조 제1항 제4호, 지방세법 제31조 제2항 제4호), 근로기준법 제37조 제2항에 의한 최종 3개월분의 임금·최종 3년간의 퇴직금·재해보상금채권 등과 같은 우선채권으로 동순위로 배당한다.

2. 조세채권

가. 조세채권 우선의 원칙

조세채권 우선의 원칙에 따라 국세·가산금·체납처분비는 다른 공과금 및 기타의 채권에 우선하여 징수한다.567)568) 일반채권에 우선하는 조세로는 국세·국세와 마찬가지로

에 대한 경매신청의 등기 전에' 대항요건을 갖추어야 한다고 규정하고 있으나, 이는 소액보증금을 배당받을 목적으로 배당절차에 임박하여 가장 임차인을 급조하는 등의 폐단을 방지하기 위하여 소액임차인의 대항요건의 구비시기를 제한하는 취지이지, 반드시 임차주택과 대지를 함께 경매하여 임차주택 자체에 경매신청의 등기가 되어야 한다거나 임차주택에 경매신청의 등기가 가능한 경우로 제한하는 취지는 아니라 할 것이다. 대지에 대한 경매신청의 등기 전에 위 대항요건을 갖추도록 하면 입법 취지를 충분히 달성할 수 있으므로, 위 규정이 미등기 주택의 경우에 소액임차인의 대지에 관한 우선변제권을 배제하는 규정에 해당한다고 볼 수 없다. 따라서 종전에 미등기 주택 대지의 환가대금에 대한 소액임차인의 우선변제권에 관하여 이와 견해를 달리한 대법원 2001. 10. 30. 선고 2001다39657 판결은 이를 변경하기로 한다.

567) **국세기본법 제35조(국세의 우선)**
① 국세·가산금 또는 체납처분비는 다른 공과금이나 그 밖의 채권에 우선하여 징수한다. 다만 다음 각 호의 어느 하나에 해당하는 공과금이나 그 밖의 채권에 대해서는 그러하지 아니하다.
1. 지방세나 공과금의 체납처분을 할 때 그 체납처분금액 중에서 국세·가산금 또는 체납처분비를 징수하는 경우의 그 지방세나 공과금의 가산금 또는 체납처분비
2. 강제집행·경매 또는 파산 절차에 따라 재산을 매각할 때 그 매각금액 중에서 국세·가산금 또는 체납처분비를 징수하는 경우의 그 강제집행, 경매 또는 파산 절차에 든 비용
3. 다음 각 목의 어느 하나에 해당하는 기일(이하 '법정기일'이라 한다) 전에 전세권, 질권 또는 저당권 설정을 등기하거나 등록한 사실이 대통령령으로 정하는 바에 따라 증명되는 재산을 매각할 때 그 매각

취급하는 관세,[569] 지방세기본법에 의한 지방세 및 위 각 세금에 관계되는 가산금 · 체납 처분분비이다.

종전에 조세의 납부기한으로부터 1년 이전에 설정된 저당권 등의 피담보채권만이 조세에 우선한다는 규정을 두고 있었으나, 이 규정이 헌법재판소의 위헌결정을 받음에 따라[570] 1990. 12. 31. 국세기본법이, 1991. 12. 14. 지방세법이 각각 개정되었다. 따라서

금액 중에서 국세 또는 가산금(그 재산에 대하여 부과된 국세와 가산금은 제외한다)을 징수하는 경우의 그 전세권, 질권 또는 저당권에 의하여 담보된 채권
가. 과세표준과 세액의 신고에 따라 납세의무가 확정되는 국세(중간예납하는 법인세와 예정신고납부하는 부가가치세를 포함한다)의 경우 신고한 해당 세액에 대해서는 그 신고일
나. 과세표준과 세액을 정부가 결정 · 경정 또는 수시부과 결정을 하는 경우 고지한 해당 세액에 대해서는 그 납세고지서의 발송일
다. 원천징수의무자나 납세조합으로부터 징수하는 국세와 인지세의 경우에는 가목 및 나목에도 불구하고 그 납세의무의 확정일
라. 제2차 납세의무자(보증인을 포함한다)의 재산에서 국세를 징수하는 경우에는 「국세징수법」 제12조에 따른 납부통지서의 발송일
마. 양도담보재산에서 국세를 징수하는 경우에는 「국세징수법」 제13조에 따른 납부통지서의 발송일
바. 「국세징수법」 제24조 제2항에 따라 납세자의 재산을 압류한 경우에 그 압류와 관련하여 확정된 세액에 대해서는 가목부터 마목까지의 규정에도 불구하고 그 압류등기일 또는 등록일
4. 「주택임대차보호법」 제8조 또는 「상가건물 임대차보호법」 제14조가 적용되는 임대차관계에 있는 주택 또는 건물을 매각할 때 그 매각금액 중에서 국세 또는 가산금을 징수하는 경우 임대차에 관한 보증금 중 일정 금액으로서 같은 조에 따라 임차인이 우선하여 변제받을 수 있는 금액에 관한 채권
5. 사용자의 재산을 매각하거나 추심할 때 그 매각금액 또는 추심금액 중에서 국세나 가산금을 징수하는 경우에 「근로기준법」 제38조 또는 「근로자퇴직급여 보장법」 제11조에 따라 국세나 가산금에 우선하여 변제되는 임금, 퇴직금, 재해보상금, 그 밖에 근로관계로 인한 채권
② 납세의무자를 등기의무자로 하고 채무불이행을 정지 조건으로 하는 대물변제의 예약에 의하여 권리 이전 청구권의 보전을 위한 가등기(가등록을 포함한다. 이하 같다)나 그 밖에 이와 유사한 담보의 목적으로 된 가등기가 되어 있는 재산을 압류하는 경우에 그 가등기에 따른 본등기가 압류 후에 행하여진 때에는 그 가등기의 권리자는 그 재산에 대한 체납처분에 대하여 그 가등기에 따른 권리를 주장할 수 없다. 다만 국세 또는 가산금(그 재산에 대하여 부과된 국세와 가산금은 제외한다)의 법정기일 전에 가등기된 재산에 대해서는 그러하지 아니하다.
③ 세무서장은 제2항에 규정된 가등기재산을 압류하거나 공매할 때에는 그 사실을 가등기권리자에게 지체 없이 통지하여야 한다.
④ 세무서장은 납세자가 제3자와 짜고 거짓으로 재산에 다음 각 호의 어느 하나에 해당하는 계약을 하고 그 등기 또는 등록을 함으로써 그 재산의 매각금액으로 국세나 가산금을 징수하기가 곤란하다고 인정할 때에는 그 행위의 취소를 법원에 청구할 수 있다. 이 경우 납세자가 국세의 법정기일 전 1년 내에 대통령령으로 정하는 친족이나 그 밖의 특수관계인과 전세권 · 질권 또는 저당권 설정계약, 가등기 설정계약 또는 양도담보 설정계약을 한 경우에는 짜고 한 거짓 계약으로 추정한다.
1. 제1항 제3호에 따른 전세권 · 질권 또는 저당권의 설정계약
2. 제2항에 따른 가등기 설정계약
3. 제42조 제2항에 따른 양도담보 설정계약
⑤ 제1항 제3호 각 목 외의 부분 및 제2항 단서에서 '그 재산에 대하여 부과된 국세'란 국세 중 상속세, 증여세 및 종합부동산세를 말한다.

568) 지방세에 관해서도 위 국세기본법 제35조와 동일한 내용이 지방세기본법 제99조에 규정되어 있다.
569) 관세법 제3조 제2항.
570) 헌법재판소 1990. 9. 3. 선고 89헌가95 결정 및 1991. 11. 25. 선고, 91헌가 6 결정.

현재는 일반조세와 저당권과의 우선순위는 조세의 법정기일이나 납부기한과 저당권설정 등기일(또는 확정일자부 임차인의 우선변제권 발생일자)을 기준으로 그 우열을 가리게 된다.571)

나. 국세의 법정기일 이전에 설정된 전세권·저당권에 의하여 담보된 채권

국세 또는 지방세의 법정기일 이전에 설정된 전세권 또는 저당권에 의하여 담보된 채권은 국세 또는 지방세에 우선한다.572)

① 과세표준과 세액의 신고에 의하여 납세의무가 확정되는 국세(법인세·부가가치세·특별소비세·주세·증권거래세·교육세) 또는 지방세: 신고한 해당 세액에 관해서는 그 신고일

② 과세표준과 세액을 정부 또는 지방자치단체가 결정·경정 또는 수시 부과결정하는 국세 또는 지방세: 고지한 해당 세액에 관해서는 그 납세고지서의 발송일

③ 원천징수의무자 또는 납세조합으로부터 징수하는 국세와 인지세 및 특별징수의무자로부터 징수하는 지방세: 그 납세의무확정일

④ 제2차 납세의무자의 재산에서 세 또는 지방세를 징수하는 경우: 납부통지서 발송일

⑤ 양도담보재산에서 국세 또는 지방세를 징수하는 경우: 납부통지서 발송일

⑥ 압류 이후 발생한 체납된 국세·지방세 및 그 가산금의 경우: 법정기일이 압류등기일·등록일 이후이더라도 압류등기일(등록일)을 법정기일로 본다.

---

571) 양자가 같은 날인 경우에는 국세 또는 지방세가 우선한다는 견해가 유력하나, 동순위로 해석하는 견해도 있다.

572) 국세기본법 제35조 제1항 제3호 각목 및 지방세기본법 제99조 제1항 제3호 참조.

다. 당해세우선의 원칙

당해세는 최우선순위의 임금채권과 소액임차인의 보증금을 제외하고는 어떠한 채권에 대해서도 우선한다. 당해세라 함은 집행의 목적물에 대하여 부과된 국세(지방세 포함)와 가산금을 말하는데,[573] 당해세가 담보물권에 의하여 담보되는 채권에 우선한다 하는 것을 당해세우선의 원칙이라 한다. 예컨대 매각부동산 자체에 부과된 재산세는 당해세가 되어 법정기일(납세고지서 발송일)이 2010. 9. 1.인 재산세는 설정등기일이 2010. 4. 1.인 근저당권보다 우선하여 배당받게 된다.[574]

[참고] 당해세 세목
▶ 국세:[575] 상속세, 증여세(그 부동산 자체에 대하여 부과된 것), 종합부동산세
▶ 지방세:[576] 재산세, 자동차세(자동차소유에 대한 자동차세만 해당), 지역자원시설세 (특정자원에 대한 지역자원시설세만 해당) 및 지방교육세(지방세와 자동차세에 부가되는 지방교육세만 해당)

[참고판례]
국세기본법 제35조 제1항 제3호 및 (구)지방세법 제31조 제2항 제3호는 공시를 수반하는 담보물권과 관련하여 거래의 안전을 보장하려는 사법적 요청과 조세채권의 실현을 확보하려는 공익적 요청을 적절하게 조화시키려는 데 그 입법의 취지가 있으므로, 당해세가 담보물권에 의하여 담보되는 채권에 우선한다고 하더라도 이로써 담보물권의 본질적 내용까지 침해되어서는 아니 되고, 따라서 국세기본법 제35조 제1항 제3호 단서 및 (구)지방세법 제31조 제2항 제3호에서 말하는 '그 재산에 대하여 부과된 국세' 또는 '그 재산에 대하여 부과된 지방세'라 함은 담보물권을 취득하는 사람이 장래 그 재산에 대하여 부과될 것을 상당한 정도로 예측할 수 있는 것으로서 오로지 당해 재산을 소유하고 있는 것 자체에 담세력을 인정하여 부과되는 국세 또는 지방세만을 의미하는 것으로 보아야 한다.

---

573) 국세기본법 제35조 제1항 제3호, 지방세기본법 제99조 제1항 3호.
574) 매각부동산에 대하여 소액임차보증금채권자, 저당권자, 당해세가 있는 경우 소액임차보증금채권자 - 당해세 - 저당권의 순서로 배당을 받는다.
575) 국세기본법 제35조 제5항.
576) 지방세기본법 제99조 제5항.

<1> 부동산에 대하여 근저당권설정 이전에 이루어진 증여를 원인으로 하여 부과된 증여세는 위 부동산 자체에 관하여 부과된 것이고, 근저당권설정 당시 이미 등기부상 증여를 원인으로 하여 근저당설정자 명의로 소유권이전등기가 마쳐져 있었으므로 근저당권자로서는 장래 이 증여를 과세원인으로 하여 증여세가 부과될 것을 상당한 정도로 예측할 수 있다고 봄이 상당할 것이고, 따라서 위 증여세는 국세기본법 제35조 제1항 제3호 단서에서 말하는 '그 재산에 대하여 부과된 국세', 즉 이른바 당해세에 해당한다.[577]

<2> 구 상속세법(1996. 12. 30. 법률 제5193호로 전문 개정되기 전의 것) 제34조의 2 제1항의 규정에 의하여 부과되는 증여의제로 인한 증여세는 특수관계에 있는 자로부터 재산 등을 시가보다 낮은 대가로 이전받은 경우에 수증자가 그 대가와 시가의 차액에 상당하는 이익을 증여받은 것으로 보고 이에 대하여 부과하는 것으로서, 그 재산 자체의 증여에 대하여 부과하는 통상적인 증여세와는 과세대상을 달리하는 것이어서, 당해 재산을 소유하는 것 자체에 담세력을 인정하는 국세기본법 제35조 제1항 제3호 소정의 당해세의 본질과는 다른 것이고 또한 담보물권자로서는 부동산의 증여자와 수증자 사이에 위 상속세법이 규정하는 특수관계가 있는지 여부, 재산이 시가보다 낮은 대가로 이전되었는지 여부 및 장래 부과될 증여세액이 어느 정도 될 것인지 등에 대한 예측가능성이 있었다고 보기 어려우므로 위 증여세는 당해세가 아니라고 한 원심의 판단은 정당하다.[578]

<3> 종합토지세는 부분적으로 수익세로서의 성격을 가진다 하더라도 연혁적으로 토지분 재산세에서 출발하였다는 점과 현행법상 토지의 가액을 과세표준으로 한다는 점에 비추어 기본적으로 재산세라 할 것이고, 그 과세대상, 납세의무자, 과세표준, 세율 등 과세요건에 비추어 담보물권을 취득하는 사람으로서는 당해 토지 등에 관한 종합토지세의 발생 여부와 그 세액범위를 예측하는 것은 크게 어렵지는 않다 할 것이다. 그렇다면 종합토지세는 지방세법 제31조 제2항 제3호 단서에서 규정하고 있는 '그 재산에 대하여 부과된 지방세'에 해당한다 할 것이고, 다만 동일 소유자의 모든 토지를 합산하여 과세하는 종합합산과세대상이나 별도합산과세대

---

577) 대법원 2001. 1. 30. 선고 2000다47972 판결.
578) 대법원 2002. 6. 14. 선고 2000다49534 판결.

상의 경우 1개의 과세단위로 부과된 종합토지세 중 담보물권의 대상이 된 토지에 해당하는 부분만이 당해세가 된다 할 것이다. 그리고 <u>도시계획세</u> 부과대상지역으로 고시된 지역 내의 토지에 관한 종합토지세 납세의무자에게 토지 가액의 1,000분의 2를 부과한 이 사건 도시계획세 역시 조세의 성격과 예측가능성 등에 비추어 당해세에 해당한다.579)

라. 압류 선착주의

1개의 부동산에 대하여 체납처분에 의한 압류가 행해졌을 때 그 압류에 관계되는 조세는 국세이든 지방세이든 관계없이 교부청구한 다른 조세보다 우선하고(압류 선착주의), 특정 조세채권에 배당된 금액으로 조세의 본세와 가산금 및 체납처분비 전부를 충당하기에 부족한 경우에는 체납처분비, 가산금, 본세의 순서로 징수한다(국세징수법 제4조).

마. 압류된 조세채권의 배당

매각결정기일까지 압류된 조세채권에 관하여 교부청구나 그 세액을 알 수 있는 증빙서류가 전혀 제출되지 아니한 경우에는 압류등기를 집행기록에 나타난 증빙서류에 준하는 것으로 취급하여, 압류등기촉탁서에 의한 체납액을 조사하여 배당할 수 있을 뿐이고, 그 후 배당 시까지의 사이에 비로소 교부청구된 세액은 그것이 실체법상의 다른 채권보다 우선하는 것인지 여부에 불구하고 이를 배당할 수 없다는 것이 판례이다.

따라서 압류등기 당시 이미 발생한 체납세액은 매각결정기일 이후에 교부청구를 하여도 배당한다. 그러나 압류등기 이후에 발생한 체납세액은 매각결정기일까지 교부청구를 하여야 배당받는다.

바. 저당 부동산이 양도된 경우

저당 부동산이 제3자에게 양도되었을 경우에는 그 양수인인 제3자에게 부과되는 조세(당해세라도 마찬가지다)의 법정기일이 당해 저당권의 설정 전이라도 하더라도, 그 저당권의 피담보채권은 위 조세채권에 대하여 우선권이 있다는 것이 판례이다. 이는 이미 설

---

579) 대법원 2001. 2. 23. 선고 2000다58088 판결.

정된 저당권자를 보호하기 위함이다.

3. 근로자의 임금채권

가. 임금채권의 우선변제권

근로기준법(2010. 6. 10. 법률 제10399호)[580])과 근로자퇴직급여 보장법(2010. 6. 10. 법률 제10366호)[581])은 근로자 보호를 위한 사회정책적 배려에서 다음과 같이 근로자의 임금채권과 퇴직금채권의 우선변제를 규정하고 있다.

☞ **근로기준법 제38조(임금채권의 우선변제)**

① 임금, 재해보상금, 그 밖에 근로관계로 인한 채권은 사용자의 총재산에 대하여 질권·저당권 또는 「동산·채권 등의 담보에 관한 법률」에 따른 담보권에 따라 담보된 채권 외에는 조세·공과금 및 다른 채권에 우선하여 변제되어야 한다. 다만 질권·저당권 또는 「동산·채권 등의 담보에 관한 법률」에 따른 담보권에 우선하는 조세·공과금에 대해서는 그러하지 아니하다. <개정 2010. 6. 10.>

② 제1항에도 불구하고 다음 각 호의 어느 하나에 해당하는 채권은 사용자의 총재산에 대하여 질권·저당권 또는 「동산·채권 등의 담보에 관한 법률」에 따른 담보권에 따라 담보된 채권, 조세·공과금 및 다른 채권에 우선하여 변제되어야 한다.

---

580) 근로기준법개정법률 중 동산·채권 등의 담보에 관한 법률 부분은 2012년 6월 11일부터 시행되나, 그 외의 부분은 1997년 3월 13일부터 근로기준법개정법률이 시행되고 있다(1997. 12. 24. 법률 제5473호).
  ☞ 근로기준법(1997. 12. 24. 법률 5473호) 제37조(임금채권 우선변제)
  ① 임금·퇴직금·재해보상금 기타 근로관계로 인한 채권은 사용자의 총재산에 대하여 질권 또는 저당권에 의하여 담보된 채권을 제외하고는 조세·공과금 및 다른 채권에 우선하여 변제되어야 한다. 다만 질권 또는 저당권에 우선하는 조세·공과금에 대해서는 그러하지 아니하다.
  ② 제1항의 규정에 불구하고 다음 각 호의 1에 해당하는 채권은 사용자의 총재산에 대하여 질권 또는 저당권에 의하여 담보된 채권, 조세·공과금 및 다른 채권에 우선하여 변제되어야 한다. <개정 1997. 12. 24.>
  1. 최종 3월분의 임금
  2. 최종 3년간의 퇴직금
  3. 재해보상금
  ③ 제2항 제2호의 퇴직금은 계속근로연수 1년에 대하여 30일분의 평균임금으로 계산한 금액으로 한다. <신설 1997. 12. 24.>
581) 근로자퇴직급여 보장법 개정법률 중 동산·채권 등의 담보에 관한 법률 부분은 2012년 6월 11일부터 시행되나, 그 외의 부분은 2005년 12월 1일부터 근로자퇴직급여보장법개정법률이 시행되고 있다(2005. 1. 27. 법률 제7379호).

<개정 2010. 6. 10.>

1. <u>최종 3개월분의 임금</u>

2. 재해보상금

☞ **근로기준법(2007. 4. 11. 법률 제8372호)[582] 부칙**
   제13조(임금채권 우선변제에 관한 경과조치)

① 법률 제5473호 근로기준법중개정법률 제37조 제2항 제2호의 개정규정에도 불구하고 같은 법 시행 전에 퇴직한 근로자의 경우에는 1989년 3월 29일 이후의 계속 근로연수에 대한 퇴직금을 우선변제의 대상으로 한다.

② 법률 제5473호 근로기준법중개정법률 제37조 제2항 제2호의 개정규정에도 불구하고 같은 법 시행 전에 채용된 근로자로서 같은 법 시행 후 퇴직하는 근로자의 경우에는 1989년 3월 29일 이후부터 같은 법 시행 전까지의 계속 근로연수에 대한 퇴직금에 같은 법 시행 후의 계속 근로연수에 대하여 발생하는 최종 3년간의 퇴직금을 합산한 금액을 우선변제의 대상으로 한다.

③ 제1항 및 제2항에 따라 우선변제의 대상이 되는 퇴직금은 계속 근로연수 1년에 대하여 30일분의 평균임금으로 계산한 금액으로 한다.

④ 제1항 및 제2항에 따라 우선변제의 대상이 되는 퇴직금은 <u>250일분의 평균임금을 초과할 수 없다.</u>

☞ **근로자퇴직급여 보장법(2010. 6. 10. 법률 제10366호) 제11조(퇴직금의 우선변제)**

① 퇴직금은 사용자의 총재산에 대하여 질권·저당권 또는 「동산·채권 등의 담보에 관한 법률」에 따른 담보권에 의하여 담보된 채권을 제외하고는 조세·공과금 및 다른 채권에 우선하여 변제되어야 한다. 다만 질권·저당권 또는 「동산·채권 등의 담보에 관한 법률」에 따른 담보권에 우선하는 조세·공과금에 대해서는 그러하지 아니하다. <개정 2010. 6. 10.>

② 제1항의 규정에 불구하고 <u>최종 3년간의 퇴직금</u>은 사용자의 총재산에 대하여 질권·저당권 또는 「동산·채권 등의 담보에 관한 법률」에 따른 담보권에 의하여 담보된 채권, 조세·공과금 및 다른 채권에 우선하여 변제되어야 한다. <개정 2010. 6. 10.>

---

[582] 2007년 7월 1일 시행.

③ 제2항의 규정에 의한 퇴직금은 계속근로기간 1년에 대하여 30일분의 평균임금으로 계산한 금액으로 한다.

☞ **근로자퇴직급여 보장법(2005. 1. 27 법률 제7379호)[583] 제4조(퇴직금 우선변제에 관한 경과조치)**

① 제11조 제2항의 규정에 불구하고 1997. 12. 24. 전에 퇴직한 근로자의 경우에는 1989년 3월 29일 이후의 계속근로기간에 대한 퇴직금을 우선변제의 대상으로 한다.

② 제11조 제2항의 규정에 불구하고 <u>1997. 12. 24. 전에 채용된 근로자로서 1997. 12. 24. 이후에 퇴직하는 근로자의 경우에는 1989. 3. 29. 이후부터 1997. 12. 23. 까지의 계속근로기간에 대한 퇴직금</u>에 1997. 12. 24. 이후의 계속 근로기간에 대하여 발생하는 최종 3년간의 퇴직금을 합신한 금액을 우선변제의 대상으로 한다.

③ 제1항 및 제2항의 규정에 의하여 우선변제의 대상이 되는 퇴직금은 계속근로기간 1년에 대하여 30일분의 평균임금으로 계산한 금액으로 한다.

④ 제1항 및 제2항의 규정에 의한 우선변제의 대상이 되는 퇴직금은 <u>250일분의 평균임금을 초과할 수 없다.</u>

나. 배당요구 시 소명자료 첨부

근로자가 집행법원에 근로기준법 제38조 제2항 소정의 임금채권 우선변제권에 기한 배당요구를 하는 경우에는 고용노동부 지방사무소 발급의 체불임금 확인서 이외에 다음에서 열거한 서면 중 하나를 소명자료로 첨부하여야 한다.[584]

① 판결이유 중에 배당요구채권이 우선변제권 있는 임금채권이라는 판단이 있는 법원의 확정판결(단 무변론자백판결과 공시송달에 의한 판결은 제외된다)
② 사용자가 교부한 국민연금보험료원천공제계산서(국민연금법 제77조 참조)
③ 원천징수의의무자인 사업자로부터 교부받은 근로소득에 대한 원천징수 영수증 또는 원천징수 관할 세무서장이 교부한 근로소득의 납세필증명서
④ 국민연금관리공단이 발급한 국민연금보험료납부 사실확인서

---

583) 2005년 12월 1일 시행.
584) 근로자의 임금채권에 대한 배당 시 유의사항(재민 97-11)(개정 2007. 3. 9 재판예규 제1120).

⑤ 국민건강보험공단이 발급한 의료보험납부 사실확인서

⑥ 사용자가 작성한 근로자명부(근로기준법 제41조 참조) 또는 임금대장(근로기준법 제48조 참조)의 각 사본585)

⑦ 고용노동부 고용지원센터가 발급한 고용보험피보험자격취득확인통지서

다수의 근로자가 임금채권에 대하여 배당요구를 하면서 근로자 대표를 선임하여 그의 명의로 배당을 요구하는 경우에는 그 대표자 이외의 근로자의 배당요구서로는 효력이 없으므로, 선정당사자제도를 이용하여 배당요구를 하여야 한다. 선정당사자는 당선자선정서와 선정자별 배당요구 임금채권액이 기재된 서면 및 선정자별 임금채권이 우선변제권이 있는 임금채권임을 소명하는 자료를 제출하여야 한다. 선정자들의 배당금은 선정당사자에게 지급된다.

다. 최우선변제권의 대상 채권

임금채권 중 최종 3개월분의 임금586)과 재해보상금, 최종 3년간의 퇴직금587)만이 최우선변제권이 인정되고,588) 그 이외의 임금·퇴직금 등은 근로기준법 제38조 제1항에 의한 우선변제만이 가능하다. 이 경우에는 저당권에 의하여 담보되는 채권보다 후순위이고, 당해세를 제외한 조세·공과금보다는 선순위이다. 다만 조세·공과금이 저당권에 우선하는 경우에는 조세·공과금, 저당권에 의하여 담보되는 채권, 임금의 순이다.

라. 우선변제권의 범위

임금채권의 우선변제권은 사용자의 총재산에만 해당하는 것이므로 회사의 대표이사 개

---

585) 이 경우에는 사용자가 사업자등록을 하지 아니하는 등의 사유로 위와 같은 서면을 발급받을 수 없다는 사실을 소명하는 자료도 함께 제출하여야 한다.

586) 여기서 '최종 3월분의 임금' 채권이란 최종 3개월 사이에 지급사유가 발생한 임금 채권을 의미하는 것이 아니라, 최종 3개월간 근무한 부분의 임금 채권을 말하고(대법원 2002. 3. 29. 선고 2001다83838 판결), 임금 등에 대한 지연손해금 채권에 대해서는 최우선변제권이 인정되지 않는다(대법원 2000. 1. 28. 자 99마5143 결정).

587) 250일분의 평균임금을 초과할 수 없다.

588) 최종 3개월분의 임금, 최종 3년간의 퇴직금, 재해보상금은 저당권에 의해 담보된 채권, 조세·공과금 및 일반채권보다는 선순위이나, 주택임대차보호법 제8조에 의한 소액보증금채권과는 동순위가 된다.

인재산이나 물상보증인의 재산에 대하여 경매를 하는 경우에는 적용되지 않는다.[589] 즉 사용자가 법인인 경우에는 법인 자체의 재산만을 가리키며 법인의 대표자 등 사업경영 담당자의 개인재산은 이에 포함되지 않는다.

마. 우선변제권의 실행

임금채권의 우선변제권은 이른바 법정담보물권으로서 담보물권의 일반적인 실행절차에 의하여 우선적으로 만족을 얻을 수 있는 정도 이상의 효력을 가지는 것은 아니므로, 이 는 채무자의 재산에 강제집행을 하였을 경우 그 강제집행에 의한 환가금에서 일반채권에 우선하여 변제받을 수 있음에 그치는 것이고, 그 절차와 형식에 구애됨이 없이 다른 채 권자에 의하여 이루어진 입류처분의 효력까지도 배제하여 그보다 우선적으로 직접 지급 을 구할 수 있는 권한으로는 볼 수 없다.[590]

판례는 우선변제권 있는 임금채권을 대위변제한 경우, 대위자의 우선변제권을 인정 한다.[591]

---

589) 대법원 1997. 12. 12. 선고 95다56798 판결: 구 근로기준법(1953. 5. 10. 법률 제286호로 제정되어 1997. 3. 13. 법률 제5305호로 폐지된 것) 제30조의 2 제2항은 "근로자의 최종 3개월분의 임금과 퇴직 금 및 재해보상금은 사용자의 총재산에 대하여 질권 또는 저당권에 의하여 담보된 채권, 조세 · 공과금 및 다른 채권에 우선하여 변제되어야 한다"라고 규정하고 있는바, 이는 근로자의 최저생활을 보장하고 자 하는 공익적 요청에서 예외적으로 일반 담보물권의 효력을 일부 제한하고 임금채권의 우선변제권을 규정한 것으로서 그 입법 취지에 비추어 볼 때 여기에서 말하는 '사용자의 총재산'이라 함은 근로계약 의 당사자로서 임금채무를 1차적으로 부담하는 사업주인 사용자의 총재산을 의미한다 할 것이다(대법 원 1996. 2. 9. 선고 95다719 판결, 1994. 1. 11. 선고 93다30938 판결 등 참조). 따라서 사업이 수차 의 도급에 의하여 행하여지는 경우 하수급인이 직상수급인의 귀책사유로 근로자에게 임금을 지급하지 못하게 됨에 따라 직상수급인이 위 법 제36조의 2 제1항에 의하여 하수급인의 근로자들에 대하여 하수 급인과 연대하여 임금을 지급할 책임을 지게 된다 하더라도 그 직상수급인을 하수급인의 근로자에 대 한 관계에서 임금채권의 우선변제권이 인정되는 위 법조 소정의 사용자에 해당한다고 볼 수 없으므로 직상수급인 소유의 재산에 대한 강제집행절차에서 하수급인의 근로자들이 직상수급인 소유의 재산을 사용자의 총재산에 해당한다고 보아 이에 대하여 임금 우선변제권을 주장할 수 없다.

590) 대법원 1994. 12. 9. 선고93다61611 판결.

591) 대법원 1996. 2. 23. 선고 94다21160 판결: 타인의 채무를 변제하고 채권자를 대위하는 대위변제의 경우 채권자의 채권은 동일성을 유지한 채 법률상 당연히 변제자에게 이전하고, 이러한 법리는 채권이 근로 기준법상의 임금채권이라 하더라도 그대로 적용되므로, 근로기준법 제30조의 2 제2항에 규정된 우선변 제권이 있는 임금채권을 변제한 자는 채무자인 사용자에 대한 임금채권자로서 사용자의 총재산에 대한 강제집행절차나 임의경매절차가 개시된 경우에 경락기일까지 배당요구를 하여 그 배당절차에서 저당권 의 피담보채권이나 일반채권보다 우선하여 변제받을 수 있으며, 이와 같이 근로자가 아닌 대위변제자에 게 임금의 우선변제권을 인정하더라도 근로자에 대하여 임금이 직접 지급된 점에 비추어 이를 근로기 준법 제36조 제1항 소정의 직접불의 원칙에 위배된다고 할 수 없다.

┌─ [사례 8-8] 임금채권의 우선변제의 범위 ─────────────────────────

　甲이 근무하던 A주식회사가 2010년 5월 1일 부도로 도산함에 따라 A회사의 채권
자인 B은행의 신청에 의하여 A회사 소유 부동산에 대한 임의경매절차가 진행되어,
위 부동산에 대한 매각대금에서 집행비용을 공제한 금액이 금 1억 원이 되었다. 甲
은 배당절차에서 A회사에 근무하는 동안 지급받지 못한 임금과 퇴직금을 우선변제
받을 수 있는가?

└──

　　근로기준법과 근로자퇴직급여 보장법은 근로자의 임금채권을 보호하기 위한 사회정책
적 배려를 하고 있다. 즉 사용자가 도산 또는 파산할 경우 사용자의 재산 중에서 질권이
나 저당권이 설정되어 있더라도, 최종 3개월분의 임금과 재해보상금, 최종 3년간의 퇴직
금 등은 다른 채권이나 조세보다도 우선변제되도록 하여 근로자를 보호하고 있다. 현재
는 근로자의 임금채권 중 최종 3개월분의 임금과 최종 3년간의 퇴직금 및 재해보상금만
이 우선변제권이 인정되고, 그 이외의 임금·퇴직금 등은 근로기준법 제38조 제1항 및
근로자퇴직급여 보장법 제11조 제1항에 의한 우선변제만이 가능하게 된다.

　　여기서 최종 3개월분의 임금채권의 범위는 퇴직의 시기를 묻지 아니하고 사용자로부
터 지급받지 못한 최종 3개월분의 임금을 말한다.[592]

　　따라서 위 사례에서 甲은 퇴직 전 최종 3개월분의 임금과 최종 3년간의 퇴직금을 우
선변제받을 수 있다. 이 경우 퇴직금은 계속근로기간 1년에 대하여 30일분의 평균임금으
로 계산한 금액으로 한다. 甲이 임금채권 및 퇴직금채권을 우선변제받기 위해서는 고용
노동부 지방사무소 발행의 체불임금확인서 등 소명자료를 갖추어(집행권원은 필요 없다)
배당요구의 종기까지 배당요구를 하여야 한다.

　　A회사 채권자인 B은행 등으로서 근로자들이 배당요구를 하는 임금액수가 지나치게
많거나, 퇴직금산정기간을 잘못하여 퇴직금의 우선배당을 요구하는 경우 등에는 배당이
의소송을 제기하여 자신의 채권을 확보할 수 있다.

───────────────────────────

592) 대법원 1997. 11. 14. 선고 97다32178 판결: 구 근로기준법(1997. 3. 13. 법률 제5309호로 제정되기
　　전의 것) 제30조의 2 제2항에서 정한 근로자의 최종 3개월분의 임금에 대한 우선특권 규정에 의하여
　　보호되는 임금채권의 범위는 퇴직의 시기를 묻지 아니하고 사용자로부터 지급받지 못한 최종 3개월분
　　의 임금을 말한다고 할 것이고, 반드시 사용자의 도산 등 사업폐지 시로부터 소급하여 3개월 내에 퇴직
　　한 근로자의 임금채권에 한정하여 보호하는 취지라고 볼 수 없다.

┌───┐
│ **[사례 8 - 9] 국세와 임금채권의 관계**
│
│   *A 회사의 근로자들이 회사의 부도로 회사를 퇴직하면서 임금 및 퇴직금을 지급받*
│ *지 못하자 A 회사 소유의 부동산에 가압류를 하였다. A 회사의 관할 세무서장은 A 회*
│ *사가 법인세 등을 체납하였음을 이유로 A 회사 소유의 부동산을 국세징수법에 의하*
│ *여 압류하고, 최우선변제권이 있는 위 근로자들에게는 압류통지를 하지 아니한 채*
│ *한국자산관리공사에 위 압류부동산의 공매대행을 의뢰하여 한국자산관리공사가 이를*
│ *매각하였고, 위 세무서장은 매각대금에서 체납처분비·국세를 각 배분하여 체납처분*
│ *절차를 마쳤다.*
│   *A 회사의 근로자들이 위 세무서장을 상대로 임금 및 퇴직금채권은 국세에 우선하*
│ *므로 압류부동산의 매각대금에서 위 세무서장에 우선하여 지급받을 수 있음을 들어*
│ *부당이득반환청구를 할 수 있는가?*
└───┘

판례는 위 사례에서 A 회사의 근로자들의 퇴직 전 3개월분의 임금 및 최종 3년간의 퇴직금이 국세에 우선하는 채권이므로 위 근로자들이 배분계산일까지 배분청구를 하였는가에 관계없이 위 세무서장은 부당이득으로 이를 반환하여야 한다고 한다. 즉 "국세징수법 제83조 제1항 후문은 배분계산서의 작성과 관련하여 '이 경우 매각대금의 배분대상자는 세무서장이 배분계산서를 작성하기 전까지 배분요구를 하여야 한다'고 규정하고 있으나, 국세징수법이 위 조항의 후문을 위반한 자의 지위에 관하여 아무런 규정을 두고 있지 아니한 점, 민사집행법상의 강제집행절차가 경합하는 일반채권에 대한 할당변제에 의한 사법적 해결을 그 목적으로 함에 반하여 국세징수법상의 체납처분절차는 행정기관에 의한 조세채권의 신속한 만족을 그 목적으로 하는 점, 국세징수법이 민사집행법과는 달리 배당요구권자, 배당요구기한의 고지절차, 채권계산서 미제출에 의한 채권액 보충의 실기, 배당받을 채권자의 범위, 배당이의절차 등에 관하여 규정하고 있지 아니한 점 등에 비추어 보면, 위 조항의 후문은 배분계산서를 작성할 때까지 배분요구를 하지 아니한 배분대상자를 배분에서 배제하는 취지의 규정이 아니라 주의적 규정에 불과하다고 할 것이므로, 국세기본법 제35조 제1항 제5호에 따라 국세 또는 가산금에 우선하는 임금채권이 국세징수법상 압류재산 매각대금의 분배대상에 포함되면, 체납처분절차를 주관하는 기관은 비록 임금채권자의 배분요구가 없다고 하더라도 임금채권자에게 배분할 금액을 직권으로 확정하여 배분계산서를 작성하여야 하고, 만약 임금채권자가 체납처분의 청산절차에서 압류재산의 매각대금을 배분할 때까지 배분요구를 하지 아니하여 그에게 배분되어야 할 돈이 후순위권리자에게 배분되었다면, 임금채권자는 후순위권리자를 상대로 부당이득의 반환을 청구할 수 있다."593)

체납처분절차와 민사집행절차는 별개의 절차로서 양 절차 상호 간의 관계를 조정하는 법률의 규정이 없으므로 한쪽의 절차가 다른 쪽의 절차에 간섭할 수 없는 반면, 쌍방 절차에서 각 채권자는 서로 다른 절차에 정한 방법으로 그 다른 절차에 참여할 수밖에 없고, 동일 채권에 관하여 양 절차에서 각각 별도로 압류하여 서로 경합하는 경우에도 공탁 후의 배분(배당)절차를 어느 쪽이 행하는가에 관한 법률의 정함이 없어 제3채무자의 공탁을 인정할 여지가 없고, 체납처분에 의한 피압류채권에 대하여 근로기준법에 의한 우선변제권을 가지는 임금 등의 채권에 기한 가압류집행이 되어 있다 하더라도, 그 우선변제권은 채무자의 재산에 대한 강제집행의 경우 그에 의한 환가금에서 일반채권에 우선하여 변제받을 수 있음에 그치는 것이고, 이미 다른 채권자에 의하여 이루어진 압류처분의 효력까지 배제하여 그보다 우선적으로 직접 지급을 구할 수 있는 권한을 부여한 것으로는 볼 수 없으므로, 제3채무자로서는 체납처분에 의한 채권압류 후에 행해진 피압류채권에 대한 가압류가 그러한 임금 등의 채권에 기한 것임을 내세워 체납처분에 의한 압류채권자의 추심청구를 거절할 수는 없다.594)

사업체가 도산하여 임금이 체불되는 경우 대부분 조세·공과금도 체납되어 있고, 이들 채권의 만족을 위하여 임금채권자들과 세무서장이 각자 채권회수를 위한 절차에 들어가게 된다. 임금채권자가 임금채권의 보전을 위하여 부동산을 가압류하였을 경우 체납절차에서는 공매대금 중 잔액이 있다 하더라도 이를 임금채권자를 위해 공탁하지 않고 체납자에게 반환하게 된다. 그러나 임금채권을 우선변제받기 위해서는 반드시 집행권원을 얻어야 할 필요는 없으나 배당요구의 종기까지 경매법원에 배당요구를 하여야 한다. 경매절차가 개시되기 전에 가압류등기가 마쳐진 경우에는 가압류를 한 임금채권자는 가압류 그 자체로 별도의 배당요구가 없어도 배당받을 수 있게 된다.595) 다만 별도의 배당요구서를 제출하지 않은 우선변제권이 있는 임금채권이라도 적어도 그 내용이 배당요구의 종기까지 집행기록상에 나타나야 하며, 그 채권의 원인과 수액을 알 수 없는 경우에는 일

---

593) 대법원 2006. 1. 27. 선고 2005다27935 판결, 대법원 2003. 1. 24. 선고 2002다64254 판결 참조.
594) 대법원 2008. 11. 13. 선고 2007다33842 판결.
595) 대법원 1995. 7. 28. 선고 94다57718 판결.

반 채권자로 취급하여 배당한다.[596]

임금채권의 보전을 위한 부동산가압류가 경매절차 개시 후 이루어진 경우에는 실체법 상 최우선변제권이 있는 체불임금 및 퇴직금이 있다 하더라도, 배당요구의 종기까지 권리신고를 하거나 배당요구를 하여야만 비로소 배당받을 수 있고, 적법한 배당요구를 하지 않는 한 배당에서 제외되고 배당받은 다른 채권자에 대한 관계에서 부당이득의 반환을 구할 수도 없다.

4. 체납처분의 예에 의하여 징수하는 공과금

국민건강보험법에 의한 국민건강보험료,[597] 국민연금보험법에 의한 연금보험료,[598] 고용보험 및 산업재해보상보험의 보험료징수에 관한 법률에 의한 고용보험료 및 산업재해보상보험의 보험료[599] 등은 국세 및 지방세를 제외한 기타의 채권에 우선하여 징수한다. 그러나 위 각 법률에서 각 보험료의 징수순위를 국세 및 지방세의 다음으로 한다고 규정하고 징수절차는 국세체납절차에 의하도록 하고 있을 뿐, 국세 및 지방세 이외의 다른 채권과의 우선순위에 관해서는 직접적으로 규정하지 않고 있다.

판례는 위 규정은 보험료의 징수순위가 각종 공과금과 일반채권보다 우선한다는 것을 규정한 것으로 보아야 할 것이고, 보험료보다 징수순위가 우선하는 국세·지방세는 저당권부채권보다 후순위인 국세·지방세를 의미한다고 보아야 할 것이므로 보험료는 저당권부채권보다 후순위라고 한다.[600] 따라서 위 보험료채권은 세금과 저당권자 다음 순위로

---

596) 대법원 1999. 2. 9. 선고 98다53547 판결.

597) **국민건강보험법 제73조(보험료 등의 징수순위)** 보험료 등은 국세 및 지방세를 제외한 기타의 채권에 우선하여 징수한다. 다만 보험료 등의 납부기한 전에 전세권·질권·저당권 또는 「동산·채권 등의 담보에 관한 법률」에 따른 담보권의 설정을 등기 또는 등록한 사실이 증명되는 재산의 매각에 있어서 그 매각대금 중에서 보험료 등을 징수하는 경우의 그 전세권·질권·저당권 또는 「동산·채권 등의 담보에 관한 법률」에 따른 담보권에 의하여 담보된 채권에 대해서는 그러하지 아니하다. <개정 2010. 6. 10.>

598) **국민연금법 제98조(연금보험료 징수의 우선순위)** 연금보험료나 그 밖의 이 법에 따른 징수금을 징수하는 순위는 「국민건강보험법」에 따른 보험료와 같은 순위로 한다.

599) **고용보험 및 산업재해보상보험의 보험료징수 등에 관한 법률 제30조(보험료 징수의 우선순위)** 보험료와 이 법에 따른 그 밖의 징수금은 국세 및 지방세를 제외한 다른 채권보다 우선하여 징수한다. 다만 보험료 등의 납부기한 전에 전세권·질권·저당권 또는 「동산·채권 등의 담보에 관한 법률」에 따른 담보권의 설정을 등기하거나 등록한 사실이 증명되는 재산을 매각하여 그 매각대금 중에서 보험료 등을 징수하는 경우에 그 전세권·질권·저당권 또는 「동산·채권 등의 담보에 관한 법률」에 따른 담보권에 의하여 담보된 채권에 대해서는 그러하지 아니하다. <개정 2010. 6. 10.>

600) 대법원 1990. 3. 9. 선고 89다카17898 판결.

배당하고, 일반 채권자와의 관계에서는 우선권을 갖는다. 다만 국민건강보험공단이 압류등기를 한 후에 저당권을 취득했다면 압류의 효력 때문에 양자 사이에 안분배당을 하게 된다.

5. 저당권·근저당권의 피담보채권, 전세금반환채권

(1) 저당권이 우선변제를 받을 수 있는 범위는 원본, 이자, 위약금, 채무불이행으로 인한 손해배상, 저당권의 실행비용이고(민법 제360조), 목적부동산에 후순위권자나 일반채권자의 배당요구가 없는 경우에는 저당권자는 매각대금으로부터 위 제한범위를 초과하는 금액도 변제받을 수 있으나, 매각부동산에 관하여 제3취득자가 있는 경우에는 매각대금으로부터 민법 제360조의 제한범위를 초과하는 지연손해금을 변제받을 수 없다.601)

(2) 근저당권의 피담보채권은 원금과 이자, 지연손해금, 위약금 등을 합산하여 등기된 채권최고액의 범위 내에서만 근저당권의 효력이 미치며, 이를 초과하는 부분은 우선변제를 받을 수 없다. 근저당권의 실행비용은 채권최고액에 포함되지 아니한다.602)

(3) 가등기담보권의 피담보채권: 가등기담보권자가 채권신고를 한 경우에는 제84조의

---

601) 대법원 1992. 5. 12. 선고 90다8855 판결: 저당권의 피담보채무의 범위에 관하여 민법 제360조가 지연배상에 대해서는 원본의 이행기일을 경과한 후의 1년분에 한하여 저당권을 행사할 수 있다고 규정하고 있는 것은 저당권자의 제3자에 대한 관계에서의 제한이며 채무자나 저당권설정자가 저당권자에 대하여 대항할 수 있는 것이 아니고, 민법 제360조가 양도담보의 경우에 준용된다고 하여도 마찬가지로 해석하여야 할 것인 만큼, 양도담보의 채무자가 양도담보권자에 대하여 민법 제360조에 따른 피담보채권의 제한을 주장할 수는 없는 것이다.

602) 대법원 2009. 2. 26. 선고 2008다4001 판결: 원래 저당권은 원본, 이자, 위약금, 채무불이행으로 인한 손해배상 및 저당권의 실행비용을 담보하는 것이며, 채권최고액의 정함이 있는 근저당권에 있어서 이러한 채권의 총액이 그 최고액을 초과하는 경우, 적어도 근저당권자와 채무자 겸 근저당권설정자와의 관계에 있어서는 위 채권 전액의 변제가 있을 때까지 근저당권의 효력은 채권최고액과는 관계없이 잔존채무에 여전히 미친다는 점(대법원 2001. 10. 12. 선고 2000다59081 판결 등 참조)을 고려할 때, 민사집행법상 경매절차에 있어 근저당권설정자와 채무자가 동일한 경우에 근저당권의 채권최고액은 민사집행법 제148조에 따라 배당받을 채권자나 저당목적 부동산의 제3취득자에 대한 우선변제권의 한도로서의 의미를 갖는 것에 불과하고 그 부동산으로서는 그 최고액 범위 내의 채권에 한하여서만 변제를 받을 수 있다는 이른바 책임의 한도라고까지는 볼 수 없으므로 민사집행법 제148조에 따라 배당받을 채권자나 제3취득자가 없는 한 근저당권자의 채권액이 근저당권의 채권최고액을 초과하는 경우에 매각대금 중 그 최고액을 초과하는 금액이 있더라도 이는 근저당권설정자에게 반환할 것은 아니고 근저당권자의 채권최고액을 초과하는 채무의 변제에 충당하여야 할 것이다(대법원 1992. 5. 26. 선고 92다1896 판결 참조).

채권신고서를 제출한 효과가 있고, 그 순위에 따라 우선적으로 매각대금에서 배당받을 수 있다. 가등기권자가 권리신고를 하지 아니하여 담보가등기인지 일반가등기인지 알 수 없는 경우에는 일단 순위보전을 위한 가등기로 보아 처리한다. 따라서 그 가등기가 최선순위이면 매수인에게 그 부담이 인수되므로 배당 및 말소하여서는 안 되고, 그 가등기보다 선순위 담보권이나 또는 가압류가 있으면 함께 말소하되, 가등기가 말소되더라도 채권신고가 없으므로 배당하지 않는다.

(4) 전세금: 최선순위의 전세권은 전세권자의 배당요구에 의해서만 소멸되고, 전세권자가 배당요구를 하지 않는 한 전세권은 매수인에게 인수되며, 배당요구를 하면 존속기간이 언제이든지 불문하고 전세권은 소멸한다. 전세권이 매각으로 소멸하는 경우에는 전세권자와 저당권자 또는 가등기담보권자 사이의 배당순위는 그 등기의 선후에 의한다. 전세권자가 주택 또는 상가건물임대차보호법의 우선변제요건을 갖춘 경우에는 위 법의 보호도 중첩적으로 받게 된다.[603]

(5) 순위의 결정: 저당권 상호 간에 저당권설정등기의 선후에 의하여, 저당권자와 전세권 및 등기된 임차권의 순위도 그 등기의 선후에 의한다.

6. 가압류채권

(1) 배당요구와 청구금액의 확정: 가압류가 기입된 등기부등본 등을 제출하여야 하고, 가압류의 청구금액이 우선권 있는 채권인 경우에는 배당표 확정 시까지(배당이의소송 변론종결 시까지) 이를 소명하는 자료를 제출하여야 한다. 가압류채권자가 배당받을 금액은 가압류의 청구금액 범위 내에서 원금, 이자 및 비용이다.

(2) 가압류의 피보전권리가 우선변제권이 있으면 가압류채권으로서도 우선변제를 받고, 그렇지 않은 경우 일반채권자로서만 배당을 받는다.

---

603) 대법원 1993. 12. 24. 선고 93다39676 판결: 주택임차인으로서의 우선변제를 받을 수 있는 권리와 전세자로서 우선변제를 받을 수 있는 권리는 근거규정 및 성립요건을 달리하는 별개의 것이므로, 주택임대차보호법상 대항력을 갖춘 임차인이 임차주택에 관하여 전세권설정등기를 경료하였다거나 전세권자로서 배당절차에 참가하여 전세금의 일부에 대하여 우선변제를 받은 사유만으로는 변제받지 못한 나머지 보증금에 기한 대항력 행사에 어떤 장애가 있다고 볼 수 없다.

(3) 가압류등기가 먼저 된 후 담보권설정등기가 마쳐진 경우 가압류의 처분금지적 효력에 관하여 가압류 후 이에 저촉되는 집행채무자의 처분은 절대적으로 무효인 것은 아니고 처분당사자 사이에서는 유효하며, 다만 그 집행보전의 목적을 달성하는 데 필요한 범위 안에서 가압류채권자에 대한 관계에서 대항하지 못한다(상대효설). 이러한 저촉처분의 무효를 주장할 수 있는 채권자의 범위와 관련하여 판례는 압류 후의 처분저촉은 압류채권자와 그 처분 이전에 당해 집행절차에 참가한 채권자에게만 대항할 수 없을 뿐이고 저촉처분 후에 당해 집행절차에 참가한 채권자에게는 대항할 수 있다는 개별상대효설을 따른다.

7. 저당물의 제3취득자가 지출한 필요비·유익비채권

저당권설정등기 후에 목적 부동산의 제3취득자가 그 부동산의 보존, 개량을 위하여 필요비 또는 유익비를 지출한 때에는 저당물의 경매대금에서 우선상환을 받을 수 있다(민법 제203조 유추).

8. 채권자취소권의 행사와 배당

(1) 채권자취소권행사에 의하여 전 소유자 앞으로 원상회복이 된 후에 취소채권자에 의하여 경매가 개시된 경우 채권자취소권을 행사한 채권자뿐만 아니라 다른 채권자도 배당에 참가할 수 있다. 이 경우 재산을 반환한 수익자도 그가 사해행위 전의 채권자 중의 1인이었던 경우에는 채권자취소권의 효력을 받는 채권자의 범위에 포함되는 것으로 보는 것이 일반적이다.

(2) 가액반환판결은 수익자에 대한 집행권원이 되고, 취소채권자는 사해행위의 목적 부동산이 아닌 수익자의 다른 부동산에 대해서도 강제집행을 할 수 있고 배당요구만을 할 수도 있다.

9. 잉여금의 처리

잉여금이 있을 경우에는 소유자에게 지급한다.

[5] 배당이의의 소

1. 의의 및 성질

집행력 있는 집행권원의 정본을 가지지 아니한 채권자(가압류채권자 제외[604])에 대하여 이의한 **채무자**와 다른 채권자에 대하여 이의한 **채권자**는 배당기일로부터 7일 이내에 배당이의의 소를 제기하여야 한다.[605] 배당이의의 소는 배당기일에 배당표에 대한 이의를 진술한 자가 그 이의를 관철하기 위하여 배당표의 변경을 구하는 소이다.

배당이의의 소는 배당표의 변경을 목적으로 하는 소송상의 형성의 소이다. 배당을 실시한 집행법원이 속한 지방법원이 전속관할법원이다.[606] 배당절차가 종결된 뒤에는 배당이의의 소를 제기할 이익이 없다.

2. 당사자적격

배당기일에 출석하지 아니하거나 이의신청을 하지 아니한 채권자는 배당이의의 소의 원고가 될 자격이 없다. 집행력이 있는 정본이 없는 채권자에 대하여 채무자가 배당이의를 한 경우에는 채무자도 원고가 된다.[607][608] 앞서 살펴본 바와 같이 채무자가 집행력

---

604) 가압류채권자에 대하여 이의를 하는 경우에는 채권자가 채무자를 상대로 본안소송을 제기하여야 한다.

605) 배당기일부터 1주일 뒤에 제기한 배당이의의 소는 부적법 각하된다.

606) 소송물이 단독판사의 관할에 속하지 아니할 경우에는 지방법원 합의부가 관할한다. 제156조 제1항.

607) 채무자는 배당기일에 출석하여 이의를 한 경우만 아니라 배당기일에 불출석하였더라도 배당표원안이 비치된 이후에 배당기일이 끝날 때까지 서면으로 이의한 경우에는 원고적격이 인정된다.

608) 대법원 2006. 9. 22. 선고 2004다51627 판결: 의사무능력자가 채권자와 금전소비대차계약을 체결하고 그 차용금채무를 담보하기 위하여 자신 소유의 부동산에 근저당권을 설정하여 준 후 위 근저당권에 기한 임의경매절차가 진행되어 배당이 실시된 경우에, 의사무능력자의 법정대리인 등은 위 배당절차에서 위 근저당권 및 피담보채권의 부존재를 주장하여 채권자의 배당액에 대하여 이의하고 나아가 채권자를 상대로 배당이의소송을 제기하는 것이 가능하다.

있는 정본을 가진 채권자의 채권에 대한 이의신청을 한 경우에는 배당이의의 소가 아닌 청구이의의 소를 제기하여야 한다. 제3자는 배당이의의 소를 제기할 원고적격이 없다.

배당이의의 소의 피고가 될 수 있는 자는 배당이의의 상대방 채권자로서 그 이의를 정당한 것으로 승인하지 아니한 자이다(채무자는 피고가 아니나 어느 일방에 보조참가를 할 수 있다).

3. 소송절차

배당이의의 소를 제기한 원고가 배당이의소송의 첫 변론기일에 출석하지 아니한 때에는 소를 취하한 것으로 본다(제158조).[609] 쌍방이 모두 불출석한 경우도 같다. 여기의 첫 변론기일에는 제1심의 최초 변론기일을 말하고, 첫 변론준비기일은 포함되지 않는다.[610] 배당이의의 소송을 제기한 원고가 최초 변론기일에 출석할 수 있고, 그러한 변경신청이 받아들여지지 아니하여 소취하간주로 종전의 배당표가 확정되더라도, 원고는 후에 부당이득반환청구를 통하여 권리구제를 받을 수 있다.

배당이의의 소에서 피고는 채권의 발생원인사실을, 원고는 채권의 장애 또는 소멸사실을 증명할 책임이 있다.[611] 이의사유는 피고의 채권의 존부, 배당액, 배당순위 등의 실체적 사유에 한하지 않고 절차상의 하자 등 배당표를 변경할 일체의 사유를 말하고, 배당기일에 주장한 이의사유에 한하지 않는다. 피고는 원고의 채권에 대한 실체상의 모든 하자를 주장할 수 있고, 원고의 배당요구의 무효도 주장할 수 있다.[612]

---

609) 헌법재판소는 집행절차에서 배당에 대한 이의를 신청한 채권자가 이의소송의 최초 변론기일에 출석하지 아니한 때에는 소를 취하한 것으로 보도록 한 구 민사소송법 제596조(민사집행법 제158조)는 재판청구권을 침해하는 것이 아니라고 한다(헌법재판소 2001. 2. 22. 선고 2000헌가1 결정).

610) 대법원 2007. 10. 25. 선고 2007다34876 판결: 민사집행법 제158조의 문언이 '첫 변론기일'이라고 명시하고 있을 뿐만 아니라, 변론준비절차는 변론이 효율적이고 집중적으로 실시될 수 있도록 당사자의 주장과 증거를 정리하여 소송관계를 뚜렷이 하기 위하여(민사소송법 제279조 제1항) 마련된 제도로서 당사자는 변론준비기일을 마친 뒤의 변론기일에서 변론준비기일의 결과를 진술하여야 하는 등(민사소송법 제287조 제2항) 변론준비기일의 제도적 취지, 그 진행방법과 효과, 규정의 형식 등에 비추어 볼 때, 민사집행법 제158조에서 말하는 '첫 변론기일'에 '첫 변론준비기일'은 포함되지 않는다. 따라서 배당이의의 소송에서 첫 변론준비기일에 출석한 원고라고 하더라도 첫 변론기일에 불출석하면 민사집행법 제158조에 따라서 소를 취하한 것으로 볼 수밖에 없다.

611) 대법원 2007. 7. 12. 선고 2005다39617 판결: 배당이의소송에 있어서의 배당이의사유에 관한 증명책임도 일반 민사소송에서의 증명책임 분배의 원칙에 따라야 하므로, 원고가 피고의 채권이 성립하지 아니하였음을 주장하는 경우에는 피고에게 채권의 발생원인사실을 입증할 책임이 있고, 원고가 그 채권이 통정허위표시로서 무효라거나 변제에 의하여 소멸되었음을 주장하는 경우에는 원고에게 그 장해 또는 소멸사유에 해당하는 사실을 증명할 책임이 있다.

4. 판결의 효력

법원은 원고가 구하는 청구의 양적 범위를 넘어서 판단하지 못한다. 배당이의의 소를 인용하는 판결에는 가집행을 붙이지 못한다.

배당이의의 소에 관한 판결에서는 배당액에 대한 다툼이 있는 부분에 관하여 배당을 받을 채권자와 그 액수를 정하여야 하고, 이를 정하는 것이 적당하지 아니하다고 인정한 때에는 판결에서 배당표를 다시 만들고 다른 배당절차를 밟도록 명하여야 한다(제157조).

배당이의의 소의 판결은 **채권자**가 소를 제기한 경우에는 원·피고 사이에서만 미치고 그 밖의 채권자와 채무자에게는 미치지 않는다.[613] **채무자**가 소를 제기한 경우에는 판결의 효력은 배당이의를 하지 아니한 다른 모든 채권자에게도 영향을 미치므로 배당이의소송의 승소판결 확정 후 배당표를 바꾸어 다른 채권자에게 다시 배당한다.

┌─ **[사례 8 – 10] 배당이의와 배당표의 경정** ─

　甲은 乙 소유의 부동산에 대하여 청구금액 5,000만 원의 강제경매신청을 하여, 그에 따른 경매절차 진행 중에 乙과 결탁한 가장채권자 丙이 위 부동산에 관하여 채권최고액 1억 2,000만 원의 근저당권설정등기를 마친 다음에 1억 2,000만 원의 배당요구를 하였다. 위 부동산에 대해서는 丁의 가압류가 되어 있었다(가압류금액 3,000만 원).

　집행법원은 위 부동산의 매각대금 중 경매비용을 공제한 나머지 1억 원을 선순위 저당권자인 농협에 2,000만 원을 배당하고, 잔액 8,000만 원을 각 채권액에 안분하여 압류권자인 甲에게 2,000만 원(8,000만 원×5,000만 원/2억 원), 가압류권자인

---

612) 대법원 2001. 5. 8. 선고 2000다9611 판결: 허위의 근저당권에 대하여 배당이 이루어진 경우, 통정한 허위의 의사표시는 당사자 사이에서는 물론 제3자에 대해서도 무효이고 다만 선의의 제3자에 대해서만 이를 대항하지 못한다고 할 것이므로, 배당채권자는 채권자취소의 소로써 통정허위표시를 취소하지 않았다 하더라도 그 무효를 주장하여 그에 기한 채권의 존부, 범위, 순위에 관한 배당이의의 소를 제기할 수 있다.

613) 대법원 2007. 2. 9. 선고 2006다39546 판결: 배당이의소송은 대립하는 당사자 사이의 배당액을 둘러싼 분쟁을 그들 사이에서 상대적으로 해결하는 것에 지나지 아니하여 그 판결의 효력은 오직 그 소송의 당사자에게만 미칠 뿐이므로, 어느 채권자가 배당이의소송에서의 승소확정판결에 기하여 경정된 배당표에 따라 배당을 받은 경우에 있어서도, 그 배당이 배당이의소송에서 패소확정판결을 받은 자 아닌 다른 배당요구채권자가 배당받을 몫까지도 배당받은 결과로 된다면 그 다른 배당요구채권자는 위 법리에 의하여 배당이의소송의 승소확정판결에 따라 배당받은 채권자를 상대로 부당이득반환청구를 할 수 있다.

丁에게 1,200만 원(8,000만 원×3,000만 원/2억 원), 후순위근저당권자인 丙에게 4,800만 원(8,000만 원×1억2,000만 원/2억 원)을 각 배당하는 배당표가 작성되었다. 甲은 어떠한 방식으로 丙의 채권이 가장채권임을 이유로 집행법원의 배당표가 잘못 작성되었다고 다툴 수 있는가?

위 사례에서 甲은 배당기일에 丙의 배당요구채권이 가장채권이라는 이유로 그 배당액에 대하여 이의를 제기하고, 丙의 배당요구채권이 乙과 결탁하여 허위로 설정한 근저당권에 기한 가장채권으로 인정되면 법원은 배당표를 경정한다.

그런데 채권자가 제기한 배당이의소송은 대립하는 당사자인 채권자들 사이의 배당액을 둘러싼 분쟁을 상대적으로 해결하는 것에 지나지 아니하고, 그 판결의 효력은 오직 소송당사자인 채권자들 사이에만 미칠 뿐이므로, 배당이의소송에 계쟁 배당부분에 관하여 배당받을 채권자와 그 수액을 정함에 있어서는 피고의 채권이 존재하지 않는 것으로 인정되는 경우에도 이의신청을 하지 아니한 다른 채권자의 채권을 참작함이 없이(이는 이의신청을 하지 아니한 다른 채권자 가운데 원고보다 선순위채권자가 있다고 하더라도 마찬가지다) 그 계쟁부분을 원고가 가지는 채권액의 한도 내에서 구하는 바에 따라 원고의 배당액으로 하고, 그 나머지는 피고의 배당액으로 유지한다.[614]

따라서 위 사례에서 당초에 丙에게 배당하기로 한 4,800만 원 중에서 甲이 구하는 채권액인 5,000만 원에 이를 때까지 3,000만 원(5,000만 원 - 2,000만 원)을 甲에 대한 배당액에 추가하고, 나머지 1,800만 원(4,800만 원 - 3,000만 원)은 丙의 배당액으로 유지하는 것으로 배당표를 경정하게 된다(위 1,800만 원을 이의신청하지 않은 丁에게 배당하는 것이 아니다).

판례는 확정된 배당표에 의하여 배당을 실시하는 것은 실체법상의 권리를 확정하는 것이 아니므로, 배당받아야 할 자가 배당받지 못하고 배당받지 못할 자가 배당받은 경우에는, 배당에 관하여 이의를 했는가의 여부 또는 형식상 배당절차가 확정되었는가의 여부에 관계없이 배당받지 못한 우선채권자는 배당액을 부당하게 수령한 다른 채권자에게 부당이득으로 그 반환을 청구할 수 있다고 한다.

---

614) 대법원 1998. 5. 22. 선고 98다3828 판결, 대법원 2001. 2. 9. 선고 2000다41844 판결.

┌───┐
│ **[사례 8 - 11] 배당이의소송**   │

 甲은 2009. 4. 1. 乙에 대한 대여금 5,000만 원의 채권을 담보하기 위하여 乙 소유의 주택에 근저당권설정등기를 마쳤다가 乙이 채무를 변제하지 아니하여 2010. 5. 1. 위 주택에 대한 임의경매신청을 하여 같은 해 5. 4. 경매개시결정이 내려지고 2010. 10. 15. 丙은행이 1억 원에 매각결정허가를 받았다. 한편 위 주택에 관해서는 甲보다 선순위로 丙은행이 5,000만 원을 배당신청을 한 외에 丁이 위 주택 중 방 2칸을 보증금 3,000만 원에 임차하고 주민등록 전입신고를 마친 주택임차인이라고 주장하면서 배당요구를 하였다.

 이에 법원은 2010. 11. 15. 배당기일에 배당할 금액(집행비용공제) 9,500만 원에 관하여 제1순위로 소액임차인이라고 주장하는 丁에게 2,500만 원, 제2순위로 근저당권자인 丙은행에 5,000만 원을, 제3순위로 甲에게 위 채권금액 5,000만 원 중 잔액인 2,000만 원을 그 배당액으로 한 배당표를 작성하였다.

 甲은 丁이 위 주택을 임차하여 거주한 사실이 없음에도 불구하고 乙과 짜고 허위의 전세계약서를 만들고 형식적인 주민등록 전입신고를 마친 후 위 배당요구를 한 것이므로 배당에서 제외되어야 한다고 주장하면서 배당표에 대한 이의신청을 하였다. 甲이 丁을 상대로 배당이의 소를 제기하는 경우의 소장은 어떻게 작성하는가?
└───┘

 배당이의소송의 청구취지는 배당기일에 신청한 이의의 범위 내에서 배당표에 기재된 채권자(피고)의 배당액 중 부인할 범위를 명확히 표시할 것이 요구된다.[615]

[서식] 배당이의의 소장

┌───┐
│   **소 장**   │
│   │
│ 원 고 甲   │
│   서울시 서초구 방배동123   │
│ 피 고 丁   │
│   서울시 서초구 서초동521   │
│   │
│ 배당이의의 소   │

───────────────

615) 대법원 2000. 6. 9. 선고 99다70983 판결.

청 구 취 지

1. 서울중앙지방법원 2010타경 10250호 부동산임의경매신청사건에 관하여 위 법원이 2010. 11. 10. 작성한 배당표 중 피고에 대한 배당액 금 25,000,000원을 취소하고, 원고에 대한 배당금 금 20,000,000원을 금 45,000,000원으로 경정한다.
2. 소송비용은 피고의 부담으로 하다.

라는 판결을 구합니다.

청 구 원 인

1. 원고는 2009. 4. 1. 소외 乙에 대한 대여금 50,000,000원의 채권을 담보하기 위하여 乙 소유의 별지목록 기재 부동산에 근저당권설정등기를 경료하였는데, 이에 앞서 2008. 10. 1. 소외 丙은행을 근저당권자로 하고 채권최고액을 금 50,000,000원으로 하는 근저당권설정등기가 마쳐져 있었습니다.
2. 丙은행의 신청에 따라 진행된 서울지방법원 2000타경10250호 부동산임의경매신청사건에서 위 부동산에 대한 매각대금 100,000,000원에서 집행비용을 공제한 금 95,000,000,000원이 배당할 금액으로 되어 있어, 위 丙은행이 금 50,000,000원을 배당신청하고, 피고가 위 부동산 중 방 2개를 보증금 30,000,000원에 임차하고 주민등록 전입신고를 마친 주택임대차보호법 제8조 소정의 주택임차인이라 주장하면서 배당신청을 하여, 위 법원이 2010. 11. 15. 배당기일에 위 배당할 금액 금 95,000,000원에 관하여 제1순위로 피고에게 금 25,000,000원을, 제2순위로 선순위근저당권자인 丙은행에 금 50,000,000원을, 제3순위로 원고에게 그 채권금액 금 50,000,000원 중 위 잔액인 금 20,000,000원(95,000,000원 - 25,000,000원 - 50,000,000원)을 각 그 배당액으로 한 배당표를 작성하였습니다.

3. 그러나 피고는 위 乙로부터 이 사건 부동산 중 방 2개를 보증금 30,000,000원에 임차한 사실이 없으면서도 위 乙과 결탁하여 소급하여 허위의 전세계약서를 작성하고, 위 경매개시결정이 내려진 직후인 2010년 7월 27일 형식적인 주민등록전입신고를 한 다음 이에 기하여 위 배당요구를 함으로써 위 배당표가 작성된 것입니다.

4. 따라서 피고에게 금 25,00,000원을 배당한 위 배당표는 법률상 원인 없이 작성된 것이고, 피고의 위 乙에 대한 임차보증금반환채권은 당초부터 존재하지 아니하는 것이므로, 위 경매로 인하여 배당할 금액 중에서 근저당권자로서 선순위자인 丙은행에 금 50,000,000원이 배당되고 그 나머지 금 45,000,000원은 원고에게 전액 배당되어야 할 것인바, 원고는 청구취지 기재의 판결을 구하기 위하여 이 사건 제소에 이르렀습니다.

입 증 방 법

1. 갑 제1호증	등기부등본
1. 갑 제2호증	경매개시결정
1. 갑 제3호증	배당기일조서
1. 갑 제4호증	배당표
1. 갑 제5호증	주민등록등본

1. 기타 필요한 입증방법은 변론기일에 제출하겠습니다.

```
┌─────────────────────────────────────────────────────┐
│                                                       │
│                      첨  부                            │
│                                                       │
│        1. 소장부본                        1통          │
│        1. 위 입증방법                     각 1통        │
│        1. 납부서                          1통          │
│                                                       │
│                                    201 .   .   .      │
│                                    위 원고 甲   (인)    │
│                                                       │
│   서울중앙지방법원      귀 중                           │
│                                                       │
│   (별지목록 생략)                                       │
│                                                       │
└─────────────────────────────────────────────────────┘
```

[6] 부당이득반환청구

확정된 배당표에 의하여 배당을 실시하는 것은 실체법상의 권리를 확정하는 것이 아니므로, 배당을 요구한 배당요구권자나 배당을 요구하지 않아도 당연히 배당에 참가할 수 있는 우선채권자는 배당기일에 출석하지 아니하였거나 출석하여 이의를 진술하지 않았다 하더라도, 배당표에 실체적으로 부당한 것이 있다면 부당이득반환청구를 할 수 있는 것이 원칙이다. 다만 민사집행법 제88조 제1항에서 규정하는 배당요구를 하여야만 배당절차에 참여할 수 있는 채권자가 배당요구를 하지 아니한 경우에는 부당이득반환청구를 할 수 없다는 것이 판례이다.

판례의 기본적 태도에 따르면 원칙적으로 배당을 받지 못한 우선채권자는 배당을 받은 자에 대하여 부당이득반환청구권이 있으나, 배당요구채권자는 배당요구의 종기까지 배당요구를 한 경우에 한하여 비로소 배당을 받을 수 있고, 위 배당요구채권자에는 포함되지 않는 경매개시결정기입등기 전에 등기되어 있는 저당권자나 전세권을 가지고 있는 채권자는 배당요구를 하지 않더라도 당연히 순위에 따라 배당을 받을 수 있다.

제9장 유체동산에 대한 강제집행

[1] 유체동산에 대한 강제집행절차의 개요

민사집행법상 동산집행은 유체동산에 대한 강제집행과 채권 그 밖의 재산권에 대한 강제집행으로 나뉜다. 유체동산집행은 집행관에 의한 압류→현금화→배당의 순서로 진행된다. 집행의 실제를 보면 유체동산집행은 채무자에 대한 심리적 압박 내지 변제의 간접강제수단으로 활용되는 의미가 크다.

채권자가 집행관에게 유체동산에 대한 강제집행신청을 하면 집행관은 압류금지물을 제외하고 채무자 소유의 유체동산이 있는 현장에 가서 압류를 실시하게 된다. 압류 후 집행관은 압류물을 평가하고 압류일로부터 7일 이상 경과된 후에 압류물을 매각하여 대금을 배당하는 절차를 밟게 된다. 압류물이 현금이면 현금화 절차를 거치지 않고 직접 채권에 충당할 수 있다. 통산 압류 후 1개월 후에 매각기일이 지정되는데 채무자가 임의변제하면 강제집행행위 위임을 취소할 수 있다.

유체동산에 대한 압류는 집행력 있는 정본에 기재된 청구금액의 변제와 집행비용의 변제에 필요한 한도 내에서 하여야 하고, 채권자가 수인이고 매각대금으로 채권을 충족시키지 못한다면 채권자평등의 원칙에 따라 채권액에 안분비례하여 배당하게 된다. 여기서 말하는 유체동산이란 집행법상의 동산(부동산과 등기할 수 있는 선박, 등록된 자동차, 건설기계, 항공기를 제외한 물권과 채권 및 기타 재산권) 중에서 채권 및 그 밖의 재산권을 제외한 물권과 유가증권으로 화체된 재산권을 말한다.

이하에서 유체동산에 대한 강제집행절차를 구체적으로 살펴보기 전에 압류의 대상이 되는 유체동산의 범위 및 압류가 제한(금지)되는 경우를 살펴보기로 한다.

[2] 압류의 대상이 되는 유체동산

1. 압류할 수 있는 유체동산의 범위

가. 민법상의 동산

민법상의 동산은 원칙적으로 유체동산으로 유체동산집행의 대상이 된다. 다만 총톤수 20톤 이상의 선박, 등록된 자동차, 건설기계 및 항공기 등은 각각 부동산집행이 준용되는 선박집행, 자동차집행, 건설기계집행, 항공기집행의 대상이 되므로 집행관이 압류할 수 없고, 등기할 수 없는 선박, 등록되지 아니한 자동차·건설기계·항공기만이 유체동산으로서 압류할 수 있다.

공장 및 광업재단저당법에 의한 공장재단을 구성하는 기계·기구 등은 부동산으로 취급된다. 배서가 금지된 유가증권은 채권 및 기타 재산권의 집행에 의한다. 부동산의 종물이나 그로부터 분리된 천연과실이나 구성부분은 유체동산집행의 대상이 된다.

나. 등기할 수 없는 토지의 정착물로서 독립하여 거래의 객체가 될 수 있는 것 (제189조 제2항 제1호)

등기할 수 없는 토지의 정착물로서 독립하여 거래의 객체가 될 수 있는 것은 유체동산으로서 압류의 대상이 된다. 여기서 '등기할 수 없는 토지의 정착물'은 토지에의 정착성은 있으나 현금화한 후 토지로부터 분리하는 것을 전제로 하여 거래의 대상으로서의 가치를 가지는 것이라고 보아야 하고, 독립하여 거래의 객체가 될 수 있는 것인지의 여부는 그 물건의 경제적 가치 및 일반적인 거래의 실정이나 관념에 비추어 판단하여야 한다.616)

예컨대 송신용 철탑, 정원석이나 정원수, 주유소의 급(주)유기, 컨테이너박스, 입목에 관한 법률에 의하여 등기되지 아니한 입목·과목·식재된 수목 등이 이에 해당한다. 그러나 건물의 옥개(屋蓋: 지붕)부분, 논둑, 시설부지에 정착된 레일 따위는 독립하여 거래의 객체가 될 수 없다. 원유저장탱크(저유조)에 대한 강제집행법은 유체동산이 아닌 부동산집행방법으로 하는 것이 일반적이다.

---

616) 대법원 2003. 9. 26. 선고 2001다52773 판결.

┌─ **[사례 9-1] 미완성 건물에 대한 강제집행]** ─────────────────────

　甲은 乙에 대한 집행권원을 가지고 강제집행하기 위하여 乙 소유의 재산을 탐색하였으나 미완성인 채로 공사가 중단된 건물밖에 없다. 甲은 어떠한 방법으로 강제집행을 할 수 있는가?
└───

　등기할 수 없는 토지의 정착물 중 독립하여 거래의 객체가 될 수 있는 것은 유체동산 집행의 대상이 된다(제189조 제2항 제1호). 토지의 정착물 중에는 건물과 건물 아닌 것이 있고, 사회통념에 따라 벽과 기둥 및 지붕을 갖추었으면 건물에 해당한다는 것이 판례이다(통상 골조공사만 된 경우에는 독립한 건물로서의 실체를 갖추지 못한 것이 된다).[617]

　실체법상의 건물에 해당하는 이상 부동산집행의 대상이 되고 유체동산집행의 대상이 될 수 없는 것이 원칙이다. 그런데 건물에 대하여 등기를 마치기 위해서는 부동산등기법상 건축물대장이나 판결 또는 시·구·읍·면장의 서면에 의하여 자기의 소유임을 증명하거나 수용으로 인하여 소유권을 취득하였음을 증명하는 경우에 한하여 건물의 보존등기를 할 수 있도록 되어 있다. 따라서 벽과 기둥, 지붕이 갖추어졌으나 보존등기를 할 수 없는 미등기건물이 생길 소지가 많다. 건물로서 완공되었으나 사용검사(준공검사)를 받지 못하였거나 받지 아니하여 건축물대장에 등재되지 아니하고 따라서 소유권보존등기를 할 수 없는 건물에 대하여, 이를 등기할 수 없는 토지의 정착물로서 독립하여 거래의 객체가 될 수 있는 것에 해당한다고 하여 유체동산집행의 대상으로 삼을 것인가, 아니면 실체법상 건물인 이상 등기할 수 있고 이에 따라 부동산집행의 대상이 될 뿐인가가 문제된다.

　유체동산집행의 대상으로 삼을 수 있다면 채권자로부터의 강제집행을 면탈할 목적으로 악의적으로 건물의 완공을 지연하거나, 사용검사를 받지 아니하고 있는 채무자로부터 채권자를 보호할 수 있을 것이나, 부동산집행의 대상이 될 뿐이라면 결국 미등기건물에 대해서는 강제집행을 할 수 없는 결과가 될 것이다. 부동산에 대한 강제집행을 하기 위한 경매신청서에 부동산이 채무자 소유로 등기된 때에는 그 등기부등본을, 채무자 소유로 등기되지 아니한 부동산에 대해서는 즉시 채무자 명의로 등기할 수 있음을 증명할 서류를 첨부해야 되기 때문이다(종래의 판례는 건축허가서·준공검사서 등은 즉시 채무자 명

──────────────

617) 대법원 2001. 1. 16. 선고 2000다51872 판결.

의로 등기할 수 있음을 증명할 서류에 해당하지 않는다고 한다).

판례는 기둥과 지붕 그리고 주벽도 갖추지 못한 건물이나, 9층까지 골조공사가 되어 있는 미완성의 철근콘크리트조 아파트건물[618]은 유체동산집행의 대상이 될 수 없다고 한다.

위 사례에서 건물이 이미 완성된 경우라면 어떻게 될 것인가. 종래의 판례에 의하면 건물이 이미 완성되었으나 단지 준공검사만을 받지 아니하여 그 보존등기를 경료하지 못한 상태에 있는 경우에는, 부동산등기법상 등기적격이 있는 것이어서 '등기할 수 없는 토지의 정착물로서 독립하여 거래의 객체가 될 수 있는 것'에 해당하지 않으므로, 유체동산집행의 대상으로 삼을 수 없다.[619] 위와 같이 미등기건물에 대해서는 부동산집행방식뿐만 아니라 유체동산집행방식으로도 강제집행이 불가능하여 강제집행의 사각지대에 놓여 있었다.

민사집행법은 미등기건물의 경우 그 건물이 채무자의 소유임을 증명할 서류, 그 건물의 지번·구조·면적을 증명할 서류 및 그 건물에 관한 건축허가 또는 건축신고를 증명할 서류를 첨부하여 부동산집행의 방식으로 강제집행을 할 수 있도록 하고 있다(제81조 참조).

다. 토지에서 분리하기 전의 과실로서 1개월 이내에 수확할 수 있는 것
(제189조 제1항 제2호)

토지에서 분리하기 전의 과실로서 1개월 이내에 수확할 수 있는 것은 유체동산으로서 압류의 대상이 된다. 원래 과실은 토지에서 분리하기까지는 토지의 정착물로서 독립하여 거래의 대상이 되지 않는 것이나, 미분리의 과실이라도 1개월 이내에 수확할 수 있는 벼·보리·감자·고구마 등의 경작물과 사과·배·감귤 등의 과실류·엽연초 등은 유체동산집행에 의한 압류의 대상이 된다.

라. 유가증권으로서 배서가 금지되지 아니한 것(제189조 제1항 제2호)

유가증권으로서 배서가 금지되지 아니한 것은 유체동산으로서 압류의 대상이 된다. 어

---

618) 대법원 1995. 11. 27.자 95마82 결정.
619) 대법원 1994. 4. 12.자 93마1933 결정.

음·수표·화물상환증·창고증권·선하증권·국채·지방채·공채, 무기명 주권과 상품권·승차권·입장권 등의 무기명채권증권이 여기서의 유가증권에 해당된다. 그러나 철도수화물인환증·휴대물예치증·은행예금증서·옷표나 신표 등 면책증권(그 증서의 소지인에게 변제하면 그자가 비록 진정한 채권자가 아닌 경우에도 채무자가 선의인 한 그 책임을 면하는 것)이나, 차용증서, 신용금고가 그 회원에게 발행한 출자증권, 건설공제조합 출자증권 등 증거증권은 유가증권이 아니므로 유체동산집행의 방법으로 압류할 수 없고, 채권압류 후 부수집행으로 집행관이 그 증서를 인도받을 수 있을 뿐이다.

유가증권으로서 배서가 금지되지 않은 것이 압류되면 그 압류의 효력은 그 증서 자체만이 아니라 증서에 화체된 권리에 대해서까지 미치지만, 그 권리의 목적인 물건 자체에 대해서까지 압류의 효력이 미치지 않는다. 예컨대 화물상환증을 압류하더라도 화물상환증의 목적인 화물에는 압류의 효력이 미치지 아니하므로, 화물을 압류하려면 화물상환증이 아닌 화물 자체를 압류하여야 한다.

마. 부부공유물의 압류

채무자와 그 배우자의 공유에 속하는 유체동산은 채무자가 점유하거나 그 배우자와 공동점유하는 때에는 유체동산으로서 압류할 수 있다(제190조).[620] 우리 민법은 부부가 별도로 재산을 소유하고 관리하는 이른바 '부부별산제(夫婦別産制)'를 원칙으로 하고, 부부의 누구에게 속한 것인지 분명하지 아니한 재산은 부부의 공유로 추정한다(민법 제830조 제2항). 부부의 일방이 혼인 전부터 가진 고유재산과 혼인 중 자신의 명의로 취득한 재산은 특유재산이 되어 배우자에 대한 집행권원으로 집행할 수 없다.[621]

가재도구 등 부부 공유의 유체동산에 관하여 종전에는 채권 및 기타 재산권의 집행방법에 의할 수밖에 없었으나, 1990년 법의 개정으로 유체동산의 집행방법에 의할 수 있도록 함으로써, 부부 중 어느 쪽을 채무자로 하여도 집행관에 의한 가재도구에 대한 집행이 가능하게 되었다. 채무자가 아닌 배우자에게는 우선매수권과 매득금의 지급요구권을 부여하여 보호하고 있다.

---

620) 대법원 2006. 4. 13. 선고 2005두15151 판결: 부부공유 유체동산의 압류에 관한 민사집행법 제190조의 규정은 체납처분의 경우에 유추적용을 배제할 만한 특수성이 없으므로 이를 체납처분의 경우에도 유추적용할 수 있다.

621) 채무자의 공유가 아닌 배우자의 특유재산이 압류되었을 때에는 그 압류의 배제를 구하기 위한 제3자이의의 소를 제기할 수 있다.

판례는 사실혼관계에 있는 부부의 공유 유체동산에 대해서도 민사집행법 제190조가 유추적용된다고 한다.[622] 부부공유물이 아닌 유체동산의 공유지분은 유체동산집행의 대상이 아니라 그 밖의 재산권에 대한 집행에 의한다.

[사례 9-2] 부부 공유의 가재도구에 대한 강제집행

甲은 乙에 대한 집행권원을 갖고 있으나 乙 소유명의의 재산은 없고 乙의 처 丙 명의로 된 주택에서 丙 등 가족들과 함께 거주하고 있다. 甲은 乙·丙 부부가 사용하는 가재도구 등 생활용품에 대하여 강제집행을 할 수 있는가? 甲은 乙의 배우자 丙의 재산에 대해서도 강제집행을 할 수 있는가?

부부별산제하에서 甲은 원칙적으로 채무자 乙의 처인 丙 명의의 재산에 대해서는 집행할 수 없다. 다만 乙·丙이 짜고 채권자인 甲의 강제집행을 면탈하기 위하여 소유명의만을 丙 앞으로 이전하여 놓은 경우, 甲은 乙·丙 간의 사해행위를 취소하고 乙 앞으로 소유명의를 돌려놓은 후 강제집행을 할 수 있다.

가재도구 등 부부 공유재산인 유체동산은 채무자가 점유하고 있거나 그 배우자와 공동점유하는 때에는 그 전부를 압류할 수 있다. 부부의 공유재산은 부부가 공동으로 관리·사용·수익하는 것이 통례이므로 부부 공유재산은 통상 그 공동점유에 속할 것이나, 부부가 일시 별거하는 경우와 같이 점유(소지)는 채무자만이 하고 있는 경우도 있다. 집행관이 압류함에 있어서는 부부 공유에 속하는 것인지 여부를 조사할 필요는 없고, 채무자나 배우자의 점유상태만을 표준으로 압류가 행해진다. 채무자가 아닌 배우자를 보호하기 위하여 압류한 유체동산을 경매하는 경우 배우자는 매각기일에 출석하여 최고매수신고가격과 동일한 가격으로 우선매수할 것을 신청할 수 있다(제206조).

또 부부 공유의 유체동산을 압류한 경우 공유지분을 주장하는 채무자 아닌 배우자는 매각대금의 지급을 요구할 수 있고(제221조), 채권자가 배우자의 지급요구에 이의가 있는 때에는 배당이의의 소에 준하는 공유관계 부인의 소(또는 공유관계부존재확인의 소)를 제기하여 배당할 날로부터 7일 이내에 그 제소사실을 증명하여야 한다.

위 사례에서 甲은 乙·丙의 가재도구 등에 대하여 유체동산집행의 방법으로 압류할 수 있고, 丙은 경매개시 후 종료 전까지 매각기일에 출석하여 최고가매수신고가격과 동

---

622) 대법원 1997. 11. 11. 선고 97다34273 판결.

일한 가격으로 우선하여 매수할 수도 있고, 집행관이 매각대금을 영수할 때까지 압류된 가재도구의 매득금의 반액(공유지분)의 지급을 요구할 수 있다.

2. 채무자 점유의 유체동산 등

채무자가 점유하고 있는 유체동산이나 채무자 소유로 채권자가 점유하거나 채무자의 소유물을 점유하고 있는 제3자가 물건의 제출을 거부하지 않으면 압류할 수 있다(제191조).

가. 형식주의

채무자가 외관상 점유하고 있는 유체동산이면 실체적 권리관계와 관계없이 압류가 가능하고(형식주의), 제3자가 그 물건에 대하여 소유권 및 기타 권리를 가지고 있는 경우에는 제3자이의의 소를 통해 구제받을 수밖에 없다.

주택의 점유자(지배자)는 원칙적으로 그 안에 있는 물건을 점유하고 있는 것으로 볼 것이고(고용인이나 동거가족은 점유보조자로 본다), 사업체의 업주는 그 사업체 내의 물건 및 사업용품에 대하여 점유하고 있는 것으로 인정된다.

통상 사업자등록증상의 명의자가 채무자인 경우에는 집행관은 채무자의 점유로 인정하여 압류한다. 그러나 사업자등록증상의 명의만을 기준으로 하여 점유 여부가 가려지는 것은 아니다. 예컨대 사업자등록증상의 명의를 처 앞으로 하여 놓았다 하여도, 채권자가 신청하는 여러 사정을 종합하여 남편이 진정한 업주라고 인정되면 그 영업소 내에 있는 영업용품 등을 남편의 점유로 보아 압류할 수 있다.

나. 채권자가 점유하는 채무자 소유의 재산

채무자 소유의 재산이면 채권자의 점유하에 들어온 유체동산을 채권자가 집행관에게 제출하여 압류할 수 있다. 채권자가 스스로 채무자의 물건을 질권이나 양도담보권의 목적물로 점유하는 경우에도 압류할 수 있다고 보는 것이 일반적이다.

다. 제3자가 점유하는 채무자소유의 재산

제3자가 점유하는 채무자 소유의 물건에 대하여 제3자가 제출을 거부하면 압류할 수 없고, 이때에는 유체동산인도청구권 또는 반환청구권에 대한 채권집행의 방법에 의하여 집행할 수 있다. 제3자인 점유자의 의사에 반하여 압류하였을 때 제3자는 집행에 관한 이의나 제3자이의의 소를 제기하여 압류를 배제할 수 있다.

3. 초과압류의 금지, 무잉여(無剩餘: 남을 것이 없는) 압류의 금지

압류는 집행력 있는 정본에 기재된 청구금액의 변제와 집행비용의 변제에 필요한 한도에서 하여야 하고(제188조 제2항, 초과압류의 금지), 압류물을 현금화하여도 그 집행비용 외에 남을 것이 없으면 압류는 채권자에게 아무런 도움을 주지 못하기 때문에 이러한 압류는 금지된다(제188조 제3항, 남을 것이 없는 압류의 금지). 위 한도를 벗어나는 압류는 당연무효는 아니고, 채무자가 집행에 관한 이의로써 불복할 수 있다.

4. 국가와 지방자치단체에 대한 강제집행

가. 국가에 대한 강제집행

국가를 상대로 손해배상청구를 하거나 금전지급청구권이 있음을 내용으로 하는 집행권원을 얻어 국가에 대하여 강제집행을 하는 경우, 국유재산 중 어느 것이나 압류의 대상이 되는 것은 아니고 국고금(國庫金)에 대해서만 압류할 수 있다(제192조). 따라서 국가의 일반재산(국유재산)은 압류할 수 없다. 국고금은 국가에 속하는 현금으로 세입금·세출금·세입세출의 현금(우편송금·보관금·공탁금·일시차입금)이 이에 속한다. 국가에 대한 집행권원으로 집행하는 이상 정부의 어느 부서에서 보관하는 국고금이든 이를 압류할 수 있다.

공탁금은 대법원이 지정하는 은행에 납입하는 것으로 제3자인 은행이 공탁금을 점유하는 경우에 해당하여 그 제3자가 제출을 거부하지 아니하는 경우에 한하여 압류할 수 있고, 그 외의 경우에는 채권 및 기타 재산권의 집행방법으로 압류할 수 있다. 한국은행의 국고금계정에 입금되어 있는 금전에 대해서는 국고금압류의 방법으로 집행할 수 없고,

한국은행을 제3채무자로 하는 채권압류·전부명령에 의하여 집행한다.

나. 지방자치단체에 대한 강제집행

국고금에 대해서만 압류할 수 있는 것은 국가에 대한 강제집행의 경우이고, 국가 이외의 공법인(지방자치단체·공공조합·영조물법인)에 대해서는 일반원칙에 따라 그 모든 재산이 집행의 대상으로 된다.

5. 압류금지물

채무자가 점유하는 유체동산이라도 채무자의 최저한의 생활보장 등 사회정책적 견지에 다음과 같이 압류할 수 없는 물건을 정하고 있다. 집행관이 압류금지규정을 어긴 경우 집행에 관한 이의에 의하여 취소시킬 수 있다.[623] 집행법원은 신청에 의하여 유체동산압류의 전부 또는 일부의 취소를 명하여 압류금지물의 범위를 확대할 수 있고, 압류금지물의 압류를 명하여 압류금지물의 범위를 축소할 수 있다(제196조 제1항).

가. 민사집행법 제195조에서 정하는 압류금지물

① 채무자 및 그와 같이 사는 친족(사실상의 관계에 따른 친족을 포함한다. 이하 '채무자 등'이라 한다)의 생활에 필요한 의복·침구·가구·부엌가구 및 그 밖의 생활필수품
② 채무자 등의 생활에 필요한 2개월간의 식료품·연료 및 조명재료
③ 채무자 등의 생활에 필요한 1개월간의 생계비로서 120만 원[624]
④ 주로 자기의 노동력에 의하여 농업을 하는 사람에게 없어서는 아니 될 농기구·비

---

623) 대법원 2003. 9. 26. 선고 2001다52773 판결: 공장저당의 목적인 동산은 공장저당법에 의하여 유체동산집행의 대상이 되지 아니하는 이른바 압류금지물에 해당하므로 집행관은 압류하여서는 아니 되지만, <u>금지규정을 어겨 압류한 경우에는 집행관은 집행에 관한 이의에 의한 법원의 결정이나 채권자의 신청에 의하지 아니하고는 스스로 압류를 해제할 수 없는 것이고</u>, 압류의 부당해제의 경우 집행관의 처분에 대한 이의로서 구제받을 것을 예정하고 있다고 하더라도, 그러한 구제절차를 취하였더라면 부당한 압류해제로 인한 손해를 방지할 수 있었다고 단정할 수 없는 이상 구제절차를 취하지 아니하였다는 사유만으로 부당한 압류해제로 인한 손해발생을 부정할 수는 없다.

624) 민사집행법 시행령 제2조 참조.

료·가축·사료·종자, 그 밖에 이에 준하는 물건

⑤ 주로 자기의 노동력으로 어업을 하는 사람에게 없어서는 아니 될 고기잡이 도구·어망·미끼·새끼고기, 그 밖에 이에 준하는 물건

⑥ 전문직 종사자·기술자·노무자, 그 밖에 주로 자기의 정신적 또는 육체적 노동으로 직업 또는 영업에 종사하는 사람에게 없어서는 아니 될 제복·도구, 그 밖에 이에 준하는 물건

⑦ 채무자 또는 그 친족이 받은 훈장·포장·기장, 그 밖에 이에 준하는 명예증표

⑧ 위패·영정·묘비, 그 밖에 상례(喪禮)·제사 또는 예배에 필요한 물건

⑨ 족보·집안의 역사적인 기록·사진첩, 그 밖에 선조 숭배에 필요한 물건

⑩ 채무자의 생활 또는 직무에 없어서는 아니 될 도장·문패·간판, 그 밖에 이에 준하는 물건

⑪ 채무자의 생활 또는 직업에 없어서는 아니 될 일기장·상업장부, 그 밖에 이에 준하는 물건

⑫ 공표되지 아니한 저작 또는 발명에 관한 물건

⑬ 채무자 등이 학교·교회·사찰, 그 밖의 교육기관 또는 종교단체에서 사용하는 교과서·교리서·학습용구, 그 밖에 이에 준하는 물건

⑭ 채무자 등의 일상생활에 필요한 안경·보청기·의치·의수족·지팡이·장애보조용 바퀴의자, 그 밖에 이에 준하는 신체보조기구

⑮ 채무자 등의 일상생활에 필요한 자동차로서 자동차관리법이 정하는 바에 따른 장애인용 경형자동차

⑯ 재해의 방지 또는 보완을 위하여 법령의 규정에 따라 설비하여야 하는 소방설비·경보기구·피난시설, 그 밖에 이에 준하는 물건

나. 특별법에서 정하는 압류금지물

① 생활보호법상 피보호자에게 급여된 보호금품(동법 제28조)

② 우편법상 우편 전용의 물건과 현재 우편에 공하는 물건(동법 제7조)

③ 신탁법상의 신탁재산(동법 제21조)

④ 공장 및 광업재단저당법상의 광업재단을 구성하는 물건(동법 제14조)

⑤ 국민기초생활법보장법상의 수급품과 이를 받을 권리(동법 제33조)

⑥ 기타 특별법에서 개별적으로 강제집행이나 압류 또는 양도 등을 금지 또는 제한하고 있는 경우

　㉮ 건설업자의 건설공사의 도급금액 중 노임에 상당하는 금액에 대한 압류금지(건설산업기본법 제88조)[625]

　㉯ 정부보관금증서의 매매·양도 등의 금지(정부보관금에관한법률 제3조)

　㉰ 국유문화재의 양도 등 금지(문화재보호법 제54조)

　㉱ 신용카드의 양도 등 금지(여신전문금융업법 제15조)

[3] 유체동산에 대한 집행절차

유체동산에 대한 강제집행절차를 도해하면 다음과 같다.

---

625) 건설산업기본법 시행령 제84조(압류대상에서 제외되는 노임의 산정방법 등)
　① 법 제88조 제2항의 규정에 의한 노임에 상당하는 금액은 당해 건설공사의 도급금액 중 산출내역서에 기재된 노임을 합산하여 이를 산정한다.
　② 건설공사의 발주자(하도급의 경우에는 수급인을 포함한다)는 제1항의 규정에 의한 노임을 도급계약서 또는 하도급계약서에 명시하여야 한다.

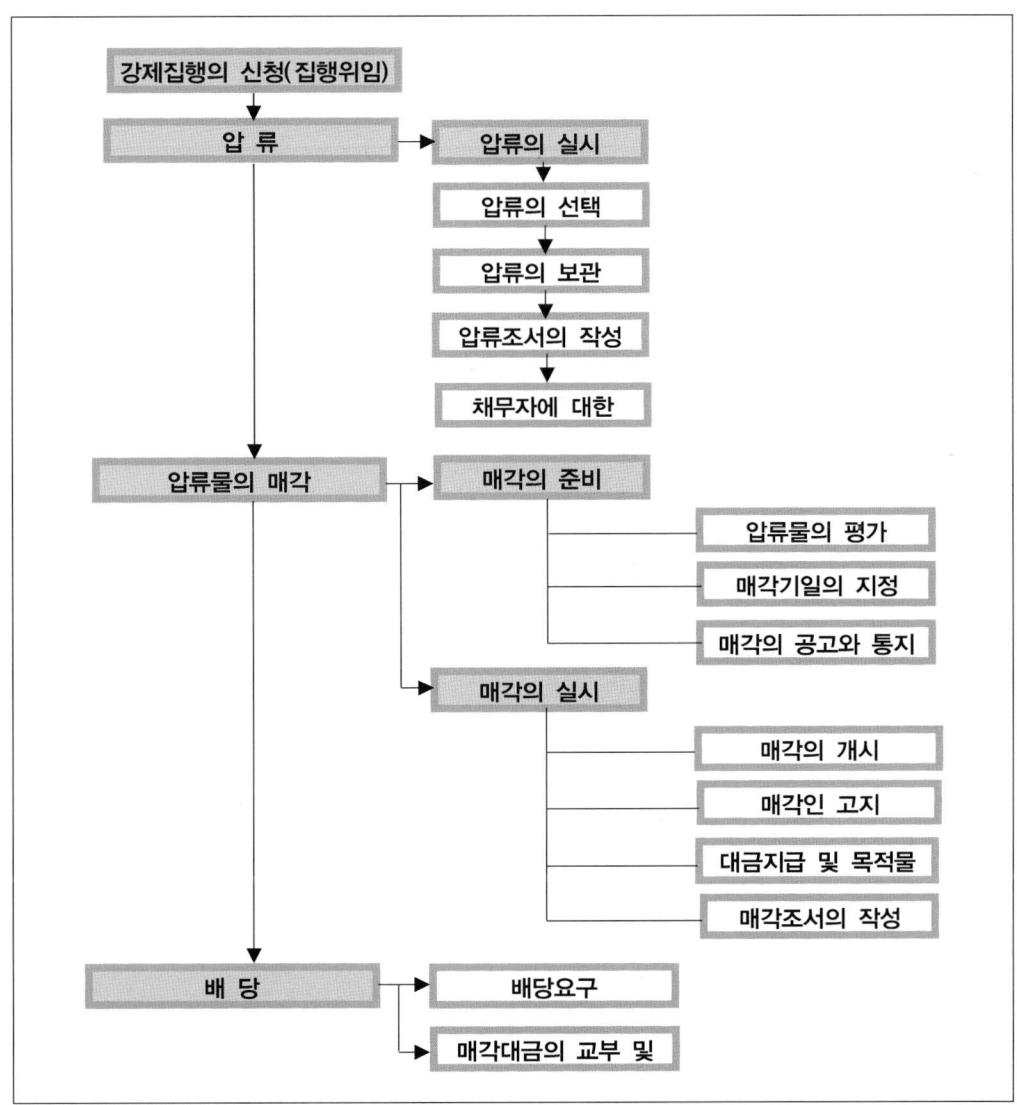

1. 강제집행의 신청(집행위임)

　유체동산에 대한 강제집행은 채권자가 압류할 유체동산 소재지의 집행관에게 다음과 같은 서면으로 강제집행신청서를 작성하여 제출함으로써 개시된다. 부동산집행의 경우와 같이 신청서에 압류할 목적물을 특정할 필요는 없다.

[서식] 유체동산에 대한 강제집행신청서

<table>
<tr><td colspan="4" align="center">**○○지방법원**</td></tr>
<tr><td colspan="4" align="center">**강제집행신청서**</td></tr>
<tr><td colspan="4" align="center">○○지방법원　　　집행관사무소　　　집행관　　　　　귀하</td></tr>
<tr><td>채권자 성 명
　　　 주 소
　　　 대리인</td><td colspan="3">○　○　○</td></tr>
<tr><td>채무자 성 명
　　　 주 소</td><td colspan="3">○　○　○</td></tr>
<tr><td>집행 목적물 소재지</td><td colspan="3"></td></tr>
<tr><td>집행권원</td><td colspan="3">서울중앙지방법원 2010. 4. 1.선고 2010가합1234호 판결</td></tr>
<tr><td>집행 목적물 및 집행방법</td><td colspan="3">목적물 소재지에 있는 집행가능한 유체동산 일체의 압류 및 매각</td></tr>
<tr><td>청구금액</td><td colspan="3">원 (내역은 뒷면과 같음)</td></tr>
</table>

위 집행권원에 터 잡아 집행을 하여 주시기 바랍니다.
다만 압류물을 채무자 또는 제3자에게 보관시킬 경우 그 물건에 대하여 고장이 발생하더라도 이의가 없습니다.

첨 부 서 류

　　　1. 집행력 있는 집행권원 정본　　　　　　　1통
　　　2. 송달증명서　　　　　　　　　　　　　　1통
　　　3. 위임장　　　　　　　　　　　　　　　　1통
　　　4. 목적물 소재지 약도　　　　　　　　　　1통

　　　　　　　　　　　　　　　　　2010.　.　.　.
　　　　　　　　　　　　　　　　채권자 ○ ○ ○ (인)
　　　　　　　　　　　　　　　　대리인

특 약:

　　　　　　　　　　　집행 2010년　 월　 일　 시 지정 통지영수
　　　　　　　　　　　　　　　　채권자 ○ ○ ○ (인)

　　강제집행신청을 접수받은 집행관은 채권자 본인 또는 위임받은 대리인인지 여부를 확인하여 접수증과 수수료 납부에 대한 영수증을 교부하고, 지체 없이 집행을 개시할 일시를 지정하여 채권자에게 참여하도록 통지한다. 그 집행을 개시할 일시는 특별한 사정이 없는 한 신청을 받은 날부터 1주일 이내로 정하도록 하고 있다. 집행관은 집행개시 요건에 흠결이 있으면 보정을 명하고, 집행장애 사유가 있으면 집행을 정지 또는 취소한다.

집행관은 채무자로부터 변제수령권이 있으므로 채무자가 집행관에게 채무액 상당의 금액을 임의변제하여 집행의 개시를 막을 수 있다.

2. 압류

가. 압류의 실시

집행관은 압류일시에 집행장소에 출장하여 압류를 실시한다. 집행관이 집행장소를 찾지 못하여 집행불능되는 것을 방지하기 위하여 채권자가 현장을 안내하고 집행에 참여한다. 집행관은 집행력 있는 정본과 집행관 신분증을 소지하고 채무자의 주거나 창고에 채무자의 승낙 없이 들어갈 수 있고, 압류할 물건을 찾기 위하여 잠긴 문을 강제로 열고 수색할 수 있다.

집행관은 집행하는 데 저항을 받거나 채무자의 주거에서 집행을 실시하려는 데 채무자나 사리를 분별할 지능이 있는 그 친족·고용인을 만나지 못한 때에는, 성년 두 사람이나 특별시·광역시의 구 또는 동 직원, 시·읍·면 직원 또는 경찰 공무원 중 한 사람을 증인으로 참여하게 하여야 한다. 집행관으로부터 집행실시의 증인으로 참여토록 요구받는 동 직원 또는 경찰관은 정당한 이유가 없는 한 그 요구를 거절할 수 없다. 그리고 집행관은 직무집행을 위하여 필요한 때에는 기술자 또는 노무자를 보조자로 사용할 수 있다.

채무자나 그 종업원의 저항이 심하여 집행관이 강제집행을 할 수 없는 경우 집행관은 경찰 또는 국군의 원조를 요청할 수 있다. 다만 국군의 원조는 이를 법원의 허가를 얻어야 한다. 채무자가 낮에 폐문 부재중일 경우에는 열쇠기사와 증인을 참여시켜 집행할 수 있고, 채무자가 저녁에 집에 돌아와 있는 경우나 공휴일·야간집행의 경우에는 집행 목적물 소재지에 출장하였으나 채무자가 폐문 부재중이고, 잠긴 문을 열 열쇠기사와 참여할 증인이 없어 집행불능이 된 경우에는 채권자는 강제집행을 속행하기 위하여 압류속행 신청을 하여야 한다.

나. 압류물의 선택

압류물의 선택은 채권자의 이익을 해하지 않는 범위 내에서 채무자의 이익을 고려하여 집행관이 선택한다.

다. 압류물의 보관

압류는 원칙적으로 집행관이 채무자가 점유하고 있는 목적물을 점유함으로써 하고(목적물에 대한 채무자의 점유를 전면적으로 배제하고, 집행관이 이를 직접 지배·보관하는 것),[626] 채권자의 승낙이 있거나 운반이 곤란한 때에는 집행관이 압류물을 채무자에게 보관하게 할 수 있다. 이때에는 **봉인(封印)** 및 기타의 방법으로 압류물임을 명확히 하여야 한다. 통상 다음과 같은 속칭 '딱지'라고 불리는 봉인표(압류물 표목) 또는 압류물임을 명백히 한 공시서를 붙이는 방법으로 압류하게 된다.[627] 본압류 시에는 적색, 가압류 시에는 녹색의 봉인표를 사용하고, 봉인표나 공시서를 파기하는 경우에는 공무상 비밀표시무효죄로 처벌된다.

압 류 표 목

○○년 본 제   호
○○지방법원 집행관   ○ ○ ○ (인)

201 .   .   .

위 표목을 파기하거나 무효케 한 자는 형벌을 받을 것이다.

---

626) 집행관은 채무자의 소유일 고도의 개연성이 추정되는 점유라는 외관을 보고 압류를 시행한다(형식주의).
627) 대법원 1991. 10. 11. 선고 91다8951 판결: 집달관이 물건을 압류하여 채무자에게 보관시키는 경우에 봉인 기타의 방법으로 압류를 명확히 하는 것은 압류의 효력발생요건이라 할 것이며, 압류의 표지가 명확하지 않은 경우의 압류는 무효일 뿐만 아니라 오히려 불성립에 속한다고 할 수 있으므로 위와 같은 하자를 추후에 집달관이 보정하여 경매하였다고 해서 그 흠이 치유되는 것은 아니다.

```
┌─────────────────────────────────────────────────────────────────┐
│                          공 시 서                                │
│                                                                   │
│   201 본      (     부)                                           │
│   채권자                                                          │
│   채무자                                                          │
│                                                                   │
│   아래 물건을 위 당사자 간의 유체동산강제집행사건에 관하여 금일 본 집행관이 압류한 것이니 누구  │
│   든지 그 물건을 처분하거나 이 공시서 또는 봉인표·표목 등을 손상·은닉 및 기타의 방법으로 효  │
│   용을 해하여서는 아니 된다. 이를 위반한 자는 형벌(형법 제140조 제1항, 제303조)을 받게 된다.  │
│                                                                   │
│                                        200 .    .    .           │
│                                                                   │
│                          ○○지방법원  집행관  ○ ○ ○ (인)        │
│                                                                   │
│   압류물건        별지와 같음                                     │
└─────────────────────────────────────────────────────────────────┘
```

집행관은 채권자 또는 제출을 거부하지 아니하는 제3자의 점유하에 있는 유체동산을 압류하는 경우에는 압류물을 그 채권자 또는 제3자의 보관 위임할 수 있다.

압류물을 채권자에게 보관시킨 경우 채무자는 목적물을 가격감소를 초래하지 않거나 목적물의 보관방법으로 인정되는 경우에는 압류표시를 훼손하지 않고 점유 중인 물건을 사용할 수 있다.

라. 압류조서 작성

집행관이 유체동산을 압류한 때에는 압류조서를 작성한다. 유체동산압류에 있어 봉인 기타 방법으로 압류를 명백히 한 경우에는 그 압류처분은 유효하고 압류조서의 작성은 압류의 사실을 기록 증명하는 것에 불과하여 압류처분의 효력발생 요건이라고는 할 수 없으므로 비록 압류조서목록에 그 기재가 누락되었다 하더라도 그 물건에 관해서도 압류한 이상 압류처분은 유효하다.[628]

---

628) 대법원 1984. 8. 21. 선고 84도855 판결.

마. 채무자에 대한 통지

집행관이 유체동산을 압류한 때에는 그 사유를 채무자에게 통지하고, 채무자가 압류에 참여한 때에는 구술로 통지하고 압류조서에 기재하면 된다.

바. 압류물의 보존·점검

집행관은 압류물의 보존을 위한 처분이 필요하다고 인정한 경우에는 보관인을 선임하여 압류물을 보관케 할 수 있고(금전 및 기타의 귀중품은 집행관이 이를 직접 보관하여야 한다), 기타 보존을 위한 필요한 조치를 할 수 있다. 집행관이 압류물을 직접 보관하지 아니하고 채무자나 제3자에게 보관시킨 경우에는 채권자 또는 채무자의 신청이 있거나 기타 필요하다고 인정할 때에는 압류물의 보관상황을 점검하고 점검조서를 작성한다. 채무자가 압류된 유체동산을 타에 양도해 버린 경우에는 집행관에게 압류점검신청을 하여 점검조서등본을 교부받아 채무자를 공무상 비밀표시무효죄로 형사고발할 수 있다.

압류물 보관자는 관할구역 내에서는 집행관에 대하여 압류물 보관장소 변경신고를 함으로써 압류물 보관장소를 변경할 수 있고, 집행관의 허가를 얻는 경우에는 관할구역 외에로의 압류물 보관장소를 변경할 수 있다.

[사례 9-3] 유체동산 압류의 효력

甲은 乙에 대한 집행력 있는 정본에 기하여 유체동산강제집행신청을 하여 집행관이 乙의 주거에 있는 당해 유체동산에 대하여 봉인의 방법으로 압류하였다. 그 후 乙이 위 압류에 반하여 이 유체동산을 제3자인 丙에게 양도할 수 있는가? 이 경우 집행관은 어떠한 방법으로 당해 물건을 회수할 수 있는가?

압류는 압류물에 대한 처분권을 채무자로부터 박탈하여 이를 국가의 수중에 두는 집행행위이다. 따라서 압류를 당한 채무자는 강제집행의 목적달성에 필요한 한도에서 처분이 금지된다. 위 사례에서 압류 후 乙이 丙에게 압류물을 양도하더라도 그 양도가 모든 사람에 대하여 절대적으로 무효가 되는 것은 아니고 압류채권자인 甲과의 사이에서만 무효가 된다(개별상대효설).

압류물의 보관을 맡은 채무자가 이를 제3자에게 양도한 경우 압류채권자는 압류물을 제3자가 점유하고 있는 것을 안 날부터 1주 이내에 집행법원(사법보좌관)에 그 제3자에 대하여 그 물건을 집행관에게 인도하라는 명령을 신청할 수 있다(제193조). 이 인도명령의 집행은 확정이나 집행문도 필요 없이 바로 집행할 수 있으나, 인도명령이 신청인에게 고지된 날부터 2주가 지나면 집행할 수 없다.

사법보좌관의 인도명령에 대해서는 이의신청을 거쳐 즉시항고를 할 수 있다. 인도명령의 절차상의 하자만인 항고이유가 되고, 제3자가 정당한 점유권이 있다는 것은 항고이유가 될 수 없고 제3자이의의 소로 주장할 수 있을 뿐이다.[629]

3. 압류물의 경매

압류된 유체동산은 집행관이 입찰 또는 호가경매의 방법으로 매각한다. 다만 금전이 압류된 경우에는 환가의 필요 없이 집행관은 이를 지체 없이 채권자에게 인도하여 집행을 종료시킨다.

금ㆍ은붙이는 그 금ㆍ은의 시장가격 이하로 매각하지 못하나, 그 시장가격 이상의 금액으로 매수하는 사람이 없으면 집행관은 시장가격에 따라 적당한 방법으로 매각할 수 있다.

집행관이 유가증권을 압류한 때에는 시장가격이 있는 것은 매각하는 날의 시장가격에 따라 적당한 방법으로 매각하고, 그 시장가격이 형성되지 아니한 것은 일반현금화의 규정에 따라 매각한다. 법원의 명령에 의한 특별현금화 방법이 인정된다.

경매를 실시하는 절차는 다음과 같다.

가. 압류물의 평가

압류물이 보석ㆍ귀금속류ㆍ골동품 등 고가품인 경우 집행관은 적당한 감정인에게 그 평가를 하게 하고, 고가물에 대한 감정인의 평가액은 경매의 참고자료가 된다. 집행관이 고가물이 아닌 유체동산을 압류할 때에는 스스로 그 가액을 평가하여 압류조서에 기재한

---

[629] 집행관이 어느 유체동산을 가압류하였다 하더라도 집행관이 종전의 소유자에게 계속하여 그 보관을 명한 경우에 있어서는 점유자의 사법상의 점유가 소멸되는 것이 아니며 그 물건을 점유하는 소유자가 이를 타인에게 매도하고 그 타인이 선의로 점유인도를 받은 경우에는 그 타인은 그 물건의 소유권을 적법하게 취득한다. 대법원 1966. 11. 22. 선고 66다1545,1546 판결.

다. 부동산집행에서와 같은 최저매각가격제도가 없다. 통상 압류하는 가재도구나 20만원 이하의 저가물은 집행관이 평가하게 하고 있다.

나. 매각일의 지정

매각은 원칙적으로 압류일로부터 7일 이상의 기간을 두고 지정된다. 다만 압류물을 보존함에 과다한 비용을 요하거나 시일의 경과로 그 물건의 가격이 현저히 감소될 염려가 있는 때에는 그 전에라도 매각할 수 있다. 곡물·야채·과일 등 미분리 과실의 매각은 충분히 익은 다음에 하여야 하고, 집행관은 매각하기 위하여 그 수확을 하게 할 수 있다.

압류집행을 하였으나 매각기일이 연기된 경우에는 채권자는 강제집행을 속행하기 위하여 매각기일정지신청을 할 수 있고, 매각기일을 실시하였으나 매수신청인이 없는 경우에는 기일을 속행한다.

상당한 기간이 경과하여도 집행관이 매각하지 아니하는 때에는 압류채권자는 일정한 기간 이내에 매각할 것을 최고하고, 그 최고에 응하지 아니한 때에는 법원에 필요한 명령을 신청할 수 있다.

매각은 압류한 유체동산이 있는 시·구·읍·면에서 하나, 실무상 압류를 행한 채무자의 주소지나 영업소에서 행한다. 그러나 ① 채권자와 채무자의 합의가 있는 때, ② 법원이 압류지 이외의 다른 장소를 매각장소로 지정한 때, ③ 집행관이 압류물의 보관자에게 관할구역 외에서 압류물을 보관하게 한 때에는 다른 장소에서도 매각할 수 있다.

다. 매각의 공고와 통지

집행관이 매각을 실시함에 있어서는 3일 전에 매각의 일시와 장소 및 매각할 물건을 표시하여 이를 공고하고, 채권자·채무자 및 압류물 보관자 그리고 부부 공유 유체동산을 압류한 때에는 그 배우자에게 미리 통지하여야 한다.

라. 매각의 실시

① 매각은 미리 지정한 일시·장소[630])에서 집행관이 매각조건을 정하여 이를 고지하

---

630) 매각장소는 통상 압류물이 있는 곳 특히 채무자의 주거가 그 장소가 되는 예가 많아 유체동산경매가 사

고 압류물에 대하여 매수신청을 최고하여 개시하고,[631]

② 최고가매수신고인을 고지한 다음,

③ 대금과 서로 맞바꾸어 매각물을 매수인에게 인도함으로써 종결한다.

매각은 개별경매가 원칙이나 상당한 이유가 있는 때에는 일괄경매를 할 수 있다. 채무자나 재매각시의 전 최고가매수신고인은 매수신청을 할 수 없다. 집행관 및 그 친족, 사무원도 매수신청을 할 수 없다. 매수신청은 구술로 한다. 집행관은 최고가매수인의 성명과 가격을 말한 뒤 매각기일에 대금지급과 매각물의 인도가 동시에 이루어진다. 채권자가 매수인인 경우에는 다른 배당요구채권자가 없는 때 매각대금과 집행채권을 상계할 수 있다. 매수인은 대금지급과 상환하여 매각물을 인도받을 때 소유권을 취득한다. 집행관이 매각기일을 실시한 때에는 매각조서를 작성한다.

┌─ **[사례 9-4] 이중압류(압류의 경합)** ─────────────

甲은 乙에 대한 집행권원을 가지고 乙이 점유하는 유체동산을 압류하려 하였으나, 이미 乙의 다른 채권자 丙이 압류하고 있었다. 甲이 이중으로 압류할 수 있는가? 甲과 丙의 압류가 경합하는 경우의 법률상 효과는 어떻게 되는가?
└──────────────────────────────────────

채무자의 총재산은 모든 채권자를 위한 책임재산이 되므로 같은 집행절차에서 압류가 경합하는 경우가 생긴다. 이미 압류나 가압류가 되어 있더라도 다시 압류나 가압류를 할 수 있음은 물론이고, 유체동산을 압류 또는 가압류한 후 경매기일 전에 다른 강제집행의 신청이 있으면, 집행관은 이미 압류된 물건 이외에 추가로 압류할 물건이 있는지의 여부를 조사하여 그러한 물건이 있으면 이를 추가 압류하여 집행신청서와 추가압류조서를 먼저 압류한 집행관에게 교부하고, 그러한 물건이 없으면 집행신청서만을 먼저 압류한 집행관에게 교부한다.

이중압류가 이루어지면 뒤에 집행신청을 한 채권자의 집행위임은 선행집행을 실시한 집행관에게 이전한다. 또 이중압류가 되면 압류한 각 물건은 강제집행을 신청한 모든 채권자를 위하여 압류한 것으로 보고, 이미 압류된 물건과 추가 압류된 물건을 합하여 추

─────────────────────────────

실상 비공개 밀매(密買)로 흐르는 경향이 있다.

631) 입찰 또는 호가경매의 방법에 의하는데 집행실무상 통상 호가경매에 의하고 있다. 기간입찰은 할 수 없다.

가 압류물이 없는 경우에는 선행 압류물에 대하여 각 채권자의 압류의 효력이 미치고, 각 채권자는 그 압류물의 매득금으로부터 평등하게(안분비례로) 배당받는다.

위 사례는 채권자가 경합하는 경우이며 채무자가 경합하는 것은 원칙적으로 허용되지 않는다. 예컨대 甲을 채무자로 하여 압류한 유체동산을 다시 乙을 채무자로 하여 압류할 수 없다. 이때는 乙의 채권자는 乙을 대위하여 제3자이의의 소를 제기하여 甲을 채무자로 한 압류의 효력을 배제한 후에 압류해야 한다. 다만 부부 공유의 유체동산의 경우에는 예외가 인정되어 부를 채무자로 압류한 경우에도 다시 처를 채무자로 하여 다시 압류할 수 있다. 부부가 채무자로 경합한 경우에는 매각대금 2분의 1은 부의 채권자에게, 나머지 2분의 1은 처의 채권자에게 배당하게 된다.

4. 배당

가. 배당요구

유체동산집행에 있어서는 <u>실체법상 우선변제청구권이 있는 자에 한하여</u> 배당요구를 할 수 있다(제217조).[632] 부동산집행의 경우와 달리 집행력 있는 정본을 가진 자는 배당요구를 할 수 없고 이중압류해야 배당에 참가할 수 있으며, 압류 이전에 선행 가압류가 있는 경우에는 압류채권자와 같이 배당을 받게 된다. 배당요구는 집행관이 금전을 압류한 때 또는 매각대금을 영수한 때까지 할 수 있다. 배당요구가 있는 경우 집행관은 그 사유를 배당에 참가한 각 채권자와 채무자에게 통지하여야 한다(제219조). 채권의 일부만 배당요구한 경우 배당요구를 하지 아니한 채권을 추가하거나 확장할 수 없다.[633]

부부공유 유체동산을 압류한 경우 공유지분을 주장하는 배우자는 그 목적물에 대한 우선매수신청권을 행사하거나 자신의 공유지분에 대한 매각대금의 지급을 요구할 수 있고,

---

632) 동산양도담보권자나 소유권유보부채권자는 법률상 우선변제청구권자가 아니므로 배당요구를 할 수 없고 제3자이의의 소를 제기하여 강제집행의 배제를 구할 수 있다. 대법원 1994. 8. 26. 선고 93다44739 판결 참조.

633) 대법원 2008. 12. 24. 선고 2008다65242 판결: 집행력 있는 정본을 가진 채권자, 경매개시결정이 등기된 뒤에 가압류를 한 채권자, 민법·상법, 그 밖의 법률에 의하여 우선변제청구권이 있는 채권자는 배당요구의 종기까지 배당요구를 한 경우에 한하여 비로소 배당을 받을 수 있고, <u>적법한 배당요구를 하지 아니한 경우에는 실체법상 우선변제권이 있는 채권자라 하더라도 매각대금으로부터 배당을 받을 수 없으며, 배당요구의 종기까지 배당요구한 채권자라 할지라도 채권의 일부 금액만을 배당요구한 경우 배당요구의 종기 이후에는 배당요구하지 아니한 채권을 추가하거나 확장할 수 없다.</u>

지급요구의 절차와 시기는 배당요구에 관한 규정이 준용된다. 배우자의 지급요구가 있는 경우 이에 이의 있는 채권자는 그 배우자를 상대로 공유관계 부인의 소를 제기하여 부당한 지급요구를 배제할 수 있다.

배당요구의 시기에 관해서는 제220조에서 규정하고 있다.[634]

나. 매각대금의 교부 및 배당

채권자가 1인이거나 2인 이상이라도 압류금전이나 매각대금으로 각 채권자를 만족시킬 수 있는 경우에는 집행관이 압류금전이나 매각대금으로 각 채권자의 채권액을 지급하고 잔액이 있으면 채무자에게 교부한다.

집행관이 매각대금을 교부한 경우에는 채권자로부터 집행력 있는 정본 또는 채권증서와 영수증서를 제출받아 채무자에게 교부한다. 매각대금으로 배당에 참가한 모든 채권자를 만족하게 할 수 없고 매각허가된 날부터 2주일 내에 채권자 사이에 배당협의가 이루어지지 아니한 때에는 집행관은 매각대금을 공탁하고 집행절차에 관한 서류를 첨부하여 그 사유를 집행법원에 신고한다. 그 후 집행법원(사법보좌관)은 사유신고의 내용에 따라 배당절차를 실시하게 된다.

[참고판례]

채무자 이외의 자의 소유에 속하는 동산에 대한 경매절차에서 그 동산의 매득금은 채무자의 것이 아니어서 채권자가 이를 배당을 받았다고 하더라도 채권은 소멸하지 않고 계속 존속하므로, 배당을 받은 채권자는 이로 인하여 법률상 원인 없는 이득을 얻고 소유자는 경매에 의하여 소유권을 상실하는 손해를 입게 되었다고 할 것이니, 그 동산의 소유자는 배당을 받은 채권자에 대하여 부당이득으로서 배당받은 금원의 반환을 청구할 수 있다.[635]

---

634) 민사집행법 제220조(배당요구의 시기)
　　① 배당요구는 다음 각 호의 시기까지 할 수 있다.
　　1. 집행관이 금전을 압류한 때 또는 매각대금을 영수한 때
　　2. 집행관이 어음·수표 그 밖의 금전의 지급을 목적으로 한 유가증권에 대하여 그 금전을 지급받은 때
　　② 제198조 제4항에 따라 공탁된 매각대금에 대해서는 동산집행을 계속하여 진행할 수 있게 된 때까지, 제296조 제5항 단서에 따라 공탁된 매각대금에 대해서는 압류의 신청을 한 때까지 배당요구를 할 수 있다.

5. 압류의 취소(해제)

집행관은 ① 집행취소의 재판의 정본이 제출된 때, ② 채권자가 집행신청의 취하 또는 압류해제신청을 한 때, ③ 압류물을 현금화하여도 집행비용 이외에 남을 것이 없는 경우, ④ 압류의 일부에 대한 매각대금으로 집행비용 및 채권의 변제에 충분하게 되어 잔여압류에 대한 경매를 중지한 때에는 압류를 취소한다.

채권자는 집행관이 아직 압류집행을 하지 않은 때에는 강제집행신청취하서를 제출하고, 이미 압류집행을 한 때에는 강제집행신청취하 및 집행해제신청을 제출하여 집행을 취소시킬 수 있다. 집행관이 압류를 취소한 때에는 채무자 또는 압류물수취권자에게 압류해제통지를 하고, 채권자에게 그 이유를 통지한다.

---

635) 대법원 2003. 7. 25. 선고 2002다39616 판결.

제10장 채권집행

[1] 금전채권에 대한 강제집행

1. 금전채권에 대한 집행절차의 개요

채권자는 채무자의 부동산이나 유체동산뿐만 아니라 채권과 그 밖의 재산권에 대해서도 강제집행을 할 수 있고, 집행실무상 이를 '채권집행', '기타집행'이라 한다. 채권집행은 크게 금전채권에 대한 집행과 그 밖의 유체물의 권리이전·인도청구권에 대한 집행으로 나뉘는데 전자가 채권집행의 대종을 이룬다. 채권과 그 밖의 재산권에 대한 집행은 집행법원의 재판에 의하여 하고, 채무자 외에 그러한 권리의 의무자인 제3자(제3채무자)도 집행절차에 관여하는 점에서 부동산집행이나 유체동산집행과 다르다. 집행실무상 채권집행 건수가 압도적 다수를 차지하고 있음은 이미 본 바와 같다.

그중 금전채권에 대한 집행은 채무자의 재산 중 채무자가 제3채무자에 대하여 금전의 급여를 구할 수 있는 각종의 청구권에 대하여 하는 강제집행이다. 채무자가 은행예금이 있다든지 제3자에 대한 채권이 있는 경우 채권자는 관할법원에 압류명령을 신청하여 압류명령을 발하면, 제3채무자인 은행 등은 예금이나 채권을 채무자에게 지급하여서는 아니 된다는 지급금지명령을, 채무자에게는 그 채권의 수령과 처분을 금지하는 압류명령을 내리게 된다.

집행채권의 만족을 얻기 위해서는 따로 현금화 절차를 취해야 한다. 통상 채권자는 위 압류명령과 동시에 추심명령을 신청하여 채무자 대신 제3채무자로부터 돈을 받거나 또는 전부명령을 신청하여 집행채권의 변제에 대신하여 채권 자체를 이전받을 수 있다. 다만 압류한 채권이 추심명령이나 전부명령에 의하여 현금화하기 곤란한 경우에는 법원이 채권자의 신청에 의하여 양도명령 등 특별현금화 방법을 명할 수 있다.

본 장에서는 금전채권에 대한 집행을 중심으로 보기로 한다. 채권집행 중 금전채권에 대한 집행은 채무자의 재산 중 채무자가 제3채무자에 대하여 금전의 급여를 구할 수 있는 각종의 청구권에 대하여 하는 강제집행이다. 예컨대 집행채권자 甲이 집행채무자 乙이 제3채무자 丙에 대하여 갖고 있는 금전채권인 금 1억 원에 대하여 강제집행을 하는 경우이다.

금전채권에 대한 강제집행절차를 구체적으로 살펴보기 전에 피압류채권의 적격에 관하여 검토하기로 한다.

2. 피압류채권의 적격

가. 압류적격의 금전채권

금전채권이라도 집행의 대상이 될 수 있는 피압류채권의 적격을 갖추어야 집행이 가능하다.

① 채권은 압류명령이 제3채무자에게 송달된 시점에 **채무자의 책임재산**에 속해야 한다.[636] 공무원의 봉급이나 국회의원의 세비청구권, 지방의회의원의 의정활동비,[637] 토지수용보상금채권도 압류할 수 있다.

② 채권은 **독립하여 처분**할 수 있고 **현금화**할 수 있어야 한다.
장래 발생할 채권이나 조건부채권도 현재 그 권리의 특정이 가능하고 가까운 장래에 발생할 것이 상당 정도 기대되는 경우에는 이를 압류할 수 있다.[638] 변제기가 도래하기 전이라도 압류할 수 있다. 채권의 수액이 압류 당시 현실적으로 확정할

---

636) 대법원 2006. 2. 9. 선고 2005다28747 판결: 채권이 집행의 대상으로서의 적격, 즉 압류적격을 가지기 위해서는 그 채권이 집행채무자에게 귀속되어 채무자의 책임재산의 일부를 이루어야 하고, 당해 채권이 채무자의 책임재산에 속하는가를 판정하는 시점은 압류명령이 제3채무자에게 송달된 때로서 발생이 확정된 채권이 압류의 대상이 됨이 원칙이므로, 압류명령 송달 당시 이미 변제기가 도래하였으나 근로자에 지급되지 않은 임금채권에 대한 압류도 유효하다.

637) 대법원 2004. 6. 18. 자 2004마336 결정: 지방의회의원이 지급받는 비용들은 근로자의 근로의 대가로서의 급여와는 그 성격이 다른 것으로서 지방의회의원은 지방자치법에서 정한 겸직의 제한을 받는 외에는 보수를 수반한 겸직이 금지되고 있지 아니하므로 지방의회의원에게 지급되는 비용들은 민사집행법 제246조 제1항에서 정한 압류금지채권에 해당하지 아니한다.

638) 대법원 2001. 9. 8.자 2000마5252 결정.

수 없어도 된다. 퇴직 전의 퇴직금채권, 임차인의 임대보증금반환채권, 골프클럽 회원의 예치보증금반환채권, 공사완성 전의 공사대금청구권 등도 압류할 수 있다. 그러나 추심권능은 그 자체로서 독립적으로 처분하여 현금화할 수 있는 것이 아니어서 압류할 수 없다.[639]

③ 채무자의 채권이 **양도**할 수 없는 것은 압류할 수 없다.

국가나 지방자치단체의 조세·부담금·경비 등 징수권이나, 부양료청구권(민법 제979조), 유류분반환청구권(민법 제1115조) 등은 성질상 양도가 금지되므로 압류의 대상이 되지 않는다. 그러나 계금이나 계불입금은 압류할 수 있고, 당사자 간에 양도할 수 없는 것으로 특약한 채권이라도 압류할 수 있다.[640] 예컨대 공사도급인과 수급인이 공사대금을 제3자에게 양도할 수 없는 것으로 약정하더라도 제3자는 공사대금채권을 양수받을 수 있고 압류할 수도 있다.

나. 압류금지채권

민사집행법이나 특별법에서 채무자의 생활보장 또는 사회정책적 이유에서 압류할 수 없는 채권(압류금지채권)을 규정하고 있으므로 금전채권에 대한 집행에 있어서는 이를 확인하여야한다. 법원의 재판에 의하여 압류금지채권의 범위변경이 가능하다(제246조 제2항).

압류금지채권의 목적물이 채무자의 예금계좌에 입금된 경우에는 그 예금채권에 대해서는 더 이상 압류금지의 효력이 미치지 아니하므로, 그 예금은 압류금지채권에 해당하지 아니한다. 다만 이 경우에도 원래의 압류금지의 취지는 참작되어야 할 것이므로 민사집

---

639) 따라서 채권압류 및 추심명령을 얻고 추심금소송에서 승소판결을 얻었다 하더라도 그 판결에 의하여 지급받을 채권에 대해서는 압류할 수 없다. 대법원 1997. 3. 14. 선고 96다54300 판결: 금전채권에 대하여 압류 및 추심명령이 있었다고 하더라도 이는 강제집행절차에서 압류채권자에게 채무자의 제3채무자에 대한 채권을 추심할 권능만을 부여하는 것으로서 강제집행절차상의 환가처분의 실현행위에 지나지 아니한 것이며, 이로 인하여 채무자가 제3채무자에 대하여 가지는 채권이 압류채권자에게 이전되거나 귀속되는 것이 아니므로, 이와 같은 <u>추심권능은 그 자체로서 독립적으로 처분하여 환가할 수 있는 것이 아니어서 압류할 수 없는 성질의 것이고, 따라서 이러한 추심권능에 대한 가압류결정은 무효이며, 추심권능을 소송상 행사하여 승소확정판결을 받았다 하더라도 그 판결에 기하여 금원을 지급받는 것 역시 추심권능에 속하는 것이므로, 이러한 판결에 기하여 지급받을 채권에 대한 가압류결정도 무효</u>라고 보아야 한다.

640) 대법원 2002. 8. 27. 선고 2001다71699 판결: 당사자 사이에 양도금지의 특약이 있는 채권이라도 압류 및 전부명령에 따라 이전될 수 있고, 양도금지의 특약이 있는 사실에 관하여 압류채권자가 선의인가 악의인가는 전부명령의 효력에 영향이 없다.

행법 제246조가 정하는 바에 따라 집행법원이 채무자의 신청에 의하여 채권자와 채무자의 생활형편 그 밖의 사정을 고려하여 압류명령의 전부 또는 일부를 취소할 수 있다.[641]

(1) 민사집행법 제246조 제1항의 압류금지채권

① 법령에 규정된 부양료(부양료청구권) 및 유족부조료(공무원연금법 등에 의한 유족보상금, 유족연금 등)(제1호)

② 채무자가 구호사업이나 제3자의 도움으로 계속 받는 수입(제2호)

③ 병사의 급료(제3호)

④ <u>급료·연금·봉급·상여금·퇴직연금, 그 밖에 이와 비슷한 성질을 가진 급여채권의 2분의 1에 해당하는 금액.</u>[642] 다만 그 금액이 국민기초생활보장법에 의한 최저생계비를 감안하여 대통령령이 정하는 금액에 미치지 못하는 경우 또는 표준적인 가구의 생계비를 감안하여 대통령령이 정하는 금액을 초과하는 경우에는 각각 당해 대통령령이 정하는 금액으로 한다(제4호).[643]

여기서 유의할 것은 공무원이나 군인, 사립학교 교원의 퇴직연금 및 선원의 퇴직수당은 그 전액이 압류금지채권으로 규정되어 있어(공무원연금법 제32조, 사립학교연금법 제40조, 선원법 제123조) 공무원이나 군인, 사립학교 교직원의 퇴직금은 압류가 불가능하고, 사기업체에 종사하는 근로자의 퇴직금만 그 2분의 1에 해당하는 금액을 압류할 수 있다.

⑤ <u>퇴직금이나 그 밖에 이와 비슷한 성질을 가진 급여채권의 2분의 1에 해당하는 금액</u>

⑥ 주택임대차보호법 제8조, 같은 법 시행령의 규정에 따라 우선변제를 받을 수 있는 금액[644]

(2) 특별법상의 압류금지채권

① 공무원연금법에 의하여 급여를 받을 권리(동법 제32조)

---

641) 대법원 1999. 10. 6.자 99마4857 결정.

642) 여기의 급여에는 기본급만이 아니라 제 수당이 포함되고, 급여 총액에서 소득세·주민세·보험료 등 원천징수액을 공제한 잔액의 2분의 1이다.

643) 국세징수법 제33조도 급료·임금·봉급·세비·퇴직연금 및 기타 이에 유사한 급여금에 대해서는 그 총액의 2분의 1을 초과하여 압류할 수 없도록 하고 있다.

644) 2010. 7. 23. 법률 제10376호 민사집행법 개정법률에 의하여 공포와 동시에 개정법이 시행되고 있다.

② 군인연금법에 의하여 급여를 받을 권리(동법 제7조)

③ 군인보험법에 의하여 급여를 받을 권리(동법 제14조)

④ 국가유공자예우 등에 관한 법률에 의하여 지급받는 보상금(동법 제19조)

⑤ 사립학교교직원연금법에 의하여 급여를 받을 권리(동법 제40조)

⑥ 국민연금법상의 각종 급여를 받을 권리(동법 제54조)

⑦ 근로기준법에 의하여 지급받게 될 보상청구권(동법 제86조)

⑧ 산업재해보상보험법상의 각종 급여(동법 제16조 제2항)

⑨ 자동차손해배상보장법에 의한 피해자의 보상청구권 또는 가불금청구권(동법 제40조)

⑩ 생활보호법상의 보호금품을 받을 권리(동법 제28조, 제29조)

⑪ 선원보험법상의 보험급여를 받을 권리(동법 제28조)

⑫ 국민건강보험법상의 보험급여를 받을 권리(동법 제54조)

⑬ 선원법상의 재해보상 등을 받을 권리(동법 제124조)

⑭ 형사보상청구권(동법 제22조)

⑮ 생명 · 신체의 침해로 인한 국가배상을 받을 권리(국가배상법 제4조)

⑯ 실업급여를 받을 권리(고용보험법 제29조)

⑰ 학교법인의 수업료 기타 납부금 수입을 관리하는 별도계좌의 예금채권(사립학교법 제28조 제3항)

⑱ 학교법인의 국가 등에 대한 보조금교부채권(사립학교법 제43조 제1항 등)

⑲ 정당의 국가에 대한 국고보조금을 지급받을 권리(정치자금법 제27조의 2)

⑳ 건설산업기본법상의 건설업자가 도급받은 건설공사의 도급금액 중 당해 공사의 근로자에게 지급하여야 할 노임에 상당하는 금액(동법 제88조)[645]

그러나 국가배상을 받을 권리에 대해서는 양도 · 압류를 금지하고 있는 규정에도 불구

---

645) 대법원 2008. 6. 12. 선고 2008다11702 판결: 건설산업기본법 제88조 및 건설산업기본법 시행령 제84조에서 건설업자가 도급받은 건설공사의 도급금액 중 당해 공사의 근로자에게 지급하여야 할 노임에 상당하는 금액에 대하여 압류를 금지한 것은 근로자의 생존권을 최소한도로 보장하려는 헌법상의 사회보장적 요구에서 비롯된 것으로서, 근로자의 임금 등 채권에 대한 우선변제권을 인정하고 있는 근로기준법 규정과 함께 근로자의 생활안정을 실질적으로 보장하기 위한 또 다른 규정이라고 할 것이므로, 이와 같은 압류가 금지된 채권에 대한 압류명령은 강행법규에 위반되어 무효라 할 것이며, 추심명령의 전제가 되는 압류가 무효인 경우 그 압류에 기한 추심명령은 절차법상으로는 당연무효라고 할 수 없다 하더라도 실체법상으로는 그 효력을 발생하지 아니하는 의미의 무효라고 할 것이고, 따라서 제3채무자는 압류채권자의 추심금 지급청구에 대하여 위와 같은 실체법상의 무효를 들어 항변할 수 있다고 할 것이다(대법원 2007. 9. 6. 선고 2007다29591 판결 참조).

하고, 상해를 치료한 의료인이 피해자에 대한 치료비청구권에 기하여 피해자의 국가에 대한 치료비청구권을 압류하는 경우와 같은 특별한 사정이 있는 경우에는 압류가 허용된다는 것이 판례의 입장이다.646) 우체국보험금 및 환급금 청구채권 전액에 대하여 무조건 압류를 금지한 우체국예금·보험에 관한 법률 제45조에 대한 헌법재판소의 헌법불합치 결정647)으로 위 법률이 개정되어 위 법률상의 보험금청구권의 1/2에 해당하는 금액까지는 압류를 허용하고 있다.648)

압류가 금지된 채권에 대한 압류명령은 강행법규에 위반되어 무효이다.649)

[사례 10-1] 학교법인의 예금에 대한 압류

甲은 乙학교법인에 대한 집행력 있는 판결 정본에 기하여 乙학교법인이 丙은행 강남지점에 예금한 보통예금반환청구권에 대하여 압류할 수 있는가? 위 예금은 乙학교법인이 유지·경영하는 고등학교의 교장이 乙학교법인을 대리하여 한 것이다.

사립학교의 교지·교사·실습실 등 학교교육에 직접 사용되는 학교법인의 재산은 이를 매도하거나 담보에 제공할 수 없고(사립학교법 제28조, 동시행령 제12조),650) 학교법인의 회계는 그가 설치·경영하는 학교에 속하는 회계와 법인의 업무에 속하는 회계로 구분한다(사립학교법 제29조).

종래 은행예금 등 채권이 사립학교법 제29조에 의하여 학교법인의 업무에 속하는 회계와 구분되는 학교법인이 설치·운영하는 학교의 회계에 포함되어 있더라도, 이러한 구분은 학교법인의 내부관계를 규율하는 단속규정에 불과하므로 학교법인에 대한 집행권원으로 위 채권을 압류하는 것은 유효하다고 보았다.651) 따라서 위 사례에서 甲은 乙 학교법인에 대한 집행권원으로 乙 학교법인이 설치·운영하는 학교의 회계에 속하는 은행예

---

646) 대법원 2004. 5. 28.선고 2004다6542 판결.

647) 헌법재판소 2008. 5. 29. 선고 2006헌바5 결정.

648) 2009. 4. 22. 법률 제9628호 우체국예금·보험에 관한 법률 개정법률 제45조 참조.

649) 대법원 1988. 2. 9. 선고 87다카2540 판결: 자동차손해배상보장법 제19조[현행 제40조]의 규정취지는 자동차사고로 인한 피해자의 보호를 목적으로 책임보험금의 한도 안에서 피해자의 보험회사에 대한 직접청구권과 가불금청구권을 제도적으로 보장하기 위하여 그 청구권의 압류를 금지하려는 데 있으므로 위 규정은 강행규정이라 할 것이고 따라서 <u>압류가 금지된 위 청구권(채권)에 대하여 법원으로부터 압류 및 전부명령을 받았다 하더라도 그로 인하여 실체법상의 효과를 발생시킬 수 없다.</u>

650) 따라서 유치원 건물은 담보로 제공할 수 없다.

651) 대법원 1987. 3. 24. 선고 86다카2389 판결 등.

금에 대해서도 압류할 수 있었다.

학교법인의 채권자가 학생들의 등록금계좌에 대하여 압류한 사건에서, 판례는 학교법인 명의의 예금채권 중 학교법인의 교비회계의 수입에 해당하는 입학금·수업료 등을 예치한 것으로서 학교교육에 직접 사용하도록 되어 있는 재산이 포함되어 있다고 하더라도, 학교법인의 채권자가 그러한 예금채권에 대하여 압류 등의 강제집행을 하는 것이 사립학교법 등에 의하여 금지되어 있다고 볼 수 없다고 하였다.652) 이에 따라 학교법인의 채권자들이 학생들의 등록금계좌에 대하여 압류를 하는 등 사회문제가 발생하자 사립학교법 제28조 제3항을 신설하여 사립학교의 수업료 및 기타 납부금을 받을 권리와 학교법인의 교비회계의 수입으로 별도 계좌로 관리하는 수업료 및 기타 납부금 수입에 대한 예금채권은 이를 압류하지 못하도록 하였다.

판례는 사립학교법 제28조 제3항의 입류가 금지되는 '수업료 기다 납부금'에는 입학금·학교운영지원비 또는 기성회비 외에 육성회비, 특기·적성비, 보충수업비, 수학여행경비도 포함된다고 한다.653)

┌─ **[사례 10 - 2] 급여 및 퇴직금의 압류** ─────────────

　甲은 乙에 대한 집행권원을 가지고 있으나 乙은 별다른 재산은 없고 丙 회사에 다니면서 받는 급여로 생활하고 있다.

　<1> 甲은 乙이 丙 회사로부터 받는 월급과 퇴직 시 받을 퇴직금을 압류할 수 있는가?

　<2> 乙이 공(私)립학교 교원인 경우에는 어떠한가?

　<3> 이미 丁이 乙로부터 퇴직금채권을 양수받은 경우에는 어떻게 되는가?

└──────────────────────────────

민사집행법 제246조 제1항 제4호는 급료·연금·봉급·상여금·퇴직연금, 그 밖에 이와 비슷한 성질을 가진 급여채권의 2분의 1에 해당하는 금액은 압류할 수 없고, 다만 그 금액이 국민기초생활보장법에 의한 최저생계비를 감안하여 대통령령이 정하는 금액에 미치지 못하는 경우 또는 표준적인 가구의 생계비를 감안하여 대통령령이 정하는 금액을 초과하는 경우에는 각각 당해 대통령령이 정하는 금액을 압류할 수 없도록 하고 있다.

---

652) 대법원 1998. 3. 16.자 97마966, 967 결정.
653) 대법원 2001. 3. 20.자 2000마7801 판결.

민사집행법 시행령 제3조(압류금지 최저금액)는 법 제246조 제1항 제4호 단서에서 국민기초생활 보장법에 의한 최저생계비를 감안하여 대통령령이 정하는 금액을 **월 120만 원**으로 정하고, 제4조(압류금지 최고금액)는 법 제246조 제1항 제4호 단서에서 '표준적인 가구의 생계비를 감안하여 대통령령이 정하는 금액'이라 함은 제1호에 규정된 금액 이상으로서 다음 제1호와 제2호의 금액을 합산한 금액을 말한다.

1. 월 300만 원

2. 법 제246조 제1항 제4호 본문의 규정에 의한 압류금지금액(월액으로 계산한 금액을 말한다)에서 제1호의 금액을 뺀 금액의 2분의 1

그리고 제3조 및 제4조의 금액을 계산함에 있어서 채무자가 다수의 직장으로부터 급여를 받거나 여러 종류의 급여를 받는 경우에는 이를 합산한 금액을 급여채권으로 한다(동시행령 제5조).

2005년 개정 민사집행법은 기본적 압류금지액을 급여의 1/2로 유지하되 <u>저소득급여생활자에 대해서는 '최저생계비', 고소득급여생활자에 대해서는 '표준가구생계비'를 새로운 압류금지의 기준으로</u> 추가하였다.

민사집행법 시행령(2005. 7. 26. 대통령령 제18964호)에 따라 채무자가 월소득 120만 원 이하인 급여생활자는 급여 전액이 압류금지채권이다. 120만 원 초과 240만 원 미만까지는 채무자의 최저생계비 120만 원을 제외한 나머지 금원, 240만 원 이상 600만 원까지는 급여채권의 1/2에 해당하는 금원이 된다. 채무자가 600만 원 이상 고임금 근로자의 경우에는 압류금지금액이 월 급여의 1/2이 아니라 '300만 원＋[{(급여채권/2) － 300만 원}/2]'이 된다. 예컨대 월급여가 800만 원인 경우에는 표준적인 가구의 생계비는 350만 원[300만 원＋{(800만 원/2) － 300만 원}/2]이 된다. 따라서 이 경우에는 채권자는 이를 초과하는 450만 원까지 압류가 가능하다.

그런데 채무자의 급여가 그의 은행예금계좌로 입금되는 경우[654] 채무자의 금융기관에 대한 예금지급청구권은 채무자의 일반채권에 대한 강제집행의 대상이 되어, 채무자가 예금을 인출하기 전에 채무자의 예금채권에 대한 강제집행이 개시된다면 그 전부가 압류의 대상으로 되어 채무자는 민사집행법상의 보호를 받을 수 없는 문제가 생긴다.

압류금지채권이 예금으로 입금된 경우 그 예금채권에 대해서도 원래의 압류금지의 취지는 참작되어야 할 것이다. 따라서 그 경우의 채무자 보호는 제246조 제2항을 적용하여

---

654) 근로자의 동의를 요건으로 사용자가 근로자의 급여를 그의 예금계좌로 입금하는 것이 근로기준법상의 임금직접지불의 원칙에 반하지 않는 것으로 본다.

법원이 채무자의 신청에 의하여 채권자와 채무자의 생활형편, 그 밖의 사정을 고려하여 압류명령의 전부 또는 일부를 취소하는 방법에 의하여야 한다.[655]

위 사례에서 甲은 乙의 퇴직금채권의 2분의 1 상당액에 대해서는 압류할 수 있고, 급여채권에 대해서는 乙이 지급받는 급여액수에 따라 압류가능금액이 정해진다. 乙이 공(사)립학교 교원인 경우에는 지급받는 급여액수에 따라 압류가능금액이 정해지나, 퇴직금에 관해서는 그 전액을 양도하거나 압류할 수 없도록 되어 있다. 공립학교 교원의 급여를 압류할 경우 제3채무자인 지방자치단체의 대표자 표시를 종래에 교육감(장)으로 표시하였으나, 현재는 지방자치단체의 장으로 표시하고 소관부서(학교명)를 부기하여도 된다.

판례[656]는 임금채권의 양도성을 부인하고 임금채권을 제3자에게 양도한 경우라도 임금은 직접 근로자에게 지급하도록 하고 있다. 따라서 위 사례에서 丁은 丙회사로부터 양수받은 퇴식금을 지급받을 수 없게 된다.

공무원의 명예퇴직수당은 물론[657] 사기업체의 명예퇴직금에 대해서도 그 2분의 1에 대하여 압류가 가능한 것으로 본다. 명예퇴직수당에 압류의 효력이 미치기 위해서는 압류대상채권에 명예퇴직수당을 명시하여야 하고, 단순히 급료, 상여금·수당 등을 압류대상채권으로 한 경우에는 압류의 효력이 없다.

사용자는 근로자에 대한 집행권원의 집행을 위하여 근로자의 자신에 대한 임금채권 중 2분의 1 상당액에 관하여 압류 및 전부명령을 받을 수 있다(다만 사용자가 근로자의 임금채권을 수동채권으로 하여 사용자의 근로자에 대한 채권으로 상계할 수 없다).

[2] 금전채권에 대한 강제집행절차

금전채권에 대한 강제집행절차를 도해하면 다음과 같다.

---

655) 대법원 1996. 12 .24.자 96마1302,1303 결정.

656) 대법원 전원합의체 1988. 12. 13. 선고 87다카2803 판결.

657) 20년 이상 근속한 지방공무원의 경우에는 명예퇴직수당의 기초가 되는 법률관계가 존재하고, 그 발생 근거와 제3채무자를 특정할 수 있어 그 권리의 특정도 가능하며 가까운 장래에 발생할 것이 상당 정도 기대된다고 할 것이어서, 그 공무원이 명예퇴직수당 지급대상자로 확정되기 전에도 그 명예퇴직수당 채권에 대한 압류가 가능하다. 대법원 2001. 9. 18.자 2000마5252 결정.

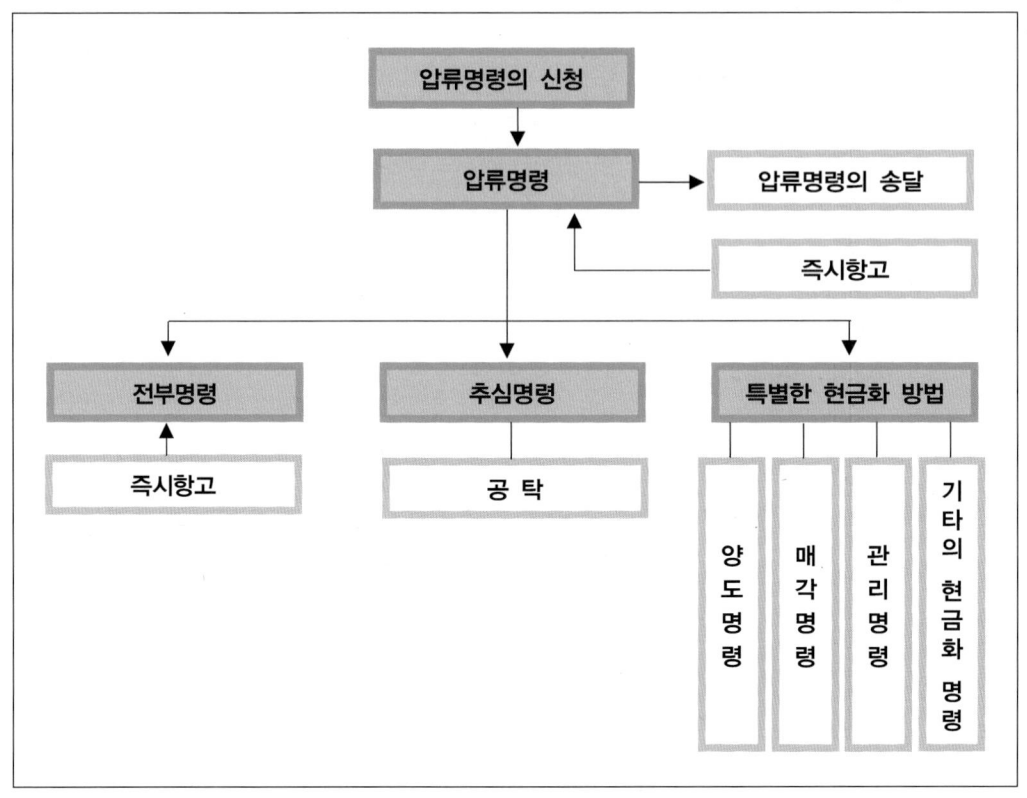

1. 압류명령의 신청

　채권에 대한 강제집행절차는 채권자가 채무자의 주소지를 관할하는 지방법원에 압류명령신청서를 제출하면서 개시된다. 통상 압류명령과 현금화를 위한 전부명령, 추심명령 또는 특별한 현금화명령을 동시에 병합하여 신청하고 있다.

　임차인의 전세금반환채권에 대한 압류 및 전부명령을 신청하는 경우의 서식을 중심으로 그 기재사항을 살펴보면 다음과 같다.

[서식] 채권압류 및 전부명령신청

---

① **채권압류 및 전부명령신청**

② **채 권 자** 김 ○ ○
　　　　　　서울시 서초구 서초동 234

② **채 무 자** 이 ○ ○
　　　　　　서울시 강남구 도곡동 431

② **제3채무자** 박 ○ ○
　　　　　　서울시 관악구 신림동 100

③ **집행권원의 표시**: 채권자와 채무자 간 서울중앙지방법원 2010. 2. 1. 선고 2010가합2343
　　　　　　　　호 대여금청구사건의 확정판결

④ **청구채권의 표시**

금　　　원(대여원금)
금　　　원(위 금원에 대한 200 .　.　.부터 200 .　.　.까지의　　이자 및 지연손해금)
합계 금　　　원

⑤ **신 청 취 지**

채무자의 제3채무자에 대한 별지목록 기재의 채권을 압류한다.
제3채무자는 채무자에게 위 채권에 관한 지급을 하여서는 아니 된다.
채무자는 위 채권의 처분과 영수를 하여서는 아니 된다.
위 압류된 채권은 채권자의 위 청구채권의 지급에 갈음하여 채권자에게 전부한다.

라는 결정을 구합니다.

⑥ **신 청 이 유**

1. 채권자는 채무자에 대하여 위 집행권원의 집행력 있는 정본에 기하여 위 청구채권 표시의
　 채권을 가지고 있습니다.

2. 채무자는 제3채무자에 대하여 별지목록 기재의 채권을 가지고 있습니다.

3. 채권자는 채무자의 제3채무자에 대한 채권을 압류하고, 위 청구채권의 지급에 갈음하여 위
　 압류된 채권을 채권자에게 전부하는 명령을 하여 주시기 바랍니다.

⑦ **첨 부 서 류**

    1. 집행력 있는 정본   1통
    1. 송달증명원   1통

⑧   200   .   .   .
                       위 채권자 박 민 국 (인)

⑨ **서울중앙지방법원**   **귀 중**

---

⑩ **별 지 목 록**
압류할 채권의 표시

금   원

채무자가 제3채무자로부터 2010. 2. 1. 서울 강남구 도곡동 431 소재 단층 주택 1동을 임차함에 있어 제3채무자에게 지급한 임대차보증금 금   원의 반환채권

                   - 이   상 -

[작성방법]

① **사건의 표시:** 채권압류명령 및 전부명령이나 추심명령의 신청임을 표시하는 문구를 기재한다.

② **당사자 표시:** 채권자·채무자·제3채무자 및 그 대리인을 기재한다. 당사자가 법인일 때는 대표자를 표시하고, 제3채무자가 국가일 때에는 법률상 대표자(법무부장관)와 소관부서를 기재한다.

③ **집행권원의 표시:** 집행권원의 구체적 내용을 기재한다.

④ **청구채권의 표시:** 청구채권은 집행권원에 표시된 것과 일치하여야 한다. 원금에 부가하여 이자·지연손해금 등의 부대청구를 하는 경우에는 그 뜻을 명백히 한다.

⑤ **신청취지:** 압류 및 전부명령을 구하는 취지를 기재한다. 추심명령의 경우에는 '위 압류된 채권은 채권자가 추심할 수 있다'라고 기재한다.

⑥ **신청이유:** 신청을 이유 있게 하는 기초사실을 기재한다.

⑦ **첨부서류:** 압류명령신청에 필요한 서류를 첨부한다.

⑧ **채권자의 기명날인**: 채권자의 성명을 기재하고 날인한다.

⑨ **관할법원**: 채무자의 주소지를 관할하는 지방법원에 제출한다. 채무자가 국내에 주소나 거소가 없고 최후의 주소지도 판명되지 않을 때에는 제3채무자의 주소지를 관할하는 지방법원에 제출한다.

⑩ **피압류채권의 특정**: 압류할 채권(피압류채권)을 특정하여 명시한다. 압류할 채권의 특정을 위하여 압류할 채권의 종류와 액수를 밝혀야 한다. 압류할 채권이 특정되지 아니한 압류는 무효가 된다.

예시

△ 매매대금: 채무자가 제3채무자에게 2010. 9. 1. 매도한 다음 물건에 대한 금원의 매매대금채권
△ 대여금: 채무자가 제3채무자에 대하여 2010. 9. 1. 대여한 금 원의 반환채권
△ 급여채권: 채무자가 제3채무자로부터 매월 지급받는 급료(본봉 및 제 수당) 중 제세공과금을 공제한 잔액의 2분의 1씩 위 청구금액에 이를 때까지의 금액 및 위 청구금액에 달하지 아니한 사이에 퇴직한 때에는 퇴직금 중 제세공과금을 공제한 잔액의 2분의 1씩 위 청구금액에 이를 때까지의 금액[658]
△ 예금채권: 채무자가 제3채무자에 대하여 갖는 보통예금채권(계좌번호)
　　　금　　　　원 및 2010. 12. 31. 만기의 정기예금채권(계좌번호)
　　　금　　　원[659]

---

2. 압류명령

가. 압류명령의 발령

채권압류명령신청이 있으면 집행법원(사법보좌관)은 서면심사에 의하여 신청이 이유 있다고 인정하면 채무자와 제3채무자를 심문함이 없이 곧바로 채권압류명령을 발한다. 피압류채권이 실제로 존재하는지, 채무자에게 귀속하는지 등은 심사하지 않고 집행요건과 집행개시요건을 갖추고 있는지만 심사한다.

채권압류명령은 압류의 대상인 권리의 처분을 금지하는 것이므로 채무자의 제3채무자

---

658) 급여채권의 시기는 특정하지 않아도 된다.

659) 채무자가 제3채무자에 대하여 갖는 당좌예금 · 보통예금 · 저축예금 · 기업예금 · 신탁예금 · 정기적금 · 정기예금 등의 순서로 지정하고, 같은 종류의 예금에 있어서는 변제기가 빠른 순서로 또 금액이 많은 순서로 압류할 채권에 달할 때까지의 금액으로 기재한다. 이시윤, p.380 참조.

에 대한 채권을 압류한다는 취지 이외에 <u>제3채무자에게 채무자에 대한 지급을 금하고,</u> <u>채무자에게는 채권의 처분과 영수를 금하는</u> 내용을 포함한다. 제3채무자에 대한 지급의 금지명령이 없으면 압류명령은 무효이다.

나. 압류명령의 송달

압류명령은 제3채무자와 채무자에게 송달한다. 압류명령은 <u>제3채무자에게 송달되어야</u> <u>그 효력이 발생한다.</u> 채권집행의 경우 압류의 효력이 발생하는 제3채무자에 대한 송달이 중요하다. 실무상 채무자의 집행면탈을 방지하기 위하여 제3채무자에게 대한 송달이 있은 후에 채무자에게 송달하고, 신청인인 채권자에게도 고지한다. 채무자나 <u>제3채무자가</u> <u>소재불명이면 공시송달을 한다.</u>[660]

채권자가 압류명령을 얻는 것만으로는 아직 채권을 추심할 권능이 없고 이를 위해서는 별도의 추심명령이나 전부명령을 받아야 한다.

제3채무자는 압류 당시에 채무자에 대하여 주장할 수 있는 모든 항변으로 압류채권자에게 대항할 수 있고, 즉시항고에 의하여 압류절차의 하자를 다툴 수 있다. 압류명령신청을 기각 또는 각하하는 결정에 대해서는 집행권자가 즉시항고할 수 있고, 압류명령에 대해서는 채무자나 제3채무자 등이 즉시항고할 수 있다.

어음·수표 및 기타 배서로 이전할 수 있는 증권으로서 배서가 금지된 증권채권[661]의 압류는 법원의 압류명령에 의하여 집행관이 그 증권을 수취하여 점유함으로써 한다(제233조). 제3채무자로 하여금 일종의 정보제공의무를 부과한 것이다.

압류채권자는 압류명령의 신청과 동시에 또는 압류명령의 발송 전에 제3채무자로 하여금 압류명령의 송달을 받은 날로부터 7일 이내에 서면으로 다음 사항을 진술하도록 집행법원에 신청할 수 있다(제237조 제1항).

① 채권을 인정하는지의 여부 및 인정한다면 그 한도
② 채권에 대하여 지급할 의사가 있는지의 여부 및 의사가 있다면 그 한도
③ 채권에 대하여 다른 사람으로부터 청구가 있는지의 여부 및 청구가 있다면 그 종류
④ 다른 채권자에게 채권을 압류당한 사실이 있는지의 여부 및 그 사실이 있다면 그

---

660) 이시윤, p.383 참조.
661) 배서가 금지되지 않은 유가증권은 유체동산강제집행의 대상이 된다.

청구의 종류

제3채무자는 진술최고를 받으면 이에 관한 사항을 진술할 의무가 있고, 제3채무자가 진술최고의 송달을 받고도 정해진 기간 이내에 진술서를 제출하지 않는 경우 법원은 직권으로 제3채무자를 심문할 수 있다.[662]

채무자는 그가 소지하는 압류된 채권에 관한 증서(차용증, 계약서, 예금증서, 집행력 있는 판결이나 공정증서 등)를 압류채권자에게 인도할 의무가 있고, 채무자가 임의로 채권증서를 인도하지 않으면 채권자는 압류명령에 의하여 동산인도청구권집행의 방법으로 그 인도를 구할 수 있다.

채권자는 현금화 절차 종료 전까지 압류명령신청을 취하할 수 있고 제3채무자에게 취하의 통지가 있으면 압류의 효력은 소멸한다.

┌─ **[사례 10 - 3] 채권압류와 채권양도의 경합** ─────────

　甲은 A에 대해 물품대금채권을 가지고 있는데 이를 2010년 5월 1일 乙에게 양도하면서 A에게 확정일자 있는 내용증명 우편으로 통지하여 같은 달 3일 그 통지가 A에게 도달하였다. 한편 甲의 채권자 丙은 甲의 A에 대한 물품대금채권에 대하여 압류 및 전부명령결정을 받았고 동 결정이 2010년 5월 3일 제3채무자인 A에게 도달되었다.

　A는 乙의 양수금청구에 대하여 丙의 압류명령이 동시에 송달되었음을 이유로 그 지급을 거절할 수 있는가? A는 누구에게 어떻게 변제해야 하는가?

└────────────────────────────

피압류채권(甲의 물품대금채권)에 관하여 채권양도가 있는 경우 채권양도와 압류효력의 발생에 대한 우열은 압류명령정본의 송달과 확정일자 있는 증서에 의한 채권양도통지의 도달의 선후에 의하여 결정한다. 위 사례에서 丙이 채권가압류결정을 받은 경우에도 동일하다.

압류명령 송달 전에 채권이 양도되고 확정일자 있는 증서에 의하여 통지되었다면 채권양수인이 우선하고, 확정일자 있는 증서에 의한 것이 아니라면 압류채권자가 채권양수인에 우선하므로, 제3채무자로서는 채권양수 사실을 가지고 압류채권자에게 대항하지 못한다.

---

662) 현행법상 제3채무자의 진술의무 불이행의 경우에 제재수단은 없으나, 이로 인해 발생한 손해에 대하여 제3채무자는 압류채권자에게 배상책임을 져야 할 것이다. 이시윤, p.385 참조.

동일한 채권에 대하여 채권양도와 전부명령이 경합되고 그 채권양도행위 자체를 확정일자 있는 증서에 의하지 아니하고 단지 양도통지서에 공증인의 확정일자를 받아 이를 등기우편으로 발송한 경우에는, 과연 그 통지가 제3자인 전부채권자에게 대항할 수 있는 통지에 해당하는지 법률상 의문이 생길 수 있다. 판례는 이 경우 제3채무자로서는 민법 제487조 후단의 변제자가 과실 없이 채권자를 알 수 없는 경우, 즉 채권자 상대적 불확지를 원인으로 한 변제공탁을 할 수 있다고 한다. 채권압류명령이 경합하는 경우 압류채권자는 서로 동등한 지위에 서게 된다.

판례663)는 위 사례와 같이 채권양도통지, 가압류 또는 압류명령 등이 제3채무자에게 동시에 송달된 경우의 법률관계를 다음과 같이 파악하고 있다. 채권양도통지, 가압류 또는 압류명령 등이 제3채무자에게 동시에 송달되어 그들 상호 간에 우열이 없는 경우에도 그 채권양수인, 가압류 또는 압류채권자는 모두 제3채무자에 대하여 완전한 대항력을 갖추었다 할 것이므로, 그 전액에 대하여 채권양수금, 압류전부금 또는 추심금의 이행청구를 하고 적법하게 이를 변제받을 수 있고, 제3채무자로서는 이들 중 누구에게라도 그 채무 전액을 변제하면 다른 채권자에 대한 관계에서도 유효하게 면책되는 것이다. 만약 <u>양수채권액과 가압류 또는 압류된 채권액이 제3채무자에 대한 채권액을 초과할 때에는 그들 상호 간의 법률상의 지위가 대등하므로, 공평의 원칙상 각 채권액에 안분하여 이를 내부적으로 다시 정산할 의무가 있다.</u>

채권압류의 통지와 가압류 또는 압류명령이 제3채무자에게 동시에 송달되었다고 인정되어, 채무자가 채권양수인 및 추심명령이나 전부명령을 얻은 가압류 또는 압류 채권자 중 한 사람이 제기한 급부소송에서 전액 패소한 이후에도 다른 채권자가 그 송달의 선후에 관하여 다시 문제를 제기하는 경우, 기판력의 이론상 제3채무자는 이중지급의 위험이 있을 수 있다. 그러므로 동시에 송달된 경우에도 제3채무자는 송달의 선후가 불명한 경우에 준하여 채권자를 알 수 없다는 이유로 변제공탁을 함으로써 법률관계의 불안으로부터 벗어날 수 있다.

채권양도통지와 채권가압류결정정본이 같은 날 도달되었는데 그 선후관계에 대하여 달리 입증이 없으면 동시에 도달한 것으로 추정한다.

위 사례에서 A는 乙의 양수금 청구를 거절할 수 없고, 丙의 압류명령도 대항요건을 갖추었으므로 丙의 압류전부금의 지급도 거절할 수 없다. A는 압류채권자 丙과 채권양수인 乙 중 어느 한쪽의 변제로 다른 쪽의 관계에서는 면책되고, 양 채권자는 내부적으

---

663) 대법원 전원합의체 1994. 4. 26. 선고 93다24223 판결.

로 각 채권액에 안분하여 정산하게 된다. A는 채권자불확지를 이유로 변제공탁을 함으로써 법률관계의 불안에서 벗어날 수도 있다.

　채권양도통지서와 압류명령이 동시에 도달된 이후 다른 채권자가 다시 압류한 경우에는 민사집행법 제248조 제1항을 유추하여 제3채무자는 집행공탁을 할 수 있다.

[사례 10 – 4] 압류채권자와 채권양수인의 경합과 후행의 다른 채권자의 참가

　A는 2009. 12. 16. B에게 C에 대한 389,000,000원의 출자금반환채권을 양도하고, 확정일자 있는 내용증명우편으로 C에 대하여 양도사실을 통지하였으며, 그 통지는 _2009. 12. 21._ C에게 도달하였다. 乙은 A에 대한 약속어음금채권을 보전하기 위하여 2009. 12. 10. A의 C에 대한 389,000,000원의 출자금반환채권에 대하여 가압류결정을 받아 그 결정정본이 _2009. 12. 21._ 제3채무자인 C에게 송달되었다.

　B는 2009. 12. 22. 출자금반환채권에 대하여 가압류결정을 받았고, D는 2010. 2. 8. 출자금반환채권에 대하여, E는 2010. 3. 2. 출자금반환채권 중 1억 원에 대하여, 각각 가압류결정을 받아 그 결정정본이 2009. 12. 27., 2010년 2. 14., 2010. 3. 8. C에게 각각 송달되었다. C는 2009. 12. 21. A의 확정일자 있는 채권양도통지와 乙의 채권가압류명령이 동시에 도달하자, 2010. 11. 16. 출자금반환채권의 채권자가 누구인지 알 수 없다는 이유로 피공탁자를 B 또는 乙로 하여 A의 출자금반환채권액(및 분배금채권액) 합계 425,648,600원을 변제공탁하였다.

　甲 등은 A에 대한 840,301,109원의 퇴직금과 상여금채권을 피보전채권으로 하여 2010. 10. 8. A의 위 공탁금출급청구권을 가압류하고, 2011. 1. 27. 본안의 승소판결을 받고 이를 집행권원으로 하여 2010. 2. 14. 가압류를 본압류로 전이하는 채권압류 및 추심명령을 받고 배당요구신청을 하였다.

　배당절차사건에서 乙은 3,451,243,542원의, B는 17,124,469,265원의, D는 389,000,000원의, E는 100,000,000원의, 甲은 1,002,059,390원의 채권계산서를 제출하였으나, 배당법원은 배당기일인 2011. 6. 14. 실제 배당할 금액 425,611,100원에서 B와과 乙에게 각 212,805,550원씩을 배당하고, 甲 등에 대해서는 배당하지 아니하는 것으로 배당표를 작성하였고, 甲은 배당기일에 乙에 대한 배당액 전액에 대하여 이의를 진술하였다.

　甲은 채권양수인 B와 동순위에 있는 乙의 가압류와의 경합을 주장할 수 있는가?

압류의 처분금지 효력은 절대적인 것이 아니고, 이에 저촉되는 채무자의 처분행위도 그 압류채권자와 처분 전에 집행절차에 참가한 압류채권자나 배당요구채권자에게 대항하지 못한다는 의미에서의 상대적 효력을 가지는 데 그친다(이른바 개별상대효). 따라서 압류의 효력발생 전에 채무자가 처분한 경우에는 그보다 먼저 압류한 채권자가 있어 그 채권자에게는 대항할 수 없는 사정이 있더라도 <u>그 처분 후에 집행에 참가하는 채권자에 대해서는 처분의 효력을 대항할 수 있는 것이고</u>,664) 이는 가압류의 경우에도 마찬가지이므로 동일한 채권에 관하여 가압류명령의 송달과 확정일자 있는 양도통지가 동시에 제3채무자에게 도달함으로써 채무자가 가압류의 대상인 채권을 양도하고 채권양수인이 채권양도의 대항요건을 갖추었다면 다른 채권자는 더 이상 그 가압류에 따른 집행절차에 참가할 수는 없다.

위 사례에서에서와 같이 확정일자 있는 채권양도 통지와 채권가압류명령이 제3채무자에게 동시에 도달된 경우에도 제3채무자는 송달의 선후가 불명한 경우에 준하여 채권자를 알 수 없다는 이유로 변제공탁을 할 수 있고,665) 그 후에 다른 채권압류 또는 가압류가 이루어진다고 하더라도 채권양수인과 선행가압류채권자 사이에서만 채권액에 안분하여 배당함이 타당하고 또한 채권가압류와 채권양도통지가 제3채무자에게 동시에 송달된 경우에 채권양수인과 가압류채권자 사이에서는 우열이 없으므로 <u>동시에 송달된 가압류채권자 이외의 제3자에 대해서는 양도채권 전액이 유효하게 양수인에게 귀속되는 것</u>이며, 채권양도가 확정일자 있는 통지의 방법으로 이루어진 이후에 채권양도인의 다른 채권자들이 그 양도된 채권에 대하여 가압류 또는 압류를 하였다고 하더라도 이는 가압류 또는 압류의 대상채권이 이미 다른 사람에게 양도되어 버려 양도인에 대한 채권으로서는 그 대상채권을 압류할 수 없게 된 상태로서, 채권양수인과 동순위에 있는 가압류와의 경합을 주장할 수 없다.666)

---

664) 대법원 2003. 5. 30. 선고 2001다10748 판결 참조.
665) 대법원 1994. 4. 26. 선고 93다24223 판결 참조.
666) 대법원 2004. 9. 3. 선고 2003다22561 판결.

┌───┐
│ ─ [사례 10 - 5] 저당권이 있는 채권에 대한 압류 ─   │
│   │
│   甲은 저당권이 설정되어 있는 乙의 채권에 대하여 압류하여 저당권을 실행할 수 │
│ 있는가?   │
│   乙은 丙 소유의 부동산에 대하여 채권을 담보하기 위하여 乙을 저당권자로 하는 │
│ 저당권설정등기가 마쳐져 있다.   │
└───┘

　저당권은 채권을 담보하기 위하여 설정하고, 저당권의 피담보채권이 압류되면 종된 권리인 저당권에도 압류의 효력이 미치게 된다. 저당권 있는 채권을 압류할 경우에는 채권자는 채무자의 승낙 없이 법원에 채권압류사실의 기입등기신청을 함으로써 그 채권의 압류를 등기부에 기입할 수 있다(제228조). 집행법원은 신청을 이유 있다고 판단하면 저당부동산의 소유자(제3채무자 · 물상보증인 · 제3취득자)에게 압류명령을 송달한 후 등기관에 압류의 기입등기를 촉탁한다.

　저당권이 있는 채권의 압류명령이 제3채무자에게 송달되면 압류기입등기의 유무와 관계없이 당연히 그 채권이나 저당권의 처분이 압류채권자에 대한 관계에서는 금지된다. 압류채권자와 저당권 있는 채권의 양수인과의 우열은 압류명령의 제3채무자에의 송달과 채권양도의 제3채무자에 대한 대항요건 구비의 선후에 따라 결정된다.

　저당권이 있는 채권이 압류된 것만으로 압류채권자가 저당권을 실행할 수 없으나, 이미 저당권자인 채무자에 의해 저당권 실행을 위한 경매절차가 개시된 때에는 압류명령의 제출로 경매절차가 정지된다. 압류채권자가 추심명령을 얻은 때에는 바로 자신의 이름으로 저당권을 실행할 수 있고, 저당권이 있는 채권에 관하여 전부명령이 확정된 때에는 저당권이 압류채권자에게 이전되어 압류채권자가 저당권자로서 저당권을 실행할 수 있다. 저당권이 있는 채권에 관하여 전부명령이 확정된 때에는 집행법원은 신청에 의하여 저당권이전등기를 촉탁한다.

　위 사례에서 甲은 압류명령과 동시에 또는 압류명령신청이 있은 후 별도로 법원에 채권압류사실의 기입등기신청을 하면, 법원은 丙에게 압류명령을 송달하고 등기관에 압류의 기입등기를 촉탁하게 되며, 甲이 전부명령이나 추심명령을 얻어 乙의 저당권을 실행할 수 있다.

다. 채권압류의 효력

(1) 채무자에 대한 효력(처분금지효)

압류의 효력으로 채무자는 제3채무자로부터 변제를 영수하거나 양도, 면제 등 피압류채권을 처분하지 못한다. 그러나 압류는 일종의 보전처분으로 압류에도 불구하고 채무자는 여전히 집행채권의 채권자의 지위에 있고, 채무자가 제3채무자로부터 현실로 급부를 추심하는 것만을 금지하는 것일 뿐 피압류채권에 대하여 이행의 소를 제기할 수 있는 자격을 상실하지 않는다.[667]

채권이 압류된 경우에도 채무자가 피압류채권을 발생시킨 기본적 법률관계 그 자체를 처분하지 못하는 것은 아니다.[668] 예컨대 수급인의 보수채권에 대하여 압류되어도 그 후 도급계약을 해지함에는 아무런 지장이 없다.[669] 피압류채권의 양도도 가능하고 다만 양수인은 압류에 의해 권리가 제한된 상태의 채권을 양수할 뿐이다.

압류의 처분금지 효력은 절대적인 것이 아니고, 채무자의 처분행위 또는 제3채무자의 변제로 처분 또는 변제 전에 집행절차에 참가한 압류채권자나 배당요구채권자에게 대항하지 못한다는 의미에서의 상대적 효력만을 가지는 것이어서(개별상대효), 압류의 효력발생 전에 채무자가 처분하였거나 제3채무자가 변제한 경우에는, 그보다 먼저 압류한 채권

---

667) 대법원 2002. 4. 26. 선고 2001다59033 판결: 일반적으로 채권에 대한 가압류가 있더라도 이는 채무자가 제3채무자로부터 현실로 급부를 추심하는 것만을 금지하는 것일 뿐 채무자는 제3채무자를 상대로 그 이행을 구하는 소송을 제기할 수 있고 법원은 가압류가 되어 있음을 이유로 이를 배척할 수는 없는 것이 원칙이다. 왜냐하면 채무자로서는 제3채무자에 대한 그의 채권이 가압류되어 있다 하더라도 채무명의를 취득할 필요가 있고 또는 시효를 중단할 필요도 있는 경우도 있을 것이며 또한 소송 계속 중에 가압류가 행하여진 경우에 이를 이유로 청구가 배척된다면 장차 가압류가 취소된 후 다시 소를 제기하여야 하는 불편함이 있는 데 반하여 제3채무자로서는 이행을 명하는 판결이 있더라도 집행단계에서 이를 저지하면 될 것이기 때문이다.

668) 대법원 2001. 6. 1. 선고 98다17930 판결: 채권에 대한 가압류는 제3채무자에 대하여 채무자에게의 지급 금지를 명하는 것이므로 채권을 소멸 또는 감소시키는 등의 행위는 할 수 없고 그와 같은 행위로 채권자에게 대항할 수 없는 것이지만, 채권의 발생원인인 법률관계에 대한 채무자의 처분까지도 구속하는 효력은 없다 할 것이므로 채무자와 제3채무자가 아무런 합리적 이유 없이 채권의 소멸만을 목적으로 계약관계를 합의해제한다는 등의 특별한 경우를 제외하고는, 제3채무자는 채권에 대한 가압류가 있은 후라고 하더라도 채권의 발생원인인 법률관계를 합의해제하고 이로 인하여 가압류채권이 소멸되었다는 사유를 들어 가압류채권자에 대항할 수 있다.

669) 대법원 2006. 1. 26. 선고 2003다29456 판결: 수급인의 보수채권에 대한 압류가 행하여지면 그 효력으로 채무자가 압류된 채권을 처분하더라도 채권자에게 대항할 수 없고, 제3채무자도 채권을 소멸 또는 감소시키는 등의 행위는 할 수 없으며, 그와 같은 행위로 채권자에게 대항할 수 없는 것이지만, 그 압류로써 위 압류채권의 발생원인인 도급계약관계에 대한 채무자나 제3채무자의 처분까지도 구속하는 효력은 없으므로 채무자나 제3채무자는 기본적 계약관계인 도급계약 자체를 해지할 수 있고, 채무자와 제3채무자 사이의 기본적 계약관계인 도급계약이 해지된 이상 그 계약에 의하여 발생한 보수채권은 소멸하게 되므로 이를 대상으로 한 압류명령 또한 실효될 수밖에 없다.

자가 있어 그 채권자에게는 대항할 수 없는 사정이 있더라도, 그 처분이나 변제 후에 압류명령을 얻은 채권자에 대해서는 유효한 처분 또는 변제가 된다.[670]

┌─ **[사례 10 – 6] 압류의 효력과 기본적 법률관계의 처분** ─────────

乙은 2010. 7. 3. A로부터 그의 소유인 주택을 임차보증금 1억 원 임대기간 2010. 7. 16.부터 24개월로 정하여 임차하되, 계약금 1,000만 원은 계약 당일에, 중도금 4,000만 원은 2010. 7. 13. 각 지급하고, 잔금 5,000만 원은 2010. 7. 16. 지급하기로 약정하였는데, 甲은 2010. 7. 15. A의 乙에 대한 임차보증금 잔금채권에 대하여 채권가압류결정을 받아 이 결정은 2010. 7. 16. 乙에게 송달되었다. 그 후 甲은 2010. 10. 16. A에 대한 공사대금사건의 집행력 있는 화해조서정본에 기하여 그 채권에 관하여 가압류로부터 본압류로 전이하는 압류 및 추심명령을 받아 이 명령이 2010. 10. 18. 乙에게 송달되었다.

乙은 가압류결정을 송달받은 후인 2010. 7. 19. A에게 잔금 5,000만 원을 지급하고 임차 주택에 입주하여 임대차계약을 갱신하면서 계속 거주하다가 甲이 乙을 상대로 제기한 추심금청구소송이 제1심에 계속 중이던 2010. 11. 13. 임대차계약을 해지하고 임차보증금을 반환받음과 동시에 그 임차건물을 명도하였다. 乙은 甲의 압류에 대항할 수 있는가?

───

채권이 가압류되면 그 효력으로 채무자가 가압류채권을 처분하더라도 채권자에게 대항할 수 없고 또 채무자는 가압류채권에 관하여 제3채무자로부터 변제를 받을 수 없으므로, 위 사례에서 제3채무자인 乙이 가압류채무자인 A에게 임차보증금 잔금을 지급한 것은 가압류결정의 효력에 의하여 가압류채권자인 甲에게 대항할 수 없다.

그러나 乙로서는 임차보증금 잔금채권이 압류되어 있다고 하더라도 그 채권을 발생시킨 기본적 계약관계인 임대차계약 자체를 해지할 수는 있는 것이고, 따라서 乙과 A 사이의 임대차계약이 해지된 이상 그 임대차계약에 의하여 발생한 임차보증금 잔금채권은 소멸하게 되고, 이를 대상으로 한 압류 및 추심명령 또한 실효될 수밖에 없다.[671]

---

670) 대법원 2003. 5. 30. 선고 2001다10748 판결.
671) 대법원 1997. 4. 25. 선고 96다10867 판결.

(2) 제3채무자에 대한 효력(지급금지효)

압류의 효력에 의해 제3채무자는 채무자에 대한 지급이 금지되므로 제3채무자는 압류명령 송달 뒤 채무자에게 변제하거나, 대물변제, 更改, 준소비대차, 채권액의 감소·소멸, 변제기의 연기 등의 행위를 하더라도 압류채권자에게 대항할 수 없다.

제3채무자는 압류명령 송달 시 채무자에 대하여 갖는 모든 항변사유로 압류채권자에게 대항할 수 있다.672) 제3채무자가 채무자에 대한 상계로 압류채권자에게 대항하기 위해서는 채무자에 대하여 <u>압류 전에 취득한 채권(자동채권)</u>에 의하여 상계하여야 한다. 판례는 제3채무자의 압류채무자에 대한 자동채권이 수동채권인 피압류채권과 동시이행관계에 있는 경우, 그 자동채권이 압류의 효력이 생긴 후에 발생한 것이더라도 피압류채권과 상계할 수 있는 것으로 본다.673)

┌─── **[사례 10 - 7] 압류와 제3채무자의 상계** ───

甲은 A에 대한 액면 금 500만 원의 약속어음금채권의 집행보전을 위하여 법원에 A가 제3채무자인 乙은행에 가진 약속어음 피사취보증금(2010. 5. 16. 예치한 별단예금 500만 원) 반환채권에 대한 가압류신청을 하여 그 가압류결정이 2010. 5. 23. 乙에게 송달되었고, 그 후 이 가압류는 본압류로 전이되어 甲의 위 약속어음금채권의 지급에 갈음하여 위 압류채권을 甲에게 전부한다는 결정정본이 같은 해 11. 7. 제3채무자인 乙에게 송달되었다.

한편 A는 乙은행으로부터 2010. 3. 28. 금 1억 원을 변제기 같은 해 9. 18.로 정하여 대여받음에 있어 A가 부도를 내어 어음교환소의 거래정지처분을 받게 되면 위

---

672) 대법원 2000. 3. 24. 선고 99다1154 판결: 원인채권에 대한 압류의 효력이 발생하기 전에 원인채권의 지급을 위하여 약속어음을 발행하거나 배서·양도하고 그것이 다시 제3자에게 양도된 경우에는 그 어음의 소지인에 대한 어음금의 지급이 원인채권에 대한 압류의 효력이 발생한 후에 이루어졌다 하더라도 그 어음을 발행하거나 배서·양도한 원인채무자는 그 어음금의 지급에 의하여 원인채권이 소멸하였다는 것을 압류채권자에게 대항할 수 있다.

673) 대법원 2010. 3. 25. 선고 2007다35152 판결: 금전채권에 대한 압류 및 전부명령이 있는 때에는 압류된 채권은 동일성을 유지한 채로 압류채무자로부터 압류채권자에게 이전되고, 제3채무자는 채권이 압류되기 전에 압류채무자에게 대항할 수 있는 사유로써 압류채권자에게 대항할 수 있는 것이므로, <u>제3채무자의 압류채무자에 대한 자동채권이 수동채권인 피압류채권과 동시이행의 관계에 있는 경우에는, 압류명령이 제3채무자에게 송달되어 압류의 효력이 생긴 후에 자동채권이 발생하였다고 하더라도 제3채무자는 동시이행의 항변권을 주장할 수 있다.</u> 이 경우에 자동채권이 발생한 기초가 되는 원인은 수동채권이 압류되기 전에 이미 성립하여 존재하고 있었던 것이므로, 그 자동채권은 민법 제498조의 '지급을 금지하는 명령을 받은 제3채무자가 그 후에 취득한 채권'에 해당하지 않는다고 봄이 상당하고, 제3채무자는 그 자동채권에 의한 상계로 압류채권자에게 대항할 수 있다.

> 각 대여금의 기한의 이익이 상실되고, 乙은 위 대여금과 A의 모든 예치금 기타의 채권과를 기한의 도래여부에 불구하고 사전의 통지나 소정의 절차를 생략하고 상계할 수 있다는 내용의 약정을 하였다. 그런데 A는 당좌어음 부도를 내어 <u>2010. 6. 12.</u> 서울어음교환소로부터 거래정지처분을 받았으며 또한 위에서 본 별단예금은 별도의 부도발생에 의하여 거래정지처분이 되고 입금 후 1개월이 경과한 경우 환급청구가 있을 때 지급하게 되어있다.
>
> 乙은행은 A에 대한 상계로 압류채권자인 甲에게 대항할 수 있는가?

민법 제498조에 의하면, 지급을 금지하는 명령을 받은 제3채무자는 그 후에 취득한 채권에 의한 상계로 그 명령을 신청한 채권자에게 대항하지 못한다고 규정하고 있고, 이 규정을 상계의 요건에 관한 동법 제492조 제1항의 규정과 관련하여 볼 때, 가압류명령을 받은 제3채무자가 가압류채무자에 대한 반대채권을 가지고 있는 경우에 상계로 가압류채권자에게 대항하기 위해서는 <u>가압류의 효력 발생 당시에 양 채권이 상계적상에 있거나, 반대채권이 압류 당시 변제기에 달하지 않은 경우에는 피압류채권인 수동채권의 변제기와 동시에 또는 보다 먼저 변제기에 도달하는 경우이어야 된다.</u> 왜냐하면 이와 같은 경우 피압류채권의 변제기가 도래하여 압류채권자가 그 이행을 청구할 수 있는 상태에 이른 때에는 그 이전 또는 그와 동시에 제3채무자는 자동채권에 의하여 피압류채권과 상계할 수 있는 관계에 있어 이러한 제3채무자의 자기의 반대채권으로 장래의 상계에 관한 기대는 정당하게 보호되어야 하기 때문이다.[674]

위 사례에서 乙은행의 A에 대한 대여금채권은 아직 변제기가 도래하지 아니하였으나, 위 약정에 따라 A가 거래정지처분을 당한 2010. 6. 12.자로 기한의 이익이 상실되어 변제기가 도래한 것으로 볼 것이다. 그리고 A의 乙에 대한 위 피사취보증금반환채권은 위 어음교환소 규약에 따라 거래정지처분되고 입금 후 1개월 후인 2010. 6. 16. 변제기가 도래하였다고 할 것이고, 따라서 양 채권은 피고의 상계특약권의 행사에 따라 소멸하였다 할 것이어서 乙은 A에 대한 상계로서 甲에게 대항할 수 있다.[675]

---

674) 대법원 1982. 6. 22. 선고 82다카200 판결.
675) 대법원 1987. 7. 7.선고, 86다카2762 판결. 이에 대하여 공시방법도 없는 상계예약에 대항력을 부여하는 것은 은행 측에 일종의 우선변제권을 주는 결과가 되고, 은행 측이 일방적으로 작성하는 약관에 의하여 이루어지는 은행횡포인 점을 감할 때 상계예약으로 압류채권자에게 대항할 수 없다고 봄이 옳다는 견해가 있다. 이시윤, p.389 참조.

(3) 채권자에 대한 효력

채권자가 압류명령을 받는 것만으로는 당연히 압류된 채권의 추심권이 생기는 것이 아니고, 채권자가 압류된 채권을 행사하려면 별도의 추심명령이나 전부명령을 받아야 한다. 채권자는 압류명령의 취하 또는 압류의 포기에 의하여 압류의 효력을 소멸시킬 수 있다.

(4) 압류효력의 객관적 범위

일반적으로 금전채권의 압류에 관하여 특히 피압류채권의 수액에 특별한 제한을 둔 바 없다면 압류의 효력은 피압류채권 전액에 대하여 미친다.[676]

압류의 효력은 이자나 지연손해금 등 종된 권리에도 미친다. 저당권이 있는 채권과 같은 담보부채권에 대한 압류의 효력은 종된 권리인 담보권에도 미친다. 주 채무자에 대한 압류의 효력은 주 채무자에 대한 송달로써 보증인에게도 미친다.

채권압류나 가압류의 경우 집행채권에 대해서는 시효중단의 효력이 생기나, 피압류채권에 대해서는 시효중단의 효력은 없고 민법 제174조의 소멸시효중단사유인 최고로서의 효력이 있을 뿐이다.[677]

채권에 대한 압류명령은 압류목적채권이 현실로 존재하는 경우에 그 한도에서 효력을 발생할 수 있는 것이고, 채권압류명령을 송달받기 전에 이미 그 피압류채권인 임대차보증금반환채권을 모두 변제하여 그 채권이 소멸되거나 존재하지 않는 경우 이러한 채권에 대한 압류명령은 무효이다.[678] 압류의 효력이 발생된 후 새로 발생한 채권에 대해서도 압류의 효력이 미치지 아니한다.[679]

---

676) 대법원 1991. 10. 11. 선고 91다12233 판결.
677) 대법원 2003. 5. 13.선고2003다16238 판결.
678) 대법원 2003. 10. 24. 선고 2003다37426 판결.
679) 따라서 공사금채권에 대한 압류 및 전부명령은 그 송달 후 체결된 추가공사계약으로 인한 추가공사금 채권에는 미치지 아니한다. 대법원 2001. 12. 24. 선고 2001다62640 판결.

> ┌─ **[사례 10 - 8] 계속적 계약관계의 채권에 대한 압류의 효력** ─────────
> │
> │ 甲은 乙이 丙회사에서 지급받고 있는 급여채권에 대하여 집행채권을 금 3,000만
> │ 원으로 하여 채권압류명령을 신청하여 그 명령이 丙회사에 송달되었다. 그런데 丙회
> │ 사가 乙에게 매월 지급하는 월급은 제 수당을 포함하여 300만 원이다.
> │ 甲의 압류의 효력은 어디까지 미치는가? 위 압류명령 송달 후 乙이 丙회사에서
> │ 퇴직한 경우에는 어떻게 되는가? 乙이 丙회사를 퇴직하였다가 丙회사와 새로운 근
> │ 로계약을 체결한 경우 위 압류의 효력은 존속되는가?
> └──

급여채권과 같은 계속적 계약관계에서 발생한 채권은 각 지급기마다 발생하는 채권이 각각 별개의 채권이나, 집행채권과 집행비용을 한도로 하여 1회의 압류의 효력이 그 압류 뒤에 발생한 채권에도 미친다. 채무자의 전근, 승진, 승급 등의 경우와 같이 기본적 법률관계가 동일한 이상 그 법률관계의 구체적 내용에 다소 변동이 있어도 압류의 효력은 유지된다.

급여채권이 압류되어도 채무자 또는 제3채무자가 그 기본인 고용관계를 소멸시키는 것을 막을 수 없고, 고용관계가 소멸되면 압류의 대상이 없어져 압류는 효력을 잃는다. 근로자가 퇴직하였다가 제3채무자와 새로운 근로계약을 체결한 경우와 같이 기본적인 법률관계가 바뀌면 압류의 효력은 새로운 근로계약의 급여채권에는 미치지 않는다.680)

3. 전부명령

가. 압류채권의 현금화

압류채권자가 자기채권의 만족을 얻기 위해서는 금전채권의 압류만으로는 부족하고 압류한 금전채권을 추심명령이나 전부명령, 특별현금화명령 등에 의하여 현금화하여야 한다. 추심명령은 피압류채권을 채무자로부터 채권자에게 이전하는 효력이 없이 단순히 채권자에게 추심권능을 부여하는 것이고, 전부명령은 피압류채권을 변제에 갈음하여 채권자에게 이전하는 효력을 가지고 있다. 추심명령이나 전부명령에 불구하고 제3채무자가 추심에 응하지 아니하거나(임의로 지급을 거절하는 경우) 전부된 채권을 지급하지 않으

---

680) 이시윤, p.390 참조.

면, 채권자는 제3채무자를 상대로 추심금청구소송이나 전부금청구소송을 제기할 수밖에 없다.

일반적으로 금전채권에 대한 집행으로는 전부명령의 방법이 많이 이용되고 있다. 그러나 전부명령은 채무자 또는 제3채무자에게 송달되면 채권자는 전부된 채권을 가지게 될 뿐이고 기왕의 채무는 소멸하게 되므로, 제3채무자의 무자력에 의한 변제불능의 위험을 염두에 두어야 한다. 추심명령의 경우에는 현실적 만족을 얻기 전에 집행채권이 소멸할 위험은 없으나 다른 채권자로부터의 배당요구 때문에 채권자의 몫이 줄어들 소지가 있다.

따라서 제3채무자의 변제자력이 충분한 경우에는 전부명령을 발하여 제3채무자에게 송달시킴으로써 독점적으로 채권의 만족을 얻을 수 있으나, 채무자의 제3채무자에 대한 채권에 대하여 다른 채권자가 압류 등을 하였을 경우에는 전부명령은 할 수 없고 추심명령만이 가능하다.

먼저 피압류채권의 현금화 절차 중에서 실무상 활용도가 높은 전부명령부터 살펴보기로 한다.

나. 전부명령의 신청

전부명령은 압류채권자의 신청에 의하여 발부된다. 통상 압류명령의 신청과 동시에 전부명령을 신청한다. 단 증권채권의 경우에는 집행관이 증권을 점유한 후가 아니면 신청할 수 없으므로 동시신청을 할 수 없다.

채권가압류가 된 후에 가압류권자가 집행권원을 얻으면 채권압류명령신청과 함께 전부명령을 신청하고, 이때 가압류는 본압류로 전이한다.

관할법원은 신청 당시를 기준으로 하여 채무자의 주소지를 관할하는 지방법원이고, 그 지방법원이 없으면 제3채무자의 주소지를 관할하는 지방법원이다.

다. 전부명령을 발하기 위한 요건

(1) 유효한 압류명령의 존재

전부명령이 유효하려면 채권압류명령이 있어야 하고, 강제집행 및 강제집행개시의 요건을 갖추어야 한다.

(2) 피전부채권의 적격

전부명령의 대상인 채권은 금전채권이어야 하고, 금전채권이 아닌 유체물의 인도나 권리이전청구권은 피전부채권으로서의 적격이 없다(제245조). 그리고 <u>금전채권은 권면액을 가진 것이어야 한다.</u> 권면액(券面額)이란 채권의 목적으로 표시되어 있는 금전의 확정된 일정액을 말한다.681) 다만 공무원에게 지급할 봉급이나 근로자의 퇴직금(그 2분의 1) 등 장래의 채권이나 경매가 취하될 것을 조건으로 한 경매보증금반환청구권, 골프클럽회원의 예치금반환청구권, 임차보증금반환청구권, 낙찰허가결정에 대한 항고인의 공탁금회수청구권 등 조건부채권, 공사대금채권 등 반대급부에 걸린 채권 등에 대해서도 전부명령이 허용된다.682) 채권에 대한 압류 및 전부명령이 유효하기 위하여 채권압류 및 전부명령이 제3채무자에게 송달될 당시 반드시 피압류 및 전부채권이 현실적으로 존재하고 있어야 하는 것은 아니고, 장래의 채권이라도 채권 발생의 기초가 확정되어 있어 특정이 가능할 뿐 아니라 권면액이 있고, 가까운 장래에 채권이 발생할 것이 상당한 정도로 기대되는 경우에는 채권압류 및 전부명령의 대상이 될 수 있다.683)

(3) 양도성

부양료채권(민법 제979조) 등 양도금지채권에 대해서는 압류 및 전부명령이 불가능하다. 다만 당사자 사이에 양도금지의 특약이 있는 채권이라도 압류채권자의 선의·악의를 불문하고 전부명령이 가능하다.684)

---

681) 민사집행법상 피압류채권의 권면액을 요구하고 있지는 않으나, 전부명령은 피압류채권에 의한 집행채권의 대물변제효를 인정하는 것이기 때문에 피압류채권의 액면액으로 집행채권이 변제된 것으로 볼 수 있는 경우라야 한다.

682) 판례는 공사도급계약 체결 전에는 공사대금채권이 아직 발생하지 않았으므로 전부명령은 무효이나, 공사가 완료되기 이전에 전부명령이 있었을 경우에는 그 공사대금채권이 결산에 의하여 구체적으로 확정되었을 때 그 공사채권을 표준으로(기성고에 따라) 전부의 효력도 확정된다고 한다.

683) 대법원 2002. 11. 8. 선고 2002다7527 판결: 건설업자가 지방자치단체가 지방재정법과 그 시행령 및 그에 의하여 준용되는 국가를당사자로하는계약에관한법률과 그 시행령에 의하여 시행하는 공사의 경쟁입찰에 참가하여 낙찰자로 결정된 후 낙찰자의 채권자가 낙찰자를 채무자로 하고, 지방자치단체를 제3채무자로 하여 낙찰자가 지방자치단체와 장차 공사도급계약을 체결하고 공사를 시공함에 따라 지방자치단체로부터 지급받게 될 공사대금채권에 대하여 채권압류 및 전부명령을 받은 경우, 피압류 및 전부채권인 공사대금채권은 그 발생의 기초가 확정되어 있어 채권의 특정이 가능할 뿐 아니라, 공사대금이 확정되어 있어 권면액도 있으며, 가까운 장래에 채권이 발생할 것이 상당한 정도로 확실시되므로 그 공사대금채권에 대한 채권압류 및 전부명령은 유효하다고 한 사례.

684) 대법원 2002. 8. 27. 선고 2001다71699 판결: 당사자 사이에 양도금지의 특약이 있는 채권이라도 압류 및 전부명령에 따라 이전될 수 있고, 양도금지의 특약이 있는 사실에 관하여 압류채권자가 선의인가 악의인가는 전부명령의 효력에 영향이 없다.

(4) 압류의 경합이 없을 것

전부명령이 제3채무자에게 송달될 때까지 그 금전채권에 관하여 다른 채권자가 압류·가압류 배당요구를 한 사실이 없어야 한다. 압류가 경합하면 한 사람의 채권자에게 독점적인 만족을 줄 수 없기 때문에 압류 등의 경합이 있으면 그 전부명령은 무효이다 (제229조 제5항).

판례는 채권가압류와 채권압류의 집행이 경합된 상태에서 발령된 전부명령은 무효이고, 한번 무효로 된 전부명령은 일단 경합된 가압류 및 압류가 그 후 채권가압류의 집행해제로 경합상태를 벗어났다고 하여 되살아나는 것은 아니라고 한다.[685] 제3채무자는 다른 채권자의 배당요구가 있거나 압류가 경합된 경우에는 공탁에 의하여 채무를 면할 수 있다.

라. 전부명령의 송달

전부명령은 채무자와 제3채무자에게 송달하고, 채권자에게 적당한 방법으로 고지한다. <u>제3채무자뿐만 아니라 채무자에게도 송달하여야 한다.</u> 전부명령이 채무자와 제3채무자에게 송달되지 않은 경우에는 신청채권자에게 주소보정을 명하고, 이에 불응하면 압류 및 전부명령을 취소하고 신청을 각하한다.

마. 전부명령에 대한 불복(즉시항고)

채권의 압류 및 전부명령은 금전채권의 집행권원을 가지는 채권자가, 그 집행권원상의 채무자가 제3채무자에 대하여 가지는 금전채권을 대상으로 하는 강제집행으로서, 법원은 압류 및 전부명령의 결정을 함에 있어서는 집행권원의 송달, 선행하는 압류명령의 존부, 피전부적격의 유무 등의 요건을 심리하면 되고, 실지로 채무자가 제3채무자에게 압류 및 전부명령의 대상이 되는 채권을 가지고 있는지 여부는 따질 필요가 없는 것이 원칙이다.[686]

전부명령의 신청에 관한 재판에 대하여 채무자와 제3채무자는 전부명령이 송달된 때

---

685) 대법원 2001. 10. 12. 선고 2000다19373 판결.

686) 대법원 2004. 1. 5. 자 2003마1667 결정: 만일 채무자의 제3채무자에 대한 그와 같은 채권이 존재하지 아니하는 경우에는 전부명령이 확정되더라도 변제의 효력이 없는 것이며, <u>채무자로서는 제3채무자에게 그와 같은 채권을 가지고 있지 않다고 하더라도 특별한 사정이 없는 한 이로 인하여 어떠한 불이익이 있는 것이 아니므로, 이것을 이유로 하여서는 스스로 불복의 사유로 삼을 수 없다.</u>

로부터 1주일 이내에 즉시항고를 할 수 있다.[687] 전부명령 자체가 무효인 경우에는 즉시항고를 제기하지 아니하여 확정되었다 하더라도 채무자와 제3채무자는 전부금청구소송에서 여전히 그 무효를 주장할 수 있다. 즉시항고의 사유는 전부명령 고유의 무효나 취소사유 등이고, 피전부채권의 부존재 등 실체에 관한 사유는 전부명령에 대한 불복의 사유가 되지 못한다.[688] 집행채권의 부존재소멸도 절차상의 사항이 아니므로 적법한 항고이유가 될 수 없다.

전부명령에 대한 즉시항고는 집행정지의 효력이 있다.

바. 전부명령의 효력

전부명령이 확정되면 피전부채권이 그 동일성을 유지한 채 전부채권자에게 이전되고(**권리이전효**) 그로 인한 집행채권은 소멸되며(**집행채권의 소멸**), 전부명령이 제3채무자에게 송달된 때에 소급하여 채무자가 집행채무를 변제한 것으로 본다(**변제효**). 이러한 <u>권리이전 효과와 변제효는 전부명령 확정 시</u>, 즉 즉시항고가 제기되지 않은 경우에는 1주일의 기간이 경과한 때, 즉시항고가 제기된 경우에는 그 기각 또는 각하결정이 확정된 때 발생하고, <u>그 확정에 의하여 발생하는 효력은 전부명령이 제3채무자에게 송달된 때로 소급한다.</u>[689]

전부채권자는 원래의 채권자인 집행채무자에 갈음하여 그의 채권을 취득하고, 자신의 채권으로서 이를 자유롭게 처분할 수 있다. 전부채권자는 추심명령의 경우와 달리 면제 · 상계 · 양도 등 채권의 처분행위를 할 수도 있다. 집행채무자는 전부명령에 의하여 피전부채권을 상실하고, 제3채무자는 종전의 채권자인 집행채무자에 대하여 부담하고 있

---

687) 경합압류한 다른 채권자 등 제3자도 즉시항고를 할 수 있다. 이시윤, p.414.

688) 대법원 1992. 4. 15. 자 92마213 결정. 이 경우에는 청구이의사유가 되거나 확정 후 채권자의 부당이득이 된다.

689) 대법원 2009. 2. 12. 선고 2006다88234 판결: 민사집행법 제231조 본문은 "전부명령이 확정된 경우에는 전부명령이 제3채무자에게 송달된 때에 채무자가 채무를 변제한 것으로 본다"고 규정하고 있는바, 이는 집행채권자가 전부명령에 의하여 피전부채권에 대하여 독점적인 권리를 취득하는 것에 상응하여 전부명령으로 집행채권이 변제되는 것과 동일한 효과가 발생한다는 취지를 정하고 있는 것으로 해석된다. 그러므로 채권자가 약속어음금 채권을 집행채권으로 하여 약속어음 채무자가 제3채무자에 대하여 가지는 채권의 압류 및 전부명령을 받아 확정되었다면 위 전부명령이 제3채무자에게 송달된 때에 소급하여 피전부채권이 채권자에게 이전하고, 이는 집행채무자가 채무의 이행에 갈음하여 현실적인 출연을 한 것과 법률상 동일하게 취급되어 집행채권인 약속어음금 채권은 변제된 것으로 보아 소멸한다. 집행채권인 약속어음금 채권이 전부명령의 확정에 의하여 소멸한 경우, 그 시점에 약속어음금 채권에 의하여 담보되는 원인채권인 대여금채권도 같은 액수만큼 변제로 인하여 확정적으로 소멸한다.

던 채무를 채권자에게 부담하고, 채무자에 대한 채권압류 전의 각종 항변사유를 채권자에게 주장할 수 있다. 제3채무자는 전부명령 송달 전에 상계적상(相計適狀)에 있는 반대채권이 있었다면 그 송달 후라도 상계할 수 있다.

전부명령 송달 시 피전부채권이 존재하지 않거나 소멸 내지 제3자에게 양도된 경우에는 전부명령은 실체상 무효이고 집행채권 소멸의 효과는 발생하지 않는다. 피전부채권이 장래의 조건부채권이거나 소멸할 가능성이 있다 하더라도 채권압류 및 전부명령이 적법하게 이루어진 이상 피압류채권은 집행채권의 범위 안에서 전부채권자에게 이전하고, 채무자는 채무를 변제한 것으로 간주되므로 이후에 발령된 동일한 채권을 목적으로 하는 압류 및 전부명령은 무효라는 것이 판례이다.

그러나 장래의 채권에 대한 전부명령이 확정된 후에 그 <u>피압류채권의 전부 또는 일부가 존재하지 아니한 것으로 밝혀졌다면 그 부분에 대한 전부명령의 실체적 효력은 소급하여 실효된다.</u>[690] 따라서 이 경우에 채권자는 제35조에 의해 집행문을 다시 부여받아 채무자의 다른 재산에 대한 강제집행이 가능하다.[691]

제3채무자가 무효의 전부명령에 기하여 선의·무과실로 채권자에게 변제하면 채권의 준점유자에 대한 변제로서 유효하다.

┌─ **[사례 10 - 9] 매매계약 해제 전의 중도금반환채권에 대한 압류** ─┐

甲은 乙과 토지매매계약을 체결하고 乙에게 계약금과 중도금을 지불하였으나, 잔금을 지급하지 아니한 상태에서 乙은 甲에게 소유권이전등기에 필요한 일체의 서류를 이행·제공할 준비가 되어 있음을 알린 후 잔금지급을 최고하고 계약해제의 의사표시를 하였으나, 甲이 잔금지급을 하지 아니하여 매매계약이 해제되었다.

甲의 채권자인 丙은 甲과 乙의 매매계약이 해제되기 이전에 甲과 乙의 매매계약이 해제되었음을 전제로 한 甲의 乙에 대한 중도금반환채권에 대하여 약속어음공정증서정본에 기하여 압류 및 전부명령을 받았다. 甲의 또 다른 채권자인 丁은 丙보다는 늦게 매매계약이 해제되기 전에 채무자를 甲, 제3채무자를 乙로 하여 위 매매대금반환채권에 대하여 가압류를 하고 이어서 채권가압류에서 본압류로 전이하는 채

---

690) 대법원 2001. 9. 25. 선고 99다15177 판결.

691) 이와 같은 전부명령무효설에 대해 일본 최고재판소와 일부 학설은 전부채권자는 집행채무자에 대하여 부당이득반환청구를 할 수 있다는 부당이득반환설을 취하고 있다. 이시윤, pp.420 - 421 참조.

권압류 및 추심명령을 받았다.

甲과 乙의 매매계약이 해제되기 전에 한 丙의 전부명령은 유효한가?

丙의 압류명령과 丁의 압류명령은 경합하는가?

판례는 매매계약이 해제되는 경우 발생하는 매수인의 매도인에 대한 기지급 매매대금의 반환채권은 매매계약이 해제되기 전까지는 채권 발생의 기초가 있을 뿐 아직 권리로서 발생하지 아니한 것이기는 하지만, 일정한 권면액을 갖는 금전채권이라 할 것이므로 전부명령의 대상이 될 수 있다고 한다. 나아가 전부명령은 그 명령이 확정되면 그 명령이 제3채무자에게 송달된 때 소급하여 피압류채권이 집행채권의 범위 안에서 당연히 전부채권자에게 이전되고 동시에 집행채권 소멸의 효력이 발생되는 것이므로, 전부명령이 제3채무자에게 송달될 당시를 기준으로 압류가 경합되지 않았다면 그 후에 이루어진 채권압류가 그 전부명령의 효력에 영향을 미칠 수 없으며, 이러한 법리는 피압류채권이 장래에 발생하는 조건부채권이라 하더라도 달라질 수 없다고 한다.[692]

위 사례에서 丙의 전부명령 당시 매매계약의 해제가 이루어지지 않았다는 것만으로 이 전부명령을 무효라 볼 수 없고, 이 전부명령의 효력발생 후 계약 해제 이전에 다른 채권자 丁의 채권가압류 등이 있었다 하더라도 丙의 전부명령의 효력에는 영향을 미칠 수 없다. 따라서 乙은 丙에게 甲으로부터 지급받은 매매대금 중 계약금을 제외한 중도금을 지급할 의무가 있다.

[사례 10 – 10] 전세보증금반환채권에 대한 전부명령

甲은 乙에 대한 집행권원을 가지고 乙이 세 들어 살고 있는 집의 주인 丙에 대하여 가지는 전세보증금반환채권에 대하여 압류 및 전부명령을 받았다. 전부명령이 확정되었음에도 불구하고 丙은 甲에게 전세보증금을 내주지 않고 있다. 甲은 어떠한 방법으로 변제받을 수 있는가?

임차인이 임대차 목적물을 반환하기 전의 임차보증금(전세보증금)반환청구권에 대한 전부명령은 유효한 것으로 승인되고 있다. 전세보증금반환채권이 압류 및 전부된 경우에

---

692) 대법원 2000. 10. 6. 선고 2000다323130 판결 등.

도 임차인의 건물명도의무와 임대인의 보증금반환의무 사이의 동시이행관계는 존속한다. 위 전세보증금은 임대인이 임차인의 목적물 명도 시까지 임대차계약에 의하여 임차인에 대하여 가지는 일체의 채권을 담보하는 것이라는 이유로 제3채무자인 임대인은 전부명령 송달 시까지 발생한 임차인에 대한 채권뿐만 아니라, 그 후에 발생한 채권도 공제한 나머지만을 전부채권자에게 지급하면 된다. 따라서 위 전세보증금에서 차임 내지 차임 상당의 손해배상액이 공제되어 전세보증금이 한 푼도 남지 않게 되는 결과도 생기게 되어, 실제로 전세보증금에 대한 압류 및 전부명령이 유용하게 쓰이지 못하는 경우가 많다.

위 사례에서 丙에 대한 전부명령 송달 후 1주일이 도과하여 전부명령이 확정되었다 하더라도 丙은 乙의 건물명도와 동시에 乙에 대한 다른 채권을 공제한 잔액을 甲에게 지급하면 그만이고, 乙이 집을 비워 주지 않는 한 甲은 丙으로부터 전부금을 지급받을 수 없다. 乙이 건물을 명도하였음에도 불구하고 丙이 전부된 보증금을 지급하지 않는 경우에는 甲은 丙을 상대로 전부금청구소송을 제기할 수밖에 없다.

위 사례에서 乙과 丙 사이의 임대차계약이 묵시의 갱신에 의하여 임대차 관계가 존속 중인 경우, 甲의 압류 및 전부명령이 송달된 후에는 乙과 丙 사이에 계약의 갱신이나 계약기간의 연장에 관하여 명시적 또는 묵시적 합의가 있었다고 하더라도 그 합의의 효과가 전부채권자인 甲에 대해서는 미칠 수 없다. 따라서 이러한 경우 채권자대위의 법리에 따라서 甲으로서는 제3채무자인 丙을 대위하여 그가 무자력이 아니더라도 그의 임차인인 乙에 대한 임차목적물명도청구권을 대위행사할 수 있다.[693]

위 사례는 이른바 채권적 전세에 있어서의 전세(임차)보증금반환채권에 관한 것이다. 존속기간이 만료되거나 합의해지된 전세권(물권)에 대한 집행은 전세금반환채권에 대하여 채권압류 및 전부명령을 얻으면, 채권자는 전세권자로서(전세권이전등기를 하고) 담보물권적 성격의 전세권이 갖는 경매청구권·우선변제권을 행사할 수 있다.

사. 집행절차의 종료

전부명령이 확정되어 효력을 발생하면 채권집행절차는 목적을 달성하게 되어 종료한다. 집행절차가 종료되면 배당절차도 없고, 젭행채권자를 상대로 부당이득반환청구를 하는 것은 별론, 집행정지취소나 배당요구, 청구이의의 소나 제3자이의의 소를 제기할 여지가 없다.

---

693) 대법원 1989. 4. 25. 선고 88다카4253,4260 판결.

아. 전부금청구의 소

전부명령의 확정에도 불구하고 제3채무자가 집행채권자에게 임의지급을 하지 않는 경우 집행채권자는 제3채무자를 상대로 전부금청구소송을 제기할 수 있다. 제3채무자는 이 소송에서 전부명령의 원인인 집행채권의 부존재·소멸을 다툴 수 없으나,694) 압류채권의 부존재 등 전부명령이 무효인 경우에는 그 무효를 주장할 수 있다.695) 피압류채권이 처음부터 존재하지 아니한 경우만이 아니라 취소·해제·상계 등의 권리멸각이나 정지조건의 미성취 등 권리저지항변의 행사에 의하여 후발적으로 부존재하는 경우에도 전부명령은 무효이다.

4. 추심명령

가. 추심명령의 신청

추심명령(推尋命令)은 압류채권자의 서면신청에 의하여 발부된다. 압류명령과 동시에 또는 사후에 추심명령을 신청할 수 있으며, 전부명령과 같이 통상 압류명령신청과 동시에 병합하여 신청하는 예가 대부분이다. 관할법원은 전부명령의 경우와 같다. 추심명령은

---

694) 대법원 2004. 5. 28. 선고 2004다6542 판결: 집행력 있는 집행권원에 기하여 채권압류 및 전부명령이 적법하게 이루어진 이상 피압류채권은 집행채권의 범위 내에서 당연히 집행채권자에게 이전한다 할 것이어서 그 집행채권이 이미 소멸하였거나 실제 채무액을 초과하더라도 그 채권압류 및 전부명령에는 아무런 영향이 없고, 제3채무자로서는 채무자에 대하여 부담하고 있는 채무액의 한도 내에서 집행채권자에게 변제하면 완전히 면책된다.

695) 대법원 2008. 2. 29. 선고 2007다49960 판결: 집행권원에 기한 금전채권에 대한 강제집행절차에서, 그 집행권원에 표시된 집행채권이 소멸하였다 하더라도 그 강제집행절차가 청구이의의 소 등을 통하여 적법하게 취소·정지되지 아니한 채 계속 진행되어 채권압류 및 전부명령이 적법하게 확정되었다면, 특별한 사정이 없는 한 단지 집행채권의 소멸을 이유만으로, 확정된 전부명령에 따라 전부채권자에게 피전부채권이 이전되는 효력 자체를 부정할 수는 없는 것이고, 다만 위와 같이 전부명령이 확정된 후 그 집행권원상의 집행채권이 소멸한 것으로 판명된 경우에는 그 소멸된 부분에 관해서는 집행채권자가 집행채무자에 대한 관계에서 부당이득을 한 셈이 되므로, 그 집행채무자는 집행채권자에 대하여 그가 위 전부명령에 따라 전부받은 채권 중 실제로 추심한 금전 부분에 관해서는 그 상당액을, 추심하지 아니한 부분에 관해서는 그 채권 자체를 양도하는 방법에 의하여 부당이득의 반환을 구할 수 있다(대법원 2005. 4. 15. 선고 2004다70024 판결, 대법원 2007. 8. 23. 선고 2005다43081, 43098(참가) 판결 등 참조). 그리고 위와 같은 부당이득반환청구에서 집행채무자가 집행채권 소멸의 원인으로 주장할 수 있는 사유가 여러 가지인 경우 이들은 법률상의 원인 없는 사유에 관하여 공격방법이 다른 데 지나지 않으므로 그중 어느 사유를 주장하여 패소의 확정판결을 받은 경우에 다른 사유를 주장하여 다시 청구하는 것은 기판력에 저촉되어 허용될 수 없다.

대위의 절차를 밟지 않고 채무자에 갈음하여 압류채권의 목적인 급여를 제3채무자에게 청구하여 수령하되, 원칙적으로 자기채권의 변제에 충당할 권한을 수여하는 집행법원의 명령이다.

금전채권에 대하여 압류 및 추심명령이 있었다 하더라도 이는 강제집행절차에서 <u>압류 채권자에게 채무자의 제3채무자에 대한 채권을 추심할 권능만을 부여하는 것</u>으로서 강제 집행절차상의 환가처분의 실행행위에 지나지 않는 것이며, 이로 인하여 채무자가 제3채무자에 대하여 가지는 채권이 압류채권자에게 이전되거나 귀속되는 것은 아니다.[696]

나. 추심명령의 송달

추심명령도 압류명령과 같이 제3채무자와 채무자에게 송달하여야 하고 채권자에게도 적당한 방법으로 고지한다. 추심명령이 제3채무자에게 송달되지 않는 경우 신청 채권자에게 주소보정을 명하고, 이에 불응하면 압류 및 추심명령을 취소하고 신청을 각하한다.

다. 추심명령에 대한 불복

추심명령에 대하여 채무자 및 제3채무자는 즉시항고할 수 있고, 추심명령을 기각·각하한 결정에 대해서는 신청권자가 즉시항고할 수 있다. 추심명령은 제3채무자에 송달됨으로써 그 효력이 발생하고, 추심명령에 즉시항고가 제기되더라도 전부명령과는 달리 추심명령의 효력발생에는 영향을 미치지 못한다. 피압류채권의 부존재·소멸은 추심의 소에서 다툴 사유이고, 집행채권의 부존재·소멸은 청구이의의 소를 다툴 사유이지 즉시항고사유가 아니다.

라. 추심권의 범위 및 제한

채권자의 추심권의 범위는 압류된 채권의 전액에 미치나, 집행법원은 채무자의 신청에 의하여 압류채권자를 심문하여 압류액수를 그 채권자의 요구액수로 제한하고 그 채무자

---

696) 따라서 이와 같은 추심권능은 그 자체로서 독립적으로 처분하여 환가할 수 있는 것이 아니어서 압류할 수 없는 성질의 것이고, 따라서 이러한 추심권능에 대한 가압류결정은 효력이 없으며, 추심권능을 소송상 행사하여 승소확정판결을 받았다고 하더라도 이러한 판결에 기하여 금원을 지급받을 채권에 대한 가압류결정도 추심권능에 대한 가압류로서 효력이 없다(대법원1997. 3. 14. 선고 96다54300 판결).

에게 그 초과된 액수의 처분과 영수를 허가할 수 있고(채권압류액의 제한허가), 제한 부분에 대해서는 다른 채권자의 배당요구를 허용하지 아니하여 이 한도에서는 압류채권자가 우선변제를 받을 수 있다.[697]

마. 추심명령의 효과

(1) 집행채권자의 지위: 추심권의 행사 및 포기

추심명령을 얻은 채권자는 피압류채권의 추심에 필요한 채무자의 권리를 채무자를 대리하거나 대위하지 아니하고 자신의 이름으로 재판상 또는 재판외에서 청구할 수 있다.[698] 압류채권자는 추심의 목적 범위 내에서 추심금청구 소송을 제기할 수 있는 것은 물론, 이행을 최고하거나 변제를 수령하고, 최고권·해제권·해지권의 행사, 보증인에 대한 청구, 담보권의 실행도 할 수 있다.[699] 그러나 면제·포기·기한의 유예·채권양도 등 추심의 목적을 넘는 행위는 할 수 없다.[700]

채권자가 추심할 채권의 행사를 해태한 때에는 이로 인한 채무자의 손해를 부담한다. 추심명령을 얻은 채권자가 추심절차를 해태한 때에는 집행력 있는 정본에 의해 배당을

---

697) 대법원 2004. 12. 10. 선고 2004다54725 판결: 채권압류 및 추심명령을 받은 채권자가 제3채무자로부터 피압류채권을 추심한 다음 민사집행법 제236조 제1항에 따른 추심신고를 한 경우 그때까지 다른 압류·가압류 또는 배당요구가 없으면 그 추심한 범위 내에서 피압류채권은 소멸하고, 집행법원은 추심금의 충당관계 등을 조사하여 집행채권 전액이 변제된 경우에는 집행력 있는 정본을 채무자에게 교부하며, 일부 변제가 된 경우에는 그 취지를 집행력 있는 정본 등에 적은 다음 채권자에게 돌려주는 등의 조치를 취함으로써 채권집행이 종료하게 된다.

698) 대법원 2007. 11. 15. 선고 2007다62963 판결: 추심명령을 얻은 추심채권자는 집행법원의 수권에 기하여 일종의 추심기관으로서 채무자를 대신하여 추심의 목적에 맞도록 채권을 행사하여야 하고, 특히 압류 등의 경합이 있는 경우에는 압류 또는 배당에 참가한 모든 채권자를 위하여 제3채무자로부터 채권을 추심하여야 하므로, 추심채권자는 피압류채권의 행사에 제약을 받게 되는 채무자를 위하여 선량한 관리자의 주의의무를 가지고 채권을 행사하고, 나아가 제3채무자로부터 추심금을 지급받으면 지체 없이 공탁 및 사유신고를 함으로써 압류 또는 배당에 참가한 모든 채권자들이 배당절차에 의한 채권의 만족을 얻도록 하여야 할 의무를 부담한다. 이러한 법리는 제3채무자가 추심명령에 기한 추심에 임의로 응하지 아니하여 추심채권자가 제3채무자를 상대로 추심의 소를 제기한 후 얻어 낸 집행권원에 기하여 제3채무자의 재산에 대하여 강제집행을 한 결과 취득한 추심금의 경우에도 마찬가지이다. 따라서 압류가 경합된 상태에서 발령된 압류 및 추심명령의 추심채권자가 제3채무자의 금전채권에 대하여 다시 압류 및 추심명령을 받아 추심금을 지급받은 경우에는 지체 없이 압류가 경합된 상태에서의 압류 및 추심명령의 발령법원에 추심금을 공탁하고 그 사유를 신고하여야 한다.

699) 공탁금출급 또는 회수청구권에 대하여 추심명령을 얻은 채권자는 추심명령정본 및 그 송달통지서 또는 송달증명서를 첨부하여 공탁공무원에게 공탁금의 출급 또는 회수를 청구할 수 있다. 이시윤, p.403.

700) 경합하는 채권자가 없으면 채권자가 피압류채권을 자동채권으로 하여 제3채무자에 대한 자신의 채무와 상계할 수 있는 것으로 볼 것이다. 이시윤, p.403 참조.

요구한 각 채권자가 일정한 기간 이내에 추심할 것을 집행채권자에게 최고하고, 최고에 응하지 아니한 때에는 법원에 대하여 <u>추심허가신청</u>을 하여 법원의 허가를 얻어 직접 추심할 수 있다.

채권자는 추심명령에 의하여 취득한 권리를 포기할 수 있다.[701] 추심권뿐만 아니라 압류에 관한 권리 그 자체를 포기하려면 압류명령의 신청까지 취하해야 한다. 추심권을 포기했다고 하여 기본채권(집행채권)이 영향을 받는 것은 아니다.

채권자가 채권을 추심한 때에는 그 사유를 법원에 신고하고, 추심신고가 있으면 다른 채권자에 의한 배당요구는 허용되지 않는다. 추심신고가 있을 때까지 다른 채권자의 배당요구가 없으면 추심채권자가 독점적 만족을 얻고 그 범위 내에서 피압류채권은 소멸한다(이 경우에는 추심한 채권액을 신고만 하면 된다). 채권자가 추심신고를 하기 전에 다른 압류·가압류 또는 배당요구가 있으면 추심권을 행사한 압류채권자만이 만족을 얻을 수 없으므로, 추심한 금액을 공탁하고 그 사유를 법원에 신고하면 배당절차에 들어간다.

제3채무자가 추심명령을 송달받았더라도 배당요구 혹은 가압류·압류 등이 있거나, 국세의 교부청구로 인한 채권자경합의 경우에는 채무액을 공탁하고 그 사유를 법원에 신고하면 면책된다.[702][703]

---

701) 채권자가 추심명령에 따라 얻은 추심권을 포기하는 경우 서면으로 법원에 신고하여야 하고, 법원사무관 등은 그 등본을 제3채무자와 채무자에게 송달하여야 한다(제240조 제2항).

702) 대법원 2005. 7. 28. 선고 2004다8753 판결: 추심채권자는 피압류채권의 행사에 제약을 받게 되는 채무자를 위하여 선량한 관리자의 주의의무를 가지고 채권을 행사하고, 나아가 제3채무자로부터 추심금을 지급받으면 지체 없이 공탁 및 사유신고를 함으로써 압류 또는 배당에 참가한 모든 채권자들이 배당절차에 의한 채권의 만족을 얻도록 하여야 할 의무를 부담한다 할 것인바, 이는 구 민사소송법 제569조[민사집행법 제236조] 제2항이 채권을 추심한 추심채권자가 그 사유를 법원에 신고하기 전에 다른 압류, 가압류 또는 배당요구가 있는 때에는 추심한 금액을 '지체 없이' 공탁하고 그 사유를 신고하여야 한다고 규정하고 있는 점에 비추어 당연하다고 할 것이므로, 만일 추심채권자가 추심을 마쳤음에도 지체 없이 공탁 및 사유신고를 하지 아니한 경우에는 그로 인한 손해배상으로서, 제3채무자로부터 추심금을 지급받은 후 공탁 및 사유신고에 필요한 상당한 기간을 경과한 때부터 실제 추심금을 공탁할 때까지의 기간 동안 금전채무의 이행을 지체한 경우에 관한 법정지연손해금 상당의 금원도 공탁하여야 할 의무가 있다.

703) 대법원 2002. 9. 30. 자 2002마2209 결정: 사립학교법 제28조 제1항에서 정한 기본재산이 관할청의 허가 없이 양도된 경우 그것이 학교법인의 의사에 기한 것이든 강제집행절차에 의한 것이든 무효가 되는 점에, 비록 추심명령으로 인하여 곧바로 채권 자체가 추심채권자에게 이전하는 것은 아니지만 추심이 완료되면 추심채권자로부터 이를 반환받는 것이 불가능한 경우가 많아 사실상 채권의 양도와 다를 바 없는 결과를 초래하여 사립학교의 재정 충실을 기하려는 사립학교법의 취지가 몰각될 위험이 있는 점 그리고 위 법조항에 따르면 관할청의 허가가 없는 한 채권자가 사립학교의 기본재산인 채권으로 최종적인 만족을 얻는 것은 금지될 수밖에 없는데, 추심명령을 금지하지 아니한다면 채권자로서는 추심금 소송을 제기하여 승소하고서도 관할청의 허가를 받지 못하여 그동안의 소송절차를 무위로 돌려야만 하는 결과가 될 수 있어 사회 전체적으로 보아도 소송경제에 반하는 점 등을 아울러 살펴보면, 이러한 <u>기본재산인 채권에 대하여 압류 및 추심명령의 신청이 있는 경우, 집행법원으로서는 그 처분을 금지하는</u>

┌─ **[사례 10 - 11] 추심명령과 가압류의 경합** ─────────────

　乙이 A의 B은행에 대한 예금채권에 관한 채권압류 및 추심명령에 기하여 2007.
4. 16. B은행으로부터 27억 5,000만 원을 추심하고 2007. 4. 23. 집행법원에 추심신
고를 하였다. 한편 甲은 2007. 4. 16. A에 대한 공사대금채권을 보전하기 위하여 A
의 B은행에 대한 39억 원의 예금채권에 관하여 가압류신청을 하였는데 그 가압류결
정이 2007. 4. 18. 내려지고 같은 날 B은행에 송달되었다.
　甲은 乙에 대하여 추심채권액의 공탁 및 사유신고를 구할 수 있는가?

└───

　추심명령을 얻어 추심을 한 채권자가 추심신고 전에 압류·가압류 또는 배당요구가
있었을 때에 추심채권자는 추신한 금액을 바로 공탁하고 그 사유를 신고하여야 하고(제
236조 제2항), 추심채권자가 추심의 신고를 할 때까지 배당요구를 할 수 있으며(제247조
제1항 제2호), 추심채권자가 추심금을 공탁한 때에는 배당절차를 개시한다(제252조 제2
호). 즉 추심채권자는 추심한 금원으로부터 배당을 받을 채권자가 경합하는 때, 즉 추심
한 채권에 대하여 압류·가압류를 한 다른 채권자가 있거나 추심신고를 하기 전까지 배
당요구를 한 다른 채권자가 있는 때에는 추심금을 공탁하여야 한다.

　그런데 추심명령을 얻어 채권을 추심하는 채권자는 집행법원의 수권에 따라 일종의 추
심기관으로서 제3채무자로부터 추심을 하는 것이므로 <u>제3채무자로서도 정당한 추심권자</u>
<u>에게 지급하면 피압류채권은 소멸하는 것이고</u>, 한편 채권에 대한 압류·가압류명령은 그
명령이 제3채무자에게 송달됨으로써 효력이 생기는 것이므로(제227조 제3항, 제291조),
제3채무자의 지급으로 인하여 피압류채권이 소멸한 이상 설령 다른 채권자가 그 변제 전
에 동일한 피압류채권에 대하여 압류·가압류명령을 신청하고 나아가 압류·가압류명령
을 얻었다고 하더라도 제3채무자가 추심권자에게 지급한 후에 그 압류·가압류명령이
제3채무자에게 송달된 경우에는 추심권자가 추심한 금원에 그 압류·가압류의 효력이
미친다고 볼 수 없다.[704] 이 경우에는 추심채권자가 추심의 신고를 하기 전에 다른 채권

압류명령은 발할 수 있지만, 관할청의 허가가 없는 이상 현금화(환가)를 명하는 추심명령을 발할 수는
<u>없다</u>고 봄이 상당할 것이고, 압류명령이 발하여진 경우에도 피압류채권이 사립학교의 기본재산임이 밝
혀지고 나아가 관할청의 허가를 받을 수 없는 사정이 확실하다고 인정되거나 관할청의 불허가가 있는
경우 그 채권은 사실상 압류 적격을 상실하게 된다고 봄이 상당하다고 할 것이므로, 채무자는 그 결정
에 대한 즉시항고를 하여 <u>압류명령의 취소</u>를 구하거나, 민사집행법 제246조 제2항에 따라 위와 같은
이유를 들어 압류명령의 전부 또는 일부의 취소를 신청할 수 있다.

704) 대법원 2005. 1. 13. 선고 2003다29937 판결 참조.

자가 동일한 피압류채권에 대하여 압류·가압류명령을 신청하였다고 하더라도 이를 당해 채권추심사건에 관한 적법한 배당요구로 볼 수도 없다.

위 사례에서 甲이 얻은 위 가압류결정의 효력은 그 결정이 제3채무자인 B은행에 송달된 2007. 4. 18. 발생한다고 할 것이고, 채무자 A에 대한 제3채무자인 B은행은 그 전인 2007. 4. 16. 추심채권자인 乙에게 채무액을 지급하였으므로 乙이 추심한 금원에는 甲이 얻은 가압류의 효력이 미친다고 볼 수 없다. 나아가 제3채무자가 추심채권자에게 추심채권액을 지급하기 전에 다른 채권자에 의한 가압류 또는 압류명령 신청이 있었다거나, 추심채권자가 추심신고를 하기 전에 가압류 또는 압류명령이 발령되어 제3채무자에게 송달되었다고 하여 거기에 추심채권자가 받은 금액에 대한 배당요구의 효력을 인정할 수도 없으므로, 결국 乙이 추심한 금원으로부터 배당을 받을 채권자가 경합하는 때에 해당한다고 볼 수 없어 乙은 그 추심금을 공탁할 의무가 없다.[705]

(2) 집행채무자의 지위

추심명령이 있더라도 채권의 귀속주체는 여전히 집행채무자이다. 따라서 채무자는 집행채권자의 권리를 해하지 않는 범위 내에서 피압류채권에 관하여 채권자로서의 권리를 갖는다.[706] 판례는 채권에 대한 압류 및 추심명령이 있으면 제3채무자에 대한 이행의 소는 추심채권자만이 제기할 수 있고 채무자는 피압류채권에 대한 이행소송을 제기할 당사자적격을 상실한다는 입장이다.[707] 이에 대하여 추심명령 전후를 불문하고 집행채무자는 제3채무자를 상대로 피압류채권에 대한 소를 제기할 수 있다는 견해가 있다.[708]

제3채무자가 무자력인 경우 집행채권자는 채무자의 다른 재산에 다시 집행할 수 있다.

(3) 제3채무자의 지위

제3채무자는 압류 전에 생긴 채무자에 대한 항변 내지 이의로 압류채권자에게 대항할 수 있다. 제3채무자는 압류채권자에게 채무를 이행하여야 하나, 집행공탁에 의하여 이행

---

705) 대법원 2008. 11. 27. 선고 2008다59391 판결.
706) 대법원 2001. 3. 9. 선고 2000다73490 판결: 금전채권에 대한 압류 및 추심명령이 있는 경우, 이는 강제집행절차에서 추심채권자에게 채무자의 제3채무자에 대한 채권을 추심할 권능만을 부여하는 것이므로, 이로 인하여 채무자가 제3채무자에 대하여 가지는 채권이 추심채권자에게 이전되거나 귀속되는 것은 아니므로, 추심채무자로서는 제3채무자에 대하여 피압류채권에 기하여 그 동시이행을 구하는 항변권을 상실하지 않는다.
707) 대법원 2009. 11. 12. 선고 2009다48879 판결, 대법원 2000. 4. 11. 선고 99다23888 판결 등.
708) 이시윤, p.404는 이것은 압류채권의 시효중단을 위하여 필요한 것이라고 한다.

지체의 책임을 면할 수 있다. 추심명령으로 채권의 귀속주체가 바뀌는 것은 아니므로 제3채무자는 압류채권자에 대한 자신의 반대채권으로 상계를 할 수 없다고 할 것이나 경합하는 다른 채권자가 없는 한 상계를 허용해도 무방할 것이다.709)

제3채무자로서는 정당한 추심권자에게 변제하면 그 효력은 압류경합 관계에 있는 모든 채권자에게 미치고 또한 제3채무자가 집행공탁을 하거나 상계 기타의 사유로 압류채권을 소멸시키면 그 효력도 압류경합 관계에 있는 모든 채권자에게 미친다.710)

바. 추심의 소

추심권을 재판상 행사하는 것이 추심소송이다. 제3채무자가 추심명령에 기한 추심에도 불구하고 임의로 응하지 않는 경우 추심채권자는 제3채무자를 상대로 이행의 소를 제기할 소송수행권을 갖는다(제249조 제1항). 추심명령을 받은 압류채권자만이 이 소를 제기할 수 있다. 압류채권자는 추심소송으로 직접 자기에게 지급을 구할 수도 있고, 채권자가 경합할 때에는 공탁을 구할 수도 있다.

제3채무자는 집행채권의 부존재·소멸을 항변으로 주장할 수 없으나, 피압류채권의 부존재·소멸·기한유예 등은 항변사유가 된다.711)

압류채권자가 추심소송을 제기하는 경우 <u>채무자에게 소송고지를 하여야 하고,</u>712) 소송고지를 했으면 추심소송의 기판력은 채무자에게도 미친다.

---

709) 이시윤, p.405.

710) 대법원 2003. 5. 30. 선고 2001다10748 판결. 대법원 2001. 3. 27. 선고 2000다43819 판결: 같은 채권에 관하여 추심명령이 여러 번 발부되더라도 그 사이에는 순위의 우열이 없고, 추심명령을 받아 채권을 추심하는 채권자는 자기채권의 만족을 위해서뿐만 아니라 압류가 경합되거나 배당요구가 있는 경우에는 집행법원의 수권에 따라 일종의 추심기관으로서 압류나 배당에 참가한 모든 채권자를 위하여 제3채무자로부터 추심을 하는 것이므로 그 추심권능은 압류된 채권 전액에 미치며, <u>제3채무자로서도 정당한 추심권자에게 변제하면 그 효력은 위 모든 채권자에게 미치므로 압류된 채권을 경합된 압류채권자 및 또 다른 추심권자의 집행채권액에 안분하여 변제하여야 하는 것도 아니다.</u>

711) 대법원 2004. 7. 22. 선고 2002다22700 판결: 제3채무자의 집행공탁은 피압류채권에 대한 압류경합을 요건으로 하는 것으로서, 이 경우 제3채무자가 위 법 규정에 따라 공탁하여야 할 금액은 <u>채무 전액</u>이라고 할 것이고, 이러한 법리는 압류경합상태에 있는 피압류채권 중 일부에 관하여 일부 압류채권자가 추심명령을 얻은 후 추심금청구소송을 제기하여 승소확정된 경우 제3채무자가 그 추심금청구 사건의 확정판결에 기한 강제집행을 저지하기 위하여 위 법 규정에 따라 집행공탁하는 경우에도 달리 볼 것이 아니다. 대법원 2005. 11. 10. 선고 2005다41443 판결: 이 경우 제3채무자가 채무 전액을 공탁하지 않아 집행공탁의 효력이 인정되지 않는다고 하여도 그 공탁이 수리된 후 공탁된 금원에 대해 배당이 실시되어 배당절차가 종결되었다면, 그 공탁되어 배당된 금원에 대해서는 변제의 효력이 있다고 할 것이다.

712) 다만 채무자가 외국에 있거나 있는 곳이 불분명하면 소송고지의 필요가 없다. 제238조 참조.

집행력 있는 정본을 가진 모든 채권자는 공동소송인으로 원고 쪽에 참가할 권리가 있고(자발참가), 소를 제기당한 제3채무자는 집행력 있는 정본을 가진 모든 채권자를 공동소송인으로 원고 쪽에 참가하도록 명할 것(강제참가)을 첫 변론기일까지 신청할 수 있다(제249조 제2항, 제3항). 참가명령을 받은 다른 채권자는 참가 여부에 관계없이 추심소송의 판결의 효력을 받는다. 원고와 소송참가한 압류채권자는 합일확정을 요하는 필수적 공동소송관계로 된다.

추심소송과 채권자대위소송이 경합하는 경우 추심소송이 계속 중일 때에는 채권자대위소송은 부적법한 것으로 본다.[713]

채권자는 현금화 절차가 끝나기 전까지 압류명령의 신청을 취하할 수 있고, 이 경우 채권자의 추심권도 당연히 소멸하게 되며, <u>추심금청구소송을 제기하여 확정판결을 받은 경우라도 그 집행에 의한 변제를 받기 전에 압류명령의 신청을 취하하여 추심권이 소멸하면 추심권능과 소송수행권이 모두 채무자에게 복귀하며</u>, 이는 국가가 국세징수법에 의한 체납처분으로 채무자의 제3채무자에 대한 채권을 압류하였다가 압류를 해제한 경우에도 마찬가지이다.[714]

[서식] 채권압류 및 추심명령신청서

채권압류 및 추심명령신청서

채 권 자 ○ ○ ○
    주소
채 무 자 ○ ○ ○
    주소
제3채무자 ○ ○ ○
    주소

수입인지

집행권원의 표시: 채권자와 채무자 간 서울중앙지방법원 2010. 4. 1. 선고 2010가단2345 대여금
      청구사건의 확정판결
청구채권의 표시: 금 50,000,000원
압류할 채권의 표시: 별지목록 기재와 같음

신 청 취 지

채무자의 제3채무자에 대한 별지목록 기재의 채권을 압류한다.

---

713) 이시윤, p.409 참조.
714) 대법원 2009. 11. 12. 선고 2009다48879 판결.

채무자는 위 채권의 처분과 영수를 하여서는 아니 된다.
제3채무자는 채무자에게 위 압류된 채권을 지급하여서는 아니 된다.
채권자는 위 압류된 채권을 추심할 수 있다.

라는 재판을 구합니다.

신 청 이 유

채권자는 채무자에 대하여 위 집행력 있는 정본에 표시된 금전채권을 가지고 있으나 채무자가 그 지급을 하지 아니하므로, 채무자가 제3채무자에 대하여 가지고 있는 별지목록 기재의 채권에 대한 압류명령 및 추심명령을 하여 주시기 바랍니다.

첨 부 서 류

1. 집행력 있는 정본   1통
2. 송달증명서   1통

2010.   .   .
채권자 ○○○ (인)

서울중앙지방법원   귀 중

[별지목록 생략]

[참고] 전부명령과 추심명령의 비교

구분	이전되는 권리	대상 채권	압류의 경합	제3채무자 무자력	즉시항고의 집행정지	관련 제도
전부명령	채권 자체	권면액이 있는 금전채권	무효	채권자 위험부담	효력 있어 확정 안 됨	채권양도
추심명령	추심권	금전채권에 한하지 않음	유효	재집행	효력 없다	채권자 대위권

5. 특별한 현금화 방법

압류한 채권은 전부명령이나 추심명령에 의하여 현금화함이 원칙이나, 그 채권이 조건부 또는 기한부이거나 반대의무의 이행과 관련되어 있거나 그 밖의 이유로 추심하기 곤란할 때에는 법원이 채권자의 신청에 의하여

① 그 채권을 법원이 정한 값으로 지급에 갈음하여 압류채권자에게 양도하는 **양도명령**,

② 추심에 갈음하여 법원이 정한 방법으로 그 채권을 매각하도록 집행관에게 명하는 **매각명령** 또는

③ 관리인을 선임하여 그 채권의 관리를 명하는 **관리명령**을 하거나,

④ 그 밖에 적당한 방법으로 현금화하도록 하는 명령을 할 수 있다(제241조).

골프·콘도회원권, 스포츠회원권을 집행함에 있어서는 위 회원권을 압류하고(채무자는 예탁금의 반환을 청구하거나 매매, 양도, 질권의 설정 및 기타 일체의 처분을 하여서는 아니 되고, 제3채무자는 예탁금을 반환하거나 채무자의 청구에 의하여 명의변경 및 기타 일체의 변경절차를 하여서는 아니 된다), 양도명령이나 매각명령을 한다.

6. 배당절차

전부명령에서나, 추심명령의 경우에도 압류채권자가 경합하지 아니한 상태에서 제3채무자로부터 추심을 받고 추심신고를 한 때에는 집행절차가 종료되므로 더 이상 배당절차로 나아가지 않으나, 다음과 같은 경우에는 배당절차가 실시된다.[715]

① 압류채권자의 경합으로 추심채권자가 추심한 금액을 공탁한 경우(제252조 제2호)

② 제3채무자의 집행공탁의 경우(제248조)

③ 매각명령에 의하여 현금화된 금전을 법원에 제출한 때(제252조 제3호)

배당절차는 부동산강제경매의 배당절차가 준용된다(제256조).

---

715) 대법원 2006. 3. 10. 선고 2005다15765 판결: 채권가압류를 이유로 한 제3채무자의 공탁은 압류를 이유로 한 제3채무자의 공탁과 달리 그 공탁금으로부터 배당을 받을 수 있는 채권자의 범위를 확정하는 효력이 없고, 가압류의 제3채무자가 공탁을 하고 공탁사유를 법원에 신고하더라도 배당절차를 실시할 수 없으며, 공탁금에 대한 채무자의 출급청구권에 대하여 압류 및 공탁사유신고가 있을 때 비로소 배당절차를 실시할 수 있다.

7. 채권자(압류)의 경합과 집행공탁

가. 공동압류(동시압류)

여러 채권자가 동시에 공동으로 동일한 채권에 압류를 신청한 경우 하나의 압류명령을 발한다. 이를 공동압류라고 하는데 이는 단독압류명령에 준하여 처리한다. 여러 채권자가 공동으로 압류명령을 신청하여도 채무자가 다르거나 집행의 대상이 다를 때에는 공동압류가 아니다.

나. 이중압류(중복압류)

동일채권에 대하여 압류가 경합할 수 있다. 압류가 경합된 경우라 함은 동일 채권(피압류채권＝대상채권)에 대하여 복수의 압류명령이 발하여지고(예컨대 가압류＋가압류, 가압류＋압류, 압류＋압류, 압류＋가압류), 그 압류채권액의 합계액이 대상채권액을 초과하는 경우(예컨대 전부 압류＋전부 압류, 일부 압류＋전부 압류)를 말한다. 가압류 또는 압류가 있은 다음에 압류 및 전부명령을 받으면 그중 압류명령만이 유효하고 전부명령은 무효이고(제229조 제5항), 이 경우에도 압류가 경합한다(따라서 대상채권에 대하여 이미 다른 채권자의 가압류 및 압류 또는 배당요구가 있는 때에는 전부명령이 아닌 추심명령을 신청하여야 한다).

이중압류의 종기는 제3채무자가 추심명령에 기하여 압류채권자에게 지급을 해 주었거나 그 채무액을 공탁한 때까지이다.[716]

그러나 다음과 같은 경우는 압류의 경합이 아니다.

① 가압류 또는 압류가 있기 전에 압류 및 전부명령이 송달되면 압류 및 전부명령이 유효하여, 그 후에 가압류 또는 압류를 하더라도 그것은 아무런 효력이 없고 이는 압류의 경합이 아니다.

② 대상채권에 질권이 설정되어 있거나(질권자는 우선변제권을 가지므로 압류가 경합되지 아니한다), 압류채권 중에 우선변제권이 있는 채권(예컨대 근로자의 임금채권)

---

[716] 이중압류의 신청이 추심채권자의 추심신고 전에 행해졌을 경우에는 배당요구로서의 효력이 있다. 제247조 참조.

이 있는 경우에도 압류의 경합이 아니다.

③ 확정일자부 채권양도통지가 제3채무자에게 먼저 송달된 경우나, 채권자에 대한 처분금지 또는 제3채무자에 대한 지급금지가처분명령이 송달된 경우에도 마찬가지이다.

다. 배당요구

민법·상법 그 밖의 법률에 의하여 우선변제청구권이 있는 채권자와 집행력 있는 정본을 가진 채권자는 압류의 효력발생[717] 후 다음의 시기까지 법원에 배당요구를 할 수 있고(제247조 제1항, 제2항), 이 시기까지 배당요구를 하지 못한 채권자는 실권한다.[718] 배당요구를 받은 집행법원은 그 사유를 압류채권자·제3채무자·채무자에게 통지하여야 한다.

① 제3채무자의 공탁신고 시
② 채권자의 추심신고 시
③ 집행관의 환가금 제출 시
④ 전부명령의 제3채무자에 대한 송달 시

적법한 배당요구가 있으면 배당요구채권자는 추심금이나 현금화한 금전에서 평등배당을 받을 수 있는 지위를 가지고, 우선변제권이 있는 경우에는 다른 채권자에 우선하여 배당을 받을 수 있는 지위에 있게 된다.

라. 제3채무자의 공탁

민사집행법은 제3채무자가 변제에 의하여 그 채무로부터 해방될 수 있도록 채권자가 경합하지 아니하더라도 압류에 관련된 금전채권의 전액을 공탁할 수 있도록 규정하고 있다.[719] 압류경합의 경우에도 이 조항이 유추적용되어 제3채무자가 압류경합을 이유로 공

---

717) 압류명령이 제3채무자에게 송달된 때.
718) 대법원 2003. 3. 28. 선고 2002다13539 판결: 저당권자의 물상대위권 행사로서의 압류 및 전부는 그 명령이 제3채무자에게 송달됨으로써 효력이 생기며, 물상대위권의 행사를 제한하는 취지인 '특정성의 유지'나 '제3자의 보호'는 물상대위권자의 압류 및 전부명령이 효력을 발생함으로써 비로소 달성될 수 있는 것이므로, 배당요구의 종기가 지난 후에 물상대위에 기한 채권압류 및 전부명령이 제3채무자에게 송달되었을 경우에는, 물상대위권자는 배당절차에서 우선변제를 받을 수 없다.
719) **민사집행법 제248조(제3채무자의 채무액의 공탁)**

탁할 수 있다. 제3채무자가 이 공탁을 한 때에는 그 사유를 법원에 신고하여야 하고, 이 신고는 배당절차를 개시하는 원인이 된다. 이와 같은 제3채무자의 공탁을 **'집행공탁'** 이라고 한다.720)

이와 같이 제3채무자에게 집행공탁을 인정하고 있는 이유는 채권에 대한 강제집행절차에서 피압류채권에 대하여 권리를 주장하는 자가 다수 있고, 위 채권액이 모든 채권자를 만족시킬 수 없는 경우 제3채무자에게 배당요구 또는 중복압류의 유무 및 각 압류의 적부를 심사하게 하고 그 진실한 권리자 또는 우선권자에게 적정한 배당을 하게 하는 것은 제3채무자에게 극히 무거운 부담을 주고 또 강제집행절차의 적정도 해할 우려가 있기 때문이다.

앞서 본 바와 같은 <u>압류의 경합이 아닌 경우</u>에는 공탁을 할 수 없고 공탁을 하더라도 그 공탁은 무효이다. 제3채무자로서는 과연 압류의 경합이 생기는 경우인지를 정확히 판단하지 않으면 안 된다. 제3채무자로서는 이중변제의 위험이 있거나 제3자의 송사에 끌려 들어갈 위험이 있으면, 압류채권자 중 누군가의 소송(전부금소송이나 추심금소송)을 기다려 판결절차에서 권리자들에게 소송고지를 함으로써 소송결과에 따르는 것도 한 방법이다.

중복압류의 경우에도 민사집행법 제248조 제1항의 집행공탁이 유추적용된다. 집행공탁을 하기 위해서는 공동압류·이중압류·배당요구·교부청구 및 기타 배당요구의 효력을 가지는 신청으로 2인 이상의 채권자가 경합하여야 한다. 여기서 말하는 압류에는 가압류도 포함되나, 압류나 배당요구 등이 적어도 1개는 있어야 한다. 가압류만이 경합된 경우(복수의 가압류)에는 집행공탁이 아닌 변제공탁을 하여야 한다.

동일한 채권에 대하여 복수의 압류명령이 있는 경우 각 압류의 법률적 성질상 압류액의 총액이 피압류채권액을 초과하지 아니하여 본래의 의미에서는 압류의 경합으로 볼 수 없는 경우에도, 제3채무자의 입장에서 보아 그 우선순위의 판단에 문제가 있는 등 압류

---

① 제3채무자는 압류에 관련된 금전채권의 전액을 공탁할 수 있다.

② 금전채권에 관하여 배당요구서를 송달받은 제3채무자는 배당에 참가한 채권자의 청구가 있으면 압류된 부분에 해당하는 금액을 공탁하여야 한다.

③ 금전채권 중 압류되지 아니한 부분을 초과하여 거듭 압류명령 또는 가압류명령이 내려진 경우에 그 명령을 송달받은 제3채무자는 압류 또는 가압류채권자의 청구가 있으면 그 채권의 전액에 해당하는 금액을 공탁하여야 한다.

④ 제3채무자가 채권액을 공탁한 때에는 그 사유를 법원에 신고하여야 한다. 다만 상당한 기간 이내에 신고가 없는 때에는 압류채권자, 가압류채권자, 배당에 참가한 채권자, 채무자, 그 밖의 이해관계인이 그 사유를 법원에 신고할 수 있다.

720) 제248조 제1항을 권리공탁, 제248조 제2항, 제3항을 의무공탁이라고 한다.

의 경합이 있는지 여부에 대한 판단이 곤란하다고 보이는 객관적 사정이 있다면 제248 조 제1항을 유추적용하여 제3채무자에게 채무액을 공탁하는 권리를 인정한다.[721] 이 경우 제3채무자가 하는 공탁은 형식적으로는 집행공탁이지만 채무자에 대한 관계에서는 실질적으로 변제공탁의 성질을 가지는 것이므로, 그 공탁에 의하여 채무변제의 효과가 생겨 그에 의하여 제3채무자는 면책된다.[722]

제248조 제1항은 "제3채무자는 압류에 관련된 금전채권의 전액을 공탁할 수 있다"고 규정하여 채권자의 공탁청구, 추심청구, 경합 여부 등을 따질 필요 없이 당해 압류에 관련된 채권 전액을 공탁할 수 있도록 규정하고 있는바, 이에 따라 금전채권의 일부만이 압류되었음에도 그 채권 전액을 공탁한 경우에는 그 공탁금 중 압류의 효력이 미치는 금전채권액은 그 성질상 당연히 집행공탁으로 보아야 하나, 압류금액을 초과하는 부분은 압류의 효력이 미치지 않으므로 집행공탁이 아니라 변제공탁으로 보아야 한다. 집행공탁은 공탁 이후 행해질 배당 등 절차의 진행을 전제로 한 것인데, 처분금지가처분은 그것이 설령 금전채권을 목적으로 하더라도 이러한 배당 등 절차와는 관계가 없으므로 제3채무자로서는 이를 이유로 집행공탁을 할 수는 없고, 다만 채권자불확지에 의한 변제공탁을 할 수 있다.

제247조 제1항 제1호가 압류채권자 이외의 채권자가 배당요구의 방법으로 채권에 대한 강제집행절차에 참가하여 압류채권자와 평등하게 자신의 채권의 변제를 받는 것을 허용하면서도, 다른 한편으로 그 배당요구의 종기를 제3채무자의 공탁사유 신고 시까지로 제한하고 있는 이유는 제3채무자가 채무액을 공탁하고 그 사유 신고를 마치면 배당할 금액이 판명되어 배당절차를 개시할 수 있는 만큼 늦어도 그때까지는 배당요구가 마쳐져야 배당절차의 혼란과 지연을 막을 수 있다고 본 때문이다. 따라서 제247조 제1항에 의한 배당가입차단효는 배당을 전제로 한 집행공탁에 대해서만 발생하므로, 집행공탁과 변제공탁이 혼합된 소위 혼합공탁의 경우 변제공탁에 해당하는 부분에 대해서는 제3채무자의 공탁사유신고에 의한 배당가입차단효가 발생할 여지가 없다.[723]

---

721) 대법원 1998. 10. 20. 선고 98다31905 판결.

722) 대법원 1999. 11. 26. 선고 99다35256 판결.

723) 대법원 2008. 5. 15. 선고 2006다74693 판결: 제3채무자가 혼합공탁을 하고 그 공탁사유신고를 한 후에 채무자의 공탁금출급청구권에 대하여 압류 및 추심명령을 받은 채권자는, 집행공탁에 해당하는 부분에 대해서는 배당가입차단효로 인하여 적법한 배당요구를 하였다고 볼 수 없지만 변제공탁에 해당하는 부분에 대해서는 적법한 배당요구를 하였다는 이유로, 집행공탁에 해당하는 부분으로부터 배당받은 사람에 대해서는 배당이의의 소를 제기할 원고적격이 없고, 변제공탁에 해당하는 부분으로부터 배당받은 사람에 대해서는 배당이의의 소를 제기할 원고적격이 있다고 한 사례.

임차보증금반환채권에 대하여 채권가압류와 국세체납처분에 의한 압류가 있는 경우에는 집행공탁의 요건인 압류경합에 해당하지 아니하므로, 제3채무자는 집행공탁을 할 수는 없고 변제공탁을 함으로써 지체책임을 면할 수 있다. 압류경합의 상태에서 압류채권자가 제3채무자로부터 임의로든 강제로든 채권을 추심한 때에는 이를 지체 없이 공탁하여야 하고, 압류채권자가 이를 공탁한 때에도 배당절차가 개시된다.

배당절차에서는 압류의 선후를 불문하고 채권자 평등의 원칙에 따라 채권액의 비율(배당비율 = 각 배당가입채권액 / 동순위 채권 합산액 × 100)에 따라 배당이 실시된다. 제3채무자와 채권자들 사이에 배당비율에 따라 나누어 주기로 합의가 이루어진 경우 각 채권자는 이 합의에 근거하여 그의 몫을 바로 제3자에게 청구할 수 있으나, 압류채권자는 제3채무자를 상대로 바로 채권액 전액은 물론 일부인 그의 몫이라도 청구할 수는 없다(추심명령을 받아 제3채무자로부터 추심하여 그 추심금을 공탁하고 배당절차에서 배당을 받을 수 있을 뿐이다).

채권가압류와 국세체납처분에 의한 압류가 있는 경우 집행공탁의 요건인 압류경합에 해당하지 아니하므로(국세징수법 제41조) 이 경우에는 민법 제487조에 의하여 채무자를 피공탁자로 한 변제공탁을 하여야 한다. 체납처분에 의한 압류가 선행하고 강제집행에 의한 압류가 후행한 경우 및 강제집행에 의한 압류가 선행하고 체납처분에 의한 압류나 참가압류 또는 교부청구가 후행한 경우에는 압류의 경합에 준하는 것으로 보고 집행공탁을 할 수 있다.

[사례 10 - 12] 체납처분절차와 채권압류의 경합

국(세무서)은 A 회사에 대한 조세채권 합계 11,004,130 원에 기하여, 2003. 11. 12. A 회사의 B 에 대한 공사대금채권 중 11,004,130 원을 체납처분절차에 따라 압류하였고 위 압류통지는 2003. 11. 13. B 에게 송달되었다. 그 후 甲은 A 회사에 대한 2003. 10.분 임금채권 합계 10,620,000 원에 기하여 2003. 12. 19. 이 사건 공사대금채권 중 10,620,000 원을 가압류하였고 위 가압류결정은 2003. 12. 23. B 에게 송달되었다. 이에 B 는 2004. 1. 19. 법원에 이 사건 공사대금채권에 대하여 위와 같은 압류 및 가압류가 있다는 이유로 민사집행법 제291조, 제248조 제1 항에 의하여 이 사건 공사대금 11,895,680 원을 피공탁자 A 회사로 기재하여 집행공탁을 하였다.
국은 어떠한 방법으로 A 회사에 대한 조세채권을 회수할 수 있는가?

체납처분절차와 민사집행절차는 별개의 절차로서 양 절차 상호 간의 관계를 조정하는 법률의 규정이 없으므로 한쪽의 절차가 다른 쪽의 절차에 간섭할 수 없는 반면, 쌍방 절차에서 각 채권자는 서로 다른 절차에 정한 방법으로 그 다른 절차에 참여할 수밖에 없고, 동일 채권에 관하여 양 절차에서 각각 별도로 압류하여 서로 경합하는 경우에도 공탁 후의 배분(배당)절차를 어느 쪽이 행하는가에 관한 법률의 정함이 없어 <u>제3채무자의 공탁을 인정할 여지가 없고</u>, 체납처분에 의한 피압류채권에 대하여 근로기준법에 의한 우선변제권을 가지는 임금 등의 채권에 기한 가압류집행이 되어 있다 하더라도, 그 우선변제권은 채무자의 재산에 대한 강제집행의 경우 그에 의한 환가금에서 일반채권에 우선하여 변제받을 수 있음에 그치는 것이고, 이미 다른 채권자에 의하여 이루어진 압류처분의 효력까지 배제하여 그보다 우선적으로 직접 지급을 구할 수 있는 권한을 부여한 것으로는 볼 수 없으므로, <u>제3채무자로서는 체납처분에 의한 채권압류 후에 행해진 피압류채권에 대한 가압류가 그러한 임금 등의 채권에 기한 것임을 내세워 체납처분에 의한 압류채권자의 추심청구를 거절할 수는 없다.</u>

위 사례에서 조세채권에 대한 체납처분에 의한 압류와 그 이후에 행해진 가압류가 경합하는 경우 제3채무자인 B는 체납처분에 의한 압류채권자의 추심권 행사에 응하여야 하므로 변제공탁이나 집행공탁이 허용될 수 없고, 제3채무자가 공탁하였다고 하더라도 체납처분에 의한 압류채권자인 국로서는 여전히 제3채무자인 B를 상대로 직접 피압류채권을 추심할 수 있다.[724]

[사례 10 - 13] 압류의 경합 공탁과 제3채무자의 착오지급

甲은 D회사 발행의 약속어음(액면금액 4,000만 원)의 최종소지인으로서 이 어음금의 지급을 받고자 지급기일에 지급은행인 H은행에 지급을 제시하였으나, 인감상이라는 이유로 지급이 거절되었다. 甲은 D회사를 상대로 어음금청구의 소를 제기하고 D회사가 H은행에 대하여 가지는 예금채권(D회사의 H은행에 대한 당좌예금보증금 및 그 예금계좌에 계속 입금될 예금 중 위 어음금에 해당하는 예금채권)을 가압류하였다.

D회사가 부도를 내자 H은행은 위 예금계좌에 남아 있던 예금(그 금액은 甲이 가압류를 해 놓은 어음금 상당액이다)을 별단 예금계좌로 이체하여 두었고, 이 예금계

---

724) 대법원 2008. 11. 13. 선고 2007다33842 판결.

좌에 대해서는 다음과 같이 채무자를 D회사, 제3채무자를 H은행으로 한 압류가 경합되었다.

- 채권자 甲 2010. 2. 13. 청구금액 3,000만 원 가압류결정 송달
- 채권자 乙 2010. 4. 1. 청구금액 2,000만 원 채권압류 및 전부명령 송달
- 채권자 丙 2010. 6. 5. 청구금액 5,000만 원 채권가압류결정 송달

甲이 D회사를 상대로 한 어음금청구의 소송에서 승소판결을 받고 2010. 6. 10. 이 판결문을 첨부하여 위 어음을 다시 H은행에 제시하고 그 지급을 청구하자, H은행의 담당자가 위와 같이 압류가 경합되어 있는 것을 간과하고 위 예금계좌에서 어음금 상당액을 인출하여 甲에게 지급하였다. H은행은 甲에게 착오인출금의 반환을 구할 수 있는가?

위 사례는 전형적인 압류의 경합 상태에 있는 경우이다. 이러한 경우 H은행으로서는 채무액을 공탁(집행공탁)을 하고, 그 사유를 법원에 신고하면 그 후에는 법원에 의한 배당절차가 개시된다. 그런데 압류채권자 중 1인인 甲이 제3채무자인 H은행에 그 채권액 전액의 지급을 청구하고, H은행은 압류의 경합 상태임을 간과하고 그 금액을 甲에게 지급한 것이다. 이러한 경우에도 H은행은 다른 채권자들에게 각각의 그의 몫을 지급하지 않을 수 없다.

위 사례에서 甲이 지급받을 수 있는 몫은 1,200만 원{4,000만 원×3,000만 원/(3,000만 원＋2,000만 원＋5,000만 원)}임에도 불구하고 3,000만 원을 지급받아 1,800만 원이 초과지급된 셈이다. H은행은 乙에게 800만 원{(4,000만 원×2,000만 원)/1억 원}, 丙에게 2,000만 원{(4,000만 원×5,000만 원)/1억 원}을 지급할 수밖에 없는데, 결국 자신의 채무액 4,000만 원을 초과하여 5,800만 원(3,000만 원＋2,800만 원)을 이중으로 지급한 것이 된다. 그렇다면 이 경우 甲에게 그 초과분 1,800만 원의 반환을 구할 수 있는가?

판례는 甲이 H은행으로부터 지급받은 금원이 부당이득이 되기 위해서는 甲이 법률상의 원인도 없이 이를 지급받고 이로 인하여 H은행에 손해를 가한 사실이 인정되어야 하는데, 甲은 D회사가 발행한 어음을 적법하게 취득한 다음 그 지급은행인 H은행에 이를 제시하여 어음금을 지급받은 것일 뿐이므로 권한 없이 위 어음금을 수령하였다고 볼 수 없고, 한편 어음소지인이 가압류 또는 압류가 이루어진 예금계좌에서 인출된 금원으로 그 어음금을 지급받았다는 사실만으로는 법률상의 원인 없이 그 어음금을 지급받은 것이

라고 단정할 수도 없다고 하여[725] H은행의 甲에 대한 부당이득반환청구를 배척하고 있다.

위 판결에 대해서는 압류의 경합 상태에서 甲이 그의 몫을 초과하여 받았다면 甲은 그중 1,800만 원을 더 받아 이득을 얻고 H은행은 그만큼 손해를 본 것이므로, H은행은 甲에게 부당이득반환을 구할 수 있다는 비판이 있다.[726]

순전히 타의에 의하여 다른 사람들 사이의 분쟁에 편입된 제3채무자로서는 압류의 경합 상태인지 여부를 정확히 판단하여 집행공탁제도를 제대로 활용할 수 있어야 할 것이다.

[사례 10 – 14] 가압류와 추심명령의 경합

甲의 乙에 대한 금전채권에 대하여 甲의 채권자 A가 가압류를 한 후에 甲의 다른 채권자 B가 압류 및 추심명령을 얻어 제3채무자인 乙에게 압류 및 추심명령이 송달되었다.

乙로서는 어떻게 하는 것이 안전한가?

위 사례에서 乙이 압류경합의 공탁을 하면 이중변제의 위험에서 벗어날 수 있다. 물론 乙이 추심명령을 얻은 B에게 추심금을 지급하더라도 B는 압류의 경합 상태에서 추심명령을 얻은 압류채권자로서 경합된 채권자 전원을 위하여 제3채무자로부터 채권을 추심하는 것이기 때문에, 다른 채권자들은 제3채무자에게 다시 그 채권의 변제를 청구할 수 없고 乙의 변제는 유효하다. 이 경우 추심권자는 추심한 금액을 지체 없이 공탁하고 그 사유를 신고하면 법원에 의한 배당절차가 개시된다. 압류가 경합한 경우임에도 불구하고 추심을 완료한 채권자가 이와 같은 의무를 이행하지 않는 경우에는 다른 채권자가 추심권자에 대하여 공탁을 청구할 수 있다.

무릇 추심명령이 동시에 또는 이시(異時)에 이중으로 발부된 경우 그 사이에는 우열의 순위가 있을 수 없고, 추심명령을 얻어 채권을 추심하는 압류채권자가 자기채권의 만족을 위한다는 목적을 가지는 것이기도 하지만 압류가 경합된 경우 혹은 배당요구가 있는 경우에는 집행법원의 수권에 기하여 일종의 추심기관으로서 압류 또는 배당에 참가한 모든 채권자를 위하여 제3채무자로부터 추심을 한다고 할 수 있다. 따라서 제3채무자의 변

---

725) 대법원 1996. 12. 10. 선고 95다51281 판결.

726) 김교창, "은행이 압류경합의 예금을 인출하여 준 경우", 「판례연구(제11집)」, 서울지방변호사회(1998), p.315 이하 참조.

제도 정당한 추심권자에게 한 것인 이상 당연히 위 모든 채권자에 대하여 효력을 가진다고 할 것이고, 그 변제에 의하여 제3채무자는 채무를 면하게 되므로, 다른 압류채권자가 또다시 제3채무자에 대하여 변제를 청구할 수는 없다.[727]

2인의 추심권자 중 1인이 추심금소송을 제기할 때 제3채무자가 또 다른 추심명령이 있음을 항변사유로 주장할 수 없다.

금전채권에 대한 압류 및 추심명령이 있었다 하더라도 이로 인하여 채무자가 제3채무자에게 가지는 채권이 채권자에게 이전되거나 귀속되는 것은 아니므로, 이와 같은 추심권능은 그 자체로서 독립하여 처분할 수 있는 것이 아니어서 압류할 수 없는 성질의 것이다.

[사례 10 - 15] 혼합공탁: 변제공탁과 집행공탁의 경합

A 회사는 2010. 6. 1. 甲 에게 A 회사가 S 시로부터 지급받을 공사대금채권 중 8,000만 원을 양도하고, 그 무렵 채권양도통지서가 내용증명으로 S 시에 송달되었다. 그런데 A 회사는 위 공사대금채권은 연대보증인 또는 공사이행보증서 발급기관의 동의와 발주기관의 서면승인을 받아야 양도할 수 있다는 공사계약일반조건에 위배하여 채권양도를 한 것이라는 이유로, 위 채권양도통지는 착오로 인한 무효의 것이므로 이를 취소한다는 내용의 통지를 하여 그 통지가 2010. 6. 15. S 시에 도달되었다.

한편 위 채권양도통지 후에 다음과 같은 채권가압류결정 등이 S 시에 송달되었다.

- *2010. 6. 13. 乙 의 채권가압류결정(청구금액 1 억 6000만 원)*
- *2010. 6. 20. 丙 의 채권가압류결정(청구금액 8,000만 원)*
- *2010. 7. 15. 丁 의 채권압류 및 전부명령(청구금액 1 억 원)*
- *2010. 7. 10. 건설공제조합의 채권가압류결정(청구금액 2 억 원)*
- *2010. 7. 15. 丙 의 채권압류 및 추심명령(청구금액 1 억 원)*

위와 같은 경우에 제3채무자인 S 시는 어떻게 해야 되는가?

S 시는 A 회사에 지급할 공사대금을 채권양수인인 甲 에게는 채권자불확지를 원인으로 하는 변제공탁을, 압류경합으로 인한 집행공탁에 관련된 압류채권자 등에 대해서는 집행공탁을 하여야 한다.

---

727) 대법원 1986. 9. 9. 선고86다카955 판결.

민법 제487조 후단의 변제자가 과실 없이 채권자를 알 수 없는 경우라 함은 객관적으로 채권자 또는 변제수령자가 존재하고 있으나 채무자가 선량한 관리자의 주의를 다하여도 채권자가 누구인지 알 수 없는 경우를 말한다. 그러므로 양도금지 또는 제한의 특약이 있는 채권에 관하여 채권양도통지가 있었으나 그 후 양도통지의 철회 내지 무효의 주장이 있는 경우, 제3채무자로서는 그 채권양도의 효력에 관하여 의문이 있어 민법 제487조 후단의 채권자불확지를 원인으로 한 변제공탁의 사유가 생긴다고 할 것이고, 그 채권양도 후 그 채권에 관하여 다수의 채권가압류 또는 압류결정이 순차 내려짐으로써 그 채권양도의 대항력이 발생하지 아니한다면 압류경합으로 인하여 민사집행법 제248조 제1항의 집행공탁의 사유가 생기는 경우 채무자는 민법 제487조 후단 및 민사집행법 제248조 제1항을 근거로 채권자불확지를 원인으로 하는 변제공탁과 압류의 경합을 원인으로 하는 집행공탁을 아울러 할 수 있다. 이러한 공탁은 변제공탁에 관련된 채권양수인에 대해서는 변제공탁으로서 효력이 있고, 집행공탁에 관련된 압류채권자 등에 대해서는 집행공탁으로서의 효력이 있다.

이와 같은 경우 채무자가 선행의 채권양도의 효력에 의문이 있고, 그 후 압류의 경합이 발생하였다는 것을 공탁원인사실로 하여 채무액을 공탁하면서 공탁서에 민사집행법 제248조 제1항만을 근거법령으로 기재하였다 하더라도, 변제공탁으로서의 효력이 발생하지 않음이 확정되지 아니하는 이상 이로써 바로 민사집행법 제248조 제1항만을 근거법령으로 기재하였다 하더라도, 변제공탁으로서의 효력이 발생하지 않음이 확정되지 아니하는 이상 이로써 바로 민사집행법 제248조 제1항에 의한 집행공탁으로서의 효력이 발생한다고 할 수 없다. 그러므로 집행법원은 집행공탁으로서 공탁사유신고를 각하하거나 채무자로 하여금 민법 제477조 후단을 근거법령으로 추가하도록 공탁서를 경정하게 하고, 채권양도인과 양수인 사이에 채권양도의 효력에 관한 다툼이 확정된 후 공탁금을 출급하도록 하거나 배당절차를 실시할 수 있을 뿐, 바로 배당절차를 실시할 수 없다.[728]

채권 전액에 대하여 가압류가 선행되고 확정일자부 채권양도 통지 후 다시 동일 채권에 대하여 압류가 있는 경우, 마지막의 압류는 채권양도 후에 이루어진 것으로 무효이므로(위 채권양도는 선행의 가압류권자에게만 대항하지 못할 뿐 그 외의 제3자에게는 효력을 주장할 수 있는 개별적 상대효가 있다) 압류의 경합이 아니고, 이 경우에는 집행공탁이 아니라 채무자를 피공탁자로 하는 확지변제공탁을 하여야 한다. 이때의 선행가압류권자의 피보전권리나 보전의 필요성이 소멸된 경우 채권양수인은 공탁금출금청구권에 대하

728) 대법원 2001. 2. 9. 선고 2000다10079 판결.

여 채권추심처분금지가처분을 하여 채무자에게 지급을 금지시키고, 채무자를 상대로 채권양도에 관한 의사의 진술을 명하는 판결을 받아 피공탁자인 채무자에게 채권양수인으로서 공탁금출급청구권을 직접 행사하는 방법을 취한다.[729]

[3] 유체동산의 인도 또는 권리이전청구권에 대한 집행

채무자의 책임재산에 속하여야 할 유체동산을 제3자가 채무자에게 인도할 채무를 지고 있거나 권리를 이전할 채무를 지고 있는 경우, 채권자는 그 유체동산으로부터 자신의 금전채권의 만족을 얻기 위하여 채무자의 제3자에 대한 유체동산인도청구권이나 유체동산에 대한 권리이전청구권을 금전채권에 대한 집행방법에 따라 압류 및 추심명령을 받아, 그 청구권의 내용을 실현시켜 이를 환가하여 그 매각대금에서 채권의 변제를 받을 수 있다. 유체동산인도청구권에 대해서는 전부명령을 할 수 없다.

채무자가 제3채무자에 대하여 가지는 유체동산인도청구권을 압류할 때의 서식은 다음과 같다.

[서식] 유체동산인도청구권 압류명령신청

유체동산인도청구권 압류명령신청

채 권 자 김 ○ ○
　　　　　서울시 강남구 논현동 124
채 무 자 이 ○ ○
　　　　　서울시 서초구 서초동 421
제3채무자 박 ○ ○
　　　　　서울시 용산구 이촌동 1231

청 구 금 액

금　　　　　　　원
금　　　　　　　원

---

729) 윤 경, 「보전처분(가압류가처분)의 실무[상]」, 법률정보센터(2001), p.488.

합계 금   원

압류할 유체동산인도청구권의 표시: 별지 기재와 같음

신 청 취 지

채무자의 제3채무자에 대한 별지목록 기재의 유체동산인도청구권을 압류한다.
제3채무자는 채무자에 대하여 위 물건을 인도하여서는 아니 된다.
채무자는 위 인도청구권의 처분과 영수를 하여서는 아니 된다.
제3채무자는 위 유체동산을 채권자가 위임하는 집행관에 인도하여야 한다.

라는 재판을 구합니다.

신 청 이 유

1. 채권자는 채무자에 대하여 서울중앙지방법원 2010. 7. 1. 선고 2010가합1234호 대여금청구사
   건의 집행력 있는 판결정본에 기하여 청구금액표시의 채권을 가지고 있습니다.
2. 채무자는 2010. 5. 1. 매매계약에 기해 제3채무자에 대하여 별지 기재 유체동산인도청구권을 가
   지고 있습니다.
3. 채권자는 채무자의 책임재산으로 위 유체동산을 확보하여 금전채권의 변제에 충당하기 위하여 이
   사건 신청에 이르렀습니다.

첨 부

1. 집행력 있는 판결정본		1통
1. 송달증명원		1통
1. 매매계약서		1통

2010.   .   .
위 채권자 김 ○ ○ (인)

서울중앙지방법원   귀 중

(별지)

압류할 유체동산인도청구권

채무자가 제3채무자에 대하여 가지는 2010. 5. 1.자 매매계약에 기한 아래 기재의 물건의 인도청구권

아 래

(목록 생략)

관할법원은 채무자 주소지의 관할법원이고, 그 법원이 없으면 목적물 소재지의 관할법원이다. 제3채무자가 압류명령을 송달받고도 집행관에게 인도를 거부하면 채권자는 추심명령을 얻어 추심의 소를 제기하여야 한다.

추심명령은 압류명령과 동시에 신청할 수도 있다. 추심명령은 집행관에게 위임하여 추심할 수 있도록 하는 것이나, 제3채무자가 그 이행을 거절하면 채권자는 제3채무자를 상대로 목적물을 채권자가 위임한 집행관에게 인도하도록 하는 추심의 소를 제기하여 집행권원을 얻어 집행하게 된다.

주권교부청구권, 유가증권인도청구권의 압류·인도 및 추심명령도 유체동산인도청구권에 대한 집행과 같은 구조를 취한다.

[4] 부동산 등의 인도 또는 권리이전등기청구권에 대한 집행

채무자가 제3자에 대하여 부동산인도청구권이나 소유권이전등기청구권을 가지고 있는 경우 채권자는 그 부동산으로부터 자신의 금전채권의 만족을 얻기 위하여, 채무자의 제3자에 대한 위와 같은 청구권을 압류하여 먼저 그 청구권의 내용을 실현시켜 놓고(채무자 명의로 소유권이전등기를 마쳐 이를 채무자의 책임재산으로 만든 다음) 이에 대하여 강제집행을 실시하여 채권의 변제를 받을 수 있다.

채권자가 채무자에 대하여 가지는 금전채권에 대하여 미처 집행권원을 갖추지 못한 경우에는 이의 집행보전을 위하여, 부동산소유권이전등기청구권에 대하여 가압류를 한 후 확정판결 등 집행권원을 갖추어 가압류로부터 본압류로 전이하여 채권행사를 할 수 있다. 다만 채무자와 제3채무자 간의 매매계약이 해소될 경우를 대비하여 채무자가 제3채무자와의 매매계약이 해소될 것을 조건으로 발생하는 계약금과 중도금 등의 반환채권을 대상으로 삼아 등기청구권과 함께 가압류를 해 두는 것이 좋다.

통상 부동산소유권이전등기청구권에 대하여 압류나 가압류를 하는 경우가 많고, 부동산인도청구권에 기하여 압류를 하는 경우는 드물다.

채무자가 제3채무자에 대하여 가지는 매매로 인한 소유권이전등기청구권을 압류할 때의 서식은 다음과 같다.

[서식] 부동산소유권이전등기청구권 압류명령신청

부동산소유권이전등기청구권 압류명령신청

채 권 자 김 ○ ○
        서울시 강남구 논현동 124
채 무 자 이 ○ ○
        서울시 서초구 서초동 421
제3채무자 박 ○ ○
        서울시 용산구 이촌동 1231

청 구 금 액

금   원
금   원
합계 금   원

압류할 부동산소유권이전등기청구권의 표시: 별지 기재와 같음

신 청 취 지

채무자가 제3채무자에 대하여 가지는 2010. 4. 1. 매매계약에 기한 별지목록 기재 부동산에 관한 소유권이전등기청구권은 이를 압류한다.
제3채무자는 채무자에게 위 부동산에 대한 소유권이전등기절차를 이행하여서는 아니 된다.
채무자는 위 소유권이전등기청구권을 양도하거나 기타 처분을 하여서는 아니 된다.
서울중앙지방법원 소속 집행관을 별지목록 기재 부동산의 보관인으로 선임한다.
제3채무자는 위 부동산에 관하여 2010. 4. 1.자 매매를 원인으로 한 채무자 명의의 소유권이전등기 절차를 위 보관인에게 이행하여야 한다.

라는 재판을 구합니다.

신 청 이 유

1. 채권자는 채무자에 대하여 서울중앙지방법원 2010. 7. 1. 선고 2010가합12365호 대여금청구 사건의 집행력 있는 판결정본에 기하여 청구금액표시의 채권을 가지고 있습니다.

2. 채무자는 제3채무자에 대하여 별지목록 기재 부동산에 관하여 2010. 4. 1. 매매계약에 기한 소 유권이전등기청구권을 가지고 있습니다.

3. 채권자는 위 청구금액의 변제에 충당하기 위하여 채무자의 제3채무자에 대한 위 부동산소유권이 전등기청구권을 압류하고, 동시에 채무자 명의의 소유권이전등기를 위하여 보관인의 선임과 보관 인에의 소유권이전등기절차이행을 구하기 위해 이 사건 신청에 이르렀습니다.

첨 부

1. 집행력 있는 판결정본   1통
1. 송달증명원   1통
1. 부동산매매계약서   1통

2010. . .
위 채권자 김 ○ ○ (인)

서울중앙지방법원 귀 중

(별지)

부동산소유권이전등기청구권

채무자가 제3채무자에 대하여 가지는 2010. 4. 1. 매매계약에 기한 서울시 서초구 양재동 111 대 500㎡에 관한 매매를 원인으로 한 소유권이전등기청구권

채권자는 부동산소유권이전등기청구권을 압류하면서 부동산 소재지의 지방법원에 목적 부동산의 보관인을 선임하고, 제3채무자에 대하여 소유권이전등기절차를 이행하라는 결정을 해 주도록 신청할 수 있다.

압류명령을 발한 법원(채무자 주소지의 관할 지방법원)과 보관인선임결정 및 소유권이전등기를 명한 법원이 다를 수도 있으며, 동일한 경우에는 압류명령신청과 동시에 보관인선임 및 소유권이전등기절차이행명령을 신청할 수 있다.

보관인은 채무자 명의의 소유권이전등기절차이행에 관한 채무자의 대리인이 되어, 자신의 명의가 아닌 채무자 명의로 이전등기를 하게 된다.

제3채무자는 압류명령과 소유권이전등기절차이행명령 등이 송달된 경우에도 부동산청구권에 대하여 가지는 권리는 그대로 행사할 수 있으므로 해제권·취소권 등을 행사할 수 있다.

제3채무자가 등기이행에 협력하지 않을 때에는 압류채권자는 제3채무자를 상대로 추심명령을 얻어 추심소송을 제기하고, 그 승소판결이 확정되면 직접 채무자 명의로 등기하고 그 후의 집행절차는 부동산강제경매 또는 강제관리로 들어가게 된다.

┌─ **[사례 10-16] 소유권이전등기청구권에 대한 압류의 효력** ─

   A는 B에게 A 소유의 부동산을 매도하여 매매대금을 지급받았다. 甲은 B에 대한 금전채권을 가지고 있어 B가 A에 대하여 가지는 소유권이전등기청구권을 압류하였고 그 압류명령이 제3채무자인 A에게 송달되었다. 그런데 위 부동산에 대하여 B 명의로 소유권이전등기가 마쳐지고 이어서 乙 앞으로 소유권이전등기가 경료되었다.

   甲은 위 B와 乙의 소유권이전등기는 위 등기청구권에 대한 압류가 있은 후에 마쳐진 것으로 압류의 처분금지적 효력에 위반하여 무효라고 주장하며 그 말소를 청구할 수 있는가?

────────────────────────────────

소유권이전등기청구권에 대한 압류나 가압류가 있으면 그에 위반되는 제3채무자의 채무자에 대한 이행행위인 당해 소유권이전등기뿐만 아니라 그 후에 이루어진 모든 등기도 압류나 가압류 채권자에 대한 관계에서 무효라는 것이 종전의 판례였다.[730]

그러나 소유권이전등기청구권에 대한 압류나 가압류는 채권에 대한 것이지 등기청구권의 목적물인 부동산에 대한 것이 아니며, 채무자와 제3채무자에게 그 결정을 송달하는 것 이외에 현행법상 등기부에 이를 공시하는 방법이 없는 것으로서 당해 채권자와 채무자 및 제3채무자 사이에만 효력을 갖는 것이다.

이에 따라 압류나 가압류와 관계가 없는 제3자에 대해서는 압류나 가압류의 처분금지적 효력을 주장할 수 없는 것으로 판례가 변경되었다.[731]

따라서 소유권이전등기청구권의 압류나 가압류는 청구권의 목적물인 부동산 자체의 처분을 금지하는 대물적 효력은 없고, 제3채무자나 채무자로부터 소유권이전등기를 넘겨받은 제3자에 대해서는 그 취득한 등기가 원인무효라고 주장하여 그 말소를 청구할 수 없게 된다. 위 사례에서 甲은 제3자인 乙에게 마쳐진 등기의 말소를 구할 수 없다.

제3취득자인 乙이 악의인 경우에는 채권자가 그에 대하여 말소를 청구할 수 있다는 견해가 유력하다. 다만 이전등기청구권에 대한 압류나 가압류가 있으면 그 변제금지적 효력에 의해 제3채무자는 채무자에게 임의로 이전등기를 이행하여서는 안 될 것이고, 이를 이행하여 채무자가 이를 처분한 결과 채권자에게 손해를 입힌 때에는 손해배상책임을 지게 된다. 따라서 甲은 A에게 손해배상책임을 물을 수 있다.

---

730) 대법원 1990. 6. 22. 선고 89다카19108 판결.
731) 대법원 전원합의체 1992. 11. 20. 선고 92다4680 판결.

채권자가 소유권이전등기청구권을 가압류한 경우 채무자는 제3채무자를 상대로 그 이행을 구하는 소송을 제기할 수 있고, 법원은 가압류가 되어 있음을 들어 이를 배척할 수 없다. 그러나 소유권이전등기를 명하는 판결이 확정되면 채무자는 일방적으로 이전등기를 신청할 수 있고 제3채무자는 이를 저지할 방법이 없다.

따라서 이 경우 법원은 가압류 해제를 조건으로 하지 않는 한 이를 인용해서는 안 되고, 제3채무자가 임의로 소유권이전등기를 이행하고자 하면 민사집행법 제244조에 정하여진 보관인에게 권리이전을 하고, 이 경우 보관인은 채무자의 법정대리인의 지위에서 이를 수령하여 채무자 명의로 소유권이전등기를 마치면 된다.

종래에는 부동산에 대한 권리이전청구권을 압류하는 경우에는 제3채무자로부터 채무자에게 권리이전의 등기를 하는 절차를 거친 뒤 그 부동산을 강제경매절차에 따라 환가함으로써 최종적으로 채권의 만족을 얻는 구조를 취하고 있으나 위와 같이 이러한 방식으로는 채무자 앞으로 이전등기가 마쳐진 후 경매신청이 있기 전에 제3자 앞으로 이전등기가 경료되는 것을 막을 수 없는 문제점이 노출되었다.

민사집행법은 부동산소유권이전등청구권이 채권의 일종이라는 성격에 기초하여 그 채권 자체를 처분하게 함으로써 그 처분대금으로 채권자가 만족을 얻을 수 있는 길을 마련하고 있다(제242조 참조).

[참고판례]

소유권이전등기청구권을 압류한 경우 채권자가 채권을 추심하기 위해서는, 우선 민사집행법 제244조에서 정한 절차에 따라 부동산에 관하여 채무자 명의로 소유권이전등기를 경료한 다음, 다시 그 부동산에 대한 강제경매를 실시하여 그 배당절차에서 배당받아야 할 것이므로, 제3채무자의 고의 또는 과실로 소유권이전등기청구권이 압류된 부동산에 관하여 채무자·제3채무자 명의의 소유권이전등기가 순차 경료됨으로써 채권자에 대한 불법행위책임이 성립하는 경우, 그로 인한 압류채권자의 손해액은 압류채권액의 범위 내에서 압류채권자가 배당받을 금액이라고 보아야 한다.[732]

---

732) 대법원 2000. 2. 11. 선고 98다35327 판결.

제11장 비금전집행과 담보집행

[1] 비금전집행

이상에서 우리의 경제생활과 밀접한 관련이 있고 실무상 주로 행해지는 금전채권에 관한 강제집행(금전집행)의 방법으로 부동산에 대한 강제집행과 동산에 대한 강제집행절차를 중심으로 살펴보았다.

민사집행법은 금전채권 외의 채권에 기초한 강제집행방법으로 직접강제·대체집행·간접강제를 규정하고 있다. 직접강제란 국가기관이 유형의 실력을 행사하여 채무자의 의사에 반하여 채권의 내용을 강제적으로 실현하는 것이고, 대체집행은 채무자의 비용부담으로 채권자 또는 제3자로 하여금 채무자에 갈음하여 채무의 내용을 실현하는 것이며, 간접강제는 채무자가 임의로 이행하지 않는 경우 채무자에게 배상금의 지급을 명하거나 채무자를 구금하는 등의 수단을 써서 채무자에게 심리적 압박을 가함으로써 그 채권의 내용을 실현하는 집행방법이다.

채무의 성질상 간접강제도 불가능할 경우(부부의 동거 등)에는 결국 손해배상으로 청구할 수밖에 없다.733) 특정물 또는 불특정물의 급부(인도·명도)를 목적으로 하는 '주는 채무'는 직접강제의 방법으로, '하는 채무' 중 대체적 작위채무는 대체집행으로, 부대체적 작위채무와 부작위채무는 간접강제의 방법으로 청구권의 내용을 실현한다.

[참고] 집행방법의 전체적 구도
▶ 금전채무 및 물건의 인도채무 → 직접강제

---

733) 대법원 2009. 7. 23. 선고 2009다32454 판결: 부부의 일방이 상대방에 대하여 동거에 관한 심판을 청구한 결과로 그 심판절차에서 동거의무의 이행을 위한 구체적인 조치에 관하여 조정이 성립한 경우에 그 조치의 실현을 위하여 서로 협력할 법적 의무의 본질적 부분을 상대방이 유책하게 위반하였다면, 부부의 일방은 바로 그 의무의 불이행을 들어 그로 인하여 통상 발생하는 비재산적 손해의 배상을 청구할 수 있다.

▶ 대체적 작위·부작위채무 → 대체집행

▶ 부대체적 작위·부작위채무 → 간접강제

▶ 의사표시채무 → 판결확정 곧 집행

채무의 유형에 따른 강제집행방법을 도해하면 다음과 같다.

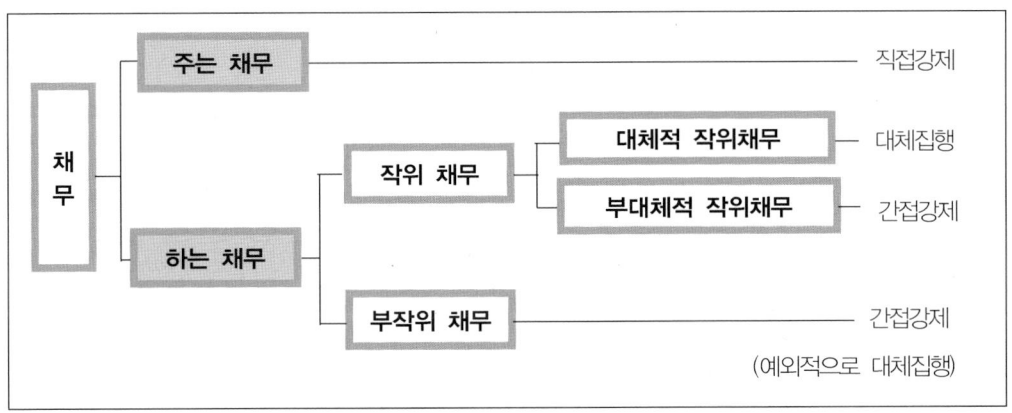

1. 동산인도집행

채무자가 특정한 동산이나 대체물의 일정한 수량을 인도하여야 할 때에는 집행관은 이를 채무자로부터 빼앗아 채권자에게 인도하는 방법으로 집행한다(제257조).

채권자가 집행권원이 된 동산인도청구권을 갖고 있을 때 특정 동산의 인도청구권을 집행하기 위하여 집행관에게 집행을 위임하면 집행관은 채무자로부터 이를 **빼앗아** 목적물의 직접 점유, 즉 현실의 지배를 채권자(또는 제3자)에게 취득하게 한다(직접강제). 목적물에 관하여 압류·가압류 또는 집행관 보관의 가처분집행이 되어 있는 경우에는 인도집행을 할 수 없다. 자동차나 건설기계 같은 것도 동산인도집행의 대상이 된다.[734]

집행목적물을 제3자가 점유하는 경우에는 금전채권 압류의 규정에 의하여 채무자가 점유하는 제3자에 대하여 갖는 유체동산인도청구권을 압류하여 채권자에게 넘겨주는 방법에 의한다(제250조).

유아인도 심판 또는 판결의 집행에 관해서는 논란이 있다. 유아가 의사능력이 있는 경

---

734) 수도·가스 등은 대체집행에 의할 것이고 동산인도집행에 의할 수 없다.

우에 그 유아 자신이 인도를 거부하는 때에는 집행불능이 된다.735)

2. 부동산의 인도 · 명도집행

채무자가 부동산이나 선박을 인도 또는 명도하여야 할 때 집행관은 채무자로부터 점유를 빼앗아 채권자에게 인도하는 방법으로 집행한다(제258조 제1항).736) 선박은 등기 여부를 불문하며, 여기서 말하는 부동산은 고유의 의미의 부동산만을 말하고 미등기라도 상관없다.

여기서 인도(引渡)라 함은 부동산에 대한 직접적 지배(점유)를 채무자로부터 채권자에게 옮기는(이전시키는) 것이고, 명도(明度)라 함은 깨끗하게 비워 점유를 이전함을 뜻하는 것으로 채무자가 부동산에 거주하는 경우 채무자로 하여금 부동산상에서 점유하는 물건까지 가지고 나가게 하는 것으로 인도의 한 형태이다. 통상 '토지인도' 혹은 '건물명도' 청구소송을 제기하여 집행권원을 얻고 집행을 개시하게 된다.

부동산의 인도 · 명도 집행기관은 목적물 소재지를 관할하는 지방법원에 소속된 집행관이고, 집행관은 채권자의 위임에 따라 직접 실력으로 부동산에 대한 채무자의 점유를 배제하고 채권자에게 그 점유를 취득하게 한다(직접강제). 부동산의 인도 · 명도집행은 채권자나 그 대리인이 인도받기 위하여 출석한 때에 한하여 집행할 수 있고(제258조 제2항), 집행관이 채무자로부터 빼앗은 점유를 채권자에게 이전하여야 집행이 완료된다. 다만 채무자의 주거에서 명도집행을 실시하려는데 채무자나 그 친족 · 고용인이 없어 만나지 못한 때에는 성년 2명이나 구청 동 직원, 시 · 읍 · 면 직원 또는 경찰관 1명을 증인으로 참여시켜 집행할 수 있다(제6조).

인도 · 명도집행에 있어서 점유를 하고 있는 채무자가 가족이나 동거인, 고용인과 함께 거주하고 있는 경우에는 별도의 집행권원 없이도 집행이 가능하나, 채무자의 임차인, 전차인 등과 같이 독립된 권원에 의하여 점유하는 경우에는 이들에 의하여 별도의 집행권

---

735) 의사능력 없는 유아의 경우 유체동산인도청구권에 준하여 집행관이 강제집행할 수 있다는 견해도 있고, 인도하지 않을 때에 배상명령을 하여 간접강제할 것이라는 간접강제설, 구체적 사안에 따라 직접강제나 간접강제에 의하여 양자를 병용하자는 병용설 등이 있다.

736) 대법원 2000. 2. 11.자99그92 결정: 간접점유자가 직접점유자를 통하여 부동산을 간접적으로 점유하고 있는 경우 간접점유자 및 직접점유자에 대한 채무명의를 가지고 부동산에 대한 인도청구권을 집행하는 채권자로서는 현실적으로 직접점유자에 대하여 인도집행을 함으로써 간접점유자에 대한 인도집행을 한꺼번에 할 수밖에 없으므로, 직접점유자에 대하여 부동산에 대한 인도집행을 마치면 간접점유자에 대해서도 집행을 종료한 것으로 보아야 할 것이고 또한 강제집행정지는 집행 종료 후에는 허용되지 아니한다.

원을 얻어야 집행할 수 있다. 인도의 목적물을 채무자 아닌 제3자가 점유하는 경우에는 채권자의 신청에 의하여 금전채권의 압류에 관한 규정에 따라 채무자의 제3자에 대한 인도청구권을 채권자에게 넘겨야 한다(移付命令, 제259조). 이 명령은 성질상 추심명령과 유사하다. 이부명령이 내려진 뒤에 제3자가 채권자의 인도요구에 따라 임의로 채권자에게 인도하면 그로써 강제집행이 종료되나, 제3자가 채권자의 인도청구에 불응한 때에는 채권자는 제3자를 상대로 추심의 소를 제기하여 승소판결을 받아 집행할 수밖에 없다.

부동산인도판결의 패소자인 채무자를 위하여 목적물을 소지하는 자, 예컨대 수치인, 운송인, 관리인 등에 대해서는 승계집행문을 부여받아 집행할 수 있으나, 이는 목적물을 제3자가 점유하는 경우의 인도집행과는 다르다.

건물명도의 강제집행은 당해 건물에 대한 채무자의 점유를 배제하고 채권자에게 그 점유를 취득게 힘으로써 종료하는 것이고, 당해 건물 내에 있는 집행목적 외 동산의 처리는 종료된 강제집행에서 파생된 사무적인 부수처분에 불과한 것으로서 채권자를 위한 집행행위가 아니므로, 비록 채권자가 건물 부분의 명도집행 당시 그곳에 남아 있던 동산이 집행채무자의 소유가 아님을 알면서도 집행관에게 명도집행을 위임하여 시행케 하였다 하여도, 이러한 사유만으로는 그 명도집행이 위법하다고 할 수는 없다.737)

집행관이 건물명도 집행 시 집행목적물인 건물 내에 있는 채무자 또는 제3자 소유의 집행목적 외 동산을 스스로 보관하지 않고 채권자의 승낙을 얻어 채권자에게 보관하게 한 경우, 채권자의 보관에 관한 권리나 의무는 원칙적으로 집행관과의 사이에 체결된 임치계약 등 사법상의 계약에 의하여 정해질 것이므로, 채권자가 집행관과의 약정에 따라 그 동산을 보관하던 중 동산이 멸실되었다고 하더라도 채권자가 보관에 필요한 계약상의 주의의무를 다하였다면 그 멸실로 인한 손해배상책임을 부담하지 않지만, 채권자가 동산을 보관함에 있어 계약상의 주의의무를 이행하지 아니하였을 뿐 아니라 그 주의의무 위반의 정도가 그 구체적 태양이나 정도 등에 비추어 위법하다고 인정되는 경우에는 채권자는 집행관이나 그 동산의 소유자 등에 대하여 불법행위로 인한 손해배상책임을 진다.738)

[사례 11-1] 토지의 인도집행과 지상건물 · 수목의 집행

乙은 甲 소유의 토지 위에 건물을 짓고 수목을 식재하면서 조경원을 하고 있다. 甲이 乙로부터 자신의 토지를 인도받으려면 어떻게 해야 하는가?

---

737) 대법원 1996. 12. 20. 선고 95다19843 판결.
738) 대법원 2008. 9. 25. 선고 2007다1722 판결.

판례는 토지의 인도를 명한 집행권원의 효력은 그 지상에 건립된 건물이나 수목의 인도에까지 미치는 것은 아니라고 한다.[739) 따라서 지상에 건물이 건축되어 있거나 수목이 식재되어 있는 토지에 대하여 그 지상물의 인도·철거 등을 명하는 집행권원이 따로 없는 이상, 토지를 인도하라는 집행권원만으로는 그 인도집행을 실시할 수 없는 결과가 된다.[740)

위 사례에서 甲은 乙을 상대로 토지인도, 건물철거, 수목수거에 관한 집행권원을 얻어 토지 인도집행을 할 수 있다.

[사례 11-2] 건물의 명도집행

甲은 乙이 임대차기간 만료 후에도 집을 나가지 아니하여 乙을 상대로 건물명도 소송을 제기하여 승소판결을 받았다. 甲이 집행관에게 위임하여 乙에 대한 건물명도 집행을 할 경우 乙이 사용하는 가재도구도 집행의 대상이 되는가? 집행관이 위 가재도구를 집 안에서 끌어내어 도로 위에 두었을 경우 그 점유는 누가 하게 되는가? 명도집행된 乙이 다시 甲의 집에 들어가 사는 경우에는 어떻게 되는가?

강제집행의 목적인 부동산의 종물인 동산은 부동산과 함께 집행의 대상이 되므로 집행관이 동산에 대한 점유도 채권자에게 이전하여야 한다. 그러나 가재도구는 부동산의 종물이라고 볼 수 없으므로 이에 대해서는 집행권원의 효력이 미칠 수 없고, 이와 같은 집행 목적물이 아닌 동산은 집행관이 제거하여 <u>채무자에게 인도</u>하고, 채무자가 없는 때에는 채무자와 같이 사는 사리를 분별할 지능이 있는 <u>친족 또는 채무자의 대리인이나 고용인에게 인도</u>하도록 하고 있다(제258조 제3항, 제4항). 채무자나 그 대리인 등이 없거나 채무자 등이 그 수령을 거부할 때에는 집행관은 그 동산을 채무자의 비용으로 스스로 <u>보관</u>하거나 채권자나 제3자(예컨대 이삿짐물류센터 등)를 보관인으로 선임하여 보관하게 할 수 있다(제258조 제5항).

채무자나 기타 동산 수취권한이 있는 자가 그 수취를 게을리한 경우 집행관은 집행법원의 허가를 얻어 이를 압류물의 매각절차에 관한 규정에 따라 매각하고 그 비용을 공제

---

739) 대법원 1986. 11. 18. 자 86마902 결정.
740) 대법원 1980. 12. 26. 자 80마528 결정: 건물철거와 토지인도를 명한 가집행선고부 판결주문에 그 토지 위에 그 토지와 독립하여 그 토지 거의 전부에 걸쳐 식재되어 있는 피고소유의 감귤나무의 수거를 명하는 기재가 없는 이상 집달리가 그 감귤나무를 그대로 두고는 토지인도를 집행할 수 없다고 하여 그 집행을 거부하였음은 정당하다.

한 후 나머지 대금을 공탁한다(제258조 제6항).

위 사례에서 명도집행에 채무자가 참여한 경우에는 집행관은 끌어낸 가재도구를 채무자에게 인도하고, 집행 종료 시 반출물건의 점유는 채무자가 하게 된다(결국 위 가재도구는 채무자가 치울 책임을 진다). 집행관이 부동산인도집행을 한 경우 위 가재도구가 압류·가압류·가처분집행이 되어 있을 때에는 그 집행을 한 집행관에게 그 취지와 그 동산에 대하여 취한 조치를 통지한다(규칙 제188조).

집행관이 채무자가 점유하는 가재도구 등 동산을 건물 밖으로 반출하고 채무자를 내보냄으로써 집행관이 채무자의 점유를 풀고 채권자에게 그 점유를 취득하게 하면 명도집행은 종료하게 된다. 채권자가 점유를 취득한 후 채무자가 다시 들어간 때에는, 종래의 집행권원에 의한 집행은 불가능하고 새로운 집행권원을 얻어야 집행이 가능하다. 위 사례에서 甲은 乙을 상대로 명도단행가처분신청을 하여 乙을 나가게 할 수 있다.

판례는 집행관이 채무자의 점유를 해제하고 이를 채권자에게 인도하여 강제집행이 완결된 후에 채무자가 집행의 목적이었던 건물에 들어간 것은 공무상비밀표시무효죄(형법 제140조)가 성립되지 않는다고 한다. 그러나 채권자가 명도집행에 의하여 적법하게 점유를 이전받아 점유하고 있는 주거에 乙이 무단침입한 것은 주거침입죄(형법 제319조)가 되므로, 甲은 乙을 주거침입죄로 형사고소를 제기할 수 있다.

3. 대체집행(철거집행)

건물철거 등 <u>代替的 작위채무</u>의 집행방법으로는 대체집행이 인정된다. 대체집행은 우선 채권자의 수권결정신청에 의하여 제1심 수소법원은 <u>채무자를 심문하고</u>, 수권결정신청이 이유 없으면 이를 기각하고, 이유 있으면 채무자의 비용으로 채무자 이외의 제3자(주로 집행관)로 하여금 대체적 작위(철거 등)를 실시할 수 있는 권능을 채권자에게 수여하는 결정, 즉 수권결정(대체집행결정)을 하게 된다. 수권결정에 대해서는 즉시항고할 수 있으나 집행정지의 효력은 없다.

수권결정을 얻은 채권자는 작위실시자인 집행관에게 위임하여 집행관이 인부를 고용하여 집행권원의 내용인 작위(철거)를 실시한다.[741] 건물철거의 대체집행은 그 건물에 대한 채무자의 금전채권자나 담보채권자의 압류나 담보권행사자 또는 제3자의 저당권설정등기가 설정되어 있더라도 영향이 없다. 점유자가 철거의무자일 때에는 건물철거의무에 퇴거

---

741) 집행실시자가 집행관 이외의 사람인 경우에 저항을 받으면 집행관에게 원조를 요구할 수 있다(제7조).

의무도 포함되어 있는 것으로 본다. 채권자는 대체집행비용의 선지급결정신청을 하여 그 강제집행이 완료되기 전에 채무자가 위 작위실시비용을 미리 지급할 것을 명하는 결정을 받아 그 결정을 집행권원으로 하여 집행문을 부여받아 집행할 수 있다.[742] 수권결정에는 집행문을 부여받을 필요 없이 송달증명만 있으면 된다.

　부작위채무에 대해서는 대체집행을 할 수 없고 간접강제에 의하는 것이 원칙이나 그 부작위의무 위반결과의 제각(除却)과 위반행위의 반복을 방지하기 위한 장래에 대한 적당한 처분은 대체집행에 의한다. 예컨대 건물건축금지의무에 위반하여 축조된 건물의 제각을 위해서는 대체집행을 할 수 있고 그 절차는 대체적 작위채무의 대체집행과 같다.

4. 간접강제

　하는 채무 중 대체집행이 불가능한 것(不代替的 作爲債務, 사실상 채무자가 아니면 할 수 없는 채무[743] 등)에 대해서는 제1심 수소법원에 간접강제신청을 하면, 법원은 집행권원상에 명하여진 부대체적 작위의무 및 이를 이행하여야 할 상당한 기간을 명시하고, 채무자가 그 기간 내에 이행하지 아니하면 그 지연기간에 응하여 또는 즉시 일정 금액의 배상금을 지급할 것을 명한다(예고결정).[744] 채권자는 그 이행기간을 경과하면 그 간접강제결정에서 명한 배상금에 대해서는 간접강제결정을 집행권원으로 하여 집행문을 부여받아 집행할 수 있다.

　부작위채무, 예컨대 건물출입금지의 집행권원 성립 후에도 건물출입금지의무에 위반하여 건물에 거주하는 경우에는 간접강제신청을 할 수 있다.

　법원의 정정보도명령에 언론사가 응하지 않는 경우에는 그 이행이 되지 아니하는 기간에 상응하여 금전의 지급을 명하는 간접강제의 방법이 채용되고 있다.

　판례는 부작위채무를 명하는 판결의 실효성 있는 집행을 보장하기 위해서는, 부작위채무에 관한 소송절차의 변론종결 당시에서 보아 집행권원이 성립하더라도 채무자가 이를 단기간 내에 위반할 개연성이 있고 또한 그 판결절차에서 제261조에 의하여 명할 적정한 배상액을 산정할 수 있는 경우에는, 그 부작위채무에 관한 판결절차에서도 위 법조에

---

742) 집행종료 후에는 비용확정결정에 의하여 집행할 수 있다.

743) 예컨대 점거쟁소에서의 퇴거의무, 정정보도문 게재의무 등.

744) 주문 예시: 채무자는 이 결정을 고지받은 날로부터 1주일 내에 정정보도문을 게재하라. 만일 채무자가 위 의무를 이행하지 아니할 때에는 채권자에게 1일 금 1,000,000원의 비율에 의한 금원을 지급하라.

의하여 장차 채무자가 그 채무를 불이행할 경우에 일정한 배상을 할 것을 명할 수 있다고 한다.745)

[참고] 조전혁 의원 사건의 평가

국회의원(조전혁)이 교원들의 교원단체 가입현황을 자신의 인터넷 홈페이지에 게시하여 공개하려 하였으나 법원이 기본권침해를 주장하는 교원들의 신청을 받아들여 그 자료의 공개를 금지하는 가처분 및 간접강제 결정을 한 사건의 경과를 검토하고 이 사건을 민사집행법의 관점에서 논평하라.

▶ 사건의 개요

○ 청구인은 한나라당 소속 국회의원인데, '각급학교 교원의 교원단체 및 노동조합 가입현황 실명자료'(이하 '이 사건 가입현황')를 자신의 인터넷 홈페이지에 게시하여 공개하려 하자 전교조 및 그 소속 일부 교원들(이하 '이 사건 교원들')은 그 공개로 인한 기본권(사생활의 비밀과 자유, 단결권) 침해를 주장하며 이 사건 가입현황의 공개금지 가처분 및 간접강제를 서울남부지방법원에 신청하였고 서울남부지방법원 제51민사부는 이 사건 교원들의 신청을 받아들여 2010. 4. 15. 가처분을 명하고(서울남부지방법원 2010카합211 결정) 간접강제 신청은 기각하였다.

○ 이에 청구인은 법원의 위와 같은 가처분에도 불구하고 이 사건 가입현황을 자신의 인터넷 홈페이지에 게시하는 한편 위 가처분 재판이 청구인의 국회의원으로서의 권한을 침해하였다며 서울남부지방법원 제51민사부를 상대로, 2010. 4. 23. 헌법재판소에 권한쟁의심판을 청구하였다.

○ 한편 이 사건 교원들은 청구인이 법원의 가처분 결정에도 불구하고 이 사건 가입현황을 공개하자 위 가처분에 따른 청구인의 의무 이행을 강제하기 위한 간접강제를 다시 신청하였고 서울남부지방법원 제51민사부는 2010. 4. 27. 그 신청을 받아들여 청구인에 대해 이 사건 가입현황을 계속 게시할 경우 1일 30,000,000원의 비율에 의한 금원을 이 사건 교원들에게 지급하라는 간접강제결정(서울남부지방법원

---

745) 대법원 1996. 4. 12. 선고 93다40614,40621 판결. 대법원 2008. 12. 24. 자 2008마1608 결정, 부대체적 작위채무의 이행을 명하는 가처분결정과 함께 그 의무위반에 대한 간접강제결정이 동시에 이루어진 경우에는 간접강제결정 자체가 독립된 집행권원이 되고 간접강제결정에 기초하여 배상금을 현실적으로 집행하는 절차는 간접강제절차와 독립된 별개의 금전채권에 기초한 집행절차이므로, 그 간접강제결정에 기한 강제집행을 반드시 가처분결정이 송달된 날로부터 2주 이내에 할 필요는 없다. 다만 그 집행을 위해서는 당해 간접강제결정의 정본에 집행문을 받아야 한다.

2010타기1011 결정)을 하였다.

○ 이에 청구인은 위 간접강제 재판도 청구인의 국회의원으로서의 권한을 침해하였다
며, 앞서 제기한 권한쟁의심판 사건의 심판 대상에 위 간접강제 재판을 2010. 4.
29. 추가하였다.

▶ **심판의 대상**

○ "피청구인이 서울남부지방법원 2010카합211 사건을 심리하여 가처분 결정을 하고
그 결정을 고지한 행위(이하 '이 사건 가처분재판')가 청구인의 국회의원으로서의
권한을 침해하였는지 여부 및 이 사건 가처분재판의 효력 유무" 및 "피청구인이
서울남부지방법원 2010타기1011 사건을 심리하여 간접강제 결정을 하고 그 결정
을 고지한 행위(이하 '이 사건 간접강제재판')가 청구인의 국회의원으로서의 권한
을 침해하였는지 여부 및 이 사건 간접강제재판의 효력 유무"

▶ **헌재 2010. 7. 29. 선고 2010헌라1 결정이유의 요지**

○ 권한쟁의심판에서 다툼의 대상이 되는 권한이란 헌법 또는 법률이 특정한 국가기
관(이하 지방자치단체를 포함한다)에 대하여 부여한 독자적인 권능을 의미하므로,
국가기관의 행위라 할지라도 헌법과 법률에 의해 그 국가기관에 부여된 독자적인
권능을 행사하는 경우가 아닌 때에는 비록 국가기관의 행위가 제한을 받더라도 권
한쟁의심판에서 말하는 권한이 침해될 가능성은 없다.

○ 청구인은 헌법 제40조, 제46조 제2항, 제61조에 의하여 부여받은 국회의원으로서
의 권한이 침해되었다고 주장하지만, 위 조항들은 '국회의원의 권한'이 아니라 '국
회의 권한'(제40조, 제61조) 또는 국회의원의 의무 또는 직무수행의 원칙에 관한
규정으로서 그 조항들로부터 국회의원의 권한이 인정되지는 않는다. 다만 청구인의
주장을, 국회의 입법작용이나 국정감사 또는 국정조사와 관련하여 국회의원에게 부
여된 권한의 침해를 주장하는 것으로 이해할 수 있으므로, 그와 같은 국회의원의
권한이 침해될 가능성이 있는지에 대해 살펴본다.

○ 국회의원의 법률안 심의·표결권과 법률안 제출권: 국회의원의 심의표결권은 대내
적인 관계에서 행사되고 침해될 수 있고 다른 국가기관과의 대외적인 관계에서는
침해될 수 없으므로, 이 사건 가처분재판과 이 사건 간접강제재판이 청구인의 법률
안에 대한 심의·표결권을 침해할 수 없음은 명백할 뿐 아니라, 이 사건 가처분재

판과 이 사건 간접강제재판에도 불구하고 청구인으로서는 얼마든지 법률안을 만들어 국회에 제출할 수 있고 국회에 제출된 법률안을 심의하고 표결할 수 있으므로, 청구인의 법률안 제출권이나 심의·표결권이 침해될 가능성은 없다.

○ 국회의 국정감사 또는 조사와 관련된 국회의원의 권한: 국정감사 또는 조사와 관련된 국회의원의 권한으로는 재적 국회의원 4분의 1이상에 의한 국정조사요구권('국정감사 및 조사에 관한 법률' 제3조), 감사 또는 조사를 행하는 위원회에 속한 국회의원의 3분의 1 이상의 요구에 의한 서류제출요구권(같은 법 제10조 제1항), 본회의 의결권(같은 법 제16조)을 비롯한 각 위원회와 본회의에서의 감사 또는 조사 결과에 대한 심의·의결권 등을 상정할 수 있으나, 이 사건 가처분재판과 이 사건 간접강제재판은 위와 같은 국회의원의 권한에 대해서는 아무런 제한을 가하고 있지 않아, 이 사건 가처분재판과 이 사건 간접강제재판으로 인해 국정감사 또는 조사와 관련된 국회의원으로서의 권한이 침해될 가능성도 없다.

○ 특정 정보를 인터넷 홈페이지에 게시하거나 언론에 알리는 것과 같은 행위는 헌법과 법률이 특별히 국회의원에게 부여한 국회의원의 독자적인 권능이라고 할 수 없고 국회의원 이외의 다른 국가기관은 물론 일반 개인들도 누구든지 할 수 있는 행위로서, 그러한 행위가 제한된다고 해서 국회의원의 권한이 침해될 가능성은 없다.

○ 청구인은, 법원이 국회의원에 대하여 특정한 법률안 발의를 금지하는 내용의 가처분을 한다면 국회의원의 권한을 침해하는 것과 마찬가지로 이 사건 가처분재판이나 이 사건 간접강제재판 역시 국회의원인 청구인으로 하여금 일정한 행위의 금지를 명하고 있으므로 국회의원으로서의 권한을 침해한다는 취지로 주장하나, 특정 법률안 발의를 금지하는 내용의 가처분이 국회의원의 권한을 침해할 수 있는지에 대한 판단은 별론으로 하고, 이 사건 가처분재판이나 이 사건 간접강제재판이 청구인으로 하여금 특정 법률안의 발의를 금지하거나 특정 법률안에 대한 심의와 표결을 금지하지 않고 있음은 명백하므로 청구인이 주장하는 바와 같은 권한침해의 가능성은 존재하지 않는다.

○ 결국, 이 사건 가처분재판과 이 사건 간접강제재판은 청구인의 국회의원으로서의 권한을 침해할 가능성이 없어 부적법하고 그 흠결을 보정할 수 없는 경우에 해당하므로, 헌법재판소법 제40조, 민사소송법 제219조에 의하여 변론 없이 각하한다[헌재 뉴스레터 제공].

5. 의사표시채무의 집행

의사표시를 할 것을 채무자에게 명한 판결이 확정되거나 그와 같은 효력이 있는 화해 · 인낙 또는 조정조서가 성립된 때에는 그 재판이 확정된 때 또는 그 조서가 성립된 때에 의사표시를 한 것으로 본다(제263조). 의사표시를 명하는 판결에서는 가집행을 붙일 수 없다.

예컨대 소유권이전등기를 명한 판결이 확정되면 확정 시에 의사표시가 된 것으로 간주하기 때문에 집행문의 부여도 필요 없고 집행기관이 관여할 여지도 없다. 따라서 이에 대한 집행정지나 청구이의의 소나 제3자이의의 소는 더 이상 허용될 수 없다.

다음과 같이 의사표시의무가 조건 등에 걸린 경우에는 예외이다.

① 채무자의 의사표시가 채권자의 반대의무의 선이행, 불확정기한의 도래, 정지조건의 성취에 걸려 있는 경우에는 그 증명책임이 있는 채권자가 조건성취 등을 증명하고 재판장 또는 사법보좌관의 명령에 따라 조건성취집행문을 부여받았을 때에 의사표시를 한 것과 같은 효력이 발생한다.

② 채무자의 의사표시가 반대의무와 동시이행관계가 있는 경우에는 채권자가 반대의무의 이행 또는 그 제공이 있는 것을 증명하는 문서를 제출하고 집행문을 부여받았을 때 의사표시가 있는 것으로 본다(제263조 제2항).

③ 채무자의 의사표시가 채무자가 증명책임이 있는 사실의 부존재에 걸려 있는 경우에도 조건으로 취급하여 조건성취집행문을 부여받아야 한다.

④ 채권양도통지와 같이 의사표시 가운데 제3자에 대한 의사표시일 때에는 채권자가 확정판결 등 집행권원의 정본이나 등본을 제시 또는 송부한 때가 의사표시가 있는 것으로 볼 것이다.746)

---

746) 대법원 2001. 1. 5. 선고 2000다49091 판결: 출연자와 예금주인 명의인 사이의 명의신탁약정상 명의인은 출연자의 요구가 있을 경우에는 금융기관에 대한 예금반환채권을 출연자에게 양도할 의무가 있다고 보아야 할 것이어서 출연자는 명의신탁을 해지하면서 명의인에 대하여 금융기관에 대한 예금채권의 양도를 청구하고 아울러 금융기관에 대한 양도통지를 할 것을 청구할 수 있다. 본 판결의 평석으로는 오창수, "금융실명제 하에서의 예금주 명의신탁과 출연자와 명의자와의 관계", 「판례연구 제15집(상)」, 서울지방변호사회(2001), p.110 이하 참조.

[2] 담보집행(담보권실행을 위한 경매)

1. 강제경매와 임의경매의 차이

강제경매와 임의경매의 차이를 정리하면 다음과 같다.

구 분	강 제 경 매	임 의 경 매
집행권원 유무	집행권원 필요 집행정본	집행권원 불요 담보권의 존재를 증명하는 서류
집행문 요부	집행문 필요	집행문 불요 청구이의, 집행문부여에 대한 이의나 그 이의의 소가 없다.
불복방법의 차이 경매개시결정에 대한 이의사유	집행채권의 부존재·소멸·변제기의 연기 등 실체법상의 사유로는 다툴 수 없다.	담보권의 부존재·소멸·변제기의 연기 등 실체법상의 사유로 다툴 수 있다.
집행정지·취소문서	재판의 정본 취소결정에 대한 즉시항고	재판의 정본, 등기부등본 취소결정에 대한 즉시항고 불인
절차 종결	전면적 공신력747)	부분적 공신력748)
특례	―	금융기관 신청의 발송송달의 특례

2. 담보집행에 있어서의 집행방해행위에 대한 대처

① 매각대상물건에 대한 가격손상행위

② 등기부에 공시되지 않는 법정지상권, 주택 등 임차권, 유치권의 존재

③ 저당권설정등기말소청구 등을 본안으로 하는 집행정지제도의 남용

④ 경매개시결정에 대한 이의신청의 남발

⑤ 가장채권자의 출현

⑥ 송달의 지연책

---

747) 집행권원에 표시된 집행채권의 부존재나 소멸의 경우에도 매수인이 대금을 완납하였으면 유효하게 목적물의 소유권을 취득한다.

748) 담보권증명서류에 표시된 담보권의 부존재나 원인무효 등의 사유가 있으면 매수인이 매각대금을 완납하였다 하여도 목적물의 소유권을 취득하지 못하나, 담보권이 변제 등으로 소멸된 경우에는 매수인이 대금을 완납했을 때 목적물의 소유권을 취득한다.

┌─ **[사례 11 - 3] 저당권의 침해에 대한 방해배제청구** ─────────────

   N건설회사가 나대지에 관하여 甲은행에 근저당권설정등기를 마치고 그 대지 위에
20층 규모의 오피스텔을 신축한 지 1년여 만에 지하 6층의 구축물 공사를 마친 상
태에서 부도를 내자 N건설로부터 이 사건 건물을 개별 분양받은 수분양자들이 중심
이 되어 결성한 乙조합이 그 무렵 위 회사로부터 건축사업 시행권을 양수하고 공사
를 속행하였고, 이후 甲은행의 신청에 의하여 임의경매절차가 개시되었음에도 공사
를 강행하고 있다.

   경매법원은 이 사건 대지와 지하구축물을 감정, 평가한 뒤 이 사건 지하구축물을
이 사건 대지의 부합물로 보아 경매목적물에 포함시켜 경매절차를 진행시켰고, 이에
이 사건 대지 및 이 사건 지하구축물이 대금 252억 원에 낙찰되었는데 乙조합이 위
경락허가결정에 대하여 항고한 결과, 위 경락허가결정의 항고심 법원은 이 사건 지
하구축물은 이 사건 대지의 부합물이 아닌 별개의 독립한 부동산이므로 이 사건 지
하구축물을 이 사건 대지의 부합물로 보아 입찰대상 목적물에 포함시킨 위 경락허가
결정이 부당하다고 하여 이를 취소하였고, 위 항고심 결정에 대하여 甲이 재항고하
였으나 재항고심은 甲의 위 재항고를 기각하였다.

   甲은 乙조합을 상대로 이 사건 근저당권에 기한 방해배제청구권을 피보전권리로
하여 이 사건 대지 위에 이 사건 건물을 신축하고 있는 乙조합을 상대로 공사중지가
처분을 신청할 수 있는가? 甲은 乙조합의 공사는 甲의 저당권을 침해하는 행위라는
이유로 그 공사의 그 중지를 구할 수 있는가?

   甲은 乙조합이 이 사건 건물 신축공사를 계속할 경우 이 사건 근저당권의 목적물
인 이 사건 대지의 가격이 감소하게 되고, 따라서 乙조합의 이 사건 건물 신축행위
는 이 사건 근저당권의 침해행위에 해당할 뿐만 아니라 민사집행법 제83조 제3항
및 민사집행규칙 제44조에서 규정한 가격감소행위에 해당하므로 甲은 乙조합을 상
대로 이 사건 건물의 신축행위의 금지를 구할 수 있다고 주장한다. 이에 대하여 乙
조합은 甲의 이 사건 근저당권은 가치권에 불과하여 이 사건 대지의 소유자인 N회
사 및 그로부터 이 사건 대지의 사용, 수익에 대한 승낙을 받은 乙조합에 대하여 이
사건 대지의 사용, 수익을 금지시킬 권능은 없는 것이고, 乙조합의 이 사건 건물 신
축행위는 이 사건 대지의 정당한 사용, 수익행위에 해당하므로 甲의 乙조합에 대한
이 사건 청구는 이유 없다고 주장하고 있다.

└───

저당권자는 저당권을 방해하거나 방해할 염려 있는 행위를 하는 자에 대하여 방해의 제거 및 예방을 청구할 수 있다(민법 제370조, 제214조). 저당권은 목적 부동산의 사용·수익을 그대로 설정자에게 맡겨 두었다가 경매절차를 통하여 경매목적물을 환가하고 그 대금에서 피담보채권을 우선 변제받는 것을 본질적인 내용으로 하는 담보물권으로서(민법 제356조) 저당부동산의 소유자 또는 그로부터 점유권원을 설정받은 제3자에 의한 점유가 전제되어 있으므로 소유자 또는 제3자가 저당부동산을 점유하고 통상의 용법에 따라 사용·수익하는 한 저당권을 침해한다고 할 수 없다.

그러나 저당권자는 저당권 설정 이후 환가에 이르기까지 저당물의 교환가치에 대한 지배권능을 보유하고 있으므로 저당목적물의 소유자 또는 제3자가 저당목적물을 물리적으로 멸실·훼손하는 경우는 물론 그 밖의 행위로 저당부동산의 교환가치가 하락할 우려가 있는 등 저당권자의 우선변제청구권의 행사가 방해되는 결과가 발생한다면 저당권자는 저당권에 기한 방해배제청구권을 행사하여 방해행위의 제거를 청구할 수 있다.

위 사례에서와 같이 대지의 소유자가 나대지 상태에서 저당권을 설정한 다음 대지 위에 건물을 신축하기 시작하였으나 피담보채무를 변제하지 못함으로써 저당권이 실행에 이르렀거나 실행이 예상되는 상황인데도 소유자 또는 제3자가 신축공사를 계속한다면 신축건물을 위한 법정지상권이 성립하지 않는다고 할지라도 경매절차에 의한 매수인으로서는 신축건물의 소유자로 하여금 이를 철거하게 하고 대지를 인도받기까지 별도의 비용과 시간을 들여야 하므로, 저당목적 대지 위에 건물신축공사가 진행되고 있다면 이는 경매절차에서 매수희망자를 감소시키거나 매각가격을 저감시켜 결국 저당권자가 지배하는 교환가치의 실현을 방해하거나 방해할 염려가 있는 사정에 해당한다.[749]

결국 甲은행은 乙조합을 상대로 근저당권에 기한 방해배제청구권을 피보전권리로 하여 공사중지가처분을 신청할 수 있고, 乙조합의 공사는 甲의 저당권을 침해하는 행위라는 이유로 그 공사의 그 중지를 구할 수 있다.[750]

아울러 저당권설정자로부터 점유권원을 설정받은 제3자의 점유가 저당권의 실현을 방해하기 위한 것이고, 그 점유에 의해서 저당권자의 교환가치의 실현 또는 우선변제청구권의 행사와 같은 저당권의 실현을 방해하는 특별한 사정이 있는 경우에는 저당권의 침해로 인정될 수 있다.[751] 이 경우 저당권자는 그 점유자에 대하여 저당권에 기해 그 부

---

749) 대법원 2006. 1. 27. 선고 2003다58454 판결.
750) 청구취지 기재례: 피고는 서울 강남구 수서동 715, 715-1, 715-2 각 대지 위에 건축 중인 오피스텔의 축조공사를 중지하고 이를 속행하여서는 아니 된다.
751) 대법원 2007. 10. 25. 선고 2007다47896 판결, 대법원 2005. 4. 29. 선고 2005다3243 판결 등 참조.

동산의 명도를 구하거나 소유자를 대위하여 명도를 구할 수 있다.752)

3. 부동산담보집행

부동산담보권에는 저당권, 전세권, 가등기담보권이 있으나, 저당권이 압도적으로 많고 부동산담보집행은 저당권실행을 위한 경매와 사실상 동일하게 취급된다. 부동산담보집행은 몇 개의 예외753)를 제외하고는 부동산강제경매절차를 거의 준용하고 있으나, 집행실무상 임의경매 건수가 강제경매 건수보다 월등히 많다.754)

부동산강제경매절차와 비교하여 담보집행이 갖는 특칙을 중심으로 살펴보기로 한다.

가. 경매절차

(1) 경매신청

담보집행도 담보권자의 경매신청에 의해 개시된다. 채권자대위권에 의한 대위경매신청도 가능하고, 대위변제자도 채권자를 대위하여 경매를 신청할 수 있다.

경매신청서에는 채권자, 채무자, 소유자 이외에 담보권, 피담보채권, 실행대상 재산 및 피담보채권의 일부인 때에는 그 취지와 범위를 적어야 한다.755)

근저당권자가 피담보채무의 불이행을 이유로 경매신청을 한 경우에는 경매신청 시에 근저당 채무액이 확정되고,756) 후순위 근저당권자가 경매를 신청한 경우 선순위 근저당권의 피담보채권은 그 근저당권이 소멸하는 시기, 즉 매수인이 매각대금을 완납한 때에 확정된다.757)

담보권자는 담보권실행개시의 요건으로 피담보채권의 이행기의 도래와 이행지체에 관한 주장을 하여야 한다.

---

752) 이시윤, p.64.

753) 경매신청서류(제264조), 경매개시결정에 대한 이의사유(제265조), 경매절차의 정지(제266조), 매수인의 소유권취득과 담보권의 소멸(제267조) 등 4가지 점이다.

754) 2009년 1년 동안 전국 법원에 신청된 강제경매신청사건은 44,343건이고, 담보권실행을 위한 경매사건은 79,910건이다. 사법연감(2009) 참고.

755) 민사집행규칙 제192조 참조. 명문의 규정은 없으나 피담보채권의 변제기 도래사실도 적어야 한다.

756) 그 이후부터 근저당권은 부종성을 가지게 되어 보통의 저당권과 같은 취급을 받게 되는바, 위와 같이 경매신청을 하여 경매개시결정이 있은 후에 경매신청이 취하되었다고 하더라도 채무확정의 효과가 번복되는 것은 아니다. 대법원 2002. 11. 26. 선고 2001다73022 판결.

757) 대법원 1999. 9. 21. 선고 99다26085 판결.

경매신청 시에 필요한 증명서류로는 다음과 같은 것이 있다.

▶ **담보권의 존재를 증명하는 서류(담보권원):** 저당권 등 담보권의 등기부등본, 저당권 등 담보권의 존재를 증명하는 확정판결 등, 저당권 등의 존재를 증명하는 공정증서[758] 등, 상법상의 선박우선특권과 같이 법률상 우선변제청구권 등의 존재를 증명하는 서류[759]

▶ **승계증명서류:** 담보권의 승계가 있는 경우 승계증명서류도 담보권증명서류와 함께 첨부서류로 붙여야 한다. 일반승계(가족관계등록부, 상속재산분할협의서 등)나 특정승계(전부명령 등)를 불문한다.

(2) 경매개시결정

집행법원(사법보좌관)은 경매신청요건을 심리 후 경매개시결정을 한다. 압류의 효력은 경매개시결정이 채무자에게 송달된 때 또는 압류등기가 된 때 중에서 먼저 된 때 생긴다. 부동산 소유자에게 경매개시결정을 송달하는 경우에는 승계증명서류 등본도 함께 송달하여야 한다.

신청채권자가 경매신청서에 피담보채권의 일부만을 청구금액으로 하여 경매를 신청하였을 경우에는 다른 특별한 사정이 없는 한 신청채권자의 청구금액은 그 기재된 채권액을 한도로 확정되고, 신청채권자가 이중경매신청을 할 수 있는 것은 별론으로 하고 그 후 청구금액확장신청서나 신청채권자가 채권계산서에 청구금액을 확장하여 제출하는 등 방법에 의하여 청구금액을 확장할 수 없다.[760]

---

758) 이 경우 공정증서는 집행수락의 의사표시가 있는 집행증서를 말하는 것이 아니고, 공증인이 인증한 것이면 된다고 한다. 이시윤, p.468 참조.

759) 대법원 2005. 6. 23. 선고 2004다29279 판결: 담보권실행을 위한 경매절차의 개시요건으로서 피담보채권의 존재를 증명하도록 요구하고 있는 것은 아니므로 경매개시결정을 함에 있어서 채권자에게 피담보채권의 존부를 입증하게 할 것은 아니고, 피담보채권을 저당권과 함께 양수한 자는 저당권이전의 부기등기를 마치고 저당권실행의 요건을 갖추고 있는 한 채권양도의 대항요건을 갖추고 있지 아니하더라도 경매신청을 할 수 있다.

760) 대법원 2008. 6. 26. 선고 2008다19966 판결. 다만 담보권의 실행을 위한 경매절차에서 경매신청채권자에 우선하는 근저당권자는 배당요구를 하지 아니하더라도 당연히 등기부상 채권최고액의 범위 내에서 그 순위에 따른 배당을 받을 수 있으므로, 그러한 근저당권자가 채권계산서를 제출하지 않았다고 하더라도 배당에서 제외할 수 없고 또한 그 근저당권자가 매각결정기일 전에 피담보채권액에 관한 채권계산서를 제출한 경우에도 그 후 배당표가 작성될 때까지는 피담보채권액을 보정하는 채권계산서를 다시 제출할 수 있으며, 이 경우 배당법원으로서는 특별한 사정이 없는 한 배당표 작성 당시까지 제출된 채권계산서와 증빙 등에 의하여 그 근저당권자가 채권최고액의 범위 내에서 배당받을 채권액을 산정하

근저당권의 실행을 위한 경매절차에서 신청채권자는 일단 경매신청서에 특정의 피담보채권을 기재함으로써 이를 청구채권으로 표시하였다고 하더라도 당해 근저당권의 피담보채권으로서 다른 채권이 있는 경우에는 그 다른 채권을 청구채권에 추가하거나 당초의 청구채권을 그 다른 채권으로 교환하는 등 청구채권을 변경할 수 있다.[761]

채무자는 담보권의 소멸·부존재를 주장하여 경매개시결정에 대한 이의를 할 수 있다.

(3) 현금화와 배당

임의경매의 경우 현금화와 배당도 원칙적으로 부동산강제경매에 준하여 진행된다. 담보집행의 경우에도 다른 채권자의 신청에 의한 이중경매개시결정을 할 수 있고, 배당요구권자는 배당요구의 종기까지 배당요구를 할 수 있다.

토지를 목적으로 한 저당권 설정 후 그 설정자가 그 토지에 건물을 축조한 경우에는 저당권자는 토지와 함께 그 건물에 대하여 경매신청을 할 수 있다(민법 제365조 참조).

소유자 아닌 채무자의 매수신청은 허용되지 않지만 물상보증인은 매수신청을 할 수 있다. 매각대금을 지급하면 매수인이 부동산의 소유자로 된다. 이 경우 담보권이 처음부터 부존재하였다면 매수인인 소유권을 취득하지 못한다.[762]

판례는 경매개시결정 전에 담보권이 소멸된 경우에는 매수인이 매각대금을 납부하였더라도 경매부동산의 소유권을 취득하지 못하고, 담보권이 경매개시 후에 피담보채권의 변제 등의 사유로 소멸한 경우에만 소유권취득에 장애가 없다는 입장이다.[763]

┌─ **[사례 11-4] 매수인명의의 신탁** ──────────────────

乙은 2010. 10. 20.경 甲과 사이에 X부동산을 매각대금 및 제세공과금을 공동으로 부담하여 乙명의로 낙찰받고 추후에 乙이 甲에게 1/2지분을 이전해 주기로 약정하였다. 乙은 위 약정에 따라 2010. 11. 26. 乙명의로 X부동산을 낙찰받아 乙명의로 소유권이전등기를 마쳤다. 乙이 甲에게 위 약정을 이행하지 않는 경우 甲은 위 X부동산에 대한 자신의 1/2지분을 이전받을 수 있는가?

└──

여야 한다(대법원 2000. 9. 8. 선고 99다24911 판결).

761) 대법원 1998. 7. 10. 선고 96다39479 판결.

762) 집행채권이 부존재하여도 소유권취득에 영향이 없는 강제경매와 다른 점이다.

763) 이러한 판례의 사후소멸설에 대하여 경매개시결정 전후를 막론하고 담보권의 소멸은 소유권취득에 영향이 없다는 사전소멸설이 있다. 이시윤, pp.476-477 참조.

부동산경매절차에서 부동산을 매수하려는 사람이 매수대금을 자신이 부담하면서 다른 사람의 명의로 매각허가결정을 받기로 그 다른 사람과 약정함에 따라 매각허가가 이루어진 경우 그 경매절차에서 매수인의 지위에 서게 되는 사람은 어디까지나 그 명의인이므로 경매 목적 부동산의 소유권은 매수대금을 실질적으로 부담한 사람이 누구인가와 상관없이 그 명의인이 취득한다고 할 것이고, 이 경우 매수대금을 부담한 사람과 이름을 빌려 준 사람 사이에는 명의신탁관계가 성립한다.[764]

위 사례에서 甲과 乙이 매각대금 및 제세공과금을 반씩 부담하여 X부동산을 乙의 명의로 낙찰받아 일단 乙의 명의로 등기하되 추후 편리한 시기에 乙이 甲에게 위 부동산에 대한 1/2 지분을 이전등기하여 주기로 약정하였다면, 甲과 乙 사이의 이러한 약정은 X부동산의 1/2 지분에 관한 명의신탁의 합의라고 보아야 할 것이다.

그러나 甲과 乙 사이의 위 명의신탁약정은 부동산 실권리자명의 등기에 관한 법률 제4조 제1항에 의하여 무효라 할 것이며, 따라서 甲은 乙에게 이 사건 X부동산 자체나 그 처분대금의 반환을 청구할 수는 없고, 제공한 매수대금을 부당이득으로 청구할 수 있을 뿐이다.[765] 甲과 乙 사이에 甲의 지시에 따라 이 사건 X부동산의 소유 명의를 이전하거나 그 처분대금을 반환하기로 한 약정이 있다고 하더라도 이는 결국 명의신탁약정이 유효함을 전제로 명의신탁 부동산 자체 또는 그 처분대금의 반환을 구하는 범주에 속하는 것에 해당하여 무효라 할 것이다.

나. 담보권실행에 대한 구제방법

(1) 경매개시결정에 대한 이의신청: 이의사유로는 절차상의 위법사유만이 아니라 담보권의 부존재 또는 소멸 등 실체상의 사유도 주장할 수 있다. 매각대금 완납 시까지 이의신청을 할 수 있다.[766] 경매개시결정에 대한 이의신청에 대한 재판은 사법보좌관이 아닌 법관의 업무이다.

---

764) 대법원 2002. 9. 10. 선고 2002두5351 판결, 대법원 2004. 12. 23. 선고 2004도6908 판결, 대법원 2005. 4. 29. 선고 2005다664 판결 등.

765) 대법원 2006. 11. 9. 선고 2006다35117 판결.

766) 대법원 1969. 3. 18. 자 69마88 결정: 경매개시결정으로 경매신청서에 기재된 채무액이 확정되는 것은 아니므로 채권액이 과다한 경우에는 청구이의 절차나 배당이의 절차에 의하여 그 시정을 구할 수는 있어도 경매개시결정에 대한 이의신청사유는 되지 않는다 할 것이다.

(2) **부동산경매의 정지취소**: 제266조 제1항의 서류를 제출하였을 때 담보권실행은 정지된다. 채무자는 담보권의 부존재를 다투는 채무이의의 소를 제기하면서 집행정지의 잠정처분을 받을 수 있다.

(3) **제3자이의의 소**: 담보집행의 목적이 되는 재산에 대하여 소유권 그 밖에 목적물의 양도나 인도를 막을 수 있는 지위를 가진 제3자는 채권자에 대하여 제3자이의의 소를 제기할 수 있다.

4. 유체동산담보집행

유체동산에 대한 담보권실행의 경매는 목적물을 점유하는 채권자가 이를 제출하거나 그 목적물을 제3자가 점유하는 때에는 점유자가 압류를 승낙한 때에 개시한다(제271조). 동산담보집행에 있어서는 유체동산에 대한 강제집행의 규정과 부동산담보권실행에 관한 규정이 준용된다.[767]

5. 채권담보집행

채권담보집행은 채권에 대한 강제집행 규정이 준용된다. 금전채권에 관한 질권인 채권질의 경우 직접청구권이 인정되고 있어(민법 제353조) 민사집행법에 정한 집행방법에 의한 질권의 실행은 활용도가 거의 없는 편이다. 다만 채권질이 아닌 그 밖의 재산권(특허권, 저작권, 예탁유가증권 등)의 경우에는 민사집행의 방법에 의하여야 한다.

물상대위권을 행사함에 있어서는 채권담보권의 실행과 같은 절차에 의한다(제273조 제2항). 다음과 같은 사례를 중심으로 저당권자의 물상대위권 실행절차에 관하여 살펴보기로 한다.

---

767) 대법원 2005. 2. 18. 선고 2004다37430 판결: 동산을 목적으로 하는 유동 집합물 양도보설정계약을 체결함과 동시에 채무불이행 시 강제집행을 수락하는 공정증서를 작성한 경우, 양도담보권자로서는 그 집행증서에 기하지 아니하고 양도담보계약내용에 따라 이를 사적으로 타에 처분하거나 스스로 취득한 후 정산하는 방법으로 현금화할 수도 있지만, 집행증서에 기하여 담보목적물을 압류하고 강제경매를 실시하는 방법으로 현금화할 수도 있는데, 만약 후자의 방식에 의하여 강제경매를 실시하는 경우, 이러한 방법에 의한 경매절차는 형식상은 강제집행이지만, 그 실질은 일반 강제집행절차가 아니라 동산양도담보권의 실행을 위한 환가절차로서 그 압류절차에 압류를 경합한 양도담보설정자의 다른 채권자는 양도담보권자에 대한 관계에서 압류경합권자나 배당요구권자로 인정될 수 없고, 따라서 환가로 인한 매득금에서 환가비용을 공제한 잔액은 양도담보권자의 채권변제에 우선적으로 충당하여야 한다.

┌─ [사례 11 - 5] 물상대위권의 실행 ─────────────────────────────

　甲은행은 乙과 乙 소유의 공장건물, 기계, 기구에 관하여 근저당권설정계약을 체
결하였는데 위 담보물이 화재로 소실되었다. 이 경우 甲은행은 乙이 가입한 화재보
험계약에 기한 보험금청구권에 대하여 우선권을 가지는가? 현재 乙에 대한 甲은행
이외의 채권자가 위 보험금청구권을 압류한 상태이다.
└──

가. 물상대위의 의의 및 적용범위

　담보물권의 목적물이 멸실, 훼손 또는 공용징수로 인하여 그 목적물이 금전 기타의 물
건으로 변한 경우 그 위에 담보물권의 효력이 미치는 것을 물상대위라고 한다. 저당권은
저당물의 멸실, 훼손 또는 공용징수로 인하여 저당권설정자가 받을 금전 기타 물건에 대
해서도 행사할 수 있다. 이 경우에는 그 지급 또는 인도 전에 압류하여야 한다(민법 제
370조, 제342조).

　물상대위가 인정되는 것은 담보목적물의 멸실, 훼손 또는 공용징수로 인하여 저당권설
정자가 받을 현실의 금전 기타의 물건이 아니라 <u>저당권설정자가 제3채무자에 대하여 가
지는 금전 기타 대위물의 지급청구권 또는 인도청구권</u>이다. 담보물의 멸실, 훼손으로 인
하여 발생하는 제3자의 배상의무는 불법행위에 기한 것이든, 계약 또는 법률행위에 기한
것이든 불문한다. 목적물의 멸실, 훼손으로 인한 손해배상금청구권, 토지수용으로 인한
손실보상금청구권 등이 이에 해당한다.

　물상대위는 본래의 저당목적물의 전부 또는 일부에 대하여 저당권을 사실상(멸실 또는
훼손 등) 또는 법률상(공용징수 등) 행사할 수 없게 된 경우에 인정되는 것이므로 목적
물의 교환가치가 구체화된 경우라도 담보권자가 담보물에 추급할 수 있는 경우에는 인정
될 필요가 없고, 따라서 매각대금, 임료 기타 목적물상에 설정된 용익물권의 대가에 관해
서는 물상대위를 허용할 수 없다.

나. 물상대위권의 행사

(1) 물상대위권의 행사방법으로서의 압류

저당권자가 물상대위를 하려면 대위의 목적물인 금전 기타의 물건이 저당권설정자에게

지급 또는 인도되기 전에 압류하여야 한다. 물상대위권을 행사하는 방법으로 저당권자의 압류를 필요로 하는 이유는 무엇인지, 압류의 의미와 압류의 행사방법에 관하여 논란이 있다.

판례는 압류의 취지에 관하여 특정성보전설을 취하는 것도 있으나, 주류적 태도는 다음과 같이 채권의 특정성을 유지하여 그 효력을 보전함과 동시에 제3자에게 불측의 손해를 입히지 않는 데 있는 것으로 보고 있다.[768]

판례에 따르면 저당목적물의 변형물인 금전 기타 물건에 대하여 저당권자 아닌 제3자가 압류하면 그로써 그 금전 또는 물건은 특정되고, 일반 채권자가 물상대위권을 행사하려는 저당권자보다 단순히 먼저 압류나 가압류의 집행을 함에 지나지 않는 경우에는 저당권자는 그 전은 물론 그 후에도 목적채권에 대하여 물상대위권을 행사하여 일반 채권자보다 우선변제를 받을 수 있다.

<u>물상대위에서의 압류를 포착하면 제3자의 압류는 대위목적물의 특정을 위한 압류이고, 저당권자의 압류는 물상대위권을 행사하기 위한 요건으로서의 압류를 의미한다.</u>

저당권자가 제3자의 압류가 없을 때의 물상대위권행사로서의 압류는 목적물특정을 위한 압류도 겸하게 된다. 물상대위권 행사요건으로서의 압류는 저당권자가 물상대위의 효력을 제3채무자에게 대항하기 위한 요건으로 제3채무자를 보호하기 위하여 요구되는 것이다. 목적물의 특정을 위한 압류는 반드시 저당권자(물상대위권자)에 의하여 행해질 필요가 없고 제3자의 압류로서도 특정이 될 수 있으나, 물상대위권행사로서의 압류는 반드시 물상대위권자 자신이 할 수밖에 없는 것이다.

(2) 물상대위권 행사요건으로서의 압류의 방법과 시한

1) 저당권자 자신의 압류

제3자의 압류로 목적물이 특정되었다고 하여 물상대위권의 행사에 나아가지 않은 채 단지 저당목적물에 저당권설정등기가 경료된 것만으로 저당권자가 저당목적물의 가치변형물인 보상금이나 보험금청구권으로부터 우선변제받을 수 없다. 따라서 저

---

[768] "민법 제370조, 제342조 단서가 저당권자는 물상대위권을 행사하기 위하여 저당권설정자가 받을 금전 기타 물건의 지급 또는 인도 전에 압류하여야 한다고 규정한 것은 물상대위의 목적인 채권의 특정성을 유지하여 그 효력을 보전함과 동시에 제3자에게 불측의 손해를 입히지 않으려는 데 있는 것이므로, 저당목적물의 변형물인 금전 기타 물건에 대하여 이미 제3자가 압류하여 그 금전 또는 물건이 특정된 이상 저당권자가 스스로 이를 압류하지 않고서도 물상대위권을 행사하여 일반 채권자보다 우선변제를 받을 수 있다."(대법원 2003. 3. 28.선고 2002다13359판결, 대법원 2002. 10. 11.선고 2002다33137판결 등)

당권자가 물상대위권의 행사에 나아가지 아니하여 우선변제권을 상실한 이상, 다른 채권자가 그 보상금 또는 변제공탁금 등으로부터 이득을 얻었다고 하더라도 저당권자는 이를 부당이득으로 반환청구를 할 수 없다.

판례는 저당권자의 물상대위권은 어디까지나 그 권리실행의사를 저당권자 스스로 법원에 명확하게 표시하는 방법으로 저당권자 자신에 의하여 행사되어야 하는 것이지, 저당권자 아닌 다른 채권자나 제3채무자의 태도나 인식만으로 저당권자의 권리행사를 의제할 수는 없으므로, 저당권자 아닌 다른 채권자나 제3채무자가 저당권의 존재와 피담보채무액을 인정하고 있고, 나아가 제3채무자가 채무액을 공탁하고 공탁사유를 신고하면서 저당권자를 피공탁자로 기재하는 한편 저당권의 존재를 증명하는 서류까지 제출하고 있다 하더라도 그것을 저당권자 자신의 권리행사와 같이 보아 저당권자가 그 배당절차에서 다른 채권자들에 우선하여 배당받을 수 있는 것으로 볼 수 없으며, <u>저당권자로서는 제3채무자가 공탁사유신고를 하기 이전에 스스로 담보권의 존재를 증명하는 서류를 제출하여 물상대위권의 목적채권을 압류하거나 법원에 배당요구를 한 경우에 한하여 공탁금으로부터 우선배당을 받을 수 있을 뿐이다.</u>[769]

2) 압류의 방법과 시한

물상대위권을 행사하기 위해서는 대위목적물인 금전 그 밖의 물건의 지급 또는 인도청구권을 그 지급 또는 인도 전에 압류하여야 한다(민법 제342조 단서). 저당권자가 물상대위권에 기하여 대위목적채권을 압류할 때에는 법원은 제3채무자에게 채무자에 대한 지급을 금지하고 채무자에게 채권의 처분과 영수를 금지하여야 하며, 이러한 법원의 압류명령이 제3채무자에게 송달되면 압류의 효력이 발생한다(민사집행법 제227조). 이 경우 제3채무자는 압류에 관련된 금전채권의 전액을 공탁할 수 있다(민사집행법 제248조 제1항).

이와 같이 <u>압류된 목적채권을 현금화하는</u> 방법으로는 대위목적물이 금전인 경우에는 금전채권에 대한 집행에 있어서와 같이 추심명령, 전부명령, 특별현금화명령에 의하여 현금화하고, 물건인 때에는 유체물인도청구권에 대한 집행에 있어서와 같이 추심명령을 얻어 또 그 추심의 소를 통하여 집행관으로 하여금 물건을 인도받게 한 뒤 다음에 유체동산집행에 관한 방법으로 현금화한다(민사집행법 제243조).

물상대위에 의한 압류채권자 상호 간의 우선순위에 관해서는 압류의 순위에 의할

---

769) 대법원 2000. 5. 12.선고 2000다4272 판결.

것이 아니라 본래의 담보권의 순위(실체법상의 우선순위)에 의한다.

목적채권이 보험금청구권의 경우 저당권자가 보험금청구권에 관하여 물상대위권을 행사하고자 하면, 저당권자는 이 보험금청구권에 관하여 담보권의 존재를 증명하는 서류인 부동산등기부등본을 제출하여 경매신청을 하면 경매법원은 압류명령을 발한다.

판례는 물상대위권을 행사하는 방법으로는 민사집행법 제273조에 의하여 담보권의 존재를 증명하는 서류(권리의 이전에 관하여 등기나 등록을 필요로 하는 경우에는 그 등기부 또는 등록원부의 등본)를 집행법원에 제출하여 채권압류 및 전부명령을 신청하거나, 민사집행법 제247조의 방법에 의하여 배당요구를 하는 방법에 의하여야 하고, 물상대위권으로서의 압류는 배당요구의 종기까지 하여야 한다고 한다.770)

저당권에 기한 물상대위권을 갖는 채권자가 그 물상대위권을 행사하여 우선변제를 받음에 있어, 그 권리실행방법은 민사집행법 제273조에 의하여 채권과 그 밖의 재산권에 대한 강제집행절차를 준용하여 채권의 압류 및 전부명령을 신청하는 것은 어디까지나 담보권의 실행절차이므로 그 요건으로서 담보권의 존재를 증명하는 서류를 제출하여 개시하면 되는 것이고, 일반채권자로서 강제집행을 하는 것이 아니므로 집행권원을 필요로 하지 않는다.

판례는 저당권에 기한 물상대위권을 갖는 채권자가 동시에 집행권원을 가지고 있으면서 집행권원에 의한 강제집행의 방법을 선택하여 채권의 압류 및 전부명령을 얻은 경우에는 비록 그가 물상대위권을 갖는 실체법상의 우선권자라 하더라도 원래 일반 집행권원에 의한 강제집행절차와 담보권의 실행절차와는 그 개시요건이 다를 뿐만 아니라 다수의 이해관계인이 관여하는 집행절차의 안정과 평등배당을 기대한 다른 일반 채권자의 신뢰를 보호할 필요가 있는 점에 비추어 압류가 경합된 상태에서 발부된 전부명령은 무효로 볼 수밖에 없다고 한다.

그러나 물상대위권을 갖는 저당권자가 별도의 집행권원까지 얻었다면 저당권자의 법적

---

770) "민법 제370조, 제342조에 의한 저당권자의 물상대위권의 행사는 민사소송법 제733조(민사집행법 제273조)에 의하여 담보권의 존재를 증명하는 서류를 집행법원에 제출하여 채권압류 및 전부명령을 신청하거나, 민사소송법 제580조(민사집행법 제247조)에 의하여 배당요구를 하는 방법에 의하여 하는 것이고, 이는 늦어도 민사소송법 제580조 제1항 각 호 소정의 배당요구의 종기까지 하여야 하는 것으로 그 이후에는 물상대위권자로서의 우선변제권을 행사할 수 없다고 하여야 할 것이고, 위 물상대위권자로서의 권리행사의 방법과 시한을 위와 같이 제한하는 취지는 물상대위의 목적인 채권의 특정성을 유지하여 그 효력을 보전하고 평등배당을 기대한 다른 일반 채권자의 신뢰를 보호하는 등 제3자에게 불측의 손해를 입히지 아니함과 동시에 집행절차의 안정과 신속을 꾀하고자 함에 있다."(대법원 2003. 3. 28. 선고 2002다13539판결 등)

지위는 그만큼 강화된 것으로 볼 수 있는데 저당권자가 담보권실행절차로서 동일한 대위물에 관하여 채권압류 및 전부명령을 얻지 아니하고 강제집행절차로서 채권압류 및 전부명령을 얻었다고 하여 그것이 다른 채권자의 압류경합상태에서 행해진 것이어서 무효라고 한다면 이는 너무 편협한 해석이라고 할 것이다.

제3자가 목적채권을 압류하고 있는 경우에는 저당권자는 중첩적으로 압류명령을 신청할 수도 있고, 제3자가 압류하여 목적채권이 특정된 이상 민사집행법 제247조 제1항에 의하여 배당요구를 하는 방법으로도 물상대위권을 행사할 수도 있다.

물상대위권 행사의 시기와 관련하여 판례는 물상대위권의 행사는 늦어도 민사집행법 제247조 제1항에서 규정하고 있는 배당요구의 종기까지 하여야 한다고 하고, 배당요구의 종기를 제3채무자의 공탁사유 신고 시까지로 제한하고 있는데 그 이유는 제3채무자가 채무액을 공탁하고 그 사유 신고를 마치면 배당할 금액이 판명되어 배당절차를 개시할 수 있는 만큼 늦어도 그때까지는 배당요구가 마쳐져야 배당절차의 혼란과 지연을 막을 수 있기 때문이고, 물상대위에 있어서 우선변제청구권 있는 자의 경우라 하여 달리 취급할 수 없다고 할 것이므로 이러한 해석이 헌법상의 평등의 이념에 반한다고 할 수는 없다고 한다.

그리고 저당권자의 물상대위권 행사로서의 압류 및 전부는 그 명령이 제3채무자에게 송달됨으로써 효력이 생기며, 물상대위권의 행사를 제한하는 취지인 '특정성의 유지'나 '제3자의 보호'는 물상대위권자의 압류 및 전부명령이 효력을 발생함으로써 비로소 달성될 수 있는 것이므로, 배당요구의 종기가 지난 후에 물상대위에 기한 채권압류 및 전부명령이 제3채무자에게 송달되었을 경우에는, 물상대위권자는 배당절차에서 우선변제를 받을 수 없다.

(3) 압류의 효과: 물상대위권자와 일반채권자의 우열

물상대위의 효력과 관련하여 저당권자, 저당권설정자, 제3채무자, 일반 제3자(경합채권자) 사이의 이해의 대립을 합리적으로 조정할 필요가 있으며, 특히 물상대위권자와 압류경합채권자 사이에 누가 우선하는가 하는 문제가 제기된다.

판례는 특정성보전설의 입장에서 제3자가 목적채권을 가압류, 압류하거나 목적채권에 대하여 전부명령을 받거나 목적채권이 제3자에게 양도되거나를 불문하고, 대위 목적채권의 특정성이 유지되는 한 물상대위권의 행사가 가능하다는 입장을 취하고 있다.

1) **가압류, 압류의 경우:** 저당목적물의 변형물인 금전 기타 물건에 대하여 일반 채권자가 물상대위권을 행사하려는 저당채권자보다 단순히 먼저 압류나 가압류의 집행을 함에 지나지 않은 경우에는 저당권자는 그 전은 물론 그 후에도 목적채권에 대하여 물상대위권을 행사하여 일반 채권자보다 우선변제를 받을 수가 있다.

2) **압류 및 전부명령의 경우:** 물상대위권자의 압류 전에 양도 또는 전부명령 등에 의하여 보상금 채권이 타인에게 이전된 경우라도 보상금이 직접 지급되거나 보상금 지급청구권에 관한 강제집행절차에 있어서 배당요구의 종기에 이르기 전에는 여전히 그 청구권에 대한 추급이 가능하다. 제3자가 목적채권에 관하여 채권압류 · 전부명령을 받았다 하더라도 목적채권의 특정성이 유지되는 한 저당권자의 물상대위로 압류 · 전부채권자의 피전부적격을 상실하는 것으로 볼 것이다.

저당권자의 저당목적물의 보험금청구권에 대한 물상대위권은 이를 행사하기 위하여 그 대위물을 압류하여야 하는 것과는 별개로, 그 자체는 저당목적물이 멸실, 훼손과 동시에 당연히 발생하여 그 대위물에 효력을 미치는 것이다. 비록 일반채권자가 저당권자보다 먼저 그 보험금청구권에 대하여 압류 및 전부명령을 받았다 하더라도, 이는 타인의 우선권의 목적이 되는 채권 또는 적어도 잠재적으로 그러하다가 멸실, 훼손과 동시에 타인의 우선권의 목적이 되는 것으로 현재화된 채권에 관하여 전부명령을 받은 데에 불과한 것으로서, 이로 인하여 저당권자의 물상대위권이 상실되거나 전부채권자가 저당권자에 우선하여 변제를 받을 수 있는 것은 아니고, 그 보험금이 실제로 전부채권자에게 지급되어 버리거나 그 보험금이 공탁된 후 전부채권자에게 출급되어 버리지 아니하였다면 저당권자는 여전히 물상대위권을 행사할 수 있다고 볼 것이다. 추심채권자가 현실로 추심한 경우에도 민사집행법 제236조에 의한 추심신고 시까지는 저당권자는 배당요구의 방법으로 목적채권에 대하여 물상대위권을 행사하여 우선변제를 받을 수 있다.

6. 형식적 경매

임의경매는 저당권, 질권, 전세권 등 담보물권의 실행을 위한 실질적 경매와 민법, 상법 그 밖에 법률의 규정에 따른 현금화를 위한 형식적 경매가 있다. 형식적 경매는 집행기관의 임무는 원칙적으로 현금화로 끝나고, 별도로 청구권의 만족 내지 실현이라는 단계로는 나아가지는 아니한다. 유치권에 의한 경매와 민법, 상법 그 밖에 법률의 규정에 따른 경매가 있다.

가. 유치권에 의한 경매

부동산유치권의 경우는 집행법원에, 동산유치권의 경우는 집행관에 서면으로 유치권의 존재를 증명하는 서류를 붙여 경매를 신청하면 사법보좌관의 경매개시결정에 따라 경매가 진행된다. 유치권자는 경매청구권은 있으나 우선변제권은 없기 때문에 경매대금에서 우선변제를 받을 수는 없다. 다만 경매대금에 일반채권자의 배당요구가 허용되지 않기 때문에 사실상 우선변제를 받는 결과가 될 뿐이다.

나. 민법, 상법 그 밖에 법률의 규정에 따른 경매

① 공유물분할을 위한 경매(민법 제269조 제2항)
② 변제자의 변제공탁을 위한 경매(민법 제490조)
③ 한정승인재산분리의 경우에 상속채권자나 수증자에게 변제하기 위한 상속재산의 경매(민법 제1037조, 제1051조 제3항)
④ 상인간의 매매목적물, 운송물, 임치물 등의 자조매각을 위한 경매(상법 제67조, 제70조, 제109조, 제143조, 제149조, 제165조) 등

제3편 보전처분

제12장 보전처분 총설

[1] 보전처분의 개념과 특질

1. 보전처분의 필요성

가압류와 가처분을 보전처분이라고 한다. 이는 본안소송 확정 전에 채권자(또는 신청인)가 채무자(또는 피신청인)의 일반재산 또는 다툼의 대상(계쟁물)에 대한 권리를 보전하여, 후일 본안소송 확정 시에 권리실현을 가능하게 하는 소송절차 및 집행절차를 말한다. 예컨대 채무자가 변제능력이 있으면서 재산을 처분하거나 은닉하려고 하는 경우, 채권자가 채무자를 상대로 본안소송(대여금청구소송 등)을 제기하여 확정판결을 받기까지 기다려야 한다면, 채권자의 권리실현이 불가능하거나 어렵게 될 수 있다. 이에 따라 소송의 장기화에 따른 권리실현의 곤란으로부터 채권자를 보호하기 위하여, 채무자가 그의 재산을 처분하지 못하도록 임시로 채무자의 재산을 신속히 묶어 두는 절차가 바로 가압류·가처분 등 보전절차이다.[771]

실제로 본안소송을 제기하는 경우에는 반드시 권리실현 내지 실질적 만족을 염두에 두어야 한다. 따라서 집행보전절차로서 가압류·가처분절차가 중요하게 이용되고 있고, 가압류·가처분절차를 활용하지 못하여 오랜 시간과 힘든 노력 끝에 받아 놓은 판결문이 한 장의 휴지로 되는 경우도 있다. 가압류나 가처분이 소송실무에서 결정적인 기능을 한다.[772]

금전지급청구소송의 경우에는 유체동산이나 부동산을 가압류해 두고, 특정물의 인도 또는 명도청구소송의 경우에는 특정물의 점유이전을 금지하는 가처분을 하며, 부동산의

---

771) 여기의 '가(假)'는 가집행(假執行)에서와 같이 '임시의', '일시적인'의 뜻이다.

772) 2009년 1년 동안 전국 제1심법원에 접수된 가압류 건수는 435,236건, 가처분 건수는 62,865건으로 가압류가 압도적으로 많다. 사법연감(2009) 참조.

소유권이전등기청구소송의 경우에는 당해 부동산의 처분을 금지하는 가처분을 해 놓아야만 채권자가 안심하고 본안소송의 승소를 위하여 진력할 수 있는 것이다. 사해행위취소소송을 제기할 경우 원상회복의 유형이 가액배상이라면 가압류를 해야 하고, 원물반환이라면 가처분을 해야 한다.

보전처분절차는 보전처분의 발령이라는 소송절차와 그 보전처분의 집행이라는 집행절차로 나눌 수 있고, 보전처분의 발령이라는 소송절차는 민사소송법에, 보전처분의 집행절차를 민사집행법에 규정하여야 할 것이나, 보전처분의 발령은 그 집행을 전제로 하여 이루어지고 보전처분의 발령과 집행이 일련의 절차로 행하여지기 때문에 민사집행법 제4편은 양자를 함께 규정하고 있다. 즉 채권자가 가압류와 가처분 등 보전소송을 신청하면 보전명령이 내려지고, 이 명령에 따라 보전처분집행이 이루어지는데 위와 같은 보전소송 결정절차와 보전소송 집행절차가 함께 규율되는 점에서 소송절차와 집행절차가 엄격히 구분되는 본안소송의 경우와 다른 점이다.

2. 보전처분의 개념

보전처분이란 ① 권리 또는 법률관계에 관한 쟁송(본안소송)이 있을 것을 전제로 ② 이에 대한 집행권원의 집행을 용이하게 하거나, 집행권원을 얻을 때까지 손해가 발생하는 것을 방지할 목적으로 ③ 일시적으로 현상을 동결하거나 임시적 법률관계를 형성하는 ④ 재판을 말한다. 즉, 보전처분이란 '재판'을 말하는 것이고, '집행'절차까지 포함해서 보전소송절차라고 통칭한다.[773] 보전처분에는 가압류와 가처분이 있고, 가처분은 다툼의 대상(계쟁물)에 대한 가처분과 임시의 지위를 정하기 위한 가처분이 있다.

(1) **가압류:** 금전채권에 관한 쟁송(본안소송)이 있을 것을 전제로 이에 대한 금전채권에 관한 집행권원의 집행을 할 수 없거나 집행하는 것이 현저히 곤란할 염려가 있는 경우에 집행을 용이하게 하기 위해 일시적으로 채무자의 일반재산의 현상을 동결하고자 하는 재판

---

773) 보전처분에 관하여 좁은 의미로 민사집행법 제4편에 규정된 가압류와 가처분만을 지칭하고, 넓은 의미로 법원이 권리자의 집행보전과 손해방지를 목적으로 행하는 잠정적인 조치를 명하는 내용의 재판을 통칭한다.

(2) 다툼의 대상에 관한 가처분: 특정물 이행청구권에 관한 쟁송(본안소송)이 있을 것을 전제로 이에 대한 계쟁물의 현상이 바뀌면 특정물 이행청구권에 관한 집행권원의 집행을 할 수 없거나 집행하는 것이 매우 곤란할 염려가 있는 경우에 집행을 용이하게 하기 위해 일시적으로 특정물의 현상을 동결하고자 하는 재판(현상유지를 명하는 가처분)

(3) 임시지위를 정하기 위한 가처분: 장래 강제집행의 보전이 아니라 다툼이 있는 법률관계에 관한 쟁송(본안소송)이 있을 것을 전제로 집행권원을 얻을 때까지 현상을 방치할 경우 채권자가 현저한 손해를 입거나 급박한 위험에 처할 염려가 있는 등 소송의 목적을 달성하기 어려운 경우 그 손해를 방지하기 위해 현상을 변경하여 임시적 지위를 형성하고자 하는 재판.

3. 보전처분의 특질

가압류·가처분절차는 확정판결의 집행보전이라는 특수성으로 인해 일반 민사소송절차와는 달리 다음과 같은 특징을 갖는다.

(1) 잠정성(임시성): 보전처분은 다툼이 있는 권리 또는 법률관계의 존부를 확정적으로 판단하는 것이 아니고, 보전처분의 집행도 권리의 종국적 실현을 가져오는 것이 아니다.774) 따라서 보전명령과 보전집행에 의하여 생긴 결과가 본안소송에 영향을 미치지 않는다.775) 이 점에서 권리의 종국적 실현을 가져오는 권리보전수단인 채권자대위권이나 채권자취소권과 다르다.

(2) 긴급성(신속성): 보전처분은 그 재판과 집행절차의 신속을 기하기 위하여 변론 없

---

774) 건물명도단행가처분이나 임금지급가처분과 같은 단행가처분의 경우에도 종국적 권리실현은 있을 수 없고, 제소명령이 있으면 본안소송을 제기해야 하고 만일 본안소송에서 패소하면 사정변경으로 인한 취소사유가 되고 원상회복시켜야 한다.

775) 대법원 2007. 10. 25. 선고 2007다29515 판결: 가처분의 피보전권리는 채무자가 소송과 관계없이 스스로 의무를 이행하거나 본안소송에서 피보전권리가 존재하는 것으로 판결이 확정됨에 따라 채무자가 의무를 이행한 때에 비로소 법률상 실현되는 것이어서, 채권자의 만족을 목적으로 하는 이른바 단행가처분의 집행에 의하여 피보전권리가 실현된 것과 마찬가지의 상태가 사실상 달성되었다 하더라도 그것은 어디까지나 임시적인 것에 지나지 않으므로, 가처분이 집행됨으로써 그 목적물이 채권자에게 인도된 경우에도 본안소송의 심리에서는 그와 같은 임시적, 잠정적 이행상태를 고려함이 없이 그 목적물의 점유는 여전히 채무자에게 있는 것으로 보아야 한다.

이[776) 결정의 형식으로 재판하고,[777] 원칙적으로 집행문의 부여 없이 곧바로 집행하며, 보전처분명령송달 전에 집행할 수 있다.[778] 증거도 증명이 아닌 소명으로 족하다.

(3) 附隨性(종속성): 보전처분은 본안소송에 부수하는 절차이다. 즉 확정판결을 얻기 위한 민사소송절차가 현재 또는 장래에 계속될 것을 전제로 한다.[779] 본안소송의 관할법원은 당연히 보전소송의 관할법원이 된다.[780] 보전처분은 본안소송에서 얻을 수 있는 권리범위를 초과할 수 없다.[781] 명도단행가처분이나 지위보전가처분 등의 경우, 보전소송이 본안소송을 대신하여 통상의 권리구제 수단의 역할을 하고 있다('가처분의 본안화' 현상).

(4) 밀행성: 보전처분절차는 채무자 측의 집행방해에 대비하여 상대방이 알 수 없는 상태에서 심리되고 발령되며, 그 처분송달 전에 미리 집행에 착수한다. 재판의 적정은 소명이나 담보제공으로 확보한다.

(5) 자유재량성: 법원이 자유재량으로 심리방법을 정하고, 어떤 형태(주문)의 보전처분을 할 것인지 정한다. 다만 처분권주의는 배제되지 않으므로 부동산가압류신청의 경우 동산가압류나 채권가압류명령을 할 수 없다.

4. 보전처분의 종류

민사집행법상의 보전처분은 가압류, 다툼의 대상(계쟁물)에 관한 가처분, 임시의 지위를 정하는 가처분이 있고, 기타 여러 법에서 특수한 보전절차를 규정하는 예가 많다.[782]

---

776) 다만 임시의 지위를 정하기 위한 가처분의 경우에만 원칙적으로 변론기일이나 심문기일을 열도록 하고 있다(제304조).
777) 2005년 민사집행법 개정으로 모든 보전처분 재판은 결정의 형식으로 재판을 하도록 하고 있다.
778) 다만 집행기간에 제한이 있다(채권자에게 재판을 고지한 날부터 2주).
779) 본안소송의 패소 등 본안소송의 경과는 사정변경을 이유로 하여 보전처분을 취소하는 경우 중요한 참작사유가 된다.
780) 보전소송이 본안소송을 전제한다고 하여도 보전소송과 본안소송은 별개의 절차로 진행된다. 양 절차가 병행될 수는 있어도 병합될 수는 없다.
781) 대법원 1964. 11. 10. 64다649 판결: 계쟁물에 대한 가처분은 본안판결의 강제집행의 범위를 넘어서는 할 수 없는바, 본안소송으로 광구에 대한 광업권이전등기의 말소를 구하면서 계쟁물에 대한 가처분으로 광구의 출입금지를 구하는 것은 본안판결의 강제집행의 범위를 넘어서는 것으로서 본안 전 가처분신청으로 취급되어야 함에도 불구하고 원심이 본안재판으로서 이를 처리한 것은 잘못이다.

여기서는 민사집행법상의 보전처분을 중심으로 살펴보기로 한다.

종류	피보전권리	대상	목적 및 내용
가압류	금전채권	일반재산	일반재산의 감소를 방지하여 집행을 용이하게 하고자 현상동결
다툼의 대상에 관한 가처분	금전 이외의 특정물 또는 권리에 대한 청구권	특정물건 · 권리	강제집행 시까지 사실상 · 법률상 변경을 방지하여 집행을 용이하게 하고자 현상동결
임시지위 정하는 가처분	다툼 있는 권리관계	특정물건 · 권리	현재의 손해를 방지하기 위하여 적극적 현상변경(법률관계를 잠정적으로 형성)

가. 가압류

가압류란 금전채권이나 장차 금전채권으로 될 수 있는 청구권에 관하여 후일의 강제집행을 보전하기 위하여 채무자의 재산을 압류하여 처분하지 못하도록 하는 재판을 말한다. 가압류는 채무자로부터 그 재산에 대한 처분권을 잠정적으로 빼앗는 집행보전제도이다. 가압류가 집행되면 채무자는 채권자에 대한 관계에서 당해 재산의 처분이 금지되고, 채권자가 후일에 본안승소 확정판결을 받고 집행문을 받으면 가압류에서 곧바로 본압류로 전이할 수 있게 된다. 가압류는 가압류 재산에 따라 통상 유체동산가압류, 부동산가압류, 채권가압류 등이 많이 이용되고 있다.

나. 다툼의 대상(係爭物)에 관한 가처분

다툼의 대상에 관한 가처분은 다툼의 대상(계쟁물, 특정물)에 관한 현상이 변경되면 채권자의 권리가 실행 불가능할 염려가 있을 때, 그 계쟁물에 대한 급부청구권이 집행 가능하도록 그 계쟁물의 현상을 유지하거나 보전하는 재판이다. 이는 계쟁물 자체에 대한 청구권 보전을 위해 그 현상변경을 금지하는 것이고, 금전채권으로서는 가처분이 허용되지 않는다.

계쟁물의 현상변경을 금지하는 방법은 다양하고 가처분의 형식도 일정하지 않다. 예컨대 건물명도청구소송에서 채무자가 건물을 개조하거나 점유를 제3자에게 이전하지 못하

---

782) 가사소송법 제62조, 제63조, 행정소송법 제23조, 민사조정법 제21조, 저작권법 제91조 제3항, 헌법재판소법 제57조, 제65조 등.

도록 점유이전금지가처분을 함으로써 건물명도청구권의 집행을 보전하는 것이 그 예이다. 가처분 후 확정판결이 있게 되면 가처분된 상태에서 따로 청구권 실현을 위한 강제집행을 하게 된다(본집행으로의 전이).

다. 임시지위를 정하기 위한 가처분

임시의 지위를 정하는 가처분은 본안판결이 확정되어 권리관계가 분명해질 때까지 다툼이 있는 권리관계에 대하여 임시의 지위를 정하기 위하여 필요한 조치를 하는 재판이다. 이 가처분은 보전의 필요성이 장래의 집행불능이나 곤란이 아니라 본안판결까지의 지연으로 인한 위험이다. 예컨대 무효인 주주총회 결의에 의하여 선임된 대표이사가 그대로 직무를 수행할 경우, 그로 인하여 현저한 손해가 생길 염려가 있으면 주주총의결의 무효확인소송 이전에 그 대표이사의 직무집행을 정지시키고 그 직무대행자를 선임하는 가처분을 하는 것이다.[783] 이러한 가처분 중에는 단행가처분(만족적 가처분)과 같이 가처분의 집행만으로 본안판결을 통하여 얻고자 하는 것과 실질적으로 동일한 만족을 얻게 되는 것이 있다.

주식회사 등 단체사건, 노동·환경사건, 인격권이나 지적재산권침해사건 등에서 가처분이 본안을 대체하거나 생략하는 '본안화 현상'이 문제 된다.

[2] 보전소송의 당사자

1. 당사자의 의의

보전소송의 당사자란 자기 이름으로 보전명령 또는 그 집행명령을 신청하거나 이를 받는 자를 말한다. 보전처분 및 보전처분이의사건의 신청인을 절차상의 호칭인 '채권자', 그 상대방을 '채무자'라고 한다. 다만 임시지위를 정하는 가처분의 경우 실무상 '신청인', '피신청인'으로 부르며, 보전처분취소사건의 경우 취소신청인을 '신청인', 그 상대방을 '피신청인'이라 부르므로, 보전처분이의사건과 구별하여야 한다.

---

783) 이 경우 본안소송은 단체를 피고로 하여 제기하여야 하고, 이를 전제로 한 보전처분은 반드시 당해 임원을 상대로 제기하여야 한다.

제3채무자는 이해관계인에 불과할 뿐 보전소송의 당사자가 아니다. 제3채무자가 보전소송의 당사자가 아니라는 의미는 보전처분의 구제수단으로서 당해 보전처분에 관한 이의 또는 취소 등 불복신청권이 없고,[784] 마찬가지로 제소명령을 신청할 수도 없다는 의미이다.

[사례 12 - 1] 채권압류 및 전부명령에서의 제3채무자의 지위

채권자 甲이 채무자 乙에 대한 금전채권의 집행을 위해 채무자의 제3채무자 丙에 대한 채권에 관하여 압류 및 전부명령을 신청하였는바, 이때 제3채무자 丙이 이미 사망하였다. 이 상황에서 발령된 압류 및 전부명령의 효력은? 이러한 하자를 시정하는 방법은? 경정결정으로 하자를 시정한 경우 압류 및 전부명령의 효력은 언제 발생하는가?

[사실관계]

<1> A가 1991. 2. 27. 乙의 망부인 B로부터 그 소유인 이 사건 건물을 금 535,000,000원에 매수하기로 하는 매매계약을 체결한 후 그 계약금으로 금 53,500,000원, 중도금으로 금 150,000,000원을 지급하였으나, 그 잔대금지급의무를 이행하지 아니하여 B로부터 같은 해 6월 10일자로 위 매매계약을 해제당함으로써 B에 대하여 위 매매대금으로 지급한 합계 금 203,500,000원 중 위약금을 공제한 나머지 금 150,000,000원의 반환청구채권(이하 이 사건 매매대금 반환청구채권이라 한다)을 가지게 된 사실.

<2> 그런데 B는 1991. 11. 2. 사망하고 乙이 단독으로 그 재산을 상속하고, 한편 甲은 A에 대하여 집행력 있는 판결정본에 기한 금 244,427,571원의 채권이 있어 그 집행을 위하여 1993. 3. 30. 채무자를 A, 제3채무자를 이미 사망한 B로 하여 채무자가 제3채무자에 대하여 가지는 이 사건 매매대금 반환청구채권 금 150,000,000원에 관하여 압류 및 전부명령(이하 이 사건 압류 및 전부명령이라 한다)을 받고, 그 결정정본이 같은 해 4. 1. A 및 乙에게 송달되어 그 무렵 이 사건 압류 및 전부명령이 확정된 사실.

---

784) 다만 보전처분의 집행단계에서는 이해관계인에 해당하므로 집행법상 이의신청인 제3자 이의의 소를 제기할 수 있다.

<3> 그런데 피고보조참가인 C, D 및 E는 A에 대한 합계 금 284,000,000원(C 금 150,000,000원, D 금 54,000,000원, E 금 80,000,000원)의 약속어음채권의 집행보전을 위하여 A의 乙에 대한 이 사건 매매대금 반환청구채권에 관하여 가압류결정을 받아 같은 달 26일 위 가압류결정 정본이 乙에게 송달된 사실.

<4> 한편 甲은 B가 사망한 사실을 뒤늦게 알고 같은 해 5. 10. 이 사건 압류 및 전부명령의 제3채무자 B를 이 사건 피고인 '乙'로 경정한다는 경정결정(이하 이 사건 경정결정이라고 한다)을 받아 그 결정정본이 같은 달 12일경 A 및 乙에게 송달된 사실.

[원심의 판단]

압류 및 전부명령은 피전부채권의 동일성이 인정되는 범위 내에서는 경정이 가능하며, 결정경정의 경우 특별한 사정이 없는 한 압류 및 전부명령의 효력은 경정 전의 압류 및 전부명령의 효력 발생 시로 소급한다고 할 것이나, 압류 및 전부명령에 있어서의 제3채무자는 경매에 있어서의 채무자나 제3취득자가 집행 당사자가 아니고 단순히 압류채권을 특정하기 위한 목적물 표시의 내용에 불과한 것과는 달리 집행 당사자라 할 것이므로, 전부명령 신청 당시 이미 사망한 자를 제3채무자로 한 것이면, 사망자 명의의 그 전부명령은 무효라 할 것이고, 채권자가 전부명령 신청 당시에 제3채무자가 이미 사망하였음을 모르고 사망한 사람을 상대로 전부명령을 받아 그 결정정본이 제3채무자의 상속인 앞으로 송달되었다 하더라도 달리 볼 수 없다 할 것이며, 따라서 무효인 전부명령의 제3채무자를 상속인 명의로 경정하는 것은 허용되지 아니하고, 가사 사망자를 제3채무자로 한 전부명령도 유효하며 그 경정결정도 허용된다고 본다 하더라도 제3채무자를 사망자에서 그 상속인으로 경정하였다면 그 경정결정은 채권의 동일성이 유지되지 않는 새로운 효력을 가지는 결정으로 볼 것이므로, 위 경정결정의 효력은 소급하지 않고 제3채무자를 상속인으로 경정한 결정정본이 그 상속인에게 송달된 때에 비로소 발생한다고 함이 상당하다 할 것인데, 이 사건에 있어 제3채무자를 乙로 경정하는 결정정본이 乙에게 송달되기 전에 보조참가인 C, D 및 E가 이 사건 매매대금 반환청구채권을 가압류하였음은 앞에서 본 바와 같으므로 결국 이 사건 전부명령은 압류의 경합으로 무효라고 판단하였다.

[대법원의 판단][785]

채권집행에 있어서 압류 및 전부명령은 결정의 일종이므로 압류 및 전부명령에 위산, 오기 기타 이에 유사한 오류가 있는 것이 명백한 때에는 법원은 직권 또는 당사자의 신청에 의하여 경정결정을 할 수 있고(민사소송법 제210조 제1항, 제197조), 다만 경정결정으로 인하여 압류 및 전부명령의 동일성 인식이 저해되는 경우에는 당초의 압류 및 전부명령의 내용이 실질적으로 변경되는 것으로서 허용되지 아니한다고 할 것이다. 그리고 압류 및 전부명령의 경정결정이 확정되는 경우 당초의 압류 및 전부명령은 그 경정결정과 일체가 되어 처음부터 경정된 내용의 압류 및 전부명령이 있었던 것과 같은 효력이 있으므로, 당초의 압류 및 전부명령 정본이 제3채무자에게 송달된 때에 소급하여 경정된 내용의 압류 및 전부명령의 효력이 발생한다고 할 것이다.

그런데 채권자가 이미 사망한 자를 그 사망 사실을 모르고 제3채무자로 표시하여 압류 및 전부명령을 신청하였을 경우 채무자에 대하여 채무를 부담하는 자는 다른 특별한 사정이 없는 한 이제는 사망자가 아니라 그 상속인이므로 사망자를 제3채무자로 표시한 것은 명백한 오류이고, 또한 압류 및 전부명령에 있어서 그 제3채무자의 표시가 이미 사망한 자로 되어 있는 경우 그 압류 및 전부명령의 기재와 사망이라는 객관적 사정에 의하여 누구라도 어느 채권이 압류 및 전부되었는지를 추인할 수 있다고 할 것이어서 그 제3채무자의 표시를 사망자에서 그 상속인으로 경정한다고 하여 압류 및 전부명령의 동일성 인식을 저해한다고 볼 수는 없으므로, 그 압류 및 전부명령의 제3채무자의 표시를 사망자에서 그 상속인으로 경정하는 결정은 허용된다고 할 것이다. 그리고 채권집행절차에 있어서 제3채무자는 집행 당사자가 아니라 이해관계인에 불과하여 그 압류 및 전부명령을 신청하기 이전에 제3채무자가 사망하였다는 사정만으로는 채무자에 대한 강제집행요건이 구비되지 아니하였다고 볼 수 없으므로, 이미 사망한 자를 제3채무자로 표시한 압류 및 전부명령이 있었다고 하더라도 이러한 오류는 위와 같은 경정결정에 의하여 시정될 수 있다고 할 것이다. 따라서 그 후 제3채무자의 표시를 사망자에서 그 상속인으로 경정하는 결정이 있고 그 경정결정이 확정되는 경우에는 당초의 압류 및 전부명령 정본이 제3채무자에게 송달된 때에 소급하여 제3채무자가 사망자의 상속인으로 경정된 내용의 압류 및 전부명령의 효력이 발생한다고 할 것이다.

한편 사망한 자에 대하여 실시된 송달은 위법하여 원칙적으로 무효라고 할 것이나,[786]

---

785) 대법원 1998. 2. 13. 선고 95다15667 판결.
786) 대법원 1966. 10. 21. 선고 66다1584 판결, 1978. 2. 28. 선고 77다687 판결, 1994. 4. 26. 선고 93누

그 사망자의 상속인이 현실적으로 그 송달서류를 수령한 경우에는 하자가 치유되어 그 송달은 그때에 상속인에 대한 송달로서 효력을 발생하므로, 압류 및 전부명령 정본이나 그 경정결정 정본의 송달이 이미 사망한 제3채무자에 대하여 실시되었다고 하더라도 그 상속인이 현실적으로 그 압류 및 전부명령 정본이나 경정결정 정본을 수령하였다면, 그 송달은 그때에 상속인에 대한 송달로서 효력을 발생하고 그때부터 각 그 즉시항고기간이 진행한다고 할 것이다.

그런데 원심이 적법하게 확정한 사실관계와 기록에 의하면, 甲이 제3채무자인 소 외 B가 이미 사망하였음을 모르고 위 망인을 제3채무자로 표시하여 압류 및 전부명령을 신청하여 1993. 3. 30. 제3채무자가 위 망인으로 표시된 이 사건 압류 및 전부명령을 받고, 그 후 위 망인이 사망하였음을 뒤늦게 알고 같은 해 5. 10. 제3채무자의 표시를 위 망인에서 그 상속인인 乙로 경정하는 이 사건 경정결정을 받았으며, 이 사건 압류 및 전부명령 정본과 경정결정 정본의 송달은 모두 위 망인에 대하여 실시되었으나 그 상속인인 乙이 1993. 4. 1.과 같은 해 5. 12.경 위 각 결정정본을 현실적으로 수령하고도 乙은 물론 각 그 시경 위 각 결정정본을 송달받은 채무자인 A 등이 위 각 결정에 대하여 즉시항고를 하지 아니함으로써 이들은 각 그 시경 확정되었음을 알 수 있다.

사정이 이와 같다면, 이 사건 압류 및 전부명령의 제3채무자의 표시가 위 망인으로 되었다고 하더라도 이러한 오류는 그 제3채무자의 표시를 위 망인에서 乙로 경정하는 결정에 의하여 시정될 수 있는 것이고, 그 후 그와 같은 내용의 이 사건 경정결정이 발하여져 확정된 이상 이 사건 압류 및 전부명령 정본이 乙에게 송달된 때에 소급하여 제3채무자가 乙로 경정된 내용의 압류 및 전부명령의 효력이 발생한다고 할 것인데, 이 사건 압류 및 전부명령 정본은 乙이 이를 현실적으로 수령한 1993. 4. 1. 乙에게 송달된 것으로 보아야 하므로, 같은 날 이 사건 매매대금 반환청구채권은 甲에게 적법하게 이전되었다고 할 것이다.

그럼에도 불구하고 원심이 이 사건 압류 및 전부명령의 경정결정이 허용되지 아니하고, 가사 허용된다고 하더라도 이 사건 경정결정의 효력은 그 결정정본이 乙에게 송달된 때에 비로소 발생한다고 보아 이 사건 전부명령을 무효라고 판단한 것은 압류 및 전부명령 또는 경정결정에 관한 법리를 오해한 잘못을 저지른 것이라고 아니할 수 없으며, 이는 판결에 영향을 미쳤음이 명백하므로, 이 점을 지적하는 논지는 이유 있다.

13360 판결 각 참조.

2. 당사자능력과 소송능력

① 본안소송의 소송대리인은 당연히 보전소송의 대리권도 가지므로(민소법 제90조 제1항),[787] 본안소송의 위임장 사본을 제출하고, 본안소송의 소장 사본 등을 첨부하여 피보전권리를 소명한다면 별도의 소송위임장을 제출할 필요가 없다.[788] 그러나 보전소송의 대리권이 있다고 하여 당연히 본안소송의 대리권이 있는 것은 아니다.[789]

② 당사자능력·소송능력을 구비하지 못한 경우 신청이 각하된다.[790] 이를 간과하고 내려진 재판은 위법하여 이의나 즉시항고에 의해 취소할 수 있고, 확정된 경우는 재심사유가 된다.

③ 사망자를 채무자로 한 가압류나 가처분결정은 무효이다. 실존하지 않는 단체를 상대로 한 보전처분도 사망한 자와 마찬가지다.[791] 다만 최소한 보전처분 <u>신청 당시</u>에 피신청인인 채무자가 생존해 있었다면 보전처분<u>결정 당시</u> 채무자가 사망하였고

---

787) 대법원 1997. 12. 12. 선고 95다20775 판결: 민사소송법 제82조의 규정은 소송절차의 원활·확실을 도모하기 위하여 소송법상 소송대리권을 정형적·포괄적으로 법정한 것에 불과하고 변호사와 의뢰인 사이의 사법상 위임계약의 내용까지 법정한 것은 아니므로, 본안소송을 수임한 변호사가 그 소송을 수행함에 있어 강제집행이나 보전처분에 관한 소송행위를 할 수 있는 소송대리권을 가진다고 하여 의뢰인에 대한 관계에서 당연히 그 권한에 상응한 위임계약상의 의무를 부담한다고 할 수는 없고, 변호사가 처리의무를 부담하는 사무의 범위는 변호사와 의뢰인 사이의 위임계약 내용에 의하여 정하여진다.

788) 실무상은 본안소송과 보전소송 별개의 위임장을 제출하는 예가 많다.

789) 대법원 2003. 3. 31. 2003마324 결정: 가압류·가처분 등 보전소송사건을 수임받은 소송대리인의 소송대리권은 수임받은 사건에 관하여 포괄적으로 미친다고 할 것이므로 가압류사건을 수임받은 변호사의 소송대리권은 그 가압류신청사건에 관한 소송행위뿐만 아니라 본안의 제소명령을 신청하거나, 상대방의 신청으로 발하여진 제소명령결정을 송달받을 권한에까지 미친다.

790) 자연물인 도롱뇽 또는 그를 포함한 자연 그 자체로서는 공사착공금지가처분 사건을 수행할 당사자능력을 인정할 수 없다. 대법원 2006. 6. 2. 2004마1148, 1149 결정.

791) 대법원 2008. 7. 11. 2008마520 결정: 어떠한 단체가 실제로 존재하지 않음에도 불구하고 그 단체가 존재하고 그 대표자로 표시된 자가 대표자 자격이 있는 자인 것으로 오인하여 가처분결정이 내려졌다고 하더라도, 그 단체가 실제로 존재하지 않는다면 그 가처분결정은 누구에게도 효력을 발생할 수 없는 무효인 결정이라 할 것이므로, 그 후 가처분결정에서 단체의 대표자로 표시된 자가 그 단체의 이름으로 가처분취소신청을 하였을지라도 법원으로서는 그 당사자 능력에 관하여 별도로 조사 판단하여야 하는 것이지, 무효인 가처분결정이 외형상 존재한다는 사실만으로 그 기속을 받아 실제로 존재하지 아니한 단체를 당사자능력 있는 자로 취급하여야 하는 것은 아니다(대법원 1994. 11. 11. 선고 94다14094 판결 참조). 이러한 법리는 당사자능력이 없는 단체를 상대로 보전처분 결정이 내려진 다음 그 단체의 대표자로 표시된 자가 그 단체의 이름으로 보전처분 이의신청을 하거나 항고를 제기한 경우에도 마찬가지로 적용되고, 이와 같이 당사자능력 없는 자가 제기한 보전처분에 대한 이의신청 또는 항고는 부적법한 것으로서 각하되어야 한다.

소송수계절차가 이루어지지 않았다고 하더라도 사망한 채무자를 상대로 한 보전처분이 당연무효인 것은 아니다.[792] 따라서 시효중단의 효력이 있으며, 채무자의 상속인에 대한 승계집행문을 받아서 집행이 가능하다.

> ### [사례 12 - 2] 사망자를 상대로 한 보전처분의 효력
>
> *甲은 乙이 2010. 6. 11. 사망하였음에도 불구하고 2010. 9. 28. 서울중앙지법원에 서울 강남구 양재동 전 1,996㎡에 대하여 乙을 채무자로 표시한 가압류신청서를 제출하여 2010. 10. 1. 위 법원으로부터 같은 내용의 가압류결정을 받았다.*
>
> *<1> 甲이 사망한 乙을 상대로 하여 받은 가압류결정의 효력은 어떻게 되는가?*
> *<2> 위 가압류결정의 효력은 乙의 상속인 丙에게 미치는가?*
> *<3> 甲은 채무자를 잘못 표시하였다고 하여 경정결정으로 하자를 시정할 수 있는가?*
> *<4> 이 경우 상속인 丙의 구제방법은?*
> *<5> 위와 같은 가압류결정 전에 위 부동산을 취득한 丁의 구제방법은?*
> *<6> 위와 같은 가압류결정 후에 丙으로부터 위 부동산을 취득한 戊의 구제방법*

이미 사망한 자를 채무자로 한 가압류신청은 부적법하고[793] 위 신청에 따른 가압류결정이 있었다 하여도 그 결정은 당연무효이고,[794] 그 효력이 상속인에게 미친다고 할 수는 없는 것이다. 따라서 채무자 표시를 상속인으로 할 것을 이 사건 가압류신청 당시에 이미 사망한 피상속인으로 잘못 표시하였다는 사유는 결정에 명백한 오류가 있는 것이라고 할 수 없고, 가압류결정을 경정할 사유에 해당한다 할 수 없다.[795]

---

792) 대법원 1993. 7. 27. 선고 92다48017 판결: 당사자 쌍방을 소환하여 심문절차를 거치거나 변론절차를 거침이 없이 채권자 일방만의 신청에 의하여 바로 내려진 처분금지가처분결정은 신청 당시 채무자가 생존하고 있었던 이상 그 결정 직전에 채무자가 사망함으로 인하여 사망한 자를 채무자로 하여 내려졌다고 하더라도 이를 당연무효라고 할 수 없다.

793) 앞서 본 바와 같이 제3채무자가 사망한 경우와 다르다. 제3채무자는 보전처분의 당사자가 아니지만, 채무자는 보전처분의 상대방으로서 당사자이다.

794) 대법원 1982. 10. 26. 선고 82다카884 판결. 대법원 2004. 12. 10. 선고 2004다38921, 38938 판결: 보전처분명령이 결정으로 이루어지는 경우에는 당사자대립주의는 통상의 판결절차에서와 같이 전면적이고 완전한 형태로 나타나지 않다가 보전처분에 대한 이의나 불복신청의 절차에서 비로소 분명한 형태로 나타나게 된다고 하더라도 보전소송도 민사소송절차의 일환으로서 대립 당사자의 존재를 전제로 하는 것이므로, 이미 사망한 자를 채무자로 한 처분금지가처분신청은 부적법하고 그 신청에 따른 처분금지가처분결정이 있었다고 하여도 그 결정은 당연무효로서 그 효력이 상속인에게 미치지 아니한다.

채무자의 상속인은 일반승계인으로서 무효인 보전처분결정에 의하여 생긴 외관을 제거하기 위한 방편으로 보전처분결정에 대한 이의신청으로써 그 취소를 구할 수 있다. 그러나 채무자의 상속인을 상대로 제기한 보전처분의 본안소송에서 승소한 채권자가 그 확정판결에 기하여 본집행을 하게 되면 보전처분의 목적이 달성되어 그 보전처분은 이해관계인의 신청에 따라 집행법원의 촉탁으로 말소될 운명에 있는 것이므로, 특별한 사정이 없는 한 보전처분에 대한 이의로 그 결정의 취소를 구할 이익이 없다.[796)

보전처분 전에 채무자로부터 목적물을 취득한 제3취득자(특별승계인)는 제3자 이의의 소를 제기할 수 있고, 보전처분이 발령된 이후에 채무자의 상속인으로부터 목적물을 취득한 제3취득자(특별승계인)도 제3자 이의의 소를 제기할 수 있다.[797)

위와 같이 당연무효의 가압류는 민법 제168조가 정한 소멸시효의 중단사유인 가압류에 해당하지 않는다.[798)

3. 당사자적격

① 가압류 또는 다툼의 대상에 관한 가처분의 당사자적격은 본안소송과 같이 실체법상의 권리자 또는 의무자인가를 묻지 않고 원칙적으로 그러한 청구권의 주체라고 주장하는 자가 채권자가 되고, 그에 대한 의무자라고 주장되는 자가 채무자로 된다.

② 임시지위를 정하는 가처분의 경우 주장 자체에 의해 정당한 이익이 있는 자가 정당한 채권자이며, 주장 자체에 의해 채권자와 저촉되는 지위에 있는 자가 채무자이다.

③ 이사선임결의무효확인의 소의 경우 피고는 회사이나, 이를 본안으로 하는 이사직무집행정지 및 직무대행자선임가처분의 경우 채무자는 이사 개인이고 회사는 피신청

---

795) 대법원 1991. 3. 29. 89그9 결정.

796) 대법원 2002. 4. 26. 선고 2000다30578 판결.

797) 원래 보전처분 발령 후에 목적물을 취득한 제3취득자는 이에 관해 다툴 수 없으나, 사망자를 상대로 한 보전처분은 무효이므로, 보전처분발령 후 목적물을 취득한 제3취득자는 무효인 가압류·가처분에 대해 제3자 이의의 소를 제기하여 이를 다툴 수 있다.

798) 대법원 2006. 8. 24. 선고 2004다26287, 26294 판결: 이는 민법 제175조가 법률의 규정에 따르지 아니함으로 인하여 취소된 가압류에 대해서는 시효중단의 효력을 인정하지 않고 있는 점에 비추어 보아도 분명하고, 또 가압류에 의한 소멸시효 중단의 효력이 그 집행보전의 효력이 존속하는 동안 지속된다는 점에서 판결의 확정으로 중단되었던 소멸시효가 다시 진행하는 재판상 청구보다도 훨씬 강력하다는 사정을 고려하면 당연 무효인 가압류를 소멸시효 중단사유로 취급하는 것은 적절하다고 볼 수도 없다.

인 적격이 없다.[799) 이는 청산인의 경우나, 정당대표에 대한 경우도 마찬가지다. 따라서 정당대표가 아닌 정당을 상대로 한 가처분신청은 <u>부적법 각하된다</u>.[800)

4. 참가와 승계

가. 보전소송에서의 참가

통상의 소송절차와 마찬가지로 보조참가, 독립당사자참가, 공동소송참가 모두 가능하다. 참가적격자는 보전처분 발령 전에는 변론을 거치는지 여부를 불문하고 언제든 참가 가능하고, 발령된 후에도 이의의 재판이 확정되기 전까지 참가를 할 수 있다.

제3자는 보조참가의 방법으로 이의신청을 할 수 있으나, 다만 보전처분에 관한 이의는 당사자와 일반승계인만이 할 수 있으므로 제3자가 참가의 절차를 취함 없이 자기 이름으로 직접 이의신청을 하는 것은 허용되지 않는다.[801)

나. 보전소송에서의 승계

가압류나 가처분재판이 있은 후 채권자나 채무자의 승계가 있는 경우 승계집행문을 부여받아야 한다(제292조, 제301조).[802)

① 보전명령 발령 후 집행 전에 승계가 있는 경우: 승계집행문 부여받아 집행(제292조)

---

799) 대법원 1982. 2. 9. 선고 80다2424 판결: 임시의 지위를 정하기 위한 이사직무집행정지가처분에 있어서 피신청인이 될 수 있는 자는 그 성질상 당해 이사이고, 회사에는 피신청인의 적격이 없다.

800) 대법원 1997. 7. 25. 선고 96다15916 판결: 통합 정당을 상대로 합당결의가 무효임을 주장하면서 그에 기하여 총재로 선출된 자가 정당의 대표로서의 직무를 집행하지 못하도록 해 달라는 신청은, 그 법적 성격이 (구)민사소송법 제714조 제2항 소정의 임시의 지위를 정하기 위한 가처분신청이어서, 이 경우 피신청인이 될 수 있는 자는 신청인들이 주장하는 법률상의 지위와 정면으로 저촉되는 지위에 있는 총재 개인에 한정되므로, 신청인들이 신설된 통합 정당을 피신청인으로 한 위 직무집행정지가처분신청은 당사자적격을 갖지 아니하는 자에 대한 것으로서 부적법하다.

801) 대법원 1970. 4. 28. 선고, 69다2108 판결: 가처분결정에 대한 이의신청을 할 수 있는 자는 채무자와 그 일반승계인이라야만 하고 특정승계인도 민사소송법 제74조에 의한 참가승계를 하면 이의신청을 할 수 있다고 할 것이나 이 이외의 3자는 가처분에 대하여 사실상의 이해관계가 있다 하더라도 이의를 신청할 적격이 없다.

802) 원래 보전처분은 보전명령이 내려지면 집행문의 부여를 받을 필요 없이 바로 집행이 가능하나, 다만 조건이 붙은 경우와 승계가 있는 경우는 바로 집행이 불가능하고 집행문을 받아야만 집행이 가능하다.

② 보전명령 신청 후 발령 전에 승계가 있는 경우: 제292조를 유추하려 승계집행문 부여받아 집행

③ 보전명령 집행 후 승계가 있는 경우: 보전처분이 승계 자체를 금지하고 있으므로, 채권자는 승계와 상관없이 채무자에게 집행이 가능하고, 승계집행문의 문제가 생기지 않음[803]

다. 보전처분 후 피보전채권의 양수

① 이미 가압류 등기를 마친 후에 피보전채권을 양수한 자가 본안의 집행권원을 얻어 목적 부동산에 관하여 본집행(본압류)을 개시하려고 할 때에는 가압류등기 후 본압류 전에 제3자가 목적 부동산을 취득한 경우에도, 채권양수인은 집행법원에 대하여 자기가 피보전채권의 승계인임을 증명하면, 집행법원은 제3자 소유 부동산에 대하여 강제집행을 개시할 수 있고, 그 제3취득자는 피보전채권의 승계인에 대하여 자기의 소유권을 주장하여 집행을 거부할 수 없다.[804]

② 목적 부동산에 관하여 처분금지가처분의 등기가 경료된 후 피보전채권을 양수한 자도 승계집행문을 부여받아 자기 명의의 처분금지가처분을 마칠 필요 없이 자신이 실체상 피보전권리의 승계인임을 증명하면 피보전채권의 양도인이 한 가처분등기의 효력을 원용할 수 있다.

─ **[사례 12 - 3] 피보전권리의 이전과 가압류의 승계** ─

<1> 乙은행은 2009. 11. 20. A와 한도액 금 2억 원으로 하는 여신거래약정을 체결하고 이에 따라 A에게 여러 차례에 걸쳐 돈을 대출하였는데 2010. 1. 8. 현재 그 대출 잔액이 금 242,200,000 원에 이르렀다. 甲은 위 2009. 11. 20. 乙은행에 대하여 금 2억 8,000만 원의 한도에서 A를 위한 연대보증인이 되었고 다른

---

803) 다만 채권자의 승계인이 목적물의 현금화명령을 신청하는 경우(제296조 5항 단서)는 예외적으로 승계집행문을 받아서 집행할 수 있음.

804) 이 경우에는 이미 본집행의 단계에 들어간 것이므로 가압류명령의 집행과는 관계가 없으므로 가압류명령에 대하여 다시 승계집행문을 부여할 필요가 없다.

한편 피고보조참가인 B는 금5,000만 원 한도에서 A의 연대보증인이 되었으며, C도 금 5,000만 원의 한도에서 A의 연대보증인이 되었다.

<2> 乙은행은 2010. 1. 26. 甲의 부동산에 대하여 피보전채권을 금 114,174,573원으로 하는 이 사건 가압류를 신청하여 같은 해 2. 2. 가압류결정을 얻었다. 그 후 乙은 A의 부동산을 경매하여 2010. 6. 27. 금 104,856,193원을 변제받았고, B가 2010. 7. 15. 금52,808,219원, C가 2010. 9. 11. 금 52,000,646원 甲이 2010. 9. 17. 금 9,646,500원을 각 변제하여 乙의 A에 대한 채권은 모두 소멸되었다. 이에 甲이 乙을 상대로 하여 사정변경(피보전권리의 소멸)을 원인으로 하여 위 가압류의 취소신청을 하였다.

<3> 제1심 및 제2심판결은 위 피보전권리가 소멸되었으니 위 가압류는 취소되어야 한다고 판시하면서, B의 주장, B가 甲에 대하여 구상권을 가지고 있으므로 乙을 대위할 수 있고, 따라서 이 사건 가압류는 그대로 유지되어야 한다는 주장에 대해서는, 이 사건 가압류의 피보전권리는 B가 변제할 금액을 제외한 나머지 금액의 채권에 관한 것이고 또 가압류는 대위변제의 경우에 이전되는 담보에 관한 권리에 해당하지 아니하며, B가 甲에 대하여 구상권을 가진다고 하여도 이를 이유로 乙이 甲에 대하여 가압류취소신청을 저지할 어떠한 권리를 가진다고 할 수 없다고 하여 B의 위 주장을 배척하고 甲의 신청을 인용하고 가집행선고를 붙였다.

<4> 보조참가인 B는 상고를 제기하면서 금전채권의 집행보전을 목적으로 하는 가압류채권자의 지위는 피보전권리의 양도에 따라 피보전권리의 양수인에게 승계되므로 가압류명령 발령 후 그 집행 전에 피보전채권이 양도되면 양수인이 민사집행법 제292조 제1항에 의하여 승계집행을 하게 되고, 그 집행 후에 피보전권리가 양도되면 그 채권양수인이 양수채권의 집행권원에 기하여 가압류에 기한 본압류를 하게 된다. 그러므로 가압류에 대한 이의나 취소신청도 가압류 채권자의 지위를 승계한 채권양수인을 상대로 하여야 하는데, 보조참가인은 甲에 대하여 구상권을 가지므로 그 구상권의 범위 내에서는 가압류 채권자의 지위를 승계하는 것이라고 주장하였다.

채권자가 공동연대보증인 중 1인인 甲의 부동산에 대하여 가압류결정을 받은 경우에,

그 피보전권리에 관하여 자기의 부담부분을 넘는 변제를 한 다른 연대보증인 B는 甲에 대한 구상권의 범위 내에서 채권자가 가지고 있던 채권 및 그 담보에 관한 권리의 승계인이 된다. 따라서 B는 위 가압류의 집행이 되기 전이라면 제292조 제1항에 따라 승계집행문을 부여받아 가압류의 집행을 할 수 있고, 가압류의 집행이 된 후에는 위와 같은 승계집행문을 부여받지 않더라도 가압류에 의한 보전의 이익을 자신을 위하여 주장할 수 있다.

위의 경우에 B는 구상권의 범위 내에서 채권자가 甲에 대하여 가지고 있던 가압류의 피보전권리를 대위 행사할 수 있다고 보아야 할 것이므로, 위 변제로 인하여 가압류의 피보전권리가 B에게 이전된 결과 채권자가 그 범위 내에서 피보전권리를 상실하였다고 하여도 동 권리의 소멸을 이유로 甲이 신청한 사정변경에 의한 가압류취소신청절차에 가압류 채권자의 지위를 승계한 B가 채권자를 위하여 보조 참가하여 다투는 경우에 그 가압류취소신청은 기각되어야 한다.805)

[3] 보전소송의 관할

1. 토지관할과 사물관할

가. 토지관할806)

① 가압류: 가압류할 물건이 있는 곳이나 본안의 관할법원
② 가처분: 다툼의 대상이 있는 곳이나 본안의 관할법원

나. 사물관할807)

<u>피보전권리의 가액</u>에 의해 결정된다((목적물의 가액이 아님). 피보전권리가 1억 원 이

---

805) 대법원 1993. 7. 13. 선고 92다33251 판결. 본 판결의 평석으로는 권광중, "피보전권리의 이전과 가압류절차의 승계", 「재판실무연구」, 광주지방법원(1999), p.298 이하 참조.
806) 전속관할로 합의관할이나 변론관할이 적용되지 않는다. 다만 본안에 관해 합의관할이 성립된 경우, 본안의 관할법원으로서 보전처분의 관할이 생기는 것은 별개의 문제이다.
807) 전속관할이 아니다.

하의 경우 단독사건, 1억 원 초과의 경우 합의부사건이다.

다. 이송

관할이 없는 곳에 보전처분신청 시 관할법원으로 이송한다. 전속관할 위반의 이송결정은 이송받은 하급심법원만 기속한다.[808]

라. 관할권 없음을 간과하고 보전 처분한 경우

보전처분에 관한 이의신청으로 다툴 수 있고, 다만 이의신청을 하지 않는 한 유효하며, 재심사유도 아니므로 확정 시 하자가 치유된다.

2. 본안의 관할법원

가. 본안의 의의

보전처분의 관할을 갖는 본안이란, 보전처분의 피보전권리와 청구기초의 동일성이 인정되는 소송물을 가진 본안을 뜻한다.[809] 보전처분의 피보전권리와 본안의 소송물이 청구기초가 동일한 경우, 그 본안소송의 관할권이 있는 법원은 보전소송의 관할권을 가진다. 그러나 청구기초의 동일성 문제는 관할의 문제뿐 아니라 보전처분의 효력유지와 관련하여 문제 된다.

보전처분을 발령받은 후 본안소송의 소송물이 변경된 경우, 보전소송의 피보전권리와 변경된 본안 소송물의 청구기초가 동일하면, 소 변경에도 불구하고 보전처분의 효력은 그대로 유지된다. 만약 변경된 본안소송의 소송물이 보전처분의 피보전권리와 청구기초가 다른 경우, 기존의 보전처분은 더 이상 본안소송의 집행을 용이하게 하는 수단이 될 수 없으므로, 채무자는 사정변경으로 인한 보전처분 취소신청을 통해 보전처분을 취소할

---

808) 대법원 1995. 5. 15. 94마1059, 1060 결정.

809) 본안은 보전처분에 의하여 직접 보전될 권리 또는 법률관계의 존부를 확정하는 민사재판절차(소송절차, 독촉절차, 제소전화해절차, 조정절차 등)를 말한다. 가사소송사건 또는 가사비송사건을 본안사건으로 하는 가압류가처분사건은 가정법원의 전속관할이다(가사소송법 제63조).

수 있다. 또한, 청구기초의 동일성이 유지된다면, 채권자는 계속하여 보전처분의 효력을 주장할 수 있으므로, (소 변경에도 불구하고) 보전처분 이후 채무자의 처분행위가 무효임을 여전히 주장할 수 있다.

[사례 12 – 4] 보전처분의 피보전권리와 본안소송의 소송물과의 관계

<1> 甲은 乙을 상대로 X부동산에 관하여 소유권이전등기말소청구권을 보전하기 위한 부동산처분금지가처분신청을 하여 가처분등기가 경료된 후 원인무효로 인한 소유권이전등기말소등기청구의 소에서 명의신탁해지로 인한 소유권이전등기청구의 소로 변경하였다. 위 가처분의 효력은 후에 본안소송에서 청구 변경된 이전등기청구권의 보전에도 미치는가?

<2> X부동산은 모두 망 A가 소유하던 것으로서, 망인이 이를 B에게 명의 신탁하여 그 명의로 소유권이전등기를 경료하였고, 망인은 2009. 7. 8. 그 명의신탁자로서의 지위를 포괄적으로 처인 乙에게 유증한다는 내용의 유언을 한 후 2009. 7. 29. 사망하였다. A의 사망 당시 A에 대한 피고의 법정상속분은 3/5이다. 그 후 乙은 위 유언에 기하여 망인의 권리 전부를 포괄적으로 승계하였다는 이유로 B를 상대로 위 부동산 전부에 관하여 처분금지가처분결정을 얻고 그 기입등기를 경료하였다. 그런 뒤에 B는 위 부동산을 甲에게 매도하고 이에 관한 소유권이전등기를 경료하였다. 그 후 乙은 B를 상대로 위 부동산에 관하여 명의신탁해지를 원인으로 한 소유권이전등기청구의 소를 제기하여 승소확정판결을 받았고, 그에 따른 이전등기 신청을 하여 위 부동산에 관하여 乙 명의로 소유권이전등기가 경료됨과 동시에 위 처분금지가처분등기 및 甲 명의의 소유권이전등기가 각 말소되었다. 그러나 나중에 B가 乙을 상대로 하여 제기한 위 확정판결에 대한 재심청구 사건에서, 법원은 망인의 위 유언이 민법 소정의 방식에 위배되는 것으로서 효력이 없다는 이유로 위 재심대상판결을 취소하고, 乙의 B에 대한 청구 중 위 각 부동산의 3/5 지분에 관한 명의신탁해지를 원인으로 한 소유권이전등기청구는 인용하되 이를 초과하는 청구 부분은 기각한다는 취지의 판결을 선고하여 확정되었다. 甲은 乙을 상대로 위 부동산에 관한 소유권이전등기말소청구의 소를 제기하였다. 위 가처분의 효력은 상속에 기하여 명의신탁해지를 원인으로 한 이전등기청구권에도 미치는가?

<3> 甲은 매매를 원인으로 한 소유권이전등기청구권을 피보전권리로 하여 처분금지가처분을 하였으나, 그 신청원인으로는 수원시가 甲과의 위수탁계약에 따라 甲에게 소유권을 이전해 줄 목적으로 甲의 비용으로 이 사건 토지를 협의 매수하였다고 주장하였다. 甲은 이 사건 토지의 원래 소유자들을 상대로 한 본안소송에서 위 신청원인과 동일한 사실을 청구원인으로 주장하면서 주위적으로는 甲에게로의 직접 이전등기청구를 하고, 예비적으로는 채권자대위권에 기하여 수원시에로의 이전등기를 청구하여 그중 예비적 청구에 대해 승소확정판결을 받았다. 위 가처분에 의한 보전의 효력이 甲이 승소확정판결을 받은 본안소송의 권리에 미치는가?

<4> 甲은 X부동산에 대하여 경료된 乙의 소유권이전등기가 원인무효임을 이유로 그 말소등기청구권을 피보전권리로 하여 처분금지가처분신청을 하고, 그 가처분결정을 받아 그 가처분등기가 경료되었다. 甲은 그 후 위 이 사건 말소등기청구의 소를 제기하였고 1심 제7차 변론기일에 이르러 예비적으로 시효취득에 의한 소유권이전등기 청구를 추가하였다. 그런데 위 가처분 직후에 乙 명의로 소유권이전등기가 경료되었다. 위 처분금지가처분의 효력이 예비적으로 추가된 소유권이전등기 청구권의 보전에도 미치는가?

가압류결정의 피보전권리와 본안의 소송물인 권리는 엄격하게 일치될 필요는 없으며, 청구의 기초의 동일성이 인정되는 한 그 가압류의 효력은 본안소송의 권리에 미친다.810) 보전처분의 피보전권리와 본안의 소송물인 권리는 엄격히 일치함을 요하지 않으며 <u>청구의 기초의 동일성이 인정되는 한 그 보전처분에 의한 보전의 효력은 본안소송의 권리에 미치고</u>, 동일한 생활 사실 또는 동일한 경제적 이익에 관한 분쟁에 있어서 그 해결 방법에 차이가 있음에 불과한 청구취지 및 청구원인의 변경은 청구의 기초에 변경이 없다고할 것이다.

<1>의 사례에서 가처분의 본안소송에서 그 청구취지와 청구원인을 원래의 원인무효로

---

810) 대법원 2009. 3. 13. 2008마1984 결정: 가압류의 신청은 긴급한 필요에 따른 것으로서 피보전권리의 법률적 구성과 증거관계를 충분하게 검토·확정할 만한 시간적 여유가 없이 이루어지는 사정에 비추어 보면, 당사자가 권리 없음이 명백한 피보전권리를 내세워 가압류를 신청한 것이라는 등의 특별한 사정이 없는 한 청구의 기초에 변경이 없는 범위 내에서는 <u>가압류의 이의절차에서도 신청 이유의 피보전권리를 변경할 수 있다고</u> 보아야 한다.

인한 말소등기청구에서 명의신탁해지로 인한 이전등기청구로 변경한 것은 동일한 생활 사실 또는 동일한 경제적 이익에 관한 분쟁에 관하여 그 해결 방법을 다르게 한 것일 뿐이어서 청구의 기초에 변경이 있다고 볼 수 없고, 이와 같이 가처분의 본안소송에서 청구의 기초에 변경이 없는 범위 내에서 적법하게 청구의 변경이 이루어진 이상, 변경 전의 말소등기청구권을 피보전권리로 한 위 가처분의 효력은 후에 본안소송에서 청구 변경된 이전등기청구권의 보전에도 미친다.811)

<2>의 사례에서 명의신탁자의 지위를 유증받았다는 것과 상속받았다는 것은 그 청구의 기초가 동일하다고 할 것이므로 乙이 한 위 처분금지가처분이 유증에 기한 명의신탁해지를 원인으로 한 소유권이전등기청구권을 피보전권리로 하는 것이었다면, 그 가처분의 효력은 상속에 기하여 명의신탁해지를 원인으로 한 이전등기청구권에도 미친다고 할 것이고, 따라서 위 기처분은 乙의 상속지분 3/5 지분에 해당하는 범위 내에서는 유효하고, 乙이 B를 상대로 한 명의신탁해지를 원인으로 한 소유권이전등기청구의 본안소송에서의 승소확정판결이 乙의 위 상속지분에 해당하는 부분에 관한 한 재심에 의해서도 취소되지 아니한 채 그대로 유지되었으므로 그 부분에 관해서는 위 가처분 이후에 소유권이전등기를 경료한 甲이 그 소유권취득으로써 乙에게 대항할 수 없다.812)

<3>의 사례에서 이 사건 가처분의 피보전권리와 본안소송의 소송물인 권리 사이에는 그 청구의 기초에 동일성이 인정되고, 이 사건 가처분에 의한 보전의 효력이 甲이 승소확정판결을 받은 본안소송의 권리에 미친다.813)

<4>의 사례에서 청구의 기초에 변경이 없는 범위 내에서 적법하게 청구의 변경이 이루어진 이상 변경 전의 말소등기 청구권을 피보전권리로 한 위 처분금지가처분의 효력은 예비적으로 추가된 소유권이전등기 청구권의 보전에도 미친다. 따라서 위 가처분의 효력에 의하여 을 명의의 등기는 갑에 대한 관계에 있어서 무효라고 볼 수밖에 없는 것이다.814)

---

811) 대법원 2001. 3. 13. 선고 99다11328 판결.
812) 대법원 2007. 8. 24. 선고 2007다26882 판결.
813) 대법원 2006. 11. 24. 선고 2006다35223 판결.
814) 대법원 1982. 3. 9. 선고 81다1223, 81다카991 판결.

나. 본안이 계속된 경우

이미 어느 법원에 본안이 계속 중이라면 오직 그 법원만이 본안의 관할법원으로서 보전처분의 관할법원이 된다. 따라서 본안이 1심법원에 계속 중이면 그 1심법원에, 본안이 항소심에 계속 중이면 그 항소법원에, 본안사건에 대하여 당해 법원에서 판결이 선고된 후 항소 또는 상고로 인하여 기록이 송부되기 전이면 보전처분 신청 당시에 기록이 있는 당해 법원에 관할이 있다. 다만 상고로 인하여 기록이 상고심에 송부되고 본안이 상고심에 계속 중일 때는 1심법원에 관할이 있다.[815]

보전처분 신청 당시에 본안소송이 계속되어 있는 이상 그 법원이 비록 본안에 대해 관할권을 가지지 않는 경우라도 본안의 관할법원이 된다. 따라서 관할권의 유무를 결정함에 있어서는 <u>보전처분 신청 당시 본안의 계속 여부만 심사하면 족하고</u>, 보전처분신청 후 본안 사건이 각하되었다든지 관할위반으로 다른 법원에 이송되었어도 보전처분의 신청은 관할 위반으로 되지 않는다.

본안이 종료된 후에는 그것이 계속되었던 1심법원이 관할법원이 된다.

[사례 12 - 5] 가처분과 본안소송

甲이 乙을 상대로 원인무효로 인한 소유권이전등기말소소송을 제기하고, 2심에서 패소판결을 받고 상고심 계속 중, 乙을 상대로 본건 부동산에 대한 처분금지가처분을 신청하여 가처분결정을 받아 집행한 후 본안소송이 패소 확정되자, 甲은 乙에게 다시 부동산에 관한 소유권이전등기청구소송을 별도로 제기하여 재판계속 중인 상태에서, 乙이 甲을 상대로 본건 부동산에 대한 처분금지가처분결정이 본안소송의 패소판결로 사정이 변경되었다고 주장하며 부동산가처분결정의 취소신청을 한 경우 위 취소신청을 받아들여야 하는가?

소송이 상고심에 계속 중에 가처분결정을 지방법원에 신청하였다고 하여 반드시 위 소

---

815) 대법원 2002. 4. 24. 2002즈합4 결정: 상고 또는 재항고로 인하여 본안기록이 상고심 또는 재항고심에 송부되고 본안이 상고심 또는 재항고심에 계속 중일 때에는, 상고심 또는 재항고심은 사실심리를 하기에 적당하지 아니하고 가사소송법 제67조 소정의 의무불이행에 대한 제재를 가하거나 집행법원이 되기도 적당하지 아니하므로 제1심 가정법원이 가사소송법에 의한 사전처분사건이나 가압류·가처분사건의 관할법원이 된다.

송이 그 가처분사건에서의 본안소송이 된다고 할 수 없고 이미 계속 중인 위 소송과 관계없이 계쟁물에 관한 현상의 변경으로 당사자의 권리를 실행하지 못하거나 이를 실행함에 현저히 곤란할 염려가 있는 때에는 제1심법원인 본안 관할법원에 그 가처분결정을 신청할 수 있는 것이므로 가처분결정에 의하여 보전하려는 청구권이 이미 계속 중에 있는 소송에서의 청구권인지 아니면 앞으로 소송에 의하여 보전하려는 청구권인지는 그 가처분결정 신청 이유를 따져 보지 아니하고는 분명히 할 수 없는 것이다.[816]

다. 본안이 계속되기 전인 경우

본안이 계속되기 전이라면 장차 본안소송이 제기될 때 이를 관할할 수 있는 법원이 본안의 관할법원이 된다. 따라서 본안의 관할법원이 여러 개 있을 수 있고, 그중 어느 법원에 신청해도 되며, 나중에 본안은 다른 관할법원에 제기해도 된다.

보전처분 신청이 본안에 관하여 관할권 없는 법원에 제기된 경우도, 이송결정 전에 본안이 그 법원에 제기되면 본안법원에 보전처분이 신청된 것이 되므로 관할위반의 흠은 치유된다.

향후 제기될 본안소송에서 청구가 객관적 또는 주관적으로 병합될 것이 예상되어 관련 재판적이 인정될 가능성이 있는 경우에, 보전처분의 관할에서도 그 관련 재판적을 예상하여 미리 관할을 인정할 수 있는가? 민사소송법 25조의 관련 재판적은 현실적으로 소송이 병합되어 제기되는 경우에 적용하는 것이므로, 본안소송이 제기되지도 않은 상태에서 관할권 없는 법원에 보전처분의 관할을 인정할 수는 없다.

3. 목적물이 있는 곳을 관할하는 지방법원(가압류)

(1) 가압류는 가압류할 물건이 있는 곳을 관할하는 지방법원도 관할법원이 된다(제278조).

① 동산, 부동산: 동산, 부동산이 있는 곳의 관할법원
② 채권: 제3채무자의 보통재판적이 있는 곳의 관할법원
③ 물건의 인도를 목적으로 하는 채권과 물상담보권 있는 채권의 경우: 그 물건 소재

---

816) 대법원 1970. 2. 24. 선고 69다2254 판결.

지를 관할하는 지방법원

④ 어음 등 증권으로 화체된 채권: 증권소재지를 관할하는 지방법원

⑤ 권리이전에 등기 또는 등록이 필요한 그 밖의 재산권에 대한 가압류: 등기 또는 등록을 하는 곳을 관할하는 지방법원

(2) 판단기준 시: 신청 시

[사례 12 – 6] 채권가압류의 관할법원

채권자 甲은 채무자 乙에 대하여 대여금채권을 갖고 있고 乙은 제3채무자 丙에 대하여 매매대금채권을 갖고 있다. 甲이 乙의 丙에 대한 채권을 가압류할 경우 관할법원은 어디인가?

▶ 제3채무자의 주소지→丙의 주소지 관할법원

▶ 본안의 소의 보통재판적→乙의 주소지 관할법원

▶ 본안의 소의 특별재판적→甲의 주소지 관할법원

4. 다툼의 대상이 있는 곳을 관할하는 지방법원(가처분)

① 가처분의 경우 다툼의 대상이 있는 곳을 관할하는 지방법원도 관할법원이 된다(제303조).

② 다툼의 대상이란, 계쟁물보다 넓은 의미로서, 제300조 제2항의 다툼 있는 권리관계에 관하여 가처분하여야 할 유체물, 무체물도 모두 포함한다.

- 건물인도·유아인도를 구하는 경우: 건물·유아가 있는 곳

- 이사직무집행정지 및 대행자선임의 경우: 회사의 영업소

- 영화 또는 극장에의 출연금지를 구하는 가처분의 경우: 영화촬영지, 연극상영지

5. 재판장의 긴급처분권

합의부의 관할에 속하는 가처분신청이라도 보전처분을 필요로 하는 급박한 사정이 있

을 때에는 예외적으로 재판장이 가처분명령을 할 수 있다(제312조).

6. 시·군법원의 관할에 대한 특례

시·군법원은 본안사건이 시·군법원의 관할에 속하는 소액사건에 관한 보전처분에 대해서만 관할권을 갖는다(제22조 제4호).

[4] 보전처분의 요건

보전처분을 하기 위해서는 우선 실체법상 보전을 받아야 할 권리(피보전권리)가 있어야 하고, 다음에는 그와 같은 권리를 미리 보전하여야 할 필요성(보전의 필요성)이 있어야 한다. 피보전권리와 보전의 필요성이 함께 보전소송에서의 각 소송물을 구성한다.[817]

모든 보전처분에 있어서는 피보전권리와 보전의 필요성의 존재에 관한 소명이 있어야 하고, 이 두 요건은 서로 별개의 독립된 요건이기 때문에 그 심리에 있어서도 상호 관계 없이 독립적으로 심리되어야 한다.[818] 심리순서는 먼저 피보전권리의 존부를 심리하고 그 후 보전의 필요성을 심리한다.

1. 피보전권리

가. 피보전권리의 존부 확정

가압류·가처분을 신청할 때에는 어떠한 권리에 관하여 보전을 필요로 하는가를 명백히 밝혀야 한다. 보전처분은 당연히 그 본안인 이행의 소의 제기를 예정하고 있고, 보전처분의 피보전권리와 본안소송의 소송물인 권리관계는 그 원인사실 등에 있어 다소 상이

---

817) 피보전권리가 같고 보전의 필요성이 다른 경우 중복된 소 제기로 볼 수 없다.

818) 대법원 2005. 8. 19. 2003마482 결정. 따라서 가처분신청의 보전 필요성이 인정되지 아니한다는 원심의 판단이 정당한 이상, 원심이 피보전권리의 존부에 대한 명시적인 판단을 하지 아니하고 바로 이 사건 가처분의 보전 필요성에 대한 판단에 나아간 것이 잘못이라고 할 수는 없다. 대법원 2007. 7. 26. 2005마972 결정.

하더라도 청구의 기초, 즉 본안소송에 의하여 추구하고자 하는 이익과 당해 보전처분에 의하여 보전하고자 하는 이익 사이에 동일성이 인정되면 된다.

나. 가압류의 피보전권리

가압류에 있어서는 채권자가 채무자에게 어떠한 <u>금전채권(또는 금전으로 환산할 수 있는 채권)</u>을 가지고 있으며 그에 대한 얼마를 가압류할 것인가를 명백히 하여야 한다(제276조).

(1) 금전채권이나 금전으로 환산할 수 있는 채권일 것

① 금전채권이란 일정액의 금전 지급을 목적으로 하는 채권이며, 그 일부의 보전을 위해서도 가압류를 할 수 있고, 기한부·조건부이든 장래의 청구권이든 관계없다.[819]

② 1개의 금전채권을 나누어 수회에 걸쳐 가압류신청을 한 경우 중복신청 여부 - 압류사건은 수 개로서 별개의 사건이 되고 각 가압류에 의해 보전되는 청구권의 범위와 효력발생시기 등은 각 신청된 사건에 국한된다.

③ 금전으로 환산할 수 있는 채권도 가능하다. - 다만 가압류명령을 발할 당시 금전채권으로 되어 있을 필요는 없다.[820]

(2) 청구권이 성립하여 있을 것

가압류신청 당시 피보전권리가 확정적으로 발생되어 있어야 하는 것은 아니고, 이미 <u>그 발생의 기초가 존재하는 한</u> 조건부 채권이나 장래에 발생할 채권도 가압류의 피보전권리가 될 수 있다.[821] 수급인의 보수청구권이나 고용계약상의 보수청구권, 보증인의 주채무자에 대한 장래의 구상권 등도 피보전적격이 있다.

---

819) 실무상 보증인의 주 채무자나 연대보증인에 대한 장래의 구상권을 피보전권리로 하여 가압류하거나 수급인의 보수청구권을 피보전권리로 하여 가압류하는 예가 많다.

820) 특정물이행청구권은 가압류의 피보전권리가 될 수 없으나, 이의 이행불능, 집행불능에 의한 손해배상청구권을 보전하기 위한 가압류는 가능하다. 금전으로 환산할 수 있는 특정물이행청구권의 경우 주위적으로 가처분, 예비적으로 이행불능, 집행불능일 때를 대비한 가압류신청이 가능하다는 견해로는 이시윤, p.500 참조.

821) 대법원 1993. 2. 12. 선고 92다29801 판결.

(3) 강제 집행할 수 있는 청구권일 것

보전처분은 민사집행법상의 강제집행을 보전하기 위해 미리 취하는 조치이므로 피보전권리의 본집행이 불가능하다면 보전처분도 불가능하다.[822] 체납처분에 의하여 징수될 조세채권에 대해서는 집행법상의 강제집행이 인정되지 않기 때문에 피보전적격이 없다. 파산절차에 의하여 면책된 채권이나 부집행의 특약이 있는 채권도 피보전적격이 없다.

다. 다툼의 대상에 관한 가처분의 피보전권리

다툼의 대상(계쟁물)에 대한 가처분에 있어서는 금전채권이 아닌 <u>특정물에 관한 이행청구권</u>을 명백히 하여야 한다(제300조 제1항).

(1) 특정물에 관한 이행청구권일 것

① 다툼의 대상(계쟁물)에 관한 가처분은 특정물의 인도 또는 특정의 급여를 목적으로 하는 청구권을 보전하기 위한 경우에 허용된다.[823] 계쟁물이란 당사자 사이에 다투어지고 있는 물건 또는 권리를 가리키며, 유체물에 한하는 것이 아니고, 채권적 청구권, 물권적 청구권, 지적재산권, 공법상 규제를 받는 광업권이나 공유수면매립권도 계쟁물로서 피보전권리가 될 수 있다.

② 계쟁물은 명확히 특정되어야 하나, 채권자나 집행관이 특정할 수 있다면 대체물도 가능하다. 조건부나 기한부 · 장래의 청구권이라도 무방하다.

③ 처분금지가처분은 그 청구권의 목적인 계쟁물은 가처분에 의하여 보전될 강제집행이 될 수 있는 것이어야 하고, 따라서 그것이 제3자 소유라면 가처분의 대상으로 될 수 없다.[824] 제3자 소유의 물건에 대하여 가처분결정을 하더라도 소유자는 제3

---

822) 대법원 1971. 10. 11. 선고 71다1588 판결: 형사법상 재산형의 일종인 추징은 민사소송법절차에 의하여 권리보호를 받는 것이라 볼 수 없으므로 이를 가압류명령에 의하여 보전될 피보전권리라고 할 수 없다.

823) 대법원 1996. 1. 26. 선고 95다39410 판결. 대법원 1998. 9. 18. 선고 96다44136 판결: 주식을 매수하여 주주로서의 권리를 가진다는 것만으로 회사 소유의 부동산에 관하여 어떠한 청구권을 가진다고 할 수는 없으므로, 주주로서의 권리를 보전하기 위하여 회사 소유 부동산에 대한 처분금지가처분을 구하는 것은 허용되지 아니한다.

자 이의로서 다툴 수 있다.

④ 의무의 내용에는 작위의무, 부작위의무, 수인의무 등이 포함된다.

⑤ 포함되지 않는 의무의 내용: 물건을 목적으로 하지 않는 단순한 작위청구권(출연 또는 강연 청구권), 단순한 부작위 청구권(경업금지청구권)은 현재의 물적 상태를 유지함으로써 보전될 수 없는 것이므로 다툼의 대상에 관한 가처분의 대상이 아니다(이는 임시지위를 정하는 가처분을 통해 보전해야 한다).

[사례 12 - 7] 계쟁물의 특정

甲회사가 이 사건 가처분을 신청하면서 계쟁물을 특정함에 있어, 물건 소재지는 乙회사 소재지로 표시하였으나, 대상 물건에 대해서는 품목, 규격, 수량, 가격 등만으로 표시하였고, 가처분결정도 이와 같은 방식으로 목적물을 표시하였으나, 乙회사의 소재지에 있는 창고 및 야적장에는 甲회사의 제품인 이 사건 가처분 대상물 외에도 다른 회사의 제품으로서 이 사건 가처분 목적물로 표시된 것과 같은 동일한 명칭과 규격을 가진 철강제품이 혼합되어 적재되어 있다.

甲회사로부터 집행위임을 받은 집행관이 乙회사의 창고 내에 있는 사무실 벽에 이 사건 가처분결정의 목적물로 표시된 품목과 규격, 수량을 기재한 목록을 첨부하여 가처분집행을 한다는 취지의 고시문을 부착하는 방법으로 그 집행처분을 한 경우 집행관의 처분은 유효한가?

계쟁물에 관한 가처분은 그 피보전권리가 특정물에 관한 이행청구권이므로 이러한 가처분의 결정 및 집행에 있어서는 그 대상 목적물인 계쟁물이 명확히 특정되어야 한다. 위 사례에서는 가처분결정에 기재한 계쟁물의 표시 방식에 의해서는 그 대상이 충분하게 특정되었다고 보기 어렵고, 위 적재물 중 그 대상을 구별할 만한 별도의 표시를 부가하여야만 비로소 이 사건 가처분의 계쟁물이 특정된다고 할 것이어서, 이 사건 가처분결정은 결국 계쟁물이 특정되어 있지 않은 경우라고 할 수밖에 없다. 따라서 이 사건 가처분

---

824) 대법원 1996. 1. 26. 선고 95다39410 판결. 점유이전금지가처분은 제3자 소유라도 가처분의 대상이 될 수 있다.

은 위에서 본 바와 같이 甲회사가 본래 의도한 바대로의 계쟁물이 특정되어 있지 아니하므로, 그 집행위임을 받은 집행관으로서도 집행현장에서 집행 대상 목적물을 구별할 수 없어 집행처분을 할 수 없다.

따라서 집행관이 집행불능의 처리를 하지 않고, 상대방의 창고 내에 있는 사무실 벽에 이 사건 가처분결정의 목적물로 표시된 품목과 규격, 수량을 기재한 목록을 첨부하여 가처분집행을 한다는 취지의 고시문을 부착하는 방법으로 그 집행처분을 한 것은 결국 집행 대상물이 전혀 특정되지 아니한 채 이루어진 것이므로 무효라고 볼 수밖에 없고, 집행관의 이 사건 집행처분은 무효이나 형식적인 집행처분이 존재하고 있으므로 乙회사는 무효확인을 구하는 취지의 집행취소를 구할 수 있다고 할 것이다.[825]

[사례 12 - 8] 토지거래허가신청절차청구권을 피보전권리로 한 가처분

甲은 乙과 국토의 계획 및 이용에 관한 법률이 정한 토지거래허가구역 내에 있는 토지에 관하여 관할 관청의 허가 없이 매매계약을 체결하고 계약금을 지급하였다. 乙은 토지거래허가신청절차에 협력하지 않고 있다.

甲은 乙에 대한 토지거래허가신청절차청구권을 피보전권리로 하여 위 토지에 관하여 처분금지가처분을 신청할 수 있는가? 甲은 이러한 가처분집행 후 진행된 강제경매절차에서 위 토지를 매수한 丙에게 대항할 수 있는가?

토지거래허가를 전제로 하는 매매계약의 경우 토지거래허가를 받기 전에는, 그 계약 내용대로의 효력이 있을 수 없어 당사자는 그 계약 내용에 따른 어떠한 의무도 부담하지 아니하고 어떠한 이행청구도 할 수 없으므로 그 계약 내용에 따른 상대방의 채무 불이행을 이유로 계약을 해제할 수 없다. 그러나 토지거래허가를 전제로 매매계약을 체결한 당사자는 그 계약이 효력이 있는 것으로 완성될 수 있도록 서로 협력할 의무가 있으므로 공동으로 관할 관청의 허가를 신청할 의무가 있고 따라서 일방 당사자가 그러한 의무에 위배하여 허가신청절차에 협력하지 않을 경우 상대방은 그 협력의무의 이행을 소송으로써 구할 수 있다.[826]

따라서 토지거래허가를 받을 것을 전제로 하여 체결된 매매계약의 매수인은 비록 그

---

825) 대법원 1999. 5. 13. 99마230 결정.
826) 대법원 2010. 2. 11. 선고 2008다88795, 88801 판결.

매매계약이 허가를 받을 때까지는 법률상 미완성의 법률행위로서 소유권의 이전에 관한 계약의 효력이 전혀 발생하지 아니한다고 할지라도 위와 같은 토지거래허가신청절차청구권을 피보전권리로 하여 매매목적물의 처분을 금하는 가처분을 구할 수 있고, 매도인이 그 매매계약을 다투는 경우 그 보전의 필요성도 있다.[827]

이러한 가처분이 집행된 후에 진행된 강제경매절차에서 당해 토지를 매각받은 제3자는 특별한 사정이 없는 한 이로써 가처분채권자인 매수인의 권리보전에 대항할 수 없다. 토지거래허가를 받지 아니하여 유동적 무효 상태에 있는 계약이라고 하더라도 일단 거래허가신청을 하여 불허되었다면 특별한 사정이 없는 한 불허가된 때로부터 그 거래계약은 확정적으로 무효로 되었다고 할 것이지만, 그 불허가의 취지가 미비된 요건의 보정을 명하는 데에 있고 그러한 흠결된 요건을 보정하는 것이 객관적으로 불가능하지도 아니한 경우라면 그 불허가로 인하여 거래계약이 확정적으로 무효가 되는 것은 아니라고 할 것이다. 또한 토지거래허가신청절차청구권을 피보전권리로 하는 처분금지가처분의 집행을 이미 마친 채권자로서는 그 후 당해 부동산의 소유권이 매각으로 인하여 타인에게 이전된 경우라도 그 가처분의 효력으로 새로운 토지소유자에게 대항할 수 있어 여전히 토지거래허가에 따라 그 거래계약의 효력이 발생될 여지가 있으므로 그 때문에 당해 거래계약이 확정적으로 무효로 된다고 볼 수 없다.[828]

┌─ **[사례 12 - 9] 피보전권리가 없는 가처분과 가처분의 취소** ─

<1> 乙은 2006. 10. 13.에 A와 사이에 2005. 8. 4. 매매에 기한 소유권이전등기청구권을 피보전권리로 하여 X부동산에 관한 처분금지가처분신청을 하여, 인용결정(이하 이 사건 가처분결정이라 함) 2006. 10. 23. 그 집행을 완료하였다.

<2> 乙은 2006. 10. 23. A를 상대로 X부동산에 대하여 2005. 8. 4. 매매를 원인으로 한 소유권이전등기절차의 이행을 구하는 소송을 제기하여 2007. 6. 21. 승소판결을 선고받는데, A와 보조참가인이던 甲이 항소하였고 항소심 진행 중 乙이 X부동산들에 대하여 토지거래허가신청절차 이행을 구하는 소로 청구취지 및 청구원인을 변경하여 2008. 5. 16. 승소판결을 선고받았다. 이 판결은 상고심에서 2008. 9. 25. 상고가 기각되어 乙의 승소판결이 확정되었다.

---

827) 대법원 1995. 5. 26. 선고 95다481 판결 참조.
828) 대법원 1998. 12. 22. 선고 98다44376 판결.

<3> 乙은 2008. 11. 28. 화성시장으로부터 X부동산들에 관하여 매도인을 A로, 매수인을 乙로 하는 토지거래허가를 받았다.

<4> 甲은 A를 상대로 X부동산에 관한 소유권이전등기청구권을 피보전권리로 하여 2006. 10. 26. 처분금지가처분결정을 얻어 같은 달 30일 이를 집행하였고, 2006. 11. 13. A를 상대로 X부동산들에 대하여 2004. 9. 15. 매매를 원인으로 한 소유권이전등기절차의 이행을 구하는 소송을 제기하여 2007. 4. 19. 승소판결(무변론판결)을 선고받았다.

<5> 甲은 A를 상대로 X부동산에 대하여 토지거래허가신청절차 청구권을 피보전권리로 하여 2007. 6. 7. 처분금지가처분결정을 얻어 같은 날 이를 집행하였고, A를 상대로 하여 얻은 위 승소판결에 기하여 2010. 1. 25. X부동산에 관하여 甲 명의로 소유권이전등기를 경료하였다.

<6> 甲은 乙을 상대로 이 사건 가처분결정의 취소를 구할 수 있는가?

[원심의 판단]

보전처분의 피보전권리가 그 신청 당시에 확정적으로 발생되어야 하는 것은 아니며 이미 그 발생의 기초가 존재하는 한 발생하지 않은 채권도 보전처분의 피보전권리가 될 수 있다고 전제한 후, 피신청인들은 소외인과 2005. 8. 4. 별지 목록 기재 각 부동산에 관하여 매매계약을 체결하였고, 2008. 11. 28. 화성시장으로부터 토지거래허가도 받았으므로, 위 매매계약은 소급하여 유효한 계약이 되었고, 따라서 피신청인들은 소외인에 대하여 위 각 부동산에 관한 소유권이전등기청구권을 가지고 있다고 볼 것이며, 피신청인들이 피보전권리로 삼은 소유권이전등기청구권이 가처분신청 당시에 확정적으로 발생하지 않았다는 사정만으로 이 사건 가처분결정이 당연히 무효라고도 볼 수 없다.

[대법원의 판단][829)]

국토의 계획 및 이용에 관한 법률상의 토지거래계약에 관한 허가구역 내의 토지에 관하여 관할 관청의 허가를 받을 것을 전제로 한 매매계약은 법률상 미완성의 법률행위로서 허가받기 전의 상태에서는 아무런 효력이 없어, 그 매수인이 매도인을 상대로 하여 권리의 이전 또는 설정에 관한 어떠한 이행청구도 할 수 없고,[830)] 이행청구를 허용하지

---

829) 대법원 2010. 8. 26. 2010마818 결정.

않는 취지에 비추어 볼 때 그 매매계약에 기한 소유권이전등기청구권 또는 토지거래계약에 관한 허가를 받을 것을 조건으로 한 소유권이전등기청구권을 피보전권리로 한 부동산처분금지가처분신청 또한 허용되지 않는다고 봄이 상당하다.[831]

원심의 판단은 다음과 같은 이유로 수긍할 수 없다.

첫째, 유동적 무효의 경우 매매계약은 법률상 미완성의 법률행위로서 적어도 소유권이전등기청구권에 한해서는 토지거래계약에 관한 허가 없이는 그 발생의 기초조차 발생하지 않았다고 볼 수 있고, 그와 같은 소유권이전등기청구권은 조건부·부담부 청구권에도 해당하지 않는다고 해석함이 상당하다.

둘째, 매수인인 乙이 매매계약 체결 및 가처분 기입등기 경료 후, 2008. 11. 28. 화성시장으로부터 토지거래계약에 관한 허가를 받아 위 매매계약이 소급하여 유효한 계약이 되었고, 그 결과 乙이 A에 대하여 소유권이전등기청구권을 가지게 됨은 원심 설시와 같으나, 이는 법률행위의 효력을 가리는 유동적 무효의 법리에 따른 당연한 귀결일 뿐 그와 같은 법리가 재판인 가처분결정의 효력을 가림에도 똑같이 적용되는 것은 아니어서(만약 가처분결정의 효력 또한 유동적 무효의 법리와 유사하게 부동산등기부상 공시되지 않는 장래의 토지거래계약에 관한 허가 유무 및 허가일자에 의해 좌우된다고 해석하면 거래의 안전을 해치는 결과를 야기할 수 있다), 乙이 가처분결정 후 토지거래계약에 관한 허가를 받았다고 하여 이 사건 가처분이 소급적으로 또는 장래에 있어 '피보전권리를 완전히 갖춘 온전한 가처분'과 같은 효력을 가질 수는 없다.

셋째, 이 사건 가처분신청서에 피보전권리로 '소유권이전등기청구권'이 특정되어 있고, '토지거래계약에 관한 허가구역 내의 토지'라는 언급이 전혀 없으며, 가처분결정 및 부동산등기부에도 피보전권리의 내용이 소유권이전등기청구권으로 기재되어 있으므로, 이 사건 가처분의 피보전권리를 '토지거래허가신청절차청구권'으로 선해할 여지는 없다.

결국, 원심결정에는 가처분적격 청구권 및 가처분의 효력 등에 관한 법리를 오해함으로써 결정에 영향을 미친 위법이 있다.

피보전권리가 없음에도 불구하고 그 권리보전이라는 구실 아래 처분금지가처분 결정을 받아 이를 집행한 경우에는 그 가처분 후에 그 가처분에 반하여 한 행위라도 그 행위의 효력은 그 가처분에 의하여 무시될 수 없는 것이고,[832] 피보전권리가 없다는 것은 가처분결정에 대한 이의사유로 할 수 있으나 또한 피보전권리 없음이 분명히 되었다는 것은

---

830) 대법원 1991. 12. 24. 선고 90다12243 전원합의체 판결, 대법원 1996. 6. 28. 선고 95다54501 판결 참조.
831) 대법원 1997. 3. 25. 선고 96다54164 판결 참조.
832) 대법원 1994. 4. 29. 선고 93다60434 판결, 대법원 1995. 10. 13. 선고 94다44996 판결 참조.

사정변경으로 보아 민사집행법 제301조, 제288조에 의한 사정변경으로 인한 가처분 취소신청을 할 수 있다고 해석되며,833) 가처분 목적물의 양수인 또한 사정변경으로 인한 가처분 취소신청을 할 수 있다.834)

원심은, 가처분결정 당시 피보전권리가 존재하지 않았다는 등 신청인의 주장은 사정변경으로 인한 가처분 취소사유에 해당하지 않는다고 판단하였다. 그러나 이 사건 가처분은 권리 없음이 명백한 피보전권리인 소유권이전등기청구권을 내세워 이루어진 것이 분명하고, 추후 토지거래계약에 관한 허가를 받았다는 점이 위 가처분의 효력을 보완할 수 없음은 앞서 본 바와 같다.

따라서 신청인의 가처분 취소대상 부동산에 관한 소유권이전등기 경료는 위 가처분에 의해 무시될 수 없고, 나아가 신청인은 민사집행법 제301조, 제288조에 의한 사정변경으로 인한 가처분 취소신청을 통해 이 사건 가처분의 취소를 구할 수 있다고 봄이 상당하므로, 이와 다른 판단을 한 원심결정에는 가처분의 효력 및 사정변경으로 인한 가처분 취소사유에 관한 법리를 오해하여 결정 결과에 영향을 미친 잘못이 있다.

(2) 청구권이 성립하여 있을 것

① 청구권이 이미 성립해 있거나 적어도 그 내용, 주체 등을 특정할 수 있을 정도이기만 하면 족하고 기한부·조건부도 가능하다.

[사례 12 - 10] 실체상 무권리자의 신청에 의한 가처분의 효력

<1> A는 B직장주택조합의 조합원으로서 이 사건 아파트의 수분양자로서의 지위를 甲에게 양도하였고, 甲은 이후 A의 명의로 분양대금 및 은행융자금 등을 납부하던 중 1992. 6. 5. A를 대신하여 A 명의의 소유권보존등기를 마쳤다.

<2> A의 처인 乙은 1996. 2. 12. A를 상대로 서울가정법원에 이혼 및 위자료 청구소송을 제기함과 동시에 서울지방법원에 이 사건 아파트에 관한 처분금지가처분신청을 하여 1996. 2. 22. 이 사건 아파트에 관하여 乙을 채권자로 하는 처분금지가처분등기를 경료하였고, 그 후인 1996. 3. 20. 이 사건 아파트에 관하여 甲 명의로 소유권이전등기가 경료되었다.

---

833) 대법원 1967. 9. 19. 선고 67다1057 판결 참조.
834) 대법원 2006. 9. 22. 선고 2004다50235 판결 참조.

<3> 乙은 위 이혼 및 위자료 청구사건의 제1회 변론기일인 1996. 4. 1.에 A와 사이에, "A와 乙은 이혼한다. A는 乙에게 위자료로 금 110,000,000원을 지급하되, 그중 금 60,000,000원은 1996. 4. 1.에, 나머지 금 50,000,000원은 1996. 7. 15.까지 지급한다. A는 乙의 C에 대한 금 5,000,000원, D에 대한 금 9,000,000원, E에 대한 금 5,000,000원의 각 차용금채무를 각 인수하여 그 각 채권자에게 직접 변제한다. 乙은 A로부터 위 금 50,000,000원을 수령함과 동시에 이 사건 아파트에 관한 가처분등기의 해제절차를 이행한다. <u>만약 A가 위 금 50,000,000원을 지급하지 아니하는 경우에는 그 대물변제로 乙에게 이 사건 아파트에 관하여 1996. 7. 15.자 대물변제를 원인으로 하는 소유권이전등기 절차를 이행한다</u>'는 등의 내용으로 된 재판상 화해를 한 후, 1996. 7. 30. <u>위 재판상 화해에 기하여 이 사건 아파트에 관하여 1996. 7. 15.자 대물변제를 원인으로 한 소유권이전등기를 마쳤고</u>, 이에 따라 위 처분금지가처분등기의 효력에 의하여 원고 명의의 위 소유권이전등기는 말소되었다.

<4> 甲이 이 사건 아파트의 분양대금 및 은행융자금 등을 모두 납입한 반면 乙이나 A는 한 번도 분양대금 등을 납입하지 아니하였고, 이 사건 아파트는 1991. 11.경부터 입주가 시작되고 1992. 6. 5. A 명의의 소유권보존등기가 경료되었는데, 乙은 그로부터 약 3년 6개월 정도 지난 1995. 11.경 이 사건 아파트를 방문하여 그곳에 거주하는 C로부터 임대인란에 'A의 대리인 D'로, 임차인란에 'E'로 각 기재된 전세계약서를 제시받은 다음 D와의 전화통화를 통하여 D로부터 이 사건 아파트의 실제 소유자는 甲이라는 말을 듣고도 D에게 별다른 이의를 제기하지 아니하였으며, 甲은 A 명의의 소유권보존등기가 경료된 이래 현재까지 A 명의의 등기권리증 원본을 소지하고 있다.

<5> 甲은 乙을 상대로 乙은 1995. 11. 이전에 이미 A가 이 사건 아파트를 甲에게 양도하였고 甲이 이 사건 아파트에 관하여 소유자로서 권리를 행사하던 사실을 알았음에도 A의 배임행위에 적극 가담하여 위와 같은 대물변제의 예약을 한 것이고, 위 대물변제의 예약은 사회질서에 위반되는 법률행위로서 무효이므로 위와 같이 무효인 법률행위에 기하여 이 사건 부동산에 관하여 경료된 乙 명의의 소유권이전등기의 말소를 구할 수 있는가?

계쟁 부동산에 관하여 실체상 아무런 권리가 없는 사람의 신청에 의한 처분금지가처분 등기가 마쳐졌다 하더라도 그 가처분 권리자는 가처분의 효력을 채무자나 제3자에게 주장할 수 없는 것이므로,835) 그 가처분등기 후에 부동산 소유권이전등기를 마친 자는 가처분권리자에 대해서도 유효하게 소유권을 취득하였음을 주장할 수 있다.836)

재판상 화해조서는 확정판결과 같은 효력이 있어 기판력이 생기는 것이므로 그 내용이 강행법규에 위반된다 할지라도, 화해조서가 준재심절차에 의하여 취소되지 아니하는 한, 그 당사자 사이에서는 그 화해가 무효라는 주장을 할 수 없으나, 기판력은 재판상 화해의 당사자가 아닌 제3자에 대해서까지 미친다고 할 수 없으므로, 만약 甲이 A를 대위하여 乙을 상대로 乙 명의의 소유권이전등기의 말소를 구하는 것이라면 이는 위 화해조서의 기판력에 저촉되어 허용될 수 없지만, 이 사건 소와 같이 甲이 이 사건 아파트의 진정한 소유자임을 주장하면서 직접 乙을 상대로 진정한 등기명의의 회복을 원인으로 한 소유권이전등기 절차의 이행을 구하는 경우에까지 위 화해조서의 기판력이 미친다고 볼 수 없다.837)

┌─ **[사례 12 - 11] 채무변제를 조건으로 한 가처분** ─────

채권자 甲이 차용금채무를 담보하기 위해 채무자 乙 명의의 부동산에 가등기 및 본등기를 경료한 경우, 채무자 乙이 채무를 변제하지 않은 상태에서 채무변제를 조건으로 한 말소등기청구권을 보전하기 위하여 채권자 甲에게 본등기 된 부동산에 관한 처분금지가처분을 할 수 있는가? 위 가처분에 의해 甲은 담보목적 부동산의 처분행위를 할 수 없는가?

└──────────────────────────

가처분이란 장래의 집행불능 또는 곤란을 예방하기 위한 것이므로, 그 피보전권리는 가처분신청 당시 확정적으로 발생되어 있어야 하는 것은 아니고 이미 그 발생의 기초가 존재하고 그 내용이나 주체 등을 특정할 수 있을 정도의 요건만 갖추어져 있으면, 조건부·부담부 청구권이라 할지라도 그 피보전권리가 될 수 있다.

따라서 채무자의 차용금채무를 담보하기 위하여 부동산에 관하여 채권자 명의의 가등

---

835) 대법원 1999. 10. 8. 선고 98다38760 판결.
836) 대법원 1999. 7. 9. 선고 98다6831 판결 참조.
837) 대법원 1999. 10. 8. 선고 98다38760 판결.

기 및 본등기가 경료된 경우에 채무자가 아직 그 차용금채무를 변제하지 아니한 상태라 할지라도, 채무변제를 조건으로 한 말소등기청구권을 보전하기 위하여 그 담보목적 부동산에 관하여 처분금지가처분을 신청할 수도 있다. 이 경우 채권자가 담보목적 부동산에 대한 담보권 행사가 아닌 다른 처분행위를 하거나, 피담보채무를 변제받고서도 담보목적 부동산을 처분하는 것을 방지하는 목적 범위 내에서는 보전의 필요성도 있다. 다만 이러한 가처분을 허용한다고 하여도 피담보채무가 변제되지 아니한 경우에는 <u>채권자가 담보권 행사로서 담보목적 부동산의 처분행위를 방지하는 효력이 없어 위 가처분으로서는 채권자의 처분행위의 효력을 다툴 수 없게 될 뿐이다.</u>838)

가처분등기 후 채권자 甲이 이 사건 부동산을 처분 시 그 효력은 채무를 변제받고도 처분하거나 담보권 행사가 아닌 다른 처분행위의 경우 가처분에 반하므로 무효이고, 채무자가 채무를 변제하지 않아 담보권 행사로서 처분한 경우에는 그 처분은 유효하다. 위 가처분 결정은 담보목적 부동산에 대한 담보권행사로서의 처분행위를 방지할 효력이 없기 때문이다. 이 경우 채무자로서는 위 부동산의 처분으로 인한 청산금의 지급을 구하는 것은 모르되 위 차용원리금의 변제를 조건으로 채권자 명의로 된 위 등기의 말소를 구하는 것은 이행불능 상태에 빠졌다고 할 것이다. 결국 가처분은 피보전권리가 소멸되어 사정변경에 의해 취소되어야 할 것이다.

② 형성판결에 의해 비로소 발생하는 청구권도 피보전권리가 될 수 있다.839) 사해행위 취소에 따른 원상회복 청구권이 이에 해당한다.

(3) 민사소송절차에 의하여 보호받을 수 있는 권리로서 강제집행에 적합한 권리일 것
비송사건절차법에 의한 권리나 행정사건에 관한 권리는 피보전적격이 없다.

(4) 다툼의 대상의 현상에 관한 것일 것
계쟁물에 관한 가처분은 다툼 대상의 현상이 변경되는 불안을 제거하는 것을 목적으로 한다.840)

---

838) 대법원 2002. 8. 23. 선고 2002다1567 판결, 대법원 1991. 5. 14. 선고 91다8678 판결, 대법원 1993. 7. 13. 선고 93다20870 판결 등 참조.

839) 대법원 2002. 9. 27. 2000마6135 결정: 부동산의 공유지분권자가 공유물 분할의 소를 본안으로 제기하기에 앞서 그 승소판결이 확정됨으로써 취득할 특정부분에 대한 소유권을 피보전권리로 하여 부동산 전부에 대한 처분금지가처분도 할 수 있다.

라. 임시지위를 정하기 위한 가처분의 피보전권리

임시의 지위를 정하는 가처분에 있어서는 어떠한 권리나 법률관계에 관하여 다툼이 있는지와 어떠한 가처분을 구할 것인가를 명백히 하여야 한다(제300조 제2항).

(1) 권리관계가 현존할 것

① 임시지위를 정하는 가처분은 장래에 이루어질 집행을 보전하기 위한 것이 아니라 현존하는 위험을 방지하기 위한 것이므로 엄밀한 의미에서 피보전권리라고 할 것은 없으나, 다툼이 있는 권리관계를 피보전권리라고 통칭한다. 집행보전을 위한 것이 아니므로 피보전권리는 강제집행에 적합하시 않고 청구권도 피보전권리가 될 수 있다.

② 형성의 소는 법률에 명문의 규정이 있는 경우에 한하여 제소할 수 있다.
▶ <u>선임절차의 하자가 있는 경우</u>: 이는 규정이 없더라도 일반 무효확인의 소송을 본안으로 제기할 수 있고, 이를 근거로 직무집행정지 및 직무대행자선임가처분을 할 수 있다.[841] 본안소송은 단체를 피고로 하여 제기하여야 하고, 이를 전제로 한 보전처분은 반드시 당해 임원을 상대로 제기하여야 함.
▶ 해임청구소송(형성소송): <u>선임절차에 하자가 없으나, 업무행위상 위법이 있어 단체의 임원을 해임하고자 하는 경우</u>, 본안으로 형성의 소인 해임의 소를 제기할 수 있는 것은 주식회사 이사(상법 385조)·감사(법 415조)·청산인(법 539조)과 민법상 법인의 청산인(민법 84조)뿐이므로, 다른 규정이 없는 한 이를 본안으로 하는 보전청구는 불가능하다.

③ 권리관계의 종류에는 제한이 없다. 금전채권도 가능한 경우가 있다. 다만 민소소송

---

[840] 대법원 1967. 2. 21. 선고 66다2635 판결: 가처분신청인이 계쟁물에 대한 소유권이 없고, 비록 종말에 가서는 그 목적물의 소유자에게 인도를 하여 주어야 하고 그때까지는 신청인의 점유가 불법점유라 할 수 있을지언정 부당한 절차를 밟아 신청인이 그 목적물을 인도할 때까지는 가처분으로 그 점유에 대한 방해의 예방이나 그 밖의 조처를 청구할 수 있다.

[841] 상법은 주총결의 무효·취소소송 및 직무집행정지·직무대행자선임가처분에 관해서 모두 규정을 두고 있고, 민법은 가처분에 관해서만 규정을 두고 있다.

에 의해 보호받을 자격은 있어야 한다.842) 판례는 인격권으로서의 명예권에 기초한 침해행위금지청구권의 법적 근거와 언론·출판 등의 표현행위에 대한 가처분에 의한 사전금지의 허용 요건을 밝히고 있다.843) 헌법상의 환경권 규정만으로 구체적인 사법상의 권리로서의 환경권이 인정되기는 어렵다.844)845) 강제(임의)경매절차의 일시정지를 명하는 가처분은 허용될 수 없다.846)

---

842) 실무상 공사중지가처분, 업무방해금지가처분, 임금지급가처분, 주주의 의결권행사중지가처분, 출판물판매금지가처분, 지적재산권침해를 원인으로 한 상품판매금지가처분 등이 많이 행해지고 있다.

843) 대법원 2005. 1. 17. 2003마1477 결정: 명예는 생명, 신체와 함께 매우 중대한 보호법익이고 인격권으로서의 명예권은 물권의 경우와 마찬가지로 배타성을 가지는 권리라고 할 것이므로 사람의 품성, 덕행, 명성, 신용 등의 인격적 가치에 관하여 사회로부터 받는 객관적인 평가인 명예를 위법하게 침해당한 자는 손해배상(민법 제751조) 또는 명예회복을 위한 처분(민법 제764조)을 구할 수 있는 이외에 <u>인격권으로서 명예권에 기초하여 가해자에 대하여 현재 이루어지고 있는 침해행위를 배제하거나 장래에 생길 침해를 예방하기 위하여 침해행위의 금지를 구할 수도 있다.</u> 그러나 언론·출판 등의 표현행위에 의하여 명예의 침해를 초래하는 경우에는 인격권으로서의 개인의 명예보호와 표현의 자유가 충돌하고 그 조정이 필요하므로 어떠한 경우에 인격권의 침해행위로서 이를 규제할 수 있는지에 관해서는 헌법상 신중한 고려가 필요하다(대법원 2004. 2. 27. 선고 2001다53387 판결 참조). 따라서 표현행위에 대한 사전억제는 표현의 자유를 보장하고 검열을 금지하는 헌법 제21조 제2항의 취지에 비추어 <u>엄격하고 명확한 요건을 갖춘 경우에만 허용된다고 할 것인바,</u> 출판물에 대한 발행·판매 등의 금지는 위와 같은 표현행위에 대한 사전억제에 해당하고, 그 대상이 종교단체에 관한 평가나 비판 등의 표현행위에 관한 것이라고 하더라도 그 표현행위에 대한 사전금지는 원칙적으로 허용되어서는 안 될 것이지만, 다만 그와 같은 경우에도 그 표현내용이 진실이 아니거나, 그것이 공공의 이해에 관한 사항으로서 그 목적이 오로지 공공의 이익을 위한 것이 아니며, 또한 피해자에게 중대하고 현저하게 회복하기 어려운 손해를 입힐 우려가 있는 경우에는 그와 같은 표현행위는 그 가치가 피해자의 명예에 우월하지 아니하는 것이 명백하고, 또 그에 대한 유효적절한 구제수단으로서 금지의 필요성도 인정되므로 이러한 실체적인 요건을 갖춘 때에 한하여 예외적으로 사전금지가 허용된다.

844) 대법원 2006. 6. 2. 2004마1148, 1149 결정: 환경권에 관한 헌법 제35조 제1항이나 자연방위권 등 헌법상의 권리에 의하여 직접 한국철도시설공단에 대하여 고속철도 중 일부 구간의 공사 금지를 청구할 수 없고, 환경정책기본법 등 관계 법령의 규정 역시 그와 같이 구체적인 청구권원을 발생시키는 것으로 해석할 수 없다(도롱뇽의 당사자능력을 부인한 사례).

845) 대법원 1995. 5. 23. 94마2218 결정: 관할행정청으로부터 도시공원법상의 근린공원 내의 개인 소유 토지 위에 골프연습장을 설치할 수 있다는 인가처분을 받은 데 하자가 있다는 점만으로 바로 그 근린공원 인근 주민들에게 토지소유자에 대하여 골프연습장 건설의 금지를 구할 사법상의 권리가 생기는 것이라고는 할 수 없다.

846) 대법원 2004. 8. 17. 2004카기93 결정: 확정판결 또는 이와 동일한 효력이 있는 집행권원에 기한 강제집행의 정지는 오직 강제집행에 관한 법규 중에 그에 관한 규정이 있는 경우에 한하여 가능하고, 이와 같은 규정에 의함이 없이 일반적인 가처분의 방법으로 강제집행을 정지시킨다는 것은 허용되지 아니하며, 민사집행법 제46조 제2항 소정의 강제집행에 관한 잠정처분은 청구에 관한 이의의 소가 계속 중임을 요하고, 이러한 집행정지요건이 결여되었음에도 불구하고 제기된 집행정지신청은 부적법하다. 그리고 임의경매를 신청할 수 있는 권리의 존부를 다투어 민사집행법 제275조에 의한 같은 법 제44조의 준용에 의해 채무에 관한 이의의 소를 제기한 경우에도 같은 법 제46조 제2항에 의한 강제집행정지명령을 받아 정지시킬 수 있을 뿐이고, <u>일반적인 가처분절차에 의하여 임의경매절차를 정지시킬 수는 없다.</u>

┌───┐
[사례 12 - 12] 부작위청구권과 가처분

　　甲 등은 사립학교를 설립·운영하는 법인과 그 교장들이고, 乙 등은 위 학교에 재직하는 교사들로서 전국교직원노동조합(이하 '전교조'라고 한다)의 조합원이다. 乙 등은 甲 학교법인이 학사운영과 관련하여 비리를 저지르고 있다고 주장하면서 학교 구내에 천막을 설치하여 농성하고, 학교 및 학교 주변에서 '족벌재단 퇴진' 등의 구호가 적힌 피켓을 들고 시위를 하거나 이와 유사한 내용이 적힌 리본, 배지, 조끼 등을 패용·착용하였으며, 학교 시설물 중 일부를 전교조 사무실로 사용하면서 각종 시위용품을 보관하였다. 한편 乙 등은 일부 甲 등의 집 앞 등을 비롯한 여러 장소에서 "재단의 꼭두각시 교장은 물러나라", 다양한 형태로 甲 등의 인격권 등을 침해하는 행동을 하였다.

　　甲 등은 乙 등을 상대로 어떠한 형태의 가처분을 구할 수 있는가?
└───┘

　　인격권이나 시설관리권 등과 같은 대세적 권리를 침해하는 행위에 대한 부작위청구권은 대세적 권리에 대한 침해의 우려가 있다는 점 또는 이미 침해가 있었고 그 재발의 위험성이 있다는 점 등을 요건으로 하는 것이며, 이 경우 부작위명령의 대상이 되는 것은 가해자들이 이미 저지른 행위와 동일한 행위뿐만 아니라 그와 유사한 행위로서 장래에 저질러질 우려가 있는 행위를 포함한다.

　　학교를 설립·운영하는 법인과 그 교장은 자신들의 인격권을 침해하는 위법한 표현행위 등에 대하여 부작위청구권을 행사하는 권리주체가 될 수 있으며, 나아가 학교에 대한 운영주체로서 그 시설관리권 등에 근거하여 면학분위기를 해치는 위법행위에 대한 방해예방청구 등 부작위청구권을 행사할 수 있다.[847]

　　위 사례에서 甲 등은 乙 등으로 하여금 이 사건 각 학교의 경계선 내에서 학교장의 승인 없이 천막을 설치하는 등의 방법으로 농성 또는 시위를 하거나, 위와 같은 리본, 배지 및 조끼를 패용·착용하거나, 혹은 각종 시위용 물품을 반입, 보관하는 등 그 학교 시설물을 전교조 활동을 위한 장소로 사용하는 행위를 하여서는 아니 되고, 아울러 수업시간 등에 甲 등의 인격권을 침해하는 일정한 행위를 하여서는 아니 된다는 취지의 임시의 지위를 정하는 가처분을 신청할 수 있다.

　　대법원은 전국교직원노동조합 소속 교원들이 '족벌재단 퇴진' 등과 같은 내용의 리본,

---

847) 대법원 2006. 5. 26. 선고 2004다62597 판결.

배지, 조끼를 패용·착용한 행위는 단순히 노동조합의 내부적 단결을 위한 행위가 아니라 학교운영자들에게 유형적 위력을 보이는 외부적인 집단행동에 해당한다고 볼 수 있고, 설령 위와 같은 리본 등의 패용·착용행위가 '단결권'에 관한 것이라 하더라도 근로조건의 향상과 별다른 관계가 없는 내용이므로 이를 금지하는 것은 근로자나 노동조합의 적법한 단결권행사에 어떠한 제한을 부과하는 것이 아니라고 판시하였다.[848]

④ 권리관계는 계속적인 것을 요하지 않는다. 1회의 이행으로 소멸하는 권리관계도 포함된다. 조건부권리나 기한이 도래하지 아니한 채권에 관해서도 임시지위를 정하기 위한 가처분이 허용된다.

[사례 12 - 13] 해임청구의 소를 본안으로 하는 가처분]

<1> 조합의 이사장이나 이사에 대한 해임청구의 소를 본안으로 하는 직무집행정지 가처분이 허용되는가?

<2> 학교법인 이사장에 해임청구의 소를 본안으로 하는 직무집행정지 및 직무대행자선임가처분이 허용되는가?

기존 법률관계의 변경·형성을 목적으로 하는 형성의 소는 법률에 명문의 규정이 있는 경우에 한하여 제기할 수 있는바, 조합의 이사장 및 이사가 조합업무에 관하여 위법행위 및 정관위배행위 등을 하였다는 이유로 그 해임을 청구하는 소송은 형성의 소에 해당하는데, 이를 제기할 수 있는 법적 근거가 없으므로, 조합의 이사장 및 이사 직무집행정지가처분은 허용될 수 없다.[849]

학교법인의 이사장에 대하여 이사들의 불법 선임, 파행적인 학교 경영, 부당한 학사행정 간여, 정관의 불법 변조, 교단의 분열 촉진, 건축헌금의 용도 외 지출 등의 불법행위를 이유로 그 해임을 청구하는 소송은 형성의 소에 해당하는바, 이를 허용하는 법적 근거가 없으므로 이를 피보전권리로 하는 피신청인에 대한 직무집행정지 및 직무집행대행자선임의 가처분은 허용되지 아니한다.[850]

---

848) 대법원 2006. 5. 26. 선고 2004다62597 판결.
849) 대법원 2001. 1. 16. 선고 2000다45020 판결.
850) 대법원 1997. 10. 27. 97마2269 결정.

재건축조합, 종중, 교회, 비법인사단 등 대표자가 업무상 배임 등 위법행위를 저지르고 있다는 이유로 당해 대표자를 배제하기 위해서는 총회에서 해임을 의결하거나 정관상 당연결격사유로 해결할 수밖에 없다.

(2) 권리관계에 다툼이 있을 것

다툼이라 함은 권리관계에 관하여 당사자의 주장이 대립되기 때문에 소송에 의한 권리보호가 요구되는 것을 말한다. 그러나 반드시 재판이 계속 중이거나 당사자가 적극적으로 분쟁을 벌이고 있는 상태에 있을 필요는 없고, 권리에 대한 침해의 위험이 있는 상태만으로도 가능하다.

일단 어떤 청구권을 피보전권리로 하여 보전처분을 받은 후 이를 다른 청구권을 보전하는 보전처분으로 유용할 수 있는지 문제 된다.

```
┌─ [사례 12 - 14] 보전처분의 流用 ─────────────────────

  <1> 일단 어떤 청구권을 피보전권리로 하여 보전처분을 받은 후 이를 다른 청구권
      을 보전하는 보전처분으로 유용할 수 있는가?
  <2> 본안소송의 진행 중 청구를 변경하여 피보전권리를 바꾸었을 경우 변경 전 보
      전처분은 변경 후 청구권을 보전하는가?
  <3> 종국판결 후 소 취하되어 재소금지원칙이 적용되는 경우 보전처분은?
  <4> 종국판결 전 소 취하나 소 취하 간주 후 다시 소 제기하는 경우 가처분의 효력
      이 유지되는가?
  <5> 보전처분의 유용이 불가능 한 경우(또는 계속 효력을 유지할 수 없는 경우) 이
      미 집행된 보전처분은 자동으로 소멸하는가?
  <6> 甲은 乙에 대한 소유권이전등기청구권을 피보전권리로 하여 처분금지가처분집
      행을 하였다. 이 가처분을 甲이 丙을 대위하여 乙에 대한 소유권이전등기청구
      권을 행사하고 있는 본안에 유용할 수 있는가?
```

<1> 어느 피보전권리에 관하여 본안소송에서 패소 확정된 경우, 다른 피보전권리를 보전하기 위해 이미 받은 보전처분을 유용할 수 없고 사정변경으로 인한 취소사유가 된다.[851] 가압류의 피보전권리가 변제로 소멸한 경우도 마찬가지다.[852] 이

는 청구기초를 달리하는 경우는 물론 청구기초를 같이하는 경우도 마찬가지다. 채무자가 장기간 부동적인 상태에 있게 되기 때문에 청구기초가 동일한지 여부와 상관없이 유용은 불가능하다.

<2> 본안소송 계속 중 청구를 변경하여 피보전권리를 변경한 경우 청구기초의 동일성이 인정되면 변경 전 보전처분의 효력은 변경된 청구권을 보전하게 된다.[853]

<3> 종국판결 후의 소 취하는 패소 확정된 경우와 마찬가지로 더 이상 별개의 청구권을 위해 유용이 불가능하고 사정변경으로 인한 취소사유가 된다.

<4> 채권자가 보전의사를 포기한 것으로 여겨지지 않는 한 보전처분의 효력은 유지되고, 다시 소를 제기하면 보전처분은 후에 제기된 소를 위해 계속 효력을 가진다. 또한 보전명령에 대한 본안소송이 소 취하 간주되었다는 사실 자체만으로 보전명령 취소사유인 사정변경에 해당한다고 볼 수 없다.

<5> 사정변경으로 인한 취소신청을 통해 보전처분의 효력을 소멸시켜야 한다.[854]

---

851) 대법원 2004. 12. 24. 선고 2004다53715 판결: 가압류의 피보전권리가 소멸되었거나 또는 존재하지 아니함이 본안소송에서 확정된 경우에는 민사집행법 제288조 소정의 사정변경에 따른 가압류 취소사유가 되는 것이며, 이 경우 그 가압류를 그 피보전권리와 다른 권리의 보전을 위하여 유용할 수 없는 것이다 (갑이 을에 대하여 직접 가지는 손해배상채권을 피보전권리로 한 가압류결정을, 병이 을에 대하여 가지는 손해배상채권을 보전하기 위한 것으로 유용할 수 없다고 한 사례).

852) 대법원 1994.8. 12. 선고 93므1259 판결: 이 사건 부동산가압류의 피보전권리인 이혼을 원인으로 한 위자료청구채권이 재산분할청구권과 비록 청구의 기초에 있어서 다소의 동일성이 인정되나 피신청인은 본안소송에서 위자료청구채권에 대하여 피신청인 일부승소의 가집행선고부 판결을 받은 후 위 가압류에 기한 본압류절차인 강제집행에 착수하였다가 그 채권을 모두 변제받음으로써 강제집행을 취하한 이 사건에 있어서, 위 가압류의 효력은 그 피보전권리로 특정된 위자료청구채권 외에 재산분할로 인한 금전지급청구권에까지 유용할 수 없다 할 것이므로, 이 사건 가압류결정은 특별한 사정이 없는 한 그 피보전권리인 위 위자료청구채권의 변제로 더 이상 유지할 필요가 없는 사정변경이 생겼다.

853) 대법원 1976. 4. 27. 선고 74다2151 판결: 이 건 가처분의 피보전권리는 갑의 을에 대한 토지소유권이전등기청구권인 데 반하여 이 건 소송에서는 갑이 병을 대위하여 병의 을에 대한 토지소유권이전등기청구권을 행사하고 있어서 위 가처분의 피보전권리와 이 건 소송물과는 동일성이 없으므로 위 가처분을 이 건 소송에 유용할 수 없다.

854) 대법원 2008. 10. 27. 2007마944 결정: 보전소송절차는 피보전권리를 종국적으로 확정하는 것을 목적으로 하는 것이 아니므로 보전소송에서 피보전권리가 소명되어 보전신청이 판결에 의하여 인용되고, 위 판결이 확정되었다고 하더라도 그로써 피보전권리에 관하여 기판력이 생기는 것은 아닌 점(대법원 1977. 12. 27. 선고 77다1698 판결 등 참조), 금전채권을 보전하기 위한 가처분절차는 허용되지 않는 데다가, 보전처분의 피보전권리가 소멸되었거나 또는 존재하지 아니함이 본안소송에서 확정된 경우에는 민사집행법상 사정변경에 따른 보전처분 취소사유가 되는 것이고, 이 경우 그 보전처분을 그 피보전권리와 다른 권리의 보전을 위하여 유용할 수는 없는 점(대법원 2004. 12. 24. 선고 2004다53715 판결 등 참조), 보전처분의 피보전권리의 존재가 본안소송에서 확정판결에 의하여 부정적으로 확정된 경우에는 그 보전처분은 의당 취소당하게 되고 그 보전처분 후에 그에 반해서 행하여진 행위라고 하더라도 그의 효력은 위 보전처분에 의해서 무시당하게 되는 것이 아니므로(대법원 1976. 4. 27. 선고 74다2151 판결 참조), 이 사건 가처분등기의 피보전권리가 이 사건 본안판결에 의하여 부정적으로 확정된 이상 이 사건 가처분은 아무런 효력이 없는 것이어서 위 가처분 후에 이 사건 부동산을 경락받은 신청

<6> 甲이 乙에 대하여 직접 가지는 소유권이전등기청구권을 피보전권리로 한 가압류 결정을, 甲이 丙을 대위하여 丙이 乙에 대하여 가지는 소유권이전등기청구권을 보전하기 위한 것으로 유용할 수 없다.[855]

2. 보전의 필요성

보전처분은 피보전권리를 보전할 필요가 있어야만 발령된다. 보전의 필요성은 보전처분의 권리보호의 이익 내지 필요이다. 채무자에 대한 고통이 그다지 크지 않은 가압류와 계쟁물에 관한 가처분의 경우는 피보전권리가 인정되면(특별한 사정이 없는 한) 보전의 필요성은 존재하는 것으로 추정되나,[856] 채무자의 고통이 상대적으로 큰 임시지위를 정하는 가처분은 보전의 필요성을 엄격하게 심사한다.

가. 가압류에 있어서 보전의 필요성

가압류의 필요는 가압류를 하지 않고 채무자의 재산을 그대로 놓아두면 채권자의 청구권 실현을 위한 강제집행이 불능 내지 현저히 곤란하게 될 염려가 있는 것을 말한다.[857] 채권자가 미리 가압류를 하지 않으면 채무자가 고의로 재산을 매도·훼손·은닉 또는 소유명의를 타에 이전하여 버리거나 채무자의 도망이나 해외이주, 재산의 해외도피, 주거

───────────────

인은 가처분권리자인 피신청인에 대해서도 유효하게 소유권을 취득하였다고 주장할 수 있는 점, 강제경매를 통해 이 사건 부동산을 취득한 신청인은 이 사건 가처분취소판결의 소송물 자체를 양수한 것은 아니고, 단지 자신의 권리로서 이 사건 가처분의 취소를 구하고 있는 점 등에 비추어 보면, 소 외 회사의 금전지급을 조건으로 한 이 사건 가처분취소판결의 기판력 내지 구속력이 위 판결의 변론종결 후 이 사건 부동산을 경락받아 그 소유권을 취득한 신청인에게 미친다고 볼 수는 없다.

855) 대법원 1976. 4. 27. 선고 74다2151 판결. 가처분의 피보전권리가 본안의 소송물과는 동일성이 없기 때문이다.

856) 대법원 2005. 10. 17. 2005마814 결정: 다툼의 대상에 관한 가처분은 현상이 바뀌면 당사자가 권리를 실행하지 못하거나 이를 실행하는 것이 매우 곤란할 염려가 있을 경우에 허용되는 것으로서(민사집행법 제300조 제1항), 이른바 만족적 가처분의 경우와는 달리 보전처분의 잠정성·신속성 등에 비추어 피보전권리에 관한 소명이 인정된다면 다른 특별한 사정이 없는 한 보전의 필요성도 인정되는 것으로 보아야 하고, 비록 동일한 피보전권리에 관하여 다른 채권자에 의하여 동종의 가처분집행이 이미 마쳐졌다거나, 선행 가처분에 따른 본안소송에 공동피고로 관여할 수 있다거나 또는 나아가 장차 후행 가처분신청에 따른 본안소송이 중복소송에 해당될 여지가 있다는 등의 사정이 있다고 하더라도 그러한 사정만으로 곧바로 보전의 필요성이 없다고 단정하여서는 아니 된다.

857) 이러한 사유는 채무자에게 있음을 요하고, 보증인이나 연대채무자에게 있는 것만으로 채무자에 대한 보전의 사유가 되지 못하며, 이 사유가 인정되는 한 제3자의 행위 혹은 불가항력, 채무자의 고의·과실에 의해 생긴 것인지 여부는 불문한다.

부정, 책임재산에 대한 과다한 담보권의 설정 등으로 채권자가 본안소송에서 승소한 판결이 쓸모없을 우려가 있을 때 가압류의 보전 필요성이 인정된다.

채권자의 금전채권에 관하여 충분한 물적 담보가 설정된 경우는 필요성이 부정되나, 단순한 인적 담보만으로는 필요성이 인정된다.[858]

나. 가처분에 있어서 보전의 필요성

(1) 다툼의 대상(계쟁물)에 관한 가처분은 주관적(이전, 양도) 또는 객관적으로(멸실, 변경) 현상이 바뀌면 당사자가 권리를 실행하지 못하거나 이를 실행하는 것이 매우 곤란할 염려가 있는 경우이고 이러한 염려는 현재 존속하고 있을 때 보전의 필요성이 인정된다.[859] 현상의 변경은 다툼의 대상에 관하여 생겨야 하므로, 자력 유무나 재산 상태는 고려대상이 아니다(이는 가압류의 고려대상일 뿐이다).

① 타인의 토지를 그 소유자의 의사에 반하여 계속 점유 경작하고 있는 경우 출입금지가처분의 필요성 인정

② 토지의 처분행위를 금하는 가처분이 인정된다면 그 토지에 공작물 설치와 수목 벌채 등 행위의 금지를 구하는 가처분도 보전의 필요성이 인정

③ 불법점유라 하더라도 정당한 절차에 의해 목적물을 반환할 때까지는 그 점유의 방

---

858) 통상 300만 원 미만의 소액채권에 대해서는 부동산가압류의 필요가 없는 것으로 보고 동산이나 채권가 압류를 하도록 하고 있다.

859) 대법원 2005. 10. 17. 2005마814 결정: 채권자의 채무자에 대한 부동산처분금지가처분과 같이 다툼의 대상에 관한 가처분은 현상이 바뀌면 당사자가 권리를 실행하지 못하거나 이를 실행하는 것이 매우 곤란할 염려가 있을 경우에 허용되는 것으로서(민사집행법 제300조 제1항), 이른바 만족적 가처분의 경우와는 달리 보전처분의 잠정성·신속성 등에 비추어 <u>피보전권리에 관한 소명이 인정된다면 다른 특별한 사정이 없는 한 보전의 필요성도 인정되는 것으로 보아야 하고,</u> 비록 동일한 피보전권리에 관하여 다른 채권자에 의하여 동종의 가처분집행이 이미 마쳐졌다거나, 선행 가처분에 따른 본안소송에 공동피고로 관여할 수 있다거나 또는 나아가 장차 후행 가처분신청에 따른 본안소송이 중복소송에 해당될 여지가 있다는 등의 사정이 있다고 하더라도 그러한 사정만으로 곧바로 보전의 필요성이 없다고 섣불리 단정하여서는 아니 될 것이다. 왜냐하면, 이러한 경우 후행 가처분신청을 배척하게 되면, 장차 후행 가처분신청채권자가 모르는 사이에 선행 가처분신청이 취하되고 그사이에 채무자에 의한 처분행위가 이루어지게 되는 경우 후행 가처분신청채권자에게 예측 못 한 손해를 입게 할 염려가 있는 등 매우 부당한 결과가 조래될 수 있기 때문이다.

해배제를 구할 수 있는 것이므로, 가처분권리자의 점유가 불법점유였다고 하더라도 보전의 필요성은 인정

(2) 다툼이 있는 권리관계에 대하여 **임시의 지위를 정하는 가처분**은 특히 계속하는 권리관계에 끼칠 현저한 손해를 피하거나 급박한 위협을 막기 위하여 또는 그 밖의 필요한 이유가 있을 경우에 한하여 보전의 필요성이 인정된다.[860] 즉 이 가처분은 현재의 상황을 방치할 경우 발생할 현저한 손해방지가 주목적이다.

(3) 임시지위를 정하는 가처분은 보통 단행적 가처분으로서 본안판결 전에 채권자에게 만족을 주는 경우가 있어 채무자에게 고통이 크므로 그 필요성의 인정에 신중을 기하기 위하여 법원은 다음과 같이 필요한 조치를 취한다.[861]

① 심리에 있어서 원칙적으로 변론기일 또는 채무자가 참석할 수 있는 심문기일을 열어야 한다.

② 필요성 인정에 있어서 <u>특별한 사정의 소명</u> 또는 <u>고도의 보전 필요성</u>이 요구된다.

---

860) 대법원 1997. 10. 14. 97마1473 결정: 임시의 지위를 정하는 가처분은 다툼 있는 권리관계에 관하여 그것이 본안소송에 의하여 확정되기까지의 사이에 가처분권리자가 현재의 현저한 손해를 피하거나 급박한 강포를 막기 위하여, 또는 기타 필요한 이유가 있는 때에 한하여 허용되는 응급적·잠정적 처분이고, 이러한 가처분을 필요로 하는지의 여부는 당해 가처분신청의 인용 여부에 따른 당사자 쌍방의 이해득실관계, 본안소송에 있어서 장래 승패의 예상, 기타 제반 사정을 고려하여 법원의 재량에 따라 합목적적으로 결정하여야 할 것이며, 단체의 대표자 선임 결의의 하자를 원인으로 하는 가처분신청에 있어서는 장차 신청인이 본안에 승소하여 적법한 선임 결의가 있을 경우, 피신청인이 다시 대표자로 선임될 개연성이 있는지의 여부도 가처분의 필요성 여부 판단에 참작하여야 한다. 대법원 2007. 1. 25. 선고 2005다11626 판결: 가처분신청을 인용하는 결정에 따라 권리의 침해가 중단되었다고 하더라도 가처분 채무자들이 그 가처분의 적법 여부에 대하여 다투고 있는 이상 권리 침해의 중단이라는 사정만으로 종래의 가처분이 보전의 필요성을 잃게 되는 것이라고는 할 수 없다.

861) 대법원 1997. 1. 10. 95마837 결정: 이사의 직무권한을 잠정적이나마 박탈하는 가처분은 그 보전의 필요성을 인정하는 데 신중을 기해야 할 것인바, 소수 주주가 피보전권리인 해임의 소를 제기하기 위한 절차로는 발행주식 총수의 100분의 5(개정상법 제385조 제2항은 100분의 3으로 변경) 이상에 해당하는 주식을 가진 소수 주주가 회의의 목적과 소집의 이유를 기재한 서면을 이사회에 제출하여 임시총회의 소집을 요구하고, 그렇게 하였는데도 소집에 불응하는 때에는 법원의 허가를 얻어 주주총회를 소집할 수 있고, 그 총회에서 해임을 부결할 때 그로부터 1개월 내에 이사의 해임을 법원에 청구할 수 있는 것이므로, 그와 같은 해임의 소를 제기하기 위한 절차를 감안해 보면 특별히 급박한 사정이 없는 한 해임의 소를 제기할 수 있을 정도의 절차요건을 거친 흔적이 소명되어야 피보전권리의 존재가 소명되는 것이고, 그 가처분의 보전 필요성도 인정될 수 있다.

(4) 건축공사중지가처분신청 당시 굴착공사가 거의 종료되었다면 더 이상 보전의 필요성은 인정되기 힘들다.862) 이유는 남은 공사를 진행하여도 이에 인접한 신청인의 대지가 침하하거나 건물이 균열될 염려가 있다고 할 수 없기 때문이다.

(5) 현저한 손해란 본안이 확정될 때까지 기다리게 하는 것이 가혹하다고 생각될 정도의 고통을 말하며, 이는 직·간접의 재산상 손해뿐 아니라, 정신적인 손해 및 공익적 손해도 포함된다.863)

다. 보전의 필요성이 없는 경우

① 채권자가 피보전권리에 관하여 이미 확정판결이나 그 밖의 집행권원(조정, 화해 등의 조서 또는 집행증서)을 가지고 있는 때에는 즉시 집행할 수 있는 상태에 있으므로 원칙적으로 보전의 필요성이 없어 가압류신청을 허용할 수 없다.864)

② 다만 확정판결 등의 집행권원을 가지고 있다고 하더라도 판결에 기한·조건이 붙어 있거나 청구이의의 소 등에 의해 집행권원의 집행력이 정지되어 있는 경우는 즉시 집행할 수 없으므로 보전의 필요성이 있다.

③ 그러나 집행채권이 정지조건부인 경우라 할지라도 그 조건이 집행채권자의 의사에 따라 즉시 이행할 수 있는 의무인 경우이고 정당한 이유 없이 그 의무의 이행을 게을리하며 집행에 착수하지 않고 있다면 보전의 필요성은 소멸되었다고 보아야 할 것이다.865)

---

862) 대법원 1981. 3. 10. 선고 80다2832 판결: 토지의 소유자가 충분한 예방공사를 하지 아니한 채 건물의 건축을 위한 심굴굴착공사를 함으로써 인접대지의 일부 침하와 건물 균열 등의 위험이 발생하였다고 하더라도 나머지 공사의 대부분이 지상건물의 축조이어서 더 이상의 심굴굴착공사의 필요성이 없다고 보이고 침하와 균열이 더 이상 확대된다고 볼 사정이 없다면 토지심굴굴착금지청구권과 소유물방해예방 또는 방해제거청구권에 기한 공사중지가처분을 허용하여서는 아니 된다.

863) 대법원 2005. 8. 19. 선고 2004다2809 판결: 구 토지수용법(2002. 2. 4. 법률 제6656호 공익사업을 위한 토지 등의 취득 및 보상에 관한 법률 부칙 제2조로 폐지) 제63조의 규정에 따라 피수용자 등이 기업자에 대하여 부담하는 수용대상 토지의 인도 또는 그 지장물의 명도의무 등이 비록 공법상의 법률관계라고 하더라도, 그 권리를 피보전권리로 하는 명도단행가처분은 그 권리에 끼칠 현저한 손해를 피하거나 급박한 위험을 방지하기 위하여 또는 그 밖의 필요한 이유가 있을 경우에는 허용될 수 있다.

864) 대법원 2005. 5. 26. 선고 2005다7672 판결.

865) 대법원 2000. 11. 14. 선고 2000다40773 판결: 가처분권자가 가처분채무자에게 1,463,470,660원을 지

④ 충분한 담보를 확보하고 있거나 선박우선특권이 있는 경우와 같이 집행권원 없이도 권리행사를 할 수 있을 때는 보전의 필요성 부정된다.[866] 다만 우선권이 있는 임금채권의 경우 사용자의 총재산에 대하여 우선권을 가질 뿐 임금채권의 실현을 위하여 선박우선특권과 달리 집행권원이 필요하므로 그 보전을 위한 가압류의 필요성이 인정된다.

⑤ 보전처분에 의하여 제거되어야 할 상태가 채권자에 의하여 오랫동안 방임되어 온 때에 보전의 필요성이 소멸된다.[867]

⑥ 채권자가 스스로 보전처분을 필요로 하는 긴급 상태를 초래한 때에도 보전의 필요성은 부정된다.

⑦ 동일한 사정에 기하여 먼저 한 보전처분의 집행 후 동일한 내용의 보전처분을 신청한 때에는(기판력은 없지만) 보전의 필요성을 인정하기 어렵다. 물론 보전처분재판 중 다시 보전처분 신청 시에는 중복신청으로 각하될 수도 있다.

⑧ 가처분결정이 받아들여지고 그 집행을 위하여 간접강제결정까지 있었다 하더라도

급하면 승소판결의 본집행에 착수하여 소이등절차를 이행받을 수 있음에도 이를 이행하지 않을 때에는 가처분의 보전 필요성이 소멸되어 사정변경으로 취소가 가능하다.

[866] 대법원 1988. 11. 22. 선고 87다카1671 판결: 선박우선특권 있는 채권자는 선박소유자의 변동에 관계없이 그 선박에 대하여 채무명의 없이도 경매청구권을 행사할 수 있으므로 채권자는 채권을 보전하기 위하여 그 선박에 대한 가압류를 하여 둘 필요가 없다.

[867] 대법원 2007. 7. 26. 2007마340 결정: 가압류채권자가 본안소송에서 승소하고 집행권원을 획득하여 즉시 본집행을 할 수 있는 요건을 갖추었음에도 그 집행을 하지 않고 있는 경우에는 피보전권리에 대한 보전의 필요성은 소멸되었다고 할 것이고, 이와 같이 가압류결정 후에 보전의 필요성이 소멸된 때에는 그 가압류를 그대로 존속시켜 놓을 수 없는 사유인 사정변경이 있다고 보아야 한다.
대법원 1990. 11. 23. 선고 90다카25246 판결: 가압류채권자가 본안소송에서 승소판결을 받아 확정된 후, 가압류채무자가 그 본안판결에 대하여 재심의 소를 제기하였으나 재심의 소를 각하한 판결이 확정되고도 5개월이 지나도록 가압류채권자가 본집행에 착수하지 않고 있었다면 가압류는 보전의 필요성이 소멸되었다고 볼 것이다.
대법원 2005. 8. 19. 2003마482 결정: 보전처분에 의하여 제거되어야 할 상태가 채권자에 의하여 오랫동안 방임되어 온 때에는 보전처분을 구할 필요성이 인정되기 어렵다고 할 것인바, 신청인이 피신청인들의 업종제한약정 위반을 알고도 그러한 상태를 장기간 아무런 조치를 취하지 아니한 채 방치하고 있었다면, 현재의 상태가 더 지속됨으로써 신청인에게 비로소 현저한 손해가 발생할 우려가 있다는 등 임시의 지위를 정하는 가처분을 하여야 할 긴급한 보전의 필요성이 없다고 한 사례.

간접강제결정의 효력의 계속 존속 여부는 가처분의 보전 필요성 여부를 판단함에 참작할 사유가 되지 못한다.[868]

---

868) 대법원 2003. 10. 24. 선고 2003다36331 판결: 간접강제란 채무 불이행에 대한 제재를 고지함으로써 그 제재를 면하기 위하여 채무를 이행하도록 동기를 부여하는 것을 목적으로 하는 집행방법이고, 간접 강제결정은 가처분결정의 집행방법에 불과하므로, 채권자가 채무자의 의무위반행위로 인하여 간접강제 결정에서 정한 배상금채권을 취득하고, 나아가 그 배상금채권의 강제집행절차에 나아갔다 하더라도, 그 러한 사정만으로 피보전권리가 점포에 대한 점유권에 기한 방해배제청구권 내지는 방해예방청구권인 가처분신청에 있어서 보전의 필요성이 존재한다거나, 가처분결정이 계속 유지되어야 한다고 볼 수는 없으며, 간접강제결정 효력의 계속존속 여부는 보전의 필요성 여부를 판단함에 있어 참작하여야 할 사 유가 되지 아니한다.

제13장 보전명령절차

[1] 보전처분의 신청

1. 개설

보전소송절차는 이론상 보전명령절차와 보전집행절차가 구별된다. 다만 부동산 또는 채권에 관한 보전처분의 경우와 같이 집행법원을 집행기관으로 하는 보전처분의 신청은 동시에 집행신청까지 포함되어 있는 경우가 많고, 보전명령이 발령되면 별도의 집행신청 없이 후속 집행절차를 진행한다. 보전처분의 신청에 관하여 민사소송법상 소 제기에 관한 규정이 준용된다(제23조 제1항).

보전처분의 신청은 본안소송의 제기 전에 하는 것이 일반적이나, 본안소송 제기 후에도 집행권원을 얻기까지는 신청할 수 있다.

2. 보전처분의 신청

가. 서면주의

보전처분신청, 즉시항고, 이의신청, 제소명령신청, 취소신청, 집행신청 등 집행법상의 모든 신청과 불복은 서면으로 신청한다. 예외적으로 보전신청의 취하와 이의신청의 취하는 구술로도 가능하다.

나. 신청서의 기재사항

① 당사자와 대리인

② 신청의 취지

③ 신청의 이유: 피보전권리와 보전의 필요성

④ 법원의 표시

⑤ 소명방법의 표시

⑥ 작성날짜

⑦ 당사자(또는 대리인)의 기명날인 또는 서명

⑧ 덧붙임 서류의 표시

⑨ 목적물의 표시 여부869)

가압류·가처분절차는 채권자가 관할법원에 가압류·가처분신청서를 제출함으로써 개시된다. 다음은 부동산·채권가압류신청서와 부동산처분금지·점유이전금지가처분신청서의 서식과 기재례이다.

[서식] 부동산가압류명령신청

① **부동산가압류명령신청**
② 채권자 김 신 자   서울시 서초구 서초동 123

② 채무자 이 민 수
    서울시 동대문구 회기동 333
    등기부상 주소: 서울시 강남구 삼성동 234

④ **피보전권리의 요지**
채권자가 2009. 2. 1. 이자 월 2푼, 변제기 2010. 2. 1.로 정하여 대여한 금   10,000,000원

---

869) 가압류의 경우 금전채권을 피보전권리로 하므로 강제집행의 대상이 될 수 있는 채무자의 일반재산은 모두 목적물이 될 수 있다. 유체동산가압류 이외의 부동산과 채권의 가압류에 있어서는 목적물을 특정하여야 한다.

⑥ **신 청 취 지**

채권자가 채무자에 대하여 가지는 위 청구채권의 집행을 보전하기 위하여 채무   자 소유의 별지목록 기재 부동산을 가압류한다.
라는 재판을 구합니다.

⑦ **신 청 이 유**

1. 채권자는 2009. 2. 1. 채무자에게 금 10,000,000원을 이자는 월 2푼, 변제기는 2010. 2. 1.로 정하여 대여하였으나, 채무자는 변제기가 지나도록 위 원리금을 변제하지 않고 있습니다.

2. 채권자는 채무자를 상대로 대여금청구의 본안소송을 준비하고 있으나, 채무자는 현재 거주하고 있는 주택을 매각하고 이주할 준비를 서두르고 있을 뿐만 아니라, 신용이 크게 떨어지고 다액의 채무가 있는 것으로 확인되었습니다. 이에 따라 채무자가 그의 유일한 재산인 이 사건 부동산을 처분한다면 채권을 변제받기가 더욱 어렵게 될 것이 명백하므로, 채권보전절차를 취하지 않으면 안 될 긴급한 필요에 의해 이 사건 신청에 이르렀습니다.

⑧ 3. 담보제공에 관해서는 ○○보증보험주식회사 ○○지점과 체결한 지급보증위탁계약체결문서의 제출에 의한 담보제공을 하도록 허가하여 주시기 바랍니다.

⑨ **소 명 방 법**

1. 소갑제1호증   차용증

⑩ **첨 부 서 류**

1. 등기부등본   2통
2. 위 소명방법   1통

⑪

2010.   .   .
위 채권자 김 신 재(인)

⑫ **서울중앙지방법원 귀 중**

별 지 목 록

1. 서울시 강남구 삼성동 234대 100㎡
2. 위 지상 세면블럭조 슬라브 기와집 2층 연립주택
1층 50㎡
2층 50㎡
- 이   상 -

[서식] 채권가압류명령신청

① 채 권 가 압 류 명 령 신 청

② 채권자 김 신 자
서울시 서초구 서초동 123

② 채무자 이 민 수
　　서울시 동대문구 회기동 333

③ 제3채무자 박 문 수
　　서울시 중구 서소문동 555

④ 피보전권리의 요지

채권자가 2009. 2. 1. 채무자에게 이자 월 2푼, 변제기 2010. 2. 1.로 정하여 대여한 금 10,000,000원

⑤ 가압류할 채권의 표시: 별지목록 기재와 같음

⑥ 신 청 취 지

채무자의 제3채무자에 대한 별지목록 기재의 채권을 가압류한다.
제3채무자는 채무자에게 위 채권에 대한 지급을 하여서는 아니 된다.
라는 재판을 구합니다.

⑦ 신 청 이 유

1. 채권자는 2009. 2. 1. 채무자에게 금 10,000,000원을 이자는 월 2푼, 변제기 2010. 2. 1. 로 정하여 대여하였습니다.

2. 채무자는 위 변제기 이후에도 위 대여원리금의 변제를 하지 아니하여 채권자는 채무자를 상대로 대여금청구의 본안소송을 준비하고 있으나, 채무자는 제3채무자에 대한 별지목록 기재의 채권 이외에는 달리 재산이 없으므로, 미리 위 채권을 가압류하지 아니하면 채권자가 본안소송에서 승소하더라도 그 집행이 곤란하므로 그 집행을 보전하고자 이 사건 신청에 이르렀습니다.

⑧ 3. 담보제공에 관해서는 ○○보증보험주식회사 ○○지점과 체결한 지급보증위탁계약체결문서의 제출에 의한 담보제공을 허가하여 주시기 바랍니다.

⑨ 소 명 방 법

　　1. 소갑제1호증　　　　　　등기부등본
　　1. 소갑제2호증　　　　　　차용증

⑩ **첨 부 서 류**

    1. 위 소명방법   각1통
    1. 납부서   1통

⑪   2010.   . .
                            위 채권자 김 신 자 (인)

⑫ **서울중앙지방법원 귀중**

별 지 목 록
(가압류할 채권의 표시)

금 30,000,000원
단. 채무자가 제3채무자 소유의 서울시 동대문구 회기동 333 소재 지상건물인 철근 콘크리트조 슬래브지붕 3층 중 2층 30평을 임차함에 있어 제3채무자에 대하여 가지는 임차보증금반환청구권

－ 이 상 －

[서식] 부동산처분금지가처분신청

① **부 동 산 처 분 금 지 가 처 분 신 청**

② 채권자 김 성 남
        서울시 강남구 신사동 123

② 채무자 이 남 수
        서울시 서초구 양재동 234
        등기부상 주소: 서울시 강남구 논현동 345

④ 목적물의 표시: 별지목록 기재와 같음
    목적물의 가격: 금 50,000,000원

신 청 취 지

⑥ 채무자는 별지목록 기재 부동산에 대하여 양도·전세권·저당권·임차권의
의 설정 기타 일체의 처분을 하여서는 아니 된다.
라는 재판을 구합니다.

⑦
신 청 이 유

1. 채권자와 채무자는 2010. 5. 1. 채무자 소유의 별지목록 기재 부동산에 관하여 매매대금을 금 100,000,000원으로 하고, 계약금 10,000,000원은 계약 당일에, 중도금 40,000,000원은 같은 달 15.에, 잔금 50,000,000원은 같은 달 30.에 소유권이전등기에 필요한 제반 서류의 제공과 동시에 지급하기로 하는 부동산매매계약을 체결하고, 채권자는 채무자에게 위 계약금을 지급하였습니다.

2. 채권자는 약정기일에 중도금을 지불하고 잔금기일에 잔금을 준비하여 약속한 장소에 나갔으나, 채무자는 부동산가격의 상승을 이유로 잔금 수령을 거부하였습니다. 이에 채권자는 잔금을 변제공탁하고 채무자를 상대로 소유권이전등기절차이행청구소송을 준비중에 있으나, 채무자가 위 부동산을 제3자에게 처분한다면 채권자가 본안소송에서 승소하더라도 권리를 실행하지 못하거나 또는 이를 실행함에 있어 현저히 곤란할 우려가 있으므로 이 사건 가처분신청에 이른 것입니다.

⑧
3. 담보제공에 관하여는 ○○보증보험주식회사 ○○지점과 체결한 지급보증위탁계약체결문서의 제출에 의한 담보제공을 허가하여 주시기 바랍니다.

⑨
소 명 방 법

1. 소갑제1호증	등기부등본
1. 소갑제1호증의 2	토지대장
1. 소갑제3호증	부동산매매계약서
1. 소갑제4호증의 1, 2	각 영수증
1. 소갑제5호증	공탁서

⑩
첨 부 서 류

1. 위 소명방법	각1통
1. 납부서	1통

⑪

2010.   .   .

위 채권자 김 성 남 (인)

⑫ **서울중앙지방법원   귀 중**

별 지 목 록

서울시 서초구 양재동 234 대 100㎡

- 이   상 -

[서식] 부동산점유이전금지가처분신청

---

① **부 동 산 점 유 이 전 금 지 가 처 분 신 청**

② 채권자 박민국
　　　　서울시 강남구 청담동 123의 45

③ 채무자 신봉자
　　　　서울시 서초구 방배동 234의 56

④ 목적물의 표시: 별지목록 기재와 같음
　목적물의 가격: 금 15,000,000원

⑥ **신 청 취 지**

채무자는 별지목록 기재 섬보에 대한 점유를 풀고 채권자가 위임하는 서울중앙지방법원 소속 집
행관에게 보관을 명한다.
집행관은 현상을 변경하지 않을 것을 조건으로 하여 채무자에게 그 사용을 허가하여야 한다.
이 경우 집행관은 그 보관하에 있음을 적당한 방법으로 이를 공시하여야 한다.
채무자는 그 점유를 타인에게 이전하거나 또는 점유명의를 변경하여서는 아니 된다.
라는 재판을 구합니다.

⑦ **신 청 이 유**

1. 별지목록 기재 점포는 채권자 소유인바, 채권자는 2009. 5. 1.채무자에게 위 점포를 임차보
   증금 30,000,000원, 월 임료 금 500,000원, 임대차기간을 2010. 5. 1.로 하여 임대하고,
   채무자는 임대차기간 만료 시에 위 점포를 채권자에게 명도해 주기로 약정하였습니다.

2. 그러나 채무자는 위 임대기간이 만료한 현재까지도 위 점포를 명도해 주지 않고 있으므로, 채
   권자는 채무자에 대하여 점포명도청구의 소를 준비 중에 있으나, 채무자가 위 점포를 제3자
   에게 양도하거나 전대하면 채권자가 본안소송에서 승소한다 하더라도 그 목적을 달성하지 못
   할 우려가 있으므로, 그 집행보전을 위하여 이 사건 신청에 이르렀습니다.

⑧ 3. 담보제공에 관하여는 ○○보증보험주식회사 ○○지점과 체결한 지급보증위탁계약을 체결한
   문서의 제출에 의한 담보제공을 허가하여 주시기 바랍니다.

⑨ **소 명 방 법**

　　　1. 소 갑 제1호증　　　　　　　등기부등본
　　　1. 소 갑 제2호증　　　　　　　토지대장
　　　1. 소 갑 제3호증　　　　　　　건축물관리대장
　　　1. 소 갑 제4호증　　　　　　　임대차계약서

별 지 목 록

서울시 서초구 방배동 234의 56 지상 철근콘크리트조
평옥개 2층 시장건물 1동
1층 100㎡
2층 100㎡ 중
1층 점포 100㎡

－ 이 상 －

① **표제:** 표제는 가압류나 가처분의 종류와 내용을 나타낸다. 채권자가 동일채권을 위하여 동일 채무자 소유의 유체동산·부동산·채권을 가압류하는 경우 통상 별건으로 가압류신청을 한다.

② **당사자:** 통상 당사자 중 보전처분신청인을 채권자, 상대방(피신청인)을 채무자라 한다(이는 절차상의 호칭에 불과하다). 법정대리인이나 소송대리인이 있으면 함께 기재하고, 법인인 경우에는 그 대표자를 기재한다. 가압류 및 다툼의 대상에 관한 가처분에 있어서 당사자적격을 가지는 자는 본안소송의 당사자와 일치하나, 임시 지위를 정하는 가처분에 있어서 반드시 일치하지는 않는다. 부동산가압류나 가처분의 경우 등기부상 주소와 실제 주소가 일치하지 않을 때에는 등기부상 주소를 기재하여야 한다.

공무원 또는 대기업 직원의 임금 또는 퇴직금채권에 대한 가압류·압류, 전부명령 등의 신청서에서 채무자를 표시함에 있어, 성명과 주소 외에 소속부서, 직위, 주민등록번호 등 채무자를 특정할 수 있는 사항을 기재한다(대법원 송무예규 제408호, 송민 94-3 참조).

채무자   김갑동
서울시 서초구 서초동 123
(참고: 소속부서 육군 ○○부대 하사) 또는
(참고: 소속부서 부산지사 총무국 경리과) 또는
(참고: 주민등록번호 810406 – 1234567)

③ **제3채무자:** 채권가압류의 경우 제3채무자(채무자의 채무자)는 엄밀한 의미에서 당사자는 아니고 집행채무자에 불과하나, 집행에 있어서 가압류명령의 송달의 편의상 당사자란에 표시한다. 제3채무자는 보전소송의 진정한 당사자가 아니므로 보전재판에 불복신청을 할 자격이 없다.

④ **피보전권리의 요지:** 신청취지 및 신청이유의 기재에 앞서 피보전권리의 요지(종래에는 청구채권의 표시라 하였다)를 기재하여야 한다. 즉, 채권자가 채무자에 대하여 가지는 어떠한 권리에 관하여 보전을 필요로 하는가를 명백히 하여야 한다. 가압류·가처분신청서의 작성 시에는 다음 예시와 같이 피보전권리(임시의 지위를 정하는 가처분에 있어서는 현재 분쟁되는 권리 또는 법률관계)의 요지를 구체적으로 간결하게 표시한다(별지를 이용해도 무방하다).

- 2010. 2. 22. 이자 월 2푼, 변제기 2001. 4. 22.로 정한 대여금 1,000만 원
- 2010. 2. 1. 서울시 중구 서소문동 110대 750㎡에 대하여 임대차기간 2년으로 정한 임대차계약의 종료에 의한 임대차보증금 2,000만 원
- 2010. 2. 1. 15:00경 서울시 중구 서소문동에서 채무자 소유의 서울 1가 1105호 콩코드 승용차가 채권자를 충격함으로 인한 손해배상금 중 일부(또는 2010. 2. 1.자 채무자 과실에 의한 교통사고로 인한 손해배상금 중 일부)
- 발행일 2009. 12. 15. 만기 2010. 6. 1. 금액 3,000만 원, 어음번호 281235, 발행인이 채무자로 된 약속어음금 중 일부
- 2010. 2. 1. 매매대금 5,000만 원의 매매를 원인으로 한 소유권이전등기청구권
- 채무자가 2010. 2. 1. 10:00 채무자회사 본점 회의실에서 이사 ○○○를 해임한 임시주주총회의 결의

가처분을 함에는 목적 부동산을 명백히 특정하고, 부동산의 일부를 목적물로 하는 경우에는 도면 등으로 그 다툼이 있는 부분을 특정하여야 한다.

가처분의 경우에는 피보전청구권의 가액을 표시하지 않고 가처분 목적재산의 가격(지방세법상의 부동산과세 시가표준액)을 표시한다(등록세 산출 및 공탁금 산정에 참고하기 위해서이다). 따라서 목적재산의 가액을 산정할 수 있는 자료(토지대장, 건축물관리대장 등)를 첨부해야 한다.

⑤ **가압류할 채권의 표시**: 채권가압류의 경우에는 가압류할 채권을 표시하는데 통상 별지를 이용한다. 예컨대 채무자가 공탁한 공탁금회수청구권을 가압류하는 경우 제3채무자를 대한민국(서울중앙지방법원 공탁공무원 소관)으로 기재하고 다음과 같은 형식으로 기재한다.

가압류할 채권의 표시

금 20,000,000원
단, 채무자가 서울중앙지방법원 2010카제12345호 강제집행정지신청사건의 담보로서 2001. 6. 1. 공탁한 서울중앙지방법원 2010금제5678호 공탁금회수청구권

※ **예금채권가압류의 경우 가압류할 채권의 표시**

금   원
다만 채무자(000000 - 0000000)가 제3채무자(취급점: 00지점)에 대하여 가지는 다음 예금채권 중 다음에서 기재한 순서에 따라 위 청구금액에 이를 때까지의 금액

다   음

1. 압류되지 않은 예금과 압류된 예금이 있는 때에는 다음 순서에 의하여 가압류한다.
   가. 선행 압류 · 가압류가 되지 않은 예금
   나. 선행 압류 · 가압류가 된 예금
2. 여러 종류의 예금이 있는 때에는 다음 순서에 의하여 가압류한다.
   가. 보통예금 나. 당좌예금 다. 정기예금 라. 정기적금 마. 별단예금
3. 같은 종류의 예금이 여러 계좌 있는 때에는 계좌번호가 빠른 예금부터 가압류한다.

⑥ **신청취지**: 신청취지는 소장의 청구취지에 해당한다. 자주 쓰이는 신청취지 기재례는 다음과 같다.

예시

- 유체동산 가압류신청의 경우
  채권자의 채무자에 대한 위 청구채권의 집행을 보전하기 위하여 위 채권액에 이르기까지 채무자 소유의 유체동산을 가압류한다.
- 부동산 가압류신청의 경우
  채권자의 채무자에 대한 위 청구채권의 집행을 보전하기 위하여 채무자 소유의 별지목록 기재 부동산을 가압류한다.
- 부동산처분금지가처분신청의 경우
  채무자는 별지목록 기재 부동산에 대하여 양도·전세권·저당권·임차권의 설정 및 기타 일체의 처분행위를 하여서는 아니 된다.
- 출입금지가처분신청의 경우
  채무자는 별지목록 기재 토지에 들어가거나 채권자의 그 토지에 대한 점유사용을 방해해서는 아니 된다.

---

⑦ **신청이유**: 신청이유는 소장의 청구원인에 대응하는 것으로, 여기에는 피보전권리의 존재와 보전의 필요성에 대하여 구체적이고 명확하게 표시하여야 한다. 피보전권리의 존재는 단순히 채권자가 주장하는 권리관계가 어떠한 것인가를 특정함에 족한 사항만으로는 부족하고, 더 나아가 그러한 권리관계가 존재한다는 것을 적극적으로 밝힐 필요가 있고, 보전의 필요성에 관해서는 보전이 필요하다는 사유, 즉 가압류나 가처분을 하지 않으면 안 될 사유를 구체적으로 적시하여야 한다.

⑧ **담보제공**: 가압류·가처분신청을 하게 되면 법원은 채무자의 손해를 담보하기 위하여 일정한 금액(현금) 또는 유가증권을 담보로 공탁하게 하는데, 채권자는 '지급보증위탁계약체결문서의 제출에 의한 담보제공'의 허가신청을 할 수 있다. 이때에는 해당 보증보험회사와 지급보증보험계약을 체결하고 보증보험증권을 발부받아 이를 법원에 제출하고 가압류·가처분결정을 받게 된다.
통상 보증공탁금의 1%를 보험료로 납입하면 되기 때문에(예컨대 보증공탁금이 5,000,000원인 경우 보험료 50,000원) 쉽게 가압류·가처분결정을 받을 수 있다. 다만 소명이 부족하거나 유체동산 또는 봉급채권에 대한 가압류 시에는 사안에 따라 현금공탁을 명하기도 한다.

⑨ **소명방법**: 신청이유를 뒷받침할 소명자료를 첨부한다. 소명이란 법관에게 주는 심증의 정도가 증명에 비해 약한 경우로서 즉시 조사할 수 있는 증거방법이어야 한다.

⑩ **첨부서류**: 첨부서류 내지 부속서류를 붙이는 것은 소장과 같다.

⑪ **작성일 및 작성자**: 작성 연월일 및 작성자의 기명날인이 필요한 것도 소장과 같다.

⑫ **관할법원**: 관할법원은 가압류의 경우 채무자의 주소지 법원이나 가압류할 물건이나 가압류할 물건의 소재지 관할법원 또는 본안사건의 관할법원(본안소송이 현실적으로 계속되어 있거나 또는 장래에 계속될 법원)이다. 가처분의 경우 원칙적으로 본안사건의 관할법원이 관할하고 예외적으로 계쟁물 소재지의 관할법원이다(전속관할). 본안이란 보전처분에 의하여 직접 보전될 권리 또는 법률관계의 존부를 확정시키는 재판절차로 소송절차뿐만 아니라 조정절차, 제소전화해절차, 독촉절차 등도 본안에 포함된다. 본안에 관하여 여러 개의 관할법원이 있는 경우에는 그중 어느 법원에도 신청이 가능하다. 본안이 제2심에 계류 중일 때에는 제2심 법원이 관할법원이 된다.

가압류신청서에 피보전권리, 보전의 필요성, 중복가압류 등과 관련된 사항을 자세히 기재한 '가압류신청진술서'를 첨부하여야 한다. 동일 채무자에 대하여 동일 내용의 가압류신청은 허용될 수 없다.

유체동산가압류를 신청하는 경우 목적물을 특정할 필요가 없다. 채권자는 채무자 소유의 가재도구·기계·기구 등 유체동산에 대하여 가압류할 물건의 소재지를 관할하는 지방법원이나 본안의 관할법원에 가압류 명령신청을 할 수 있다.

채권자가 물품대금지급채무를 이행하지 않는 채무자 소유의 유체동산을 가압류할 경우에는 다음과 같은 서식으로 유체동산가압류신청을 할 수 있다.

[서식] 유체동산가압류신청

유체동산가압류신청

채권자 김 인 수
  서울시 강남구 신사동 234
채무자 이 백 남
  서울시 동대문구 청량리동 345

피보전권리의 요지

채권자가 2010. 7. 1.부터 2011. 2. 1.까지 납품한 기계대금 15,000,000원

신 청 이 유

채권자가 채무자에 대하여 가지는 위 청구채권의 집행을 보전하기 위하여 채무자 소유의 유체동산을 가압류한다.
라는 재판을 구합니다.

신 청 취 지

1. 채권자는 서울시 구로구 구로동 기계공구 상가에서 '승리상사'라는 상호로 각종 기계기구를 판매하는 자이고, 채무자는 위 주소지에서 '우리기계'라는 상호로 공구를 판매하는 자인바, 채권자는 채무자에게 2010. 2. 1.부터 각종 기계기구를 납품하면서 대금결제를 매월 말 또는 거래관계 종료 시로 약정하였습니다.
2. 채무자는 위 일자부터 거래관계가 종료한 2011. 1. 31.까지 금 15,000,000원의 물품대금을 부담하게 되었으나, 채권자의 수차례에 걸친 물품대금 지급요구에 불응하다가 부도를 내고 말았습니다.
3. 채권자는 채무자를 상대로 물품대금청구소송을 준비 중에 있으나 채무자는 다액의 채무를 지고 있고 본안소송은 상당한 시일을 요하므로 그 집행보전을 위하여 이 사건 신청에 이르렀습니다.

첨 부 서 류

  1. 소갑제1호증   거래장 사본
  1. 소갑제2호증의 1, 2   각 세금계산서

2011. . .
위 채권자 김 인 수 (인)

서울중앙지방법원   귀 중

[서식] 자동차가압류신청

자동차가압류신청

채 권 자   김 신 자
　　　　　서울시 서초구 서초동 123
채 무 자   이 민 수
　　　　　서울시 동대문구 회기동 333

피보전권리의 표시

2009. 2. 1. 이자 월 2푼, 변제기 2010. 2. 1.로 정하여 대여한 금 10,000,000원

가압류할 자동차의 표시: 별지목록 기재와 같음

신 청 취 지

채권자가 채무자에 대하여 가지는 위 청구채권의 집행을 보전하기 위하여 채무자 소유의 별지목록 기재 자동차를 가압류한다.
라는 재판을 구합니다.

신 청 이 유

1. 채권자는 2009. 2. 1. 채무자에게 금 10,000,000원을 이자는 월 2푼, 변제기는 2010. 2. 1. 로 정하여 대여하였으나 채무자는 변제기가 지나도록 위 돈을 갚지 않고 있습니다.
2. 채권자는 채무자를 상대로 대여금청구의 본안소송을 준비하고 있으나 채무자는 다액의 채무를 지고 재산을 은닉하고 있어 채권보전절차를 취하지 않으면 안 될 긴급한 필요에 의해 이 사건 신청에 이르렀습니다.
3. 담보제공에 관해서는 ○○보증보험주식회사○○지점과 체결한 지급보증위탁계약체결문서의 제출에 의한 담보제공을 허가하여 주시기 바랍니다.

소 명 방 법

　　　　1. 소갑 제1호증　　　　　　　차용증
　　　　2. 소갑 제2호증　　　　　　　자동차등록원부

첨 부 서 류

　　　　1. 위 소명방법　　　　　　　각 1통
　　　　1. 납부서　　　　　　　　　　1통

2010.　　.　　.
위 채권자 김 신 자 (인)

서울중앙지방법원   귀 중

자동차의 표시

1. 자동차등록번호: 서울34머6125
2. 차명: 소나타 2.0 AUTO
3. 형식: 1 - 0001 - 021 - 001
4. 연식: 2010
5. 차대번호: KLAEM 20
6. 원동기형식번호: C20LE
7. 등록연월일: 2010. 1. 20.
8. 소유자: 이 민 수
9. 사용본거지: 서울시 동대문구 회기동 333

- 이 상 -

〈별지〉
가압류신청진술서

채권자는 가압류 신청과 관련하여 다음 사실을 진술합니다. 다음의 진술과 관련하여 고의로 누락하거나 허위로 진술한 내용이 발견된 경우에는, 그로 인하여 보전명령 없이 신청이 기각되거나 가압류이의절차에서 불이익을 받을 것임을 잘 알고 있습니다.

20 . . .

채권자(대리인)   (날인 또는 서명)

◇ 다 음 ◇

1. 피보전권리와 관련하여
가. 채무자가 신청서에 기재한 청구채권을 인정하고 있습니까?
　　□ 예
　　□ 아니요 → 채무자의 주장의 요지
나. 채무자가 청구채권과 관련하여 오히려 채권자로부터 받을 채권을 가지고 있다고 주장하고 있습니까?
　　□ 예 → 채무자의 주장의 요지
　　□ 아니요
다. 채권자가 신청서에 기재한 청구금액은 본안소송에서 승소할 수 있는 금액으로 적정하게 산출된 것입니까? (과도한 가압류로 인해 채무자가 손해를 입으면 배상하여야 함)
　　□ 예　　□ 아니요

2. 보전의 필요성과 관련하여
가. 채권자가 채무자의 재산에 대하여 가압류하지 않으면 향후 강제집행이 불가능하거나 매우 곤란해질 사유의 내용은 무엇입니까(필요하면 소명자료를 첨부할 것)
나. [유체동산가압류 또는 채권가압류사건인 경우] 채무자에게는 가압류할 부동산이 있습니까?
　　□ 예
　　□ 아니요 → 채무자의 주소지 소재 부동산등기부등본을 첨부할 것

다. ["예"라고 대답한 경우] 가압류할 부동산이 있다면, 부동산가압류 이외에 유체동산 및 채권가압류신청을 하는 이유는 무엇입니까?
　□ 이미 부동산상의 선순위 담보 등이 부동산가액을 초과함 → 부동산등기부등본 첨부할 것
　□ 기타 사유 → 내용

3. 본안소송과 관련하여
가. 채권자는 신청서에 기재한 청구채권(피보전권리)의 내용과 관련하여 채무자를 상대로 본안소송을 제기한 사실이 있습니까?
　□ 예　　　□ 아니요
나. ["예"로 대답한 경우]
　① 본안소송을 제기한 법원·사건번호·사건명은?
　② 현재 진행상황(소송이 계속 중인 경우)은?
　③ 소송결과(소송이 종료된 경우)는?
다. ["아니요"로 대답한 경우] 채권자는 본안소송을 제기할 예정입니까?
　□ 예 → 본안소송 제기 예정일
　□ 아니요

4. 중복가압류와 관련하여
가. 채권자는 이 신청 이전에 채무자를 상대로 동일한 가압류를 신청하여 기각된 적이 있습니까?
　□ 예　　　□ 아니요
나. 채권자는 신청서에 기재한 청구채권을 원인으로, 이 신청과 동시에 또는 이 신청 이전에 채무자의 다른 재산에 대하여 가압류를 신청한 적이 있습니까?
　□ 예　　　□ 아니요
다. [나. 항을 "예"로 대답한 경우]
　① 동시 또는 이전에 가압류를 신청한 법원·사건번호·사건명은?
　② 현재 진행상황은?
　③ 신청결과(취하/각하/인용/기각 등)는?

◇ 유의사항 ◇
채무자가 여럿인 경우에는 각 사람별로 이 서면을 작성하여야 합니다.

───── [사례 13 - 1] 부당한 가압류와 손해배상 ─────

<1> 乙은 H재건축조합에 대한 5억 원의 대행수수료 채권을 위 회사로부터 양수받았고, 甲이 2001. 2. 11. 그 명의로 K은행 산곡동지점에 개설한 보통예금채권(계좌번호 생략, 이하 "이 사건 예금채권"이라고 한다)은 H조합이 甲의 명의를 빌려 개설한 것으로서 진정한 권리자는 甲이 아닌 H조합이라고 주장하면서, 피보전권리를 위 양수금채권 중 3억 원으로 하여 H조합을 상대로 법원에 이 사건 예금채권에 대한 가압류신청을 하였고, 법원은 2001. 5. 23. 위 가압

류신청을 받아들이고 같은 달 26. 가압류결정문을 제3채무자인 K은행에 송달함으로써 가압류집행을 하였는데(이하 "이 사건 제1차 가압류"라고 한다), 당시 이 사건 예금채권의 잔액은 40,435,964원이었다.

<2> 乙은 다시 나머지 2억 원의 양수금채권을 피보전권리로 하여 H조합을 상대로 법원에 이 사건 예금채권에 대한 가압류신청을 하였고, 법원은 2001. 6. 13. 위 가압류신청을 받아들이고 같은 달 18. 가압류결정문을 제3채무자인 K은행에 송달함으로써 가압류집행을 하였는데(이하 "이 사건 제2차 가압류"라고 한다), 당시 이 사건 예금채권 잔액은 1,456,425,014원이었다.

<3> 그런데, 甲은 이 사건 예금채권의 채권자는 H조합이 아니라 甲임을 주장하면서 乙을 상대로 위 법원에 이 사건 각 가압류집행을 불허해 줄 것을 구하는 제3자이의의 소를 제기하여 2002. 3. 28. 원고 승소판결을 받았고, 乙이 이에 불복하여 항소하였으나 항소인인 乙이 변론기일에 2회 불출석하여 2003. 3. 27. 항소가 취하 간주됨으로써 결국 위 1심판결이 확정되었다.

<4> 이에 甲은 이 사건 각 가압류집행의 해제를 신청하여 그 결정에 따라 2003. 4. 2. 위 각 가압류의 청구금액 합계 5억 원을 포함한 이 사건 예금 전액을 인출하였는데, 이 사건 예금채권 중 위 각 가압류로 인하여 甲이 인출할 수 없었던 5억 원에 대하여 이 사건 제2차 가압류결정이 제3채무자인 K은행에 송달된 2001. 6. 18.부터 甲이 위 예금을 인출한 2003. 4. 2.까지(653일 동안) 사이에 발생한 예금이자는 4,732,780원이다.

甲은 乙을 상대로 부당가압류로 입은 손해의 배상을 구할 수 있는가? 손해배상액은 어떻게 산정되는가?

가압류나 가처분 등 보전처분은 법원의 재판에 의해 집행되는 것이기는 하나, 그 실체상의 청구권 존부나 그 집행대상물에 대한 채무자의 권리유무 등은 본안소송에 맡기고 단지 소명에 의하여 채권자의 책임 아래 하는 것이므로, 그 집행 후에 집행채권자가 집행채권의 존부를 다투는 본안소송 또는 집행대상물에 대한 채무자의 권리유무를 다투는 제3자이의 소송에서 패소 확정되었다면 그 보전처분의 집행으로 인하여 채무자 또는 집행대상물의 진정한 권리자가 입은 손해에 대하여 특별한 반증이 없는 한 집행채권자에게 고의 또는 과실이 있다고 추정되고, 따라서 그 부당한 집행으로 인한 손해에 대하여 이를 배상할 책임이 있다.

위 사례에서 乙은 이 사건 각 가압류의 집행대상물인 이 사건 예금채권은 H조합이 甲의 명의를 빌려 개설한 것으로서 진정한 채권자가 H조합임을 소명하여 위 예금채권에 대하여 각 가압류집행을 하였으나, 甲이 제기한 제3자이의 소송에서 위 예금채권의 진정한 권리자가 H조합이 아닌 甲인 것으로 밝혀진 이상 위 각 가압류집행은 채무자인 H조합이 아무런 권리를 가지지 아니한 집행대상물에 대하여 행하여진 부당한 가압류집행에 해당하고, 이와 같은 부당 가압류집행에 관하여 집행채권자인 乙에게 과실이 있었다고 추정되므로, 특별한 반증이 없는 한 乙은 위와 같은 부당 가압류집행으로 인하여 甲이 입은 손해를 배상할 책임이 있다.[870]

손해액에 관하여 민사상의 금전채권에 있어서 부당한 보전처분으로 인하여 그 채권 금액을 제때에 지급받지 못함으로써 발생하는 통상의 손해액은 그 채권 금액에 대한 민법 소정의 연 5%의 비율로 계산한 지연손해금 상당액이라고 할 것이고, 그 채권이 예금채권인 경우에는 그 채권금액에 딸린 이자와의 차액 상당액이 손해액이 된다. 이 사건 예

---

[870] 대법원 2009. 2. 26. 선고 2006다24872 판결: 금전채권에 대한 가압류의 경우 가압류채권자는 그 신청 시 가압류할 채권의 종류와 액수를 밝혀 이를 특정하여야 하고(제291조, 제225조 참조), 그 가압류재판에서는 가압류 대상인 특정의 채권을 기재하고 이를 가압류한다는 뜻을 선언함과 동시에 제3채무자에 대하여 가압류채무자에게 지급하여서는 아니 된다는 명령을 한 후(제296조 제3항 참조), 그 재판의 정본을 제3채무자에게 송달함으로써 집행한다. 여기에서 가압류의 대상인 채권은 가압류채무자가 제3채무자에 대하여 가지는 채권이어야 하는바, 가압류 대상채권이 예금주가 제3자로 되어 있는 기명식 예금채권과 같이 제3자 명의의 채권임에도 실제로는 가압류채무자가 그 진정한 채권자라고 주장하면서 이를 대상으로 가압류가 신청된 경우에도 가압류법원은 보전의 필요성을 고려하여 가압류를 발함에 적합한 소명이 이루어졌는지 등을 심리하여 가압류결정을 하여야 하되, 이 경우 가압류의 밀행성에 의하여 가압류채무자와 제3채무자를 심문하지 아니하고 하는 것이므로 가압류법원은 위와 같은 채권의 귀속에 관해서도 가압류채권자의 주장과 소명에 의하여 판단할 수밖에 없다(제277조, 제279조, 제291조, 제226조 참조). 그런데 그와 같이 집행된 가압류의 대상채권이 실제로는 가압류채무자의 것이 아니고 제3자에게 속하는 경우에는 그 가압류는 실체법상의 권리관계에 부합하지 아니한다는 의미에서 부당할 뿐만 아니라 실체법상 효력을 발생할 수 없다는 의미에서 무효이기도 하다. 그러나 그렇다고는 하더라도, 법원이 가압류결정에서 특정된 대상채권을 가압류채무자의 채권이라고 기재하여 제3채무자에게 그 채권에 관한 지급을 금지할 것을 명하고 있고 또 그러한 가압류가 절차법상으로는 유효한 이상, 그 집행이 취소되거나 대상채권의 진정한 채권자가 제기하는 제3자이의의 소 등을 통하여 그 가압류의 부당함이 밝혀질 때까지는 제3채무자로서는 가압류의 절차적, 외관적 효력과 이중지급의 위험 등의 이유 때문에 가압류결정에서 채권자로 지목되어 있는 가압류채무자는 물론 진정한 채권자인 제3자에 대해서도 채무를 이행하는 것이 매우 어려워질 수밖에 없고 또 적극적으로 그 채무액을 공탁할 수도 있는 것이므로, 제3채무자가 위와 같은 가압류결정이 있었다는 이유로 진정한 채권자인 제3자에게 그 채무의 이행을 거절하는 경우에는 진정한 채권자인 제3자로서는 결과적으로 위와 같은 부당한 가압류로 인하여 자신의 채권을 제때에 회수하지 못하는 손해를 입게 될 것이고, 이 경우 그 손해는 위 부당한 가압류와 상당인과관계가 있는 것이라고 할 것이다. 따라서 비록 가압류가 법원의 재판에 의하여 집행되는 것이기는 하지만, 그 부당한 가압류에 관하여 고의 또는 과실이 있는 가압류채권자로서는 그 가압류집행으로 인하여 제3자가 입은 위와 같은 손해를 배상할 책임이 있다.

금채권 중 위 각 가압류의 청구금액 합계액 상당액인 5억 원에 대하여 甲이 구하는 바에 따라 이 사건 제2 가압류결정이 제3채무자인 K은행에 송달된 2001. 6. 18.부터 甲이 乙을 상대로 제3자이의의 소를 제기하여 승소판결을 선고받고 위 판결이 확정된 후 그에 터 잡아 위 각 가압류집행을 해제하고 예금을 인출한 2003. 4. 2.까지 653일간 민법 소정의 연 5%의 비율로 계산한 지연손해금 상당액 44,726,027원(5억 원×0.05×653/365)에서 위 5억 원에 대한 예금이자 4,732,780원을 공제한 39,993,247원이 乙의 부당한 가압류집행으로 인한 甲의 손해가 된다.[871]

다. 보전처분신청의 병합과 변경

민사소송과 마찬가지로 원시적으로나 후발적으로 신청의 객관적·주관적 병합이 가능하다. 객관적 병합의 경우에는 예비적,[872] 선택적 병합도 가능한 것으로 본다. 가압류의 이의절차에서도 신청이유의 피보전권리를 변경할 수 있다.[873]

채무자 측에서 제기하는 반대가처분신청도 허용된다는 견해가 있다.[874]

라. 신청의 대위

채권자가 자기 채권의 보전을 위하여 채권자대위권을 행사할 수 있는 경우에는 그 청구권에 관한 강제집행의 보전을 위하여 가압류 또는 가처분 명령의 신청도 이를 대위 행사할 수 있다.[875] 가처분결정에 대한 본안제소명령의 신청권도 채권자대위권의 목적이 될 수 있다.[876]

---

871) 수원지방법원 2006. 3. 29. 선고 2005나14165 판결

872) 대법원 1982. 3. 9. 선고 81다1221, 1222, 81다카989, 81다카990 판결: 소유권이전등기말소등기청구권을 피보전권리로 하여 이 사건 처분금지 가처분신청을 하고 그 가처분결정을 받은 다음 그 가처분이의 절차에서 가처분신청이유에 예비적으로 시효취득에 인한 소유권이전등기청구를 추가한 경우.

873) 대법원 2009. 3. 13.자 2008마984 결정: 가압류의 신청은 긴급한 필요에 따른 것으로서 피보전권리의 법률적 구성과 증거관계를 충분하게 검토·확정할 만한 시간적 여유가 없이 이루어지는 사정에 비추어 보면, 당사자가 권리 없음이 명백한 피보전권리를 내세워 가압류를 신청한 것이라는 등의 특별한 사정이 없는 한 청구의 기초에 변경이 없는 범위 내에서는 가압류의 이의절차에서도 신청이유의 피보전권리를 변경할 수 있다고 보아야 한다.

874) 이시윤, p.570.

875) 대법원 1958. 5. 29. 선고 4290민상735 판결.

876) 대법원 1993. 12. 27.자 93마1655 결정.

> **[사례 13 - 2] 처분금지가처분과 합의해제**
>
>   *A부부에 대하여 대여금채권을 가지고 있는 甲이 A를 대위하여, A와 乙 사이에 체결된 부동산매매계약에 기한 A의 소유권이전등기청구권을 피보전권리로 하여 乙을 상대로 부동산의 처분금지가처분신청을 하였고, 법원의 가처분결정에 따라 2010. 8. 6. 이 사건 각 부동산에 대하여 처분금지가처분등기가 마쳐졌다.*
>
>   *乙은 2010. 11.경 A와의 합의에 의하여 위 매매계약이 해제되었다고 주장할 수 있는가?*

  채권자가 채권자대위권에 기하여 채무자의 권리를 행사하고 있다는 사실을 채무자가 알게 된 이후에는 채무자가 그 권리를 처분하여도 이로써 채권자에게 대항하지 못한다. 채권자가 채무자와 제3채무자 사이에 체결된 부동산매매계약에 기한 소유권이전등기청구권을 보전하기 위해 채무자를 대위하여 제3채무자의 부동산에 대한 처분금지가처분을 신청하여 가처분결정을 받은 경우에는 피보전권리인 소유권이전등기청구권을 행사한 것과 같이 볼 수 있으므로, 채무자가 그러한 채권자대위권 행사 사실을 알게 된 이후에 그 매매계약을 합의 해제함으로써 채권자대위권의 객체인 부동산소유권이전등기청구권을 소멸시켰다 하더라도 이로써 채권자에게 대항할 수 없고, 그 결과 제3채무자 또한 그 계약해제로써 채권자에게 대항할 수 없다.[877]

마. 신청의 효과

  보전처분신청이 있으면 보전사건의 계속이 생기고, 그 결과 중복신청이 금지된다. 중복 여부는 신청당사자가 동일하고, 피보전권리와 보전의 필요성이 동일한지 여부에 따른다. 유체동산가압류를 제외하고는 목적물이 다르면 중복신청이 아니다.

  보전처분의 신청으로 시효중단의 실체법상 효과가 발생하고, 이는 보전집행이 존속하는 한 시효중단의 효력은 계속된다. 다만 보전처분의 취소가 있는 때에는 소급하여 시효중단의 효력이 소멸된다(민법 175조).[878]

---

877) 대법원 2007. 6. 28. 선고 2006다85921 판결.

878) 대법원 1993. 9. 14. 선고 93다16758 판결: 가등기가처분은 통상의 민사소송법상의 가처분과는 그 성질을 달리하는 것이므로, 이러한 가등기가처분은 민법 제168조 제2호에서 말하는 소멸시효의 중단사유의 하나인 가처분에 해당한다고 할 수 없다.

바. 신청의 취하

보전처분신청의 취하에는 상대방의 동의가 필요 없다. 보전명령 자체가 취소되지 않고 존재하는 한, 그 집행 여부와 상관없이 신청취하가 가능하다.

[보전처분사건의 처리과정]

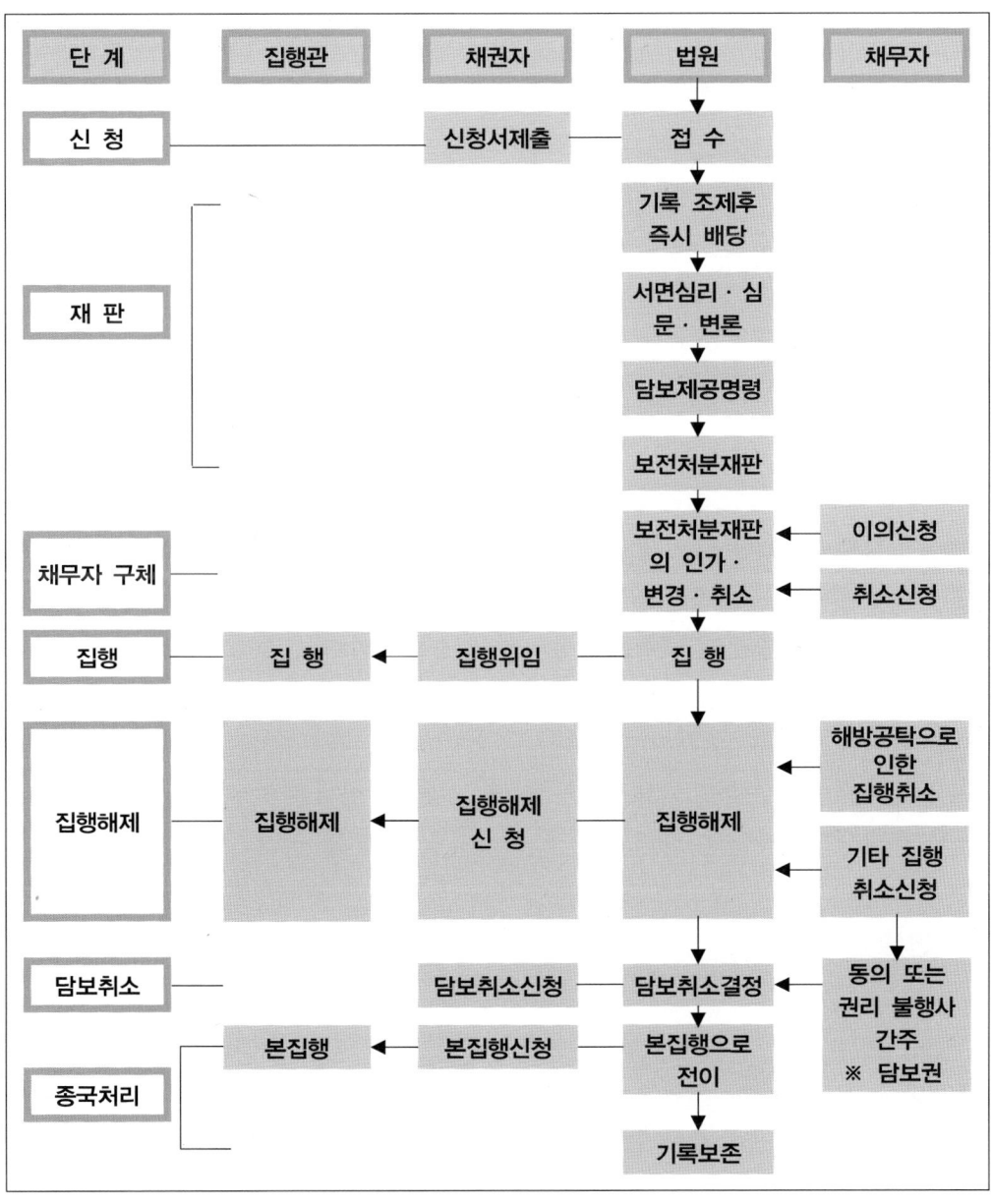

[2] 보전처분신청의 심리

1. 심리

　가압류와 가처분은 채무자 모르게 채권자의 주장과 소명자료만으로 채권자의 신청을 받아들인다(서면심리). 재판장은 신청서의 적법 여부를 심사하여 흠이 있으면 보정명령을 발하고 보정하지 아니하거나 보정불능 시 명령으로 보전명령을 각하한다. 피보전권리와 보전의 필요성에 대한 소명이 부족한 경우에는 보전명령을 기각한다.

　가압류와 계쟁물에 관한 가처분의 경우 변론을 거칠 수도 있으나(변론심리), 변론 없이 서면심리만에 의한 심리도 가능하다. 변론을 거칠지 여부는 법원의 재량이다. <u>임시지위를 정하는 가처분의 경우 반드시 변론기일 또는 심문기일을 열도록 되어 있으나, 다만 그 기일을 열어 심리하면 가처분의 목적을 달성할 수 없는 사정이 있는 때에는 그러하지 아니하다(제304조).</u>

2. 심문

　법원이 당사자의 일방 또는 쌍방에 대하여 서면 또는 구술로 사건에 관하여 의견을 진술할 기회를 주는 심문절차로 심문기일을 여는 경우 심문조서를 작성해야 한다. 심문절차에 관해서는 변론에 관한 규정은 준용되지 않는다. 따라서 심문이 종결된 후에도 다시 심문을 할 수도 있고, 신청의 취지, 원인을 변경할 수도 있으며, 공개할 필요도 없고, 당사자를 대석할 필요도 없다. 기일해태(불출석)의 효과도 생기지 않으며, 서면으로 미리 주장을 준비할 필요도 없고, 미리 준비서면에 기재하지 아니한 사항도 상대방이 불출석하였다 하더라도 주장할 수 있다.

3. 변론

　변론을 여는 경우 그 시기는 언제라도 상관없다. 변론 병합 및 분리가 가능하다. 다만 보전절차와 본안절차는 성질이 다르므로 보전소송과 본안소송을 병합 심리할 수 없다.879) 다만 보전소송과 본안소송이 동일 재판부에 계속 중이면 기일을 동시에 진행하는 병행심리를 하는 경우가 많다. 보전처분의 변론절차에도 일반 소송절차가 준용되나, 청구의 인낙, 진술간주, 자백간주, 소취하간주는 준용되지 않는다. 재판상 화해도 가능하다.[880] 재판상 자백도 가능하나 보전소송에서의 자백이 본안소송에서의 자백으로 되는 것은 아니다. 변론을 여는 경우 변론조서를 작성해야 한다.

임의적 변론으로 열린 변론기일에는 구술주의, 직접주의가 적용되지 않는다.[881]

4. 입증의 정도

입증의 정도는 소명으로 족하다. 다만 임시지위를 정하는 가처분은 증명에 가까운 고도의 소명을 요구하는 경우도 있다. 소명의 방법은 서증 또는 '즉시 조사할 수 있는 증거'에 의해야 한다. 문서 등의 송부촉탁신청이나 문서제출명령신청, 법원 밖에서의 증거조사신청은 즉시성이 없어 허용되지 않는다. 물론 즉시성 없는 증거방법을 조사한 경우 그 절차 위배는 소송절차이의권의 포기ㆍ상실의 대상이 된다.

보전처분신청인은 피보전권리와 보전의 필요성에 관하여 소명하여야 한다. 다만 관할, 당사자능력, 소송능력, 법정대리인, 소송대리권 등 소송요건은 증명의 대상임이다. 소명이 곤란할 경우 그 대용으로 보증금을 공탁하게 하거나, 그 주장이 진실하다는 선서를 하게 하여 소명에 갈음할 수 있다.[882]

[참고] 보전소송에서의 공탁

① **소명대용공탁:** 채권자가 소명을 대신하여 보증금을 공탁하는 것. 이는 국가에 하는

---

879) 구법시대에는 보전처분에 관한 이의절차를 변론절차로 진행할 수 있도록 하여, 가처분에 관한 이의신청으로 이의절차가 개시된 경우 본안사건 변론절차와 이의사건의 변론절차가 모두 변론절차로서 양자가 병합 심리할 수 있는지 문제가 된 적이 있었다. 대법원 2003. 8. 22. 선고 2001다23225, 23232 판결은 통상 민사본안사건과 가처분이의사건은 다른 종류의 소송절차에 따르는 것이므로 병합할 수 없다고 한다. 그러나 현재는 이의절차가 심문에 의해 진행되므로 이러한 문제는 근본적으로 생길 수 없게 되었다.

880) 구법시대의 판례 중에 재판상 화해를 부정한 것이 있으나(대법원 1958. 4. 3.자 4290민재항121 결정) 현재의 실무는 분쟁의 종국적인 해결을 위해 보전소송의 소송물 자체뿐만 아니라 본안의 청구에 관해서도 화해를 할 수 있는 것으로 보고 있다.

881) 신청서 그 밖의 주장서면은 진술하지 아니하여도 재판자료가 되고, 서증도 제출하기만 하면 재판자료가 된다.

882) 보증금을 공탁하는 경우 피공탁자는 국이 되고, 공탁원인은 소명대용이 된다. 소명대용으로서의 보증금은 자기주장의 진실성을 담보하는 것일 뿐 보전처분으로 인해 상대방이 입을 손해를 담보하기 위한 것이 아니므로, 상대방인 채무자는 소명대용의 공탁보증금에 대해 아무런 권리를 갖지 못한다. 실무상 소명대용의 공탁이나 당사자의 선서는 거의 이용되지 않는다.

소명대용일 뿐이므로, 채무자와는 아무런 상관없다. 따라서 채무자는 위 공탁보증 금에 관하여 우선변제권 등 일체의 권리를 갖지 못한다.

② **해방공탁:** 가압류로부터 해방되기 위해 가압류목적물에 대응하여 채무자가 금전을 공탁하는 것. 원래 가압류에 제공된 목적물은 모든 일반채권자의 담보에 제공되므로 그 대신 공탁된 해방공탁금도 마찬가지로 가압류채권자의 우선변제의 대상이 되지 못한다.

③ **그 외의 담보공탁:** 위 공탁 이외의 모든 담보공탁은 가압류·가처분으로 인한 채무자의 손해를 담보하고자 하는 것으로서, 이에 대해서는 채무자의 우선변제권이 인정된다.

[3] 보전처분신청에 대한 재판

보전처분에 대한 재판은 서면심리나, 심문을 거치는 심리, 변론심리를 막론하고 판사가 결정의 방식으로 한다.[883)

1. 보전처분을 명하는 재판

가. 무담보 인용재판과 담보제공조건부 인용재판

무담보 인용재판은 조건 없이 가압류를 명하는 것이고, 담보제공조건부 인용재판은 담보로 금원을 공탁하는 것을 조건으로 한 가압류명령이다.[884) 채권자로가 무담보 인용재

---

883) 2005년 개정법률 시행 전에는 변론을 거친 경우에는 판결로, 그 밖의 경우에는 결정으로 하고 있었다.
884) 담보제공조건부 인용재판과 담보제공명령을 구별하여야 한다. 담보제공조건부 인용재판이란 인용재판에 조건이 붙어 있는데 그 조건이 '담보로 금 ○○○원을 공탁'하는 것이라는 의미이다. 채권자가 담보제공조건을 이행하지 않으면 채무자는 사정변경으로 인한 가압류취소신청을 통해 인용재판을 취소할 수 있다. 담보제공명령이란 채권자가 보전처분을 신청하는 경우 그 보전처분을 인용하기에 앞서 우선 담보를 제공하라는 명령이다. 즉, 보전처분과는 상관없는 독자적 명령이다. 채권자가 담보제공명령을 이행하면 법원은 통상 보전처분을 발하게 되고(물론 담보제공을 했다 하더라도 반드시 보전처분을 발 해야 하는 것은 아니다. 중간에 사정변경이 있다면 발하지 아니할 수도 있다). 채권자가 이행하시 아니

판을 원했는데 담보제공조건부 인용재판이 난 경우 채권자는 즉시항고를 통해 불복할 수 있다.

나. 담보의 제공

여기서 담보는 채권자의 보전처분으로 인해 채무자가 입을 손해를 담보하는 것으로서, 부적절한 보전처분으로 손해를 입은 채무자는 이에 대해 질권자로서의 우선변제권을 갖는다. 담보액은 법원이 재량으로 산정하고, 담보산정기준이 법원을 구속하지 않는다.

[담보액산정 기준표]

종류	산정기준	목적물		
		부동산(자동차)	유체동산	채권
가압류	**청구채권액**	1/10	4/5	2/5
계쟁물가처분	**목적물가액**	1/10[885]	1/3[886]	1/5
임시지위가처분	**목적물가액**	1/20	1/5	–

※ **서울보증보험의 보험요율**
 ▷ 국가, 지방자치단체, 정부투자기관, 금융기관: 0.281%
 ▷ 상장기업, 비상장기업 중 우대업체(S1, A1, A2): 0.394%
 ▷ 기타: 0.563%
예컨대 일반인에게 담보제공으로 1억 원을 명한 경우: 563,000원

※ **보증료(보험료)의 환급이 가능한 경우**
 ▷ 법원이 선담보 제공에 대하여 불허결정을 하고 현금공탁을 명한 경우
 ▷ 가압류신청이 기각·각하된 경우/채권자가 가압류신청을 취하한 경우
 ▷ 법원이 담보금액을 감액한 경우
 ▷ 가압류집행이 미집행되거나 집행불능된 경우

하면 보전처분신청이 각하된다. 담보제공명령이 내려진 경우 채권자는 이 명령 자체에 대해서는 다툴 수는 없고, 담보제공을 거부하고 결국 담보를 이행하지 아니하여 보전처분신청이 각하되면 이에 대해 즉시항고로 불복할 수 있을 뿐이다.
885) 점유이전금지가처분은 1/20
886) 점유이전금지가처분은 1/5

보전처분을 발하기 앞서 일정한 기간을 정하여 일정액의 담보를 제공하라는 명령 즉, 담보제공명령과 채권자가 담보를 제공할 것을 조건으로 보전처분을 인용하는 담보제공조건부 인용결정이 있다. 담보를 제공하게 하는 재판은 채권자에게만 고지하면 족하다. 담보제공명령에 대해서는 독립하여 불복할 수 없다.[887]

다. 담보제공의 방법

담보제공의 방법으로는 현금, 유가증권, 지급보증위탁계약을 맺은 문서가 있다. 지급보증위탁계약을 맺은 문서를 제출하려면 미리 법원의 허가를 받아야 하나, 부동산·채권에 대한 가압류의 경우는 미리 보증보험회사 등과 지급보증위탁계약을 맺은 문서를 제출하고 이에 대해 법원의 사후 허가를 얻는 방법으로도 할 수 있다.

채무자에게는 실무상 보전처분의 집행(예컨대 등기소에 가압류 또는 가처분등기를 촉탁하는 등) 착수 후에 보전처분결정을 송달한다.

2. 신청을 배척하는 재판

가. 각하

당사자능력, 소송능력 등 소송요건을 흠결한 경우, 법원이 명한 담보를 제공하지 아니한 경우에는 신청을 각하한다. 부동산가압류의 경우 압류대상인 미등기부동산의 경우 제81조 제1항 제2호 소정의 서류를 제출하지 못한 경우, 채권가압류의 경우 피압류채권이 압류대상이 아닌 경우에는 각하된다.[888]

---

887) 대법원 2001. 9. 3.자 2001그85 결정: 수소법원이 (구)민사소송법 제507조 제2항 소정의 강제집행정지 결정 등을 명하기 위하여 담보제공명령을 내렸다면 이러한 담보제공명령은 나중에 있을 강제집행을 정지하는 재판에 대한 중간적 재판에 해당하는바, 위 명령에서 정한 공탁금액이 너무 과다하여 부당하다고 하더라도 이는 강제집행정지의 재판에 대한 불복절차에서 그 당부를 다툴 수 있을 뿐, 중간적 재판에 해당하는 담보제공명령에 대해서는 독립하여 불복할 수 없다.

888) 각하나 기각이나 실체적 확정력이 없으므로 엄격히 구별할 필요는 없다.

나. 기각

피보전권리 또는 보전의 필요성이 인정되지 아니한 경우는 신청을 기각한다. 소명이 부족하거나 없는 경우 또는 소명대용으로 담보를 제공하게 하는 것으로도 보전처분을 발령하기 부족한 경우, 신청이 이유 없음이 소명된 경우에는 기각한다.

신청을 배척하는 재판은 채권자에게 고지하면 족하고, 채무자에게는 고지하지 않는다. 보전처분신청을 배척하는 재판에 대해서는 채권자가 즉시항고로 불복이 가능하다.

[사례 13 – 3] 담보의 실행

<1> 채권자 甲은 채무자 乙에 대한 가압류집행을 하면서 乙에게 생길 손해를 보전하기 위해 법원의 명령에 의해 담보를 공탁하였으나, 이후 보전처분의 발령 또는 집행으로 乙이 손해를 입은 경우 乙이 어떠한 방법으로 담보를 실행할 수 있는가?

<2> 甲이 지급보증위탁계약을 체결한 문서를 제출한 경우에는 어떻게 되는가?

<1> 피담보채권의 존재 및 범위(즉, 손해배상청구권의 존재 및 액수)를 밝힌 확정판결이나 화해조서, 인낙조서 등에 기하여 또는 담보제공자(= 채권자)의(손해배상청구권의 존재 및 액수에 대한) 동의서를 첨부하여 이를 공탁공무원에게 제출하여 공탁물을 받는 방법: 乙이 甲에 대한 손해배상청구권의 존재 및 액수를 증명하여 직접 공탁소에 공탁물출급청구권을 행사하고 출급받은 금액에 대해 우선변제권을 행사하는 것이다.

<2> 피담보채권에 터 잡아 채권질권의 실행방법으로서 민사집행법 제273조에서 정한 강제집행절차에 따라 공탁자의 공탁물회수청구권에 관하여 압류 및 전부(추심)명령을 받는 방법: 乙이 甲에게 가진 손해배상청구권을 질권의 피담보채권으로 보고 乙이 질권자(담보권자)로서 피담보채권을 집행채권으로 하여 甲이 공탁소에 대하여 가진 공탁물회수청구권에 대해 채권집행(압류 및 전부·추심)을 하는 것이다. 乙이 질권자로서 공탁소에 대해 공탁물회수청구권을 실행할 때에는 甲의 담보취소신청 없이도 바로 공탁물회수청구권에 대해 집행이 가능하다는 학설(법정질권설)의 입장을 실무가 받아들여 이 경우는 담보취소 없이도 바로 회수청구

권이 발생한다는 것이다. 그리고 이렇게 회수된 금액에 대해서 乙은 우선변제를
받을 수 있다.

<3> 공탁자가 가지는 공탁물회수청구권에 대하여 압류 및 전부(추심)명령을 받은 후
담보제공자를 대신하여 담보취소를 신청하여 담보취소결정을 받아 공탁물을 회수
하는 방법: 乙이 甲에게 가진 손해배상청구권을 일반채권으로 하여, 甲이 공탁소
에 대하여 가진 공탁물회수청구권에 대해 채권집행(압류 및 전부·추심)을 하는
것이다. 이 경우도 甲이 공탁소에 대해 당연히 공탁물회수청구권을 가지는지 여
부가 문제 된다. 그러나 (2)의 경우와 달리 乙이 甲에 대해 질권자로서가 아닌
일반채권자로서 채권집행을 하는 경우에는, <u>甲이 제공한 담보(공탁)를 취소하여
야만 甲이 공탁물회수청구권을 가질 수 있다</u>는 것이 실무와 학설의 입장이므로,
乙은 甲의 특별승계인으로서 담보취소신청을 하고 담보취소결정을 받아 공탁물
을 회수할 수 있다는 것이다. 그리고 이렇게 회수된 금액에 대해서 乙은 우선변
제를 받을 수 있다.[889]

<4> 甲이 지급보증위탁계약을 체결한 문서를 제출한 경우 乙은 보험증권이나 공탁보
증보험계약 체결사실을 증명하는 서면과 손해배상액에 관한 집행권원을 증명할
수 있는 서류를 첨부하여 손해배상액을 직접 보험자에게 보험금으로 청구하면 된다.[890]

3. 담보취소(보증공탁금의 회수절차)

채권자가 보전처분신청을 하면서 담보로 제공한 보증공탁금을 회수하기 위해서는, 먼
저 담보취소의 결정을 받은 후 담보취소결정정본과 그 확정증명 및 공탁금회수청구서를
공탁공무원에게 제출하여 공탁공무원의 회수청구에 관한 인가를 받은 후 공탁은행에 가
서 공탁금을 찾으면 된다. 담보취소란 담보사유가 소멸된 경우 담보제공자가 제공한 담

---

889) 대법원 2004. 11. 26. 선고 2003다19183 판결: 재판상 담보공탁에 있어 담보권리자(피공탁자)는 담보
물에 대하여 질권자와 동일한 권리가 있는바, 담보권리자가 공탁금회수청구권을 압류하고 추심명령이
나 확정된 전부명령을 받은 후 담보취소결정을 받아 공탁금회수청구를 하는 경우에도 그 담보공탁금의
피담보채권을 집행채권으로 하는 것인 이상, 담보권리자의 위와 같은 담보취소신청은 어디까지나 담보
권을 포기하고 일반채권자로서 강제집행을 하는 것이 아니라 오히려 적극적인 담보권실행에 의하여 그
공탁물회수청구권을 행사하기 위한 방법에 불과하다고 보는 것이 합리적이므로 이는 담보권의 실행방
법으로 인정되고, 따라서 이 경우에도 <u>질권자와 동일한 권리가 있다고 할 것이므로 그에 선행하는 일반
채권자의 압류 및 추심명령이나 전부명령으로 이에 대항할 수 없다.</u>

890) 손해배상액에 관한 집행권원을 증명할 수 있는 서류와 관련하여 채무자는 보전처분을 신청한 채권자를
상대로 먼저 집행권원을 취득한 후, 이를 바탕으로 보험자에게 보험금청구를 하여야 하고, 보험자에게
직접 손해배상을 청구할 수는 없다. 대법원 1999. 4. 9. 선고 98다19011 판결 참조.

보를 반환받는 절차를 말한다.

가. 신청인

원칙적으로 담보를 제공한 채권자가 담보취소신청을 할 수 있다. 담보제공자인 채권자의 담보물회수청구권에 대한 양수인이나 추심 또는 전부채권자와 같은 특정승계인도 담보취소신청이 가능하다. 담보제공자인 채권자의 일반채권자도 채권자대위권 행사로 담보취소신청이 가능하다. 보전처분의 발령 또는 집행으로 인하여 생긴 손해배상청구권의 존재가 확정될 경우에는 통상 질권실행의 방법으로 공탁자가 가지는 공탁물회청구권에 관하여 전부 또는 추심명령을 받은 후 담보취소결정을 받아 공탁물을 회수한다.

나. 담보취소사유

(1) 담보사유가 소멸한 경우: 채권자가 본안 승소판결을 얻은 경우, 보전처분결정 전에 보전신청을 취하한 경우 등이다.[891] 이 경우에는 담보취소결정 없이 결정 전 취하증명을 받아 공탁금을 바로 회수할 수 있고, 미집행 또는 집행불능의 경우에는 권리행사최고를 하지 않고 바로 담보취소를 한다. 보전처분결정 후 집행기간의 경과, 보전처분의 집행불능 후 보전처분신청의 취하만으로는 담보사유가 소멸하지 않는다.[892]

[사례 13 − 4] 담보사유의 소멸과 담보의 실행

甲이 당초 乙의 불법행위로 인한 100억 원의 손해배상청구채권을 피보전권리로 하여 乙 소유의 부동산에 대한 가압류를 신청함에 따라 가압류결정이 내려졌다. 그 후 법원의 담보제공명령에 따라 乙이 10억 원을 공탁하고 보험가입금액을 50억 원으로 한 공탁보증보험증권을 제출함에 따라 민사집행법 제288조 제1항 제2호의 규정에 의한 가압류결정의 취소가 있었다. 그런데 甲은 본안소송을 제기함에 있어서는 가압류신청과 달리 1억 원의 위자료 및 이에 대한 지연손해금의 지급만을 구한 경우

---

891) 이때에는 판결정본과 확정증명, 납부서(송달료)를 구비해야 한다.
892) 대법원 1967. 12. 29. 선고 67마1009 판결, 대법원 1981. 12. 22. 81마290 결정.

> 乙은 甲이 본안소송에서 구하고 있는 위 1억 원 및 그에 대한 지연손해금에 대한 담보로 충분하다고 보이는 1억 1,000만 원을 제외한 나머지 담보사유는 소멸하였다는 이유로 乙이 공탁한 10억 원 및 보증보험증권으로 제출한 50억 원의 담보 중 현금 1억 1,000만 원을 제외하고 나머지 담보의 취소를 구할 수 있는가?

민사집행법 제288조 제1항 제2호에 따라 가압류의 취소를 위하여 채무자가 제공하는 담보는 직접 피보전권리를 담보하는 것으로 채권자는 여기에 대하여 일종의 질권을 갖게 되는바, 따라서 본안소송의 1심에서 채권자의 피보전권리가 없다는 이유로 채권자패소판결이 선고되었다고 하더라도 그 판결이 확정되지 않는 한 담보사유가 소멸되지 아니하는 것이 원칙이다. 그러나 한편, 민사집행법 제19조 제3항에 의하여 가압류의 취소를 위하여 제공된 담보에도 준용되는 민사소송법 제125조 제1항에서 담보의 취소사유로 규정하고 있는 담보사유가 소멸된 것이란 그 담보를 제공할 원인이 부존재인 경우는 물론이고 그 후 담보의 존속을 계속시킬 원인이 부존재하게 된 경우 등을 의미하는 것이다.[893]

대법원은 가압류취소를 받기 위해 제공된 담보는 가압류명령 기재 청구채권을 직접 담보하고 있으므로, 가압류채권자가 당해 가압류청구채권인 손해배상청구채권 중 일부에만 관하여 본안소송을 제기하였다고 하여 그 사실만으로 담보사유가 소멸되었다고 할 수 없다고 한다.[894] 위 사례에서 판례에 의하면 乙의 담보취소신청은 기각될 것이다.

(2) 채무자의 동의가 있는 경우: 채무자의 동의(담보권 포기의사)와 더불어 법원이 담보취소결정을 할 경우 다투지 않겠다는 항고권포기서를 첨부하여야 한다.[895] 채무자가 채권자의 공탁금회수청구권을 압류 및 추심 또는 전부 받아 담보취소를 하는 경우에는, 담보권리자와 담보취소신청인이 동일인이므로 별도의 동의서나 항고권포기서는 필요 없다.

(3) 소송완결 후 권리행사를 최고했으나 채무자가 담보권을 행사하지 않은 경우: 소송이 완결될 때 손해발생 여부도 확정되므로, 소송완결 후 담보권자에게 담보권 행사를 최고하고, 일정 기간 동안 이를 행사하지 않으면 담보취소에 동의한 것으로 보고 담보취소

---

893) 대법원 2006. 6. 30. 2006마257 결정 등 참조.
894) 대법원 2008. 7. 1. 2008마711 결정.
895) 이때에는 담보취소동의서, 즉시항고권포기서, 인감증명과 영수증, 납부서를 구비해야 한다.

결정을 할 수 있다.[896] 소송의 완결은 더 이상 손해액이 증가할 염려가 없는 것으로서, 본안소송이 제기된 때에는 그 본안소송도 완결되어야 한다.[897] 담보권자의 담보권 행사는 담보의무자에 대하여 소송 기타 재판상 청구의 방법으로 하여야 한다. 권리행사최고를 거쳐 담보취소결정이 발하여진 후 즉시항고 등으로 그 결정이 확정되기 전에 담보권리자가 권리행사를 하고 이것을 증명한 경우에는 담보권리자가 담보취소에 동의한 것으로 간주하여 발하여진 담보취소결정은 그대로 유지될 수 없다.

다. 불복방법

담보취소에 대해서는 즉시항고를 할 수 있다.

[서식] 담보취소신청

담 보 취 소 신 청

신 청 인 김 신 자
　　　　　서울시 서초구 서초동 123
피신청인 이 민 수
　　　　　서울시 동대문구 회기동 333

위 당사자 간 귀원 2010카단1011호 부동산가압류신청사건에 관하여 신청인은 동 가압류를 위한 보증으로 귀원 공탁공무원에게 2010년 금 제2341호로 금 1,000,000원을 공탁하였는바, 당사자 간에 합의하여 담보권리자인 피신청인으로부터 동의를 받아(또는 신청인이 본안소송에서 승소 확정 판결을 받아) 담보사유가 소멸되었으므로 위 담보의 취소를 신청합니다.

첨 부 서 류

　　　1. 동의서(판결정본 및 확정증명원)
　　　1. 공탁서
　　　1. 항고권포기서

---

[896] 이때에는 담보권리행사최고서와 납부서, 신청취하서, 집행해제서를 구비해야 한다.
[897] 여기서 소송의 완결이란 신청사건의 완결만으로는 부족하고, 가압류·가처분의 본안사건의 완결을 뜻한다. 권리행사 최고 후 채무자로부터 본안소송이 계속 중이라는 주장이 있으면 담보취소신청을 기각한다.

1. 인감증명
1. 납부서

2010. . .
위 신청인 김 신 자 (인)

서울중앙지방법원   귀 중

담 보 취 소 동 의 서

신 청 인   김 신 자
피신청인   이 민 수

위 당사자 간 귀원 2010카단1011호 부동산가압류신청사건에 관하여 신청인이 2010. 7. 6. 귀원 공탁공무원에게 2010년 금 제2341호로 금 1,000,000원을 공탁한 바 있으나 이 건 신청인의 담보취소신청에 이의 없이 동의합니다.

2010. . .
위 피신청인 이민수(인)

서울중앙지방법원 귀중

즉 시 항 고 권 포 기 서

신 청 인 김 신 자
피신청인 이 민 수

위 당사자 간 귀원 2010카○○○호 담보취소신청사건에 관하여 피신청인은 담보취소결정에 대한 즉시항고권을 포기합니다.

2010. . .
위 피신청인 이 민 수 (인)

서울중앙지방법원   귀 중

┌───┐
[사례 13 - 5] 대위담보취소로 인한 보증공탁금의 회수

　甲은 乙에 대한 서울중앙지방법원 2010 가단1234호 손해배상(자) 청구사건에 관하여 2010. 10. 1. 금 1,000만 원 및 이에 대한 선고일로부터 완제일까지 연 2할의 비율에 의한 금원을 지급하라는 가집행선고부판결을 받았다. 乙은 이에 불복하여 2010. 10. 15. 위 법원 항소부에 항소를 제기하면서 강제집행정지신청을 하였고, 위 항소부에서는 담보로 금 1,000만 원을 공탁하게 하고, 위 제1심 판결의 강제집행을 위 항소심 판결선고 시까지 정지하는 결정을 하였는데, 2011. 2. 1. 乙의 항소기각 판결이 선고되고 동 판결이 확정되었다.

　甲은 어떠한 방법으로 乙이 공탁한 금원을 회수할 수 있는가?
└───┘

　위 사례에서 甲은 담보권리자이고, 乙은 담보제공자이다. 甲은 위 확정된 집행권원에 의하여 乙을 채무자로 국가(공탁공무원)를 제3채무자로 하여 위 공탁금 1,000만 원에 대한 채권압류 및 전부명령신청을 할 수 있다. 법원의 압류결정이 채무자 乙과 제3채무자에게 송달되면 乙이 담보로 공탁한 1,000만 원의 채권에 대하여 제3채무자에게는 乙에 대한 지급을 금하고, 乙에게는 위 채권의 처분과 영수를 금하는 압류의 효력이 생긴다. 그리고 위 전부명령이 확정되면 乙은 甲에 대한 위 채무를 변제한 것으로 된다.

　甲은 압류·전부명령이 확정되면 강제집행정지결정을 한 법원에 위 담보공탁금 1,000만 원에 대하여 乙을 대위하여 담보취소신청을 하고 법원의 담보취소결정을 받아 공탁공무원에게 공탁금에 대한 출급청구를 하여 위 1,000만 원을 회수할 수 있다. 甲이 乙의 공탁금회수청구권을 압류 및 전부를 받아 대위담보취소를 신청하는 경우에는 담보권리자인 甲의 동의서, 인감증명, 항고권포기서를 첨부할 필요가 없다. 이 경우에는 동일인이 단지 담보취소신청인과 피신청인의 지위를 겸유할 뿐이므로 담보취소신청 행위 자체에 담보권리자로서의 동의가 포함된 것으로 볼 수 있기 때문이다.

　담보제공자 이외에 담보제공자가 가지는 담보물회수청구권의 양수인이나 전부채권자와 같은 특정승계인은 물론, 담보제공자의 일반 채권자가 채권자대위의 요건을 갖춘 경우에도 다음과 같은 서식으로 대위담보취소신청을 할 수 있다.

[서식] 대위담보취소신청

대 위 담 보 취 소 신 청

신청인(양수인, 전부채권자   최 진 수
      또는 대위신청인)   서울시 강남구 논현동 541
피신청인   이 남 수
      서울시 동대문구 이문동 111

신 청 취 지

신청인과 피신청인 사이의 서울중앙지방법원 2010카○○○호 강제집행정지신청사건에 관하여 피신청인이 2010. 10. 15. 귀원 공탁공무원에게 2010년 금 제○○○호로 공탁한 금 10,000,000원의 담보는 신청인이 본안에서 승소 확정판결을 받아 담보사유가 소멸하였으므로 이를 취소한다.

라는 재판을 구합니다.

신 청 이 유

1. 신청인은 피신청인을 상대로 귀원 2010가단1234호 손해배상(자)청구사건에서 금 10,000,000원 및 이에 대한 지연이자를 지급하라는 가집행선고부 승소판결을 받았습니다.
2. 피신청인은 위 판결에 대하여 서울중앙지방법원 항소부에 항소를 제기하면서 강제집행정지신청을 하여 그 담보로 금 10,000,000원을 공탁하고 위 항소심 판결선고 시까지 강제집행을 정지하는 결정을 받았습니다.
3. 한편, 위 사건은 2011. 2. 1. 피신청인의 항소가 기각되고 동 판결이 확정되었으므로 신청인은 위 가집행선고부 판결에 의하여 귀원 2010카○○○호 강제집행정지신청사건에 관하여 담보 공탁한 2010년 금 제○○○호 공탁금에 대하여 피신청인이 가지는 공탁금회수청구권을 압류·전부 받았고 동 압류·전부명령은 확정되었습니다.
4. 따라서 신청인은 피신청인을 대위하여 신청취지와 같이 담보취소신청을 합니다.

첨 부 서 류

    1. 채권압류 및 전부명령결정   1통
    1. 동 확정증명원   1통

        2011. . .
      위 신청인 최 진 수 (인)

서울중앙지방법원 귀중

4. 가압류명령의 내용

가. 피보전권리 및 청구금액

피보전권리는 특정될 수 있도록 기재하고, 청구금액은 해방공탁금 산정의 기준이 되고, 가압류집행의 한도가 되며, 가압류한 채권에 대한 배당을 하게 될 때 그 기준금액이 되므로 명확히 기재하여야 한다.

나. 담보에 관한 사항

채권자가 담보를 제공한 때에는 그 담보와 담보방법을 다음과 같이 기재한다.

① 현금공탁: "담보로 금 000원을 공탁하게 하고"
② 보증보험증권번호만 기재하는 경우:
   "담보로 공탁보증보험증권(○○주식회사 증권번호 제○○호)을 제출받고"
③ 보증보험증권사본을 첨부하는 경우:
   "담보로 별지 첨부의 지급보증위탁계약을 맺은 문서를 제출받고"
④ 담보제공조건부 가압류 명령의 경우:
   "담보로 금 ○○○원을 공탁하는 것을 조건으로"

다. 가압류선언

채무자의 재산에 관한 처분권을 박탈하는 의미로 채무자의 재산을 가압류한다는 선언을 한다. 채권에 대한 가압류는 가압류선언 이외에 "제3채무자는 채무자에게 위 채권의 지급을 하여서는 아니 된다"는 문구를 추가한다.

라. 목적재산

유체동산은 특정을 할 필요가 없으나, 부동산과 채권은 특정한다.

마. 해방공탁금의 표시

해방공탁금이란 가압류의 집행을 정지시키거나 집행한 가압류를 취소시키기 위하여 채무자가 공탁하는 금액을 말하고,[898] 법원이 가압류 명령을 하면서 해방공탁금의 해방금액을 기재하면 채무자는 위 금액을 공탁하여 가압류로부터 해방될 수 있다. 채무자가 해방금액 전액을 공탁하면 반드시 가압류집행을 취소하여야 한다.[899]

해방공탁금은 다음과 같은 성질을 갖는다.

① 채무자가 공탁하는 해방금액은 채권자의 손해를 담보하는 것이 아니고, 가압류 목적재산에 갈음하는 것뿐이므로, 소송비용담보에 관한 규정이나 우선변제권은 준용되지 않는다.
② 해방금액이 공탁된 경우 가압류의 효력은 공탁금회수청구권에 대하여 미친다.[900]
③ 채무자의 다른 채권자가 해방공탁금 회수청구권에 대하여 (가)압류명령을 받은 경우는 가압류채권자의 가압류와 다른 채권자의 (가)압류는 그 집행대상이 같아 경합하게 된다.

[사례 13 - 6] 해방공탁금회수청구권에 대한 압류

<1> 가압류집행의 목적물에 갈음하여 가압류 해방금이 공탁되고, 그 후 채무자의 다른 채권자가 해방공탁금의 회수청구권에 대하여 (가)압류, 전부명령을 받은 경우, 양 채권의 우선순위와 배당금액은?

<2> 위의 경우 채무자의 다른 채권자가 가압류채무자에게 해방공탁금의 용도로 금원을 대여하여 가압류집행을 취소할 수 있도록 해 준 경우에도 해방공탁금 회수청구권을 압류할 수 있는가?

---

898) 담보제공의 가압류명령과 달리 해방공탁금은 금전에 의한 공탁만이 허용되고, 유가증권에 의한 공탁은 허용되지 않는다.

899) 해방공탁금표시: "채무자는 다음 청구금액을 공탁하고 집행정지 또는 집행취소를 신청할 수 있다."

900) 대법원 1996. 11. 11. 95마252 결정: 가압류집행의 목적물에 갈음하여 가압류해방금이 공탁된 경우에 그 가압류의 효력은 공탁금 자체가 아니라 공탁자인 채무자의 공탁금 회수청구권에 대하여 미치는 것이므로 채무자의 다른 채권자가 가압류해방공탁금 회수청구권에 대하여 압류명령을 받은 경우에는 가압류채권자의 가압류와 다른 채권자의 압류는 그 집행대상이 같아 서로 경합하게 된다.

<1>의 경우 양 채권자는 경합하고, 가압류채권자가 해방공탁금에 대해서는 우선변제권이 없으므로, 양 채권자의 채권액에 비례해서 안분배당하면 족하다.

<2>의 경우 해방금액의 공탁에 의한 가압류집행취소 제도의 취지에 비추어 볼 때, 가압류채권자의 가압류에 의하여 누릴 수 있는 이익이 가압류집행취소에 의하여 침해되어서는 안 되므로, 가압류채무자에게 해방공탁금의 용도로 금원을 대여하여 가압류집행을 취소할 수 있도록 한 자는 비록 가압류채무자에 대한 채권자라 할지라도 특별한 사정이 없는 한 가압류채권자에 대한 관계에서 가압류 해방공탁금 회수청구권에 대하여 위 대여금 채권에 의한 압류 또는 가압류의 효력을 주장할 수는 없다.[901]

바. 소송비용에 관한 재판

실무상 심문이나 변론을 거치는 사건에 대해서만 직권으로 소송비용부담의 재판을 하고, 서면심리에 의하는 사건은 당사자가 신청을 한 경우에 한하여 소송비용부담의 재판을 한다.

사. 사실과 이유

통상 "신청이 이유 있다고 인정되므로"는 식으로 간단히 기재한다.

5. 가처분명령의 내용

가. 피보전권리의 내용

피보전권리의 금액을 표시할 필요는 없으나, 중복신청방지 및 본안과의 연결을 위하여 피보전권리의 내용을 표시한다.

---

901) 대법원 1998. 6. 26. 선고 97다30820 판결.

나. 주문

가처분 대상 목적물과 가처분의 내용을 기재한다. 가압류와 달리 가처분은 가처분에 의하여 방지하려고 하는 위험의 형태가 다양하므로 주문 또한 매우 다양하다. 가처분의 방법은 법원의 자유재량에 속한다. 그러나 다음과 같은 제한이 있다.

(1) 신청의 범위 내일 것: 보전처분에도 처분권주의가 적용되어 당사자 신청취지의 양적, 질적 범위를 넘어설 수 없다.

(2) 본안청구의 범위 내일 것: 보전처분의 부수성으로 인해 본안소송이 소유권이전등기청구인 경우 처분금지가처분이 허용되나, 점유이전금지가처분은 허용되지 않는다.902) 점유자가 누구인지와 소유권이전등기를 청구하는 상대방은 아무런 상관이 없고, 본안에서 소유권이전등기를 청구하기 위해 보전처분을 통해 점유자를 항정해 놓을 필요가 없다. '부동산인도청구'가 본안인 경우, 점유자가 바뀐다면 인도청구의 상대방도 변경해야 하므로 본안소송 전에 미리 당사자를 항정해 놓아야 하고, 그 방법은 바로 점유이전금지가처분이다.

본안청구에 관한 집행권원의 집행력이 미치지 아니하는 제3자에 대하여 의무를 지우거나 또는 제3자의 권리에 직접 영향을 미치게 하는 가처분은 할 수 없다. 민법상의 임차권 또는 저당권설정계약에 기한 등기청구권을 보전하기 위하여 목적 부동산에 처분금지가처분이 허용되고, 임차권에 기한 인도청구권도 그 임대차가 주택(또는 상가)임대차와 같이 제3자에게 대항력을 갖출 수 있는 경우에는 그 보전을 위한 처분금지 또는 점유이전금지가처분이 허용된다.

(3) 가처분의 목적범위 내일 것: 가처분은 보전의 목적을 초과할 수 없다. 만족적 가처분이라도, 종국적 상태와 완전히 동일하고 원상회복이 불능한 내용으로 만족을 주는 것은 가처분의 목적에 반하여 허용되지 아니한다. 부작위를 명하는 가처분의 주문에서 "집행관은 위 명령의 취지를 공시하기 위하여 적당한 조치를 취하여야 한다"는 명령(공

---

902) 대법원 1964. 11. 10. 선고 64다649 판결: 계쟁물에 대한 가처분은 본안판결의 강제집행의 범위를 넘어서는 할 수 없는바, 본안소송으로 광구에 대한 광업권이전등기의 말소를 구하면서 계쟁물에 대한 가처분으로 광구의 출입금지를 구하는 것은 본안판결의 강제집행의 범위를 넘어서는 것으로서 본안 전 가처분신청으로 취급되어야 함에도 불구하고 원심이 본안재판으로서 이를 처리한 것은 잘못이다.

시명령)을 붙일 수 있다.

다. 가처분의 방법

① 보관인의 결정: 영업에 관해서는 보관인을 정하는 가처분이 적당하지 않다.
② 행위 또는 금지명령: 건물철거가처분, 근로자지위보전가처분, 점유이전금지가처분, 처분금지가처분, 건축공사금지가처분, 업무방해금지가처분, 영업비밀침해금지가처분, 주주권행사금지가처분, 방송금지가처분, 시위금지가처분 등
③ 급여지급명령: 명도단행가처분, 임금지급가처분 등
④ 부수적 처분: 가처분집행으로 인하여 채무자 등에게 생길 수 있는 영향을 감안하여 부수적 처분을 내릴 수도 있다.[903]

라. 해방공탁금

가처분의 경우는 특정물에 대한 이행청구권 또는 다툼 있는 권리관계의 보전에 목적이 있고, 특별사정으로 인한 가처분의 취소를 별도로 규정하고 있으므로(제307조) 해방공탁금을 기재할 수 없다.[904]

6. 기타

가. 보전재판의 고지

보전재판은 송달의 방법으로 고지한다. 다음과 같은 경우에는 채무자에게 고지할 필요가 없다.

---

903) 이사직무집행정지가처분에 부수하여 직무대행자선임가처분을 하는 것 등. 대행자선임가처분에서 대행자의 선임은 법원의 자유재량에 속한다.
904) 대법원 2002. 9. 25. 2000마282 결정: 금전채권이나 금전으로 환산할 수 있는 채권의 보전을 목적으로 하는 가압류와 달리 가처분은 금전채권을 제외한 특정물에 대한 이행청구권 또는 다툼이 있는 권리관계의 보전에 그 본래의 목적이 있다는 점과 민사집행법 제307조에서 특별사정으로 인한 가처분의 취소를 별도로 규정한 법의 등에 비추어 볼 때 해방공탁금에 관한 민사집행법 제282조의 규정은 가처분에는 준용할 수 없다고 해석함이 타당하다.

① 담보를 제공하게 하는 재판

② 보전처분신청을 기각하거나 각하하는 재판

③ ②에 대한 즉시항고를 기각하거나 각하하는 재판

보전처분이 집행되지 아니한 채 집행기간이 도과하거나 집행불능이 된 경우에도 보전처분결정서를 채무자에게 송달하여야 한다.

나. 보전처분을 명하는 재판의 효력발생시기

보전처분을 명하는 재판은 재판이 고지된 때 효력을 발생하고, 집행력은 채권자에게 고지하는 즉시(채무자에게 고지되기 전에도) 생긴다.

경정결정이 있는 경우 경정결정은 당초의 보전명령이 고지된 때에 소급하여 경정된 내용의 보전명령의 효력이 발생한다. 그러나 채권가압류결정은 제3채무자의 입장에서 볼 때 객관적으로 경정결정이 당초의 채권가압류결정의 동일성에 실질적으로 변경을 가하는 것일 경우에는 경정결정이 제3채무자에게 송달된 때 비로소 경정된 내용의 보전명령이 효력을 발생한다.

어느 경우에 채권가압류결정의 동일성에 실질적으로 변경을 하는 것인가에 관하여 판례는 사망으로 인하여 피상속인에서 상속인으로 채무자가 변경되는 경우에는 동일성이 있다고 보고, 그 이외에는 동일성이 실질적으로 변경된다고 본다.

[사례 13 - 7] 가압류결정의 경정과 가압류의 효력

甲은 채무자를 '만성기계산업'으로 표시하여 위 채무자의 乙에 대한 채권가압류명령신청을 하여 2010. 4. 1. 위 가압류결정이 乙에게 송달되었다. 乙은 2010. 5. 1. '만성산업기계'에 대한 채무를 변제하였는데, 甲은 위 가압류결정의 채무자 표시를 '만성산업기계'로 경정신청을 하였고, 위 경정결정이 2010. 5. 12. 乙에게 송달되었다.

乙은 위 결정결정 전에 한 '만성산업기계'에 대한 변제를 甲에게 대항할 수 있는가?

채권가압류결정의 경정결정이 확정되는 경우 당초의 채권가압류결정은 그 경정결정과 일체가 되어 처음부터 경정된 내용의 채권가압류결정이 있었던 것과 같은 효력이 있으므

로, 원칙적으로 당초의 채권가압류결정 정본이 제3채무자에게 송달된 때에 소급하여 경정된 내용의 채권가압류결정 효력이 발생한다.[905]

그런데 채권가압류결정은 제3채무자를 심문하지 아니한 채 이루어지고, 제3채무자에게 송달함으로써 그 효력이 발생하는바, 직접의 당사자가 아닌 제3채무자는 피보전권리 존재와 내용을 모르고 있다가 채권가압류결정 정본의 송달을 받고 비로소 이를 알게 되는 것이 일반적이기 때문에 당초의 채권가압류결정에 위산, 오기 기타 이에 유사한 오류가 있는 것이 객관적으로는 명백하다 하더라도 제3채무자의 입장에서는 당초의 가압류결정 그 자체만으로 거기에 위산, 오기 기타 이에 유사한 오류가 있다는 것을 알 수 없는 경우가 있을 수 있다. 그와 같은 경우에까지 일률적으로 채권가압류결정의 경정결정이 확정되면 당초의 채권가압류결정이 송달되었을 때에 소급하여 경정된 내용의 채권가압류결정이 있었던 것과 같은 효력이 있다고 하게 되면 순전히 타의에 의하여 다른 사람들 사이의 분쟁에 편입된 제3채무자 보호의 견지에서 타당하다고 할 수 없다. 그러므로 제3채무자의 입장에서 볼 때에 객관적으로 경정결정이 당초 채권가압류결정의 동일성에 실질적으로 변경을 가하는 것이라고 인정되는 경우에는 경정결정이 제3채무자에게 송달된 때에 비로소 경정된 내용의 채권가압류결정의 효력이 발생한다.[906]

위 사례에서 가압류결정이 제3채무자에게 송달되었으나, 결정문에는 채무자가 '만성기계산업'으로 표시되어 있어 제3채무자로서는 가압류가 '민성산업기계'에 대한 것이 아닌 것으로 착각하고 민성산업기계에 채무를 변제하게 된다. 그러나 이후 경정결정으로 인해 채무자표시가 '만성기계산업'에서 '민성산업기계'로 바뀌게 되는 경우 만약 원칙대로 경정결정으로 당초의 가압류결정이 송달된 때 경정된 내용의 보전처분의 효력이 발생한다면 제3채무자의 변제는 가압류 이후의 변제에 해당하여 가압류 효력에 반하는 행위로서 이를 채권자에게 대항할 수 없다. 이와 같이 채권에 대한 가압류의 경우는 제3채무자에게 불측의 손해를 가할 수 있기 때문에 제3채무자의 입장에서 보아 당초의 가압류결정과 경정된 가압류결정에 동일성이 상실되면 경정결정이 제3채무자에게 송달된 때에 비로소 경정된 내용의 채권가압류결정의 효력이 발생한다는 것이 판례이다. 위 사례에서 경정결정이 송달된 때에 경정된 가압류의 효력이 발생한다면 변제 후 가압류가 있는 것으로 되어 제3채무자를 보호할 수 있게 된다.

판례는 경정결정의 경우 상속으로 채무자가 변경된 경우 이외에는 동일성이 없다고 보

---

905) 대법원 1998. 2. 13. 선고 95다15667 판결.
906) 대법원 1999. 12. 10. 선고 99다42346 판결.

아 제3채무자를 보호하고 있다.

다. 보전재판의 효력

(1) 구속력: 보전처분을 발령한 법원이 스스로 이를 취소·철회할 수 없는 효력. 다만 기각·각하 결정에 대한 즉시항고나 인용결정에 대한 이의신청이 제기된 경우 그 재판을 한 법원이 다시 심리한 후 스스로 취소 또는 변경할 수 있다.

(2) 집행력: 채권자에게 고지 즉시 집행력 발생

(3) 잠정성: 잠정적 효력을 갖는다고 하여 본안의 소에서 채권자가 패소하면 보전처분의 효력이 당연히 상실된다는 것은 아니고, 채무자가 사정변경으로 인한 취소신청을 하여 취소결정을 받아 집행취소까지 마쳐야 한다.

(4) 형식적 확정력: 보전처분신청 가각·각하 결정은 이에 대한 즉시항고 기간의 경과나 즉시항고 기각·각하 재판에 의해 형식적으로 확정되고, 보전처분신청 인용결정은 이에 대한 이의신청 재판의 확정에 의해 형식적으로 확정된다.

(5) 실질적 확정력(기판력): 기판력이 없으므로 소명부족으로 보전처분의 신청이 기각되었어도 다시 신청이 가능하다.[907]

라. 보전절차에서의 조정·화해

(1) 보전절차에서 보전소송의 소송물 자체에 대한 조정·화해가 허용된다.

(2) 보전절차에서 본안의 소송물에 대한 조정·화해가 허용된다.[908] 다만 본안의 소송

---

907) 대법원 1977. 12. 27. 선고 77다1698 판결: 보전소송절차는 피보전청구권을 종국적으로 확정하는 것을 목적으로 하는 것이 아니므로 보전소송에서 피보전청구권이 소명되어 보전신청이 판결에 의하여 인용되고, 동 판결이 확정되었다고 하더라도 그로써 그 피보전청구권에 관해서 기판력이 생기는 것이 아니다.

908) 보전절차에도 화해의 권고와 화해권고결정에 관한 규정(민사소송법 제145조, 제225조 내지 제232조), 강제조정에 관한 규정이 준용된다(민사조정법 제30조).

물에 관한 화해는 제소전화해의 실질을 가지고 있으므로 본안의 소송물에 관한 신청이 있어야 한다.

(3) 기존의 보전집행을 취소 또는 인가할 것인지 여부와 같이 보전소송의 주문과 같은 결정을 내리는 조정·화해는 허용되지 않는다.

(4) 조정·화해의 효력: 조정이 성립되면 보전처분의 신청은 취하된 것으로 보고, 화해가 성립되면 보전처분절차는 그로써 당연히 종료된다. 본안소송물까지 조정·화해의 대상으로 한 경우 본안소송이 당연히 종료되는 효과는 없고, 별도로 원고가 소를 취하하여야 하며, 조정·화해 이후에도 원고가 소를 취하하지 않을 경우 권리보호이익이 없어 소를 각하하여야 한다.909)

---

909) 대법원 2005. 6. 10. 선고 2005다14861 판결: 재판상 화해에 있어서 법원에 계속 중인 다른 소송을 취하하기로 하는 내용의 화해조서가 작성되었다면 당사자 사이에는 법원에 계속 중인 다른 소송을 취하하기로 하는 합의가 이루어졌다 할 것이므로, 다른 소송이 계속 중인 법원에 취하서를 제출하지 않는 이상 그 소송이 취하로 종결되지는 않지만 위 재판상 화해가 재심의 소에 의하여 취소 또는 변경되는 등의 특별한 사정이 없는 한 그 소송의 원고에게는 권리보호의 이익이 없게 되어 그 소는 각하되어야 한다.

제14장 보전집행절차

[1] 보전집행 일반론

1. 보전처분집행의 일반원칙

가. 강제집행규정의 준용

보전처분집행에 관해서는 강제집행에 관한 규정을 준용한다(제291조, 제301조). 다만 청구이의의 소와 집행문부여에 대한 이의의 소의 규정은 준용되지 않는다.

나. 집행기관

유체동산 가압류, 동산 또는 부동산인도 가처분, 채무자의 점유해제·집행관보관의 가처분은 집행관이, 부동산, 선박·항공기 등, 채권과 그 밖의 재산권에 대한 가압류와 처분금지가처분은 집행법원이 집행기관이 된다. 후자의 경우에는 통상 가압류·가처분 발령법원이 집행법원이 된다.

2. 보전처분집행의 특질

[참고] 보전처분집행의 특질
① 보전처분명령을 채권자에게 고지함으로써 곧바로 집행력이 생기고, 명령의 확정을 기다릴 필요가 없다. 가집행선고를 붙일 필요가 없고, 법원이 집행기관인 경우에는 집행신청을 기다리지 않고 집행에 착수한다.

② 집행문부여가 필요 없다(승계와 조건의 경우 제외).

③ 채무자에게 집행권원을 송달할 필요 없이 집행이 가능하다.

④ 채권자에게 재판을 고지한 날로부터 2주 안에 집행에 착수하지 않으면 집행력이 상실된다(제292조 제2항).[910]

가. 집행신청의 필요 여부

채권자가 보전처분명령을 받은 후 이를 집행하기 위해서는 집행신청이 필요하다. 유체동산의 가압류, 동산 또는 부동산인도의 가처분은 집행관이 이를 집행하므로 보전명령 정본을 집행관에게 제시하고 집행위임(신청)을 하여야 하나, 부동산, 채권, 그 밖의 재산권에 대한 가압류와 처분금지가처분은 집행법원이 집행기관이 되므로 보전처분신청 시에 그 인용재판에 대한 집행신청도 함께 한 것으로 보아 발령법원은 별도의 집행신청 없이도 보전처분 발령 시 함께 집행에 착수한다.

보전처분집행을 위해 채무자에 대한 보전명령의 송달이 필요한 것은 아니다.

나. 집행기간

가압류나 가처분 등 보전처분재판의 집행은 채권자에게 재판을 고지한 날로부터 2주를 넘긴 때에는 하지 못한다(제292조 제2항, 제301조). 이 집행기간은 공익적 성질에 비추어 법원이 임의로 신장할 수 없고, 채무자도 그 기간도과의 이익을 포기할 수 없다.[911]

집행기간은 집행이 가능한 날부터 기산된다. 따라서 즉시 집행이 가능한 보전처분(가압류, 처분금지가처분, 점유이전금지가처분 등)은 채권자에게 그 재판을 고지한 날부터 즉시 집행기간이 기산된다.

다음과 같은 경우에는 재판의 고지와 동시에 즉시 집행에 착수할 수 없는 경우이다.

---

910) 2주의 집행기간을 도과한 경우 집행력은 상실되나. 이로써 보전명령 자체의 효력이 상실되는 것은 아니므로 사정변경에 따른 취소신청을 하여야 하고, 집행기간이 지났음에도 집행 시 채무자는 집행에 관한 이의로 구제받을 수 있다.

911) 집행기간은 불변기간이 아니므로 집행기간 도과 후 추후보완은 있을 수 없고, 다만 채무자의 집행방해가 있는 경우에는 기간이 진행이 정지되고 이것이 끝난 때부터 새로이 진행되는 것으로 본다. 이시윤, p.539.

(1) 일정한 작위를 명하는 가처분: 대체적 작위(대체집행)와 부대체적 작위(간접강제) 와 같이 일정한 작위를 명하는 가처분은 가처분재판의 고지일로부터 2주 안에 대체집행 또는 간접강제를 신청해야 한다.

[사례 14-1] 가처분집행기간의 도과

 Y철강주식회사 발행주식 총수의 1/3 이상을 소유한 주주 甲[912]은 2009. 9. 22. 법원으로부터 "가처분결정정본을 송달받은 날의 3일 후부터 20일의 기간 동안 그 영업시간 내에 한하여 Y회사의 회계장부를 열람·등사하라"는 가처분명령을 받고 같은 달 24. 위 가처분결정 정본을 송달받았다. 그 후 2010. 3. 2. Y회사를 방문하여 위 가처분결정에 명시된 회계장부의 열람 및 등사를 신청하였으나 Y회사가 일부만 보여 주고 나머지의 열람을 거부하자 같은 달 23. 위 가처분의 집행을 위하여 간접 강제를 신청하였다. 甲의 신청은 적법한가?

회계의 장부와 서류 등에 대한 열람·등사청구가 있는 경우, 회사는 그 청구가 부당함을 증명하여 이를 거부할 수 있는바, 주주의 열람·등사권 행사가 부당한 것인지 여부는 그 행사에 이르게 된 경위, 행사의 목적, 악의성 유무 등 제반 사정을 종합적으로 고려하여 판단하여야 할 것이고, 특히 주주의 이와 같은 열람·등사권의 행사가 회사업무의 운영 또는 주주 공동의 이익을 해치거나 주주가 회사의 경쟁자로서 그 취득한 정보를 경업에 이용할 우려가 있거나, 또는 회사에 지나치게 불리한 시기를 택하여 행사하는 경우 등에는 정당한 목적을 결하여 부당한 것이라고 보아야 한다.[913]

부대체적 작위채무의 이행을 명하는 가처분결정을 받은 채권자가 간접강제의 방법으로 그 가처분결정에 대한 집행을 함에 있어서도 제301조에 의하여 제292조 제2항의 규정이 준용되므로, 특별한 사정이 없는 한 가처분결정이 송달된 날로부터 14일 이내에 간접강제를 신청하여야 함이 원칙이고, 위 집행기간이 지난 후의 간접강제신청은 부적법하다.

다만 가처분에서 명하는 부대체적 작위의무가 일정 기간 계속되는 경우라면, 채무자가

---

912) 회계장부열람권은 상법상 발행주식 총수의 100분의 3 이상에 해당하는 주식을 가진 주주(상법 제466조 제1항)와 주권상장법인 또는 코스닥상장법인의 경우에는 발행주식 총수의 1만분의 10 이상(자본금이 1 천억 원 이상인 법인의 경우 1만분의 5 이상)에 해당하는 주식을 보유한 자에게만 인정된다(증권거래법 제191조의 13 제3항).

913) 대법원 2004. 12. 24. 2003마1575 결정.

성실하게 그 작위의무를 이행함으로써 강제집행을 신청할 필요 자체가 없는 동안에는 위 집행기간이 진행하지 않고, 채무자의 태도에 비추어 작위의무의 불이행으로 인하여 간접 강제가 필요한 것으로 인정되는 때에 그 시점부터 위 14일의 집행기간이 기산되는 것으로 보아야 할 것이다.914)

위 사례의 가처분결정은 Y회사에 대하여 일정 기간 계속되는 부대체적 작위의무를 명한 것이고, Y회사는 2010. 3. 2.부터 작위의무를 성실히 이행하지 않는 태도를 보이므로 신청인들로서는 간접강제가 필요하다고 보이는 그 시점부터 14일의 집행기간 내에 가처분의 집행을 위한 간접강제를 신청하였어야 한다. 따라서 위 14일이 지난 같은 달 23. 甲이 이 사건 간접강제신청을 한 것이므로 甲의 신청은 부적법 각하된다.

[사례 14 – 2] 간접강제결정의 집행기간

채권자 甲이 채무자 乙재건축조합을 상대로 조합원명부교부명령가처분신청을 하고, 법원이 2008. 5. 23. 甲의 신청을 받아들여 "채무자는 채권자에게 결정정본을 송달받은 날로부터 5일 이내에 乙재건축조합조합원명부를 교부하여야 한다. 채무자가 위 기간 내에 위 의무를 이행하지 아니하는 때에는 채무자는 채권자에게 위 기간 만료일 다음 날부터 의무이행 시까지 1일 2,000,000원의 비율에 의한 돈을 지급하라"는 내용의 가처분결정을 하였다.

위 사건 가처분결정은 2008. 5. 27. 채권자 대리인 및 채무자 대리인에게 각 송달되었다. 채무자는 위 결정정본 송달일로부터 5일이 지나도록 위 조합원 명부를 교부하지 않았고, 그 후 채권자는 이 사건 가처분의 집행에 착수하지 않다가 2008. 7. 28.에야 제1심 법원에 이 사건 가처분결정의 간접강제금 채권을 청구채권으로 하는 채권압류 및 전부명령을 신청하였다. 채권자는 간접강제가 가능한 시점인 2008. 6. 2.부터 2주의 집행기간이 경과하기까지 이 사건 가처분에 대한 집행에 착수하지 않았으므로, 채권자는 더는 이 사건 가처분을 집행할 수 없는가?

부대체적 작위채무의 이행을 명하는 가처분결정과 함께 그 의무위반에 대한 간접강제결정이 동시에 이루어진 경우에는 <u>간접강제결정 자체가 독립된 집행권원이 되고</u> 간접강제결정에 기초하여 배상금을 현실적으로 집행하는 절차는 간접강제절차와 독립된 별개의

---

914) 대법원 2001. 1. 29. 99마6107 결정.

금전채권에 기초한 집행절차이므로, 그 간접강제결정에 기한 강제집행을 반드시 가처분 결정이 송달된 날로부터 2주 이내에 할 필요는 없다. 다만 그 집행을 위해서는 당해 간 접강제결정의 정본에 집행문을 받아야 한다.[915]

(2) 단순한 부작위를 명하는 가처분: 채무자가 명령위반행위를 하면 그 명령위반 행위 시부터 그 제거(대체집행)나 방지(간접강제)를 위한 신청의 집행기간이 개시된다. 따라서 그 집행기간 내에 그 수권결정을 신청하면 된다.

(3) 정기이행을 명하는 가처분: 매 이행기별로 진행된다.

(4) 이사직무집행정지 가처분: 민법 제52조에 의한 등기사항으로서 가처분을 하는 경 우 제306조에 의해 가처분등기가 촉탁되어 등기된다. 즉 등기실행이 집행방법이고(이 등 기는 제3자에 대한 대항요건이기도 함), 그 집행기간은 가처분결정의 고지일로부터 진행 한다.

다. 집행의 의미

보전처분은 2주 안에 집행에 착수하면 족하다. 집행의 일부에 착수하였더라도 그 집행 행위와 별개의 집행행위를 따로 할 때에는 이 역시 집행기간 내에 착수되어야 한다. 이 미 실시된 집행에 관하여 그 보관방법을 변경하는 것은 집행기간 경과 후에도 가능하다.

라. 집행기간 도과의 효과

채권자가 집행기간 내에 집행에 착수하지 아니하는 경우에는 그 보전처분은 집행력이 소멸하여 이를 집행할 수 없게 된다. 따라서 채권자는 새로운 보전처분을 받아야 집행이 가능하다.[916]

집행기간이 도과했음에도 집행하는 경우 채무자는 집행에 관한 이의로 구제받을 수 있 다. 집행기간이 도과했다 하더라도 그것만으로 보전처분명령 자체의 효력이 상실되는 것

---

915) 대법원 2008. 12. 24. 2008마1608 결정.
916) 채권자가 임의로 가압류집행을 해제한 경우 집행기간 내라면 다시 집행이 가능하다.

은 아니므로, 채무자가 보전처분 자체의 효력을 없애기 위해서는 사정변경에 따른 보전 처분취소신청을 해야 한다.

마. 보전처분 채무자의 권리행사

일반적으로 채권에 대한 가압류가 있더라도 이는 채무자가 제3채무자로부터 현실로 급부를 추심하는 것만을 금지하는 것일 뿐 채무자는 제3채무자를 상대로 그 이행을 구하는 소송을 제기할 수 있고 법원은 가압류가 되어 있음을 이유로 이를 배척할 수는 없는 것이 원칙이다.[917]

가처분채무자도 가처분채권자의 권리를 해하지 않는 범위 내에서 권리행사가 가능하다. 따라서 가처분이 집행된 경우에도 채권의 보전행위 등을 위해 채권의 확인·이행의 소를 제기할 수 있다.[918]

[사례 14 - 3] 소유권이전등기청구권에 대한 가압류·가처분과 해제조건부소유권 이전등기청구

A는 2008. 10. 7. 乙회사로부터 X아파트를 금 1억 원에 매수하기로 하는 분양계약을 체결하였고, 甲은 2009. 7. 28. A로부터 위 아파트를 금 1억 2,000만 원에 매수하였으며, 위 아파트에 관하여 2009. 9. 13. 乙회사 명의의 소유권보존등기가 마쳐졌다.

甲은 A에 대한 금전청구권지급의 보전을 위하여 A의 乙회사에 대한 X아파트에 관한 소유권이전등기청구권에 대하여 채권가압류결정을 받았고, 위 결정은 乙회사에 송달되었다. 또한 丙이 A에 대한 소유권이전등기청구권의 보전을 위하여 A의 乙회사에 대한 위 소유권이전등기청구권에 대하여 처분금지가처분결정을 받았고, 위 결정 또한 乙에게 송달되었다.

甲은 乙을 상대로 X아파트에 관한 소유권이전등기청구의 소를 제기할 수 있는가?

---

[917] 왜냐하면 채무자로서는 제3채무자에 대한 그의 채권이 가압류되어 있다 하더라도 집행권원을 취득할 필요가 있고 또는 시효를 중단할 필요도 있는 경우도 있을 것이며 또한 소송 계속 중에 가압류가 행하여진 경우에 이를 이유로 청구가 배척된다면 장차 가압류가 취소된 후 다시 소를 제기하여야 하는 불편함이 있는 데 반하여 제3채무자로서는 이행을 명하는 판결이 있더라도 집행단계에서 이를 저지하면 될 것이기 때문이다. 대법원 2002. 4. 26. 선고 2001다59033 판결.

[918] 가처분이 집행된 경우에도 가처분채무자의 제3채무자에 대한 채권은 시효가 중단되지 않고, 가처분 상태에서 위와 같은 보전행위를 취하지 아니하여 시효완성 시 그 가처분 존속 중임을 이유로 가처분채권자에게 손해배상을 구할 수 없다.

소유권이전등기청구권에 대한 압류나 가압류는 채권에 대한 것이지 등기청구권의 목적물인 부동산에 대한 것이 아니고, 채무자와 제3채무자에게 그 결정을 송달하는 외에 현행법상 등기부에 이를 공시하는 방법이 없는 것으로서, 당해 채권자와 채무자 및 제3채무자 사이에만 효력이 있을 뿐 압류나 가압류와 관계가 없는 제3자에 대해서는 압류나 가압류의 처분금지효력을 주장할 수 없다.

소유권이전등기청구권의 압류나 가압류는 청구권의 목적물인 부동산 자체의 처분을 금지하는 대물적 효력은 없고, 또한 채권에 대한 가압류가 있더라도 이는 채무자가 제3채무자로부터 현실로 급부를 추심하는 것만을 금지하는 것이므로 채무자는 제3채무자를 상대로 그 이행을 구하는 소송을 제기할 수 있고 법원은 가압류가 되어 있음을 이유로 이를 배척할 수는 없는 것이지만, 소유권이전등기를 명하는 판결은 의사의 진술을 명하는 판결로서 이것이 확정되면 채무자는 일방적으로 이전등기를 신청할 수 있고 제3채무자는 이를 저지할 방법이 없게 되므로 위와 같이 볼 수는 없고 이와 같은 경우에는 가압류의 해제를 조건으로 하지 않는 한 법원은 이를 인용하여서는 안 되는 것이며,[919] 가처분이 있는 경우도 이와 마찬가지로 그 가처분의 해제를 조건으로 하여야만 소유권이전등기절차의 이행을 명할 수 있다.[920]

소유권이전등기청구권에 대한 가압류가 있기 전에 가처분이 있었다고 하여도 가처분이 뒤에 이루어진 가압류에 우선하는 효력이 없으므로 가압류는 가처분채권자의 관계에서도 유효할 뿐만 아니라,[921] 가압류 상호 간에도 그 결정이 이루어진 선후에 따라 뒤에 이루어진 가압류에 대하여 처분금지효력을 주장할 수는 없다.

결국 위 사례에서 乙은 위 각 소유권이전등기청구권 가압류 및 가처분의 해제를 조건으로 A에게 X아파트에 관한 소유권이전등기절차를 이행할 의무가 있다.[922]

---

919) 대법원 1992. 11. 10. 선고 92다4680 판결 참조.
920) 대법원 1998. 2. 27. 선고 97다45532 판결 참조.
921) 대법원 1998. 4. 14. 선고 96다47104 판결 참조.
922) 대법원 1999. 2. 9. 선고 98다42615 판결.

[2] 각종의 가압류와 그 집행

1. 유체동산가압류의 집행

법원으로부터 가압류명령결정을 받은 채권자가 집행관에게 가압류명령정본을 첨부하여 집행을 위임하면,[923] 집행관은 동산압류의 방법에 준하여 압류하고 스스로 보관하거나 채무자 등에게 보관시킨다. 실무상 봉인 후 채무자에게 보관 위탁시키는 경우가 대부분이고,[924] 집행관이 유체동산가압류집행을 한 경우에는 유체동산가압류집행조서를 작성한다.

가압류한 유체동산은 원칙적으로 이를 현금화할 수 없고(이 점이 본압류와 다른 점이다), 가압류물을 즉시 매각하지 아니하면 값이 크게 떨어질 염려가 있거나 그 보관에 많은 비용이 드는 경우 집행관은 집행법원의 명령 없이도 그 물건을 매각히여 매각대금을 공탁하여야 한다(제296조 제5항). 집행관이 금전을 가압류하였을 경우에는 이를 바로 채권자에게 인도하지 않고 공탁하여야 한다(제296조 제4항).

가압류명령의 집행은 가압류의 목적물에 대하여 채무자가 매매·증여 또는 질권 따위의 담보권 설정 및 기타 일체의 처분을 금지하는 효력을 생기게 한다. 다만 이에 위반한 처분행위는 절대적 무효가 아니라 가압류채권자에 대한 관계에서만 상대적으로 무효가 될 뿐이다.

가압류물을 제3자가 점유하는 경우에는 가압류채권자가 제3자의 점유를 안 날로부터 1주일 이내에 가압류물의 인도명령을 신청하면, 이 명령에 기하여 집행관이 가압류물을 회수할 수 있다.

공무원이 그 직무에 관하여 실시한 봉인 또는 압류 기타 강제처분의 표시를 손상 또는 은닉하거나 기타 방법으로 그 효용을 해한 자는 5년 이하의 징역 또는 700만 원 이하의 벌금에 처한다(형법 제140조). 따라서 압류물을 원래의 보관장소에서 상당한 거리에 있는 다른 장소로 이전한 경우, 점유이전금지가처분을 위반하여 점유를 이전한 경우 등에는 형법상 '공무상비밀표시무효죄'로 처벌받게 된다.

---

923) 유체동산의 가압류 명령에서는 채무자의 유체동산을 포괄적인 대상으로 하고 그 집행단계에서 집행관의 점유에 의하여 구체적인 집행의 대상으로 되는 유체동산이 정하여지므로 신청단계에서 가압류할 유체동산을 특정하여 기재할 필요는 없다.

924) 이때 집행관의 점유는 공법상 점유로서 채무자의 사법상 점유를 상실시키지 않아 채무자로부터 가압류된 유체동산을 취득한 제3취득자는 가압류된 유체동산을 선의취득을 할 수 있다(공법상점유설).

2. 부동산가압류의 집행

금전채권의 보전집행방법으로 대외적 공시가 가능한 부동산가압류가 많이 행해지고 있다. 채권자가 채무자 소유의 부동산에 대하여 가압류명령신청을 하면 법원은 따로 집행신청을 기다리지 않고 그 집행으로 가압류명령을 등기부에 기입하도록 촉탁한다. 즉, 부동산가압류는 등기부에 가압류등기를 기입하는 것으로 집행한다. 실무상 가압류등기가 완료된 후 채무자에게 가압류명령정본을 송달함으로써 채무자의 처분이나 재산 은닉을 방지하고 있다.

미등기건물은 가압류기입등기가 경료될 수 없어 부동산집행의 방법으로는 집행할 수 없고, 유체동산가압류의 방법으로 집행한다. 다만 즉시 채무자 명의로 등기신청을 할 수 있음을 증명할 서류(예컨대 판결, 토지대장, 임야대장, 건축물관리대장등본 등)를 첨부하여, 미등기부동산이 채무자 명의로 등기할 수 있는 것인 때에는 등기관이 채무자 명의의 보존등기를 한 뒤 가압류기입등기를 한다.

가압류등기가 마쳐지더라도 채무자는 그 부동산의 이용이나 관리에 아무런 지장이 없으나, 처분하는 경우에는 가압류채권자에 대한 관계에서 무효가 된다. 가압류 등기된 부동산을 매수한 제3자는 가압류 채권자 이외의 자에 대해서는 그 취득의 효과를 주장할 수 있고, 채무자를 대위하여 피보전채권을 변제하면 채권자에 대한 관계에서 완전한 소유권을 취득한다.

매수인은 매매 목적물에 대하여 가압류집행이 되었다 하더라도 매매에 따른 소유권이전등기가 불가능한 것은 아니므로, 매매 목적물이 가압류된 사유만으로 매도인의 계약위반을 이유로 매매계약을 해제할 수 없다.925) 다만 가압류등기가 있는 부동산의 매매계약에 있어서 매도인의 소유권이전등기의무와 아울러 가압류등기의 말소의무도 매수인의 대급지급의무와 동시이행의 관계에 있다.926)

부동산에 대한 강제관리는 가압류를 위해서도 할 수 있다. 가압류의 목적물이 빌딩이나 아파트 등인 경우 채무자가 임대료 등을 임차인으로부터 받고 있는 때도 있다. 이때 채권자는 가압류를 위한 부동산강제관리신청을 할 수 있고, 관리인으로 임명된 집행관이 추심한 수익에서 조세·공과를 제외한 나머지를 공탁하게 된다. 공탁한 총액이 피보전채권액에 이르면 법원은 결정으로 강제관리의 취소를 명하고 가압류등기의 말소를 촉탁한다.

---

925) 대법원 1999. 6. 11. 선고 99다11045 판결.
926) 대법원 2000. 11. 28. 선고 999다8533 판결.

3. 채권가압류의 집행

채무자의 제3채무자에 대한 금전채권 또는 유체물의 권리이전이나 인도청구권 등 채권도 가압류할 수 있다. 채무자의 전세금(임차보증금)반환채권이나 2분의 1의 급료(월급)채권(단, 공무원이나 사립학교 교직원의 퇴직금에 대해서는 가압류할 수 없다), 예금반환청구권 등에 대하여 가압류하는 경우가 많다.

채권자가 채무자의 제3채무자에 대한 채권의 가압류명령을 신청하면 법원은 가압류명령으로 제3채무자에게 채무자에 대한 지급을 금하는 명령을 발하고, 제3채무자에게 가압류재판정본을 송달함으로써 집행한다.[927] 가압류의 효력은 제3채무자에게 정본이 송달됨으로써 발생하고, 그 결과 제3채무자가 가압류명령을 송달받고서도 채무자에게 채권을 지급하였다면 채권자에게 대항할 수 없다. 가압류의 집행절차에서는 현금화 절차를 행할 수 없으므로 채권자는 가압류 상태에서 전부명령이나 추심명령을 받을 수 없고 본압류로 전이하면서 전부명령이나 추심명령을 받을 수 있다.

가압류할 채권은 그 원인 및 일시, 금액, 변제기 등을 특정하여 기재하여야 하는데 가압류할 채권의 표시 예는 다음과 같다(임대차보증금반환채권, 공탁금회수청구권의 경우는 앞서 본 바와 같다).

■ 가압류할 채권의 예시

• 급료채권의 경우
채무자가 제3채무자로부터 매월 지급받는 급료(본봉, 수당, 상여금 등) 중 제세공과금을 제외한 나머지 수령채권 중 2분의 1 및 퇴직 시에는 퇴직금 중 2분의 1에 대한 청구채권

• 단종건설공제채권의 경우
채무자가 제3채무자(건설공제조합)에 대하여 가지는 단종건설공제채권○○좌금 50,000,000원의 반환청구채권

• 예금청구권의 경우
금   원
단, 채무자가 제3채무자에 대하여 가지는 주식회사○○은행○○지점○○예금계좌번호○○○에 예치된 예입금액 금 ○○○○원정(예금주, 예금종류, 계좌번호, 금액, 주민등록번호 등을 명시한다)

---

927) 본압류와 달리 채무자에 대한 처분 및 영수금지명령을 하지 않고 제3채무자에 대한 지급금지명령만을 발한다.

- **공사대금채권의 경우**

  금　　　　원

  채무자가 제3채무자 소유의 상가를 신축하고 제3채무자로부터 지급받을 상가신축공사대금채권액 중
  위 청구금액(관급공사의 경우는 공사명, 계약일, 준공예정일, 도급금액 등을 명시한다)

- **해방공탁금반환채권의 경우**

  채무자가 제3채무자(대한민국)에 대하여 가지는 서울중앙지방법원 2010카단1234호 부동산가압류신
  청사건에 관하여 채무자가 채권자를 상대로 2010. 7. 1. 서울중앙지방법원 공탁공무원에게 같은 법
  원 2010년 금 제4511호로서 공탁한 금 10,000,000원의 해방공탁금반환채권

- **저당권 있는 채권의 경우**

  금　　　　원

  단, 채무자가 제3채무자에 대하여 가지는 아래 표시 부동산에 관한 서울중앙지방법원 강남등기소
  2010. 2. 1. 접수 제1234호 근저당권설정등기에 기한 피담보채권 금 50,000,000원 중 위 청구금
  액에 달할 때까지의 청구채권

　　장래 발생할 채권 또는 조건부채권도 가압류할 수 있으나, 다만 현재 그 권리의 특정
이 가능하고 그 가까운 장래에 발생한 것임이 상당 정도 기대되어야 한다. 저당권 있는
채권을 가압류한 때에는 저당권에도 가압류의 효력이 미치고, 채권자가 등기부기입신청
을 하면 법원이 등기부에 가압류의 기입을 촉탁한다. 다만 등기된 전세권의 경우 전세권
에 의해 담보되는 전세금반환청구권에 관하여 전세권부채권가압류를 허용하는 예가 있으
나, 전세권부채권가압류의 기입등기를 할 수 없어 전세권 자체를 가압류해야 한다. 물론
등기하지 않는 채권적 전세의 경우에는 전세보증금을 가압류할 수 있다.

　　배서가 금지되지 아니한 유가증권은 유체동산 가압류절차에 의하여 집행하고, 배서가
금지된 증권채권은 집행법원이 제3채무자에게 가압류명령의 발령 및 송달을 한다. 집행
관은 채권자의 압류명령정본에 기한 집행위임에 따라 증권을 점유하는 방법으로 집행을
하게 된다.

　　채무자의 책임재산이 될 유체동산의 인도청구권이 채무자에게 있을 때 채무자가 현실
로 인도받으면, 이를 은닉·처분할 우려가 있으므로 그 인도청구권 자체를 가압류할 수
있다. 예컨대 매입한 상품의 인도청구권, 무기명주식의 신주발행 시 그 인도청구권 등이
그 대상이 된다. 이 경우에도 가압류결정정본을 제3채무자에게 송달함으로써 집행한다.
주식에 대한 가압류는 주권이 발행되었을 경우에는 유체동산인 주권을 가압류하면 되고,
주권이 발행되기 전의 주식인 경우에는 기타 재산권에 대한 가압류로서 주주를 채무자,
회사를 제3채무자로 한 법원의 가압류결정이 제3채무자인 회사에 송달된 때 그 효력이

생긴다.

부동산 등에 대한 인도 또는 권리이전청구권도 가압류할 수 있다. 다만 가압류의 성질상 보관인을 선임하여 권리이전을 받게 하거나 추심명령을 받아 권리이전을 하게 할 수는 없고, 본압류로 전이된 후에야 그것이 가능하다.

채권가압류는 제3채무자에 대하여 채무자에게 지급금지를 명하는 것이므로 채권을 소멸 또는 감소시키는 등의 행위는 할 수 없고 그와 같은 행위로 채권자에게 대항할 수 없는 것이지만, 채권의 발생원인인 법률관계에 대한 채무자의 처분까지도 구속하는 효력은 없다.928) 따라서 채권의 소멸을 목적으로 계약관계를 합의 해제한다는 등의 특별한 경우를 제외하고는 제3채무자는 계약에 관한 법정해제권이나 약정해제권의 행사를 하는 것이 허용된다. 제3채무자가 소유권이전등기청구권에 대한 압류명령을 위반하여 채무자에게 소유권이전등기를 경료한 후 채무자의 대금지급의무의 불이행을 이유로 매매계약을 해제한 경우, 해제의 소급효로 인하여 채무자의 제3채무자에 대한 소유권이전등기청구권이 소급적으로 소멸함에 따라 이에 터 잡은 압류명령의 효력도 실효되는 이상, 압류채권자는 처음부터 아무런 권리를 갖지 아니한 것과 마찬가지 상태가 되므로 제3채무자가 압류명령에 위반되는 행위를 한 후에 매매계약이 해제되었다 하더라도 불법행위는 성립하지 않는다.929)

또한 채권가압류는 제3채무자에 대하여 채무자에게 지급하는 것을 금지하는 데 그칠 뿐 채무 그 자체를 면하게 하는 것이 아니므로, 가압류가 있다 하더라도 그 채권의 이행기가 도래할 경우 제3채무자는 지체의 책임을 면할 수 없다. 이에 따라 제3채무자가 채무자에게 변제한 때에는 나중에 채권자에게 2중으로 변제하여야 할 위험을 부담하게 되므로, 제3채무자로서는 민법 제487조에 의한 변제공탁을 함으로써 2중변제의 위험에서 벗어나고 이행지체의 책임도 면할 수 있다.930)

제3채무자가 가압류집행된 금전채권액을 공탁한 경우에는 그 가압류의 효력은 그 청구채권액에 해당하는 공탁금액에 대한 채무자의 출급청구권에 대하여 존속한다(제297조).

---

928) 대법원 2001. 6. 1. 선고 98다17930 판결.
929) 대법원 2000. 4. 11. 선고 99다51685 판결.
930) 대법원 1994. 12. 13. 선고 93다951 판결.

> ■ **채권가압류 시 제3채무자의 공탁**
>
> - 채권이 가압류된 경우 제3채무자는 민법 제487조 소정의 변제공탁요건인 '채권자가 변제를 받을 수 없는 때'를 원인으로 하여 변제공탁을 함으로써 이행지체의 책임을 면할 수 있고, 이때 가압류의 효력은 채무자의 공탁금출급청구권에 대하여 존속한다.[931]
> - 위 규정은 단일의 가압류뿐만 아니라 복수의 가압류, 단일압류, 압류의 경합이 없는 복수의 압류 등 제248조에 의한 집행공탁이 불가능한 경우에 적용된다.
> - 채권가압류로 인한 공탁 시 변제공탁의 일반적인 요건(이행기의 도래 등)을 갖추어야 하며, 가압류채무자를 피공탁자로 하는 확지공탁을 하여야 한다.

[서식] 부동산소유권이전등기청구권에 대한 가압류신청

부동산소유권이전등기청구권에 대한 가압류신청

채 권 자 　김 신 자
　　　　　　서울시 서초구 서초동 123
채 무 자 　이 민 수
　　　　　　서울시 동대문구 회기동 333
제3채무자　박 문 수
　　　　　　서울시 중구 서소문동 555

피보전권리의 요지

채권자가 채무자에게 2009. 2. 1. 이자 월 2푼, 변제기 2010. 2. 1.로 정하여 대여한 금 10,000,000원

가압류할 채권의 표시: 별지목록 기재와 같음

신 청 취 지

채무자의 제3채무자에 대한 별지목록 기재 부동산의 소유권이전등기청구권을 가압류한다.
제3채무자는 채무자에게 위 부동산에 대한 소유권이전등기절차를 이행하여서는 아니 된다.
라는 재판을 구합니다.

신 청 이 유

1. 채권자는 2009. 2. 1. 채무자에게 금 10,000,000원을 이자는 월 2푼, 변제기 2010. 2. 1.로 정하여 대여하였습니다.
2. 채무자는 위 변제기 이후에도 위 대여원리금의 변제를 하지 아니하여 채권자는 채무자를 상대로 대여금청구의 본안소송을 준비하고 있으나, 채무자는 제3채무자에 대한 별지목록 기재의 채권 이

---

931) 대법원 1994. 12. 13. 선고 93다951 판결.

외에는 달리 재산이 없으므로 미리 위 채권을 가압류하지 아니하면 채권자가 본안소송에서 승소하더라도 그 집행이 곤란하므로, 그 집행을 보전하고자 이 사건 신청에 이르렀습니다.

3. 담보제공에 관해서는 ○○보증보험주식회사○○지점과 체결한 지급보증위탁계약체결문서의 제출에 의한 담보제공을 하도록 허가하여 주시기 바랍니다.

소 명 방 법

1. 소갑제1호증		등기부등본
1. 소갑제2호증		매매계약서 사본
1. 소갑제3호증		차용증

첨 부 서 류

1. 위 소명방법		각 1통
1. 납부서		1통

2010.   .   .

위 채권자 김 신 자 (인)

서울중앙지방법원 귀 중

가압류할 채권의 표시

서울시 서초구 양재동 100대 100m² 에 관하여 채무자가 제3채무자에 대하여 가지는 2010. 7. 1. 매매를 원인으로 한 소유권이전등기청구권

부동산소유권이전등기청구권의 가압류는 채권에 대한 것이지 부동산 자체에 대한 것은 아니므로 결정정본을 송달하는 것 이외에 등기부에 공시할 방법이 없으므로, 채무자와 제3채무자 이외의 제3자에 대해서는 처분금지적 효력을 주장할 수 없고 부동산 자체의 처분을 금하는 대물적 효력이 없다.[932]

판례는 소유권이전등기청구권에 대한 가압류가 있기 전에 "채무자는 소유권이전등기청구권을 양도하거나 기타 일체의 처분행위를 하여서는 아니 된다. 제3채무자는 채무자에게 소유권이전등기절차를 이행하여서는 아니 된다"는 가처분이 있었다 하더라도, 가처분이 뒤에 이루어진 가압류에 우선하는 효력은 없으므로 가압류는 가처분채권자와의 관계에서도 유효하고 이는 소유권이전등기청구권에 대한 압류의 경우에도 마찬가지라고 한다.[933] 즉,

---

932) 대법원 전원합의체 1992. 11. 10. 선고 92다4680 판결. 이 가처분은 효용의 한계가 있을 수밖에 없다.

부동산소유권이전등기청구권에 대한 가압류나 가처분의 집행을 제3자에게 공시할 방법이 없고, 위와 같은 가압류와 가처분의 우열을 정하는 기준이 없으므로, 일반적으로 집행의 선후에 의하여 우열이 정하여지는 부동산의 가압류나 가처분의 경우와는 다르게 된다.

소유권이전등기청구권이 가압류된 경우 제3채무자는 채무자 또는 그를 대위한 자로부터 제기된 소유권이전등기청구소송에 응소하여 가압류된 사실을 주장·입증할 의무가 있고, 제3채무자가 고의·과실로 응소하지 아니하여 무변론판결이 선고·확정됨으로써 채권자가 손해를 입었다면, 이는 제3채무자가 채무자에게 임의로 소유권이전등기를 하여 준 경우와 마찬가지로 불법행위를 구성한다.934)

4. 선박 및 자동차, 건설기계, 항공기의 가압류집행

총톤수 20톤 이상의 선박가압류는 부동산가압류에 준하고(20톤 미만의 선박은 유체동산가압류에 의한다), 항공기가압류는 선박가압류에 준한다.

자동차관리법에 의하여 등록된 자동차나 건설기계관리법에 의하여 등록된 건설기계에 대한 가압류집행은 원칙적으로 부동산에 대한 가압류집행의 예에 의한다. 목적물의 특정을 위하여 자동차·건설기계등록원부에 기재된 대로 등록번호, 차명, 형식 및 연식, 차대번호, 원동기의 형식, 사용본거지, 등록 연원일 등을 기재하여야 한다.

가압류의 집행은 목적물의 등록사무소관청에 그 가압류의 기입등록을 촉탁함으로써 행한다. 채권자의 신청에 의하여 집행관에게 자동차가 인도 집행된 경우에는 집행법원의 운행허가결정을 얻어 운행할 수 있다.

5. 기타 재산권의 가압류집행

기타 재산권의 가압류결정 주문 예는 다음과 같다.

가. 골프회원권, 스포츠회원권, 콘도회원권의 가압류

골프회원권 등은 회원권의 종류에 따라 가압류방법이 다르다. 예탁금회원제의 경우 예

---

933) 대법원 2001. 10. 9. 선고 2000다51216 판결.
934) 대법원 2000. 2. 11. 선고 98다35237 판결.

탁금반환청구권과 시설이용권이 결합된 것이므로 다음과 같은 형태의 주문이 된다.[935]

① 채무자의 제3채무자에 대한 별지 기재의 골프회원권을 가압류한다.
② 채무자는 위 골프회원권에 대하여 예탁금의 반환을 청구하거나, 매매 · 양도 · 질권의 설정 및 기타 일체의 처분행위를 하여서는 아니 된다.
③ 제3채무자는 위 골프회원권에 대하여 예탁금을 반환하거나 채무자의 청구에 의한 명의변경 및 기타 일체의 변경절차를 하여서는 아니 된다.

나. 분양권가압류

① 채무자와 제3채무자 간의 분양계약에 기하여 채무자가 제3채무자에 대하여 가지는 별지목록 기재 부동산의 소유권이전등기청구권 등 분양계약상의 권리 일체를 가압류한다(채무자가 재건축조합인 제3채무자의 조합원으로서 제3채무자에 대하여 가지는 별지목록 기재 부동산에 대한 소유권이전등기청구권 등 조합원으로서의 권리 일체를 가압류한다).
② 제3채무자는 채무자에 대하여 위 부동산에 관하여 소유권을 이전하거나 채무자의 청구에 따라 분양계약자의 명의를 변경하여서는 아니 된다.

다. 지적재산권의 가압류

① 채무자 명의의 기재의 특허권(실용신안권, 디자인권, 상표권, 저작권)을 가압류한다.

가압류할 특허권(실용신안권, 디자인권)의 표시

특허번호(실용신안등록번호 · 디자인등록번호) 제　　　호
발명의 명칭(고안의 명칭, 디자인에 관련된 물품) ○ ○ ○
등록일 200 ．　．　．

---

935) 주주회원제인 경우에는 주식에 대한 가압류의 방법에 의하고, 사단법인회원제인 경우에는 사원의 지분권에 대한 가압류방식에 의한다.

라. 저당권부채권의 가압류

① 채무자의 제3채무자에 대한 별지목록 기재의 근저당권부채권을 가압류한다.
② 제3채무자는 채무자에게 위 채권에 관한 지급을 하여서는 아니 된다.

마. 조합의 출자증권에 대한 가압류

건설산업기본법상의 건설공제조합, 전기공사공제조합법상의 전기공제조합 등 공제조합의 조합원에 발행된 출자증권은 조합의 출자지분을 표창하는 유가증권이므로 가압류가 가능하다. 출자증권이 발행되어 조합원에게 교부된 경우에는 지시채권의 가압류에 준하여 출자증권을 가압류하고, 출자증권이 발행되었으나 조합이 채무자에게 증권을 교부하지 않은 경우에는 출자증권교부청구권을 가압류한다. 출자증권이 발행되지 아니한 경우에는 출자지분환급청구권을 가압류한다.

① 채무자의 제3채무자에 대한 별지목록 기재 출자증권에 기한 조합원지분을 가압류한다.
② 제3채무자는 채무자에게 위 지분에 관하여 이익금의 배당, 출자금의 반환, 잔여재산의 분배를 하여서는 아니 된다.
③ 채권자의 위임을 받은 집행관은 채무자로부터 위 출자증권을 수취하여 보관하여야 한다.

바. 주식에 대한 가압류

(1) **주권가압류**: 주권이 발행된 경우 유체동산집행의 방법으로 가압류한다.

(2) **주식가압류**: 주권이 발행되지 않았으나 회사성립 후 또는 신주납입기일 경과 후 6개월이 경과하기 전에 주식이 양도 가능한 때

(3) **주권교부청구권 가압류**: 회사성립 후 또는 신주납입기일 경과 후 6개월이 경과하기 전에는 주권발행 전 주식의 양도는 회사에 대하여 효력이 없으므로 주식 자체를 대상

으로 한 금전집행은 불가능하고, 결국 채무자가 회사에 대하여 가지는 주권교부청구권(유체동산인도청구권)에 대하여 가압류한다.

(4) 예탁유가증권 가압류: 주권을 증권회사에 예탁시킨 경우 유가증권의 소유자인 고객의 예탁유가증권을 가압류하거나(채무자는 고객, 제3채무자는 예탁자인 증권회사), 증권회사 등 예탁자의 예탁유가증권을 가압류한다(채무자는 증권회사, 제3채무자는 증권예탁결제원).

① 채무자의 제3채무자에 대한 별지목록 기재 예탁유가증권에 관한 공유지분을 가압류한다.
② 제3채무자는 위 예탁유가증권에 관한 공유지분에 대하여 계좌대체를 하거나 채무자에게 이를 반환하여서는 아니 된다.

(5) 보호예수유가증권반환청구권 가압류: 주권을 보호 예수시킨 경우 유가증권이 아닌 보호예수유가증권 반환청구권을 가압류한다. 제3채무자는 일반보호예수인 경우에는 증권예탁결제원이 되고, 의무보호예수인 경우에는 보호예수의무자(발행회사, 주간사회사 등)가 된다.

[3] 각종 가처분과 그 집행

1. 부동산처분금지가처분

목적물에 대한 채무자의 소유권이전, 저당권·전세권·임차권의 설정 및 기타 일체의 처분행위를 금지시켜 채권자의 피보전권리의 행사를 용이하게 하기 위함을 목적으로 하는 다툼의 대상에 관한 가처분의 일종이다. 처분금지가처분의 집행 후 채무자가 목적물을 처분하더라도 양수인이 가처분채권자에게 대항할 수 없어, 가처분 이후 소송과 집행절차에서 당사자를 항정시킬 수 있다.

처분금지가처분의 피보전권리는 소유권이전등기청구권이나 토지소유권에 기한 방해배제로서의 건물에 대한 철거청구권과 같은 특정물에 대한 이행청구권이다. 채권자가 부동산처분금지가처분신청을 하면 가처분법원이 집행법원이 되어 등기관에 등기부에 가처분 기입등기를 촉탁한다.

1필의 부동산 중 특정 일부에 대한 소유권이전등기청구권 보전을 위하여 가처분을 신청하는 경우에는 그 계쟁 부분을 특정하여 가처분을 신청한다.[936]

피상속인 소유의 부동산에 관하여 피상속인과의 사이에 매매 등의 원인행위가 있었으나 아직 등기신청을 하지 않고 있는 사이에 상속이 개시된 경우, 상속관계를 표시한 기입등기의 촉탁이 있을 때에는 적법하게 상속등기를 거치지 않고 가처분기입등기를 할 수 있다.

등기 · 등록에 의하여 권리가 이전되는 자동차, 건설기계, 항공기, 선박 등에 대해서는 부동산의 경우에 준하여 처분금지가처분신청을 할 수 있다.

[사례 14 - 4] 부동산처분금지가처분의 효력

<1> 甲은 乙로부터 乙 소유의 부동산을 매수하고 계약금과 중도금을 지급하였으나, 乙이 잔금 수령을 거부하여 잔금을 공탁하고 乙의 부동산에 대하여 처분금지가처분신청을 하여 등기부에 가처분등기가 기입되었다. 이 상태에서 乙이 부동산을 丙에게 처분할 수 있는가?

<2> 甲이 乙을 상대로 소유권이전등기절차이행청구소송을 제기하여 소송이 계속 중에 乙의 채권자 丁이 위 부동산에 대하여 강제집행을 할 수 있는가?

<3> 甲이 본안소송에서 승소한 경우와 패소한 경우 가처분집행의 효력은 어떻게 되는가?

처분금지가처분집행이 된 후 채무자로부터 목적물을 양수한 자는 가처분채권자에게 대항할 수 없게 된다. 가처분기입등기 시점을 기준으로 하여 등기 전에 제3자 명의로 소유권이전등기가 완료되면, 그 등기는 완전히 유효하다. 또 가처분등기보다 먼저 등기된 가등기에 의하여 본등기가 완료되면 그 본등기가 가처분등기보다 후에 완료되었다 하더라도 가처분채권자에게 대항할 수 있다.

가처분 위반의 처분행위는 가처분채무자와 그 상대방 및 제3자 사이에서는 완전히 유

---

936) 1필의 부동산 중 특정 일부분에만 처분금지가처분을 하는 경우 가처분기입등기의 방법은 먼저 채권자가 가처분결정을 대위원인으로 하여 대위분할등기신청을 하여 분할등기를 한 다음, 분할된 일부분에 대해 가처분의 기입등기를 할 수 있다.

효하고, 단지 가처분채권자에게만 대항할 수 없다는 개별상대효설이 통설·판례이다. 위 사례에서 乙과 丙의 매매는 완전히 유효하고 甲에게만 대항할 수 없는 것이나, 甲이 본안 승소판결을 받기까지는 乙로부터 丙 앞으로의 이전등기가 가능하고, 丙은 가처분등기에 불구하고 乙에게 취득한 부동산의 인도를 청구할 수 있으며, 乙의 채권자 丁의 강제집행에 대하여 제3자이의 소를 제기할 수도 있다. 甲이 본안소송에서 승소하지 않는 한 가처분을 했다는 것만으로는 乙로부터 소유권이전등기를 받은 丙에 대하여 그 등기의 말소를 구할 수 없다.

후일 가처분이 취하 또는 취소되거나 甲이 본안소송에서 패소 확정되면 丙의 이전등기는 완전히 유효하게 되고, 甲이 승소한 경우에는 丙은 乙로부터 양수한 권리를 확정적으로 취득할 수 없게 된다. 甲이 승소확정판결정본을 첨부하여 그 판결에 기한 소유권이전등기신청과 아울러 저촉되는 등기의 말소를 신청하면, 등기관은 丙의 등기를 말소하고 甲 앞으로의 소유권이전등기를 한다. 가처분등기 후 경료된 각종 권리의 등기는 가처분실행에 의하여 말소되는 것이 원칙이나 대항력 있는 주택임차권등기는 가처분권자에 대항할 수 있으므로 말소할 수 없다.

丁은 乙의 부동산에 대하여 가처분등기가 되어 있더라도 강제집행을 할 수 있으나, 甲이 본안소송에서 승소하면 그 강제집행을 부인할 수 있게 된다(가처분 상대적 우위설).

┌─ **[사례 14 – 5] 대위가처분등기와 이전등기의 효력** ─

甲이 부동산을 乙에게 매도하고 乙이 자기 앞으로 소유권이전등기를 마치지 않은 상태에서 丙에게 전매하여, 丙은 본안소송으로 乙을 대위하여 甲은 乙에게, 乙은 丙에게 각 소유권이전등기절차를 이행하라는 소송을 제기하면서, 丙은 乙을 대위하여 甲을 상대로 처분금지가처분을 신청하여 가처분기입등기를 마쳤다. 그런데 이 가처분등기 후 甲은 乙에게 이전등기를 하고 乙은 다시 丁에게 이전등기를 하였다. 甲에 대한 가처분등기 후 乙과 丁에게 한 소유권이전등기의 효력은 어떻게 되는가?

판례[937]에 의하면 소유권이전등기를 마치지 아니한 자로부터 전득한 丙이 전매자 乙을 대위하여 처분금지가처분결정을 받았다면, 그 가처분의 피보전권리는 乙의 전자(甲)에 대한 소유권이전등기청구권의 보전에 있을 뿐 전득자 丙의 전매자 乙에 대한 소유권

---

937) 대법원 1991. 4. 12. 선고 90다9407 판결.

이전등기청구권의 보전까지 포함하는 것은 아니다. 그러므로 가처분등기 후 乙이 소유권이전등기를 넘겨받았다 하더라도 가처분의 목적이 달성된 것이어서 그 등기는 무효라 할 수 없고, 그 후 丙이 乙과 甲에 대한 본안소송에서 승소하여 그 판결이 확정되었다 하더라도 그 판결 확정 이전에 다시 乙로부터 취득한 丁의 소유권이전등기를 무효라 할 수 없다.

따라서 판례에 의하면 丙은 가처분을 한 목적을 달성할 수 없게 된다. 丙이 한 가처분은 乙의 甲에 대한 청구권보전에 그치는 것이고 乙에 대한 처분을 금지하는 효력이 없는 것으로 부득이한 것이며, 이는 乙이 이중매매를 하여 丁에게 먼저 소유권이전등기를 해 준 경우와 같다. 이 경우 丙은 乙에게 손해배상청구를 할 수밖에 없는 결과가 된다. 그러나 甲, 乙, 丙으로 순차 매도되어 丙이 乙을 대위하여 甲을 채무자로 하여 처분금지가처분결정을 받아 등기부에 기입한 후 甲으로부터 戊에게 소유권이전등기가 경료된 경우, 이는 대위에 의한 가처분등기 후에 이루어져 丙에게 대항할 수 없는 상대적 무효의 등기로서 戊 명의의 등기는 丙의 신청에 따라 말소될 수 있다.

[사례 14 - 6] 말소된 가처분기입등기의 회복

甲은 乙 소유의 부동산에 대하여 매매계약에 기한 소유권이전등기청구권을 피보전권리로 한 처분금지가처분신청을 하여 가처분기입등기를 완료했다. 그런데 甲의 피용인인 丙이 甲이 가처분해제신청서를 위조하고 이를 법원에 접수시켜 위 가처분등기가 말소되었다.

甲은 어떠한 방법으로 위 가처분등기를 회복할 수 있는가?

부동산처분금지가처분의 기입등기는 법원의 촉탁에 의하여 행해지므로 가처분 채권자가 직접 말소된 가처분기입등기의 회복등기절차 이행을 구할 수는 없다. 다만 가처분 채권자의 가처분해제신청은 가처분집행신청의 취하 내지 그 집행취소신청에 해당하는 것이고, 그 신청이 가처분 채권자의 의사에 기한 것인지의 여부는 집행법원이 조사 · 판단하여야 할 사항이므로, 그 신청서가 위조되었다는 사유는 그 신청에 기한 집행행위, 즉 가처분기입등기의 말소촉탁에 대한 집행이의사유가 된다.

따라서 가처분해제신청서가 위조되었다고 주장하는 甲으로서는 가처분집행법원에 대하여 집행이의를 통하여 말소회복을 구할 수 있고(만일 가처분기입등기의 회복에 있어서

등기상 이해관계를 갖는 제3자가 있는 경우에는 그의 승낙서 또는 이에 대항할 수 있는 재판의 등본을 집행법원에 제출할 필요가 있다), 그 집행이의가 이유가 있다면 집행법원은 가처분기입등기의 말소회복등기 촉탁을 한다.[938]

건축 중인 건물의 일부(철근골조, 벽체 등 정착물)는 집행법상 유체동산에 해당하고, 유체동산에 대한 처분금지가처분의 집행방법에 관해서는 민사집행법상 특별한 규정이 없으므로, 일반원칙에 따라 유체동산에 대한 압류와 동일한 원칙에 의하여 집행관이 점유를 취득함으로써 할 수 있다.

2. 점유이전금지가처분

가. 부동산점유이전금지가처분

부동산에 대한 인도·명도청구권을 보전하기 위하여 채권자는 목적물의 인적·물적 현상의 변경을 금지시키는 점유이전금지가처분신청을 할 수 있다. 예컨대 甲이 乙을 상대로 한 건물명도소송 계속 중 乙이 丙에게 점유를 이전하면, 甲이 승소한다 하더라도 丙에게는 판결의 효력이 미치지 않고 새로이 丙을 상대로 다시 소송을 제기하지 않으면 안 된다. 그러나 甲이 乙을 상대로 점유이전금지가처분을 해 두면 丙은 甲에게 대항할 수 없으므로 당사자가 乙로 항정(恒定)되는 효과를 얻을 수 있다.

피보전권리가 되는 인도·명도청구권은 채무자에게 대항할 수 있는 한 물권이든 채권이든 상관없다.

채권자는 법원으로부터 가처분명령정본을 받고 이를 가지고 집행관에게 집행위임을 하여 가처분집행을 한다. 집행관은 채권자, 채무자 또는 그 대리인의 참여하에 목적물이 집행관의 보관하에 있음을 밝히는 공시서를 목적물의 적당한 곳에 부착하고,[939] 채무자에게 가처분의 취지를 고지함으로써 집행을 실시한 후 집행조서를 작성한다. 점유이전금지가처분이 있으면 채무자는 목적물의 객관적 현상변경을 할 수 없고(단순히 목적물의 현상을 보존하기 위하여 수선하거나 내부장식을 바꾸는 정도는 현상변경에 해당하지 않는다), 채무자가 가처분을 위반하여 객관적 현상을 변경한 경우 집행관은 가처분법원으로부

---

938) 대법원 2000. 3. 4. 선고 99다27149 판결.

939) 이 공시는 집행관보관의 효력의 발생·존속요건이 아니고 대항요건도 아니며 단지 경고의 의미를 가질 뿐이다.

터 그 제거를 위한 집행명령(수권결정)을 얻어 원상회복을 할 수 있다.

가처분집행 후 채무자가 목적물의 전부 또는 일부의 점유를 이전한 경우, 제3자의 퇴거를 강제하기 위해서는 새로이 제3자를 상대로 퇴거를 명하는 가처분을 얻어야 한다. 그러나 점유이전금지가처분은 그 목적물의 점유이전을 금지하는 것임에도 불구하고, 점유가 이전되었을 때에는 가처분채무자는 가처분채권자에 대한 관계에 있어서 여전히 그 점유자의 지위에 있고, 가처분채권자가 본안판결을 받아 본집행을 함에 있어서는 승계집행문을 부여받아 제3자의 점유를 배제할 수 있을 뿐이다.[940]

점유이전금지가처분은 중복하여 집행될 수 없다. 이미 점유이전금지가처분이 집행되어 있으면 동일 목적물에 대하여 다시 점유이전금지가처분을 할 수 없고, 집행관이 이를 간과하고 가처분을 집행한 경우 선행 가처분채권자는 집행방법에 관한 이의신청을 하여 집행을 배제할 수 있다.

[사례 14 – 7] 점유이전금지가처분과 건물철거청구

甲 소유의 토지에 乙이 건물을 축조하자 甲이 乙을 상대로 점유이전금지가처분을 집행하였다. 그 후 乙이 위 건물을 A에게 매도하고 퇴거한 경우 甲이 乙을 상대로 건물철거청구를 할 수 있는가?

타인의 토지 위에 건립된 건물로 인하여 그 토지의 소유권이 침해되는 경우 그 건물을 철거할 의무가 있는 사람은 그 건물의 소유권자나 그 건물이 미등기건물일 때에는 이를 매수하여 법률상 사실상 처분할 수 있는 사람이라야 할 것이다. 그리고 점유이전금지가처분은 그 목적물의 점유이전을 금지하는 것이고, 그럼에도 불구하고 점유가 이전되었을 때에는 가처분채무자는 가처분채권자에게 대한 관계에 있어서 여전히 그 점유자의 지위에 있는 것일 뿐 목적물의 처분을 금지 또는 제한하는 것은 아니다.[941]

위 사례에서 乙에 대한 점유이전금지가처분이 집행되어 있으므로 乙이 A에게 건물의 점유를 이전한 경우에도 점유자는 乙로 한정된다. 이 경우에도 乙의 A에 대한 처분은 유효하고, A가 건물에 대한 법률상 사실상 처분권자가 된다. 결국 甲의 乙에 대한 철거청구는 철거의무가 없는 자에 대한 철거청구가 된다.[942]

---

940) 대법원 1999. 3. 23. 선고 98다59118 판결.
941) 대법원 1987. 11. 24. 선고 87다카257, 258 판결.

나. 유체동산점유이전금지가처분

유체동산의 경우 점유이전금지 없이 처분만을 금지하는 가처분을 하더라도 양수인이 선의취득을 할 수 있기 때문에, 인도청구권을 보전하기 위해서는 반드시 점유이전금지가처분을 하여야 집행보전의 목적을 달성할 수 있다. 통상 동산의 점유를 집행관 보관으로 하고 채무자가 사용하는 점유이전금지가처분신청을 한다. 이 가처분을 집행하면 제3취득자는 승계취득 및 선의취득이 모두 불가능하다.

양도담보로 제공된 유체동산을 점유하는 자를 상대로 그 인도청구권을 보전하기 위하여 가처분신청을 하는 경우의 서식은 다음과 같다.

[서식] 유체동산점유이전금지가처분신청

유 체 동 산 점 유 이 전 금 지 가 처 분 신 청

채권자 김 ○ ○
　　　　서울시 서초구 서초동 111
채무자 이 ○ ○
　　　　서울시 관악구 봉천동 211

목적물의 표시: 별지목록 기재와 같음
목적물의 가격: 금　　　　　원

신 청 취 지

채무자의 별지목록 기재 물건에 대한 점유를 풀고 채권자가 위임하는 집행관에게 보관을 명한다.
집행관은 현상을 변경하지 않을 것을 조건으로 하여 채무자에게 사용을 허가하여야 하며, 채무자가 그 현상을 변경하였을 때에는 채무자에 대하여 그 사용을 금지할 수 있다.
채무자는 위 물건에 관하여 양도, 질권의 설정 및 기타의 처분을 하거나 그 점유를 타에 이전하거나 또는 점유명의를 변경하여서는 아니 된다.
집행관은 위 취지를 공시하기 위하여 적당한 방법을 취하여야 한다.
라는 재판을 구합니다.

신 청 이 유

1. 채권자는 2010. 4. 1. 우리기계를 경영하는 신청외 박○○와 대여금 50,000,000원에 대한 담보의 목적으로, 공증인가 동아합동법률사무소 작성의 증서 2010년 제5678호로서 위 박○○ 소

---

942) 위 사례에서 甲이 乙을 상대로 처분금지가처분을 집행했으면 乙의 처분과 관계 없이 소유자는 乙로 확정되기 때문에 甲의 乙에 대한 건물철거청구는 인용될 것이다.

유인 별지목록 기재 동산에 대하여 양도담보부금전소비대차계약공정증서를 작성하고 위 동산에 대한 소유권을 취득하였습니다.

2. 위 동산은 채권자가 양수받은 것임에도 불구하고 위 박○○는 채무자와 짜고 위 동산을 매도하여 채무자가 위 동산을 점유하고 있습니다.

3. 채무자는 별지목록 기재 동산이 채권자에게 양도담보로 제공된 물건임을 알고 있는 상태에서 위 동산을 매수하여 그 소유권을 취득할 수 없음에도 불구하고, 채권자에게 그 인도를 거절하면서 타인에게 매각하려 하고 있으므로, 채권자는 채무자를 상대로 동산인도청구소송을 준비 중에 있으나, 본안소송은 상당한 시일을 요하여 그동안의 집행보전을 위하여 이 사건 신청에 이르렀습니다.

소명방법 및 첨부서류

1. 공정증서   1통
1. 기계기구 및 공작물평가서   1통

2010.   .   .
위 채권자   김 ○ ○ (인)

서울중앙지방법원 귀 중

별 지 목 록

순번	모델	명칭	수량	부속일제(SET)
1				
2				
3				

3. 채무자의 적극적 행위를 금지하는 가처분(공사중지가처분을 중심으로)

소유권에 기한 건축금지가처분, 철거금지가처분, 진입·통행금지가처분, 소유물방해제거청구권에 기한 공사중지가처분, 일조권 및 기타 권리에 기한 공사중지가처분 등은 채무자가 적극적 행위를 하는 것을 금지하는 부작위의무를 명하는 가처분이다. 이러한 가처분은 단순히 부작위의무만을 명할 뿐이고 채무자에의 고지 이외의 따로 집행이라는 관념은 존재하지 않으나, 채무자가 부작위의무를 위반하는 경우 대체집행이나 간접강제의 방법에 의하여 그 의무의 이행을 강제할 수 있다(즉, 부작위상태를 실현시킬 수 있다).

위와 같은 가처분은 채무자에게 주는 영향이 크므로 심문을 열어 신중하게 결정하고

있다.

인접지의 굴착공사로 인한 지반의 붕괴 등으로 자신의 건물에 균열이 가는 등 손해를 입은 사람은 소유물방해제거청구권 및 방해예방청구권을 행사할 수 있고, 채권자는 본안 소송 이전에 미리 채권자의 권리를 임시로 실현시키기 위하여 공사중지가처분신청을 할 수 있다. 이는 토지인도청구권을 보전하기 위하여 하는 지상건물의 건축금지가처분이 후일의 집행을 보전하기 위하여 단순히 현상을 유지시키는 것과 다르다. 유의할 점은 건물 균열의 원인이 된 지하굴착공사가 모두 끝났다면 공사중지가처분결정을 받기 어려워, 실무상 공사중지가처분신청의 기각률이 높은 편이다. 이 가처분은 소급효가 없으므로 이 가처분만으로 이미 발생한 물적 상태를 제거할 수 없다.[943] 따라서 공사중지가처분신청을 하여 그 결정을 받기 위해서는 지하굴착(터파기)공사가 종료되기 전이라야 하며, 그 후에는 손해배상을 청구할 수 있을 뿐이다. 피신청인 측으로서는 피해건물이 노후하다거나 기존균열이라는 점을 부각시키는 경우가 대부분이므로 신청인 측으로서는 공사와 인접건물의 균열, 누수, 지반침하로 인한 붕괴 등과의 인과관계를 소명할 비교사진자료 등을 확보할 필요가 있다.

건물의 신축으로 인하여 **일조권**이 침해되는 경우 수인(受忍)한도를 넘는 때에는 침해금지청구권이 발생하고, 이를 피보전권리로 한 공사중지가처분신청도 가능하다. 실무상 일조권 침해로 인한 공사중지가처분이 인용된 예는 흔치 않다.[944] 판례는 건물의 신축으로 인하여 그 이웃 토지 위의 거주자가 직사광선이 차단되는 불이익을 받은 경우에 그 신축행위가 정당한 권리행사로서의 범위를 벗어나 사법상 위법한 가해행위로 평가되기 위해서는 그 일조방해의 정도가 사회통념상 일반적으로 인용하는 수인한도를 넘어야 하고, 일조방해행위가 사회통념상 수인한도를 넘었는지 여부는 피해의 정도, 피해이익의 성질 및 그에 대한 사회적 평가, 가해 건물의 용도, 지역성, 토지이용의 선후관계, 가해 방지 및 피해 회피의 가능성, 공법적 규제의 위반 여부, 교섭 경과 등 모든 사정을 종합적으로 고려하여 판단하여야 한다고 한다.[945]

---

943) 대법원 1981. 3. 10. 선고 80다2832 판결: 토지의 소유자가 예방공사를 하지 않은 채 심굴굴착공사를 함으로써 인접 대지의 일부 침하와 건물균열 등의 위험이 발생하였다 하더라도, 나머지 공사의 대부분이 지상건물의 축조여서 더 이상의 심굴굴착공사의 필요성이 없다고 보이고 침하와 균열이 더 이상 확대된다고 볼 사정이 없다면, 토지심굴굴착금지청구권과 소유물방해예방 또는 방해제거청구권에 기한 공사중지가처분을 허용하여서는 아니 된다.

944) 골프연습장의 설치로 인하여 주민의 환경권을 침해한다 하더라도, 그 침해가 수인할 수 있는 정도인 경우에는 사유재산권의 행사를 막을 수 없다는 이유로 공작물설치가처분신청이 기각된 사례가 있다(대법원 1995. 5. 23. 94마2218 결정).

945) 대법원 2007. 9. 7. 선고 2005다72485 판결. 일조침해의 인정조건으로는 아파트와 같은 공동주택의 경

또한 인접지의 건축공사로 **조망권**(眺望權)을 침해하는 경우에도 공사중지가처분이 인용되기 위해서는, 피해자가 주변 토지의 자유로운 이용과의 조화를 위하여 수인할 수밖에 없는 한도를 현저히 초과하고, 금전적 배상으로는 권리구제의 목적을 달성할 수 없다고 인정되는 조망의 침해가 있어야 하는 등 까다로운 경우가 많을 것이다.[946] 어느 토지나 건물의 소유자가 종전부터 향유하고 있던 경관이나 조망이 그에게 하나의 생활이익으로서의 가치를 가지고 있다고 객관적으로 인정된다면 법적인 보호의 대상이 될 수 있는 것인바, 이와 같은 조망이익은 원칙적으로 특정의 장소가 그 장소로부터 외부를 조망함에 있어 특별한 가치를 가지고 있고, 그와 같은 조망이익의 향유를 하나의 중요한 목적으로 하여 그 장소에 건물이 건축된 경우와 같이 당해 건물의 소유자나 점유자가 그 건물로부터 향유하는 조망이익이 사회통념상 독자의 이익으로 승인되어야 할 정도로 중요성을 갖는다고 인정되는 경우에 비로소 법적인 보호의 대상이 되는 것이고, 그와 같은 정도에 이르지 못하는 조망이익의 경우에는 특별한 사정이 없는 한 법적인 보호의 대상이 될 수 없다.[947]

[서식] 공사중지가처분신청

이웃집의 건축공사로 가옥이 균열되어 공사중지가처분신청을 하는 경우의 서식은 다음과 같다.

공 사 중 지 가 처 분 신 청

채권자　김 정 수
　　　　서울시 서초구 서초동 100
채무자　이 수 정
　　　　서울시 서초구 서초동 101

우 동지를 기준으로 오전 9시부터 오후 3시까지 사이의 6시간 중 일조시간이 연속하여 2시간 이상 확보되는 경우 또는 동지를 기준으로 오전 8시부터 오후 4시까지 사이의 8시간 중 일조시간이 통틀어 4시간 이상 확보되는 경우에는 일응 수인한도를 넘지 않는 것으로 본다.

946) 판례는 사찰로부터 6m의 이격거리를 둔 채 높이 87.5m의 19층 고층건물을 건축 중인 자에 대하여, 사찰의 환경이익 침해를 이유로 전체 건물 중 16층부터 19층까지의 공사를 금지시킨 사례가 있다(대법원 1997. 7. 22. 선고 96다56153 판결).

947) 대법원 2004. 9. 13. 선고 2003다64602 판결, 대법원 2007. 6. 28. 선고 2004다54282 판결, 대법원 2007. 9. 7. 선고 2005다72485 판결.

신 청 취 지

채무자는 별지목록 기재 대지 위에 건축 중인 건물의 건축공사를 중지하고 이를 속행하여서는 아니
된다.
채무자가 위 명령을 위반한 때에는 집행관은 위 명령의 집행에 필요한 적당한 조치를 취하여야 한다.
집행관은 위 명령의 취지를 적당한 방법으로 공시하여야 한다.
라는 재판을 구합니다.

신 청 이 유

1. 채무자는 채권자 소유의 주택과 인접한 별지목록 기재 대지 위에 건물을 신축 중 지하실 흙막이
   공사를 하는 과정에서, 지반 침하로 인하여 채권자 소유 주택의 담장, 침실벽, 마루, 방바닥에 균
   열이 생기고, 채무자 소유의 대지로부터의 지하수 및 토사 유출을 가져와 채권자는 채무자에게
   피해방지대책의 강구를 요구했으나, 채무자는 계속 지하 굴착 및 콘크리트타설 작업을 강행하고
   있습니다.
2. 채권자는 채무자에게 위 침해행위금지청구권 및 소유물방해예방청구권이 있고 채무자의 공사를
   중지시키지 않으면 채권자 주택의 도괴 우려와 채권자 가족의 불안을 피할 수 없어, 신청취지와
   같은 재판을 구하기 위하여 이 사건 신청에 이르렀습니다.

소 명 방 법

1. 소 갑 제1호증의 1, 2		각 등기부등본
1. 소 갑 제1호증의 3		토지대장
1. 소 갑 제1호증의 4		건축물관리대장
1. 소 갑 제2호증의 1		등기부등본
1. 소 갑 제2호증의 2		토지대장
1. 소 갑 제3호증의 1 내지 5		각 사진

첨 부 서 류

1. 위 소명방법	각 1통
1. 납부서	1통

2010.   . .
위 채권자 김 정 수 (인)

서울중앙지방법원   귀 중
(별지목록 생략)

4. 명도 · 인도 또는 철거단행가처분

이는 동산의 인도청구권, 부동산의 명도 · 인도청구권을 보전하기 위하여 동산 · 부동산
의 점유를 채권자에게 이전할 것을 명하는 만족적 가처분이다.

위와 같은 인도·명도·철거단행가처분은 채무자에게 금전으로도 보상할 수 없는 손해를 주고 원상회복도 쉽지 않기 때문에, 반드시 변론을 열어야 하고 예외적으로만 인용된다. 예컨대 일단 인도집행이 된 부동산을 채무자가 다시 점유하거나 불법점유침탈 직후에 신청된 경우에 위와 같은 단행가처분을 신청하면 된다. 단행가처분의 집행에 의하여 피보전권리가 완전히 만족을 얻었더라도 본안소송을 제기하여야 한다. 단행가처분에 대하여 상소를 제기하면서 그 집행정지를 구할 수 있다.

신청인은 피신청인이 편의점가맹계약(일명 프랜차이즈계약)상의 송금의무를 불이행하였음을 이유로 위 편의점가맹계약을 해지하였으므로, 피신청인은 원상회복으로 신청인으로부터 대여받은 전산관리기기, 방수제작기 등 영업설비, 집기 등을 신청인에게 인도할 의무가 있는데, 위 계약 해지 후 피신청인이 위 영업설비 중 간판의 일부를 훼손하였고 위 영업설비들을 쉽게 훼손될 우려가 있는 상태로 점유하고 있다면, 신청인의 위 영업설비들에 대한 인도청구권을 피보전권리로 한 유체동산인도단행거처분의 필요성이 인정된다고 한 예가 있다.[948]

[서식] 건물명도단행가처분신청

임대인은 임차인이 명도 집행된 후에도 다시 임차 목적물을 점유하는 경우 다음과 같은 서식으로 건물명도단행가처분신청을 할 수 있다.

건 물 명 도 단 행 가 처 분 신 청

채권자 최 정 화
　　　　서울시 관악구 신림동 234
채무자 정 민 수
　　　　서울시 서초구 방배동 345

신 청 취 지

채무자의 별지목록 기재 부동산에 대한 점유를 풀고 채권자가 위임하는 서울중앙지방법원 소속 집행관에게 그 보관을 명한다.
집행관은 그 현상을 변경하지 아니할 것을 조건으로 하여 채권자에게 이를 사용하게 하여야 한다.
채권자는 그 점유를 타에 이전하거나 점유명의를 변경할 수 없다.
집행관은 위 취지를 공시하기 위하여 적당한 방법을 취하여야 한다.
라는 재판을 구합니다.

---

948) 서울지방법원 동부지원 1994. 4. 29. 선고 94카합12 판결.

신 청 이 유

1. 채권자는 2010. 4. 1. 임차인인 채무자를 상대로 한 귀원 2010가단1112호 건물명도 사건에서 기하여 당시 채무자가 점유 중이던 별지목록 기재부동산에 대하여 명도집행을 하였습니다.

2. 그런데 채무자는 위 명도집행 후 하루 만에 채권자가 자리를 비운 사이에 이 사건 부동산에 다시 들어와 이를 점유하고 있으므로, 신청취지와 같은 명도단행가처분을 구하기 위하여 이 사건 신청에 이르렀습니다.

첨 부 서 류

1. 집행력 있는 판결정본	1통
1. 집행조서	1통
1. 납부서	1통

2010. . .

위 채권자 최 정 화 (인)

서울중앙지방법원 귀 중

(별지목록 생략)

5. 방해배제가처분(통행방해금지가처분)

채권자가 소유권 및 기타의 사용수익권에 기하여 방해배제를 구하는 권리를 보전하기 위한 가처분으로 채권자의 행위에 대한 수인(受忍)의무를 명하는 가처분과 혼합하는 경우가 많다. 채권자의 점유 사용을 방해하는 등 채권자의 권리행사를 방해하거나 방해할 우려가 있을 때, 채권자는 방해상태의 제거를 목적으로 방해금지가처분신청을 할 수 있다.

[서식] 통행방해금지가처분신청

채권자가 공로로 출입하기 위한 유일한 도로를 채무자가 통행하지 못하도록 통행을 방해하는 경우, 채권자는 다음과 같은 서식으로 통행방해금지가처분신청을 할 수 있다.

통 행 방 해 금 지 가 처 분 신 청

채권자 이 명 수
      서울시 동작구 사당동 288의 11
채무자 김 인 성
      서울시 동작구 사당동 288의 13

신 청 취 지

채무자는 별지목록 기재 토지 중 별지도면 표시 (가)부분의 통로에 통행을 방해하는 철책 및 기타의 공작물을 설치하여 채권자의 통행을 방해하여서는 아니 된다.
라는 재판을 구합니다.

신 청 이 유

1. 채권자는 서울시 동작구 사당동 288의 11 대지 위의 건물소유자로서 그곳에서 10여 년간 거주하면서 채무자 소유의 별지목록 기재 토지 중 별지도면 표시 (가)부분 통로를 이용하여 공로로 출입하여 왔습니다.
2. 채무자는 전 소유자로부터 위 통로부분을 포함 토지를 매수하여 채권자가 출입하는 통로부분을 막고 채권자가 통행하는 것을 방해하고 있습니다.
3. 채권자는 오랫동안 사용하여 오던 위 통로가 아니면 달리 통행할 방법이 없으며, 다른 곳으로 통행로를 낸다 하더라도 채권자 소유의 지상건물을 헐어 내야 하는 등 과다한 비용이 지출되므로, 위 통로부분이 채권자가 공로로 출입할 수 있는 유일한 통로입니다. 현재 채무자가 위 통로의 통행을 차단하여 채권자는 물론 채권자 소유 주택에 거주하는 4세대의 주민들도 꼼짝없이 갇혀 지내야 하는 형편에 있습니다.
4. 채권자는 채무자에게 위 통로의 사용승인을 요구하였으나 채무자는 더 이상 채권자와의 대화도 거부하고 있어, 신청취지와 같은 재판을 구하기 위하여 이 사건 신청에 이르렀습니다.

소명방법 및 첨부서류

1. 등기부등본	2통
1. 토지대장	2통
1. 건축물관리대장	2통
1. 지적도등본	1통
1. 사진	3장
1. 확인서	1통

2010.   .   .
위 채권자 이 명 수 (인)

서울중앙지방법원 귀 중
(별지목록 및 도면 생략)

6. 채권에 대한 가처분

가. 금전의 지급을 명하는 가처분

근로자가 사용자를 상대로 해고무효확인소송을 제기하면서 근로자의 생계유지에 필요한 임금을 지급받기 위하여 또는 교통사고 등으로 인한 손해배상청구권이 있음을 전제로 우선 치료비의 지급을 받기 위하여, 소송을 통한 법률관계의 확정 전에 위와 같은 금전채권의 전부 또는 일부를 지급받지 못하면 채권자가 현저한 손해를 피할 수 없다고 하여 임시로 금전의 지급단행을 명하는 가처분을 신청할 수 있다.

채무자가 위 가처분명령을 송달받고서도 임의로 지급하지 않으면 채권자는 가처분재판을 집행권원으로 하여 14일의 집행기간 이내에 금전채권의 강제집행방법에 의하여 집행할 수 있다.

[서식] 금전지급가처분신청

교통사고를 입고 입원 중인 피해자가 가해자를 상대로 금전지급가처분신청을 하는 경우의 서식은 다음과 같다.

금 전 지 급 가 처 분 신 청

채 권 자　이 ○ ○
　　　　　서울시 강남구 삼성동 123
채 무 자　이 ○ ○
　　　　　서울시 노원구 상계동 111

신 청 취 지

채무자는 채권자에게 금 10,000,000원을 임시로 지급하라.
라는 재판을 구합니다.

신 청 이 유

1. 채권자는 2010. 6. 1. 18:00경 서울시 강남구 소재 강남4거리에서 채무자가 운행 중이던 서울 21가1234호 승용차에 충격당하여 곧바로 ○○의료원에 후송되어 현재까지 입원치료를 받고 있습니다.
2. 채권자는 현재 의식불명 상태로 노동능력이 100% 상실된 상태에 있으나, 치료가 종결되지 않고

있고 계속 입원치료를 요한다는 담당의사의 소견에 따라, 개호인 1명의 개호하에 입원치료를 계속 중에 있는바, 현재 채권자의 일실수입이나 향후 치료비를 정확하게 산정할 수 없는 상태입니다.

3. 채권자는 입원치료를 받으면서 매월 1,000,000원의 치료비를 부담하고 있고, 채권자는 건설현장의 일용노동자로 종사면서 얻은 수입으로 위 치료비와 개호인 비용까지 부담하는 것은 큰 부담이고, 한편 병원에서도 교통사고 환자라고 하여 건강보험 혜택도 받을 수 없다고 하여 그 부담이 더욱 늘어날 형편입니다.

4. 채권자는 채무자를 상대로 서울중앙지방법원에 손해배상청구소송을 제기하였으나 위 본안소송이 끝날 때까지는 상당한 시간이 소요될 것이 예상되고, 채권자는 채무자로부터 우선 치료비조로 매월 1,000,000원씩 10개월분 합계금 10,000,000원을 미리 지급받아야 할 절박한 필요가 있어, 위 본안소송 전에 임시로 위 금원을 지급받기 위하여 이 사건 신청에 이르렀습니다.

소명방법 및 첨부서류

1. 교통사고사실확인원	1통
1. 소견서	1통
1. 치료비 내역서	1통

2010. . .

위 채권자 이 ○   ○ (인)

서울중앙지방법원 귀 중

나. 채권의 추심 및 처분금지가처분

채권양도에 있어서 다툼이 있거나 채권의 귀속에 관한 분쟁이 있는 경우(누가 정당한 채권자인지 확정되지 아니한 경우), 어느 한쪽이 다른 한쪽에 대하여 채권의 추심을 금지하고 그 채권이 다시 제3자에게 처분되는 것을 막기 위하여 채권의 추심 및 처분금지가처분신청을 할 수 있다. 채무자가 채권자를 상대로 처분금지가처분신청을 하는 예도 있으나, 채권의 처분금지가처분이 많이 이용되는 경우는 채권양도에 대한 다툼이 있어 현재의 채권자로부터 그 채권을 양수할(반환받을) 권리를 보전하기 위하여, 그 채권자를 채무자로 하여 채권의 추심을 금하고 동시에 그 채권이 다시 제3자에게 처분되는 것을 금지하기 위하여 원래의 채무자인 제3채무자에게 채권의 처분을 금하는 가처분을 하는 것이다. 제3채무자가 가처분명령을 송달받고서도 채권자(가처분채무자)에게 채권을 지급하면 가처분채권자에게 그 변제로써 대항할 수 없다.

채권의 양수인이 대항요건을 갖추기 전에, 즉 통지나 승낙이 없는 단계에서 양도를 부인하거나 제3자에게 2중으로 양도하여 그 제3자가 먼저 대항요건을 갖추게 되면 최초의 양수인은 채권의 실질적 가치를 상실할 우려가 있으므로, 양수인은 양도인에 대하여 채무자에게 채권양도통지의 의사를 표시하라는 청구를 할 수 있고(양도인이 이를 거부할 경우 양수인은 소송으로 이를 구할 수 있다) 양수인은 이러한 통지청구권을 피보전권리로 하여 양도인을 상대로 채권의 처분금지가처분신청을 할 수 있다. 대항요건을 갖춘 경우에는 양도를 부인하거나 그 효력을 다투는 양도인 또는 2중양수인의 채권처분을 금지시키는 가처분을 신청할 수 있는데, 이는 성질상 임시지위를 정하는 가처분에 해당된다.

[서식] 채권의 추심 및 처분금지가처분신청

임차인이 채권자에게 전세보증금반환채권을 양도하였음에도 불구하고 집주인(임대인)으로부터 보증금을 받으려 하는 경우, 채권자는 임차인을 채무자, 임대인을 제3채무자로 하여 다음과 같은 서식으로 채권의 양도·추심 및 처분금지가처분신청을 할 수 있다.

채권의 추심 및 처분금지가처분신청

채 권 자 　 김 ○ ○
　　　　　　 서울시 서초구 서초동 100
채 무 자 　 이 ○ ○
　　　　　　 서울시 영등포구 신길동 200
제3채무자 　박 ○ ○
　　　　　　 서울시 동작구 사당동 300

목적채권의 표시: 별지목록 기재와 같음

신 청 취 지

채무자는 제3채무자로부터 별지목록 기재의 채권을 추심하거나 타에 양도 혹은 질권의 설정 및 기타 일체의 처분을 하여서는 아니 된다.
제3채무자는 채무자에게 위 채권에 관한 지급을 하여서는 아니 된다.
라는 재판을 구합니다.

신 청 이 유

1. 채권자는 2010. 6. 1. 채무자로부터 별지목록 기재 채권을 양도받고 양도인인 채무자는 그 시경 제3채무자에게 채권양도 사실을 통지하였습니다.
2. 그럼에도 불구하고 채무자는 위 채권양도가 무효라고 주장하면서 제3채무자로부터 위 채권을 지급받고 이사할 준비를 서두르고 있어, 채권자는 현재 제3채무자를 상대로 양수금청구소송을 준비중에 있으나, 채무자가 위 채권을 추심 또는 양도 등 처분을 하거나 제3채무자가 채무자에게 위 채권을 지급하면 후일 채권자가 본안소송에서 승소한다 하더라도 그 집행을 할 수 없는 우려가 있으므로, 그 집행보전을 위하여 이 사건 신청에 이르렀습니다.

별 지 목 록

2010. 2. 1. 서울시 영등포구 신길동 200 지상 철근콘크리트조 3층 주택 중 100m^{2}에 대하여 임대차기간 2년으로 정한 임대차계약의 종료에 의한 임대차보증금 30,000,000원

- 이 상 -

7. 가등기와 관련한 가처분

가등기는 장래의 본등기를 위하여 미리 등기순위를 확보하기 위한 목적에서 행해지는데, 이에는 매매예약가등기와 담보가등기가 있다.

채무자 앞으로 완료된 가등기가 원인무효이거나 매매계약 해제 등의 사유가 있는 경우, 그 가등기에 대한 말소등기청구권을 피보전권리로 하여 가등기에 기한 본등기를 금지하거나 가등기상의 권리이전을 금지하는 가처분을 신청하는 예가 많다.

그런데 판례는 가등기에 기하여 본등기를 하는 것을 금하는 가처분, 소위 본등기금지가처분을 허용하지 않고 있다. 즉, 가등기에 터 잡아 본등기를 하는 것은 그 가등기에 기하여 순위 보전된 권리의 취득이지 가등기상 권리 자체의 처분이라고는 볼 수 없으므로, 가등기에 기한 본등기를 금지한다는 취지의 가처분은 부동산등기법 제2조 규정된 등기할 사항에 해당하지 아니하고, 그러한 본등기금지가처분이 잘못으로 기입되었다 하더라도 그 기재사항은 아무런 효력을 인정받을 수 없다.[949]

그러나 가등기상의 권리(예컨대 매매계약상의 권리)를 타에 이전하는 것을 금지하는

---

949) 대법원 1992. 9. 25. 선고 92다21258 판결.

가처분은 허용된다. 이는 가등기상의 권리의 처분을 제한하는 가처분으로, 이 가처분등기가 부기등기의 방법으로 가등기에 기입되면 그로써 가등기상 권리의 처분은 물론 그 가등기에 기한 본등기가 경료된 후의 처분 역시 제한되는 효력이 있다.

부동산등기법상 가등기의 신청에 관하여 가등기의무자의 협력을 얻을 수 없는 경우, 가등기권리자는 부동산 소재지를 관할하는 지방법원에 가처분신청을 하여 가등기원인을 소명하여 가등기를 명하는 가처분명령을 얻은 후 그 명령의 정본을 첨부하여 단독으로 그 가등기를 신청할 수 있다(동법 제37조, 제38조). 이를 '가등기처분'이라 하는데 민사집행법상의 가처분과는 성질이 다른 것이다.

가등기상의 권리처분금지가처분을 신청하는 경우 신청취지 내지 결정 기재례는 다음과 같다.

예시

- 채무자는 별지목록 기재 부동산에 관한 별지목록 기재 가등기상의 권리를 양도하거나 기타 일체의 처분을 하여서는 아니 된다.

---

8. 유가증권(어음, 수표 등)에 대한 가처분

어음, 수표 등 유가증권의 인도청구권을 보전하기 위하여 그 증권에 대한 채무자의 점유를 박탈하거나 그 처분을 금지하는 가처분신청을 할 수 있다. 채무자가 유가증권상의 권리를 행사하면 채권자의 인도청구권 행사는 불가능하게 되므로 그 권리의 행사를 금지시켜 둘 필요가 있다.

그런데 현행 어음교환소규약은 어음 발행인이 어음지급자금의 부족을 은폐하고 거래정지처분을 면탈하기 위한 것이 아님을 보장하고 정당한 어음권리자로 판명된 자에게 어음금 지급을 담보할 목적으로, 어음 발행인에게 어음금액 해당 자금(사고신고담보금)을 별단예금으로 공탁하여야 하고 그렇지 않으면 어음교환소에서 거래정지처분을 하도록 하고 있다(동 규약 제75조, 제78조). 위 규약은 어음의 지급금지가처분명령이 지급은행에 송달된 경우에도 어음금액에 해당하는 지급정지가처분담보금의 제공이 없으면 거래정지처분을 하도록 규정하고 있어서, 채권자가 어음의 지급금지가처분을 받더라도 다시 지급은행에 어음금 상당액의 별단예금을 하지 않을 수 없도록 하여, 사실상 현재 어음의 지급금지가처분제도는 그 유용성을 발휘하지 못하고 있다.

약속어음을 할인해 주겠다고 하면서 발행인으로부터 약속어음을 교부받고서는 돈도 주지 않고 약속어음도 반환하여 주지 않는 경우, 채권자(발행인)는 다음과 같은 서식으로 약속어음지급금지가처분신청을 할 수 있다.

[서식] 약속어음지급금지가처분신청

약 속 어 음 지 급 금 지 가 처 분 신 청

채 권 자   김 ○ ○
　　　　　서울시 강남구 신사동 331
채 무 자   이 ○ ○
　　　　　서울시 송파구 마천동 231
제3채무자   주식회사 ○ ○ 은행
　　　　　서울시 중구 남대문로 ○가 ○ ○ (소관 강남지점)
　　　　　대표이사   ○ ○ ○

신 청 취 지

채무자는 별지목록 기재 약속어음에 대하여 지급을 위한 제시를 하거나 권리를 행사하거나 배서·양도 및 추심, 기타 일체의 처분을 하여서는 아니 된다.
위 약속어음에 대한 채무자의 점유를 풀고 귀원 소속 집행관에게 그 보관을 명한다.
제3채무자는 위 약속어음에 대한 지급을 하여서는 아니 된다.
라는 재판을 구합니다.

신 청 이 유

1. 채권자는 주소지에서 공구판매업에 종사하고 있는바, 사채업자인 채무자는 어음할인의 형식으로 금 10,000,000원을 채권자에게 대여하기로 하고 채권자로부터 별지목록 기재 약속어음을 발행·교부받아 갔으나 돈도 주지 않고 위 약속어음도 반환하여 주지 않고 있습니다.
2. 채권자는 채무자에게 교부한 위 약속어음반환청구소송을 준비 중에 있으나, 지급기일이 얼마 남지 않은 상태에서 채무자가 위 약속어음을 제3채무자에게 지급·제시하든가 아니면 제3자에게 배서 양도하면, 채권자로서는 피할 수 없는 손해를 입게 될 우려가 있어 그 집행보전을 위하여 이 사건 신청에 이르렀습니다.

소명방법 및 첨부서류

　　　1. 약속어음사본　　　　　　　1통
　　　1. 등기부등본　　　　　　　　1통

　　　　　　　　　　　　　　　2010.　　.　　.
　　　　　　　　　　　위 채권자 김 ○ ○   (인)

서울중앙지방법원　귀　중

별 지 목 록

1. 종류: 약속어음
1. 번호: 자가 0123456
1. 금액: 금 15,000,000원
1. 발행일: 2010. 2. 1.
1. 지급기일: 2010. 7. 20.
1. 지급지, 발행지: 서울특별시
1. 지급장소: 주식회사○ ○은행 강남지점
1. 발행인: 김 ○ ○

- 이   상 -

9. 기타 재산권에 대한 가처분

가. 허가권양도금지가처분

식품위생법, 공중위생법, 건설업법, 자동차운수사업법 등에서 영업양도에 수반하여 영업허가명의의 변경을 허용하고 있는 경우, 그 영업을 양수한 자가 양도한 자를 상대로 허가명의절차이행청구권을 보전하기 위하여 허가권의 처분금지를 구하는 가처분신청을 하는 예가 많다.

식품위생법상의 영업허가를 받은 자가 그 영업을 양도하는 때에는 그 양수인이 그 영업자의 지위를 승계하고, 1개월 이내에 권리의 이전을 증빙할 수 있는 서류(양도계약서 사본 및 양도인의 인감증명서)를 첨부하여 허가관청에 신고하면 되고(식품위생법 제25조 제1항, 제3항, 동 시행규칙 제33조), 위생접객업(숙박업, 목욕장업, 이용업, 유기장업)자 또는 위생관련업(세탁업, 위생관리용역업, 위생처리업)자가 그 영업을 양도하는 경우에도 위와 같으므로(공중위생관리법 제8조 제1항, 제3항, 동 시행규칙 제12조), 이 경우에는 영업허가명의의 변경이 쉽게 이루어질 수 있고 별다른 문제는 없다.

그러나 건설업은 행정청의 면허를 받아야 하고 건설업의 양도는 인가를 받아야 효력이 발생하는데(건설산업기본법 제6조 제1항, 제13조), 건설업양도에 대한 인가는 양도인과 양수인이 공동으로 신청하도록 되어 있어(동 시행령 제19조 제1항), 양수인은 양도인에게 인가신청을 하는 등 양도절차에 협력할 것을 청구할 권리가 있고, 이를 피보전권리로 하는 처분금지가처분이 가능한 것이다. 다만 건설산업기본법의 규정으로 보아 양도의 대상은 건설업 면허가 아니고 건설업 자체라고 보이므로 건설업 자체의 처분금지를 구해야 할 것이고, 면허권의 처분금지를 구할 것은 아니다(일부 실무 예는 면허권의 처분금지를 명하는 경우도 있다).

자동차운송사업의 경우에는 그 양도와 양수는 행정청의 인가를 받아야 하나(여객자동차운수사업법 제28조 제1항), 이때에는 양도·양수의 인가를 받고자 하는 자가 인가신청서를 제출하면 되므로(동 시행규칙 제26조) 위 건설업의 양도와 같은 문제는 없다.

통상 건설업(면허) 양수인은 양도인에게 건설업면허의 처분금지를 구하고 면허 및 인가권자인 제3채무자에게 허가명의를 변경하여 주지 말 것을 신청하는 경우(제3채무자는 채무자의 신청에 의한 건설업양도를 인가하여서는 아니 된다)가 많다. 이 경우 면허(허가)양도 시 행정청의 인가를 받아야 한다는 명문규정이 있으므로 당해 관청을 제3채무자로 하는 것은 면허(허가)관청으로 하여금 그 양도에 따른 인가를 금하는 것이 되어 허용될 수 없다.[950] 그러한 명문규정이 없는 경우에는 개별법에서 그 지위승계의 신고를 허가관청에 하도록 규정하고, 그 신고를 수리하는 것은 그 실질에 있어 양도인의 사업허가를 취소함과 아울러 양수인에게 적법하게 사업을 할 수 있는 법규상 권리를 설정하여 주는 행위로서 사업면허(허가)권자의 변경이라는 법률효과를 발생시키는 행위이므로, 허가관청의 지위승계신고 수리의무는 행정처분에 해당하여[951] 이 경우에도 당해 관청을 제3채무자로 하여 명의변경을 구하는 것은 허용될 수 없다. 다만 가처분결정의 실효를 얻기 위하여 결정문상에 행정관청을 제3채무자 또는 소관청으로 표시하여 송달한다.

[서식] 건설업면허처분금지가처분신청

건설업면허를 양도받은 자가 2중 양도를 막기 위하여 양도인을 상대로 건설업(면허)의 처분금지가처분신청을 하는 경우의 서식은 다음과 같다.

건 설 업 면 허 처 분 금 지 가 처 분 신 청

채 권 자 정 ○ ○
       서울시 서초구 방배동 233
채 무 자 최 ○ ○
       서울시 동작구 이촌동 311
제3채무자 서울특별시
       대표자 시장 ○ ○ ○

---

950) 대법원 1992. 7. 6. 92마54 결정.
951) 대법원 1993. 6. 8. 선고 91누11544 판결 참조.

신 청 취 지

채무자는 별지목록 기재의 건설업을 타에 양도하거나 기타 일체의 처분을 하여서는 아니 된다.
라는 재판을 구합니다.

신 청 이 유

1. 채권자는 2010. 5. 1. 채무자에 대한 대여금채권 금 100,000,000원 대신에 채무자로부터 그 명의로 받은 별지목록 기재 건설업면허권을 양수하기로 약정하였습니다.
2. 채무자는 서울시 영등포구 영등포동 100에서 ○○건설이라는 상호로 토목공사업에 종사하다가 2010. 6. 1. 거액의 부도를 내고 위 건설업면허권을 타에 2중으로 양도하려 하고 있습니다.
3. 건설업법상 건설업을 양도하는 경우 그에 대한 인가는 양도인과 양수인이 공동으로 신청하도록 되어 있고, 따라서 채권자는 채무자에 대하여 인가신청 등 양도절차에 협력할 것을 청구할 권리가 있으며, 채무자가 위 건설업면허권을 타에 양도하면 후일 본안소송에서 승소한다 하더라도 그 목적을 달성할 우려가 있으므로, 이 사건 신청에 이르렀습니다.
4. 이 사건 가처분의 목적을 달성할 수 있도록 건설업양도의 인가권자인 제3채무자에게 건설업면허 대장에 그 취지를 기입하도록 촉탁하여 주시기 바랍니다.

소명방법 및 첨부서류

1. 건설면허양도계약서	1통
1. 건설업면허증사본	1통

2010 .   .   .

위 채권자 정 ○ ○ (인)

서울중앙지방법원   귀 중

별 지 목 록
면허권의 표시

발행자	서울특별시장
등록번호	서울 건 03 - 234호
업종	토목공사
상호	○○건설
대표자	최 ○ ○
영업소재지	서울시 영등포구 영등포동 100

- 이   상 -

나. 명의변경금지가처분

　명의변경절차이행청구의 소가 허용되는 경우에는 명의변경금지가처분도 허용된다. 허가 등의 명의변경이 법령상 명문으로 인정되고 있는 경우에는 그 명의변경을 구할 수 있다. 판례에 나타난 몇 가지 사례를 들어 본다.

① 무허가건물대장은 건물의 물권변동의 공시방법은 아니라 하더라도, 무허가건물대장상의 명의변경을 구하는 청구가 일률적으로 법률상 소의 이익이 있다 할 수 없다. 또한 무허가건물이라도 철거되는 경우 일정 시점 이전에 축조되어 항공촬영도면에 수록되어 있는 건물은, 건물보상 및 시영아파트를 특별 분양할 예정이라면 무허가건물대장상 그 소유 명의자로 등재된 사람은 특별한 사정이 없는 한 건물 철거에 따른 보상청구권이나 시영아파트분양권을 받을 수 있는 지위를 가지게 될 것이므로, 소로써 그 명의변경절차의 이행을 청구할 이익이 있다.952) 따라서 이 경우에는 무허가건물관리대장상의 명의변경금지가처분도 허용된다.

② 임대아파트의 임차권을 양도한 경우 임차인(양도인)은 양수인을 위하여 임대인의 동의를 받아 줄 의무가 있으므로, 양수인은 임대인의 동의를 받아 달라는 취지에서 임대인이 보관하고 있는 임차인명부상의 명의변경을 구할 수 있다.953)

③ 한국토지개발공사에 비치된 토지피공급자명부가 물권의 득실변경을 가져오는 명부는 아니라 하더라도 이에 등재됨으로써 위 공사와의 관계에서 수분양자로서의 지위가 확인되고, 또한 이에 등재됨으로써 장차 대금을 완납할 경우 토지에 관하여 공사로부터 직접 그 소유권이전등기를 넘겨받을 수 있는 지위를 가지게 되는 것이므로, 그 명의변경을 구하는 소송은 소의 이익이 있다.954)

④ 건축 중의 건축물을 양수한 자는 건축주 명의로 각종 신고를 할 의무가 있고 이를 위반할 때에는 처벌을 받게 되어 있으므로, 건축공사를 계속하기 위해서는 건축주

---

952) 대법원 1992. 4. 28. 선고 92다3847 판결.
953) 대법원 1989. 2. 25. 선고 85다카1812 판결.
954) 대법원 1991. 10. 8. 선고 91다 20913 판결.

명의를 변경할 필요성이 있고, 양수인이 그 명의로 소유권보존등기를 할 수 있기 위해서는 건축물관리대장의 건축주 명의를 변경할 필요가 있다. 건축법시행규칙에 의하면 건축주 명의변경을 허용하고 있고 그 첨부서류로 구 건축주의 명의변경동의서 등을 요구하고 있어, 건축 중인 건물을 양도한 자가 건축주 명의변경에 동의하지 아니한 경우, 양수인 그 의사표시에 갈음하는 판결을 받을 필요가 있다고 할 것이므로, 양수인이 양도인을 상대로 하는 건축주명의변경절차의 이행을 구하는 소는 소의 이익이 있다.[955]

⑤ 학원의 설립·운영에 관한 법률에 의해 학원의 수인가자의 지위를 양도받은 자가 그 설립자변경으로 인한 변경인가를 받기 위해서는 양도인의 인가행정청에 대한 변경인가신청의 의사표시를 요한다고 할 것이며, 양도인이 그러한 신청의 의사표시를 거부할 때에는 양수인은 그 의사표시에 갈음하는 판결을 청구할 권리보호의 이익이 있다.[956]

다. 아파트수분양권의 처분금지가처분

아파트수(受)분양권 내지 피(被)분양권이 양도되는 경우가 많다. 종전에 국민주택의 경우 전매금지기간 내 전매를 금지하고 있었음에도 불구하고, 국민주택의 최초 입주 전에 수분양권을 양도하거나 전매금지기간 내에 전매하는 경우가 많았다. 판례는 대체로 위 규정에 의한 전매금지는 매수인이 분양자에게 전매사실로써 대항할 수 없다는 것이지 전매 당사자 사이의 전매계약의 사법상 효력까지 무효로 한다는 취지는 아니라고 하고 있고,[957] 국민주택의 최초 입주 전에 수분양권을 양도하는 경우에도 그 양도의 사법적

---

955) 대법원 1989. 5. 9. 선고 88다카6754 판결.

956) 대법원 1992. 4. 14. 선고 91다39986 판결. 한편 판례는 공중목욕장영업허가 명의변경등록절차의 이행 청구와 산림법상의 토석채취허가명의변경청구를 허용하지 않고 있다(대법원 1981. 1. 13. 선고 80다 1126 판결 및 대법원 1990. 12. 26. 선고 88다카8934 판결). 그리고 판례는 주류제조면허의 양도인은 양수인이 면허신청을 하여 면허를 받을 수 있도록 자신의 면허취소신청을 하고 그와 함께 양수인이 면허신청을 하여 면허를 얻는 데 필요한 협력을 하여야 할 의무가 있고, 이와 같이 주류제조면허의 양도인에게 양도계약에 따른 협력의무가 있다면 양수인이 그 의무의 이행을 소로써 청구하는 것도 가능하나, 양도인 명의의 면허를 양수인 명의로 직접 변경할 것의 이행을 구하는 것은 주세법이 그러한 명의 변경절차를 인정하지 아니하므로 허용될 수 없는 것이고, 그 이행을 구하는 것은 부적법하다고 한다(대법원 1992. 7. 14. 선고 91다45950 판결).

957) 대법원 1991. 9. 10. 선고 91다21992 판결 등.

효력까지 부정할 수는 없다.

아파트수분양권을 양도하였음에도 불구하고 양도인이 권리이전에 필요한 절차를 취하지 않는 경우, 양수인이 대항요건을 갖추지 못했다면 양수인은 양도인에게 조합에 대한 확정일자부의 양도통지를 할 것을 소구할 수 있고 분양대장상의 수분양자명의변경절차이행청구의 소도 제기할 수 있다. 양수인은 위 권리를 보전하기 위하여 양도인을 채무자로 하여 수분양권에 대한 실행 및 처분금지를, 재개발조합을 제3채무자로 하여 채무자에 대한 분양처분 또는 수분양자명의변경의 금지를 구하는 가처분신청을 할 수 있다. 분양권처분금지가처분은 분양금지가처분(채무자는 별지목록 기재 아파트를 타에 분양하거나, 기타 이에 관한 일체의 처분행위를 하여서는 아니 된다)과는 내용이 다르다.

[서식] 아파트수분양권처분금지가처분신청

재개발조합의 조합원으로부터 아파트분양권(속칭 '딱지')을 매수하였는데 양도인이 양도를 부인하거나 제3자에게 2중 양도할 우려가 있을 때, 양수인은 다음과 같은 서식으로 아파트수분양권처분금지가처분신청을 할 수 있다.

아 파 트 수 분 양 권 처 분 금 지 가 처 분 신 청

채 권 자　김 ○ ○
　　　　　　서울시 서초구 서초동 100
채 무 자　이 ○ ○
　　　　　　서울시 관악구 신림동 산 100
제3채무자　신림 4구역 주택개량재개발사업조합
　　　　　　서울시 관악구 신림동 333
　　　　　　대표자 조합장 정 ○ ○

신 청 취 지

채무자는 별지목록 기재의 아파트수분양권을 타에 양도하거나 질권의 설정 및 기타 일체의 처분을 하여서는 아니 된다.
제3채무자는 관리처분계획에 채무자를 분양 대상자로 정하여서는 아니 되고 분양대장상의 명의변경을 하여서는 아니 된다.
라는 재판을 구합니다.

신 청 이 유

1. 채무자는 제3채무자가 시행하는 도시재개발구역 내에 소재한 건물의 소유자로서 위 건물이 제3

채무자가 시행하는 주택개량재개발사업에 의하여 철거당하게 되자, 채무자는 제3채무자가 위 구역 내에 신축할 아파트의 분양을 제3채무자에게 신청하였습니다.

2. 채권자는 2010. 7. 1. 채무자가 제3채무자로부터 아파트를 분양받을 권리, 즉 수분양권을 금 100,000,000원에 매수하였으나 채무자는 위와 같은 양도사실을 제3채무자에게 확정일자 있는 증서로 통지하지도 아니하고 제3채무자가 작성한 분양대장상의 명의변경절차도 협력하지 않고 있습니다.

3. 오히려 채무자는 제3자에게 위 수분양권을 고액에 2중 양도하려고 하고 있어 채권자가 대항요건을 갖추고 분양대장상에 채권자의 이름을 등재하기까지 그 집행보전을 위하여 그 사건 신청에 이르렀습니다.

소명방법 및 첨부서류

1. 분양신청서	1통
1. 등기부등본	1통
1. 각서	1통

2010. . .

위 채권자 김 ○ ○ (인)

서울중앙지방법원 귀 중

(별지목록 생략)

10. 기타

가. 직무집행정지 및 직무대행자선임가처분

주식회사의 이사선임결의의 무효나 취소 또는 이사해임의 소가 제기된 경우 법원은 당사자의 신청에 의하여 가처분으로써 이사의 직무집행을 정지하거나 직무대행자를 선임할 수 있다. 급박한 사정이 있는 때에는 본안소송의 제기 전에도 그 가처분을 할 수 있다(상법 제407조). 위 규정은 주식회사의 감사·청산인, 유한회사의 이사·감사 등에 준용된다.

주식회사의 이사에 대한 직무집행정지등가처분은 직무집행의 정지를 요구받는 당해 이사를 채무자로 하여(회사는 피신청인적격이 없다) 회사 본점 소재지 지방법원에 신청할 수 있다. 직무대행자는 법원이 재량으로 선임하는데 실무상 변호사를 선임하는 예가 많다. 법원은 선임한 직무대행자가 부적당하다고 인정할 때에는 직권으로 언제든지 개임(改任)할 수 있다.

직무집행이 정지된 당해 대표이사 등은 가처분에 위반하여 법률행위를 할 수 없고(대세적 효력), 이 경우 가처분을 위반하여 대표권이 없는 대표이사와 거래를 한 상대방도 자신이 선의였음을 들어 위 거래의 유효를 주장할 수 없다.

위와 같은 이사직무집행정지·직무대행자선임가처분은 주식회사의 내분에 있어서 중요하게 이용되고 있다. 그런데 합명회사나 합자회사의 무한책임사원이나 청산인, 일반 사단법인이나 재단법인, 권리능력 없는 사단 등의 대표자나 임원 등에게는 상법상의 규정이 준용된다고 볼 수 없어, 이들에 대한 직무집행정지는 민사집행법 제306조에 의한 가처분으로써 하게 된다.

이사나 임원 직무집행정지가처분신처의 신청취지 내지 결정주문 기재례는 다음과 같다.

예시

- 채권자의 ○○회사에 대한 주주총회결의취소사건의 본안판결확정 시까지 채무자는 위 회사의 대표이사 및 이사의 직무를 집행하여서는 아니 된다.
  위 직무집행정지기간 중 변호사 ○○○를 직무대행자로 선임한다.
- 채권자 등의 학교법인 ○○재단에 대한 이사회결의무효확인청구사건의 본안판결확정 시까지 채무자는 위 재단 이사의 직무를 집행하여서는 아니 된다. 위 직무집행정지기간 중 ○○○로 하여금 위 재단 이사의 직무를 대행하게 한다(○○○를 직무대행자로 선임한다).
- 채권자의 ○○종중에 대한 종중총회결의부존재확인청구사건의 본안판결확정 시까지 채무자는 위 종중의 이사장으로서의 직무를 집행하여서는 아니 된다. 위 직무집행정지기간 중 ○○○으로 하여금 위 이사장의 직무를 대행하게 한다.

나. 근로자의 지위보전가처분과 임금지급가처분

근로자가 해고된 경우 해고가 무효임을 주장하여 해고무효확인의 본안판결확정 시까지 임시로 사용자와 근로자 사이의 근로계약관계를 보전하고, 임금만을 생계수단으로 하는 근로자로서는 임금 지급의 중단으로 인하여 당장 생계에 위협을 받게 되므로 임금청구권을 피보전권리로 하여 사용자에 대하여 본안판결확정 전에 임시로 근로자에 임금 상당의 금전의 지급을 명하는 가처분(임시의 지위를 정하는 가처분)을 신청할 수 있다.

위와 같은 가처분을 신청하는 경우의 신청취지 내지 결정주문 기재례는 다음과 같다.

채권자가 채무자에 대하여 근로계약상의 권리를 가지고 있음을 임시로 정한다. 채무자는 채권자에게 2010.   .   .부터 본안판결확정에 이르기까지 매달 ○○일 금원을 임시로 지급하라.

다. 토지거래허가구역 내의 토지에 대한 소유권이전등기청구권을 이유로 한 처분금지가처분

국토의 계획 및 이용에 관한 법률상의 토지거래허가구역 내에 있는 토지를 그 거래허가를 받지 아니한 상태에서 매수하기로 하는 계약을 체결하였다고 주장하면서 그 소유권이전등기청구권이나 토지거래계약에 관한 허가를 받을 것을 조건으로 한 소유권이전등기청구권을 피보전권리로 하여 처분금지가처분을 하는 것은 허용되지 않는다.[958] 다만 가처분대상토지가 토지거래허가구역 내에 소재하고 있는지 여부가 밝혀지지 않은 상태에서 처분금지가처분이 내려질 가능성이 있고, 이 경우에는 가처분이의절차를 통해 가처분의 당부를 가릴 수 있다. 피보전권리를 토지거래허가신청절차이행청구권으로 한 경우에는 처분금지가처분을 신청할 수 있다.

라. 보증보험금지급금지가처분

공사나 하자담보이행보증보험이나 신원보증보험의 경우 피보험자가 보험사고가 발생하였다고 주장하면서 보험회사에 보험금을 청구하거나 청구하려고 하면, 보험계약자가 보험사고가 발행하지 않았다는 이유로 피보험자를 채무자로 하여 보험금의 추심을 금지하고, 보험회사를 제3채무자로 하여 보험금의 지급을 금지하는 가처분신청을 하는 예가 많다. 그러나 대부분 피보전권리의 소명이 없다거나 보전의 필요성이 없다고 하여 기각되는 경우가 많다.[959]

---

958) 대법원 2010. 8. 26. 2010마818 결정: 국토의 계획 및 이용에 관한 법률상의 토지거래계약 허가구역 내의 토지에 관하여 관할관청의 허가를 받을 것을 전제로 한 매매계약은 법률상 미완성의 법률행위로서 허가받기 전의 상태에서는 아무런 효력이 없어, 그 매수인이 매도인을 상대로 하여 권리의 이전 또는 설정에 관한 어떠한 이행청구도 할 수 없고, 이행청구를 허용하지 않는 취지에 비추어 볼 때 그 매매계약에 기한 소유권이전등기청구권 또는 토지거래계약에 관한 허가를 받을 것을 조건으로 한 소유권이전등기청구권을 피보전권리로 한 부동산처분금지가처분신청 또한 허용되지 않는다.

959) 다만 이 가처분의 효력과 관련하여 대법원 2010. 2. 25. 선고 2009다22778 판결: 이행보증계약에 기한

신용장개설은행이나 보증은행을 상대로 한 신용장대금 지급금지가처분의 경우에도 신용장이나 독립적 은행보증은 국제거래관계에서의 독립·추상성에 의하여 그 대금 또는 보증금지급이 고도로 보장되어야 한다는 점을 고려하여 대부분 기각되고 있다.

마. 골프회원권 처분금지가처분

채권자는 골프회원권명의변경절차이행청구권을 피보전권리로 하여 골프회원권 처분금지가처분신청을 할 수 있다. 이 경우 신청취지 내지 결정주문 기재례는 다음과 같다.

> **예시**
> - 채무자는 별지 기재 골프회원권에 대하여 예탁금의 반환을 청구하거나 매매, 양도, 질권의 설정, 기타 일체의 처분을 하여서는 아니 된다.
> - 제3채무자는 위 골프회원권에 대하여 예탁금을 반환하거나 채무자의 청구에 의하여 명의변경 및 기타 일체의 변경절차를 하여서는 아니 된다.

바. 지적재산권에 관한 가처분

지적재산권에 관한 가처분신청의 신청취지 내지 결정주문 기재례는 다음과 같다.

> **예시**
> - 특허권·실용신안권·디자인권의 처분금지가처분: 채무자는 별지목록 기재의 특허권(실용신안권·디자인권)에 대하여 양도, 질권·전용실시권의 설정, 통상실시권의 허락 및 기타 일체의 처분을 하여서는 아니 된다.
> - 상표권처분금지가처분: 채무자는 별지목록 기재 상표권에 대하여 양도, 질권 전용사용권의 설정, 통상사용권의 허락 및 기타 일체의 처분을 하여서는 아니 된다.
> - 저작권처분금지가처분: 채무자는 별지목록 기재 저작권에 대하여 양도, 질권·출판권의 설정, 저작물의 이용 허락 및 기타 일체의 처분을 하여서는 아니 된다.

보증인의 보증금지급의무에 관하여 지급금지가처분결정이 있었다고 하더라도 그것으로 보증인에게 그 지급을 거절할 수 있는 사유, 즉 지급거절의 권능이 발생한다고 할 수 없고, 보증금지급의무가 실제로 발생하여 그 이행기가 도래하면 보증인은 보증채권자에게 이를 이행하여야 하며, 이를 이행하지 아니하는 경우에는 지체책임 발생의 다른 요건이 갖추어지는 한 그 이행의 지체로 인한 손해배상 등 법적 책임을 져야 한다. 다만 그는 보증금을 채권자의 수령불능을 이유로 변제 공탁함으로써 자신의 보증금지급채무로부터 벗어날 수 있고, 그에 따라 위에서 본 바와 같은 지체책임도 면하게 된다.

사. 전속계약에 기한 출연금지가처분

연예인 등이 방송출연계약이나 엔터테인먼트계약 중에 전속사의 허락 없이 타 방송에 출연하지 못하거나 일체의 연예활동을 할 수 없다는 전속의무를 근거로 전소계약에 기한 출연금지가처분을 신청하는 예가 있으나, 전소계약은 계약당사자 사이의 고도의 신뢰관계를 건제로 하는 것인데 이미 신뢰관계가 깨진 경우에는 전속관계를 지속하도록 강제하는 것이 부적절하고, 피신청인의 직업 자체를 제한하는 등 기본권침해소지가 있으므로 인용되는 예가 드물다.

[4] 보전처분집행의 효력

1. 가압류집행의 효력

가. 처분금지적 효력

(1) 가압류의 개별상대효

> 甲(가압류채권자) ————→ 乙(채무자) ————→ 丙(제3채무자)
>   (가압류등기)   (처분행위)

① 甲의 가압류명령의 집행(가압류 등기 등)으로 乙은 가압류 목적물에 대한 일체의 처분행위가 금지되므로, 乙은 일체의 처분행위를 할 수 없다.[960]

② 채무자 乙이 처분금지를 어기고 처분행위를 하였을 경우 그 처분행위가 절대적으로 무효로 되는 것은 아니고, 처분행위의 당사자, 즉 채무자 乙과 제3취득자 丙 사이에서는 거래행위가 유효하고, 단지 丙은 그것을 가압류채권자 甲 또는 가압류

---

960) 대법원 2007. 1. 11. 선고 2005다47175 판결: 기존채무에 대하여 채권가압류가 마쳐진 후 채무자와 제3채무자 사이에 준소비대차 약정이 체결된 경우, 준소비대차 약정은 가압류된 채권을 소멸하게 하는 것으로서 채권가압류의 효력에 반하므로, 가압류의 처분제한의 효력에 따라 채무자와 제3채무자는 준소비대차의 성립을 가압류채권자에게 주장할 수 없고, 다만 채무자와 제3채무자 사이에서는 준소비대차가 유효하다.

에 기한 집행절차에 참가하는 다른 채권자에 대하여 주장할 수 없음에 그친다.[961)]

③ 따라서 채무자 乙과 제3취득자 丙 사이의 거래행위가 있은 후 가압류가 취소, 해제되거나, 변제 등으로 피보전권리가 소멸하거나, 가압류가 무효인 것으로 판명된 경우에는 채무자 乙과 제3취득자 丙 사이의 거래행위는 완전히 유효한 것으로 된다.[962)]

[사례 14 - 8] 개별상대효에 따른 배당순위

<1> A의 X부동산(매각가격 6,000만 원)에 대하여 甲, 乙, 丙이 다음과 같이 가압류를 한 경우 배당액은?

甲: 2010. 5. 1. 가압류등기(피보전권리: 대여금 1억 원)

乙: 2010. 7. 1. 가압류등기(피보전권리: 물품대금 2억 원)

丙: 2010. 10. 1. 가압류등기(피보전권리: 매매대금 3억 원)

<2> A의 X부동산(매각가격 3억 원)에 대하여 甲, 乙, 丙이 다음과 같이 각 가압류 및 근저당권설정등기를 한 경우 배당액은?

甲: 2010. 5. 1. 가압류등기(피보전권리: 대여금 1억 원)

乙: 2010. 7. 1. 근저당권등기(피담보채권: 2억 원)

丙: 2010. 10. 1. 가압류등기(피보전권리: 매매대금 3억 원)

〈1〉 배당의 기본원칙(채권자평등의 원칙)

채권자의 지위는 평등하므로 甲, 乙, 丙은 각자의 채권액에 안분하여 배당받는다. 甲:乙:丙 = 1:2:3이므로 甲은 1,000만 원(6,000만 원×1억 원/6억 원), 乙은 2,000만 원(6,000만 원×2억 원/6억 원), 丙은 3,000만 원(6,000만 원×3억 원/6억 원)

---

961) 대법원 1998. 11. 13. 선고 97다57337 판결: (구)중기관리법에 의하여 등록된 중기에 대하여 가압류등록이 먼저 되고 나서 제3자 앞으로 소유권이전등록이 된 경우에 그 제3자의 소유권 취득은 가압류에 의한 처분금지의 효력 때문에 그 집행 보전의 목적을 달성하는 데 필요한 범위 안에서 가압류채권자에 대한 관계에서만 상대적으로 무효일 뿐이고 가압류채무자의 다른 채권자 등에 대한 관계에서는 유효하다 할 것이므로, 위와 같은 경우 채무명의를 얻은 가압류채권자의 신청에 의하여 제3자의 소유권 취득 후 당해 중기에 대하여 개시된 강제경매절차에서 가압류채무자에 대한 다른 채권자는 당해 중기의 경락대금의 배당에 참가할 수 없다.

962) 대법원 1982. 9. 14. 선고 81다527 판결: 가압류 부동산을 양수한 제3취득자의 변제로 인하여 피보전채권이 소멸되면 그 제3취득자는 가압류 채권자에 대한 관계에 있어서도 소유권 취득을 대항할 수 있게 되어 가압류 채권자에 의한 강제집행은 결국 채무자 이외의 제3자의 소유물에 대하여 시행된 것이 되어 허용될 수 없다.

을 각 배당받는다.

〈2〉 **가압류권자와 담보권의 우열**

제1순위인 甲의 가압류등기로 인한 처분금지적 효력에 의하여 A는 X부동산에 대한 일체의 처분행위가 금지된다. 甲의 가압류와 乙의 근저당권만이 있는 경우라면 A와 乙 사이의 근저당권설정행위가 유효하다고 하더라도 甲에 대해서는 그 근저당권설정행위의 유효를 주장할 수 없다. 이 경우에는 甲과 乙이 채권자평등원칙에 따라 안분배당을 받게 된다.963) 乙의 근저당권이 선순위라면 乙은 저당권자로서 우선변제권이 있으므로 선순위저당권자인 乙에게 배당되고 남은 잔액만이 甲에게 배당된다.

<2>의 사례에서 甲의 지위를 보면 甲과 乙, 丙은 동일한 지위에 있는 채권자일 뿐이다. 甲의 입장에서는 매각가격 3억 원을 甲과 乙, 丙이 평등하게 안분배당하면 甲은 5,000만 원(3억 원×1억 원/6억 원), 乙은 1억 원(3억 원×2억 원/6억 원), 丙은 1억 5,000만 원(3억 원×3억 원/6억 원)이 된다. 甲은 자신의 가압류채권의 1/2밖에 배당받지 못했지만 우선변제권이 있는 담보권자가 아닌 甲으로서는 더 이상 배당받을 수 없다.

그러나 乙과 丙 사이에서 보면 乙이 丙보다 우선권이 있는 담보권자이고, 乙의 근저당권설정행위는 甲에 대하여 대항할 수는 없으나, 丙에게는 우선변제권을 주장할 수 있으므로 위 안분한 금액 중 乙이 받지 못하게 된 1억 원(2억 원−1억 원)은 후순위권리자인 丙으로 흡수하여 배당받을 수 있다. 결국 乙은 丙으로부터 자신의 부족액 1억 원을 흡수하여 乙은 자신의 채권액 2억 원을 전부 배당받고, 丙은 1억 원을 乙에게 흡수당하여 5,000만 원을 배당받게 된다.

위와 같이 가압류채권자와 근저당권자 및 근저당권설정등기 후 (가)압류채권자 사이의 배당관계에 있어서, 근저당권자는 선순위 가압류채권자에 대해서는 우선변제권을 주장할 수 없으므로 1차로 채권액에 따른 안분비례에 의하여 평등배당

---

963) 대법원 2008. 2. 28. 선고 2007다77446 판결: 부동산에 대하여 가압류등기가 먼저 되고 나서 근저당권설정등기가 마쳐진 경우에 경매절차의 배당관계에서 근저당권자는 선순위 가압류채권자에 대해서는 우선변제권을 주장할 수 없으므로 그 가압류채권자는 근저당권자와 일반 채권자의 자격에서 평등배당을 받을 수 있고(대법원 1994. 11. 29. 94마417 결정 참조), 따라서 가압류채권자는 채무자의 근저당권설정행위로 인하여 아무런 불이익을 입지 않으므로 채권자취소권을 행사할 수 없다 할 것이나, 채권자의 실제 채권액이 가압류 채권금액보다 많은 경우 그 초과하는 부분에 관해서는 가압류의 효력이 미치지 아니하여 그 범위 내에서는 채무자의 처분행위가 채권자들의 공동담보를 감소시키는 사해행위가 되므로 그 부분 채권을 피보전채권으로 삼아 당연히 채권자취소권을 행사할 수 있다

을 받은 다음, 후순위 (가)압류채권자에 대해서는 우선변제권이 인정되므로 경매신청압류채권자가 받을 배당액으로부터 자기의 채권액을 만족시킬 때까지 이를 흡수하여 배당받는 것964)을 "안분 후 흡수" 내지는 "배당의 순환관계"라고 한다.

[참고] 안분 후 흡수의 5원칙

1. 흡수하는 채권끼리는 우선순위에 따른다.
2. 흡수당하는 채권끼리 열후순위에 따른다.
3. 흡수하는 한도는 안분할 때 정해진다.
4. 흡수당하는 한도도 안분 시에 정해진다.
5. 한 채권자가 흡수를 종료한 후에는 다시 흡수를 진행하지 못한다.

(2) 압류 후 제3취득자의 변제

[사례 14 - 9] 압류 후 제3취득자의 지위

<1> 甲이 乙 소유 부동산에 대한 가압류등기 후 乙의 처분행위로 丙이 소유권을 취득한 후 丙이 <u>피보전채권을 변제</u>하였음에도 불구하고 甲이 경매절차를 계속 진행하여 본집행(압류) 절차에 들어가는 경우 丙의 구제방법은?

<2> 甲이 乙 소유 부동산에 대한 압류 후 乙의 처분행위로 丙이 소유권을 취득한 후 丙이 <u>집행채권을 변제</u>를 하였음에도 불구하고 甲이 집행을 계속하는 경우, 丙의 구제방법은?

<1>의 사례에서 丙은 제3자이의의 소로써 집행절차를 정지할 수 있다.

<2>의 사례에서 丙은 채무자 乙을 대위하여 청구이의의 소를 제기하여 집행권원의 집행력을 배제해야만 한다.

---

964) 대법원 1994. 11. 29. 94마417 결정.

(3) 가압류가 무효인 경우

[사례 14 - 10] 사망자를 상대로 한 가압류의 효력

<1> 甲이 乙 소유의 부동산에 대하여 가압류하였으나, 그 전에 이미 乙이 사망한 경우는 어떻게 되는가?

<2> 채권자는 채무자를 잘못 표시하였다는 이유로 경정결정으로 채무자를 상속인으로 경정할 수 있는가?

<3> 위 가압류에 대하여 乙의 상속인은 어떠한 방법으로 구제받을 수 있는가?

<4> 위 가압류 후에 乙의 상속인으로부터 부동산을 취득한 제3 취득자의 구제방법은?

사망한 사람을 피신청인으로 한 가압류신청은 부적법하고 그 신청에 따른 가압류결정이 내려졌다고 하여도 그 결정은 당연무효로서 그 효력이 상속인에게 미치지 않는다.[965] 이 경우 채권자는 단순한 경정결정으로 하자 시정이 불가능하다.

채무자의 상속인은 일반승계인으로서 무효인 그 가압류결정에 의하여 생긴 외관을 제거하기 위한 방편으로 가압류결정에 대한 이의신청으로써 그 취소를 구할 수 있고,[966] 제3자이의의 소를 제기할 수도 있다.[967] 다만 그 후 채권자가 상속인을 상대로 본안소송을 제기하여 승소 및 본집행이 개시되었다면 乙의 상속인은 더 이상 위 가압류에 대하여 다툴 이익이 없다.

보전처분 전에 채무자로부터 목적물을 취득한 제3 취득자(특별승계인)는 제3자이의의 소를 제기할 수 있다. 보전처분이 발령된 이후에 채무자의 상속인으로부터 목적물을 취득한 제3 취득자(특별승계인)도 제3자이의의 소를 제기할 수 있다. 사망자를 상대로 한 보전처분은 무효이므로, 보전처분 발령 후 목적물을 취득한 제3 취득자는 무효인 가압류·가처분에 대해 제3이의의 소를 제기하여 이를 다툴 수 있다.[968]

---

965) 대법원 2006. 8. 24. 선고 2004다26287, 26294 판결.

966) 대법원 2002. 4. 26. 선고 2000다30578 판결.

967) 대법원 1997. 8. 29. 선고 96다14470 판결: 제3자이의의 소는 이미 개시된 집행의 목적물에 대하여 소유권 기타 목적물의 양도나 인도를 저지하는 권리를 주장함으로써 그에 대한 배제를 구하는 것인 만큼 그 소의 원인이 되는 권리는 집행채권자에게 대항할 수 있는 것이어야 하고, 그 대항 여부는 그 권리의 취득과 집행의 선후에 의하여 결정되는 것이 보통이므로 그 권리가 집행 당시에 이미 존재하여야 하는 것이 일반적이지만 집행 후에 취득한 권리라고 하더라도 특별히 권리자가 이로써 집행채권자에게 대항할 수 있는 경우라면 그 권리자는 그 집행의 배제를 구하기 위하여 제3자이의의 소를 제기할 수 있다.

나. 가압류의 주관적 범위

가압류에 반하는 처분행위는 가압류채권자 및 처분행위 전에 집행에 참가한 자에 대한 관계에서만 무효일 뿐, 처분행위 후에 집행에 참가한 채권자에 대해서는 그 처분의 유효를 주장할 수 있다.

① 가압류 후 저당권을 취득한 자는 가압류권자와 동순위로 배당받는다. 저당권자보다 후순위의 일반채권자가 배당요구를 하였을 경우는 위 세 사람에게 안분배당을 한 후 담보물권자가 후순위 일반채권자의 배당을 흡수한다(안분 후 흡수).

② 가압류 후 목적물이 제3자에게 양도된 후에는 가압류채무자에 대한 일반채권자들이 배당요구를 할 수 없다.969)

③ 가압류 후 목적물이 제3자에게 양도된 경우 양도 전에 목적물을 (가)압류한 채권자들이 모두 만족을 받고 난 후 잉여가 있으면 제3취득자에게 교부한다.970)

다. 가압류의 객관적 범위

① 가압류의 처분금지적 효력은 목적물의 교환가치 중 피보전채권에 대응하는 목적물

---

968) 대법원 1982. 10. 26. 선고 82다카884 판결.

969) 대법원 2004. 9. 3. 선고 2003다22561 판결: 압류의 처분금지 효력은 절대적인 것이 아니고, 이에 저촉되는 채무자의 처분행위도 그 압류채권자와 처분 전에 집행절차에 참가한 압류채권자나 배당요구채권자에게 대항하지 못한다는 의미에서의 상대적 효력을 가지는 데 그치므로 압류의 효력발생 전에 채무자가 처분한 경우에는 그보다 먼저 압류한 채권자가 있어 그 채권자에게는 대항할 수 없는 사정이 있더라도 그 처분 후에 집행에 참가하는 채권자에 대해서는 처분의 효력을 대항할 수 있는 것이고, 이는 가압류의 경우에도 마찬가지이므로 동일한 채권에 관하여 가압류명령의 송달과 확정일자 있는 양도통지가 동시에 제3채무자에게 도달함으로써 채무자가 가압류의 대상인 채권을 양도하고 채권양수인이 채권양도의 대항요건을 갖추었다면 다른 채권자는 더 이상 그 가압류에 따른 집행절차에 참가할 수는 없다.

970) 대법원 2005. 7. 29. 선고 2003다40637 판결: 부동산에 대한 가압류집행 후 가압류목적물의 소유권이 제3자에게 이전된 경우 가압류채권자는 집행권원을 얻어 제3취득자가 아닌 가압류채무자를 집행채무자로 하여 그 가압류를 본압류로 이전하는 강제집행을 실행할 수 있으나, 이 경우 그 강제집행은 가압류의 처분금지적 효력이 미치는 객관적 범위인 가압류결정 당시의 청구금액의 한도 안에서만 집행채무자인 가압류채무자의 책임재산에 대한 강제집행절차라 할 것이고, 나머지 부분은 제3취득자의 재산에 대한 매각절차라 할 것이므로, 제3취득자에 대한 채권자는 그 매각절차에서 제3취득자의 재산 매각대금 부분으로부터 배당을 받을 수 있다.

의 교환가치에만 미치고, 따라서 제3취득자는 완전한 권리를 취득하기 위하여 저촉 처분이 있기 전까지의 가압류채권액만 변제하면 되며, 그 처분 후에 추가·확장된 채권까지 변제할 필요는 없다.

② 가압류집행 후 가압류 목적물의 소유권이 제3자에게 이전된 경우 가압류채권자는 가압류목적물의 매각대금에서 가압류결정 당시의 청구금액을 넘어서는 이자와 소 송비용을 배당받을 수 없다.

[사례 14-11] 개별상대효에 따른 가압류의 객관적 범위

<1> A의 X부동산에 대하여 甲, 乙, 丙이 다음과 같은 절차를 마쳤다. 위 권리자들의 배당액은?

甲: 2010. 5. 1. 가압류등기(피보전권리: 대여금 1억 원)

乙: 2010. 7. 1. A로부터 X부동산을 취득하고 소유권이전등기 경료

丙: 2010. 10. 1. 乙로부터 X부동산을 임차하고(보증금 1억 5,000만 원) 전 입신고 및 확정일자(2010. 10. 15.)

<2> 甲은 A를 상대로 대여금청구의 소를 제기하여 1억 원 및 지연손해금의 지급 을 명하는 승소확정판결을 받았다. 甲은 청구금액을 1억 1,000만 원으로 A 를 상대로 X부동산에 대해 경매신청을 하였고, 경매개시결정 후 청구금액을 1억 2,000만 원으로 확장하였다.

집행비용을 공제하고 매각가격이 2억 원인 경우 배당액은?

가압류의 처분금지적 효력에 따라 가압류집행 후 가압류채무자의 가압류목적물에 대한 처분행위는 가압류채권자와의 관계에서는 그 효력이 없으므로 가압류집행 후 가압류목적 물의 소유권이 제3자에게 이전된 경우 가압류채권자는 집행권원을 얻어 제3취득자가 아 닌 가압류채무자를 집행채무자로 하여 그 가압류를 본압류로 전이하는 강제집행을 실행 할 수 있다. 이 경우 그 강제집행은 가압류의 처분금지적 효력이 미치는 객관적 범위인 가압류결정 당시 청구금액의 한도 안에서는 집행채무자인 가압류채무자의 책임재산에 대 한 강제집행절차이므로 제3취득자에 대한 채권자는 당해 가압류목적물의 매각대금 중 가 압류의 처분금지적 효력이 미치는 범위의 금액에 대해서는 배당에 참가할 수 없다.[971]

위와 같이 가압류의 처분금지적 효력이 미치는 객관적 범위인 가압류결정 당시의 청구금액 한도 안에서만 집행채무자인 가압류채무자의 책임재산에 대한 강제집행절차라 할 것이므로 가압류결정 당시의 청구금액이 채권의 원금만을 기재한 경우 가압류채권자가 가압류채무자에 대하여 원금 채권 이외에 이자와 소송비용채권을 가지고 있다 하더라도 가압류결정 당시의 청구금액을 넘어서는 이자와 소송비용채권에 관해서는 가압류의 처분금지적 효력이 미치는 것이 아니다. 따라서 가압류채권자는 가압류목적물의 매각대금에서 가압류결정 당시의 청구금액을 넘어서는 이자와 소송비용채권을 배당받을 수 없다.[972]

위 사례에서 甲은 A의 X부동산에 대해 가압류를 마쳤으므로 A가 X부동산을 乙에게 처분한다고 해도 이를 甲에게 대항할 수 없다. 따라서 甲은 乙이 X부동산의 소유권을 취득하였다고 해도 A를 상대로 하여 X부동산에 경매를 신청할 수 있다. 개별상대효에 따라 A와 乙 사이의 처분행위는 甲에게 대항할 수 없을 뿐 유효하다. 위 사례에서 甲의 가압류 당시 청구금액인 1억 원의 범위에서 처분금지의 효력이 미칠 뿐이다. 즉, 1억 원을 넘는 부분은 가압류의 처분금지적 효력이 미치지 아니하므로 乙에게로의 처분이 유효하고, 乙로부터 목적물을 임차한 丙이 자신의 우선변제권을 주장할 수 있다.

가압류 후 목적물이 제3자에게 양도된 경우 양도 전에 목적물을 (가)압류한 채권자들이 모두 만족을 받고 난 후 잉여가 있으면 제3취득자에게 교부하게 되므로, 가압류의 처분금지적 효력이 미치는 객관적 범위의 금액에 대해서는 제3취득자의 채권자인 丙이 배당에 참가할 수 없고, 가압류채권자인 甲이 가압류결정 당시의 청구금액 한도 내에서 강제경매절차 신청 당시의 청구금액을 배당받고 남은 잔액이 있는 경우에 한해 제3취득자의 채권자인 丙이 배당받을 수 있게 된다.

결국 甲은 1억 원을 배당받게 되고, 나머지 1억 원은 丙이 배당받게 된다.

[사례 14 - 12] 부동산가압류집행과 수용보상금

<1> 甲은 A의 X토지에 대하여 가압류를 하였는데 乙(LH공사)이 위 X토지를 수용한 경우 甲의 가압류 효력이 그 수용보상금청구권에 대해서도 미치는가?

<2> X토지에 대하여 甲이 가압류를 마치고 丙이 근저당권설정등기를 마친 후 乙이 X토지를 수용한 경우에는 어떠한가?

<3> X토지에 대하여 甲이 가압류를 마치고 丙 앞으로 소유권이전등기가 마쳐진 후 乙이 X토지를 수용한 경우에는 어떠한가?

---

971) 대법원 1998. 11. 10. 선고 98다43441 판결.
972) 대법원 1998. 11. 10. 선고 98다43441 판결.

'공익사업을 위한 토지 등의 취득 및 보상에 관한 법률'(이하 '공익사업법') 제45조 제1항에 의하면, 토지 수용의 경우 사업시행자는 수용의 개시일에 토지의 소유권을 취득하고 그 토지에 관한 다른 권리는 소멸하는 것인바, 수용되는 토지에 대하여 가압류가 집행되어 있더라도 토지 수용으로 사업시행자가 그 소유권을 원시 취득하게 됨에 따라 그 토지 가압류의 효력은 절대적으로 소멸하는 것이고, 이 경우 법률에 특별한 규정이 없는 이상 토지에 대한 가압류가 그 수용보상금채권에 당연히 전이되어 효력이 미치게 된다거나 수용보상금채권에 대해서도 토지 가압류의 처분금지적 효력이 미친다고 볼 수는 없다.

또 가압류는 담보물권과는 달리 목적물의 교환가치를 지배하는 권리가 아니고, 담보물권의 경우에 인정되는 물상대위의 법리가 여기에 적용된다고 볼 수도 없다.973) 그러므로 토지에 대하여 가압류가 집행된 후에 제3자가 그 토지의 소유권을 취득함으로써 가압류의 처분금지 효력을 받고 있던 중 그 토지가 공익사업법에 따라 수용됨으로 인하여 기존 가압류의 효력이 소멸되는 한편 제3취득자인 토지소유자는 위 가압류의 부담에서 벗어나 토지수용보상금을 온전히 지급받게 되었다고 하더라도, 이는 공익사업법에 따른 토지 수용의 효과일 뿐이지 이를 두고 법률상 원인 없는 부당이득이라고 할 것은 아니다.974)

위 사례에서 乙이 X토지를 수용함으로써 원시 취득하게 되면 甲의 가압류는 소멸된다. 가압류는 처분금지적 효력밖에 없으므로 토지에 대한 수용보상금청구권에 당연히 전이되어 그 효력이 미치는 것도 아니다. 따라서 이 경우 甲은 위 보상청구권에 대하여 별도의 보전절차를 밟아야 한다.

甲의 가압류 후에 丙이 근저당권설정등기를 마친 경우 수용으로 근저당은 말소되지만 丙은 저당권자로 수용보상금청구권에 대하여 물상대위권을 가지므로 이를 통해 수용보상금에 대한 우선변제권을 확보할 수 있다. 이 경우 丙이 수용보상금청구권을 압류하기 전에 甲이 위 보상금청구권에 가압류를 한 경우에도 근저당권자인 丙이 우선한다.

라. 가압류와 다른 절차와의 경합

가압류가 집행된 경우 가압류 물건의 사용·관리·수익까지 제한하는 효력이 있다. 다만 부동산 가압류의 경우는 채무자가 목적물을 이용·관리할 권리를 갖는다. 유체동산

---

973) 대법원 2000. 7. 4. 선고 98다62961 판결, 대법원 2003. 7. 11. 선고 2001다83777 판결, 대법원 2004. 4. 16. 선고 2003다64206 판결 등 참조.
974) 대법원 2009. 9. 10. 선고 2006다61536, 61543 판결.

가압류의 경우 집행관이 목적물을 현실적으로 점유하는 원칙적인 경우는 채무자의 사용을 제한하나, 채무자에게 보관시킨 경우는 사용이 가능하다. 채권 기타 재산권에 대한 가압류는 제3채무자의 채무자에 대한 지급을 금지하므로, 채무자는 수익을 할 수 없다.

(1) 가압류와의 경합: 채권자평등의 원칙상 동일한 가압류 대상물에 대한 가압류집행의 경합이 허용되며, 가압류채권자 상호 간에 집행의 선후에 의한 우열도 없다.975) 배당절차에서는 채권자 평등원칙에 의해 각자의 채권액에 안분배당을 받는다.

(2) 가처분과의 경합: 가압류와 가처분이 모순·저촉되지 않으면 양립이 가능하나, 양자가 모순·저촉되면 효력의 우열은 집행(등기)의 선후에 의해 결정된다.976) 가압류와 가처분 등기의 순위가 동일하면977) 상호 간에 처분금지적 효력을 서로 주장할 수 없다.

---

975) 가압류집행이 경합된 경우 그중 하나가 본압류로 이행된 때에는 다른 가압류채권자는 배당받을 채권자로서의 지위를 갖는다.

976) 대법원 2005. 1. 14. 선고 2003다33004 판결: 부동산처분금지가처분이 유효하게 집행된 이후 가처분채권자가 그 본안소송에서 승소판결을 선고받아 확정되면 가처분채권자는 가처분등기 후에 경료된, 그에 위반되는 등기의 말소를 단독으로 신청할 수 있고(대법원 1992. 2. 14. 선고 91다12349 판결), 동일한 부동산에 대하여 가압류와 처분금지가처분이 경합하는 경우 처분의 금지라는 점에 있어서는 양자의 효력이 양립할 수 없어 <u>가압류와 가처분의 효력 순위는 그 집행 순서에 따라 정할 수밖에 없으므로</u>, 부동산에 대하여 가압류등기가 된 경우에, 그 가압류채무자(현 소유자)의 전 소유자가 위의 가압류집행에 앞서 같은 부동산에 대하여 소유권이전등기의 말소청구권을 보전하기 위한 처분금지가처분등기를 경료한 다음, 채무자를 상대로 매매계약의 해제를 주장하면서 소유권이전등기 말소소송을 제기한 결과 승소판결을 받아 확정되기에 이르렀다면, 위와 같은 가압류는 결국 말소될 수밖에 없고, 따라서 이러한 경우 가압류채권자는 민법 제548조 제1항 단서에서 말하는 제3자로 볼 수 없으며, 가처분채권자가 받은 본안판결이 전부 승소판결이 아닌 동시이행판결인 경우도 이와 달리 볼 이유가 없다.

977) 대법원 1998. 10. 30. 98마475 결정: 등기신청의 접수순위는 등기공무원이 등기신청서를 받았을 때를 기준으로 하고, 동일한 부동산에 관하여 동시에 수 개의 등기신청이 있는 때에는 동일 접수번호를 기재하여 동일 순위로 기재하여야 하므로, 등기공무원이 법원으로부터 동일한 부동산에 관한 가압류등기촉탁서와 처분금지가처분등기촉탁서를 동시에 받았다면 양 등기에 대하여 동일 접수번호와 순위번호를 기재하여 처리하여야 하고 그 등기의 순위는 동일하다.

┌─ **[사례 14 - 13] 가압류와 가처분의 경합** ─────────────────
│
│   甲은 A에 대한 분양대금반환채권을 보전하기 위하여 X부동산에 가압류신청을 하
│ 여 2005. 12. 8. 가압류결정이 내려지고, 乙이 A와의 매매계약에 따른 소유권이전등
│ 기청구권을 보전하기 위하여 처분금지가처분신청을 하여 2005. 12. 8. 그 가처분결
│ 정이 내려졌는데, 그다음 날인 2005. 12. 9. 등기공무원이 위 부동산의 갑구란에 법
│ 원의 가압류등기촉탁에 의한 순위번호 2번 접수번호 제35066호로 위 가압류등기를
│ 하고, 이어 같은 법원의 처분금지가처분등기촉탁에 의한 순위번호 2번 접수번호 제
│ 35066호로 위 처분금지가처분등기를 하였다. 그 후 乙이 2006. 10. 17. 위 부동산
│ 에 관하여 2003. 10. 7. 매매를 원인으로 한 소유권이전등기를 경료하였고, 甲은 A
│ 를 상대로 분양금반환청구소송을 제기하여 2007. 2. 20. 법원으로부터 A는 甲에게
│ 금 60,000,000원 및 이에 대한 지연손해금을 지급하라는 가집행선고부 승소판결을
│ 받아 이를 집행권원으로 하여 위 부동산에 대한 강제경매를 신청하였다. 甲은 甲 명
│ 의의 가압류등기의 효력으로 乙 명의로 마쳐진 소유권이전등기의 효력을 부인할 수
│ 있는가?
│
└──

甲의 가압류등기와 乙의 가처분등기는 순위가 동일한 등기라 할 것이므로 상호 간에
우열을 정할 수 없는 것이고, 따라서 甲 명의의 위 가압류등기를 가지고서는 그 후 위
가처분권자인 乙 명의로 마쳐진 위 소유권이전등기의 효력을 부정할 수는 없다. 甲은 A
에 대한 집행권원을 얻더라도 A 소유가 아닌 乙 소유인 위 부동산에 대하여 강제경매를
신청할 수 없다.978)

---

978) 대법원 1998. 10. 30. 98마475 결정.

┌─ **[사례 14 - 14] 가압류와 가처분의 경합** ─────────────

　　*甲*은 *A*에 대한 소유권이전등기청구권을 피보전권리로 하여 *A*가 *乙*에게 가진 소유권이전등기청구권에 대하여 처분금지가처분을 하였고, *丙*은 *A*에 대한 금전채권을 피보전권리로 하여 *A*의 *乙*에 대한 소유권이전등기청구권을 가압류하였다. *丙*이 위 가압류에 기해 압류 및 추심명령을 받아 추심권의 행사로서 *A*를 대위하여 *乙*을 상대로 소유권이전등기청구를 한 경우, 다음과 같은 *乙*의 항변에 대한 법원의 판단은?

　　<1> 소유권이전등기청구권은 *丙*의 가압류 이전에 *B*에게 양도되어 가압류는 효력이 없다.

　　<2> *丙*의 압류 전에 *甲*으로부터 처분금지가처분이 있었으므로, 그 가처분의 해제를 조건으로 하여서만 인용하여야 한다.

└──────────────────────────────────────

　　<1>의 항변에 대하여 소유권이전등기청구권은 성질상 양도가 제한되는 채권으로서 채권양도 통지만으로는 부족하고, 동의까지 요한다. 이 사건에서는 채권양도 통지만 있었을 뿐이고, A가 채권양도에 동의하지 않고 있으므로 채권양도로 대항할 수 없다.

　　<2>의 항변에 대하여 소유권이전등기청구권에 대한 처분금지가처분이 있은 후 그 등기청구권에 대한 가압류가 있었다 해도 가처분이 가압류에 우선하는 효력이 없고, 그 가압류도 가처분채권자와의 관계에서 유효하다. 따라서 丙이 먼저 집행(추심명령에 기한 이전등기청구)한 자여서 丙 앞으로 이전등기가 가능하다. 따라서 해제조건부인용이 아닌 무조건 전부인용판결이 나게 된다.[979] 결국 가압류·가처분권자 중 먼저 실행하는 자가 우선권자가 된다.

　　(3) 채권양도와의 경합: 가압류된 채권도 이를 양도하는 데 아무런 제한이 없으나, 다만 가압류된 채권을 양수받은 양수인은 그러한 가압류에 의하여 권리가 제한된 상태의 채권을 양수받는다.

---

979) 甲이 A를 대위하여 乙을 상대로 소유권이전등기청구의 소를 제기한 경우에는 해제조건부 인용판결을 한다.

┌───┐
│ **[사례 14 - 15] 가압류와 채권양도의 경합**   │
│   │
│   *A*는 2006. 9. 16. 乙과 사이에 공사대금을 금 4억 원으로 정한 공사도급계약을 │
│ 체결하고 2007. 1. 24. 그 공사를 완공하였다. *A*는 그 공사완공 전인 2007. 1. 9. 甲 │
│ 에게 위 공사도급계약상의 공사대금 중 지급받지 못한 금 7,000만 원의 공사대금채 │
│ 권을 양도한 후 2007. 4. 9. 乙에게 양도통지를 하여 그 통지가 <u>2007. 4. 11.</u> 도달 │
│ 되었다.   │
│   甲은 乙을 상대로 양수금청구의 소를 제기하였고, 소송결과 *A*의 乙에 대한 공사 │
│ 대금채권은 금 9,000만 원이 남아 있음이 밝혀졌는데, 乙은 *A*로부터 <u>채권양도통지</u> │
│ <u>를 받기 이전에</u> 다른 채권자들로부터 위 공사대금채권에 관하여   │
│   ① 채권자 丙(청구금액 1억 원)의 채권가압류결정(<u>2007. 1. 25. 송달</u>),   │
│   ② 채권자 丁(청구금액 5,000만 원)의 채권가압류결정(<u>2007. 2. 17. 송달</u>),   │
│   ③ 채권자 戊(청구금액 금 4,000만 원)의 채권가압류결정(<u>2007. 4. 1. 송달</u>),   │
│   ④ 채권자 丁의 위 채권가압류를 본압류로 전이하는 채권압류 및 추심명령(<u>2007.</u> │
│   <u>4. 4. 송달</u>)을 송달받았음을 이유로 甲의 청구에 응할 수 없다는 주장을 하였다. │
│   甲의 양수금청구의 소는 인용될 것인가?   │
└───┘

일반적으로 채권에 대한 가압류가 있더라도 이는 가압류채무자가 제3채무자로부터 현실로 급부를 추심하는 것만을 금지하는 것이므로 가압류채무자는 제3채무자를 상대로 그 이행을 구하는 소송을 제기할 수 있고, 법원은 가압류가 되어 있음을 이유로 이를 배척할 수 없다.[980] 채권양도는 구채권자인 양도인과 신채권자인 양수인 사이의 채권을 그 동일성을 유지하면서 전자로부터 후자에게로 이전시킬 것을 목적으로 하는 계약을 말하고, 채권양도에 의하여 채권은 그 동일성을 잃지 않고 양도인으로부터 양수인에게 이전된다. 가압류된 채권도 이를 양도하는 데 아무런 제한이 없으나, 다만 <u>가압류된 채권을</u> <u>양수받은 양수인은 그러한 가압류에 의하여 권리가 제한된 상태의 채권을 양수받는다고</u> 보아야 할 것이다.[981] 이는 채권을 양도받았으나 확정일자 있는 양도통지나 승낙에 의한

---

980) 대법원 1992. 11. 10. 선고 92다4680 전원합의체 판결 등 참조.

981) 대법원 2000. 4. 11. 선고 99다23888 판결은 각 채권가압류결정이 피고회사에 송달된 이후에 위 공사 대금채권 중 금 71,000,000원을 양수받은 원고로서는 위 각 가압류채권자들에 우선하여 피고회사에 양수받은 공사대금의 지급을 구할 수 없다고 판시한 원심은 가압류 또는 압류된 채권의 양수인의 법적 지위에 관한 법리오해의 잘못이 있다는 이유로 원심을 파기 환송하였다.

대항요건을 갖추지 아니하는 사이에 양도된 채권이 가압류된 경우에도 동일하다.[982]

또한 채권에 대한 압류 및 추심명령이 있으면 제3채무자에 대한 이행의 소는 추심채권자만이 제기할 수 있고 채무자는 피압류채권에 대한 이행소송을 제기할 당사자적격을 상실한다.[983] 따라서 이 사건 소 중 위 丁의 압류채권액에 관한 청구 부분의 소는 부적법하다.

결국 甲은 가압류에 의해 제한된 상태의 공사대금채권을 양수받고, 丁의 가압류가 본압류로 전이되고 추심명령까지 받은 상태이므로 丁의 압류채권 5,000만 원 부분은 당사자적격이 없다.[984]

(4) 강제집행과의 경합: 가압류의 목적물에 대해서도 금전집행이 가능하다. 이 경우 등기된 가압류채권자는 배당요구 없이 당연히 배당받을 권리를 가지나(제148조 제3호), 첫 경매 개시결정기입등기 후에 부동산을 가압류한 채권자는 배당요구를 하여야 한다(제88조 제1항).

(5) 체납처분과의 경합: 체납처분은 재판상의 가압류 또는 가처분으로 인하여 그 집행에 영향을 받지 않고(국세징수법 제35조), 국세·가산금 또는 체납처분비는 다른 공과금 기타 채권에 우선하여 징수한다(국세기본법 제35조 제1항). 따라서 선행 가압류집행에도 불구하고 국세체납처분절차를 진행할 수 있고, 국세를 징수하고 남는 돈은 체납자에게 반환하고 가압류 채권자를 위하여 공탁하지 않는다.[985]

---

982) 대법원 2002. 4. 26. 선고 2001다59033 판결.

983) 대법원 2010. 2. 25. 선고 2009다85717 판결, 대법원 2008. 9. 25. 선고 2007다60417 판결 등 참조. 그러나 채권자는 현금화 절차가 끝나기 전까지 압류명령의 신청을 취하할 수 있고, 이 경우 채권자의 추심권도 당연히 소멸하게 되며, 추심금청구소송을 제기하여 확정판결을 받은 경우라도 그 집행에 의한 변제를 받기 전에 압류명령의 신청을 취하하여 추심권이 소멸하면 추심권능과 소송수행권이 모두 채무자에게 복귀하며, 이는 국가가 국세징수법에 의한 체납처분으로 채무자의 제3채무자에 대한 채권을 압류하였다가 압류를 해제한 경우에도 마찬가지이다(대법원 2009. 11. 12. 선고 2009다48879 판결).

984) 주문 예: 이 사건 소 중 금 50,000,000원 지급청구 부분을 각하한다.
　　　　 피고는 원고에게 금 20,000,000원을 지급하라.

985) 따라서 가압류 채권자는 채무자가 가지는 남은 돈에 대한 인도청구권을 가압류하는 등의 조치로 권리를 보전하여야 한다.

2. 가처분집행의 효력

가. 처분금지가처분

(1) 등기와의 관계: 처분금지가처분은 그 집행인 가처분등기가 경료됨으로써 가처분채무자 및 제3자를 가처분내용에 따라 구속한다. 따라서 가처분명령이 발하여졌다고 하더라도 가처분등기가 마쳐지기 전에 가처분채무자가 그 가처분의 내용을 위반하여 처분행위를 하고 그에 기하여 제3자 명의로 소유권이전등기가 마쳐졌다면 그 등기는 완전히 유효하다.986) 처분금지가처분 이전에 가처분채무자로부터 제3자에의 양도나 그 밖의 처분행위가 있었으나 그 등기만이 가처분등기 후에 마쳐진 경우에는 제3 취득자가 가처분채권자에게 대항할 수 없다.987)

(2) 처분금지가처분 등기 후의 처분행위의 효력: 처분금지가처분등기 후에 채무자가 가처분의 내용에 위배하여 제3자에게 목적 부동산에 관하여 양도·담보권설정 등의 처분행위를 한 경우에 가처분채권자는 그 처분행위의 효력을 부정할 수 있다(무효로 할 수 있다). 가처분채권자가 가처분 위반행위의 효력을 부정할 수 있는 시기는 본안소송에서 승소확정판결을 받거나 이와 동일시할 수 있는 사정이 발생한 때988)이고, 단순히 가처분채권자의 지위만으로는 가처분채무자로부터 목적 부동산의 소유권이전등기를 경료받은 제3자에 대하여 말소등기를 청구하는 등 위법한 처분행위의 효력을 부인할 수 없다.989) 따라서 가처분채권자의 권리가 본안에서 확정될 때까지는 가처분등기 후의 처분행위라도

---

986) 대법원 1997. 7. 11. 선고 97다15012 판결: 아파트에 대한 분양금지가처분결정을 받았다고 하더라도 그 가처분은 그 집행에 해당하는 등기에 의하여 비로소 가처분채무자 및 제3자에 대하여 구속력을 갖게 되는 것이므로 그 가처분등기가 경료되기 이전에 가처분채무자가 그 가처분의 내용에 위반하여 처분행위를 함으로써 이에 따라 제3자 명의의 소유권이전등기가 마쳐진 경우, 그 소유권이전등기는 완전히 유효하다.

987) 가처분등기보다 먼저 등기된 가등기에 의하여 본등기가 경료된 경우에는 그 본등기가 설사 가처분등기 후에 경료되었다고 하더라도 가처분 채권자에게 대항할 수 있다.

988) 화해, 조정, 청구의 인낙 등에 의하여 가처분 채권자의 권리의 존재가 확정된 때

989) 대법원 1992. 2. 14. 선고 91다12349 판결: 부동산처분금지가처분등기가 유효하게 기입된 이후에도 가처분채권자의 지위만으로는 가처분 이후에 경료된 처분등기의 말소청구권은 없으며, 나중에 가처분채권자가 본안 승소판결에 의한 등기의 기재를 청구할 수 있게 되면서 가처분등기 후에 경료된 가처분 내용에 위반된 위 등기의 말소를 청구할 수 있는 것이고, 또 등기공무원도 가처분 이후에 이루어진 가처분 위반등기를 직권으로 말소할 수도 없으므로 가처분 위반의 등기가 소유권이전등기 시에 말소되지 아니한 채 남아 있다면 이는 말소하여야 할 등기상의 부담이라고 보아야 할 것이다.

등기가 허용되고 그 제3취득자는 비록 목적 부동산에 관하여 처분금지가처분등기가 되어 있더라도 그 부동산이 임대된 경우에는 임차인에게 차임의 지급을 청구할 수 있으며, 가처분채무자에게 목적부동산의 인도를 구할 수 있고 가처분채무자를 상대방으로 하는 타인의 강제집행에 대하여 제3자이의의 소를 제기할 수 있으며, 제3취득자의 채권자도 제3취득자를 채무자로 하여 목적부동산에 대하여 강제집행이나 보전처분을 할 수 있다.

[사례 14 - 16] 처분금지가처분의 효력

甲이 乙 명의의 부동산에 대하여 처분금지가처분등기를 마쳤으나, 丙이 가처분 당시 가처분채무자인 乙 명의의 소유권이전등기가 원인무효임을 이유로 소유권이전 등기말소소송을 제기하여 승소확정판결을 받아 乙 명의 등기가 말소되었다. 丙 명의에서 丁 명의로 소유권이전등기가 된 경우 甲의 가처분에 의하여 금지되는 처분행위에 해당하는가?

부동산 처분금지가처분등기가 경료되었으나 그 가처분 당시의 가처분채무자 명의의 등기가 원인무효인 관계로 확정판결에 의해 말소되어 전 소유자의 소유명의로 복귀되는 경우에는 처분금지가처분에 의하여 처분이 금지되는 처분행위에 해당한다고 볼 수 없고, 다만 가처분채무자가 소유권을 제3자에게 처분하면서 이미 경료된 가처분의 효력을 배제시킬 의도로 무변론판결에 의하여 원인무효라는 확정판결을 받아 가처분채무자 명의의 등기를 말소하고 그 제3자에게 등기를 이전하였다는 등의 특별한 사정이 있는 경우에는 그 처분금지가처분에 의하여 처분이 금지되는 처분행위에 포함된다.[990]

(3) 가처분의 효력 범위: 가처분 위반의 처분행위는 가처분채무자와 그 상대방 및 제3자 사이에서는 완전히 유효하고 단지 가처분채권자에게만 대항할 수 없음에 그치고(상대적 효력설), 가처분 채권자는 피보전권리의 한도에서 가처분 위반의 효력을 부정할 수 있다(실체적 효력설).[991]

---

990) 대법원 1996. 8. 20. 선고 94다58988 판결: 부동산등기법 제171조에 의하면 등기의 말소를 신청하는 경우에 그 말소에 대하여 등기상 이해관계 있는 제3자가 있는 때에는 신청서에 그 승낙서 또는 이에 대항할 수 있는 재판의 등본을 첨부하도록 규정하고 있으므로, 이해관계 있는 제3자의 승낙서 등을 첨부하지 아니한 채 말소등기가 이루어진 경우 그 말소등기는 제3자에 대한 관계에 있어서는 무효라고 해석할 것이나, 다만 제3자에게 그 말소등기에 관하여 실체법상의 승낙의무가 있는 때에는 승낙서 등이 첨부되지 아니한 채 말소등기가 경료되었다고 하여도 그 말소등기는 실체적 법률관계에 합치되는 것이어서 제3자에 대한 관계에 있어서도 유효하다.

(4) 피보전권리 없이 내려진 처분금지가처분의 효력: 실체법상 아무런 권리가 없는 사람의 신청에 따라 처분금지가처분결정이 내려졌다면 이는 무효이므로, 가처분권리자는 가처분의 효력을 채무자나 제3취득자에게 주장할 수 없고, 가처분등기 후에 소유권이전등기를 마친 자는 가처분권리자에 대해서도 유효하게 소유권을 취득하였음을 주장할 수 있다.[992] 그리고 후에 처분금지가처분이 취하 또는 취소되는 등으로 가처분등기가 적법하게 말소되거나, 가처분권자가 본안소송에서 패소 확정된 경우 위 가처분등기 이후에 마쳐진 처분행위로 인한 등기는 완전히 유효하게 된다.[993]

(5) 대위에 의한 처분금지가처분: 가처분등기 후 어떤 경로로 그 피보전권리를 실현하는 내용의 등기가 경료된 경우, 그 등기는 완전히 유효하다.

[사례 14 - 17] 대위가처분의 효력

<1> 부동산이 甲→乙→丙 순으로 순차 양도된 경우 丙이 乙을 대위하여 乙이 甲에 대하여 가지는 소유권이전등기청구권을 보전하기 위하여 甲을 상대로 부동산에 대한 처분금지가처분결정을 받아 집행한 후에 甲이 乙에게 소유권이전등기를 경료한 경우 위 가처분의 처분금지효에 반하는 것인가? 乙 명의의 등기에 터 잡아 丙이 아닌 丁 명의로 경료된 소유권이전등기도 유효한가?

<2> 부동산이 甲→乙→丙→丁 순으로 순차 매도된 경우에, 丁이 丙, 乙을 순차 대위하여 甲을 상대로 처분금지가처분을 하였는데, 甲으로부터 丙 앞으로 중간생략의 소유권이전등기가 경료된 경우, 이 등기는 유효한가?

부동산의 전득자(채권자)가 양수인 겸 전매인(채무자)에 대한 소유권이전등기청구권을

---

991) 대법원 1984. 4. 16. 84마7 결정: 가처분에 의한 처분금지의 효력은 가처분채권자의 권리를 침해하는 한도에서만 생기는 것이므로 가처분채권자는 피보전권리의 한도에서 가처분위반의 처분행위의 효력을 부정할 수 있다 할 것인바 임차권은 목적물의 사용, 수익을 내용으로 하는 권리로서 근저당권의 존속이 임차권의 실현에 장애가 되지 아니한다 할 것이고 가처분등기 후에 설정된 근저당권의 실행이 있다 하더라도 선행된 가처분등기와 임차권설정등기청구를 인용한 본안판결에 기하여 임차권을 제3자에게 대항할 수 있다 할 것이니 근저당권의 설정으로 인하여 가처분에 의하여 보전된 임차권이 아무런 침해를 받지 아니한다 할 것이므로 위 가처분권자는 그 가처분 후에 마쳐진 근저당권설정등기의 말소를 구할 수 없다.

992) 대법원 1995. 10. 13. 선고 94다44966 판결.

993) 대법원 1976. 4. 27. 선고 74다2151 판결.

보전하기 위하여 양수인을 대위하여 양도인(제3채무자)을 상대로 처분금지가처분결정을 받아 그 등기를 마친 경우 그 가처분은 전득자가 자신의 양수인에 대한 소유권이전등기 청구권을 보전하기 위하여 양도인이 양수인 이외의 자에게 그 소유권의 이전 등 처분행위를 못 하게 하는 데에 그 목적이 있는 것으로서 <u>그 피보전권리는 양수인의 양도인에 대한 소유권이전등기청구권이고</u>, 전득자의 양수인에 대한 소유권이전등기청구권까지 포함되는 것은 아닐 뿐만 아니라 그 가처분결정에서 제3자에 대한 처분을 금지하였다고 하여도 그 제3자 중에는 양수인은 포함되지 아니하며 따라서 그 가처분 이후에 양수인이 양도인으로부터 소유권이전등기를 넘겨받았고 이에 터 잡아 다른 등기가 경료되었다고 하여도 그 각 등기는 위 가처분의 효력에 위배되는 것이 아니다.[994]

따라서 <1>의 사례에서 甲을 상대로 한 가처분은 甲이 乙 이외에 제3자에게 소유권을 이전하지 못하게 하는 데 그 목적이 있을 뿐이고, 피보전권리는 乙의 甲에 대한 소유권이전등기청구권이며, 가처분결정에서 제3자에 대한 처분을 금지하였다고 하더라도 그 제3자 중에는 乙은 포함하지 않기 때문에 丙 명의의 등기나 丁 명의의 등기 모두 유효하다.

그러나 <2>의 사례에서 丙 앞으로의 소유권이전등기는 처분금지가처분에 위배되어 丁에게 대항할 수 없다. 위 가처분은 甲이 乙 이외의 제3자에게 소유권을 이전하지 못하게 하는 데 그 목적이 있고, 피보전권리는 乙의 甲에 대한 소유권이전등기청구권이므로 甲의 丙에게로의 처분은 가처분에 위배되고, 가처분채권자인 丁에게 대항할 수 없다. 丁의 丙에 대한 등기의 말소신청에 따라 위 처분금지가처분 이후에 경료된 丙 명의의 등기를 말소할 수 있다.[995]

---

994) 대법원 1994. 3. 8. 선고 93다42665 판결.

995) 대법원 1998. 2. 13. 선고 97다47897 판결: 갑으로부터 을, 병을 거쳐 부동산을 전득한 정이 그의 병에 대한 소유권이전등기청구권을 보전하기 위하여 을 및 병을 순차 대위하여 갑을 상대로 처분금지가처분을 한 경우, 그 처분금지가처분은 정의 병에 대한 소유권이전등기청구권을 보전하기 위하여 병 및 을을 순차 대위하여 갑이 을 이외의 자에게 그 소유권의 이전 등 처분행위를 못 하게 하는 데 그 목적이 있는 것으로서, 그 피보전권리는 실질적 가처분채권자인 을의 갑에 대한 소유권이전등기청구권이고 병의 을에 대한 소유권이전등기청구권이나 정의 병에 대한 소유권이전등기청구권까지 포함하는 것은 아니므로, <u>위 처분금지가처분 이후에 가처분채무자인 갑으로부터 병 앞으로 경료된 소유권이전등기는 비록 그 등기가 가처분채권자인 정에 대하여 소유권이전등기의무를 부담하고 있는 자에게로의 처분이라 하여도 위 처분금지가처분의 효력에 위배되어 가처분채권자인 정에게 대항할 수 없고</u>, 따라서 정의 말소신청에 따라 처분금지가처분의 본안에 관한 확정판결에 기하여 병 명의의 소유권이전등기를 말소한 것은 적법하다.

┌─ **[사례 14 - 18] 채권자취소권에 기한 처분금지가처분의 효력** ─────────

　　甲은 A와 乙이 X토지에 관한 신탁계약을 하여 그 토지를 乙 앞으로 이전한 행위가 사해행위라고 주장하면서 乙을 상대로 사해행위취소로 인한 소유권이전등기 말소등기청구권을 피보전권리로 하여 X토지에 관하여 처분금지가처분등기를 한 다음, 그 신탁계약의 취소와 위 토지의 원상회복을 구하는 채권자취소소송을 제기하였다. 위 소송이 진행 중 위 가처분은 민사집행법 제307조에 따른 특별사정을 이유로 乙의 담보제공하에 취소되었고, 위 신탁계약이 해지됨에 따라 乙은 X토지에 관하여 A에게 위 신탁등기를 말소함과 동시에 신탁재산 귀속을 원인으로 한 소유권이전등기를 마쳐 줌으로써 위 신탁계약에 의해 이전받았던 부동산의 소유권이 A에게 복귀되었다. A가 X토지를 丙에게 매각한 경우 甲은 丙에게 위 가처분의 처분금지효력을 주장할 수 있는가?

└──

　　채권자취소권은 사해행위로 이루어진 채무자의 재산처분행위를 취소하고 그 원상회복을 구하기 위한 권리로서 사해행위에 의해 일탈된 채무자의 책임재산을 총채권자를 위하여 채무자에게 복귀시키기 위한 것이지 채권자취소권을 행사하는 특정 채권자에게만 독점적 만족을 주기 위한 권리가 아니므로, 채권자가 채무자의 부동산에 관한 사해행위를 이유로 수익자를 상대로 그 사해행위의 취소 및 원상회복을 구하는 소송을 제기하여 그 소송계속 중 위 사해행위가 해제 또는 해지되고 채권자가 그 사해행위의 취소에 의해 복귀를 구하는 재산이 벌써 채무자에게 복귀된 경우에는, 특별한 사정이 없는 한, 그 채권자취소소송은 이미 그 목적이 실현되어 더 이상 그 소에 의해 확보할 권리보호의 이익이 없어지는 것이고, 이는 그 목적재산인 부동산의 복귀가 그 이전등기의 말소 형식이 아니라 소유권이전등기의 형식을 취하였다고 하여 달라지는 것은 아니다.[996]

　　위 사례에서 甲이 이 사건 소에 의해 실현하고자 한 목적은 X토지가 A에게 복귀됨으로써 이미 달성되었기에 더 이상 권리보호의 이익이 없어졌다고 할 것이고, A가 그 후 다른 법률행위에 의해 X토지를 다시 양도하였다 하더라도 이 사건 사해행위의 취소에 의해 그 원상회복을 구할 수는 없다.

　　甲이 위 신탁계약의 해지 이전에 乙을 상대로 사해행위취소로 인한 소유권이전등기 말소등기청구권을 피보전권리로 하여 처분금지가처분등기를 하였으나, 그 가처분은 위

---

996) 대법원 2008. 3. 27. 선고 2007다85157 판결.

신탁계약 해지 이전에 취소되었을 뿐 아니라, 목적물에 대한 처분금지가처분결정이 내려진 경우 가처분에 의한 처분금지의 효력은 가처분채권자의 권리를 침해하는 한도에서만 생기는 것인데, 채권자가 수익자를 상대로 사해행위취소로 인한 원상회복을 위하여 소유권이전등기 말소등기청구권을 피보전권리로 하여 그 목적부동산에 대한 처분금지가처분을 발령받은 경우, 그 후 수익자가 계약의 해제 또는 해지 등의 사유로 채무자에게 그 부동산을 반환하는 것은 위 가처분채권자의 피보전권리인 채권자취소권에 의한 원상회복청구권을 침해하는 것이 아니라 오히려 그 피보전권리에 부합하는 것이므로 위 가처분의 처분금지 효력에 저촉된다고 할 수 없는 것이므로, 피고의 신탁계약의 해지에 따른 채무자에게로의 소유권이전이 위 가처분의 처분금지 효력에 저촉되어 무효라고 할 수도 없다.

나. 점유이전금지가처분

가처분집행 당시의 목적물의 현상을 본집행 시까지 그대로 유지함을 목적으로 하는 가처분으로서, 목적물의 점유이전과 현상의 변경을 금지하는 가처분이다. 점유이전금지가처분에도 불구하고 점유가 이전되거나 현상이 변경되었을 때 가처분채무자는 가처분채권자에 대한 관계에서 여전히 점유자로서 변경 전 상태 그대로의 점유자 지위에 있는 것으로 취급되나, 소유자에 의한 목적물의 처분을 금지하거나 제한하는 효력은 없다(이는 처분금지가처분의 효력이다).[997]

점유이전금지가처분집행이 있으면 채무자는 목적물의 객관적 현상변경을 할 수 없다. 어느 정도까지의 현상변경이 객관적 현상변경으로 허용되지 않는 것인가는 가처분의 목적과 관련하여 구체적으로 결정할 수밖에 없다.

채무자가 가처분명령에 위반하여 목적물에 관하여 객관적 현상을 변경하여 필요비, 유익비 등의 상환청구권에 기한 유치권 항변을 하거나 부속물매수청구권 행사에 의한 인도

---

[997] 대법원 2002. 3. 29. 선고 2000다33010 판결: 목적물에 대한 채무자의 점유를 풀고 채권자가 위임하는 집행관에게 그 보관을 명하며 집행관은 현상을 변경하지 아니할 것을 조건으로 하여 채무자에게 그 사용을 허가하도록 하는 내용의 점유이전금지가처분은, 가처분집행 당시의 목적물의 현상을 본집행 시까지 그대로 유지함을 목적으로 하여 그 목적물의 점유이전과 현상의 변경을 금지하는 것에 불과하여, 이러한 가처분결정에도 불구하고 점유가 이전되었을 때에는 가처분채무자는 가처분채권자에 대한 관계에서 여전히 그 점유자의 지위에 있는 것으로 취급되는 것일 뿐 <u>가처분집행만으로 소유자에 의한 목적물의 처분을 금지 또는 제한하는 것은 아니므로</u>, 점유이전금지가처분의 대상이 된 목적물의 소유자가 그 의사에 기하여 가처분채무자에게 직접점유를 하게 한 경우에는 그 점유에 관한 현상을 고정시키는 것만으로 소유권이 침해되거나 침해될 우려가 있다고 할 수는 없고 소유자의 간접점유권이 침해되는 것도 아니라고 할 것이며, 따라서 간접점유자에 불과한 소유자는 직접점유자를 가처분채무자로 하는 점유이전금지가처분의 집행에 대하여 제3자이의의 소를 제기할 수 없다.

거절의 항변을 하는 경우 피고인 채무자는 가처분 집행 후의 현상변경을 원고에게 유효하게 주장할 수 없으므로 현상변경에 해당하는 한도에서 이러한 항변을 주장할 수 없다.998) 현상변경의 결과 목적물의 동일성이 상실된 경우 본안소송에서 청구취지 등을 변경할 필요가 있다.

[사례 14 - 19] 점유이전금지가처분의 효력

<1> 甲은 자신의 건물을 乙이 무단점유하고 있음을 이유로 건물인도청구권을 피보전권리로 하여 乙을 상대로 점유이전금지가처분결정을 받아 이를 집행하였다. 그 후 乙이 丙에게 점유를 이전한 경우 甲은 위 가처분에 기해 丙의 퇴거를 강제할 수 있는가?

<2> 甲 소유의 토지에 乙이 무단점유하여 가건물을 신축하고 있다. 甲은 乙을 상대로 점유이전금지가처분을 했음에도 불구하고 乙이 위 가건물을 丙에게 매각하여 丙이 이 건물에서 보신탕영업을 하고 있다. 甲이 乙을 상대로 토지인도 및 건물철거청구를 할 수 있는가?

<3> 甲이 乙을 상대로 乙 소유의 목적물에 점유이전금지가처분을 집행한 후 乙이 자신의 공장을 丙에게 양도하면서 가처분이 집행된 목적물을 함께 양도한 경우 乙의 일반채권자인 丁이 위 목적물에 강제집행을 실시할 수 있는가?

점유이전금지가처분은 그 목적물의 점유이전을 금지하는 것으로서, 그럼에도 불구하고 점유가 이전되었을 때에는 가처분채무자는 가처분채권자에 대한 관계에 있어서 여전히 그 점유자의 지위에 있다는 의미로서 당사자항정의 효력이 인정될 뿐이므로, 가처분 이후에 매매나 임대차 등에 기하여 가처분채무자로부터 점유를 이전받은 제3자에 대하여 가처분채권자가 가처분 자체의 효력으로 직접 퇴거를 강제할 수는 없고, 가처분채권자로서는 본안판결의 집행단계에서 승계집행문을 부여받아서 그 제3자의 점유를 배제할 수 있을 뿐이다.999)

<1>의 사례에서 甲은 점유당사자로 항정된 乙을 상대로 대지인도청구의 소를 제기하

---

998) 항변으로서 주장할 수 없다는 의미는 유익비상환청구권 등의 성립 자체는 인정하되 위 청구권에 기한 유치권은 이를 주장할 수 없다는 뜻이다.

999) 대법원 1999. 3. 23. 선고 98다59118 판결.

여 승소확정판결을 받고 본안의 집행으로 丙에 대한 승계집행문을 받아 丙의 점유를 배제할 수 있다.

점유이전금지가처분에도 불구하고 점유가 이전되었을 때에는 가처분채무자는 가처분채권자에 대한 관계에서 여전히 점유자로 인정되는 당사자항정의 효력이 있어, 가처분채권자는 가처분채무자의 점유상실과 상관없이 가처분채무자를 상대로 한 본안소송을 계속할 수 있다. 그러나 위와 같은 당사자항정효과에도 불구하고 채무자로 하여금 목적물의 처분을 금지 또는 제한하는 것은 아니다.[1000] 따라서 점유이전금지가처분으로 채무자의 처분행위를 막는 효력은 없다.

<2>의 사례에서 乙이 丙에게 건물을 처분해 버린 경우 乙이 더 이상 소유권자이거나 법률상·사실상 처분권자가 아니어서[1001] 건물철거의 본안소송에서도 패소하게 된다. 이 경우 甲으로서는 처분금지가처분을 통해 乙의 처분을 막는 보전처분을 해야 한다.

점유이전금지가처분은 그 목적물의 점유이전을 금지하는 것으로서 그럼에도 불구하고 점유가 이전되었을 때에는 가처분채무자는 가처분채권자에 대한 관계에 있어서 여전히 그 점유자의 지위에 있지만, 가처분채무자가 가처분채권자 아닌 제3자에 대한 관계에서도 점유자의 지위에 있다고 볼 수는 없다.[1002]

<3>의 사례에서 제3자인 丁과의 관계에서 목적물의 점유는 乙이 아닌 丙에게 있으므로 丁은 더 이상 강제집행을 할 수 없다.

다. 직무집행정지 등 가처분

법인의 임원 등에 대한 직무집행정지 등 가처분이 등기할 사항인 경우 그 등기는 제3자에 대한 대항요건인 동시에 가처분의 집행방법으로서 성격을 가지는 결과 그 가처분의 집행효력 및 제3자에 대한 대항력은 가처분의 고지·송달 외에 가처분의 등기가 된 시점에서 발생한다.[1003]

1000) 대법원 1987. 11. 24. 선고 87다카257, 258 판결.

1001) 타인의 토지 위에 건립된 건물로 인하여 그 토지의 소유권이 침해되는 경우 그 건물을 철거할 의무가 있는 사람은 그 건물의 소유권자나 그 건물이 미등기건물일 때에는 이를 매수하여 법률상, 사실상 처분할 수 있는 지위에 있는 사람이다(대법원 1987. 11. 24. 선고 87다카257, 258 판결).

1002) 대법원 1996. 6. 7. 96마27 결정.

1003) 민법상 법인의 이사에 대한 직무집행정지 등 가처분은 등기 후가 아니면 선악을 불문하고 제3자에게 대항하지 못하나(민법 제54조 제1항), 상법에 의하여 등기할 사항인 회사의 이사, 사원, 감사, 청산인

단체의 대표자에 대해 직무집행정지 및 직무대행자선임 가처분이 내려지면 그 가처분에 특별한 정함이 없는 한 그 대표자는 일체의 직무집행에서 배제되고 직무대행자로 선임된 자가 대표자의 직무를 대행하게 된다. 따라서 대표자를 선출한 결의의 무효 또는 부존재 확인을 구하는 소송에서 그 단체를 대표할 자도 직무대행자로 선임된 자이다.[1004)

[사례 14 – 20] 집무집행정지가처분 등의 효력

<1> A주식회사 대효이사 甲에 대해 직무집행정지 및 직무대행자선임의 가처분이 내려지고, 직무대행자로 乙이 선임되었다. 그 후 대표이사 甲이 임기 만료되고 새로운 대표이사 丙이 선임된 경우 적법한 대표이사 권한이 있는 자는?

<2> 위 가처분이 등기되었음에도 甲이 가처분에 위배하여 제3자와 거래행위를 하였고 그 제3자가 선의인 경우와, 丙이 위 가처분이 취소되지 않은 상태에서 회사의 대표자 자격으로 법률행위를 한 경우의 효력은?

<1>의 경우 사정변경으로 가처분결정이 취소되지 않는 한, 직무대행자 乙의 권한이 유효하게 존속한다. 새로 선임된 丙은 선임결의의 적법 여부와 관계없이 권한이 없다. 이때 직무 정지된 甲은 사정변경으로 인한 가처분취소신청을 할 수 있다.

<2>의 경우 위 가처분은 성질상 대세효로 당사자와 제3자에게 미치므로 甲, 丙의 위 가처분에 위반한 법률행위는 제3자에 대한 관계에서도 무효이다. 대표권 없는 대표이사와 법률행위를 한 거래의 상대방은 자신이 선의였음을 들어 위 법률행위의 유효를 주장할 수 없다.

등에 대한 직무집행정지 등 가처분은 등기하지 아니하면 <u>선의의 제3사</u>에 내항하지 못하고(싱법 제 37조 제1항), 등기한 후라도 제3자가 정당한 사유로 인하여 이를 알지 못한 때에는 역시 대항하지 못한다(동 조 제2항).

1004) 대법원 1995. 12. 12. 선고 95다31348 판결: 민법상의 법인이나 법인이 아닌 사단 또는 재단의 대표자를 선출한 결의의 무효 또는 부존재확인을 구하는 소송에서 그 단체를 대표할 자는 의연히 무효 또는 는 부존재확인청구의 대상이 된 결의에 의해 선출된 대표자이나, 그 대표자에 대해 직무집행정지 및 직무대행자선임 가처분이 된 경우에는, 그 가처분에 특별한 정함이 없는 한 그 대표자는 그 본안소송에서 그 단체를 대표할 권한을 포함한 일체의 직무집행에서 배제되고 직무대행자로 선임된 자가 대표자의 직무를 대행하게 되므로, 그 본안소송에서 그 단체를 대표할 자도 직무집행을 정지당한 대표자가 아니라 대표자 직무대행자로 보아야 한다.

라. 다른 절차와의 경합

(1) 가처분과의 경합: 가처분은 상호 모순 · 저촉되지 않는 범위 내에서만 경합이 허용된다. 예컨대 甲의 乙에 대한 건물의 집행관 보관, 채무자 사용의 점유이전금지가처분과 丙의 甲에 대한 건물철거 및 乙에 대한 건물퇴거의 가처분은 경합될 수 있다. 동일 당사자 사이에서 서로 모순 · 저촉되는 가처분이 발령된 경우 제2차 가처분은 명령 자체가 위법하다.[1005]

(2) 강제집행과의 경합: 처분금지가처분이 되어 있는 부동산에 대해서도 본안에 관한 승소판결확정 시까지는 다른 채권자가 강제집행을 할 수 있다. 판례는 처분금지가처분이 되어 있는 부동산에 대한 강제집행은 적법 · 유효하고 강제집행의 진행 중에 가처분의 존재만으로는 제3자이의의 소를 제기할 권한이 없으며 가처분채권자가 후에 본안소송에서 승소확정판결을 얻는 때에 비로소 그 강제집행의 결과를 부인할 수 있음에 불과하다고 한다.[1006]

[사례 14 - 21] 가처분과 강제경매의 효력

X부동산에 대하여 1순위 근저당권, 2순위 가처분등기, 3순위 가압류등기가 마쳐져 있는데, 3순위 가압류권자에 의해 본압류로 강제경매개시결정이 이루어지고, 매각절차가 진행된 경우 매수인에게 소유권이전등기가 이루어질 때 촉탁에 의해 당연히 가처분등기는 말소된다. 그런데 제1순위 근저당권의 피담보채권이 이미 변제로 소멸한 경우 가처분권자의 구제방법은?

1005) 대법원 1981. 8. 29. 81마86 결정: 건물에 대한 채무자 갑의 점유를 풀고 집달관에게 보관시킨 다음 갑의 청구에 따라 갑에게 그 사용을 허락하는 점유이전금지가처분(제1차 가처분) 이 집행된 후에 다른 당사자 사이의 별개 가처분신청사건에서 같은 건물에 대하여 그 사건 채무자 을의 점유를 풀고 집달관에게 보관시킨 다음 이를 을에게 사용을 허락하는 점유이전금지가처분(제2차 가처분)이 다시 집행된 경우에는 그 두 개의 가처분은 비록 당사자는 서로 다르다 할지라도 각기 서로 다른 채무자에게 동일 건물의 사용을 허락한 한도 내에서 모순 · 저촉된다고 할 것이므로 위 제2차 가처분의 집행은 불허되어야 할 것인바 이때 제1차 가처분채권자는 실체법상의 권리에 기하여 제3자 이의의 소를 제기할 수도 있고, 집행방법에 관한 이의로서 제2차 가처분집행의 배제를 구할 수도 있다.

1006) 실무상으로는 최선순위의 처분금지가처분이 있는 부동산에 대해서는 경매개시결정을 하고 이를 등기한 다음 경매절차를 사실상 정지하여 가처분의 결과(본안판단결과)를 기다리는 것이 일반적이다.

위 사례에서 매각에 의해 소유권이 매수인에게 이전될 때 가처분등기는 촉탁에 의해 말소되었다. 그러나 1순위 근저당권이 피담보채권의 변제로 무효인 이상 가처분등기는 말소될 수 없는 성질의 것이다.

가처분권리자는 본안에서 승소의 확정판결을 받아, 가처분등기말소가 원인무효임을 이유로 "가처분말소촉탁에 대한 집행이의"를 신청하여 집행법원에 회복등기촉탁을 신청하여야 한다(이는 직권발동촉구 의미의 집행이의신청일 뿐, 회복등기의 소는 제기할 수 없다). 그리고 가처분기입등기 회복등기 촉탁 시 매수인은 등기상 이해관계인에 해당하므로 법원의 촉탁에 의한 위 등기회복절차에 승낙의무가 있다. 따라서 가처분권자는 회복등기에 대한 승낙을 요청하고 만약 거부할 경우, 매수인에게 회복등기절차에 대한 승낙청구의 소를 제기하여야 한다.[1007]

(3) 체납처분과의 경합: 선행가처분과 체납처분과의 관계에서 선행가처분이 우선한다.

[사례 14 – 22] 가처분과 체납처분으로서 압류의 효력

甲이 A로부터 X부동산을 매수한 후 일단 처분금지가처분결정을 받아 가처분등기를 마쳤는데 A가 국세를 체납하여 체납처분의 실행에 의한 압류등기가 경료되었다.

甲이 A를 상대로 소유권이전등기청구의 소를 제기하여 승소의 확정판결을 받아 甲 명의로 소유권이전등기 경료를 마친 후 체납처분에 의한 압류등기의 말소신청을 할 수 있는가?

부동산에 관하여 처분금지가처분의 등기가 마쳐진 후에 가처분권자가 본안소송에서 승소판결을 받아 확정되면 그 피보전권리의 범위 내에서 그 가처분에 저촉되는 처분행위의 효력을 부정할 수 있고, 이때 그 처분행위가 가처분에 저촉되는 것인지의 여부는 그 처분행위에 따른 등기와 가처분등기의 선후에 의하여 정해진다.[1008]

국세징수법 제35조에서 "체납처분은 재판상의 가압류 또는 가처분으로 인하여 그 집행에 영향을 받지 아니한다"고 규정하고 있으나, 이는 선행의 가압류 또는 가처분이 있다고 하더라도 체납처분의 진행에 영향을 미치지 않는다는 취지의 절차진행에 관한 규정

1007) 대법원 1997. 2. 14. 선고 95다13951 판결.
1008) 대법원 2009. 9. 24. 선고 2009다32928 판결.

일 뿐이고 체납처분의 효력이 가압류, 가처분의 효력에 우선한다는 취지의 규정은 아니므로 부동산에 관하여 처분금지가처분의 등기가 된 후에 가처분권자가 본안소송에서 승소판결을 받아 확정이 되면 피보전권리의 범위 내에서 가처분 위반행위의 효력을 부정할 수 있고 이와 같은 가처분의 우선적 효력은 그 위반행위가 체납처분에 기한 것이라 하여 달리 볼 수 없다.[1009]

[5] 집행의 취소

1. 집행취소의 의의

집행의 취소는 이미 실시한 집행처분의 전부 또는 일부의 효력을 상실시키는 집행기관의 행위를 말한다. 집행취소는 ① 채권자의 자발적인 집행취소신청으로 또는 ② 해방공탁을 이유로 한 가압류채무자의 가압류집행취소신청, ③ 보전처분의 신청취하를 이유로 한 채무자의 집행취소신청으로 가능하고, ④ 보전처분결정에 대한 이의·취소로 보전명령이 취소된 경우 채무자가 그 정본을 집행기관에 제출한 경우 집행기관이 집행취소결정을 한다.

2. 집행취소의 사유

가. 채권자의 집행취소(해제)신청

채권자는 보전처분의 집행상태가 계속되고 있는 한 언제든지 그 집행취소를 신청할 수 있다. 실무상 집행취소신청이라는 용어 외에 집행해제신청 또는 집행신청의 취하라는 용어가 혼용되고 있다. 채권자가 집행취소신청을 함에는 채무자의 동의가 필요 없다. 채권자의 집행취소신청은 집행기관에 대하여 한다. 즉 채권·부동산가압류, 부동산의 처분금지가처분과 같이 법원이 집행한 보전처분에 대해서는 법원에, 유체동산가압류, 부동산점유이전금지가처분과 같이 집행관이 집행한 보전처분에 대해서는 집행관에게 취소신청서

1009) 대법원 1993. 2. 19. 92마903 결정.

를 제출한다. 집행기관은 별도의 집행취소결정을 하지 않고 바로 집행취소의 절차를 밟는다.

[사례 14 - 23] 무권한자의 집행취소의 효력

가처분(집행) 해제신청권한이 없는 자가 가처분(집행) 해제신청서를 위조하여 가처분 (집행) 해제를 신청하고, 이에 따라 집행법원의 촉탁에 의해 가처분등기가 집행취소를 원인으로 말소된 경우, 가처분채권자가 말소된 가처분등기를 회복하는 방법은?

가처분 채권자의 가처분해제신청은 가처분집행신청의 취하 내지 그 집행취소신청에 해당하는 것인바, 이러한 신청은 가처분의 집행절차를 이루는 행위이고, 그 신청이 가처분 채권자의 의사에 기한 것인지 여부는 집행법원이 조사·판단하여야 할 사항이라고 할 것이므로, 그 신청서가 채권자의 위임 없이 작성되었다거나 위조되었다는 사유는 그 신청에 기한 집행행위, 즉 가처분기입등기의 말소촉탁에 대한 집행이의의 사유가 된다.

따라서 가처분해제신청서가 채권자의 위임 없이 작성되었다거나 위조되었다고 주장하는 가처분채권자로서는 가처분의 집행법원에 대하여 집행이의를 통하여 말소회복을 청구할 수 있는데, 말소된 가처분기입등기를 회복함에 있어 만일 등기상 이해관계가 있는 제3자가 있다면 그의 승낙서 또는 이에 대항할 수 있는 재판의 등본을 집행법원에 제출하여야 한다.[1010] 부동산처분금지가처분의 기입등기는 채권자나 채무자가 직접 등기공무원에게 이를 신청하여 행할 수는 없고 반드시 법원의 촉탁에 의하여야 하는바, 이와 같이 당사자가 신청할 수 없는 처분금지가처분의 기입등기가 법원의 촉탁에 의하여 말소된 경우에는 그 회복등기도 법원의 촉탁에 의하여 행하여져야 하므로, 이 경우 처분금지가처분 채권자가 말소된 가처분기입등기의 회복등기절차의 이행을 소구할 이익은 없다.[1011]

나. 해방금액의 공탁을 이유로 한 채무자의 가압류집행취소신청

가압류 명령에는 가압류의 집행을 정지하거나 집행한 가압류를 취소시키기 위하여 채무자가 공탁할 금액을 기재하여야 하고(제282조), 채무자가 그 금액을 공탁한 때에는 법

1010) 대법원 2010. 3. 4. 2009그250 결정.
1011) 대법원 2000. 3. 24. 선고 99다27149 판결.

원은 결정으로 집행한 가압류를 취소하여야 한다. 이와 같이 가압류의 집행정지나 집행한 가압류를 취소하기 위하여 가압류 명령에서 정한 금액이 해방(공탁)금액이고 가압류 채무자가 그 해방금액을 공탁하는 것이 가압류해방공탁이다.[1012] 해방금액은 금전공탁만 허용된다.

해방공탁금은 가압류의 집행정지나 취소로 인한 채권자의 손해를 담보하는 것이 아니고 가압류의 목적재산에 갈음하는 것이므로 소송비용의 담보에 관한 규정이 준용되지 않고 채권자는 여기에 대하여 우선변제권이 없다. 즉 가압류 해방금이 공탁된 경우에 그 가압류의 효력은 공탁금 자체가 아니라 공탁자인 가압류 채무자의 공탁금회수청구권에 대하여 미치는 것이므로 채무자의 다른 채권자가 해방공탁금회수청구권에 대하여 압류명령을 받은 경우에는 가압류채권자의 가압류와 다른 채권자의 압류는 그 집행대상이 같아서로 경합하게 된다.

해방금액을 공탁한 채무자는 그 공탁서를 첨부하여 집행법원 또는 가압류 명령을 발한 법원에 가압류집행의 취소를 신청한다. 이 신청이 있으면 집행취소의 결정을 한다. 취소 결정은 확정되지 않아도 고지와 동시에 효력이 생긴다(제299조 제4항). 이와 같이 가압류집행이 취소되더라도 가압류 명령 그 자체의 효력이 소멸되는 것은 아니고 집행이 취소되면 해방공탁금은 앞으로 가압류 채권자가 본안청구에 관하여 승소의 확정판결을 받거나 가집행선고가 붙은 승소판결을 얻은 때에 집행의 목적물로 된다(가압류의 효력은 공탁금 자체가 아니라 채무자의 공탁금회수청구권에 미친다).

가압류 채권자의 해방공탁금에 대한 권리실행방법에 대해서는 가압류 채권자가 본안승소판결의 집행력 있는 집행권원에 기하여 가압류 채무자가 가지는 해방공탁금회수청구권에 대하여 집행법원의 현금화명령인 전부명령 또는 추심명령을 받아서 공탁금을 회수할 수 있다.

가압류 채권자가 가압류신청을 취하하거나 집행을 해제하면 채무자는 그 증명서를 첨부하여 해방공탁금의 반환을 청구할 수 있다. 또한 채무자가 본안소송에서 승소하면 이를 이유로 사정변경에 따른 가압류 취소신청을 하여 가압류 취소결정을 받은 후 그 결정 정본을 첨부하여 해방공탁금을 반환받을 수 있다.

[1012] 가압류 해방공탁은 채무변제를 위한 공탁이 아니고 따라서 가압류 채무자는 가압류 해방공탁에 의하여 채무의 소멸을 주장할 수 없다.

다. 보전처분신청의 취하를 이류로 한 채무자의 집행취소신청

보전처분신청이 취하되면 당연히 집행취소신청의 의사도 포함되어 있는 것으로 보아 별도의 집행취소결정 없이 바로 집행취소 절차를 밟는다. 보전처분신청이 취하되었지만 집행이 취소되지 아니한 경우, 채무자는 집행취소신청을 할 수 있다.

채권가압류에 있어서 채권자가 채권가압류신청을 취하하면 채권가압류결정은 그로써 효력이 소멸되지만, 채권가압류결정정본이 제3채무자에게 이미 송달되어 채권가압류결정이 집행되었다면, 그 취하통지서가 제3채무자에게 송달되었을 때에 비로소 가압류집행의 효력이 장래를 향하여 소멸한다.[1013]

라. 그 밖에 채무자의 집행취소신청

보전처분에 대한 이의사건, 취소사건 등에서 보전처분을 취소하는 결정이 내려지거나 일정한 범위의 이른바 만족적 가처분에 대한 이의신청이 있는 경우 제309조 제1항에 따라 가처분 집행을 취소하는 재판이 내려진 때에 실무는 채무자가 제49조·제50조에 의해 그 재판서의 정본을 집행기관에 제출하여 집행취소를 신청하면 집행취소 절차를 밟는 것으로 처리하고 있다.

보전처분 취소결정에 대하여 즉시항고가 제기되어 사건기록이 항고심으로 송부된 후에도 집행취소 사건의 관할법원은 보전처분을 발령한 법원이 된다. 집행기관은 별도의 결정 없이 즉시 집행취소의 절차를 밟아야 한다.

3. 집행취소의 절차

가. 집행취소기관

집행취소는 집행기관이 실시하므로 집행법원이 집행취소결정을 한 경우에도 집행기관이 집행관인 때에는 채무자는 그 결정정본을 집행관에게 제출하여 집행취소를 위임하여야 한다.

1013) 대법원 2001. 10. 12. 선고 2000다19378 판결.

나. 집행취소의 방법

(1) **등기·등록을 요하는 집행의 취소:** 부동산가압류, 처분금지가처분 등과 같이 등기·등록을 함으로써 보전처분을 집행한 경우에는 집행법원의 법원사무관 등이 보전처분 기입등기·등록의 말소를 촉탁함으로써 취소한다(제293조 제3항).

(2) **채권에 대한 집행의 취소:** 집행법원의 법원사무관 등이 집행취소결정정본이나 보전처분취소결정정본을 첨부하여 집행취소 통지서를 제3채무자에게 송달한다. 집행취소결정 등이 없는 경우에는 집행취소신청서 부본이나 보전처분신청 취하증명서, 취하서 부본 등을 첨부한다.

(3) **집행행위가 필요 없는 보전처분의 집행취소:** 채무자에게 취소결정정본을 송달하는 외의 집행취소절차가 필요하지 않다. 채권자가 집행취소신청을 한 경우에는 취소신청서 부본과 함께 집행취소통지서를 송달한다.

(4) **집행관이 행한 집행의 취소:** 집행관이 그 집행상태를 제거하는 조치를 취함으로써 한다.

(5) **단행가처분의 집행취소:** 금전지급, 물건인도의 단행가처분은 집행이 취소되어도 집행취소는 장래에 향해서만 효력이 있기 때문에 집행관이 당연히 원상회복을 위한 집행을 할 수 있는 것은 아니다. 다만 가처분을 취소하는 재판에서 제308조에 따라 원상회복을 명한 경우에는 그 재판을 집행함으로써 원상회복을 시킬 수 있다.

4. 집행취소의 효과

집행취소의 결과 채무자는 보전처분의 구속에서 벗어나게 된다. 따라서 가처분취소결정의 집행에 의하여 처분금지가처분등기가 말소된 경우 그 효력은 확정적인 것이므로, 그 이후에 당해 부동산에 관한 소유권이전등기를 경료받은 자는 그 부동산에 관하여 아무런 제한을 받지 않고 가처분 신청인에게 그 소유권 취득의 효력으로 대항할 수 있다. 이는 가처분등기가 말소되기 전에 이전등기를 한 경우에도 같다.

그러나 이는 장래에 대해서만 효력이 있고 소급하는 것이 아니다. 따라서 가압류물을 현금화한 경우(제296조 단서)에는 그 현금화한 금전을 채무자에게 지급하면 족하고 그 현금화의 효력이 번복되는 것은 아니며, 대표이사의 직무대행자가 기존에 한 행위는 집행취소 후에도 유효하다.

[6] 본집행으로의 이전

1. 의의

보전처분은 강제집행의 보전을 목적으로 하는 임시적인 처분이므로 채권자가 집행권원을 얻어 강제집행을 할 수 있게 되면 보전처분이 집행되어 있는 상태에서 본집행을 하게 된다. 이를 본집행으로의 이전이라고 한다. 본집행이 개시되면서 보전처분의 집행상태가 종료하고 그 이후는 본집행이 된다. 다만 단행가처분의 경우에는 현실적인 집행 또는 집행처분을 다시 할 필요가 없기 때문에 본집행 신청 시에 본집행으로 이전된다.

2. 각종의 보전처분과 본집행으로의 이전

가. 가압류의 본압류 이전

(1) **유체동산에 대한 가압류:** 집행관은 본집행의 신청을 받으면 그 물건의 보관장소에 가서 목적물을 점검한 후 채무자에게 본압류를 집행한다는 뜻을 고지하고 가압류의 표시는 그 대로 둔 채 덧붙여 본압류의 표시를 붙인다. 가압류의 시효중단의 효력은 계속 유지된다.

(2) **채권에 대한 가압류:** 지명채권에 대한 가압류에서 본압류로의 이전에서는 실무는 압류부터 다시 한다. 채권이 가압류된 후 본압류로 이전되는 경우 집행법원은 가압류를 명한 법원이 있는 곳을 관할하는 지방법원의 전속관할이다(제224조 제3항).

(3) 부동산 등에 대한 가압류: 강제경매 개시결정을 함으로써 본압류로 이전한다. 이 경우에 경매개시결정의 기입등기를 새로 촉탁하여야 한다.

(4) 그 밖에 재산권에 대한 가압류: 압류를 다시 한 후 현금화하게 된다. 지적재산권으로서 등록을 요하는 경우에는 압류 외에 등록촉탁을 새로 하여야 한다.

나. 가처분의 본집행으로의 이전

(1) 부동산에 대한 처분금지가처분: 가처분채권자의 피보전권리와 가처분등기 이후에 경료된 제3자 명의의 등기의 종류에 따라 본집행으로 이전하는 절차가 서로 다르다. 예컨대 본안소송이 소유권이전등기청구의 소인 경우 채권자가 본안의 승소판결에 기한 소유권이전등기신청과 동시에 가처분 기입등기 후의 저촉되는 등기의 말소를 신청하면 등기관이 이들 등기를 말소하고 채권자 명의로 소유권이전등기를 경료한다.

(2) 점유이전금지가처분: 집행관 보관의 점유이전금지가처분은 이미 채무자의 점유를 해제하여 인도집행을 종료하였기 때문에 새로 점유를 취득하는 절차는 필요 없고 그대로 채권자에게 점유를 이전하면 족하다. 집행관보관·채무자사용형의 경우에는 새로이 채무자의 사용을 배제하는 현실적인 집행이 필요하다. 집행관보관·채권자사용형은 채권자에게 집행관 보관이 해제되었음을 고지함으로써 족하다.

(3) 단행가처분: 단행가처분은 본집행으로의 이전절차가 불필요하다는 견해도 있으나 임시의 집행을 종국적인 것으로 전환하기 위해서는 본집행이 필요하다. 구체적으로는 집행력 있는 판결정본 등 집행권원에 기하여 본집행의 신청을 하는 것으로 바로 본집행으로 이전됨과 동시에 본집행이 집행목적달성으로 종료한 것으로 처리한다.

3. 본집행으로의 이전효과

(1) 가압류집행이 본집행에 포섭됨으로써 당초부터 본집행이 있었던 것과 같은 효력이 있다.[1014]

(2) 본집행의 효력이 유효하게 존속하는 이상 상대방은 가압류집행의 효력을 다툴 수 없고, 오로지 본집행의 효력에 대해서만 다투어야 한다.[1015)

(3) 본집행이 취소·실효되지 않는 한 가압류집행이 설령 어떠한 경로로 취소되었다고 해도 이미 그 효력을 발생한 본집행에는 아무런 영향이 없다. 따라서 가압류등기 후 제3자 앞으로 소유권이전등기가 마쳐진 부동산에 대하여 가압류권자의 신청에 의한 경제경매절차가 진행 중, 가압류채무자가 해방공탁금을 공탁하였다고 하더라도 이를 이유로 가압류집행을 취소할 수 없고, 나아가 설령 어떠한 경로로 가압류등기가 말소되었더라도 이미 그 효력을 발생한 강제집행개시결정은 취소할 수 없는 것이다.

(4) 본집행의 효력이 없는 것이라면, 보전집행의 효력은 그대로 살아나서 보전집행 상태가 유지되나, 보전집행과 본집행은 하나의 목적을 위한 일련의 절차로서 본집행이 목적달성불능으로 종료한 경우는 선행하는 보전집행의 효력도 상실한다.

1014) 대법원 2010. 10. 14. 선고 2010다48455 판결: 가압류가 본압류로 이행되어 강제집행이 이루어진 경우에는 가압류집행은 본집행에 포섭됨으로써 당초부터 본집행이 있었던 것과 같은 효력이 있게 된다.
1015) 대법원 2004. 12. 10. 선고 2004다54725 판결: 본집행이 되어 있는 한 채무자는 가압류에 대한 이의신청이나 취소신청 또는 가압류집행 자체의 취소 등을 구할 실익이 없게 되고, 특히 강제집행조차 종료한 경우에는 그 강제집행의 근거가 된 가압류결정 자체의 취소나 가압류집행의 취소를 구할 이익은 더 이상 없다.

제15장 보전처분에 대한 채무자의 구제

[1] 총설

1. 보전처분에 대한 불복수단의 보장

보전처분은 밀행성에 따라 원칙적으로 채무자 몰래 채권자의 일방적 소명에 의하여 결정 및 집행이 이루어진다. 채권자의 신청에 의해 일단 보전처분이 발령되면 채무자는 재산의 처분이나 담보제공 등이 금지되는 등 큰 고통을 받게 된다. 여기서 보전처분으로 인한 채무자의 구제 또한 신속하고 간편하게 이루어져야 당사자의 대등한 지위가 보장된다.

보전처분에 대한 불복수단으로 인정되는 이의절차는 이미 발령된 보전처분신청의 당부를 재심사하는 것이고, 보전처분의 취소절차는 이미 발령된 보전처분을 현재 유지할 필요가 있는지를 심사하는 것으로 절차상의 근본적이 차이가 있다. 즉, 이의절차는 보전처분의 당부를 다시 한 번 심사하는 절차로서 본래 보전처분절차를 다시 속행시켜 이의소송심리종결 시를 기준으로 보전처분신청의 당부를 재심사하는 것으로서, 보전처분신청 소송대리인은 이의소송에서도 소송대리인의 지위를 유지한다. 그러나 취소절차는 이미 종결된 보전처분에 대하여(보전처분의 당부를 심사하는 것이 아니라) 현재 보전처분을 유지할 수 없는 사유(취소사유)가 존재함을 이유로 새로운 취소절차를 개시하는 것이어서 보전처분신청 소송대리인 및 선정당사자는 취소소송에 대해서는 소송위임 효력이 없다.

2005년 개정 민사집행법은 채무자의 신속한 권리구제를 위해서, 모든 불복절차를 '결정'으로 하도록 개정하였고(전면적 결정주의),[1016] 다만 채권자에게도 불측의 손해를 주지 않기 위해 ① 필수적으로 변론기일 또는 심문기일을 지정하고, ② 심리종결선언, ③

[1016] 민사집행법 개정 전에는 보전처분에 대한 불복절차인 이의·취소사건은 본안소송과 병행하여 판결절차로 진행되었기 때문에 심리의 지연이 초래되었다.

필수적 이유기재, ④ 효력유예선언 등에 관한 규정을 신설하였다.

보전처분에 대한 불복수단으로서의 이의 및 취소절차는 보전처분 결정에 대한 구제수단일 뿐, 결정이 취소되어도 다시 집행을 취소해야 실제 보전처분집행의 효력은 소멸된다.

보전처분 배척(기각) 시 채권자는 즉시항고(제281조 제2항)로 구제받을 수 있다. 즉시항고기간은 결정고지 시부터 7일(불변기간)이다.[1017]

보전처분 인용 시 채무자는 보전처분결정에 대한 이의신청(제283조 내지 286조) 또는 취소신청(제287조·제288조)을 할 수 있다. 또한 채무자는 불법행위를 원인으로 한 손해배상청구를 할 수 있고(민법 750조), 가처분 이의·취소신청과 더불어 원상회복을 청구할 수 있으며(제308조), 가처분의 집행정지(제309조)도 청구할 수 있다.

2. 보전처분에 대한 이의

보전처분 인용재판에 대한 불복절차의 일종으로 보전처분결정에 대해서는 특별한 불복절차가 마련되어 있으므로, 통상의 결정에 대한 불복방법인 항고나 재항고는 허용되지 않는다.[1018] 이의소송에서 채권자는 적극적 당사자로서 보전처분의 인가를 구하여야 하고, 채무자는 소극적 당사자로서 보전처분신청의 기각과 보전처분의 취소·변경을 구한다. 판단기준 시는 이의소송의 심리종결 시이다.

［사례 15-1］ 보전처분에 대한 불복

甲의 乙에 대한 가처분신청에 관하여 제1심법원은 이를 기각하는 결정을 하였고 제1심법원의 결정에 대하여 甲이 항고법원에 항고를 제기한 결과 항고법원은 변론을 거치지 아니한 채 甲의 항고를 받아들여 이 사건 가처분신청을 인용하는 결정을 한 경우 채무자인 乙의 불복방법은?

1017) 1심에서 보전처분신청이 기각되는 경우 채권자로서는 제1심에서 명백히 사실을 오인하거나, 법리오해 등으로 인하여 항고하면 번복될 가능성이 농후하여 즉시항고를 할 것인지, 소명자료를 보완하여 재신청할 것인지를 선택하여야 한다.

1018) 대법원 2008. 12. 22. 2008마1752 결정: 가압류신청이나 가처분신청을 인용한 결정에 대해서는 채무자나 피신청인은 민사집행법 제283조, 제301조에 의하여 그 보전처분을 발한 법원에 이의를 신청할 수 있을 뿐이고, 그 인용결정이 항고법원에 의하여 행하여진 경우라 하더라도 이에 대하여 민사소송법 제442조에 의한 재항고나 같은 법 제444조의 즉시항고로는 다툴 수 없다.

가압류신청이나 가처분신청을 인용한 결정에 대해서는 채무자나 피신청인은 민사집행법 제283조, 제301조에 의하여 그 보전처분을 발한 법원에 이의를 신청할 수 있을 뿐이고, 그 인용결정이 항고법원에 의하여 행하여진 경우라 하더라도 이에 대하여 민사소송법 제442조에 의한 재항고나 같은 법 제444조의 즉시항고로는 다툴 수 없는 것이므로,[1019] 원심법원의 가처분신청인용결정에 대한 이 사건 재항고는 모두 부적법하다.[1020]

보전처분결정에 대해서는 이의신청과 취소신청이 가능하고, 즉시항고에 대한 재항고로 불복할 수 없다. 이의신청 관할법원은 보전처분을 내린 법원인 항고심법원이다.

[사례 15-2] 선행보전처분과 저촉되는 후행보전처분

甲은 X부동산을 점유하고 농작물을 경작하고 있는데 乙은 X부동산이 자신의 소유라고 주장하며 甲을 상대로 농작물 수거 및 토지인도의 단행적 가처분신청을 하여 인용결정을 받아 집행을 마쳤다(甲이 乙에게 토지를 인도). 이 상태에서 甲이 乙을 상대로 농작물 경작 및 토지점유 방해금지가처분을 신청할 수 있는가?

가처분의 피보전권리는 채무자가 소송과 관계없이 임의로 의무를 이행하거나 본안소송에서 피보전권리가 존재하는 것으로 판결이 확정됨에 따라 채무자가 의무를 이행한 때에 비로소 법률상 실현되는 것이어서, 채권자의 만족을 목적으로 하는 이른바 단행가처분의 집행에 의하여 피보전권리가 실현된 것과 마찬가지의 상태가 사실상 달성되었다 하더라도, 그것은 어디까지나 임시적인 것에 지나지 않는 것이다.[1021] 가처분결정이 집행된 경우, 채무자가 그 집행에 의하여 생긴 효과를 배제하기 위하여 가처분결정에 대한 이의의 신청 등 민사소송법에 규정된 불복신청이나 취소신청의 방법에 따라서 그 가처분결정이나 그 집행처분의 취소를 구하지 않고, 그 가처분결정과 내용이 서로 저촉되는 제2의 가처분결정을 받음으로써 사실상 선행 가처분결정을 폐지·변경하거나 그 집행을 배제하는 목적을 달성하는 것은 허용될 수 없다.[1022]

위 사례에서 아무리 단행적 가처분이라고 이는 임시적 조치에 불과하므로, 토지가 乙에게 인도되었다 하더라도, 현재 점유자는 甲이다. 그러나 선행보전처분과 내용이 서로

1019) 대법원 1999. 4. 20. 99마865 결정, 대법원 2005. 9. 15. 2005마726 결정 등 참조.
1020) 대법원 2008. 5. 13. 2007마573 결정.
1021) 대법원 2007. 10. 25. 선고 2007다29515 판결.
1022) 대법원 1992. 6. 26. 92마401 결정.

저촉되는 제2의 보전처분을 받음으로써 사실상 선행의 보전처분을 폐지·변경하거나 그 집행을 배제하는 목적을 달성하는 것은 허용되지 않으므로, 甲의 위 가처분은 허용되지 않는다.

3. 보전처분의 취소

취소절차는 일단 유효하게 발령된 보전처분을 새로운 재판에 의하여 실효시키고자 하는 것으로서 일종의 형성소송이다. 취소신청은 보전처분의 신청에 대한 심리와는 별개 독립의 재판절차를 구하는 것이므로 취소절차에서의 적극적 당사자는 취소사유가 존재함을 주장하는 채무자가 원고의 지위에 있고, 그 부존재를 주장하는 채권자는 소극적 당사자로서 피고의 지위에 있다.

보전처분취소사유로는 다음과 같은 것이 있다.

① 채권자가 본안의 제소명령을 기간 내에 이행하지 않는 때(제287조 제3항)
② 보전처분 후 사정변경이 있을 때(제288조 제1항 제1호)
③ 채무자가 법원이 명한 담보를 제공하는 경우(가압류의 경우)(제288조 제1항 제2호)
④ 보전처분집행 후 3년간 본안의 소를 제기하지 않은 때(제288조 제1항 제3호)
⑤ 가처분에 있어 특별한 사정이 있는 때(가처분의 경우)(제307조)

4. 손해배상

가. 손해배상책임의 발생

가압류나 가처분 등 보전처분은 법원의 재판에 의하여 집행되는 것이기는 하나 그 실체상 청구권이 있는지 여부는 본안소송에 맡기고 단지 소명에 의하여 채권자의 책임 아래 집행하는 것이므로, 그 집행 후에 집행채권자가 본안소송에서 패소 확정되었다면 그 보전처분의 집행은 피보전권리 없이 행해진 것으로 위법한 것이라고 할 것이다.[1023] 이

[1023] 대법원 2007. 11. 15. 선고 2005다34919 판결, 대법원 1999. 9. 3. 선고 98다3757 판결: 가압류신청에서 채권액보다 지나치게 과다한 가액을 주장하여 그 가액대로 가압류 결정이 된 경우 본안 판결에서 피보전권리가 없는 것으로 확인된 부분의 범위 내에서는 가압류채권자의 고의·과실이 추정되고

경우 그 보전처분의 집행으로 인하여 채무자가 입은 손해에 대해서는 특별한 반증이 없는 한 집행채권자에게 고의 또는 과실이 있다고 추정되고, 따라서 부당한 집행으로 인한 손해에 대하여 이를 배상할 책임이 있다. 부당한 보전처분으로 인한 손해배상책임이 성립하기 위하여 일반적인 불법행위의 성립에 있어서 필요한 고의 또는 과실 이외에 오로지 채무자에게 고통을 주기 위하여 보전처분을 하였다는 점까지 필요한 것은 아니다.[1024]

[사례 15 - 3] 부당한 보전처분과 손해배상책임

<1> 가압류채권자가 강제조정에서 패소한 경우도 채권자의 고의·과실이 추정되는가?

<2> 가처분채권자가 본안소송에서 패소한 경우 보전처분을 신청할 당시 가처분채권자를 도와 가처분신청이유와 같은 진술서를 작성하여 주는 등 보전처분을 방조한 자에게도 불법행위로 인한 손해배상책임이 있는가?

가압류신청을 한 후 채권자가 본안의 소를 제기하고 이에 대하여 채무자가 반소를 제기한 끝에 법원의 조정에 갈음하는 결정을 쌍방 당사자가 받아들여 확정된 경우, 비록 그 결정의 내용이 채권자가 채무자로부터 지급받을 금액은 없는 것으로 하고 오히려 채권자로 하여금 채무자에게 채무자가 반소로써 구하는 금원의 일부를 지급할 것을 명하는 것이라 하더라도, 이로써 집행채권자가 그 집행 후의 본안소송에서 패소 확정된 경우와 같이 볼 것은 아닌바, 그 이유는 법원이 조정절차에서 당사자 사이에 합의가 성립되지 아니하는 경우에 조정에 갈음하는 결정을 하는 것은 당사자의 이익 기타 제반 사정을 참작하여 사건의 공평한 해결을 도모하고자 하는 것으로서, 반드시 청구채권의 존재 유무만을 판단한 것이라고 볼 수 없기 때문이다.[1025]

고의 또는 과실에 의하여 부당한 가압류나 가처분 등 보전처분을 집행한 경우 그 보전처분의 집행은 불법행위를 구성한다 할 것이고, 그 집행 후에 집행채권자가 본안소송에서 패소 확정되었다면 그 보전처분의 집행으로 인하여 채무자가 입은 손해에 대해서는 특별한 반증이 없는 한 집행채권자에게 고의 또는 과실이 있다고 추정되는 것이며, <u>집행채권자가 아닌 자</u>도 집행채권자의 보전처분신청이 사실적·법률적 근거가 없는 권리 또

다만 특별한 사정이 있으면 고의·과실이 부정된다.

1024) 대법원 1999. 4. 13. 선고 98다52513 판결.

1025) 대법원 2001. 9. 25. 선고 2001다39947 판결.

는 법률관계에 기인한 것임을 알면서, 혹은 통상인이라면 그 점을 용이하게 알 수 있음에도 불구하고, 집행채권자의 보전처분신청을 방조하는 행위를 하여 재판제도의 취지와 목적에 비추어 현저하게 상당성을 잃었다고 인정되는 보전처분신청을 하게 만든 경우에는, 그자도 공동불법행위자로서의 책임을 면할 수 없다.[1026]

나. 손해배상책임의 범위

① **가압류해방공탁의 경우:** 가압류해방 공탁금에 대한 민사 법정이율인 연 5푼 상당의 이자와 공탁금의 이율(2%) 상당의 이자 차액 상당의 손해(연 3%)[1027]

② **채권가압류의 경우:** 연 5%의 지연이자 상당액[1028]

③ **부동산등기청구권 보전을 위한 처분금지가처분의 경우:** 특별손해[1029][1030]

5. 가처분의 취소와 원상회복

단행가처분의 경우, 법원은 가처분을 취소하는 재판에서 채무자의 신청에 따라 그 취

1026) 대법원 2002. 10. 11. 선고 2002다35461 판결.

1027) 대법원 1995. 12. 12. 선고 95다34095, 34101 판결: 본안소송에서 패소 확정된 보전처분 채권자에 대하여 손해배상을 청구하는 경우, 가압류 채무자가 가압류 청구금액을 공탁하고 그 집행취소결정을 받았다면, 가압류 채무자는 적어도 그 가압류집행으로 인하여 가압류해방 공탁금에 대한 민사 법정이율인 연 5푼 상당의 이자와 공탁금의 이율 상당의 이자 차액 상당의 손해를 입었다고 보아야 한다.

1028) 이를 넘는 금융상의 이익이나 금융상의 이자상당액은 특별손해로서 채권자가 이를 알았거나 알 수 있어야 한다.

1029) 대법원 2009. 7. 23. 선고 2008다79524 판결: 부당한 가압류의 집행으로 그 가압류 목적물의 처분이 지연되어 소유자가 손해를 입었다면 가압류 신청인은 그 손해를 배상할 책임이 있다고 할 것이나, 가압류집행 당시 부동산의 소유자가 그 부동산을 사용·수익하는 경우에는 그 부동산의 처분이 지체되었다고 하더라도 그로 인한 손해는 그 부동산을 계속 사용·수익함으로 인한 이익과 상쇄되어 결과적으로 부동산의 처분이 지체됨에 따른 손해가 없다고 할 수 있을 것이고, 만일 그 부동산의 처분 지연으로 인한 손해가 그 부동산을 계속 사용·수익하는 이익을 초과한다면 이는 특별손해라고 할 수 있을 것이다.

1030) 대법원 2001. 11. 13. 선고 2001다26774 판결: 분양할 목적으로 토지를 매입하여 연립주택을 신축하였으나 부당한 처분금지가처분으로 인하여 처분이 지연되었다면 특별한 사정이 없는 한 그 기간 동안 부동산을 사용·수익함으로써 처분지연의 손해를 상쇄할 만한 경제적 이익을 얻을 수 있었다고 보기는 어려우므로, 그 가처분 집행으로 처분이 지연된 기간 동안 입은 손해 중 적어도 부동산의 처분대금에 대한 법정이율에 따른 이자 상당의 금액은 통상손해에 속한다고 한 사례.

소의 재판과 동시에 그 물건이나 금전을 반환하도록 명할 수 있다(제308조). 원상회복 재판은 가처분에 관하여 행해지는 것이어서 기판력이 없고 권리의 존부를 확정시키는 것도 아니므로 가집행선고의 취소에 따른 가지급물반환의 경우와는 달리 원상회복의 범위는 채권자에게 인도되었던 물건이나 금전에 국한되고 별도로 손해배상의무의 존부에 관하여 판단할 수는 없다. 또한 원상회복의 재판은 가처분을 취소하는 재판과 함께하게 되는데 이 경우 가처분을 취소하는 재판의 원인은 가처분에 대한 이의신청이든 취소신청이든 관계없다. 또한 원상회복재판은 가처분 취소결정에 부수하여 이루어지므로 가집행선고 없이 즉시 집행력을 가지게 된다.

6. 가처분에 대한 불복과 집행정지

보전명령은 당연히 집행력이 있고 채무자의 이의신청이나 취소신청이 있다고 하여 보전명령의 집행이 당연히 정지되지는 않는다(제283조 제3항, 제301조, 제49조). 그러나 소송물인 권리 또는 법률관계가 이행되는 것과 같은 종국적인 만족을 얻게 하는 내용의 가처분을 명한 재판에 대하여 채무자의 이의신청이 있는 경우에, 이의신청으로 주장한 사유가 법률상 정당한 이유가 있다고 인정되고 주장사실에 대한 소멸이 있으며 그 집행에 의하여 회복할 수 없는 손해가 생길 위험이 있다는 사정에 대한 소명이 있는 때에는 당사자의 신청에 따라 집행의 정지 또는 취소를 할 수 있다(제309조).

만족적 가처분 중 이행소송을 본안으로 하는 이행적 가처분(부동산철거단행가처분, 점포인도단행가처분, 회계장부열람·등사가처분, 임금지급가처분 등)에 한하여 허용되고, 형성적 가처분(경업금지가처분, 통해방해금지가처분, 이사직무정지 가처분 등)은 허용되지 않는다. 집행정지재판에 대해서는 불복이 인정되지 않는다.

[2] 이의 및 즉시항고

1. 이의소송의 관할

보전처분에 대한 이의는 동일 심급의 보전처분 발령법원에서 다시 변론 또는 당사자 쌍방이 참여할 수 있는 심문기일을 열어 가압류신청의 당부에 대한 심리·판단을 구하는 채무자의 불복신청이다. 보전처분을 발령한 법원의 전속관할이다.[1031] 민사집행법은 가압류이의신청사건의 재량이송제도를 두고 있다(제284조).

2. 이의신청

가. 이의신청인

① 이의신청을 할 수 있는 사람은 보전처분의 <u>채무자와 그 일반승계인, 파산관재인</u> 등이다. 이의신청은 보전절차 내에서 채무자에게 주어진 소송법상의 불복신청 방법이므로 <u>채무자의 특정승계인은 직접 자기 이름으로 이의신청을 할 수 없고</u> 민사소송법 제81조의 참가승계의 절차를 거쳐 승계인으로서 이의신청을 할 수 있을 뿐이다.

② <u>채무자의 채권자도 채무자를 대위하여 이의신청을 할 수 없으며</u> 이해관계인으로서 보조참가신청과 동시에 이의신청을 할 수 있을 뿐이다.[1032]

③ <u>가압류의 제3채무자는</u> 당사자가 아니므로 가압류 결정에 대한 이의신청을 할 수 없다.[1033]

④ 가압류의 목적물이 처음부터 <u>제3자</u>에게 속하거나 가압류 후 가압류 목적물의 소유권을 취득한 제3자가 가압류의 효력을 부정할 수 있는 경우 제3자이의의 소로써 집행의 배제를 구할 수는 있으나 제3자 명의로 직접 가압류 이의신청을 할 수는 없다.[1034]

1031) 종전에는 이의가 있으면 판결절차로 넘어가 본안재판부로 이송되었으나, 결정절차로 바뀌면서 발령재판부에서 다시 심사하는 것이 별다른 의미가 없고 절차지연만 초래한다는 비판이 있다.

1032) 그러나 사정변경 또는 특별사정 등에 따른 보전처분의 취소신청은 이미 개시된 보전소송과는 별개 독립의 신청이므로 대위에 의한 취소신청이 가능하다. 제소명령도 대위신청이 가능하다.

1033) 제3채무자는 제소명령신청, 취소신청도 할 수 없다.

1034) 대법원 1996. 6. 14. 선고 96다14494 판결: 일반적으로 가압류 후의 소유권취득자는 그 가압류에 터잡아 한 강제경매의 집행채권자에게 대항할 수 없는 것이고, 그 강제집행의 기초가 되는 채무명의의 허위, 가장 여부를 다툴 적격이 없는 것이나, 그 집행 후에 취득한 권리라 할지라도 특별히 권리자가 이로써 집행채권자에게 대항할 수 있는 경우라면 그 권리자는 그 집행의 배제를 구하기 위하여 제3자이의의 소를 제기할 수 있다.

나. 신청의 시기

① 신청의 시기에 대하여 법률상 제한이 없으므로 보전처분결정이 유효하게 존재하고 취소·변경을 구할 이익이 있는 한 언제든지 할 수 있다.[1035] 보전명령이 집행되었는지 여부에 관계없다. 즉 집행의 유무, 집행기간의 경과, 본안소송의 계속 여부 및 그 본안소송에서 피보전권리의 부존재를 이유로 채권자패소로 확정된 사정 등에 관계없이 이의신청이 가능하다.

② 그러나 가압류와 다툼의 대상에 관한 가처분에서 채권자 승소의 본안확정판결 또는 가집행선고가 붙은 본안판결에 기하여 강제집행에 착수한 경우, 임시의 지위를 정하기 위한 가처분에서 채권자 승소의 본안판결이 확정된 때에는 보전처분은 이미 그 목적을 달성하였으므로 이러한 경우에는 채무자는 이의로써 그 취소를 구할 여지가 없다.[1036]

다. 신청의 방식

① 이의신청은 신청의 취지와 이유를 적은 서면으로 하여야 한다(규칙 제203조). 신청이유는 보전처분의 취소나 변경을 신청하는 이유를 밝혀야 한다(제283조 제2항, 제301조).

② 이의사유는 채권자의 보전처분 요건의 주장에 대한 채무자의 방어방법에 지나지 않기 때문에 채무자의 이의사유가 여럿이면 이를 한꺼번에 주장하여야 하고, 각별로 이의신청을 함은 허용되지 아니한다. 따라서 이의사건의 계속 중에 별개의 이의사유를 주장하여 새로운 이의신청을 하는 경우 부적법 각하된다.

1035) 대법원 2004. 10. 28. 선고 2004다31593 판결: 보전처분에 대한 이의신청은 그 보전처분이 유효하게 존재하고 취소나 변경을 구할 이익이 있는 경우에 한하여 허용되는 것이므로, 영업비밀의 침해와 전직을 금지하는 가처분에서 금지기간을 정한 경우에 그 금지기간의 경과로 가처분의 효력이 상실되었다면, 채무자들로서는 더 이상 이의신청으로 가처분의 취소나 변경을 구할 이익이 없는 것이다.

1036) 대법원 2002. 4. 26. 선고 2000다30578 판결: 부동산소유권이전등기청구권 보전을 위한 가처분의 본안소송에서 승소한 채권자가 그 확정판결에 기하여 소유권이전등기를 경료하게 되면 가처분의 목적이 달성되어 그 가처분은 이해관계인의 신청에 따라 집행법원의 촉탁으로 말소될 운명에 있는 것이므로, 특별한 사정이 없는 한 가처분에 대한 이의로 그 결정의 취소를 구할 이익이 없다.

[서식] 부동산가압류결정에 대한 이의

채무자가 가압류결정에 불복하는 경우에는 다음과 같은 가압류이의신청을 함으로써 채권자의 가압류명령신청의 당부를 심리하게 된다.

부동산가압류결정에 대한 이의신청

채권자(피신청인)　김 신 자
　　　　　　　　　서울시 서초구 서초동 123
채무자(이의신청인)　이 민 수
　　　　　　　　　서울시 동대문구 회기동 333

신 청 취 지

1. 채권자가 채무자를 상대로 한 서울중앙지방법원 2010카단1011호 부동산가압류신청사건에 관하여 위 법원이 2010. 11. 5.에 한 가압류결정은 이를 취소한다.
2. 채권자의 가압류신청을 기각한다.
3. 소송비용은 채권자의 부담으로 한다.
4. 위 제1항은 가집행할 수 있다.
라는 재판을 구합니다.

신 청 이 유

1. 채권자는 채무자에게 금원을 대여하였다고 하면서 그 집행보전을 위하여 신청취지 기재의 가압류결정을 받아 채무자 소유의 별지목록 기재 부동산에 대하여 가압류집행을 하였습니다.
2. 그러나 채무자는 채권자의 처 ○○○에게 위 금원을 전부 변제하였음에도 불구하고 채권자가 위 가압류집행을 한 것은 그 원인 없이 이루어진 것으로 부당하므로 이 사건 신청에 이르렀습니다.

첨부서류

　　　1. 등기부등본　　　　　　　　　　　1통
　　　1. 영수증　　　　　　　　　　　　　1통

　　　　　　　　　　　　　　　　　　2010.　 .　 .
　　　　　　　　　　　　위 채무자(이의신청인) 이민수(인)

서울중앙지방법원　　귀 중
(별지목록 생략)

라. 이의신청의 취하

이의사건의 진행 중에도 채권자는 서면 또는 말로 보전처분신청을 취하할 수 있고, 채무자도 채권자의 동의 없이 이의신청을 취하할 수 있다(제285조, 제301조).

3. 심리와 재판

가. 심리

(1) **쌍방심문의 기회보장**: 이의신청이 있는 때에는 법원은 변론기일 또는 당사자 쌍방이 참여할 수 있는 심문기일을 정하여야 한다(제286조 제1항).[1037] 이의사건의 심리는 원칙적으로 심문기일로 진행한다.[1038]

(2) **변론기일(임의적 변론)**: 제286조 제1항의 변론기일은 임의적 변론으로서 당사자가 주장하거나 제출한 증거자료에 대하여 석명이 필요한 경우 법원의 재향으로 열린다.

① 구술주의의 적용이 없다. 신청서 그 밖의 주장서면은 진술하지 아니하여도 재판자료로 되고 서증도 제출만으로 재판자료가 된다.
② 당사자가 출석하지 않았다 하여 불이익하게 취급할 수 없다. 따라서 민사소송법 제148조(진술간주), 제150조(자백간주), 제268조(취하간주)는 적용되지 않는다.
③ 직접주의의 적용도 없다. 판사의 경질에 의한 변론갱신도 필요 없다.

(3) **심문기일**: 심문이란 법원이 당사자 등 사건 관계인에게 별개로 또는 동시에, 서면 또는 말로 진술할 기회를 부여하는 비공개 절차를 말한다.

(4) **심리종결**: 심리종결이 당사자가 예상하지 못한 시기에 이루어지는 것을 방지하기

[1037] 변론기일이나 심문기일의 통지는 전화, 팩시밀리, 보통우편 또는 전자우편(e - mail)으로 하거나 그 밖에 상당하다고 인정되는 방법으로 할 수 있다(제23조, 민사소송법 제167조, 민사소송규칙 제45조).
[1038] 다만 보전신청단계에서 변론을 하였던 사건, 사회적 이목이 집중되어서 공개변론으로 진행함이 상당한 사건, 그 밖에 중요 증인을 선서하게 한 후 신문할 필요가 있는 사건의 경우에는 변론기일로 진행함이 바람직하다.

위하여 개정법에 신설된 것으로 법원은 상당한 유예기간을 두고 심리종결일을 정하거나 (심리종결일 지정방식), 변론기일 또는 당사자 쌍방이 참여할 수 있는 심문기일에 즉시 심리를 종결하는 선언(심리종결선언)을 한다. 전자가 원칙적 방법이다.

① 주체는 법원이고, 수명법관은 될 수 없다.
② 결정의 방식으로 하고 상당한 방법으로 고지하면 족하다.
③ 심리가 종결되면 새로운 주장·소명 제출이 금지된다. 다만 법원이 심리종결일 후에 제출된 자료에 의해 다시 심리를 행할 필요가 있다고 판단하는 경우는 심리 재개가 가능하다.
④ 심리의 분리·병합이 모두 가능하다.
⑤ 이의신청은 채무자의 신청에 따라 개시되지만, 당사자의 지위가 변하지 않는다. 심문기일에는 채권자(원고)가 소장에 대응하는(당초의) 보전처분신청서를 진술하고, 채무자(피고), 답변서에 대응하는 이의신청서를 진술한다.

나. 증거

(1) **소명**: 증명은 증명이 아닌 소명에 의한다. 소명에 대해서는 즉시 조사할 수 있는 증거에 의하여야 한다는 제한이 있다(민사소송법 제299조). 다만 이의절차에서는 보전처분신청단계에서와는 달리 소명의 즉시성이 완화된다(속행기일에 증인 또는 참고인 출석을 요구하거나 문서송부촉탁 가능).

(2) **증인신문**: 증인신문을 요하는 경우에는 변론을 열어야 한다. 참고인심문에 대해서는 증인신문과 달리 선서에 관한 민사소송법의 규정이 준용되지 않고 출석요구도 하지 않는다.

(3) 주장서면과 서증의 제출 및 서증·증인 등 목록작성

다. 피보전권리의 변경

청구의 기초에 변경이 없는 한 채권자는 이의소송에서 보전처분 발령 당시와 다른 내

용의 피보전권리를 교환적 · 추가적 · 예비적으로 변경할 수 있다.1039) 예컨대 소유권이전등기말소청구권을 피보전권리로 하여 처분금지가처분결정을 받은 다음 청구의 기초에 변경이 없는 범위 안에서 그 가처분이의절차에서 가처분신청이유에 예비적으로 시효취득에 인한 소유권이전등기청구권을 추가할 수 있다.1040)

또한 변경에 의하여 피보전권리로 추가되는 권리가 보전처분의 발령 당시 아직 발생하지 아니한 권리라 하더라도 심리종결 전에만 발생하면 이를 피보전권리로 변경할 수 있다.

[사례 15 - 4] 피보전권리의 변경

甲은 A가 乙과의 사이에 체결된 공사도급계약에 기한 공사대금채권 중 1억 5,000만 원을 양도받았다. 甲은 乙에 대한 양수금 1억 5,000만 원을 피보전권리로 하여 乙 소유의 X부동산에 대하여 가압류를 하였고, 이어서 乙은 X부동산에 대하여 丙에게 근저당권을 설정하였다.

甲은 A로부터 액면 금 150,000,000원의 집행력 있는 약속어음 공정증서 정본을 작성, 교부받아 이에 기하여 A의 乙에 대한 공사대금채권을 목적으로 한 채권압류 및 전부명령을 신청하였고, 법원은 위 신청을 받아들여 채권압류 및 전부명령을 하여 그 결정정본이 乙에게 송달되었다.

乙은 이 사건 가압류결정의 피보전권리가 된 양수금채권은 A의 乙에 대한 공사대금채권을 양수받은 것으로서, A가 공사도급계약 당시 乙의 승낙 없이는 도급계약상의 권리의무를 양도할 수 없도록 한 약정에 반하는 공사대금 채권의 양수는 乙에 대하여 효력이 없고, 甲의 乙에 대한 전부금채권은 이 사건 가압류결정 당시 발생되어 있지도 않아서 결정 당시에는 아무런 피보전권리가 없었으며, 특히 이 사건의 경우 전부명령이 있기 전에 제3자가 이 사건 부동산상에 근저당권을 취득하였으므로 이 사건 가압류결정의 피보전권리는 존재하지 아니한다는 이유로 甲의 위 가압류에 대한 이의신청을 하였다.

甲은 가압류이의소송에서 압류 및 전부채권을 추가적으로 변경할 수 있는가?

1039) 대법원 2009. 3. 13. 2008마1984 결정: 가압류의 신청은 긴급한 필요에 따른 것으로서 피보전권리의 법률적 구성과 증거관계를 충분하게 검토 · 확정할 만한 시간적 여유가 없이 이루어지는 사정에 비추어 보면, 당사자가 권리 없음이 명백한 피보전권리를 내세워 가압류를 신청한 것이라는 등의 특별한 사정이 없는 한 청구의 기초에 변경이 없는 범위 내에서는 가압류의 이의절차에서도 신청이유의 피보전권리를 변경할 수 있다고 보아야 한다.
1040) 대법원 1982. 3. 9. 선고 81다1221, 1222, 81다카989, 81다카990 판결.

변경에 의하여 추가되는 피보전권리는 보전처분 발령 당시 아직 발생하지 않은 권리라도 이의소송의 심리종결 전에만 발생하면 족하다. 가압류이의 재판의 심리종결 시까지 甲의 피보전권리의 요건이 구비된 이상 가압류를 인가할 필요가 있고, 변경에 의하여 피보전권리로 추가된 권리가 가압류의 재판 당시 아직 발생하지 아니한 권리라 하여 이와 달리 볼 이유가 없다. 그사이에 제3자가 가압류 목적물에 법률상의 이해관계를 가지게 되었다 하더라도 어차피 그 제3자는 가압류에 의한 권리제한이 있음을 전제로 하고 권리를 취득한 것이므로, 그 경우라고 해서 이와 달리 볼 수는 없다.[1041]

위 사례에서 甲은 A의 乙에 대한 공사대금 채권 중 금 1억 5,000만 원을 양수하였음을 이유로 이 사건 가압류결정을 받았으나, 다시 같은 공사대금 채권 중 금 1억 5,000만 원에 대한 채권압류 및 전부명령을 받았는바, 이 사건 양수금채권과 전부금채권은 동일한 생활사실에 기초하여 그 분쟁의 해결 방법만을 달리한 경우에 해당되는 것으로서 위와 같은 피보전권리의 변경은 허용된다.

라. 이의사유

① 이의사유는 심리종결까지의 모든 사유가 이에 해당하며 아무런 제한이 없다.[1042] 채무자는 피보전권리 및 보전의 필요성 존부에 관한 사유는 물론이고 이미 발한 보전명령을 부당하게 하는 모든 사유를 이의사유로 주장할 수 있다. 채무자는 당사자능력, 소송능력, 소송대리권 등이 흠이나 관할위반 등 절차상의 위법사유도 이의사유로 주장할 수 있다.

② 이의소송도 보전처분의 취소변경을 구하는 점에서 취소소송과 크게 다르지 아니하므로 본안소송의 부제기, 제소기간의 도과, 사정변경에 의한 취소사유도 이의사유로 삼을 수 있다.[1043]

1041) 대법원 1996. 2. 27. 선고 95다45224 판결.
1042) 대법원 1981. 9. 22. 선고 81다638 판결: 가압류 또는 가처분결정에 대한 이의사유는 그 변론종결 시까지 발생한 피보전권리의 존부 및 보전의 필요성에 관한 일체의 사유를 포함하므로 동 결정 이후에 발생한, 사정변경에 의한 가압류 또는 가처분의 취소사유도 가압류 또는 가처분 이의의 사유로 삼을 수 있다.
1043) 대법원 2000. 2. 11. 선고 99다50064 판결: 가압류이의소송은 가압류결정의 취소 변경을 구하는 절차라는 면에서 제소기간 도과로 인한 가압류취소소송과 다를 바 없고, 소송경제적 측면과 보전소송의 긴급성의 요청에 비추어 볼 때 제소명령기간 내에 본안소송을 제기하지 아니한 때에 그 기간이 도과되

③ 보전명령의 집행기간이 도과하였다는 사유도 이의사유가 된다.

④ 이의사유가 여러 개 있을 경우 채무자는 이의소송에서 이를 모두 한꺼번에 주장하여야 하고 이의사유별로 이의신청을 하는 것이 허용되지 아니하므로 채무자는 이의신청서에 명시하지 아니한 사유도 변론에서 추가로 주장할 수 있다.

마. 재판

(1) 각하: 이의신청이 부적법한 경우 이의신청을 각하한다.

(2) 기각 또는 인용: 심리종결 당시의 사정을 기준으로 보전처분신청에 관한 당부를 판단하고 재판은 언제나 결정의 형식에 의한다. 보전처분신청이 이유 있어 원결정을 유지할 필요가 있다고 인정될 때, 즉 이의가 이유 없다고 인정될 때에는 인가의 결정을 하고, 채권자의 신청 및 원결정이 전부 또는 일부에 대하여 그 이유가 없는 때, 즉 이의가 이유 있다고 인정될 때에는 원결정을 취소·변경하는 결정을 한다.[1044]

① 관할위반의 경우: 원결정의 취소와 함께 보전처분신청사건을 관할법원에 이송한다.
② 부적법한 이의신청의 경우: 신청이익의 흠이나 소송요건의 불비 등으로 보전처분신청이 부적법하다고 인정되면 원결정의 취소와 함께 그 신청을 각하한다.

었다는 것도 가압류 이의사유로 주장할 수 있으며, 제소기간의 도과 여부를 판단함에 있어서 제소명령에 응하여 채권자가 제기한 본안의 소송이나 중재판정절차가 취하되거나 당사자의 불출석으로 인하여 취하간주 또는 종료 선언되거나 소송요건의 흠결을 이유로 한 소각하 판결이 확정되었을 때에는 본안의 소 제기나 중재신청을 하지 아니한 것과 같이 보아야 할 것이다.

1044) 대법원 1994. 12. 27. 선고 94다38366 판결: 가압류이의는 이미 집행력 있는 가압류명령이 발하여져 있는 상태에서 구두변론에 의하여 가압류신청과 가압류명령의 당부에 관하여 재심사하여 줄 것을 요구하는 신청이고, 법원은 변론종결 시까지의 모든 사정을 참작하여 가압류 요건의 구비 여부를 재심사하여 이미 발하여진 가압류명령을 유지하는 방법으로 가압류신청을 받아들일 것인가, 아니면 가압류신청을 기각하고 이미 발하여진 가압류명령을 취소할 것인가 등을 결정하게 되는 것이므로, 가압류신청의 당부에 관한 판단과 가압류명령의 당부에 관한 판단은 서로 표리관계에 있어서 분리될 수 있는 성질의 것이 아니고, <u>가압류명령을 취소하는 제1심법원의 판단에는 가압류신청을 기각하는 취지도 포함되어 있는 것이라고 보지 않을 수 없으므로</u>, 제1심법원이 가압류명령을 취소하는 주문을 내면서 동시에 신청인의 가압류신청을 기각하는 주문을 내지 아니하였다고 하더라도 이는 제1심이 당사자에게 오해를 불러일으킬 수 있는 정도의 불명확한 판결주문을 낸 것에 불과하고, 이를 가리켜 판결이 탈루된 것이라거나 종국판결을 하기에 앞서 선결문제에 관하여 중간판결을 한 것이라고는 볼 수 없을 것이다.

③ 보전처분요건을 결한 경우: 보전처분신청이 피보전권리나 보전의 필요성 부존재로 이유가 없을 때에는 원결정의 취소와 기각결정을 한다.

④ 가분결정의 경우: 변경결정에서는 신청이 가분이면 원결정의 일부인가·일부취소와 함께 취소부분에 대한 신청을 기각할 것이고, 신청이 불가분이면 따로 취소나 신청의 일부기각을 할 필요 없이 변경의 한도 내에서 새로운 보전명령을 발하는 방법으로 한다.

⑤ 이의가 채무자를 위하여 인정된 제도이므로 취소나 변경 시 원결정의 보증액을 증액하고 해방공탁금을 낮출 수는 있어도 그 반대는 허용되지 않는다.

[참고] 보전처분이의사건 결정주문 기재례

☞ **채권자 승소**

1. 위 당사자 사이의 이 법원 2010카단1234 부동산가압류 신청사건에 관하여 이 법원이 2010. 10. 3.에 한 가압류결정을 인가한다.
2. 소송비용은 채무자가 부담한다.

☞ **채권자 패소**

1. 위 당사자 사이의 이 법원 2010카단2345 부동산처분금지가처분 신청사건에 관하여 이 법원이 2010. 10. 6. 별지목록기재 부동산에 대하여 한 가처분결정을 취소한다.
2. 채권자의 가처분신청을 기각한다.
3. 소송비용은 채권자가 부담한다.
4. 제1항은 채권자가 이 결정을 고지받은 날로부터 10일이 경과하여야 효력이 생긴다.

(3) 담보제공: 보전처분을 인가·변경·취소함에 있어서 법원은 당사자에게 적당한 담보의 제공을 명할 수 있다. 이 담보는 보전처분인가의 경우에는 그 집행속행의 조건이 되고, 취소의 경우에는 그 처분취소의 조건이 된다.

(4) 효력유예선언: 보전처분을 취소하는 결정은 판결절차와 달리 결정의 고지에 의하여 바로 효력이 생긴다. 이 결정에 의하여 채무자는 바로 집행의 취소를 구할 수 있게 된다. 채권자는 이 결정에 대하여 즉시항고를 제기할 수 있지만 집행정지의 효력이 없다 (제286조 제7항 후문). 따라서 채무자에 의하여 집행의 취소절차가 완료된다면 즉시항고

가 인용되어도 보전의 목적을 달성할 수 없게 되는 경우가 발생한다. 이러한 사태를 피하기 위해 채권자는 즉시항고를 제기함과 더불어 보전처분을 취소하는 결정의 효력정지를 신청하여야 하는데(제289조), 이러한 집행정지신청의 기회만이라도 보장하기 위해 보전처분의 취소결정을 한 법원이 직권으로 2주를 넘지 않는 범위 내에서 효력을 유예하는 선언을 할 수 있도록 한 것이다.

[사례 15 – 5] 보전처분취소결정과 효력유예선언]

甲은 乙에 대한 소유권이전등기청구권을 피보전권리로 하여 乙 소유의 X 부동산에 대하여 처분금지가처분결정을 받아 집행을 완료하였다. 그런데 乙이 甲의 피보전권리의 부존재를 이유로 가처분이의신청을 하여 법원에서 원결정을 취소하고 甲의 가처분신청을 기각하는 결정을 하였다. 甲이 위 취소결정에 대하여 항고를 제기하자 乙은 X 부동산을 집행취소신청을 하여 가처분등기를 말소하고 丙에게 매각하여 丙 앞으로 소유권이전등기를 마치고 말았다. 甲이 구제를 받을 방법은 무엇인가?

보전처분취소결정이 내려지면 채무자는 바로 집행의 취소를 구할 수 있고, 집행이 취소되면 가압류·가처분에 반하는 처분행위로 목적물을 취득한 제3취득자는 이제 확정적으로 처분행위의 유효를 주장할 수 있게 된다. 그리고 집행의 취소 후에는 가압류·가처분 채무자는 유효하게 처분행위를 할 수도 있다. 이 취소의 효과는 확정적이어서 이후에 그 취소결정이 즉시항고가 인용된다고 하더라도 다시 처분행위가 보전처분에 반하여 무효라고 주장할 수 없다. 또한 채권자는 이 취소 결정에 대해 즉시항고를 할 수 있으나, 이 즉시항고에는 집행정지의 효력이 없어 즉시항고만으로는 취소결정의 집행, 즉 등기의 말소를 막을 수도 없다. 따라서 채무자에 의해 집행의 취소 절차가 완료되면 이후 채권자가 제기한 즉시항고가 인용되어도 보전의 목적을 달성할 수 없게 되는 경우가 발생한다.

채권자는 이러한 사태를 방지하기 위하여 즉시항고를 제기함과 동시에 보전처분을 취소하는 결정의 효력을 일시정지하게 하는 효력정지신청을 할 수 있다. 채권자는 법원으로부터 효력정지결정을 받아 이를 집행기관에 제출하여 취소결정의 효력을 정지시킬 수 있다.

그런데 채권자가 법원에 즉시항고 및 효력정지신청을 하고 법원이 효력정지결정을 내리기 전에 채무자가 취소결정정본을 받아들고 집행취소신청을 하면 즉시항고와 효력정지결정이 의미가 없어지고 만다. 이 따라 개정법은 취소의 "효력유예선언"이라는 규정을 두고, 취소결정 시 법원은 2주를 넘지 않는 법위 내에서 직권으로 취소효력유예선언(제286조 제6항)을 할 수 있고, 채권자는 이 기간 동안 취소에 대한 즉시항고를 제기하면서 취소결정의 효력정지를 신청(제289조)하고, 정지결정을 받으면 이를 집행기관에 제출하여 취소결정의 집행을 막을 수 있는 길을 마련하였다.

보전처분 취소·변경 결정이 내려지면 보전처분은 당연히 취소·변경되지만, 이미 행한 보전처분집행의 효과가 상실되는 것은 아니고 채무자는 결정정본을 집행기관에 제출하여 집행취소를 구하여야 한다. 이때 집행기관은 그 결정문에 효력유예선언이 있는지 확인하고 집행취소절차에 들어간다. 만약 효력유예선언이 있다면 그때까지 집행취소를 하지 않고 기다리고, 채권자는 효력유예기간 내에 즉시항고 및 효력정지결정을 받아 집행기관에 제출하면 집행의 취소를 면할 수 있다.

가처분등기 이후 당해 부동산에 관한 소유권이전등기를 경료받은 자라 할지라도, 가처분취소결정의 집행에 의하여 위 가처분등기가 말소된 때부터는 위 부동산에 대한 아무런 제한을 받지 않고, 가처분신청인에게 그 소유권취득의 효력을 대항할 수 있게 되며, 그 후 위 가처분취소결정이(즉시항고 등으로 항고심 등에서) 다시 취소되었다 하더라도 한번 획득한 그 지위에 영향이 없다. 따라서 채권자의 결정 취소에 대한 즉시항고 및 효력정지신청은 매우 중요하며, 이를 실효적으로 뒷받침하는 제도가 바로 효력유예선언이다.

(5) **결정이유의 기재:** 결정에는 이유를 적어야 한다. 다만 변론을 거치지 아니한 경우에는 이유의 요지만을 적을 수 있다(제286조 제4항). 보전처분명령을 취소·변경하는 결정은 즉시 집행력이 생기므로 가집행선고를 붙이지 못한다.

(6) **결정의 송달:** 이의신청에 대한 결정은 당사자에게 송달하여야 한다.

(7) **보전처분의 취소·변경 결정에 따른 집행취소**

① 보전처분을 취소·결정하는 결정이 내려지면, 효력유예선언이 있는 경우에는 그 유예기간의 경과 후 보전처분은 당연히 취소·변경되지만 이미 행한 보전처분집행의 효과가 상실되는 것은 아니고 채무자가 그 결정정본을 집행기관에 제출하여 집행의 취소를 구하여야 한다.1045)

② 보전처분 취소결정이 항고심에서 변경된 경우에도 보전처분의 집행취소가 당연히 번복되는 것은 아니며, 가처분 취소결정의 집행에 의하여 처분금지가처분등기가 말소된 경우 그 효력은 확정적인 것이므로, 그 이후에 당해 부동산에 관한 소유권이전등기를 경료받은 자는 그 부동산에 관하여 아무런 제한을 받지 않고 가처분 신청인에게 그 소유권 취득의 효력으로 대항할 수 있다. 따라서 이와 같이 이미 계쟁 부동산에 관하여 제3자 앞으로 소유권이전등기가 경료된 경우에는 가처분 신청인은 더 이상 원래의 가처분 채무자를 상대로 하여 그 처분금지가처분명령을 신청할 이익이 없게 된다.

③ 가처분등기 이후에 당해 부동산에 관한 소유권이전등기를 경료받은 자라 할지라도 가처분취소 결정의 집행에 의하여 위 가처분등기가 말소된 때부터는 위 부동산에 관하여 아무런 제한을 받지 않고 가처분신청인에게 그 소유권취득의 효력을 대항할 수 있게 되고, 그 후 위 가처분 취소결정이 다시 취소되었다 하더라도 그 지위에 영향이 없다.

4. 즉시항고

① 보전처분 이의신청에 대한 결정은 즉시항고로 불복할 수 있다(제286조 제7항). 즉시항고 기간은 보전처분과 관련하여 민사집행법에 특별한 규정이 없으므로 고지받은 날부터 1주 이내에 하여야 한다(제23조, 민사소송법 제444조). 결정은 송달에 의하여 고지되므로 불복기간은 송달받은 날부터 기산한다.

② 즉시항고는 서면으로 하여야 하고 신청의 취지와 이유 및 사실상의 주장을 소명하기 위한 증거방법을 적어야 한다(규칙 제203조 제2항).[1046]

1045) 채권가압류에 대한 이의사건 또는 취소사건에서 채권가압류를 취소하는 결정이 있는 경우 결정문에 제3채무자의 표시가 있더라도 결정문 정본을 제3채무자에게 송달하여서는 아니 되며, 이러한 절차가 이루어지지 않은 채 제3채무자에게 가압류 취소결정 등이 송달된 것만으로는 가압류의 집행이 당연히 취소되었다고 할 수 없다. 따라서 집행기관은 결정에 효력유예선언이 있는 경우 송달통지서를 통하여 효력발생 기간이 경과하였는지를 확인하고 집행취소 절차를 취하여야 한다. 이 경우 채권자는 효력유예기간 내에 집행정지 서류를 받아 집행기관에 제출하여야 집행의 취소를 면할 수 있다.

1046) 민사집행법 제15조는 항고장을 제출한 날부터 10일 이내에 대법원 규칙이 정하는 바에 따라 항고이유를 적지 않으면 원심법원이 결정으로 항고를 각하하도록 규정하고 있으나 이 규정은 집행절차에 관한 집행법원의 재판에 대한 즉시항고에 관한 것이므로 보전절차에 관한 즉시항고에는 적용되지 않는다.

③ 이의결정은 변론기일 또는 당사자 쌍방이 참여할 수 있는 심문기일을 거치는 등 판결절차와 유사하게 진행된 후에 이루어지므로 再度의 考案은 성질상 인정하기 어렵다.

④ 상급심에서 보전처분 취소결정을 취소·변경함으로써 그 보전처분에 관하여 새로운 집행이 필요하게 된 때에는 법원이 집행기관이 되는 경우에 한하여 절차의 신속을 위하여 취소·변경의 재판을 한 상소법원이 직권으로 그 집행절차를 진행하고, 다만 그 법원이 대법원인 경우에는 채권자의 신청에 따라 제1심 법원이 집행한다(제298조, 제301조).

5. 보전처분취소재판의 효력정지

① 이의신청의 재판에 대한 불복은 즉시항고에 의하여야 하고, 즉시항고에는 집행정지의 효력이 없다. 즉시항고만으로는 취소결정에 대한 집행정지 효력이 없으므로, 채권자는 즉시항고와 더불어 보전처분취소결정의 효력정지신청을 하여야 결정의 효력을 막을 수 있다.

② 보전처분 취소결정에 대하여 채권자의 즉시항고가 제기된 경우에 불복의 이유로 주장한 사유가 법률상 정당한 이유가 있다고 인정되고 사실에 대한 소명이 있으며 그 보전처분을 취소함으로 인하여 채권자에게 회복할 수 없는 손해가 생길 위험이 있다는 사정에 대한 소명이 있는 때에는 법원은 당사자의 신청에 따라 보전처분 취소결정의 효력을 정지시킬 수 있다(제289조 제1항, 제301조).

③ 보전처분취소결정에 대하여 효력정지의 재판을 하기 전에 보전처분취소결정의 집행이 마쳐진 경우에는 효력정지의 재판을 할 수 없고, 보전처분취소결정의 집행이 마쳐진 후에 이를 간과하고 효력정지의 재판을 받았다고 하더라도 이미 집행된 보전처분등기말소 및 그 이후에 이루어진 제3자 명의의 소유권이전등기의 효력에는 아무런 영향을 미치지 못한다.[1047]

1047) 대법원 2009. 3. 13. 2008마1963 결정.

④ 담보제공 여부는 법원의 재량이다.

⑤ 즉시항고에 대한 재판은 항고심이 하는 것이 원칙이나, 재판기록이 원심법원에 있는 때에는 원심법원이 관할법원이 된다.

⑥ 항고심의 재판에 대해서는 재항고할 수 있다. 재항고에는 민사집행법 제15조가 아닌 민사소송법의 재항고규정을 준용한다.

[3] 보전처분의 취소

1. 일반론

가. 취소소송의 구조

① 보전처분취소절차는 보전처분명령 자체의 당부(피보전권리의 존부 및 보전의 필요성의 유무)를 다투는 것이 아니고, 보전처분명령 후의 사정변경이나 특별사정 및 기타 사유에 의하여 현재 보전처분을 유지할 수 없는 사유가 있음을 이유로 그 명령의 취소를 구하는 재판절차이다. 채무자(신청인)가 원고, 채권자가 피고의 지위에 선다.1048)

② 취소절차는 유효하게 발령된 보전처분을 보전처분신청절차와는 별개의 절차에 의하여 실효시키는 제도라는 점에서 당해 보전처분신청절차 내에서 보전처분신청의 당부를 재심사하는 이의제도와 구별된다. 따라서 보전처분신청의 소송대리인 및 선정당사자는 취소소송에 대해서는 소송위임의 효력이 없다.1049)

1048) 취소절차는 보전처분의 신청에 대한 심리와는 별개의 독립된 재판절차를 구성하는 것이므로(취소사유가 있는지에 관한 독립의 재판절차임), 취소절차에서의 적극적 당사자는 취소사유가 존재함을 주장하는 채무자이고, 채권자는 소극적 당사자가 된다.

1049) 대법원 2001. 4. 10. 선고 99다49170 판결: 가처분신청 절차에서 이루어진 선정행위의 효력은 그에 기한 제소명령신청 사건에는 미친다고 할 것이나 가처분결정취소신청 사건에서는 그 선정의 효력이 미치지 아니한다.

나. 관할법원과 이송

① 원칙적으로는 보전처분을 명한 법원의 전속관할에 속한다. 다만 본안이 이미 계속되어 있는 경우에는 그 본안의 관할법원이 취소사건을 관할한다(제288조 제2항 단서).

② 본안의 관할법원은 원칙적으로 제1심 법원이지만 보전명령의 취소신청 당시에 본안소송이 항소심에 계속된 때에는 항소심의 전속관할에 속한다(제311조).

③ 당사자가 취소신청을 한 법원과 다른 법원에 본안의 소를 제기한 경우 보전처분 취소사건을 관할권이 있는 다른 법원으로 이송할 수 있다.

다. 취소신청

(1) 신청인: 보전처분의 취소신청을 할 수 있는 자는 채무자와 그 일반승계인, 파산관재인 등이다.

① <u>채무자</u>는 그 보전처분의 목적물을 타에 양도한 후에도 취소신청을 할 수 있다.
② 특정승계인도 가처분취소신청을 할 수 있다.[1050]
③ 보전처분의 취소를 신청할 수 있는 권리는 채권자대위권의 목적이 될 수 있다.[1051]
④ 본안제소명령의 신청권도 채권자대위권의 목적이 된다.
⑤ 채권가압류나 채권의 처분금지가처분에 있어서 제3채무자는 제3자에 불과하므로 취소신청권자가 될 수 없다.[1052]

1050) 가처분이 집행된 이후 가처분 목적물을 취득한 전득자도 가처분취소신청을 할 수 있다.

1051) 대법원 1993. 12. 27. 93마1655 결정: 가압류·가처분결정에 대한 본안의 제소명령을 신청할 수 있는 권리나 제소기간의 도과에 의한 가압류·가처분의 취소를 신청할 수 있는 권리는 가압류·가처분신청에 기한 소송을 수행하기 위한 소송절차상의 개개 권리가 아니라, 제소기간의 도과에 의한 가압류·가처분의 취소신청권은 가압류·가처분신청에 기한 소송절차와는 별개의 독립된 소송절차를 개시하게 하는 권리이고, 본안제소명령의 신청권은 제소기간의 도과에 의한 가압류·가처분의 취소신청권을 행사하기 위한 전제요건으로 인정된 독립된 권리이므로, 본안제소명령의 신청권이나 제소기간의 도과에 의한 가압류·가처분의 취소신청권은 채권자대위권의 목적이 될 수 있는 권리라고 봄이 상당하다.

1052) 대법원 1993. 10. 15. 선고 93마1435 판결: 소유권이전등기청구권에 대한 처분금지가처분의 제3채무자는 가처분에 대한 본안제소명령의 신청권이 없으므로 제3채무자가 채권자를 상대로 한 본안제소명령신청은 부적법하다.

┌─ **[사례 15 - 6] 직무집행정지가처분의 취소신청권자** ──────────

 *A주식회사의 대표이사 甲에 대해 직무집행정지 및 직무대행자선임의 가처분이 내
려지고, 직무대행자로 乙이 선임되었다. 그 후 대표이사 甲이 임기 만료되고, 새로운
대표이사 丙이 선임된 경우 위 가처분신청에 대하여 사정변경으로 취소를 구할 수
있는 자는 누구인가?*
└──────────────────────────────────────

직무집행정지 및 직무대행자선임가처분으로 직무집행이 정지된 대표자도 그 자신이 사
정변경 등 취소사유를 들어 취소신청을 할 수 있다.[1053] 그러나 법인은 직무집행정지와
관련해서는 당사자적격이 없어, 가처분의 상대방도 될 수 없고, 취소신청도 할 수 없다.
위 사례에서 직무집행이 정지된 甲은 가처분취소를 신청할 수 있으나, A주식회사 및 직
무대행자 乙은 취소신청권자가 될 수 없다.

(2) 시기: 채무자는 보전처분이 유효하게 존재하는 한 그 취소신청을 할 수 있다.[1054]
취소사유는 각각이 소송물이므로, 제소기간 도과로 인한 취소신청 후 그 신청을 기각하
는 결정이 확정되어도 다시 사정변경으로 인한 취소신청이 가능하다.

(3) 방법: 취소신청은 반드시 서면으로 하여야 하고, 그 신청서에는 보전처분의 취소
를 구한다는 신청의 취지와 이유를 적어야 한다.

(4) 신청의 취하: 이의신청의 취하와 같이 채권자의 동의가 필요 없이 신청을 취하할
수 있다.

(5) 취소신청과 집행정지: 가처분이의신청 시의 집행정지에 관한 규정이 준용된다(제
310조).

───────────────

1053) 대법원 1997. 9. 9. 선고 97다12167 판결, 대법원 1997. 10. 10. 선고 97다27404 판결: 법인 등 단체의
    대표자 및 이사 등을 피신청인으로 하여 그 직무 집행을 정지하고 직무대행자를 선임하는 가처분이
    있은 경우 그 후 사정변경이 있으면 그 가처분에 의하여 직무 집행이 정지된 대표자 등이 그 가처분
    의 취소신청을 할 수 있고, 이 경우 종전의 대표자 등이 사임하고 새로 대표자가 선임되었다고 하여도
    가처분 사건의 당사자가 될 수 없는 법인 등은 그 가처분취소신청을 할 수 없다.
1054) 이의사건에서 보전처분을 인가하는 결정이 확정된 후에도 취소신청은 가능하고 제소기간 도과로 인한
    보전처분의 취소신청을 한 후 그 신청을 기각하는 결정이 확정되어도 사정변경에 따른 취소신청은 가
    능하다.

라. 심리와 재판

2005년 개정법은 모든 보전처분취소신청에 대해서 모두 결정으로 재판하도록 통일하였다. 심리의 방식에 관해서는 제소기간 도과로 인한 보전처분 취소절차의 경우에는 종전과 같이 변론 또는 심문 외에 서면심리만으로도 가능한 방식을 유지하고, 그 나머지 취소절차에서는 필수적 변론기일 원칙에서 임의적 변론기일 또는 당사자 쌍방이 참여할 수 있는 심문기일로 변경하였다.

보전처분취소결정에 대한 불복도 즉시항고, 재항고로 불복할 수 있다.

이하에서 각각의 보전처분의 취소사유들을 살펴보기로 한다.

2. 제소기간도과로 인한 취소

가. 제도의 취지

채권자가 보전처분결정만 받아 놓고 본안소송을 제기하지 않는 경우, 채무자로 하여금 채권자가 본안소송을 제기할 때까지 무작정 기다리게 한다면 이는 매우 불합리한 것이다. 이에 따라 보전처분을 얻은 후 본안의 소를 제기하지 않는 채권자에게 본안의 소를 제기하도록 명령하고 이를 이행하지 않는 경우 보전처분을 취소할 수 있게 하는 제도가 마련되었다(제287조).

나. 본안의 제소명령

(1) 제소명령의 신청: 보전처분이 발령되어 유효하게 존속함에도 채권자가 본안소송을 제기하지 않는 경우 채무자는 보전처분의 발령법원에 채권자를 상대로 본안의 제소명령을 신청할 수 있다.

① 이의사건에서 보전처분을 인가하는 결정이 확정된 후에도 신청할 수 있다.[1055]

1055) 그러나 채무자가 이미 피보전권리에 관하여 채권자를 상대로 피보전권리의 부존재확인의 소를 제기한 때에는 제소명령을 신청할 수 없다. 이 경우에는 채무부존재확인의 소에서 승소판결을 받아 사정변경

② 신청은 신청취지와 이유를 적은 서면으로 하여야 한다.

③ 제소명령신청은 보전명령을 발한 법원에 신청하되, 보전처분 소송대리인 및 선정당사자도 가능하고, 채무자의 채권자도 대위하여 신청할 수 있다.[1056]

④ 채무자는 보전명령이 발하여진 사실을 소명하여야 하나, 본안의 소가 아직 제소되지 아니한 사실은 주장만 하면 되고 증명까지 할 필요는 없다.

[서식] 제소명령신청

채권자가 가압류결정만 받아 놓고 시간을 지연하면서 본안소송을 제기하지 않는 경우, 채무자는 다음과 같은 서식으로 가압류결정법원에 제소명령신청을 할 수 있다.

제 소 명 령 신 청

사　　건 2010카단1234 부동산가압류
채권자(피신청인)　김 신 자
채무자(신 청 인)　이 민 수

신 청 취 지

채권자는 제소명령결정이 송달된 날로부터 2주일 이내에 관할법원에 본안의 소를 제기하라.
라는 결정을 구합니다.

신 청 이 유

1. 채권자는 귀원 2010카단1234호 부동산가압류사건에 관하여 가압류결정만 받아 놓고 본안의 소를 제기하지 않고 있으므로 이 사건 신청에 이르렀습니다.

2010.　　.　　.
위 채무자(신청인) 이민수(인)

서울중앙지방법원 귀중

---

(2) 제소명령: 제소명령은 변론 없이 결정의 형식으로 한다. 제소명령에서는 채권자에

에 의한 보전처분취소신청을 낼 수 있다.

1056) 대법원 2003. 3. 31. 2003마324 결정: 가압류·가처분 등 보전소송사건을 수임받은 소송대리인의 소송대리권은 수임받은 사건에 관하여 포괄적으로 미친다고 할 것이므로 가압류사건을 수임받은 변호사의 소송대리권은 그 가압류신청사건에 관한 소송행위뿐만 아니라 본안의 제소명령을 신청하거나, 상대방의 신청으로 발하여진 제소명령결정을 송달받을 권한에까지 미친다.

게 본안의 소를 제기하여 이를 증명하는 서류를 제출하거나 이미 소를 제기하였으면 소송계속 사실을 증명하는 서류를 제출할 것을 명하고 그 기간을 정하면 되고 제소할 법원이나 본안의 소의 내용까지 정하지는 않는다.[1057] 제소기간은 <u>2주 이상</u>으로 정하여야 하는데(제287조 제2항) 이 기간은 재정기간이고 불변기간은 아니므로 법원은 이를 늘이거나 줄일 수 있다(민사소송법 제172조).

① 제소명령을 발할 수 있는 법원은 보전명령을 발한 법원의 전속관할이다. 항고법원이 스스로 보전명령을 발한 경우에는 항고법원이 제소명령을 발할 수 있는 법원이 된다.

② 제소명령신청을 기각 또는 각하하는 결정에 대해서는 일반항고로써 불복할 수 있으나(민사소송법 제439조), 채권자는 제소명령의 내용이 부당하더라도 항고를 할 수 없고, 뒤에 제소기간 도과로 인한 보전처분 취소결정이 내려지면 이에 대하여 즉시항고를 하여 그 절차에서 제소명령의 당부를 주장할 수밖에 없다.

③ 제소명령은 채무자의 신청이 있어야 하는 재판이므로 신청을 인용하는 경우에는 채권자와 채무자에게 고지하고, 이를 배척하는 경우에는 채무자에게만 고지한다(규칙 제7조 제2항). 채권자에게 제소명령을 고지함에는 채권자의 기간준수의 시점을 명확히 할 필요가 있으므로 송달의 방법에 의하여야 한다(규칙 제206조 제1항).

④ 보전처분신청사건의 소송대리인 및 선정당사자는 그 위임의 효력이 제소명령신청사건에도 미치므로 제소명령의 송달은 그에게 하면 족하다.

다. 제소기간 도과로 인한 취소

(1) **취소신청**: 채권자가 제소기간 내에 소 제기 및 제소사실을 증명하는 서류를 제출하지 아니하면 채무자는 서면으로 보전처분의 취소를 신청할 수 있다. 제소명령의 신청이 취소의 신청까지 포함하는 것은 아니므로 별도로 취소신청을 하여야 한다.

1057) 제소명령은 사법보좌관의 업무이나 제소명령불응 시의 보전처분취소는 법관의 업무이다.

(2) 소 제기 증명서 등의 제출기간: 채권자는 제소명령에서 정한 기간 내에 소를 제기하고 그 사실을 증명하는 서류를 제출하거나 이미 소를 제기하였으면 소송계속 사실을 증명하는 서류를 제출하여야 한다.

① 제소명령에서 정한 기간 내에 제소사실의 증명이 없는 경우에는 이후 소 제기 증명서 등이 제출되더라도 보전처분을 취소하여야 한다(제287조 제3항).1058) 제소기간 내에 제소한 경우에도 그 기간도과 후에 증명서류를 제출하였을 때에는 서류의 부제출로 본다.1059)

② 다만 천재지변이나 이와 유사한 부득이한 사유가 있어 법원이 명한 기간 내에 증명서류를 제출하지 못하였다거나, 채무자가 제소명령 신청권을 남용하였다는 등의 특별한 사정이 있고 그 취소신청 심리종결 전에 증명서류가 제출되었다는 등의 극히 예외적인 경우는 그 취소를 면할 수 있다.

③ 소 제기를 증명하는 서류를 제출한 후에 본안의 소가 취하되거나 각하된 경우 그 서류를 제출하지 않은 것으로 보며(제287조 제4항), 이는 그 판결에 위법이 있다 하더라도 마찬가지이다.1060)

1058) 구법 당시에는 취소사건의 사실심 변론종결 시까지 소를 제기하면 된다는 입장이었으나, 이는 본안의 소 제기를 게을리한 채권자를 일방적으로 보호하는 것이고, 특히 제소명령에서 정한 제소기간을 사실상 무의미하게 하여 재판의 신뢰와 권위에도 부정적인 효과를 초래하는 문제가 있다는 비판이 제기되었다.

1059) 대법원 2008. 7. 10. 2008마332 결정: 민사집행법 제287조에 규정된 본안의 소 부제기 등에 의한 가압류취소는 채권자에게 본안의 소를 제기할 것을 명하고, 채권자가 본안의 소를 제기하였다는 등을 증명하는 서류를 일정한 기간 이내에 제출하지 아니하거나 그 기간 이내에 서류를 제출하였다가 본안의 소가 취하되거나 각하된 경우에는 이를 제출하지 아니한 것으로 보아 가압류를 취소하는 제도로서, 제소명령에 정하여진 기간 이내에 본안의 소를 제기하지 아니하거나 본안의 소가 계속되고 있지 아니한 때는 물론이고, 정하여진 기간 이내에 본안의 소가 제기되었거나 이미 소를 제기하여 계속되고 있었음에도 불구하고 채권자가 그러한 사실을 증명하는 서류를 기간 이내에 법원에 제출하지 아니한 경우에도 법원은 가압류를 취소하여야 하며, 그 기간이 지난 뒤에 증명서류를 제출하였다고 하더라도 마찬가지로서(대법원 2003. 6. 18. 2003마793 결정, 대법원 2003. 8. 22. 2003마1209 결정 참조), 이러한 법리는 정하여진 기간 이내에 본안의 소를 제기하였다가 그 기간이 지난 뒤에 이를 취하하면서 그에 앞서 그 청구기초의 동일성이 인정되는 별소를 제기한 사실이 있다 하여 달리 볼 것은 아니다.

1060) 대법원 2000. 2. 11. 선고 99다50064 판결: 가압류이의소송은 가압류결정의 취소 변경을 구하는 절차라는 면에서 제소기간 도과로 인한 가압류취소소송과 다를 바 없고, 소송경제적 측면과 보전소송의 긴급성의 요청에 비추어 볼 때 제소명령기간 내에 본안소송을 제기하지 아니한 때에 그 기간이 도과되었다는 것도 가압류 이의사유로 주장할 수 있으며, 제소기간의 도과 여부를 판단함에 있어서 제소명령에 응하여 채권자가 제기한 본안의 소송이나 중재판정절차가 취하되거나 당사자의 불출석으로 인하여

(3) **본안의 소:** 청구기초의 동일성이 인정되면 이행의 소, 확인의 소, 형성의 소, 조정, 중재, 지급명령, 제소전화해 등 어느 형태의 소송이든 무관하다. 외국법원에 본안소송의 계속도 그 외국법원의 판결이 우리나라에서 효력승인을 받을 수 있으면 내국법원에 본안소송의 제기와 같이 볼 것이다.[1061]

(4) **심리와 재판:** 취소신청에 대해서는 결정으로 재판한다. 심리의 방식에 관해서는 특별한 제한이 없으므로 변론·심문 또는 서면심리 모두 가능하다.

① 제소기간 도과로 인한 취소절차에서도 채무자가 원고의 지위에 서게 되는 것이지만 그 쟁점의 성격상 채무자는 제소기간 내에 제소증명서 등이 제출되지 않았음을 주장하기만 하면 족하고, 채권자가 제소증명서 등이 기간 내에 제출되었음을 소명하여야 한다.

② 제소기간 도과로 인한 보전처분 취소절차에서는 제소기간 도과 여부 외에도 제소기간의 상당성 여부, 제소기간 도과의 원인, 본안소송의 소송물과 피보전권리의 동일성 여부, 본안의 적격성 등도 함께 심리하게 된다.

③ 제소기간 도과로 인한 보전처분 취소신청에 대한 결정에 대해서는 쌍방 당사자가 즉시항고로 불복할 수 있다. 다만 이 즉시항고에는 집행정지의 효력이 없다(제287조 제5항).

[참고] 보전처분취소사건 결정주문 기재례
☞ **채권자 승소(취소신청 기각)**
1. 신청인의 신청을 기각한다.
2. 소송비용은 채무자가 부담한다.

취하간주 또는 종료 선언되거나 소송요건의 흠결을 이유로 한 소각하 판결이 확정되었을 때에는 본안의 소 제기나 중재신청을 하지 아니한 것과 같이 보아야 할 것이다. 가압류결정에 대한 제소명령에 응하여 제기한 본안의 소를 각하한 판결이나 중재절차를 종료한 선언의 당부는 당해 절차에서 판단되어야 할 것이고, 제소기간의 도과 여부를 심리하는 법원이 그 당부에 관하여 심리·판단할 수 있는 것이 아니므로, 그 판결이나 중재절차에 위법이 있다 하더라도 위 가압류결정에 대한 제소명령기간의 도과 여부를 판단함에 있어서는 아무런 영향도 미칠 수 없다.

1061) 이시윤, p.530 참조.

☞ **채권자 패소(취소신청 인용)**

1. 위 당사자 사이의 이 법원 2010카단12345 부동산처분금지가처분 신청사건에 관하여 이 법원이 2010. 11. 111. 별지목록 기재 부동산에 대하여 한 가처분결정을 취소한다.

2. 소송비용은 채권자가 부담한다.

3. 제1항은 채권자가 이 결정을 고지받은 날로부터 10일이 경과하여야 효력이 생긴다.[1062]

3. 사정변경에 따른 취소

가. 제도의 취지

보전처분은 일정한 시점을 기준으로 하여 그 시점의 피보전권리나 보전의 필요성이 있는지 여부를 판단하고 발령하는 것이므로, 보전처분명령이 발령된 후 보전처분의 이유가 소멸되었거나 기타 사정의 변경으로 보전처분을 유지함이 상당하지 않게 된 때에는 채무자는 관할법원에 보전처분의 취소를 구할 수 있다. 예컨대 채무자의 변제로 피보전권리가 소멸된 경우 또는 채권자가 본안소송에서 패소 확정된 경우, 채권자가 충분한 물적 담보를 얻었거나, 채권자가 본안소송에서 승소하고 집행권원을 획득하였음에도 본집행에 착수하지 않는 경우, 가압류의 집행기간(14일)을 도과한 경우, 담보를 조건으로 하여 가압류를 인가하였으나 그 담보를 제공하지 아니한 경우 등에는 채무자는 사정변경에 의한 보전처분의 취소신청을 할 수 있다.[1063]

나. 사정의 변경 일반

① 보전처분을 취소할 사정은 그 발령 전·후를 묻지 않고, 취소사건의 심리종결 시까지 발생한 사유이면 족하다.

② 보전처분 발령 후에 그 요건이 흠결된 경우뿐만 아니라 발령 당시에 이미 존재하

1062) 효력유예선언을 붙인 경우

1063) 이 소는 강제집행에 관한 청구이의의 소와 비견되는 것으로 보전처분명령에 대한 청구이의의 소는 허용되지 않는다.

고 있는 요건의 흠을 채무자가 그 후에 알게 된 경우도 포함된다.

③ 사정변경의 사유는 채권자 측에서 발생하였든 채무자 측에서 발생하였든 묻지 아니한다.

다. 피보전권리의 소멸·변경

① 피보전권리에 관한 사정변경은 피보전권리의 전부 또는 일부가 변제·상계·소멸시효의 완성 등으로 소멸하거나 변경된 경우를 말한다.[1064]

② 다만 자기 부담부분을 넘은 변제를 한 보증인은 채권자의 승계인(법정대위)으로서 가압류에 의한 보전의 이익을 자신을 위하여 주장할 수 있으므로, 다른 공동보증인의 사정변경에 따른 가압류취소신청을 다툴 수 있다.[1065]

③ 가압류의 목적인 채무자의 제3채무자에 대한 채권이 존재하지 않음이 밝혀진 경우에도 이는 가압류결정이 결과적으로 채권보전의 효과를 거둘 수 없게 됨에 그칠 뿐, 가압류결정을 취소할 사유는 되지 못한다.

④ 본안소송이나 채무자가 제기한 채무부존재확인의 소에서 <u>채권자가 실체법상 이유로 패소 확정된 경우</u> 사정변경에 해당하고,[1066] 채권자가 위 확정판결에 대하여 재

1064) 피보전권리의 부존재가 분명하게 된 경우도 사정변경에 해당한다.

1065) 대법원 1993. 7. 13. 선고 92다33251 판결: 수인의 보증인이 있는 경우에 어느 보증인이 자기의 부담부분을 넘은 변제를 한 때에는 다른 보증인에 대하여 구상권을 행사할 수 있고, 그 구상권의 범위 내에서 종래 채권자가 가지고 있던 채권 및 그 담보에 관한 권리는 법률상 당연히 그 변제자에게 이전되는 것이므로, 채권자가 어느 공동보증인의 재산에 대하여 가압류결정을 받은 경우에, 그 피보전권리에 관하여 채권자를 대위하는 변제자는 채권자의 승계인으로서, 가압류의 집행이 되기 전이라면 민사소송법 제708조 제1항에 따라 승계집행문을 부여받아 가압류의 집행을 할 수 있고, 가압류의 집행이 된 후에는 위와 같은 승계집행문을 부여받지 않더라도 가압류에 의한 보전의 이익을 자신을 위하여 주장할 수 있다. 이 경우에 변제를 한 보증인은 구상권의 범위 내에서 채권자가 다른 공동보증인에 대하여 가지고 있던 가압류의 피보전권리를 대위 행사할 수 있다고 보아야 할 것이므로, 가압류가 대위변제의 경우에 이전되는 담보에 관한 권리에 해당하지 아니한다거나, 위 변제로 인하여 가압류의 피보전권리가 변제를 한 보증인에게 이전되는 결과 채권자가 그 범위 내에서 피보전권리를 상실한다는 사정 때문에 가압류채권자의 지위를 승계한 보증인이 다른 공동보증인의 사정변경에 의한 가압류취소신청을 다툴 수 없는 것은 아니다.

1066) 대법원 2008. 11. 27. 2007마1470 결정: 가처분결정 후 그 본안소송에서 가처분채권자가 패소하고 그

심의 소를 제기하였다는 사정만으로 위 사유에 영향을 미치지 않는다.1067) 가처분에 있어서는 본안의 유용이 허용되지 않는다.

⑤ 채권자가 여러 개의 피보전권리를 주장하여 보전명령을 얻은 후 그중 일부의 권리만을 주장한 본안소송에서 패소 확정된 경우도 사정변경에 따른 취소를 주장할 수 있다(보전처분의 일회성).1068)

⑥ 본안소송에서의 채권자 패소가 기한 미도래나 조건 불성취 때문이라면 아직 피보전권리가 부정된 것이 아니므로, 사정변경이 있다고 할 수 없으나, 기한도래 또는 조건성취를 전제로 한 보전처분인 때에는 그 시점에 사정변경이 있다고 할 수 있다.

⑦ <u>본안소송에서 소송법상 이유로 각하판결을 받은 경우에는 사정변경이 있다고 할 수 없다.</u>1069) 본안소송이 취하된 때에도 사정변경에 해당하지 않는다.1070) 가처분권자가 가처분결정의 본안소송에서 패소판결을 받고 항소하였다가 항소심에서 소 취하를 함으로써 재소금지 원칙에 따라 다시 가처분 부동산에 대한 소유권이전등기청구를 할 수 없게 된 경우는 사정변경에 해당한다.1071)

판결이 상급심에서 변경될 염려가 없다고 인정되는 경우 그 가처분결정은 사정변경을 이유로 취소할 수 있고, 본안소송에서 가처분채권자의 패소판결이 상소심에서 변경될 가능성이 있는지 여부는 사정변경을 이유로 한 가처분취소신청사건의 사실심종결 시를 기준으로 하여 그때까지 제출된 당사자의 주장과 증거방법을 기초로 판단하여야 한다.

1067) 보전처분이 취소되기 전에 재심의 소에 의해 확정판결이 취소되었다면 본안의 내용을 심리하여 사정변경이 있었는지를 판단하여야 한다.

1068) 채권자가 점유권에 기한 인도청구권과 소유권에 기한 인도청구권을 피보전권리로 하여 보전처분을 받았는데 소유권에 기한 인도청구권을 본안으로 한 소송에서 패소 확정되었다면, 그 후 다시 점유권에 기한 인도청구소송이 계속 중이더라도 사정이 변경된 경우에 해당한다.

1069) 대법원 2004. 12. 24. 선고 2004다53715 판결: 보전처분의 본안소송에서 보전처분신청인이 실체법상의 이유로 패소판결을 받은 경우에는 민사집행법 제288조 소정의 사정변경이 있다고 할 수 있고, 그 경우에 본안소송의 유용은 허용되지 아니하나, 본안소송에서 소송법상의 이유로 각하판결을 받은 경우에는 일반적으로 사정변경이 있다고 할 수는 없다.

1070) 대법원 1998. 5. 21. 선고 97다47637 전원합의체 판결: 채권자가 보전명령이 있은 후 <u>그 보전의 의사를 포기하였다고 볼 만한 사정이 있는 경우에는 보전명령 취소사유인 사정변경에 해당한다고 보아야</u> 한다. 그런데 소의 의제적 취하는 여러 가지 동기와 원인에서 이루어지고, 보전명령에 대한 본안소송이 쌍방불출석으로 취하된 것으로 간주되었다고 하더라도, 통상의 소취하 경우와 마찬가지로 본안에 대한 종국판결이 있기 전이라면 피보전권리에 영향을 주는 것이 아니어서 다시 같은 소송을 제기할 수도 있는 것이므로(민사소송법 제240조 제2항), 그 취하의 원인, 동기, 그 후의 사정 등에 비추어 채권자가 보전의 의사를 포기하였다고 인정되지 아니하는 이상 보전명령에 대한 <u>본안소송이 취하된 것으로 간주되었다는 사실 자체만으로 보전명령 취소사유인 사정변경에 해당한다고 볼 수는 없다.</u>

┌─ **[사례 15 - 7] 가압류의 취소와 유용** ─────────────────────

　　甲이 乙에 대한 대여금채권을 피보전권리로 가압류집행을 한 후 본안소송으로 乙
을 상대로 연대채무의 이행을 구하였다가 패소 확정되자, 다시 보증채무의 이행을
구하는 소를 제기한 경우 乙은 사정변경으로 인한 가압류의 취소를 구할 수 있는가?
└──

　　제1의 본안소송을 위하여 발하여진 보전처분을 제2의 본안소송을 위하여 유용하는 것
은 허용되지 아니하므로, 제1소송에서 채권자가 패소 확정되면 사정변경에 따른 취소를
인정할 수 있다. 청구의 기초가 동일한 경우에도 보전처분의 유용은 허용되지 아니한다.

┌─ **[사례 15 - 8] 사정변경으로 인한 가압류의 취소** ────────────

　　甲은 乙과 X부동산에 관한 매매계약을 체결하면서 乙의 잔대금 지체 시 반환하
기로 하고 우선 X부동산을 乙에게 인도하였다. 甲은 乙이 잔대금지급을 지체하자
甲은 乙을 상대로 X부동산 반환청구의 소를 제기하였다.
　　甲은 다시 丙에게 X부동산 매도하면서, 乙을 상대로 제기한 소송의 승소 시 X부
동산을 이전하고, 패소 시 丙에게 계약금의 배액을 상환하기로 약정하였다.
　　甲과 乙이 조정에 들어가자, 丙은 甲이 X부동산의 소유권이전등기의무가 이행불
능이 될 경우 발생할 계약금의 배액을 피보전권리로 하여 가압류신청을 하고 위 금
액의 지급을 구하는 소를 제기하였으나 패소 확정되었다. 이 경우 가압류를 취소할
사정변경이 있다고 할 수 있는가?
└──

　　가압류의 본안 소송에서 피보전권리에 기한 청구를 기각한 판결이 선고되어 확정되었
다면 이를 민사집행법 제288조 제1항 소정의 사정변경으로 보아 가압류를 취소할 사유
가 되는 것이 보통일 것이다. 그러나 장래에 성립할 권리를 피보전권리로 하여 가압류가
이루어진 이후 본안 소송에서 그 장래 청구권의 기초적 법률관계의 존재는 인정되나 아
직 그 청구권 자체의 발생이 확정되었다고 할 수 없다는 이유로 위 가압류의 본안 청구
를 기각하는 판결이 선고되어 확정된 데 불과한 경우에는, 그 가압류의 기초인 법률관계
가 상존하고 있고 피보전권리의 부존재가 아직 확정된 것이 아니므로 위와 같은 확정판

1071) 대법원 1999. 3. 9. 선고 98다12287 판결.

결이 있다는 것만으로 가압류를 취소할 사정의 변경이 생겼다고 단정할 수 없다.[1072]

［사례 15 - 9］본안소송의 각하판결과 가처분의 취소

乙이 甲 소유의 X부동산을 A를 거쳐 B로부터 매수하였음을 이유로 甲을 상대로 부동산처분금지가처분을 신청하여 처분금지가처분결정을 받은 후, 乙은 위 가처분 신청사건의 본안소송으로 甲이 X부동산을 A에게 매도하고, A는 B에게, B는 乙에게 순차로 이를 전매하였다고 주장하면서 甲에 대해서는 A와 B를 순차 대위하여 A 앞으로 소유권이전등기 절차를 이행할 것을 구하고, B에 대해서는 乙 앞으로 소유권이전등기 절차를 이행할 것을 구하는 소송을 제기하였다가, B에 대한 청구는 인용되었으나 A 앞으로 소유권이전등기 절차를 이행할 것을 구하는 청구 부분에 관해서는, B가 A로부터 X부동산을 매수한 것이 아니라 甲의 승인 아래 A로부터 위 부동산에 관한 계약상의 지위를 이전받은 것이므로 <u>B의 A에 대한 소유권이전등기청구권은 인정될 여지가 없다</u>는 이유로 소각하 판결이 선고되었고 이 판결이 그대로 확정되었다. 乙은 그 판결 후 甲을 상대로 X부동산에 관하여 B 앞으로 소유권이전등기 절차를 이행할 것을 구하는 소송을 다시 제기하여 乙 승소의 판결을 선고받고 그 무렵 이 판결이 확정되었다. 甲은 위 가처분에 대해 사정변경을 이유로 취소신청을 할 수 있는가?

이 사건에서 乙이 甲을 상대로 제기한 A 앞으로 소유권이전등기 절차를 이행할 것을 구하는 소송을 이 사건 가처분의 본안소송으로 본다 하더라도 乙은 그 소송에서 단지 소송법상의 이유로 각하판결을 받은 것에 불과하고, 그 후 보정된 적법한 본안소송을 제기하여 승소판결까지 받았으므로 위 각하판결만으로 가처분을 취소할 수 있는 사정변경이 생겼다고는 볼 수 없다.[1073]

1072) 대법원 2003. 6. 24. 선고 2003다18005 판결.
1073) 대법원 1995. 8. 25. 선고 94다42211 판결.

┌───┐
│ **[사례 15 - 10] 본안소송의 취하와 가압류결정의 취소**   │
│   │
│ *甲은 乙에 대하여 부동산가압류결정을 받고 乙을 상대로 대여금청구의 본안소송* │
│ *을 제기하였다가 본안소송을 취하한 경우, 乙은 사정변경을 이유로 가압류결정의 취* │
│ *소를 구할 수 있는가? 위 본안소송에서 당사자 쌍방 불출석(소위 '쌍불')으로 취하된* │
│ *것으로 간주된 경우에는 어떠한가?*   │
└───┘

위 사례에서 甲의 본안소송 취하가 종국판결 선고 후라면 재소금지 규정에 저촉되어 다시 乙을 상대로 소송을 제기하는 것은 부적법하므로, 이러한 경우 乙은 사정변경을 이유로 가압류결정의 취소를 구할 수 있다. 그러나 甲의 취하가 종국판결 선고 전인 경우 판례와 실무는 "보전처분에 대한 본안소송을 종국판결 전에 취하하였더라도 피보전권리의 존부에 영향을 주는 것이 아니며, 따라서 다시 같은 소송을 제기할 수 없는 것은 아니므로 소취하로 인하여 보전의사의 포기가 있었다고 인정되는 것이 아닌 이상, 소취하 사실 자체만으로 보전처분취소의 원인으로서 사정변경에는 해당한다고 볼 수 없다"는 입장이다.[1074]

따라서 甲이 종국판결선고 전에 소를 취하하였다고 하여 乙이 곧바로 이를 가지고 사정변경을 이유로 가압류결정의 취소를 구할 수 없다. 당사자 쌍방 불출석으로 본소가 취하 간주된 경우, 판례는 본안소송이 취하 간주되었다는 사실 자체만으로 보전명령취소 사유인 사정변경에 해당한다고 볼 수 없다고 하고 있으므로,[1075] 위 사례에서 甲이 본안소송이 취하 간주된 후 다시 동일한 내용의 본안소송을 제기하여 가압류의 효력을 유지시킬 수 있다.

[사례의 검토]

<1> 甲은 乙을 상대로 원인무효를 이유로 한 소유권이전등기말소등기청구권을 피보전권리로 하여 처분금지가처분을 한 후, 가처분이의소송에서 피보전권리를 명의신탁해지를 원인으로 한 소유권이전등기청구권으로 변경할 수 있는가?(피보전권리의 변경)

<2> 甲은 乙을 상대로 원인무효를 이유로 한 소유권이전등기말소등기청구권을 피보전권리로 하여 처분금지가처분을 한 후, 乙이 본안의 제소명령을 신청하여 법원

1074) 대법원 1992. 6. 26. 선고 92다9449 판결.
1075) 대법원 전원합의체 1998. 5. 21. 선고 97다47637 판결.

이 甲에게 본안의 제소명령을 한 경우, 甲은 제소기간 내에 乙에게 명의신탁해
지를 원인으로 한 소유이전등기청구의 소를 제기한 경우 본안의 제소명령을 준
수한 것인가?(피보전권리와 본안의 소송물 동일성 문제)

<3> 甲이 乙을 상대로 원인무효를 이유로 한 소유권이전등기말소등기청구권을 피보
전권리로 하여 처분금지가처분을 한 후, 甲이 乙에게 위 청구권을 본안으로 하
여 소를 제기하였는데 패소 확정된 경우, 甲이 다시 명의신탁해지를 원인으로
한 소유권이전등기청구권을 본안으로 하여 소를 제기하더라도 사정변경이 있는
경우에 해당하는가?(보전처분의 유용의 문제)

<4> 甲이 乙을 상대로 원인무효를 이유로 한 소유권이전등기말소등기청구권과 명의
신탁해지를 원인으로 한 소유권이전등기청구권을 피보전권리와 하여 처분금지가
처분을 한 후, 甲이 乙에게 원인무효를 이유로 한 소유권이전등기말소등기청구
권을 본안으로 하여 소를 제기하였는데 패소 확정된 경우 乙은 사정변경에 따른
취소를 주장할 수 있는가?(보전처분의 일회성)

라. 보전의 필요성의 소멸 · 변경

① 채무자 재산상태의 호전, 담보물권의 설정, 보전명령 집행기간의 도과, 담보조건부
   보전처분에서 담보를 이행하지 않은 경우

② 피보전권리에 관하여 본안에서 재판상 화해가 성립한 경우는 채권자가 보전의사를 포
   기 · 상실하였는지를 구체적으로 검토하여 이를 인정할 수 있는 때에 사정변경이 있다.

③ 채권자가 본안에서 패소판결을 받고 항소심에서 소 취하하여 재소금지원칙이 적용
   되는 경우

④ 채권자가 보전의사를 포기 · 상실하였다고 인정되는 경우
 – 채권자가 본안소송에서 승소하여 집행권원을 얻어 즉시 본집행을 할 수 있음에도
   집행하지 않고 있는 경우1076)1077)

1076) 대법원 2007. 7. 26. 2007마340 결정: 가압류채권자가 본안소송에서 승소하고 집행권원을 획득하여
     즉시 본집행을 할 수 있는 요건을 갖추었음에도 그 집행을 하지 않고 있는 경우에는 피보전권리에 대
     한 보전의 필요성은 소멸되었다고 할 것이고, 이와 같이 가압류결정 후에 보전의 필요성이 소멸된 때

- 가처분채권자가 본안소송에서 승소판결을 받은 그 집행채권이 정기조건부채권인데 그 조건은 매매잔대금의 지급인 경우와 같이 집행채권자의 의사에 따라 즉시 이행할 수 있는 반대의무임에도 채권자가 정당한 이유 없이 이를 게을리하고 집행에 착수하지 않고 있는 경우[1078]

마. 보전처분집행 후 3년간 본안의 소를 제기하지 아니한 때

① 보전처분집행 후 3년이 경과하면 채권자의 보전의사의 포기 또는 상실이 있는 경우로 보아 취소요건이 완성되며, 그 후에 본안의 소를 제기하여도 보전처분의 취소는 할 수 있다.[1079] 재량취소가 아니라 필수적 취소사유다. 이 취소결정에 대해서는 즉시항고를 할 수 있다.

② 3년이 경과했다는 것만으로 바로 취소가 되는 것이 아니고, 취소신청을 통해 보전명령을 취소하고, 그 정본을 집행기관에 제출하여 집행을 취소시켜야 한다.[1080]

③ 보전처분취소재판이 확정된 때 보전처분집행 시로부터 3년이 경과한 시점에 효력이 소급적으로 소멸되는 것은 아니다.[1081]

에는 그 가압류를 그대로 존속시켜 놓을 수 없는 사유인 사정변경이 있다고 보아야 한다.

1077) 대법원 1990. 11. 23. 선고 90다카25246 판결: 가압류채권자가 본안소송에서 승소판결을 받아 확정된 후, 가압류채무자가 그 본안판결에 대하여 재심의 소를 제기하였으나 재심의 소를 각하한 판결이 확정되고도 5개월이 지나도록 가압류채권자가 본집행에 착수하지 않고 있었다면 가압류는 보전의 필요성이 소멸되었다고 볼 것이다.

1078) 대법원 2000. 11. 14. 선고 2000다40773 판결: 가처분채권자가 본안소송에서 승소판결을 받은 그 집행채권이 정지조건부인 경우라 할지라도 그 조건이 집행채권자의 의사에 따라 즉시 이행할 수 있는 의무의 이행인 경우 정당한 이유 없이 그 의무의 이행을 게을리하고 집행에 착수하지 않고 있다면 보전의 필요성은 소멸되었다고 보아야 한다.

1079) 종래에는 이 기간이 10년이었으나, 기간도과로 인한 보전처분 취소제도에 독자적인 의의를 부여하고, 보전처분의 장기화로 인한 채무자의 불편과 법원의 부담을 해소하기 위하여, 민사집행법은 취소를 구할 수 있는 기간을 보전집행 후 10년에서 5년으로 단축하였다가, 2005. 1. 27. 개정 시에 채무자 보호 차원에서 3년으로 다시 줄였다.

1080) 대법원 2008. 2. 14. 선고 2007다17222 판결: 구 '민사소송법'(2002. 1. 26. 법률 제6626호로 전부 개정되기 전의 것) 제715조에 의하여 가처분에도 준용되는 같은 법 제706조 제2항은 보전처분을 집행한 때부터 10년이 경과할 때까지 채권자가 본안의 소를 제기하지 않은 경우에는 채무자가 보전처분 취소소송을 제기하여 그 취소를 구할 수 있다는 것에 불과하고, 보전처분집행 후 10년간 본안소송이 제기되지 아니하였다고 하여 보전처분 취소판결 없이도 보전처분의 효력이 당연히 소멸되거나, 보전처분 취소판결이 확정된 때에 보전처분집행 시부터 10년이 경과된 시점에 소급하여 보전처분의 효력을 소멸하게 하는 것으로는 볼 수 없다.

[서식] 가압류취소신청

채권자가 본안소송에서 패소 확정되어 사정변경에 의한 가압류취소신청을 하는 경우의 서식은 다음과 같다.

가 압 류 취 소 신 청

피신청인(채권자) 김 신 자
서울시 서초구 서초동 123
신 청 인(채무자) 이 민 수
서울시 동대문구 회기동 333

신 청 취 지

위 당사자가 귀원 2010카단1234호 부동산가압류신청사건에 관하여 별지목록기재 부동산에 대하여 한 가압류는 이를 취소한다.
소송비용은 피신청인의 부담으로 한다.
라는 재판을 구합니다.

신 청 이 유

1. 피신청인은 신청인을 상대로 귀원 2010카단1234호 부동산가압류신청 사건에서 별지목록 기재 부동산에 관하여, 2010. 2. 1. 금 10,000,000원의 대여금채권이 있음을 전제로 하여 2010. 7. 5. 가압류결정을 받아 이를 집행하였습니다.
2. 그런데 피신청인이 신청인을 상대로 한 본안의 소(서울중앙지방법원 2010가단23511호)에서 피신청인이 패소하고 동 판결이 확정되었습니다.
3. 따라서 위 가압류는 그 사유가 소멸되었으므로 민사집행법 제288조 제1항에 의하여 사정변경에 의한 가압류취소를 신청합니다.

첨 부 서 류

1. 신청서부본	1통
1. 본안사건 판결사본	1통
1. 판결확정증명	1통
1. 송달증명	1통

2010.   .   .
위 신청인(채무자) 이민수(인)

서울중앙지방법원 귀중
(별지목록 생략)

1081) 보전처분집행 후 3년이 경과하였지만 보전처분취소결정 전에 이루어진 타인 명의의 소유권이전등기에 대하여 보전처분권자가 보전처분의 효력을 주장할 수 있다. 대법원 2004. 4. 9. 선고 2002다58389 판결.

4. 담보제공으로 인한 가압류의 취소

가. 의의

채무자는 가압류 결정상의 해방금액을 공탁하고 <u>가압류집행의 취소·정지</u>를 구할 수도 있으나(제282조), 법원이 자유재량에 의하여 명한 담보를 제공하고서 그 <u>가압류결정자체의 취소</u>를 구할 수도 있다(제288조 제1항 제2호).

나. 담보와 그 성질

① 제282조의 가압류 해방금액이 가압류 목적물을 대신하는 것으로 채권자는 그 공탁금회수청구권을 가압류하는 것과 동일한 효과를 가질 뿐 여기에 대해 어떤 우선변제권을 갖는 것은 아니나, 제288조 제1항 제2호의 담보는 직접 피보전권리를 담보하는 것으로 채권자는 여기에 대하여 일종의 질권을 갖게 된다. 또 이는 가압류 취소로 인한 손해배상청구권만을 담보하는 이의사건에서의 취소결정 시에 제공하는 담보(제286조)와도 구별된다.

② 채권자가 동일한 채권을 보전하기 위하여 여러 건의 가압류를 신청하여 여러 건의 가압류 결정이 내려진 경우, 채무자가 해방공탁에 의한 집행취소를 받기 위해서는 가압류 사건마다 청구금액 상당의 해방공탁을 하여야 하는 큰 부담이 따르므로, 채무자로서는 일정한 담보를 제공하고 여러 건의 가압류 결정을 모두 취소받을 수 있는 이 제도를 활용할 수 있다.

다. 신청과 심리

① 신청인 적격, 신청의 시기와 방식, 관할법원은 사정변경에 따른 보전처분 취소신청과 같다. 다만 채무자는 단순히 적당한 담보를 제공하게 하고 가압류를 취소하여 달라는 신청을 하면 족하고, 그 담보의 종류·액수 등을 특정하여 표시할 필요는 없다. 사정변경에 따른 취소신청을 하면서 예비적으로 담보제공에 의한 취소를 구할 수 있다.

② 법원은 변론기일이나 당사자 쌍방이 참여할 수 있는 심문기일을 열어 적당한 담보의 종류와 액수를 정한 다음 미리 담보제공을 명하고 그 이행을 기다려 가압류를 취소하는 결정을 하거나, 담보의 제공을 조건으로 가압류를 취소하는 결정을 한다.[1082)

5. 특별한 사정에 의한 가처분의 취소

가. 의의

① 가처분은 금전채권의 집행을 목적으로 하는 것이 아니므로 채무자가 담보를 제공한다 해도 이를 취소하기에는 적절하지 않다. 그러나 가처분으로 인하여 채무자가 큰 손해를 입게 되거나 또는 채권자의 피보전권리가 금전적 보상으로도 종국적 만족을 얻을 수 있는 등의 특수한 사정이 있을 때에는 채무자의 피해를 경감하기 위하여 담보를 제공하게 하고 가처분을 취소하는 것이 필요하다. 가압류에 있어 담보를 제공하고 가압류를 취소할 수 있는 것에 대응하여 특별사정이 있는 경우, 가처분에 있어서도 채무자로 하여금 담보를 제공하고 가처분을 취소할 수 있도록 하고 있다.

② 다툼의 대상에 관한 가처분뿐 아니라, 임시지위를 정하는 가처분에 모두 적용된다.

③ 이 사유는 사정변경과는 다른 별개의 취소사유이므로, 사정변경이 인정되는 경우는 제307조의 요건을 갖추지 않아도 사정변경의 이유로 바로 가처분을 취소할 수 있고, 또한 특별사정이 존재하고 담보제공이 있는 경우 즉, 제307조의 요건을 갖춘 경우는 사정변경과 상관없이 가처분을 취소할 수 있다.

나. 특별사정

(1) **특별사정**: 가처분으로 보전되는 피보전권리가 금전적 보상에 의하여 종국적으로 만족을 얻을 수 있는 사정, 채무자가 가처분에 의하여 통상 입는 손해보다 훨씬 큰 손해

1082) 가압류해방금처럼 현금이 아니라 유가증권담보도 허용된다. 그러나 실무상 보증보험증권을 이용하지 못하므로 담보제공으로 인한 가압류의 취소는 거의 활용되지 않고 있다.

를 입게 될 사정을 말하며 이 중 어느 하나라도 있으면 특별사정에 해당된다.[1083]

(2) 금전보상의 가능성: 금전보상이 가능한가의 여부는 장래 본안소송에서 청구의 내용, 당해 가처분의 목적 등 모든 사정을 참작하여 사회통념에 따라 객관적으로 판단하여야 한다.

① 공사잔대금 채권의 담보를 위한 유치권을 보전하기 위하여 발령된 출입금지등가처분
② 사해행위취소에 의한 소유권이전등기말소청구권을 피보전권리로 하여 발령된 처분금지가처분
③ 금전채권의 처분금지가처분
④ 피보전권리가 담보물권이거나 입목의 벌채를 목적으로 하는 토지인도청구권인 가처분

(3) 금전보상이 안 되는 경우

① 피보전권리가 근저당권 일부 이전등기청구권인 경우[1084]
② 디자인권
③ 온천의 용수권

1083) 대법원 2006. 7. 4. 2006마164,165 결정: 민사집행법 제307조 제1항에서 규정하고 있는 담보를 제공하게 하고 가처분을 취소할 수 있는 '특별한 사정이 있는 때'라 함은 가처분에 의하여 보전되는 권리가 금전적 보상으로써 그 종국의 목적을 달성할 수 있는 사정이 있거나 또는 가처분 집행으로 가처분채무자가 특히 현저한 손해를 받고 있는 사정이 있는 경우를 말하고, 여기에서 금전보상이 가능한가의 여부는 장래 본안소송에 있어서의 청구의 내용, 당해 가처분의 목적 등 모든 사정을 참작하여 사회통념에 따라 객관적으로 판단하여야 하고, 채무자가 특히 현저한 손해를 입게 될 사정이 있는지 여부는 가처분의 종류, 내용 등 제반 사정을 종합적으로 고려하여 채무자가 입을 손해가 가처분 당시 예상된 것보다 훨씬 클 염려가 있어 가처분을 유지하는 것이 채무자에게 가혹하고 공평의 이념에 반하는지 여부에 의하여 결정된다(업종이 지정된 점포의 소유자가 제3자에게 점포를 임대하여 고정적인 임대수익을 얻고 있다고 하여도 업종제한 약정을 위반한 동종의 점포를 상대로 영업금지가처분을 구할 보전의 필요성이 있다고 인정한 사례).

1084) 대법원 1987. 1. 20. 선고 86다카1547 판결: 근저당권과 같은 담보권은 금전보상으로 종국의 목적을 달성할 수 있는 권리라 할 것이나 가처분의 피보전권리가 근저당권 일부 이전등기청구권으로서 가처분 채권자로서는 그 일부이전의 부기등기를 경료한 뒤 근저당권이 실행되어 경매절차에서 목적부동산이 근저당권자의 잔여채권액을 상회하는 가격으로 경락될 경우에 이를 우선 변제하고 남은 금액을 배당받을 수 있을 것을 기대할 수 있을 뿐이므로 그와 같은 경매가 실행되지 아니하고는 가처분채권자가 변제받을 수 있는 금액을 산정할 수 없을 것이므로 위 가처분이 취소되어 근저당권자가 경매 이외의 방법으로 위 근저당권을 처분할 경우에는 가처분 채권자가 입게 되는 손해액을 확정할 수 없을 것이어서 결국 금전보상이 불가능하게 된다.

④ 공사금지가처분, 지적재산권침해금지가처분, 직무집행금지가처분, 인격권침해금지가처분, 주식의 처분금지가처분, 신주·사채발행금지가처분 등 임시지위를 정하는 가처분

⑤ 치료비나 임금의 임시지급을 명하는 가처분

(4) 채무자의 이상손해: 채무자가 특히 현저한 손해를 입게 될 사정이 있는지 여부는 가처분의 종류·내용 등 제반사정을 종합적으로 고려하여 채무자가 입을 손해가 가처분 당시 예상된 것보다 훨씬 큰 염려가 있어 가처분을 유지하는 것이 채무자에게 가혹하고 공평의 이념에 반하는지 여부에 의하여 결정할 것이며, 위 채무자가 입을 손해는 반드시 공익적 손해임이 요구되는 것은 아니다.

① 유치권에 기한 출입금지가처분으로 인하여 공원묘원의 설치 운영을 목적으로 하여 설립된 재단법인인 채무자가 공원묘원에 출입조차 할 수 없게 되어 그의 유일한 재산인 공원묘원의 보존관리 상태가 악화되는 경우[1085]

② 공사금지가처분 발령 후 채무자가 채권자에 대해 피해를 줄이기 위하여 지하굴착 공법을 변경하였으며, 공사가 금지된 당해 오피스텔이 50%이상 분양된 경우[1086]

다. 심리와 재판

① 사건의 심리에 있어서는 피보전권리의 존부나 보전의 필요성의 유무, 즉 가처분의 당부는 심리의 대상이 되지 아니하고 특별사정의 유무에 관한 하나의 자료에 불과하므로 이에 관해서는 심리 판단할 필요가 없고 오직 가처분 취소사유인 특별사정의 유무를 심리 판단하면 된다.

② 법원은 특별사정을 심리한 후 그 사정이 인정되면 채무자가 제공할 담보의 종류와 금액을 정하여 미리 담보를 제공하게 하고 가처분을 취소하는 결정을 하거나 담보 제공을 조건으로 가처분을 취소하는 결정을 하며 그 특별사정이 인정되지 않거나

1085) 대법원 1997. 3. 14. 선고 96다21188 판결.
1086) 대법원 1992. 4. 14. 선고 91다31320 판결.

담보를 제공하지 않으면 취소신청을 기각하는 결정을 한다. 특별사정이 없는데 담보제공만으로 가처분을 취소하는 것은 허용되지 아니한다.

③ 이 담보는 가처분채권자가 본안소송에서 승소하였음에도 가처분의 취소로 말미암아 입게 되는 손해를 담보하는 것이며, 질권자와 동일한 권리를 가져 우선변제권이 인정된다.

라. 가처분의 취소와 원상회복

이의신청, 제소명령의 불이행 제소기간의 도과, 사정변경, 특별사정 등 가처분취소사유가 있는 경우에는 가처분취소재판에서 채무자의 신청에 의하여 가처분의 취소와 아울러 채권자에게 간 물건이나 금전을 반환할 것을 명할 수 있다. 원상회복신청은 부수적 신청이므로 원상회복재판에 대해서만 별도로 불복할 수 없다.

오창수 ─────────────────────────────────────

민사절차법 전공
경희대학교 법과대학 및 동 대학원 졸업(법학석사)
경희대학교 대학원 박사과정 수료

제25회 사법시험 합격
제16기 사법연수원 수료
서울지방변호사회 소속 변호사(동아합동법률사무소)
대한변호사협회 법제위원
서울지방경찰청 행정심판위원
경희대학교 법과대학 강사
숙명여자대학교 강사
한국소비자원 소비자분쟁조정위원회 전문위원
한국금융연수원 강사
제주지방검찰청 수사심의위원
제주특별자치도 인력개발원 강사

현재) 제주대학교 법학전문대학원 교수
　　　제주특별자치도 행정심판위원
　　　제주도 선거관리위원회 선거방송토론위원회 위원
　　　제주일보 논설위원

개인홈페이지: http://cafe.naver.com/homoviator
연구실: 법학전문대학원 333호실
전화번호　(064)754 - 2916
FAX　　　(064)756 - 2969
E - Mail　chsoh@cheju.ac.kr

로스쿨
민사집행법
이론과 실무

초판인쇄 | 2011년 2월 25일
초판발행 | 2011년 2월 25일

지 은 이 | 오창수
펴 낸 이 | 채종준
펴 낸 곳 | 한국학술정보㈜
주   소 | 경기도 파주시 교하읍 문발리 파주출판문화정보산업단지 513-5
전   화 | 031) 908-3181(대표)
팩   스 | 031) 908-3189
홈페이지 | http://ebook.kstudy.com
E-mail | 출판사업부 publish@kstudy.com
등   록 | 제일산-115호(2000. 6. 19)

ISBN   978-89-268-2044-5 93360 (Paper Book)
         978-89-268-2045-2 98360 (e-Book)